Klaus Steinbacher

CASTRUM

Klaus Steinbacher

CASTRUM

Das Geheimnis

Die Deutsche Nationalbibliothek verzeichnet diese Publikation in der Deutschen Nationalbibliografie; detaillierte bibliografische Daten sind im Internet über http://dnb.d-nb.de abrufbar.

Klaus Steinbacher – CASTRUM, ISBN 978-3-86215-186-8

Deutsche Literaturgesellschaft – Tauentzienstr. 11 – D-10789 Berlin
Cover - Foto : Castel del Monte ; Apulien 2006

www.Deutsche-Literaturgesellschaft.de

Inhalt

Prolog Seite 9

Kapitel 1 **Ankunft in Akkon** Seite 10

Kaiser Friedrich II ist im Bann des Papstes, trotzdem segelt er nach Palästina zum 5. Kreuzzug. Seine Truppen sind zerstritten und dem Sultan al Khamil stark unterlegen. Er muss verhandeln.

Kapitel 2 **Weg nach Jaffa** Seite 41

Friedrich folgt dem Sultan in Richtung Ägypten. Es kommt zum Austausch von wertvollen Geschenken. Neben offiziellen Gesprächen werden Geheimverhandlungen geführt.

Kapitel 3 **Ein Vertrag entsteht** Seite 67

Es wird ein Waffenstillstand über 11 Jahre geschlossen. Jerusalem wird den Christen übergeben. Die genauen Konditionen regelt ein Geheimvertrag.

Kapitel 4 **Einige sind dagegen** Seite 89

Die Tempelritter, die Johanniter und der Klerus sind gegen den Vertrag. Friedrich krönt sich selbst zum König von Palästina und kehrt sofort in die Heimat zurück. Claude von Ibelin tritt in die Dienste des Kaisers.

Kapitel 5 **Besuch aus Ägypten** Seite 103

Als Folge des Geheimvertrages treffen die Ägypter Vorbereitungen, das Regnum Sizilii zu besuchen. Sie bauen eine Präzisionsuhr.

Kapitel 6 **Über Stock und Stein** Seite 121
Eine arabische Expedition trifft ein und marschiert südlich Neapels durch Italien und nimmt Vermessungsarbeiten vor.

Kapitel 7 **Einige denken anders** Seite 143
Im Regnum herrscht grosse Ratlosigkeit. In Ägypten werden die Ergebnisse der Expedition ausgewertet. Ein Punkt auf dem Hügel Maria del Monte in der Murge Apuliens ist für ein Bauwerk besonders geeignet. Es liegt auf einer geodätischen Linie und ist ein Marienheiligtum.

Kapitel 8 **Hektische Betriebsamkeit** Seite 161
In der Residenz lässt Claude von Ibelin einen ganzen Thronsaal räumen und zeichnet auf dem Fussboden den Weg der Expedition auf. Die Wissenschaftler erkennen dabei eine geodätische Linie.

Kapitel 9 **Fibonacci lässt grüssen** Seite 181
Weil es im ganzen Regnum keine Sinustafel gibt, probiert Claude das Fibonacci-Kalkül seines Lehrers Leonardo von Pisa. Dabei findet er ein goldenes Dreieck zwischen Palermo und dem Hügel in der Murge.

Kapitel 10 **Auch andere Mütter haben schöne Töchter** Seite 213
Claude von Ibelin wird zur Weiterbildung in der Nautik nach Kairo geschickt und verblüfft dort mit neuen Erkenntnissen. Er erhält eine genaue Sinustafel geschenkt.

Kapitel 11	**Auf los geht's los** Das Baufeld auf dem Hügel wird freigeräumt, aber nicht unter Leitung von Claude von Ibelin. Es gibt ein Streitgespräch vor dem Kaiser.	Seite 248
Kapitel 12	**Hilfe aus Syrien und Ägypten** Die Wissenschaftler des Regnum sind nicht in der Lage, den genauen Punkt des Castel del Monte abzustecken. Sie holen Hilfe von einer Pflanzenseherin.	Seite 284
Kapitel 13	**Michael Scotus verlässt die Welt** Nachruf auf Michael Scotus, den Freund und Förderer von Claude von Ibelin.	Seite 313
Kapitel 14	**Der Kaiser verliert die Geduld** Der Sohn des Sultans mahnt den Bau des Castels an. Friedrich II gibt dazu den Befehl.	Seite 338
Kapitel 15	**Absteckung und Bau eines Castels** Claude von Ibelin entdeckt ein neues, selbstähnliches geometrisches Gebilde ähnlich dem Octogon, aber doch ganz anders *fraktal*. Es dient als Vorlage für den Bau des Castel del Monte.	Seite 354
Kapitel 16	**Alles ist ganz anders** In Kairo ist der Sultan gestorben, und sein Sohn mahnt die Fertigstellung des Castels unter besonderen Bedingungen an, sonst wird der Waffenstillstand nicht verlängert. Professor al Urmawi wird ermordet.	Seite 386

Kapitel 17 **Das Freitagsgebet** Seite 414
Claude von Ibelin gerät unter Mordverdacht und muss fliehen. Im Castel del Monte findet ein muslimisches Freitagsgebet statt.

Kapitel 18 **Die Pyramiden 2. Teil** Seite 430
In seiner Heimat Palästina forscht Jussuf Claude von Ibelin weiter und entdeckt, dass schon die Pyramiden von Gizah vor 3850 Jahren nach dem Proportionenschlüssel AD QUADRATUM ausgerichtet worden sind.

Epilog Seite 465

Personen der Handlung Seite 467

Literaturverzeichnis Seite 472

Formelsatz für Castrum Buch I Seite 474

Prolog

Kaiser Friedrich II spricht mit dem Khadi von Nablus anlässlich der friedlichen Übergabe der Stadt Jerusalem:

„Was empfindet Ihr, wenn plötzlich fremde Herren hier erscheinen und zu beten begehren an Stätten die Euch heilig sind?“

Der Kadi überlegte nicht lange:

„Wir hatten früher immer Pilger aus dem Abendland hier und es störte niemanden, wenn sie dort beteten, wo auch wir beten. Allerdings hatte jede Religion ihre bestimmten Zeiten der Besinnung, die auch stets eingehalten wurden. Dann kamen Ritter aus Eurem Land und begehrten die heiligen Stätten für die Christen alleine. Sie töteten nicht nur die Muslime, sondern auch alle anderen Andersgläubigen. Wir waren zuerst fassungslos. Unser heiliges Buch sagt, Christus ist ein Prophet und ebenso verehrungswürdig wie unser eigener Prophet Mohammed. Wir haben lange gebraucht, um umzudenken. Erst Sultan Salah ed-Din konnte die Muslime einigen und den Spuk der Ritter, die wir nicht als Christen betrachten konnten, beenden. Verzeiht mir meine offenen Worte, aber Ihr habt mich nach meiner Meinung gefragt, und ich habe sie Euch offen gesagt.“

Der Kaiser war betroffen:

„Ich danke Euch für Eure freien, offenen Worte und den Mut, den Ihr bewiesen habt, indem Ihr sie mir offenbartet. Ich wünschte, ich hätte viele Leute mit Eurer Courage in meinem Land. Lebt wohl, Scheich Shams ad-Din. Ma`assalama.“

Dipl.-Ing. Klaus Steinbacher

Kapitel 1
Ankunft in Akkon

Der Episcopus Portus von Akkon, wie sein offizieller Titel lautete, von den Einheimischen jedoch schlicht Hafenmeister genannt, überwand heute schon vor Tau und Tag seine gewohnte Abneigung gegen ein zu frühes Aufstehen und machte sich, nur mit Hemd und Hose bekleidet, auf den Weg zu einem kleinen Hügel in der Nähe seines Hauses, von dem aus er weit über das Mittelmeer blicken konnte. Die Unruhe, die ihn seit einigen Tagen erfasst hatte, war von Gerüchten verursacht worden, dass der Kaiser des Heiligen Römischen Reiches, Friedrich II., nun endlich mit einem Heer auf dem Weg ins Heilige Land sei. Solche Gerüchte waren in der Vergangenheit schon öfter aufgekommen, ohne sich zu bewahrheiten. Diesmal aber berichteten die Kapitäne der kleinen wendigen Schaluppen, die allein zum Zwecke des Informationsaustausches von Hafen zu Hafen unterwegs waren, übereinstimmend von einer großen Flotte von Galeeren, die, voll gestopft mit Rittern samt ihren Pferden, von der Insel Cypern in See gestochen sei. Zu dieser Zeit, am frühen Morgen des 7. September des Jahres 1228, konnte der Hafenmeister noch nicht im Geringsten ahnen, dass dieser Tag als Beginn des fünften Kreuzzuges der Christen gegen die Muslime zur Rückeroberung der Stadt Jerusalem in die Weltgeschichte eingehen würde. Was er aber genau wusste, als er die weißen Segel am Horizont auftauchen sah, war, dass jetzt eine Zeit mit viel Ärger und Arbeit anbrechen würde. Schneller als auf dem Hinweg machte er sich daher auf den Rückweg, der ihn direkt zum Hafen führte.

Der Sommer im Heiligen Land, das die Franzosen Outremer nennen, neigte sich unmerklich seinem Ende zu, was die Einheimischen daran erkennen, dass die von den Bergen kommende Winde von Woche zu Woche langsam, aber stetig zunehmen. Wie schon in den vergangenen Jahren, waren besonders die Monate Juli und August außergewöhnlich heiß und trocken gewesen, und noch bei seiner Ankunft wurden der Kaiser und sein Heer im Hafen von Akkon von einem heißen Wüstenwind empfangen, der sich bereits auf der Überfahrt von Cypern angekündigt hatte.

Zehn Galeeren der Flotte von etwas mehr als vierzig Schiffen, mit denen der von Papst Gregor IX. gebannte Kaiser von Famagusta aus aufgebrochen war, wurde vom Hafenmeister ein Liegeplatz zugewiesen. Sie gingen am Kai des halbrunden Hafenbeckens längsseits, allen voran das Praetoriae Imperatoris, das Flaggschiff, auf dem sich der Kaiser befand. Mehr Schiffe konnten im Hafen nicht festmachen, da die Anlegemanöver ausreichenden Raum vor dem Bug und hinter dem Heck erforderten.

Sobald die Leinen fest waren, legten die Seeleute zwischen den Schiffen und dem Kai Planken und Balken als Stellings für Ritter und Mannschaften aus und um das Kriegsmaterial und die Pferde zu entladen.

Die übrigen Schiffe blieben außerhalb des Hafens auf Reede und dümpelten ungemütlich vor Anker in der Dünung der offenen See. Es dauerte nur kurze Zeit, dann hatte sich auf dem Kai vor den angelandeten Schiffen ein buntes Durcheinander aus Seeleuten, Kreuzfahrern, Pferden und Material gebildet. Zwischen all dem versuchten die Schauerleute und die Knechte der Ritter offenbar vergebens, Ordnung zu schaffen. Aus der Stadt wurden Ochsenkarren herbeigeschafft, die das Gewühl am Kai zunächst noch beträchtlich erhöhten, bis sie endlich, beladen mit Waffen und Proviant, zur Stadt hin abfuhren.

Nachdem so ein Gutteil des Materials fortgeschafft war, löste sich das Gewirr am Kai etwas auf und die Ritter konnten damit beginnen, ihre Gefolgsleute um sich zu versammeln. Schließlich wurde der Befehl erteilt, aus dem Hafen abzumarschieren und außerhalb von Akkon auf einer großen trockenen Wiese südlich der Stadt mit dem Material der zuvor eingetroffenen Ochsenkarren das Lager aufzubauen.

Die noch auf den Schiffen verbliebenen Rittersleute liefen geschäftig an Deck umher und suchten ihre Habe zusammen. Andere überließen ihren Dienern und Knappen die Packarbeit und standen an die Reling gelehnt, um dem bunten Treiben an Land mit großem Interesse zuzusehen und zu warten, bis ihre Pferde und Ausrüstung an Land geschafft wurden. Dann wollten sie zu den für sie vorbereiteten Zelten reiten, die das Vorkommando in diesem Augenblick bereits außerhalb von Akkon errichtete.

Auch der Kaiser des Heiligen Römischen Reiches und König von Sizilien Friedrich II. stand mit einer Anzahl seiner Heerführer und Berater am Schanzkleid des Flaggschiffes. Da bahnte sich, gegen den Strom der Ochsenkarren und abmarschierenden Soldaten, eine Gruppe von Reitern den

Weg zum Hafen. Als sie näher kamen, erkannte Friedrich II. den voraus-reitenden Ritter.

„Seht, wer dort kommt, mein guter Freund Marschall Richard Fielangieri. Wir wollen ihn gebührend begrüssen."

Die Begleitung des Kaisers stellte sich an Oberdeck auf und stand an der Öffnung im Schanzkleid des Schiffes Spalier. Auf dem Kai stiegen der Marschall Richard Fielangieri und die fünf Ritter seines Gefolges von ihren Pferden und übergaben ihre Zügel dem Knappen, der die Tiere sogleich von der Stelling fortführte, damit das Löschen der Ladung ohne Verzug fortgesetzt werden konnte.

Schon auf dem schwankenden Weg über die Stelling zum Flaggschiff rief er dem Kaiser atemlos zu:

„Eure Majestät, ich heisse Euch willkommen im Heiligen Land und hoffe, Ihr hattet eine gute Überfahrt!"

Während der Marschall dies sagte, hatte er bereits seinen Hut abgenommen, was er im Allgemeinen nicht gerne tat, denn bei dieser Gelegenheit wurde sein kahler Schädel für jeden sichtbar. Als er an Deck des Schiffes dem Kaiser gegenüber stand, der ihm einige Schritte entgegengekommen war, machte er eine tiefe Verbeugung. Auch die Ritter an seiner Seite verbeugten sich tief und zogen ihre Mützen.

„Lieber Marschall, die Überfahrt war eine harte Prüfung. Die hier tobenden Sandstürme haben auch uns auf See heimgesucht."

Noch im Sprechen trat der Kaiser auf Fielangieri zu, der immer noch in seiner Verbeugung verharrte, nahm ihn an den Schultern und veranlasste ihn so, sich zu erheben. Dann umarmte er den Marschall mit den Worten:

„Lieber Fielangieri, ich bin hocherfreut, Euch hier gesund und wohlauf anzutreffen."

„Ich danke Euch, Majestät."

Sie lösten sich aus der Umarmung und der Marschall konnte eine gewisse Verlegenheit nicht verbergen, während er seine Mütze aufsetzte. Die Begrüssung durch den Kaiser war sehr persönlich ausgefallen und die umstehenden Heerführer und Berater hatten dies sehr wohl bemerkt.

Indem der Kaiser, beide Arme hebend, einen Schritt zurücktrat, veranlasste er seine Begleitung zu einer allgemeinen freundlichen Begrüssung.

„Kommt, lieber Fielangieri“, sagte der Kaiser und deutete in Richtung des Bugkastells, „lasst uns etwas abseits von den anderen rasch einige Dinge besprechen.“

In der Nähe eines Niederganges blieben sie stehen und der Kaiser fuhr fort: „Ich will Euch nicht fragen, wie es Euch ergangen ist, da ich es bereits von Euren Nachrichten weiß, aber sagt mir jetzt, wie steht es mit unserem Freund, dem Sultan Al-Kamil?“

„Eure Majestät, in den letzten Tagen hat es im Lager der Sarazenen große Bewegung gegeben. Der Sultan Al-Kamil Muhammad al-Malik ist vor einigen Tagen von Nablus mit seiner gesamten Heerschaft und dem Tross durch das Jordantal in Richtung seines Landes Ägypten aufgebrochen. Wie mir meine Späher berichteten, ziehen etwa 3000 bis 5000 Reiter und an die 25.000 Bogenschützen und Lanzenträger mit ihm. Sie führen auch ihr gesamtes Schanzmaterial und mehrere große Katapulte bei sich und dazu den gesamten Harem des Sultans mit allen Eunuchen und einer gewaltigen Dienerschaft. Es sah mir nicht so aus, als ob der Sultan damit rechnete, dass wir ihm bei eurer Ankunft folgen würden, dazu ließ er sich meiner Ansicht nach zu viel Zeit bei seinem Marsch durch das Jordantal. Inzwischen ist die Vorhut des Sultans bei der Stadt Gaza eingetroffen. Ich habe das Gefühl, er will dort lagern. Das ist auch insofern sinnvoll, da er, wäre er in Nablus geblieben, beim Eintreffen Eurer Majestät und Eures Heeres zwischen uns und seinen feindlichen Glaubensgenossen aus Damaskus geraten wäre.“

Der Kaiser hatte ihm aufmerksam zugehört.

„Ja, lieber Fielangieri, damit könntet Ihr Recht haben. Wenn Al-Kamil weiter nach seiner Hauptstadt Kairo reiten würde, dann müsste er die Wüste Sinai durchqueren, was bei dem Aufwand, den er mit seinem Harem und seiner Dienerschaft treibt, Wochen dauern könnte. Wir hätten uns in dieser Zeit nur noch der Gefahr aus Damaskus zu erwehren, womit uns die Eroberung des Heiligen Land leichter fallen sollte. Ich glaube aber, dass der schlaue Fuchs den Braten riecht und sich, wie Ihr schon vermutetet, in Gaza einquartieren wird.“

Der Kaiser ließ sich von einem Diener seinen Umhang geben und schloss die Schnalle seines Ledergürtels. Damit war das Gespräch mit Marschall Fielangieri beendet. Als er sich von seinem Platz am Bugkastell des Schiffes entfernte, wandte er sich an seine Heerführer und Berater:

„Meine Herren, ich darf Sie bitten, sich morgen nach dem Gottesdienst in meiner Unterkunft bei den Herren des Deutschen Ordens einzufinden. Veranlassen Sie bitte, dass die nötigen Karten und Wegbeschreibungen für das Jordanland bereitgestellt werden, damit wir unser weiteres Vorgehen abstimmen können.“

Mit einer jovialen Handbewegung verabschiedete sich der Kaiser von seinen Rittern, denen auch Marschall Fielangieri Abschied nehmend zunickte, um mit seinen Offizieren das Flaggschiff des Kaisers zu verlassen.

Nachdem sie ihre Pferde bestiegen hatten beschloss Fielangieri, noch einmal die vorbereitete Unterkunft des Kaisers zu inspizieren.

Als er sich überzeugt hatte, dass alles zum Besten gerichtet sei, begab er sich mit seinen Offizieren zum Zeltlager der Ritter neben dem sich im Aufbau befindlichen Heerlager für das Fussvolk.

Karren mit dem Material zum Bau des Lagers waren inzwischen eingetroffen und wurden entladen. Etwa zwanzig Mann der gemeinen Soldaten waren mit Hacken und Spaten am Rand der grossen trockenen Wiese unterwegs, um Latrinen auszuheben. Dabei achteten sie sorgfältig darauf, die zehn Meter langen und etwa achtzig Zentimeter tiefen Gräben, die dazu notwendig waren, entgegen der Hauptwindrichtung auszuheben. An anderen Stellen befreiten gleichgrosse Trupps die trockene Wiese von ihrer Grassnarbe, um, nachdem auch Steine und Geröll entfernt worden waren, die Fläche zu planieren, damit sie als Zugangsweg zu den Zelten dienen konnte.

Der Marschall, der von dem bereits fertig gestellten Lager der Ritter aus die Arbeiten an der neuen Unterkunft des am Morgen angelandeten Heeres eine Zeit lang beobachtet hatte, begab sich in sein Zelt. Die spartanische Einrichtung bestand aus einem Tisch, um den vier Klappstühle gruppiert waren, einer mit Fellen abgedeckten Lagerstatt und mehreren Truhen für die persönlichen Dinge des Marschalls. Vom Zelteingang her waren schmale Teppiche ausgerollt, die aber im Laufe der Zeit ihre ursprüngliche Schönheit verloren hatten. Das Zelt hatte noch einen weiteren Ausgang, hinter dem sich ein kleines Nebenzelt anschloss, ausgestattet mit einem Waschbecken und einer Wasserkaraffe auf einem Holzgestell. In einer Ecke des Raums war noch eine Kiste aufgestellt, sie hatte einen aufklappbaren Deckel, unter dem sich ein Eimer befand; so konnte sich der

Marschall seiner Notdurft entledigen, ohne die Latrinen der Mannschaften benutzen zu müssen.

Er war ein großer, kräftiger, doch schlanker Mann von etwa vierzig Jahren. Obwohl er sein Haupthaar schon früher verloren hatte, war sein rötlicher Bartwuchs beträchtlich, was seinem Barbier des Öfteren bei der Pflege den Schweiß auf die Stirn trieb. Dies um so mehr, da der Marschall zu der Sorte von Menschen gehört, die nicht lange unbeschäftigt stillsitzen können.

An Statur und Aussehen war leicht zu erkennen, dass er unter seinen Vorfahren keine italienischen Ahnen hatte. Bereits einer seiner Altvorderen mit Namen Tancrede Fits Anger hatte unter dem Normannenherzog Robert Guiscart, dem Schlitzohr, im Jahre 1047 in Kalabrien begonnen, seine Lehnsgüter zusammenzutragen. Der Name Fielangieri leitet sich vom normannischen d`Anger ab. Im Lateinischen würde man ihn Fili Angerii, das heißt Sohn des Anger nennen. Sein Vater war bereits unter dem Normannenkönig Roger II. Baron von Sizilien. Der blutigen Niederschlagung der normannischen Adelsauflehnung durch Kaiser Heinrich VI., dem Vater von Friedrich II., war die Familie Fielangieri entgangen. Friedrich II. selbst ernannte Tancrede Fits Anger zum Marschall des Königreiches Sizilien und des Imperiums Germanorum. Mit den Grafen von San Severino und Rota verbanden ihn enge verwandtschaftliche Beziehungen, denn der Graf und er hatten den gleichen Großvater.

Am Morgen nach der Ankunft der Flotte herrschte in Akkon geschäftiges Treiben. Vor der Heiligkreuzkirche, auf dem großen Platz inmitten der Stadt, hatte sich eine große Anzahl von Rittern versammelt. Man sah die Templer mit ihren weißen Umhängen und dem roten Kreuz auf der linken Seite in Höhe des Herzens. Etwas davon abgesondert hatten sich die Ritter des Deutschen Ordens um ihren Großkomtur Hermann von Salza versammelt. Eine dritte Gruppe waren die Ritter des Johanniterordens. Die Masse der versammelten Ritter wurde aber von Kriegern aus Apulien, Kalabrien, der Basilicata sowie aus Sizilien und Deutschland gestellt, die alle soeben aus Italien eingetroffen waren und dem Kaiser direkt unterstanden. Zwischen diesen Gruppen pendelten Emissäre hin und her, die Absprachen trafen, wie und wo welche Gruppe in der Kirche ihren Platz haben sollte. Offensichtlich war dies kein leichtes Unterfangen, denn als die

Glocken zu läuten begannen, waren immer noch nicht alle mit der gefundenen Lösung zufrieden.
Nach dem dritten Glockenläuten betraten als erste die Ritter des Deutschen Ordens das Gotteshaus und begaben sich zu den links vom Altar liegenden Bankreihen, wobei sie die ersten zwei Reihen für den Kaiser freiliessen. Anschliessend schritten die Johanniter in die Kirche und liessen sich rechts vom Altar nieder. Auch sie liessen die ersten zwei Bankreihen frei. Es folgten die Johanniter und erst dann die italienischen und deutschen Ritter und füllten die Kirche bis auf den letzten Platz.
Als die Glocken schwiegen, betrat der Kaiser mit den höchsten Würdenträgern die Kirche. Sogleich erhoben sich alle Ritter wie auf ein vereinbartes Zeichen und beugten das Knie, wie man es sonst beim Gebet zu tun pflegte. Diese Gunstbezeugung gegenüber dem Kaiser war nicht abgesprochen, sie erfolgte vielmehr ganz spontan. Der Kaiser bedankte sich nach beiden Seiten, indem er jovial mit den Händen winkte, dann nahmen er und sein Gefolge in den ihnen vorbehaltenen vorderen Bankreihen Platz.
Als der Kaiser in der ersten Reihe Platz genommen hatte, überkamen ihn dunkle Gedanken. Er erinnerte sich an die Ferntrauung, die in dieser Kirche in Akkon im Jahre 1225, also vor nur drei Jahren, in seinem Auftrag von Jakob Bischof von Patti zwischen ihm, der in Italien verblieben war, und der erst vierzehnjährigen Isabella von Brienne vollzogen wurde.
Nach der Geburt ihres Sohnes Konrad war Isabella aber vor wenigen Monaten, kurz vor Friedrichs Abreise nach Akkon, in Italien im Kindbett gestorben. Er dachte an ihre letzten Worte, die ihm überbracht worden waren:
„Ich empfehle dich Gott, mein geliebtes Heiliges Land, dass ich niemals wiedersehen werde.“
Er dachte aber auch daran, wie er seine junge Frau kurz nach ihrer Ankunft im apulischen Barletta mit ihrer älteren Cousine Anais mit grossem Wohlgefallen betrogen hatte.
Es ging ihm durch den Kopf, wie einfach es doch war, zu einer Königskrone zu gelangen. Isabella war kurz nach ihrer Ferntrauung, und noch vor ihrer Abreise nach Italien, zur Königin von Jerusalem gekrönt worden. Als ihr Gemahl war er damit rechtmässig König von Jerusalem. Die Sache hatte sich allerdings durch den Tod seiner Frau insofern verschlechtert, als er

nunmehr nur noch der Vormund seines Sohnes Konrad war. Sollte irgendjemand dieses Kind zum König von Jerusalem krönen, was durch den Papst oder die palästinischen Barone möglich war, hätte er diese schöne Krone allerdings wieder verloren.

Vom wieder einsetzenden Glockenläuten wurde der Kaiser aus diesen Gedanken gerissen, die ihn jedoch weder jetzt noch früher jemals belastet hatten. Das Geraune und Hüsteln im Kirchenraum verstummte, während der Patriarch Gerold von Jerusalem mit seinen Messdienern vom Seiteneingang her das Mittelschiff der Kirche betrat.

Dies war für alle Beteiligten das Zeichen, mit dem Gesang zu beginnen:

Te Deum laudamus. Te Dominum confitemur.
Te aeternum patrem omnis terra veneratur.
Tibi omnes Angeli, tibi caeli et universae potestates.
Tibi cherubin et seraphim incessabili voce proclamant.
Sanctus.
Sanctus.
Sanctus Dominus Deus Sabaoth.
Pleni sunt caeli et terra maiestatis gloriae tuae.

Das allgemeine Schuldbekenntnis wurde gesprochen und die Kyrie und das Gloria gesungen, der Wortgottesdienst abgehalten und die Gabenbereitung durchgeführt, und als endlich das Vaterunser und das Schlussgebet das Ende des Gottesdienstes anzeigten, verließ nun der Priester mit seinen Messdienern die Kirche. Der Kaiser erhob sich mit seiner Gefolgschaft und allen, die in der Kirche versammelt waren. Er schritt voran zum Kirchenausgang und alle anderen folgten ihm nach, wobei sich die ursprüngliche Ordnung auflöste und italienische Ritter zusammen mit Templern, Johanniter zusammen mit Deutschordensleuten die Kirche verließen.

Auf dem Vorplatz stellte sich die Ritterschar noch einmal zur Huldigung des Kaisers auf, während das gemeine Volk von Akkon dem Spektakel aus einigem Abstand neugierig zuschaute, aber nur sporadisch in den Beifall der Ritter einfiel. Es dachten wohl viele an ihre erst vor Kurzem verstorbene junge Königin und empfanden kein Bedürfnis, diesem Kaiser zu zujubeln. Die Knappen brachten die Pferde, die sie in der Nähe angepflockt hatten, und so verließen die Ritter in der Reihenfolge, wie sie die Kirche verlassen hatten, nun auch den Vorplatz. Der Kaiser ritt hinter einer Gruppe von Adligen, die ihm den Weg freimachte, auf der Straße zum Stadtquartier des Deutschen Ordens. Es war am Vortage mit dem Großkomtur Hermann von Salza vereinbart worden, dass Friedrich II. dort in dem Ordenshaus neben der Marienkirche vorübergehend Quartier nehmen sollte. In einigen Tagen würde man dann eventuell zu der Burg Montfort, die in den Bergen liegt, reiten.

Das als Quartier vorgesehene Haus lag in einem großen Garten in der Nähe des Nikolaus-Tores, aber noch innerhalb der Stadtmauern von Akkon. Es diente oft als Gästehaus für die ankommenden führenden Köpfe des Ordens. Hermann von Salza hatte angeordnet, ein kleines Mahl für etwa dreißig Personen zu servieren. Wegen des schönen Wetters und der Enge in dem Speiseraum hatte die Dienerschaft des Ordens im Garten Tische und Stühle aufgestellt. Die langen Tische waren mit weißem Leinen bedeckt, geschnittenes Brot und Wein standen bereit.

Der Kaiser war an diesem Tage ungewöhnlich jovial. Als er mit der Gruppe seiner Berater und Heerführer den Garten betrat, äußerte er sich sofort zustimmend zu dem Arrangement.

„Das habt Ihr gut gemacht! Lieber Hermann von Salza, wir alle haben jetzt einen kleinen Imbiss verdient.“

Indem er sich setzte, rief er zwei seiner Berater zu sich:

„Darf ich Herrn Balian von Sidon und den Grafen Thomas von Acerra bitten, neben mir Platz zu nehmen.“ Die angesprochenen eilten herbei und setzten sich auf die angebotenen Plätze. Ohne Umschweife begann der Kaiser zu ihnen zu sprechen:

„Zwar bin ich erst vor kurzem hier angekommen, doch ich möchte keine Zeit verlieren und sofort die Verhandlungen mit dem Sultan Al-Kamil beginnen. Sie, meine Herren, habe ich vorgesehen, im Namen des Regnum und des Imperiums die Verhandlungen zu führen. Ich werde sofort mit meinem Protonotar Peter von Vinea ein Schriftstück aufsetzen, das ich Sie bitte, umgehend dem Sultan zu überbringen. Den Inhalt dieses Schreibens werden wir noch gemeinsam besprechen, wobei wir auch die Taktik unseres weiteren Vorgehens abstimmen können. Mein Ziel ist es, eine Übereinkunft mit dem Sultan zu treffen, um das Heilige Land von den Sarazenen ohne Blutvergießen übergeben zu bekommen.“

„Ich darf wohl für uns beide sprechen, Sire, dass wir sehr geschmeichelt sind durch das Vertrauen, das Sie in uns setzen.“

Es war Balian von Sidon, der dies sagte. Nach einer kurzen Pause fuhr er fort:
„Besonders würde mich interessieren, was wir dem Sultan als Gegenleistung anbieten wollen. Unsere Beihilfe bei seinen Kriegszügen kommt ja nach dem Tod seines Bruders nicht mehr in Betracht.“

Der Kaiser antwortete sofort und scharf:
„Genau genommen haben wir überhaupt nichts anzubieten, nicht einmal unsere Stärke, denn der Sultan ist uns in allen Bereichen überlegen. Und wenn wir Eroberungen machen sollten, wüssten wir nicht, wie wir sie verteidigen und halten sollten.“
Gedankenverloren fuhr er fort:
„Sie erkennen also, meine Herren, mit welch aussergewöhnlichem Geschick wir die Verhandlungen führen müssen.“
Während dieses Gespräches hatte die Dienerschaft Obst, kaltes Huhn, kalten Braten und eine warme Suppe den Vorkostern angeboten und ihnen mit Wasser verdünnten roten Wein eingeschenkt. Wie die Erfahrung gezeigt hatte, würde man nach Ablauf von weniger als einer Stunde wissen, ob es mit den Speisen und Getränken seine Richtigkeit hat.
Nach den Worten des Kaisers entbrannte eine Diskussion unter den Rittern, die den Ausführungen Friedrichs II. und Balians gespannt gelauscht hatten. Noch war dem Kaiser nicht an Geheimhaltung gelegen. Ganz im Gegenteil hatte er in sein Kalkül mit einbezogen, dass vielleicht über die einheimische Dienerschaft dem Sultan von diesem Gespräch berichtet werden würde. Es war ihm durchaus recht, wenn auf der Gegenseite der Eindruck entstünde, seine Schwäche sei grösser, als sie es tatsächlich war. Möglicherweise würde der Sultan einen Teil seiner Truppen entlassen, die ihm eine Unmenge Geld kosteten, und er auch sonst sorgloser sein.
Am Ende der Tafel hatten sich zwei Ritter zu einem leisen Gespräch zusammengefunden. Es waren die Herren Guarin de Montague, der Meister der Hospitaliter in Jerusalem, Akkon und Cypern und Pierre de Montague, sein Verwandter und Grossmeister des Templerordens.
„Ich weiss nicht, was der Kaiser mit seiner Taktik bezweckt. Meiner Ansicht nach sind wir stark genug, um sofort nach Jaffa zu reiten und den Sultan dort zu schlagen." Guarin lehnte sich zurück.

„Diese friedfertige Diplomatie des Kaisers gegenüber dem Sultan hängt sicher mit seiner Vorliebe für die Sarazenen zusammen,“ entgegnete Pierre, „besonders aber wohl für die schönen sarazenischen Mädchen im Harem des Sultans, von denen man so reden hört.“
Es war Guarin, der zur Vorsicht mahnte:
„Mein Gott, wir reden uns hier um Kopf und Kragen! Wenn der Kaiser hören würde, was wir über ihn sprechen, könnten wir das Heilige Land sofort verlassen.“
An anderer Stelle der Tafel saßen sich Johann von Ibelin und der Patriarch Gerold von Jerusalem gegenüber. Es war Johann von Ibelin, der das Gespräch anstieß:
„Sagen Sie, Hochwürden, ist nun Friedrich II. unter Kirchenbann oder nicht?“
Der so angesprochene Patriarch antwortete:
„Herr von Ibelin, das kann ich Ihnen so einfach nicht beantworten. Wie allgemein bekannt, war das Anathema vom Heiligen Vater ausgesprochen worden, weil der Kaiser es jahrelang versäumte, den von ihm versprochenen heiligen Kreuzzug anzutreten. Aber nun ist er hier, wie Sie sich selbst überzeugen können. Das allein hebt zwar nicht den Kirchenbann auf, aber mit seiner Ankunft im Heiligen Land hat der Kaiser erkennbar Buße getan. Dies ist auch die Ansicht der wehrhaften Orden der Templer und Johanniter, die dem Papst direkt unterstehen und von diesem nicht anderweitig unterrichtet worden sind. Wenn es anders wäre, hätte ich die heutige Messe gar nicht halten dürfen oder man hätte den Kaiser der Kirche verweisen müssen, aber dies wäre ein Vorgehen, dass weder unserem Herrn Jesus Christus gefallen hätte noch dem Heiligen Land, das uns so sehr am Herzen liegt, zuträglich gewesen wäre, von jähzornigen Reaktionen des Kaisers ganz zu schweigen.“
Johann von Ibelin entgegnete:
„Sie könnten sich aber wohl vorstellen, dass der Kaiser, auch wenn er wüsste, noch gebannt zu sein, aber von uns annimmt, dass wir es nicht wüssten, er an der Messe teilgenommen hätte?“
„Ja, das glaube ich“ entgegnete ernst der Prälat.
Der Kaiser und sein Protonotar Peter von Vinea zogen sich in das Innere des Gebäudes zurück, um gemeinsam das Schreiben an den Sultan Al-Kamil aufzusetzen. Sie diskutierten noch, wie weit es angebracht sei, sich

in dem Schreiben devot zu geben, kamen aber zu der Ansicht, dass zu große Unterwürfigkeit die Aussichten auf eine Zusage des Sultans nur schmälern würde. Als Ergebnis ihrer Zusammenkunft entstand das folgende Schreiben:

Von Friedrich II., von Gottes Gnaden Kaiser des Heiligen Römischen Reiches, König von Sizilien und des Landes Arelat.
An:
den Sultan Al-Malik Al-Kamil, von Gottes Gnaden Beherrscher des Nil-Landes und der Gläubigen, Bewahrer der heiligen Stätten.
Verehrter Sultan!
Ich wende mich an Dich mit diesem Brief als Dein Freund. Du weißt wohl, wie hoch ich stehe über allen Fürsten des Westens. Vor einem Jahr haben wir, auf Deinen Wunsch, veranlasst und beschlossen, dass ich mit meinem Heere zu Dir ins Land komme. Die Könige des Westens und der Heilige Vater wissen von meiner Reise. Wenn ich zurückkehre, ohne etwas erreicht zu haben, so verliere ich in ihren Augen alle Achtung und man wird mich schmähen in meinem Land und mich von den Kanzeln der Kirchen herab verfluchen.
Du gebietest über so viel Land, dass es dir nicht schwer fallen wird, mir etwas davon abzugeben. Die Stadt Jerusalem, die, wie du weißt, die Wiege unserer Religion und des christlichen Glaubens ist, liegt zerstört und elendiglich danieder. Ward nicht Ihr es, die sie zerstört habt?
Wohlan denn, gebt sie mir zurück, so wie sie ist, und das umliegende Land, damit ich bei meiner Heimkehr das Haupt zu heben vermöge vor den Königen, die mir untertan sind.
Ich entsage im Voraus allen Vorteilen, die ich aus dem Besitz des Landes ziehen könnte.
Dieses Schreiben überreichen Dir die Herren Balian von Sidon und Graf Thomas von Acerra, die mein volles Vertrauen genießen, und mit denen Du alles in Deiner Sprache besprechen kannst.
Gegeben zu:
Nahr el Kardane am Belflusse südlich der Stadt Akkon
im September des Jahres 1228.

Peter von Vinea nahm das Konzept an sich, um die Botschaft so schnell wie möglich in der Kanzlei in erstklassiges Latein übersetzen und auf feinstes Pergament abschreiben zu lassen. Als er in den Garten zurückkehrte, wo die anderen Herren noch am Tisch saßen, sagte er zu Balian von Sidon:

„Herr Balian, ihr könntet umgehend mit Euren Reisenvorbereitungen nach Gaza beginnen. Das Schreiben wird in zwei bis drei Tagen fertig sein. Wir müssten allerdings noch mit dem Kaiser besprechen, was wir dem Sultan als Geschenk übergeben können. Möglicherweise ergibt sich daraus noch eine Verzögerung Eurer Abreise. Ich werde es Euch rechtzeitig wissen lassen.“ „Habt Ihr noch mit dem Kaiser besprochen, wie groß ungefähr unsere Gesandtschaft sein soll?“ fragte Balian von Sidon.

„Nein, das steht im Zusammenhang mit den Geschenken, die wir dem Sultan überreichen wollen. Danach richtet sich die Zahl der Euch begleitenden Ritter.“

Peter von Vinea verabschiedete sich und verließ den Garten, um den Fortgang der Arbeit an dem Dokument zu kontrollieren.

In den folgenden Tagen war die Umgebung des Kaisers damit beschäftigt, die Überbringung der Botschaft an den Sultan im Einzelnen zu organisieren. Ein wesentlicher Punkt dabei war die Auswahl geeigneter Geschenke. Der Kaiser hatte in der weisen Voraussicht, eine besonders wertvolle Gabe zu benötigen, um im Heiligen Land erfolgreich zu sein, schon vor einiger Zeit an die Stadt Palermo den Auftrag gegeben, eine silberne Scheibe herzustellen. Unter seinem Großvater, König Roger II., hatte der führende arabische Geograf und Kartograf Al-Idrisi das gesamte geografische Wissen seiner Zeit gesammelt und in einem Buch zusammengestellt. Gleichzeitig wurden auf einer über zwei Meter großen Silberplatte von mehr als hundertfünfzig Kilogramm Gewicht die Umrisse der damals bekannten Meere und Länder, wie sie in dem Buch beschrieben waren, in farbiger Emaillearbeit dargestellt und alle bekannten Städte mit genauer Angabe der Entfernungen zueinander eingezeichnet. Leider war dieses einmalige Kunstwerk in den Wirren nach König Rogers Tod verloren gegangen. Da aber in Palermo unter Kaiser Friedrich II. die Gold und Silberschmiedekunst zu neuer Blüte erwacht war, fiel es nicht schwer, nach den Unterlagen des Buches von Al-Idrisi eine neue Silberplatte herzustellen. Als dem Kaiser allerdings die Zusammenstellung der Kosten vorgelegt wurde, soll er, nach zuverlässigen Berichten, für zwei Tage in ein unerklärliches Fieber gefallen sein. Ein anderes, gemeinsam zu lösendes Problem war der Transport dieser gewaltigen und empfindlichen Silberarbeit nach Gaza? Immerhin würde die Gesandtschaft acht bis zehn Tage unterwegs sein, wobei auch noch das Karmelgebirge zu überwinden war. Nachdem hierfür eine Lösung gefunden und auch die Botschaft zur Zufriedenheit aller niedergeschrieben war, konnten die eigentlichen Vorbereitungen der Emissäre beginnen.

Es herrschte inzwischen allgemein Einigkeit darüber, dass neben den schon genannten Herren Balian von Sidon und Graf Thomas von Acerra keine weiteren Edelleute an dem Ritt nach Gaza teilnehmen sollten. Der Kaiser hatte auf Balian und den Grafen als Überbringer besonderen Wert gelegt, da beide über ausgezeichnete Kenntnisse in der arabischen Sprache verfügten. Balian war zudem ein überragender Kenner des Heiligen Landes. Des Weiteren war beschlossen worden, einer Gruppe von dreissig Sarazenen aus Lucera unter Führung eines Offiziers die Bewachung anzuvertrauen. Ein gewaltiger Ochsenkarren mit vier Zugochsen sollte die silberne Schale transportieren. Um Beschädigungen zu vermeiden, wurde die Schale zwischen zwei Lagen Heu von etwa einem Meter Dicke gebettet. Die kostbare Silberschale war mehrlagig mit feinster Seide umwickelt. Um den gesamten Karren war ein riesiges Fischernetz gewickelt, aus dem lediglich die Räder und die Deichsel hervorschauten. Das so geschützte Gefährt stand unter sorgfältiger Bewachung im Hof des Gästehauses der Deutschordensritter.

Inzwischen waren bereits sieben Tage seit dem Eintreffen des Kaisers in Akkon vergangen, ohne dass die Botschaft nach Gaza auf den Weg gebracht wäre. In der Zwischenzeit waren noch Esel und Maultiere für den Transport der erforderlichen Nahrungsmittel und Utensilien, wie sie auf dem langen Weg gebraucht werden, in Akkon und der Umgebung gekauft worden. Ziegenbälge für den Transport des Trinkwassers waren in ausreichender Anzahl bereitgestellt. Auch Bedienstete für die allgemeinen Arbeiten, wie dem Auf- und Abbau der Zelte, zum Feuermachen, Wasser holen und Kochen, waren in ausreichender Zahl eingeteilt worden. Doch einigen Beratern des Kaisers erschien der Transport eines so wertvollen Gutes wie der Silberscheibe und anderer Geschenke durch Feindesland als zu gefährlich. Besonders auch wegen der geringen Bewachung. Auch aus diesem Grunde hatte sich der Aufbruch noch weiter verzögert. Stattdessen entschloss man sich, einen Schnellsegler nach Gaza vorauszuschicken, um die Ankunft der Gesandtschaft bei dem Sultan anzukündigen und darum zu bitten, den Zug an der Grenze mit einer Eskorte seiner Reiter als zusätzlichen Schutz zu empfangen. Der Schnellsegler wurde angewiesen, sofort nach Vollzug wieder nach Akkon zurückzukehren, um Bericht zu erstatten.

In dem riesigen Zeltlager des Sultans Al-Kamil in Tell-el-Adschul bei Gaza herrschte um die Mittagszeit nur geringfügige Bewegung. Die Posten mit ihren vergoldeten Brustpanzern standen vor den Zelten auf ihre wimpelgeschmückten Lanzen gelehnt dösend in der Sonne oder versuchten, unter den Vordächern Schatten zu finden. Vor dem grossen Zelt des Sultans hielten hin und wieder Boten auf schweissbedeckten Pferden; sie wurden sofort in die neben dem Hauptzelt befindliche Wache geführt und streng darauf hingewiesen, sich leise zu verhalten, damit die Ruhe des Sultans, bei Allah, nicht gestört werde.
Die Zeit des Mittagsgebetes war vorüber und jeder im Lager glaubte sich in den nächsten Stunden ungestört, als ein gellender Ruf die Stille zerriss.
„Im Hafen von Maiuma läuft ein kaiserliches Schiff ein!“
Die Botschaft war vom Rande des Heerlagers von Wache zu Wache weitergegeben worden, bis sie den Kern des Heerlagers erreichte, wo sich vor dem Zelt der Wache erwartungsvoll einige Offiziere versammelten. Nach kurzer Zeit öffnete sich der Vorhang dieses Zeltes und ein höherer Bediensteter des Sultans fragte nach Einzelheiten des Geschreis.
„Was hat das zu bedeuten? Ihr wisst doch, wie dem Sultan seine Mittagsruhe heilige ist! Wenn es also nicht wichtig ist, was ihr zu berichten habt, so hütet euch vor der Strafe für diesen Tumult.“
„Erhabener Effendi, es ist wichtig! Ein Bote brachte soeben die Meldung, dass im Hafen von Maiuma ein kaiserliches Schiff einläuft. Er berichtete weiter, dieses Schiff sei das einzige, keine weiteren folgen. Wir hielten es für richtig, den erhabenen Sultan sofort zu unterrichten.“
„Das war richtig, wartet hier, ich unterrichte den Erhabenen.“
Während die Offiziere vor dem Zelt nervös auf und ab gingen, unterrichtete der Effendi Genannte, bei dem es sich um den Oberhofmeister Abu Hashim al-Jubba'i handelte, den Sultan. Der ordnete sofort an, dass eine

Reiterkolonne freundlich, aber bestimmt in Erfahrung bringen solle, was das kaiserliche Schiff zu ihnen führe. Abu Hashim veranlasste sofort alles Nötige:

„Nasr Hamid Abu Zaid, Ihr reitet sofort mit einer Eskorte zum Hafen Maiuma und erkundet Euch nach dem Begehr der kaiserlichen Gesandten. Bringt den Kapitän oder einen Gesandten unmittelbar hierher zum Sultan. Achtet darauf, dass weder dem Schiff noch der Mannschaft noch dem Boten irgendein Haar gekrümmt wird. Der Erhabene ist ungeduldig und erwartet Euch alsbald zurück, beeilt Euch also tunlichst."

Der so barsch angesprochene Offizier der Leibgarde brummte etwas Unverständliches vor sich hin und warf sich sofort auf das inzwischen bereitgestellte Pferd und sprengte in vollem Galopp davon, während ein anderer rasch zwanzig Mann versammelte und ihm folgte.

Nach einem scharfen Ritt von etwa einer Stunde erreichten die Reiter den Hafen, in dem das Schiff bereits festgemacht hatte. Der Kapitän und ein vornehm gekleideter Adeliger hatten sich an Land begeben und warteten, umgeben von einer gaffenden Menge. Nasr Hamid Abu Zaid jagte die Leute auseinander und begrüßte die beiden Ungläubigen.

„Salaam alaikum!"

„Wa-'aleikum Salaam!" antwortete der vornehm Gekleidete.

„Du sprichst unsere Sprache?" Hamid Abu Zaid war erstaunt.

„Ja, ein wenig, Inschallah."

Der Offizier war vom Pferd gestiegen und auf den Adeligen zugegangen.

„Ich bin Nasr Hamid Abu Zaid, Offizier der Leibgarde seiner Majestät des Sultans Al-Malik Al-Kamil. Mein Herr entbietet dir seine Grüße und lässt dich fragen, wer du bist und was dein Begehr ist."

„Mein Name ist Heinrich von Malta, ich bin der Admiral der kaiserlichen Flotte, die vor kurzem in der Stadt Akkon eingelaufen ist. Mein allergnädigster Herr, Kaiser Friedrich II., hat mich zu Euch geschickt, um dem erlauchten Sultan Al-Kamil mitzuteilen, dass in der Stadt Akkon eine Gesandtschaft mit Geschenken und den Bevollmächtigten des Kaisers bereitsteht, um sich zu Eurem Herrn in Marsch zu setzen, sobald dessen Zustimmung vorliegt."

„Der Sultan ist sehr gespannt, Euch zu sehen, auch wird er Euch noch weitere Fragen stellen wollen. Seid Ihr bereit, kurzfristig mit uns zu kommen? Der Weg ist nicht weiter, als man in einer Stunde reiten kann."

„Ich bin zwar Seemann, also kein besonders guter Reiter, aber diese eine Stunde werde ich überstehen. Es wird Euch sicher nichts ausmachen, wenn ich noch zwei Adjutanten meines Stabes mitnehme. Ihr müsstet allerdings für Pferde sorgen, wir haben solche nicht an Bord unseres Schiffes."

Das Gespräch war in fließendem Arabisch verlaufen. Heinrich von Malta hatte seine Jugend in Tunesien verbracht, was nicht weit von der Insel Gozo entfernt liegt, wo er geboren wurde. Später hatte er als Kapitän viele Schiffe befehligt, die in verschiedener Mission im Orient tätig waren. Bei dieser Gelegenheit hatte er nicht nur seine Sprachkenntnisse vervollkommnet, sondern auch intime Kenntnisse der Hafenanlagen im arabischen Raum sich angeeignet. Seine jetzige Stellung als Admiral der kaiserlichen Flotte hatte er seinen hervorragenden Leistungen und Kaiser Friedrich II. zu verdanken, der eine Vorliebe für die arabische Lebensart hatte und die arabische Sprache ebenso perfekt beherrschte.

Während Heinrich von Malta den Kapitän des Schnellseglers beauftragte, umgehend zwei seiner Offiziere zu seiner Begleitung abzustellen, hatte Nasr Hamid Abu Zaid drei seiner Männer angewiesen, ihre Pferde abzugeben und sich zu Fuß auf den Weg ins Lager zu machen, wobei er ihnen in Aussicht stellte, sie unterwegs abzuholen.

Als dies alles geregelt war und die drei Ungläubigen sich mit den unbekannten Pferden und den ungewohnten arabischen Sätteln zum Spaß der begleitenden Mamluken vertraut gemacht hatten, brachen sie auf. Der Ritt dauerte diesmal länger als auf dem Hinweg, was auch daran lag, dass die Pferde geschont werden mussten.

Gegen Abend erreichte die Gruppe wieder das Lager des Sultans, wo sie bereits von Abu Hashim al-Jubba`i erwartet wurden.

Gleich zur Begrüßung wandte sich der Oberhofmeister direkt an den Admiral, den er mit kundigem Blick als den Ranghöchsten erkannt hatte. „Ich nehme an, Ihr seid Heinrich von Malta. Ihr könnt Euch sogleich frisch machen, der erhabene Sultan erwartet Euch bereits mit Ungeduld."

Diese Ausführungen ließen den Admiral und seine Begleitung in sprachloses Staunen versinken. Woher wusste der Hof des Sultans, dass er selbst mit einem Schnellsegler unterwegs war? Auch seine langjährige Erfahrung im Orient hatte ihn noch nicht gelehrt, dass das gesprochene und erlauschte Wort viel schneller sein Ziel erreicht als jeder Schnellsegler.

Heinrich von Malta nahm sich vor, bei seiner Rückkehr den Kaiser entsprechend zu unterrichten.

Als das Zelt des Sultans geöffnet wurde, um die drei Offiziere einzulassen, überkam sie maßloses Staunen. Der Boden des Zeltes war über und über mit den wertvollsten Teppichen ausgelegt. An den Wänden standen prunkvoll verzierte Truhen mit massiven goldenen Beschlägen und Schlössern. Überall verteilt lagen golddurchwirkte Kissen. An den Firststangen des Zeltes hingen aus Goldblech getriebene Schalen. Zwischen den Truhen war Platz gelassen worden, um an kalten Abenden eiserne Becken mit glühender rauchloser Holzkohle aufzustellen.

Der Sultan saß im Schneidersitz auf einem erhöhten, mit wertvollen Teppichen bedeckten Podest. Unterhalb des Podestes hatten ein Berater und ein Schreiber Platz genommen. Im Hintergrund standen fünf Nubier mit freiem Oberkörper und der Faust an den Griffen von Kurzschwertern, die mit ihrer Scheide an ihren Schärpen befestigte waren.

Der Sultan war in kostbare Gewänder gekleidet. Ein nach vorne offener seidener Umhang war über seine Schultern gelegt. Ein leicht rötlicher Spitzbart bedeckte seine Wangen und reichte hinauf bis zur Schläfe und dem großen Turban. An den Füßen trug er nur leichte Sandalen, die jedoch an den Zehenriemen mit je einem großen Rubin geschmückt waren. Unter dem Umhang war ein kostbarer gekrümmter Dolch zu erkennen.

Ohne Umschweife wandte sich der Sultan Malik Al-Kamil an seine Gäste:

„Seid herzlich willkommen in meinem Land! Ich bitte euch, überbringt meine Grüße an meinen Freund, Kaiser Friedrich II. Ich erkenne an, dass Allah es gewollt hat, dass während seiner Abwesenheit seine Feinde das Land Apulien und Basilicata überfallen. Er ist großmütig in mein Land gekommen, um mir zu helfen. So will ich ihm nun auch helfen. Schickt mir seine Gesandten, damit wir gemeinsam überlegen können, was wir tun sollen. Über die Einzelheiten sprecht bitte mit meinem Oberhofmeister. Ich wünsche euch eine gute Heimreise. Ma`assalama!“

Damit war die Audienz des Sultans beendet. Der Admiral und seine zwei Begleiter verließen am nächsten Morgen das Lager und segelten bei gutem Wind nach Akkon zurück.

Der September neigte sich seinem Ende zu und das Wetter wurde langsam herbstlich.

Als die Meldung die Runde machte, dass ein Schnellsegler sich dem Hafen näherte und es erkennbar das Schiff des Admirals war, begab sich der Kaiser sofort persönlich zum Hafen. Noch während die Leinen festgemacht wurden, rief er dem Admiral zu:
„Was hat der Sultan gesagt? Heinrich, Ihr müsst mir sofort berichten."
Der Angesprochene beeilte sich, das Schiff zu verlassen und nach kurzer Zeit gingen er und der Kaiser, der seinen Arm auf die Schulter des Admirals gelegt hatte, in angeregtes Gespräch vertieft, am Kai auf und ab.
„Also berichtet." Der Kaiser war ungeduldig und Heinrich von Malta begann sofort mit seinem Bericht:
„Majestät, wir sind hier und in unserem Heimatland von Spionen umgeben. Als ich in Gaza ankam, wusste der Sultan bereits, dass wir zu ihm unterwegs waren, er wusste, wer ich war, und kannte meinen Namen.
Aus den wenigen Sätzen, die er an uns richtete, war zu erkennen, dass er bereits genau informiert war von dem Überfall des Papstes auf unser Reich. Er bot uns seine Hilfe an, so wie wir ihm vor einem Jahr unsere Hilfe angeboten hatten. Was die Botschafter mit den Geschenken anbetrifft, so können sie jederzeit aufbrechen. Die Truppen des Sultans durchstreifen in kleinen Gruppen das Gebiet von Gaza bis zum Karmelgebirge. Der Sultan wird also sofort informiert, wenn wir Akkon verlassen, wahrscheinlich jedoch schon früher. Er wird unsere Botschafter zu passender Gelegenheit mit seinen Truppen empfangen und zu seinem Lager geleiten."
Der Kaiser war abrupt stehen geblieben, als der Admiral erwähnte, dass der Sultan den Ungläubigen seine Hilfe in ihrem Heimatland Italien angeboten hatte. Unwirsch entgegnete er:
„Das hat mir gerade noch gefehlt. Anstatt uns sein Land anzubieten, damit wir erhobenen Hauptes nach Hause fahren können, sollen wir womöglich noch mit unseren Schiffen seine Truppen nach Italien transportieren." Er machte eine Pause und griff sich dann mit der rechten Hand an den Kopf:
„Ja, das ist es! Der Sultan bietet uns etwas an, was wir gar nicht haben wollen. Er weiß ja ganz genau, dass das Eintreffen von Sarazenen in Italien einen Volksaufstand auslösen würde. Warum bietet er es uns also an? Damit wir es enttäuscht ablehnen und uns auf den Heimweg machen. Dann hat er den Rücken frei und kann hier schalten und walten, wie er will. Nein, nein, mein Freund, so einfach ist das nicht."

Der Kaiser war bei diesen Worten erregt hin und her gelaufen. Man sah ihm an, dass er unzufrieden war. Erregt nahm er den Gesprächsfaden wieder auf: „Wir werden umgehend unsere Botschafter und das Geschenk auf dem Landwege in Marsch setzen. Von einem Seetransport wollen wir absehen, da demnächst, wie allgemein bekannt, das Wetter umschlagen wird. Damit wäre das Verlustrisiko für unser Geschenk viel zu groß."

Heinrich von Malta bestärkte den Kaiser in seinem Vorhaben:

„Wenn Ihr so vorgeht, Majestät, zwingt Ihr den Sultan, Farbe zu bekennen und Euch ohne Hintergedanken zu antworten. Ich würde allerdings empfehlen, dem bereits vorbereiteten Schreiben noch hinzuzufügen, dass wir seiner Unterstützung nicht bedürfen, da wir in unserem Land selbst so stark seien, um uns leicht verteidigen zu können."

„Ja, das ist gut, veranlasst bitte, dass der Protonotar diesen Passus noch mit aufnimmt. Ich werde das Schreiben dann siegeln. Damit kann die Botschaft auf den Weg gebracht werden."

Am übernächsten Tage setzte sich eine Gruppe von Rittern, sarazenischen Reitern, Dienern und Bediensteten, Tragtieren, Eseln und einem mächtigen Ochsenkarren in Bewegung. Die so erzeugte Staubwolke beim Anstieg durch das Karmelgebirge war noch stundenlang in Akkon zu beobachten. Auch am folgenden Tage konnte man noch schemenhaft den über der Gruppe schwebenden Staub erkennen. Da die Ochsen das Tempo vorgaben, war es abzusehen, dass der Zug mit beträchtlicher Verspätung das Lager des Sultans erreichen würde.

In Akkon kehrte, nachdem sich die Truppen in ihrem Lager eingerichtet hatten, wieder der Alltag ein. In den Werften und Bootsbaubetrieben, die sich hinter dem ausgedehnten Hafenkai ausbreiteten, herrschte geschäftiges Treiben. An den Schiffen der kaiserlichen Flotte hatte es auf der langen Fahrt von Italien einige Beschädigungen gegeben, die ausgebessert werden mussten. Auch die Soldaten im Lager hatten einiges an ihrem mitgebrachten Schanzgerät zu reparieren, wozu sie sich der Werftschmiede gerne bedienten. Aus unerfindlichen Gründen hatte der Kaiser den Schiffsköchen angeordnet, in ihrer freien Zeit Schiffszwieback herzustellen. Die Lagerung gestaltete sich allerdings wegen der in großer Zahl vorhandenen Ratten nicht ganz unproblematisch. Man fand aber eine praktikable Lösung, indem man den Proviant in Decken einschlug und diese am Gebälk unter Deck der Schiffe aufhängte.

Noch immer hatten Schiffe der kaiserlichen Flotte auf Reede gelegen. Doch in der Zwischenzeit hatte sich das Wetter so verschlechtert, dass ein Aufenthalt außerhalb des Hafens nicht mehr verantwortet werden konnte. Also hatten sie den Anker gelichtet, um im Hafen an den bereits am Kai liegenden Schiffen längsseits festzumachen, wobei Strohballen zwischen den Bordwänden Beschädigungen verhindern sollten.

Im Hafen von Akkon war trotz der dadurch entstandenen Enge noch Raum zum Anlegen von Schiffen, die die Verbindung nach Cypern und dem italienischen Festland aufrechterhielten. Eines Tages gegen Abend landete ein Schnellsegler an. Der Hafenkapitän, bei dem sich alle ankommenden und abgehenden Schiffe melden mussten, erfuhr schnell, dass das Schiff vor zehn Tagen in Ostia, dem Hafen von Rom, abgelegt hatte. Es entstiegen ihm zwei Fratres, die an ihrer Kleidung leicht als dem Ordo Fratrum Minorum zugehörig erkannt wurden. Sie verließen den Hafen mit schnellen Schritten und begaben sich zu der nahe der Heiligkreuzkirche gelegenen Unterkunft des Patriarchen Gerold von Jerusalem. Der Hof des Kaisers, dem umgehend von der Ankunft des Schiffes Meldung gemacht worden war, unterrichtete den Kaiser, der sich leicht vorstellen konnte, was die Ankunft der Fratres zu bedeuten hatte.

Bei dem Patriarchen angekommen, meldeten sich die Franziskaner und stellten sich vor:

„Gott zum Gruße, Ehrwürden, ich bin Fra Angelicus und dies ist Fra Josephus vom Orden der minderen Brüder. Wir kommen direkt aus Rom mit einer Nachricht vom Heiligen Vater."

„Gott zum Gruße, ehrwürdige Patres. Was hat der Heilige Vater so wichtiges mitzuteilen, dass er gleich zwei seiner Mitarbeiter auf den beschwerlichen Weg zu mir schickt?"

„Der Heilige Vater hat uns aufgetragen",

begann eilfertig Frater Angelicus,

„Euer Hochwohlgeboren mitzuteilen, dass der Kaiser und König Friedrich II. sich nach wie vor im Kirchenbann und im Interdict befindet.

Dem Heiligen Vater ist zu Ohren gekommen, dass unter den Gläubigen dieses Landes der Eindruck vorherrscht, der Kaiser habe durch seinen Kreuzzug ausreichend Buße für seine Sünden getan. Dies ist in keiner Weise die Meinung des Papstes und des Heiligen Stuhles. Vielmehr wird an den weiterhin bestehenden Bann und das Interdict erinnert."

Frater Josephus unterstützte seinen Ordensbruder:
„Wir sollen Euch auch mitteilen, Ehrwürden, dass Ihr entsprechende Mitteilungen an die Großkomture der wehrhaften Orden der Templer, Johanniter und des Deutschen Ordens machen sollt.“
Nachdem sie dies auftragsgemäß dem Patriarchen von Jerusalem mitgeteilt hatten und von ihm entlassen worden waren, brachen sie auf zum nächstgelegenen Kloster ihres Ordens.
In den nächsten Tagen machte sich unter den führenden Köpfen der Templer und Johanniter eine gewisse Opposition gegen den Führungsanspruch des Kaisers bemerkbar. Die Großkomture pochten darauf, dass sie von alters her ihre Befehle nur vom Papst direkt entgegennehmen dürfen. Lediglich Hermann von Salza, der Führer des Deutschen Ordens, stand loyal hinter dem Kaiser. Der hatte aber darauf hingewiesen, dass eine Zersplitterung der Kräfte den zwingenden Untergang des Heeres bedeute und damit die erstrebte Rückgewinnung des Heiligen Landes scheitern müsse. Man einigte sich daher zähneknirschend darauf, ab sofort alle Befehle des Kaisers als: *im Namen Gottes und der Christenheit* erteilt zu verstehen.
So vergingen die Tage im September und zu Beginn des Oktobers im Jahre 1228, ohne dass von der Gesandtschaft irgendein Zeichen eintraf. Der Kaiser war ständig erregt und nervös und fand keine innere Ruhe. Die Nachrichten aus Italien waren besorgniserregend. Sein Statthalter Rainald von Spoleto hatte, anstatt sich ruhig zu verhalten und die Abwehr eines päpstlichen Angriffes vorzubereiten, selbst das Heft in die Hand genommen und das Patrimonium Petri, den Papststaat, angegriffen.
Auch in der Jagd oder der Beize mit Falken fand der Kaiser keine Abwechslung. Zudem waren durch die ständigen Kriege alle Arten von Wild so gut wie ausgerottet. Das galt im gleichen Maße für die Vogelwelt, die noch zusätzlich durch die Trockenheit des Sommers dezimiert war. So blieben ihm nur Ausritte mit seinem Freund Hermann von Salza zu der Burg Montfort, die der Kaiser dem Deutschen Ritterorden geschenkt hatte. Der Großkomtur hatte angeordnet, dass in dieser Burg der Deutsche Orden seinen Hauptsitz haben sollte. Da die ehemalige Johanniterfestung von Sultan Salah-Ed-Din zerstörte worden war, musste sie jedoch erst wieder aufgebaut werden, womit die Deutschordensritter wenigstens eine ernst zu nehmende Beschäftigung hatten. Die Johanniter und Templer taten das, was sie immer taten, wenn im Heiligen Land einmal Frieden herrschte. Sie

versammelten sich am Morgen, machten einen Tagesritt, übernachteten in einer ihrer Festungen und ritten am nächsten Tag wieder zurück. Dies war jetzt allerdings nicht mehr so einfach möglich, da Salah-Ed-Din auch diese Festungen großteils zerstört hatte. Man behalf sich, indem man nur den halben Weg ritt und zur Mittagszeit wieder umkehrte.

Die mit dem Kaiser ins Heilige Land gekommenen Ritter und Söldner aus Italien und Deutschland verstärkten die Befestigungen der Stadt Akkon. Insbesondere halfen sie, den äußeren Wall, der teilweise eingestürzt war, zu erneuern. Daneben übten sie sich in ihrem Kriegshandwerk. Da sie aber dennoch ausreichend freie Zeit hatten, verspielten sie ihren Sold mit Würfeln und Knobelspielen. In der Stadt Akkon hatten die Prostituierten und die Wirte der Schenken Hochbetrieb, was zu einem beständigen Preisanstieg bei den entsprechenden Dienstleistungen führte. Auch begannen Wein und Bier knapp zu werden, da der Nachschub mit dem Bedarf nicht in Einklang zu bringen war.

In dieser allgemeinen Lage, die dem Kaiser nicht zur Freude gereichte, geschah es nun, dass eines Tages ein Trupp der apulischen Sarazenen mit Nachrichten von der Gesandtschaft von ihrem Streifzug zurückkehrte. Die Apulier waren im Niemandsland zwischen den beiden Lagern überraschend auf einen etwa gleichgroßen Trupp von Mamluken des Sultans gestoßen. Man hatte zusammen gerastet und den Ziegenbalg mit Wasser kreisen lassen. Dabei war natürlich über dieses und jenes geschwätzt worden. Die Apulier hatten herausbekommen, dass die Gesandtschaft des Kaisers wohlbehalten im Lager des Sultans angekommen und über das Geschenk eine große Freude ausgebrochen war. Allerdings weilte, wie auch erwähnt wurde, der Sultan selbst zurzeit nicht in seinem Lager, sondern in einem anderen Teil seines Reiches.

Als dem Kaiser diese Nachricht überbracht wurde, war er einerseits froh, sein Geschenk an Ort und Stelle angekommen zu wissen, andererseits konnte er sich leicht ausrechnen, dass seine Gesandten nun im Lager auf den Sultan warten würden. Wenn der Sultan nur wollte, konnte dies endlos dauern. Dabei hatte sich die Lage des Kaisers eher verschlechtert als verbessert. Die christlichen Orden wollten in den Kampf ziehen und beklagten sich über die Verzögerungen. Bei den eigenen kaiserlichen Truppen begann sich die Disziplin aufzulösen. Aus der Heimat Italien kamen bedrohliche Nachrichten. Der Papst hatte angeordnet, dass in den beiden

Sizilien der kaiserlichen Gewalt nicht mehr Folge geleistet werden dürfe. Einige Städte des Regnum hatten sich daraufhin bereits vom Kaiser losgesagt. In dieser Situation nun, die entschlossenes sofortiges Handeln erforderlich machte, berief der Kaiser alle maßgeblichen Heerführer zu einer Besprechung in die Räume der Stadtfestung der Johanniter am übernächsten Tage ein. Zu der angegebenen Zeit waren folgende Herren erschienen und hatten um einen großen Tisch herum Platz genommen:

Kaiser Friedrich II., Kaiser und König von Regnum und Imperium
Richard Fielangieri, Reichsmarschall des Königreiches Sizilien
Hermann von Salza, Großkomtur des Deutschen Ritterordens
Peter von Vinea, Protonotar, erster Berater des Kaisers
Guarin de Montague, Meister des Hospitals in Jerusalem
Pierre de Montague, Großkomtur des Templerordens
Heinrich von Malta, Admiral der kaiserlichen Flotte

Der Kaiser gab eine kurze Schilderung der Situation:
„Wie wir erfahren konnten, ist unsere Gesandtschaft mit dem Geschenk im Lager des Sultans Al-Kamil glücklich eingetroffen und hat dort große Freude hervorgerufen. Leider scheint der Sultan nicht in seinem Lager zu sein. Dies kann verschiedene Gründe haben. Jedenfalls braucht er, solange er nicht anwesend ist, auch keine Stellungnahme zu unserem Schreiben abgeben. Ich gehe also im ungünstigsten Falle davon aus, dass wir in absehbarer Zeit keine Antwort von dem Sultan erhalten werden. Da wir aber nicht auf unbestimmte Zeit auf seine Rückkehr warten können, schlage ich vor, das hiesige Lager zu verlassen und uns in Richtung Jaffa, dem Sultan entgegen, auf den Marsch machen. Damit erreichen wir drei Dinge:
Erstens, unser Heer wird wieder in Bewegung gebracht und rostet hier nicht ein, zweitens, und das ist wohl am wichtigsten, wir üben eine nicht unbeträchtliche Bedrohung auf die Araber aus. Drittens, der Weg von Jaffa nach Gaza ist viel kürzer als der von Akkon nach Gaza, sodass im Verhandlungsfalle die Botschaften viel schneller ausgetauscht werden können.“
Der Kaiser lehnte sich nach diesen Worten in seinem Stuhl zurück.
„Meine Herren, ich bitte Sie nun um Ihre Stellungnahme zu meinem Vorschlag.“

Die Herren brauchten einen Moment, um sich mit ihren Nachbarn abzustimmen, bevor sie antworteten. Als erster ergriff Pierre de Montague, der als Scharfmacher bekannt war, das Wort:

„Majestät, selbstverständlich ist alles, was wir unternehmen, besser als hier zu sitzen und zu warten. Wir haben schließlich den Auftrag, das Heilige Land zurückzuerobern. Mir wäre es allerdings am liebsten, wenn wir nicht nur bis Jaffa marschierten, sondern uns gleich auf die Heiden in Gaza stürzten und sie vernichteten."

Der Kaiser setzte sich wieder aufrecht:

„Wenn Sie so vorgehen, lieber Montague, werden sie leider Ihre Heimat Frankreich nie wiedersehen. Dass die Heiden uns mehr als dreifach überlegen sind, werden Sie ja wissen. Wir haben aber, was viel schlimmer ist, in Maiuma, dem kleinen Hafen von Gaza, kaum Möglichkeiten, uns mit Nachschub zu versorgen. Wir würden also schon nach kurzer Zeit dort unten verhungern und verdursten. Seinen Sie also bitte so nett und machen Sie Vorschläge, die auch realisierbar sind."

Der Seitenhieb des Kaisers gegen den hitzköpfigen Großkomtur war unüberhörbar.

Als nächstes meldete sich Hermann von Salza zu Wort:

„Wir werden wohl, wie ich vermute, in einer geschlossenen Kolonne marschieren. Ich schlage vor, dass die Johanniterritter die Vorhut und die Templer die Nachhut bilden, wie wir es auf unseren Märschen im Heiligen Land immer gehalten haben. Die Sarazenen sollten die seitliche Sicherung übernehmen, und die Deutschen und italienischen Ritter halten zwischen sich den Versorgungstross. Über den genauen Abmarschtermin müssen wir noch entscheiden."

Der Kaiser bedankte sich bei Hermann von Salza und wandte sich an Heinrich von Malta:

„Herr von Malta, wir müssen uns noch über die Regelung zur Versorgung des Heeres unterhalten. Auf dem Marsch von Akkon nach Jaffa muss sich meiner Ansicht nach das Heer selbst versorgen, also müssen für jeden Mann ausreichend Nahrungsmitteln und Wasser für etwa zehn Tage mitgeführt werden. In Gaza sollte noch vor Ablauf dieser zehn Tage eine ausreichende Anzahl von Schiffen mit den entsprechenden Vorräten zur Anlandung zur Verfügung stehen. Können Sie dies garantieren?"

Der Kaiser blickte dem Admiral direkt ins Gesicht, dessen Antwort nach kurzer Überlegung lautete:
„Majestät, dies ist ausschließlich eine Frage der Witterungsverhältnisse. Bereits in den letzten Tagen ist eine Verschlechterung des Wetters zu beobachten gewesen. Insbesondere hat der Wind aus West und Nordwest zugenommen. Wenn sich diese Winde in der nächsten Zeit verstärken, kann es sein, dass wir mit den Schiffen nicht auslaufen können. Dieses Faktum müssen wir auf alle Fälle einkalkulieren. Das Heer wird daher möglicherweise in Gaza eintreffen, ohne dass bereits Proviantvorräte angelegt werden konnten. Daher sollten sich die Truppen vorsichtshalber für eine längere Zeit als zehn Tage verproviantieren."
Der Kaiser stellte noch eine Frage:
„Herr von Malta, ich hatte vor einiger Zeit Befehl gegeben, soviel als möglich Schiffszwieback herzustellen. Haben wir nun einen ausreichenden Vorrat?"
„Wir haben so viel hergestellt, wie wir auf den Schiffen lagern konnten. Allein mit dem Schiffszwieback können wir aber das Heer nicht ernähren." „Gut, Herr von Malta, die Fouriermeister sollen sich dieses Problems annehmen. Leider können wir im Voraus keine Vorräte in Jaffa anlegen, weil wir dort bisher keine Truppen haben und die Befestigungsanlagen sehr stark zerstört sind."
Es wurde verabredet, alle Vorbereitungen beschleunig zu treffen, um in etwa acht Tagen den Abmarsch nach Jaffa befehlen zu können.
Der Kaiser wollte die Sitzung schon schließen, als sich Marschall Richard Fielangieri zu Wort meldete:
„Majestät, zu der Frage der Verproviantierung des Heeres gebe ich noch zu bedenken, dass wir auf der ganzen Strecke durch ein Gebiet kommen, das seit Jahrzehnten ständig ausgeplündert worden ist. Die Bewohner haben zum großen Teil ihre Dörfer verlassen und es besteht keine Möglichkeit, dort irgendetwas zu requirieren."
Der Kaiser antwortete kurz und es war ihm anzumerken, dass die Anhäufung der geschilderten Schwierigkeiten ihm zu schaffen machte:
„Schon gut, mein lieber Fielangieri, ich hoffe nur, dass ich in Zukunft auch wieder einmal gute Nachrichten erhalte."
Die nächsten Tage waren damit ausgefüllt, in den Heerlagern die Zelte abzubauen und auf die Ochsenkarren zu laden. Die Truppen mussten sich

daher vorübergehend mit der Hälfte des ihnen bisher in den Zelten zur Verfügung stehenden Platzes begnügen. In den Unterkünften der Ritter wurden die eigenen Habseligkeiten wieder in Truhen verstaut, die mit großen Schlössern verriegelt wurden. Die Fouriermeister requirierten alle Lebensmitteln, die sie auftreiben konnten und zahlten dafür mehr als je zuvor. Die einzelnen Ritter erhielten ihre Rationen für die geschätzte Zeit des Marsches zugeteilt, damit sie diese in eigener Verantwortung verwalteten. Die Rationen der gemeinen Soldaten wurden, nach dem sie auf die Ochsenkarren verladen waren, von den Vorgesetzten bewacht und verwaltet und nach Bedarf verteilt. Als dies nun alles vorbereitet war und nur noch der endgültige Befehl zum Abmarsch erteilt werden musste, geschah es, dass in den Karmelbergen eine Staubwolke, zuerst ganz schwach gegen die aufsteigende Sonne, dann stärker sich erhob und dadurch ankündigte, dass ein Trupp von Reitern auf dem Wege nach Akkon war. Diese Nachricht verbreitete sich im Lager wie ein Lauffeuer und es wurden einige Sarazenen ausgeschickt, um zu erkunden, wer sich der Stadt näherte. Es dauerte etwa drei Stunden, dann waren die Sarazenen zurückgekehrt und mit ihnen die zum Sultan geschickte Gesandtschaft – Balian von Sidon und Graf Thomas von Acerra ebenso wie die dreißig Sarazenen der Bewachung und die Dienerschaft. Von den vier Ochsen, die den Karren mit der Silberschale gezogen hatten, war einer bereits auf dem Hinweg verendet, die anderen drei hatten die Sarazenen des Kaisers und die Dienerschaft am Spieß gebraten und mit Zustimmung des Balian und des Grafen von Acerra zusammen mit den Mamluken des Sultans verspeist. Den Ochsenkarren hatte man im Lager des Sultans belassen. Nachdem die Herren sich gestärkt und etwas frisch gemacht hatten, erstatteten sie dem Kaiser in seiner Unterkunft Bericht. Balian erzählte, wie es ihnen ergangen war:

„Wir haben durch das Ochsengespann mit der Silberschale sehr lange gebraucht, bis wir das Lager des Sultans in Gaza erreichten. Unterwegs ist uns einer der Ochsen verendet und wir wurden mehrere Male von umherstreifenden Mamluken des Sultans angehalten und kontrolliert. Man ließ uns aber jedes Mal ohne weitere Schwierigkeiten passieren. Es war sicherlich richtig uns durch den Schnellsegler beim Sultan anzumelden. Als wir das Lager der Araber erreichten, wurde uns mitgeteilt, dass der Sultan vor einigen Tagen Gaza verlassen hatte. Später konnten wir in Erfahrung bringen, dass er sich auf dem Weg nach Oberägypten befand, um sich dort einer Operation seiner Innereien zu unterziehen. Wir hatten ausschließlich mit Emir Fahr ed-Din Kontakt, der als Statthalter den Sultan vertritt. Das Schreiben Eurer Majestät haben wir übergeben. Es war aber nicht möglich, von dem Emir irgendeine mündliche Stellungnahme zu erhalten. Da niemand uns sagen konnte oder wollte, wann mit des Sultans Rückkehr zu rechnen sei, haben wir sieben Tage gewartet und dann Anstalten getroffen zurückzureiten. Eines wäre noch zu erwähnen: Wir konnten bemerken, dass der Harem des Sultans und die umfangreiche Dienerschaft ihre Sachen packten und, wie wir glauben, Vorbereitungen für einen Abmarsch trafen. Dies würde meiner Ansicht nach bedeuten, dass man sich vom Harem und der Dienerschaft trennt, um die Truppen im Notfall schnell verlegen zu können. Ich schließe nicht aus, dass dies eine Reaktion auf Eure Vorbereitungen zum Marsch nach Jaffa ist."

Der Kaiser konnte sich eine Bemerkung nicht verkneifen:

„Es ist erstaunlich, aber was immer wir tun, die Araber sind uns einen Schritt voraus."

Graf von Acerra übernahm jetzt das Wort und berichtete weiter:

„Als dem Emir bekannt wurde, dass wir abreisen wollen, kam er in unser Zelt und übergab uns diese Schatulle."

Auf einen Wink brachte ein Diener vorsichtig eine kunstvoll mit kufischer Schrift versehene Metallhülse, die er dabei sorgfältig waagrecht hielt. Sie war vergoldet und hatte an einem Ende einen Schraubverschluss, der mit einem Cherubim verziert war. Die Abmessungen dieser Hülse waren so gewählt, dass ein gerolltes Pergament im Inneren Platz hatte. Am Boden war ein Wulst aus Silber zu erkennen der offenbar hohl war, wie man hören konnte, wenn man mit einem metallenen Gegenstand daran klopfte. Das Gerät war allen Anwesenden völlig unbekannt und keiner, auch die des Arabischen Kundigen, konnte die Schrift lesen. Zu der Metallhülse gehörte auch noch ein eigentümlich geformter Behälter aus edlem Holz, der dem Herzog auf einen Wink hin von einem Diener gereicht wurde. Er war so rund wie ein Ball. Lediglich gegenüber von zwei Scharnieren zum Öffnen des ebenfalls runden Deckels befand sich eine große ebene Fläche. Im Inneren war ein Hohlraum in das ansonsten massive Holz eingearbeitet, der nahtlos die Metallhülse mitsamt dem Cherubim aufnehmen konnte. Wenn das der Fall war, was sicher auf langen Transporten angezeigt

erschien, konnte der Holzbehälter nur auf eine einzige Art und Weise aufgestellt werden. In allen anderen Lagen sorgte der exzentrische Schwerpunkt dafür, dass er wieder auf seine flache Seite rollte. Damit war gewährleistet, dass die Metallhülse niemals versehentlich die senkrechte Lage annehmen konnte, was einen Vernichtungsmechanismus ausgelöst hätte. Der Kaiser war aufs höchste interessiert und erregt und fragte den Grafen Acerra:
„Was hat der Emir sonst noch gesagt, als er Euch diese Hülse übergab?"
„Er sagte lediglich, dieser Behälter enthalte eine Nachricht, die ausschließlich für den Emberür bestimmt sei. Beim Transport dürfe die Schatulle niemals senkrecht stehen, als ob der Cherubim fliegen wollte. Würde dies nicht streng beachtet, würde die Nachricht vernichtet, dasselbe geschehe auch, wenn jemand versuche, gewaltsam an die Nachricht zu gelangen. Wie der Kaiser die Schatulle öffnen könne, sei in kufischer Schrift auf der Außenseite niedergeschrieben."
Die Verwirrung unter den Anwesenden hatte sich noch verstärkt. Keiner wusste, wie man an den Inhalt der Schatulle gelangen konnte. Es wurde aber streng darauf geachtet, dass die Hülse nicht senkrecht zu stehen kam. Nach einiger Zeit hatte der Kaiser die zündende Idee.
„Wo ist mein Berater Michael Scotus? Lasst sofort nach ihm suchen und bringt ihn zu mir. Er ist der einzige, der uns weiterhelfen kann."
Der Gesuchte war Hofastrologe, Wahrsager und Übersetzer arabischer Schriften. Er hatte, als er noch in Toledo lebte und arbeitete, bereits die Schriften des Aristoteles, die nur in Arabisch vorlagen, ins Lateinische übersetzt. Man fand ihn, wie nicht anders zu erwarten, in einer Bibliothek in das Studium jüdischer Literatur vertieft. Als er endlich eintraf, übergab ihm der Kaiser die runde Schatulle mit dem Cherubim auf der Oberseite, nicht ohne darauf hinzuweisen, den Gegenstand auf keinen Fall senkrecht zu stellen. Michaels Scotus, der zu dieser Zeit etwa fünfzig Jahre alt war, lächelte verschmitzt und wissend:
„Majestät, dies ist ein uralter Gegenstand, den schon die Pharaonen zum Transport geheimer Nachrichten benutzten. Wenn er senkrecht steht, setzt sich eine Sanduhr in Bewegung und nach einer gewissen Zeit, die außen aufgeschrieben ist, lässt sich der Verschluss öffnen. Wenn man dann nicht rechtzeitig die Botschaft entnimmt, wird, vielleicht nach einer Stunde, ein Gas freigesetzt, das sofort das Pergament zerfrisst. Der Cherubim, also der

Wächterengel auf der Oberseite, weist darauf hin, dass der Inhalt streng geheim ist. Wie Ihr wisst, wachten auf der Bundeslade, die in Jerusalem im Tempel Salomons stand, zwei Cherubim über den Inhalt. Hier ist es eben nur einer."

Michael Scotus ging nun an die Übersetzung des kufischen Textes, wobei er sich einer Lesehilfe bediente.

„Aha, sagte ich es nicht? Wenn Sie das Gerät senkrecht stellen, können Sie nach zwei Stunden den Verschluss öffnen. Es bleibt Ihnen dann noch eine weitere Stunde, um die Nachricht zu entnehmen, danach wird durch ein ausströmendes Gas der Inhalt zerstört. Ob dieses Gas auch für Mensch und Tier giftig ist, kann ich dem Text nicht entnehmen, ich würde aber vorschlagen nach der Entnahme des Pergamentes den Behälter zum Fenster hinauszuwerfen."

Der Kaiser musste über die drastische Darstellung seines Astrologen lachen:

„Ihr habt gut Spotten, mein lieber Michael, schließlich ist die Nachricht ja nicht für Euch bestimmt, sondern für mich. Ich danke Euch aber dennoch, wir wissen so jedenfalls, wie wir mit diesem fremdartigen Gegenstand umgehen müssen."

Der Kaiser nahm die Metallhülse wieder an sich, wobei er weiterhin sorgfältig darauf achtete, dass die waagerechte Lage eingehalten blieb und legte sie in den runden Holzbehälter, den er ehrfürchtig auf den Tisch stellte, wo er nicht umfallen konnte. Inzwischen stand die Sonne hoch am Himmel und der Abmarsch wurde auf den kommenden Tag festgelegt. Sobald der Kaiser, der es nicht erwarten konnte, die Botschaft in der Schatulle zu lesen, alleine war, unterzog er sich der Öffnungsprozedur, indem er die Metallhülse senkrecht stellte. Nach zwei Stunden konnte er tatsächlich den Schraubverschluss öffnen und ein beschriebenes Pergament entnehmen. Anschließend stellte er den offenen Behälter in den Garten, damit dort das zerstörende Gas entweichen konnte. Als er anschließend die in Latein abgefasste Botschaft überflogen hatte, wurde er leichenblass, versteckte das Dokument zusammengerollt in seinem Wams und änderte das Marschprogramm für den nächsten Tag. Anstatt den Johannitern die Vorhut zu überlassen, erteilte er Marschall Fielangieri den Auftrag, mit fünfhundert Rittern vorauszureiten. Dann ordnete er an, dass Hermann von Salza und fünfzehn Sarazenen sowie zwei Knappen und sein Leibdiener als kleine

Gruppe mit ihm, dem Kaiser, allein durch die Wüste reiten. Der Kaiser wollte in der Einsamkeit der palästinensischen Küstenlandschaft nur mit seinem engsten Vertrauten über das Pergament nachdenken und diskutieren und dabei versuchen, den auf ihm lastenden seelischen Druck abzubauen. Er nahm an diesem Tage keine Nahrung mehr zu sich und fand in der Nacht keinen Schlaf, so dass er sich weit nach Mitternacht einen Schlaftrunk mischen ließ.

Entsprechend dem Befehl zum Aufbruch, setzten sich am Morgen bei Sonnenaufgang zunächst die Ritter des Marschalls Fielangieri als Vorhut in Bewegung. Dann folgten eine kleine Truppe mit dem Kaiser und daran anschließend die Ritter des Johanniterordens und alle anderen Teile des Heeres.

Kapitel 2
Auf dem Weg nach Jaffa

Über dem Horizont stieg eine Staubwolke auf und verlor sich, während sie an Höhe gewann, in der Wirbel bildenden Luft. Alles war trocken, braun und staubig. Von Nordwesten, vom Meer her, wehte ein nasskalter, die Kleidung durchdringender unfreundlicher Wind. Die Landschaft, die man seit alters- her Kanaan nennt, war mit Steinen übersät, die aber zu klein waren, um die Kraft des Windes zu brechen. Aus der Richtung, aus der die Böen wehten, konnte man in der Ferne das dunkle Blau des Meeres und die weißen Schaumkronen auf den Wellen erkennen.
Die Reiter auf dem Hügel beobachteten angestrengt die sich nähernde Staubwolke.
„Sie werden noch gut zwei Stunden zu reiten haben, bevor die Spitze ihres Zuges uns erreicht."
Der dies sagte, war Friedrich II, Kaiser des Heiligen Römischen Reiches Deutscher Nation, König des Regnum Siziliae, König von Burgund, ungekrönter König von Jerusalem, der sich auf seinem Hengst nach hinten gewandt hatte, um die ihn begleitenden etwa zwanzig Reiter zu mustern.

Ein hochgewachsener Mann auf einem rassigen Pferd, das unter ihm leicht tänzelte. Die Araber sagten von ihm, er sei zwar kleiner als die Größten, aber größer als die Kleinsten und die Mittleren. Das Zaumzeug und die Satteldecke bestanden aus edlem Brokat mit eingewebten Goldfäden. Solche Arbeiten konnten nur in der Stadt Byzanz oder in den Hauptstädten Bagdad, Damaskus oder Kairo der arabischen Reiche hergestellt werden. Das Schwert an seiner linken Seite war edelste normannische Schmiedearbeit, die Scheide aus feinstem Leder jedoch war mit arabischen Lettern verziert. „Lasst uns hier rasten und auf die Heerschar warten!"
Indem er sich an einen der Reiter wandte, der sich durch einen weißen Umhang mit aufgenähtem schwarzem Kreuz von den anderen abhob, fuhr er fort:
„Ich glaube, wir sollten etwas vorsichtiger sein mit unserem Freund, dem Sultan Al-Khamil, und uns nicht zu weit von unseren Truppen entfernen."
„... oder vorsichtiger mit seinem einflussreichen Emir Fahr ed-Din",
fügte der Angesprochene hinzu.

„Kommt bitte etwas näher zu mir, Hermann, ich muss mit Euch sprechen."
Während er dies sagte, war der Kaiser vom Pferd gestiegen und nahm seinen Helm ab.
„Sofort Majestät, lasst mich nur zuvor noch veranlassen, dass ein Windschutz ausgerollt wird. Auch ein Schluck Wasser mag Eurer Majestät bei diesem Staub nicht schaden."
Er wandte sich an einen der arabisch gekleideten Reiter:
„Mahoud, bring uns zwei Stühle und rolle einen Windschutz aus, später schenke uns etwas Wasser ein!" Dann stieg auch er vom Pferd.
Als Mahoud den Windschutz aus aufgerolltem Binsengeflecht mit in den Boden eingeschlagenen Stangen verbunden hatte und die zwei Stühle im Windschatten aufgeschlagen waren, stiegen auch die anderen Reiter von ihren Pferden und ließen sich in gebührendem Abstand von der windabweisenden Konstruktion zur Rast nieder.
Der vom König mit Hermann angesprochene Ritter, der kein anderer als Hermann von Salza, Großmeister des Deutschen Ritterordens war, hatte nun ebenfalls seinen Helm abgenommen. Auch ihre Umhänge legten Kaiser und Ritter ab und ließen sich auf den Stühlen nieder. Zuvor hatte der Kaiser aus der Seitentasche seines Umhanges ein gerolltes Dokument hervorgezogen und es dem Deutschordensritter in die Hand gedrückt.
„Seht, Hermann, dies müsst Ihr lesen. Es ist das Schreiben des Sultans Al-Kamil, das mir gestern unter so geheimnisvollen Umständen überbracht wurde. Aber bedenkt bitte dabei, dass dieser Text für mich, das Imperium und das Regnum von allergrößter Wichtigkeit ist, und unbedingt geheim bleiben muss."
Hermann von Salza sprang auf:
„Majestät, Ihr wisst genau, dass ich niemals etwas weitergeben werde, wenn Ihr es nicht ausdrücklich vorher genehmigt habt."
„Schon gut, schon gut, ich weiß Eure Verschwiegenheit zu schätzen. Aber nun lest das Dokument und sagt mir dann Eure Meinung."
Nachdem Hermann von Salza das Pergament sorgfältig gelesen hatte, holte er tief Luft, hielt sie eine Weile an, um sie dann durch die Lippen vernehmlich herauszupressen.
„Das ist fürwahr ein tolles Stück. Was hat sich der Mensch dabei gedacht, als er Euch dieses Schreiben sandte?"

„Das ist leicht zu beantworten.“
Der Kaiser drehte sich zu Hermann von Salza und sah ihm in die Augen. „Ihr wisst doch noch, wie wir im letzten Jahr mit dem Sultan vereinbart hatten, dass er uns die heilige Stadt Jerusalem nebst diversem Landbesitz, dazu verschiedene Hafenstädte und die entsprechenden Verbindungsstraßen kampflos übergeben wollte, sofern wir ihm dabei helfen würden, seinen Bruder Al-Muazzam aus Damaskus zu vertreiben. Nun ist Al-Muazzam gestorben und Al-Kamil hat Angst, es könne ihn den Kopf kosten, wenn er seine Zusage uns gegenüber einhält. Er kann uns aber auch nicht aus dem Land jagen, solange noch An-Nasir, der Sohn seines verstorbenen Bruders Al-Muazzam in der Stadt Damaskus regiert.“
Der Kaiser machte eine kleine Pause, um nachzudenken.
„Offensichtlich hat er aber die Lösung des Problems mit An-Nasir seinem dritten Bruder Al-Ashraf überlassen und ist mit seinen Truppen, wie aus dem Dokument ersichtlich, an die Grenze seines Reiches nach Gaza zurückgekehrt. Er konnte auch gar nicht anders handeln, denn hätte er, nachdem wir in Akkon gelandet sind, allein Damaskus angegriffen, wäre es für uns, auch mit unseren geringen Kräften, ein Leichtes gewesen, ihn zwischen uns und der Stadt Damaskus in die Zange zu nehmen und aufzureiben. Natürlich hat der schlaue Fuchs davon in seinem Pergament überhaupt nichts erwähnt. Tatsächlich hat sich seine Situation durch die Verständigung mit seinem Bruder jedoch so gewaltig verändert, dass er daraus jene absurde Forderung ableitet, die er so frech in seinem Pergament stellt.“
Dem Kaiser war anzusehen, dass ihn der Gedanke an die Forderungen des Sultans innerlich erschauern ließ.
Hermann von Salza unterbrach die Gedanken des Kaisers.
„Ich habe eben daran gedacht, was wohl der Heilige Vater, Gregor IX., unternehmen würde, wenn wir auf das eingingen, was der Sultan in seinem Pergament fordert. Ich fürchte, alle Höllenqualen und das Fegefeuer sind vergleichbar milde dagegen.“
Er zwirbelte mit der rechten Hand seinen Bart.
„Wenn ich an die möglichen Reaktionen des Heiligen Vaters denke, kann ich keine Möglichkeit erkennen, wie man den Forderungen des Sultans entsprechen könnte. Wenn wir doch nur etwas kampfstärker wären, dann würden sich sogleich andere Möglichkeiten auftun. Wir könnten die Sara-

zenen zu Paaren treiben und alle unsere Probleme wären gelöst. Der Papst würde Euch sofort aus dem Bann erlösen und niemals wieder mit Euch streiten."

„Ja, schön wäre es. Wir sind aber nicht nur schwächer als der Sultan", der Kaiser räusperte sich, „sondern haben hier eine ganze Heerschar unzufriedener Kreuzfahrer, wegen denen, wie Ihr wisst, unsere besten Männer auf der Insel Cypern zurückbleiben mussten, und von denen keiner weiß, ob sie sich für unsere Sache schlagen werden. Hinzu kommt, dass die Templer und Johanniter ohnehin stets versteckt eine Faust geballt gegen uns halten, solange wir uns im Bann des Papstes befinden. Dass wir ihnen unsere Befehle *im Namen Gottes und der Christenheit* erteilen müssen, ist nicht nur ärgerlich, sondern für mich auch beleidigend. Als ich ihnen gestern den Befehl zum Aufbruch überbringen ließ, haben sich die Großkomture der Orden nur recht widerwillig auf den Weg gemacht."

„Majestät, bitte sagt mir, was ist überhaupt der Grund für unseren Aufbruch aus Akkon, und wo gehen wir hin bei all unserer Schwäche?"

„Es gibt mehrere Gründe für unseren Aufbruch. Einmal war zu erkennen, dass das ständige Warten in Akkon der Zucht des Heeres nicht gut bekam. Zum anderen will ich die Verbindung zu unserem Freund so kurz wie möglich halten, damit ich im besonderen Falle schnell reagieren kann. Dass bei dieser Gelegenheit das ganze Heer am Aufbau der Befestigungen von Jaffa beteiligt werden kann, soll mir nur recht sein."

Der Kaiser trank einen Schluck Wasser und fuhr dann fort:

„Wisst, Hermann, Schwäche ist nur dann ein Makel, wenn der Feind davon weiß. Ich hoffe, dass die Späher unseres Freundes Al-Khamil aus der Staubwolke am Horizont auf unsere Stärke schließen, und dass sie sich dabei verrechnen. Ich habe deshalb angeordnet, dass die Reiter mindestens eine Pferdelänge Abstand voneinander halten und die Fußsoldaten den doppelten Abstand wie üblich einhalten."

Der Kaiser hielt inne, seufzte tief, und fuhr fort:

„Dies alles sind aber nur kleine Listen, um vielleicht meine Lage etwas zu verbessern. Es bleibt jedoch das Problem, dass ich bis jetzt keine Erfolge vorweisen kann und inzwischen Papst Gregor IX. Söldner anwirbt, um mein Land zu überfallen. Infamerweise bedient er sich dabei der Hilfe meines eigenen Schwiegervaters, des Herrn Johann von Brienne, dem Vater meiner erst kürzlich verstorbenen Frau Yolanda."

Kaiser Friedrich schwieg nachdenklich und Hermann von Salza wusste aus dieser verfahrenen Situation auch keinen Ausweg.

Nach einiger Zeit brach der Kaiser erneut das Schweigen:

„Sultan Al-Kamil geht davon aus, dass wir auf keinen Fall ein Stück unseres Landes kampflos abgeben werden. Er stellt also eine Forderung, von der er annimmt, dass wir sie auf keinen Fall erfüllen können. Andererseits meine ich zwischen den Zeilen auch herauszulesen, dass trotz äusserst schwerer Bedingungen eine Übergabe der heiligen Stätten nicht ausgeschlossen ist. Was wäre also, wenn wir ihm eine Zusage machten? Er kann ja nun, da er sich in dem Dokument verpflichtet hat, nicht Nein sagen. Natürlich kann er versuchen, uns auf kleiner Flamme zu garen. Aber wir sind ihm durch unseren Abmarsch aus Akkon nun wieder viel näher gerückt, sodass sich auch leichter Gespräche führen lassen."

Der Kaiser war aufgestanden und streckte die Hände zum Himmel, wobei er mehrere Male tief einatmete. Man konnte ihm seine innere Anstrengung ansehen. Seufzend sagte er:

„Hermann, Hermann, es gibt keinen anderen Ausweg, wir müssen nach dem dargebotenen Strohhalm greifen, ob wir wollen oder nicht."

Hermann von Salza malte sich aus, wie beim Heiligen Stuhl in Rom bei Bekannt werden der Botschaft sofort alle Glocken Alarm läuten würden, und erschauerte innerlich zutiefst. Nach einer kurzen Pause hatte sich der Kaiser wieder gefasst:

„Wenn der Heerbann hier ist, schickt bitte nach den Herren Thomas von Acerra und Balian von Sidon, sie möchten sich bereithalten, um nach unserer Ankunft in Jaffa erneut zu Sultan al-Kamil nach Gaza zu reiten. Wir dürfen keine Zeit verlieren."

In die neben dem Windschutz lagernden Sarazenen war Bewegung gekommen. Auf ein Zeichen ihres Anführers sprangen sie auf und holten ihre Gebetsteppiche, die an ihren Pferden neben dem Sattel befestigt waren. Sie rollten sie aus, wobei sie wenig darauf achteten, dass ein Teppich neben dem anderen lag. Die Richtung nach Mekka hatte ihnen ihr Anführer vorgegeben. Nach einer kurzen Rezitation aus dem Koran beugten sie ihre Köpfe auf den Boden und beteten so still vor sich hin.

Der Kaiser hatte Hermann von Salza, indem er den Finger auf den Mund legte, ein Zeichen gegeben, jetzt nicht zu sprechen.

An dem Gebet nahmen etwa fünfzehn Reiter teil. Sie gehörten zu der Leibgarde des Kaisers, die in Lucera nahe bei seiner Residenz Foggia in Apulien stationiert ist. Der Kaiser hatte etwa tausend der Treuesten auf seinen Kreuzzug ins Heilige Land mitgenommen. Das Gros von etwa neuntausend Mann sollte als Reserve bereit stehen oder sich zur Verteidigung des Heimatlandes bereithalten.

Mahoud, der Diener, war Christ und nahm deshalb an dem Gebet nicht teil, ebenso wie zwei Reiter, die ebenfalls zu der kleinen Gruppe gehörten und bei denen es sich um die Knappen von zwei dem Kaiser sehr nahe stehenden Edelleute handelte.

Nach einiger Zeit standen die Sarazenen auf, rollten ihre Gebetsteppiche zusammen und befestigten sie wieder an den Sätteln ihrer arabischen Pferde. Bei dieser Gelegenheit klopften sie ihren Pferden freundschaftlich auf den Hals oder rieben mit der Hand leicht über die Nüstern. Es hatte den Anschein als wollten die Pferde sich bedanken, denn sie wandten die Köpfe zu ihren Reitern und wieherten leise. Die Pferde waren ihren Reitern blind ergeben. In der Schlacht hatten sie vor nichts Furcht. Selbst im grössten Geschrei und Getümmel gehorchten sie ihren Reitern ohne Zögern. Dies war einer der Gründe, weshalb die Reiterscharen der Nachfolger des Propheten so grosse Erfolge hatten.

Während sich der Kaiser mit Hermann von Salza unterhielt und dieser das Pergament des Sultans Al-Kamil zurückgab, hatten sich die zwei Knappen etwas abseits von den anderen zu einem Gespräch niedergelassen.

„Wir sind bisher noch gar nicht dazu gekommen, uns bekannt zumachen. Ich habe Euch zwar schon im Feldlager des Kaisers gesehen, aber ich hatte so viel für meinen Herrn zu tun, dass ich am Abend gar nicht mehr wusste, wo mir der Kopf steht. Ich heisse Johann von Ibelin, genau wie mein Vater, den sie hier den Alten von Beirut nennen. Meine Mutter stammt aus dieser Gegend hier. Wenn wir Glück haben, kommen wir an unserem Landsitz Arsur vorbei. Er liegt nur fünfzehn Kilometer von Jaffa entfernt. Aber du kommst sicher aus Deutschland, niemand hier hat solch blondes und lockiges Haar, und ein Gesicht wie Milch und Honig."

Der dies sagte, war ein schlanker sehniger Knabe von etwa fünfzehn Jahren. Sein glattes schwarzes Haar umrahmte ein ebenmässiges, schönes Ge-

sicht. Am auffälligsten waren aber seine großen, dunklen und ausdrucksvollen Augen, die man immer wieder ansehen musste.
„Du hast ganz Recht, ich komme aus Schwaben, aus der Nähe des Ortes, wo auch unsere Majestät seinen Ursprung hat. Mein Name ist Rainald von Schweinspeunt."
Als er dies sagte verzog er etwas den Mund.
„Ich weiß, ich weiß, diesen Namen kann hier niemand aussprechen, wir wollen uns am besten mit unseren Vornamen anreden."
„Gut Rainald, aber du sagtest eben, unsere Majestät hätte in Schwaben ihren Ursprung. Man hat mich aber gelehrt, dass er seinen Ursprung in Sizilien und bei den Normannen hat."
„Beides ist richtig. Sein Vater war Heinrich VI., und der war ein Staufer aus dem Geschlecht der Hohenstaufen aus Schwaben. Seine Mutter war Konstanze, die Königin von Sizilien."
Johann hob etwas die Augenbrauen.
„Nicht ganz. Konstanze war nicht Königin von Sizilien, sondern sie war von ihrem Bruder Wilhelm II. zur Regentin bestimmt worden, sofern er vor ihr kinderlos stirbt. Was dann auch geschehen ist. Danach hat Heinrich VI. Konstanze geheiratet, sich zum König von Sizilien gekrönt und sie zur Kaiserin gemacht. Später kam es noch zu einem Aufstand der adeligen Fürsten, die mit dieser Lösung nicht einverstanden waren. Der König ließ ihn aber blutig niedergeschlagen. Dann wurde unsere Majestät, Kaiser Friedrich II, in Jesi in der Mark Ancona geboren."
Rainald hatte interessiert zugehört. Er war jünger als Johann, hatte aber die gleiche Größe. Nur war er etwas stabiler gebaut und hatte nicht das liebliche Gesicht des cyprischen Knappen.
„Du weißt ja sehr gut in der Geschichte des Abendlandes Bescheid, Johann. Wie ist das eigentlich mit den Sarazenen, die dem Kaiser auf Leben und Tod ergeben sind? Ich habe gehört, sie hätten früher in Sizilien gelebt"
Johann setzte sich auf dem Stein, auf den er sich niedergelassen hatte, in Positur und erklärte Rainald die Zusammenhänge:
„Unsere Majestät, Kaiser Friedrich II., macht sich die Tapferkeit von Ross und Reiter der Sarazenen geschickt zunutze. Nachdem er in den ersten Jahren seiner Regierung die Aufstände der Sarazenen in Sizilien, wo sie seit zweihundert Jahren ansässig waren, niedergeworfen hatte, verzichtete

er weitgehend auf die Rache des Siegers. Stattdessen siedelte er die Familien einschließlich der wehrfähigen Männer nach dem Festland um. In Apulien, in einem Gebiet, das Murge genannt wird, gab er ihnen die Stadt Lucera und das Umland gegen Zahlung eines Zinses zur Nutzung. Sie durften ihren Glauben behalten, es wurde ihnen sogar gestattet, eigene Gotteshäuser zu errichten, in denen ihre Mullahs predigten. Die Selbstverwaltung übernahmen ihre Muftis, für die Rechtsprechung war ein Khadi verantwortlich.

Nach einiger Zeit zeigte sich, dass diese Sarazenen sich durch unbedingte Treue dem Kaiser gegenüber bedankten. Er zeichnete sie dadurch aus, dass sie für ihn Kriegsdienst leisten durften. Ihre Offiziere erhielten bei Befähigung auch den Ritterschlag und saßen bei passender Gelegenheit an der Tafel des Kaisers."

Rainald hatte angeregt zugehört, unterbrach jetzt aber den Redefluss des Johann von Ibelin, indem er ihm eine spannende Frage stellte:

„Sag einmal, warum hat uns der Kaiser eigentlich mitgenommen? Er hat doch bisher nur mit Hermann von Salza gesprochen und wie es aussieht, bleibt das auch so."

„Der Kaiser hat große Probleme", entgegnete Johann leise, damit ihn keiner hören konnte:

„Ich habe heute Morgen die Sarazenen belauscht. Sie wissen nicht, dass ich ihre Sprache verstehe, daher haben sie sich unverstellt unterhalten. Wenn ich sie richtig verstanden habe, glauben sie, dass der Sultan in dem Schreiben seine Absicht ankündigt, in das Land Apulien oder in die Basilika einzudringen, um dort zusammen mit unserem Kaiser die Soldaten des Emirs Gregor IX. zu vertreiben."

Rainald lachte leise:

„Das kann ich mir nun aber gar nicht vorstellen. Wenn die Heiden in unser Land kommen, wird sich die gesamte Bevölkerung erheben und unter der Führung der Kirche und des Adels diesem Spuk ein Ende machen. Aber du hast meine Frage immer noch nicht beantwortet, was hat dies alles mit uns beiden zu tun?"

Johann räusperte sich, weil ihm trocken im Mund war, dann sagte er:

„Um ehrlich zu sein, ich weiß es nicht."

Der Knappe war, ohne es zu wissen, in das Räderwerk der großen Politik geraten. Als Kaiser Friedrich II. mit seinem Heer auf dem Weg nach Palästina auf der Insel Cypern zwischengelandet war, herrschte dort als König ein minderjähriges Kind, dessen Regierungsgeschäfte von einem Vormund, einem so genannten Bailli, erledigt wurden. Dieser Bailli war der Vater des Knappen. Man kannte ihn im Heiligen Land nur unter dem Namen der Alte von Beirut. Der minderjährige König von Cypern war dem englischen König Richard Löwenherz lehensflichtig und dieser wiederum Kaiser Friedrich II. Dieses hatte sich so ergeben:

Als vor vielen Jahren König Richard Löwenherz auf dem Weg nach Palästina in Cypern zwischenlandete, herrschte zu dieser Zeit ein blutrünstiger Tyrann unbekannter Herkunft auf der Insel. Er verlangte von Richard Löwenherz, ihm die Hälfte seiner Pferde und seines Geldes zu übergeben. Der König war zwar ein äußerst ungeschickter Diplomat, aber ein hervorragender Reiterführer. Er ließ also seine Pferde satteln, seine Ritter aufsitzen und sie schlugen den Tyrannen nach kurzer Zeit vernichtend. Da Richard Löwenherz zum Kreuzzug nach Palästina weiterziehen wollte, verkaufte er auf der Insel gegen gute Bezahlung einen Königstitel. Mehrere Burgen vergab er, ebenfalls gegen Bezahlung, zum Lehen an verdiente Ritter und ließ sich den Lehenseid leisten. Damit war klar, dass diese Leute Richard Löwenherz verpflichtet waren.

Im Laufe seiner Kriegshandlungen im Heiligen Land hatte er aber verschiedentlich Streit mit anderen Fürsten. So warf er einmal das Banner des Grafen von Österreich in den Staub, als dieser die schon belegte Unterkunft nicht räumen wollte. Ein anderes Mal verbündete er sich in der Stadt Palermo auf Sizilien mit einem Aufrührer gegen den damaligen Kaiser Heinrich VI.

So kam es, wie es kommen musste. Als er auf der Rückfahrt vom Heiligen Land nach England war, erlitt er mit einem Teil seiner Flotte Schiffbruch. Daraufhin beschloss er, auf dem Landwege nach England zu gelangen. Als er aber durch Österreich kam, fiel den dortigen Spitzeln des Grafen von Österreich auf, dass ein Reisender des Öfteren mit Goldstücken bezahlte, was so derzeit nicht üblich war. Als er verhaftet war, stellte sich heraus, dass es sich bei dem Reisenden um den König von England handelte. Der Graf von Österreich beeilte sich, den König an Kaiser Heinrich VI. zu überstellen, da es einem Grafen nicht erlaubt war, einen König gefangen zu halten. Der Kaiser war hocherfreut und stellte den König von England wegen der Verbündung mit dem Aufrührer von Sizilien zur Rede.

Das Ende vom Lied war, dass Richard Löwenherz nicht nur ein immenses Lösegeld zahlen musste, sondern der Kaiser die Freilassung zusätzlich davon abhängig machte, dass Richard von ihm England zum Lehen nimmt und einen entsprechenden Lehenseid ablegt. So kam es, dass die Insel Cypern, die König Löwenherz lehensflichtig war, unter die Oberlehensherrschaft des Kaisers Heinrich VI. kam. Da nun Kaiser Friedrich II. der Sohn von Heinrich VI. war, fiel ihm die Insel Cypern als Erbe zu.

Nach Richard Löwenherz hatte auf der Insel kein Herrscher, weder der englische König noch der Kaiser, jemals nach seinem Eigentum gesehen. Dadurch hatte sich auf der Insel ein Konsens gebildet. Die Erben des gekauften Königtums waren weiterhin Könige. Die Burgherren hatten sich untereinander aber dahingehend verständigt, den König zwar anzuerkennen, aber weder ihm noch sonst jemandem irgendeinen Tribut zu zahlten.

Als nun der Kaiser auf seinem Kreuzzug die Insel anlief, machte er den Bailli darauf aufmerksam, dass seit der Zeit, als König Löwenherz abreiste, kein Tribut mehr gezahlt worden sei. Er verlangte von den Lehnspflichtigen rückwirkend die Zahlung des Tributes für die vergangenen zehn Jahre. Es herrschte natürlich über diese Forderung auf der Insel helle Aufregung. Der Kaiser war gezwungen, die heimischen Ritter abzulösen und die Burgen durch seine Leute besetzen zu lassen. Die zypriotischen Ritter einschließlich des Bailli nahm er stattdessen mit nach Palästina. Den Sohn des Johann von Ibelin machte er unter der Hand zum Knappen des Grafen Thomas von Acerra und behielt ihn als Geisel, ohne dass darüber viel Gerede gemacht wurde. Dessen Gefährte Rainald von Schweinspeunt war für den Kaiser ohne Bedeutung und wurde nur zur Tarnung mitgenommen.

Die in der Ebene heranrückende Heerschar war, seit der Kaiser sie von dem Hügel aus beobachtet und die Rast angeordnet hatte, näher gekommen, man konnte bereits einzelne Reiter unterscheiden. Hermann von Salza befahl den Abbau des Windschutzes und die Gruppe mit dem Kaiser an der Spitze setzte sich, der Hauptstreitmacht immer noch voran, in Bewegung.

Inzwischen hatte sich das Wetter verschlechtert. Der Wind aus Nordwest war stärker geworden und das Meer in der Ferne sah schon fast weiß aus von der Gischt. Vom Kaiser bis zum einfachen Fußsoldaten konnte sich jeder vorstellen, dass es unter diesen Umständen für die Versorgungsschiffe des Admirals von Malta unmöglich sein würde, den Hafen von Akkon zu verlassen. Unter den Heerführern machte sich die Sorge breit, ob es rechtzeitig gelingen würde, Nachschub nach Jaffa zu bringen. Die mitgenommenen Vorräte waren für einen Marsch von normaler Dauer bemessen, aber bereits jetzt war es durch den Regen, den kalten Sturm und die aufgeweichten Wege zu einiger Verspätung gekommen. Befehle, das Marschtempo zu beschleunigen, hatten nur mäßigen Erfolg.

In der langen Schlange der Reiter und Fußsoldaten hatten sich einzelne Gruppen gebildet. Da waren zum einen jene, die dem Kaiser nicht wohl gesonnen waren, an ihrer Spitze Johann von Ibelin d. Ä. zusammen mit Gerold von Jerusalem, und in ihrem Gefolge die Großkomture der Johanniter und Templer. Zu diesen gesellte sich noch ein Teil der zypriotischen Ritter, die in Johann von Ibelin dem Älteren ihren Anführer sahen.

In einer anderen Gruppe hatten sich jene, die dem Kaiser zugetan waren, zusammengeschlossen. Hier ritten Graf von Acerra, Balian von Sidon und andere Ritter aus Apulien, Sizilien und Deutschland. Später gesellten sich auch der Kaiser und Hermann von Salza zu ihnen.

In der ersten Gruppe kreiste das Gespräch um den Bann des Kaisers, den der Papst noch immer nicht aufgehoben hatte. Gerold von Jerusalem machte den Kaiser sogar für das schlechte Wetter verantwortlich:

„Es ist doch nicht verwunderlich, dass hier der Wind bläst und der Regen uns ins Gesicht schlägt, wenn wir unter der Führung eines Geächteten im Heiligen Land umherreiten. Der Herrgott zeigt damit an, dass er uns zürnt. Wir sollten darauf achten, ihn in unseren Gebeten für unser Seelenheil um Verzeihung zu bitten."

Pierre de Montague, der Großkomtur des Templerordens entgegnete ihm:

„Wenn Ihr doch so besorgt um Euer Seelenheil seit, warum seid Ihr dann überhaupt mitgekommen? Zu der Schlagkraft des Heeres tragt Ihr ja wohl kaum bei."

Gerold überlegte eine Weile, um dann zu antworten:

„Was glaubt Ihr wohl, wer dem Heiligen Vater all die Verwerflichkeit berichten soll, die hier geschieht? Habt Ihr denn vergessen, dass der Heilige Vater den gesamten Kreuzzug verboten hat?"

Pierre de Montague sah die Gelegenheit, eine ihn schon lange beschäftigende Frage an einen, wie er glaubte, Berufenen zu stellen:

„Sagt mir Ehrwürden, wie ist es möglich, dass ein Kreuzzug gegen die Heiden und zur Befreiung der heiligsten Stätten der Christenheit von der

höchsten Autorität eben dieser Christenheit, dem Heiligen Vater, verboten wird?"
Gerold war verlegen:
„Ihr stellt mir Fragen, die ich genau erst beantworten kann, wenn ich mit dem Heiligen Vater in Rom darüber gesprochen habe. Soviel glaube ich aber zu wissen: Der Führer dieses Kreuzzuges, der Kaiser Friedrich II, ist in den Augen des Papstes der leibhaftige Antichrist. Wie Ihr wisst, hat der ehrwürdige Joachim von Fiore, der Abt des Klosters Sankt Giovanni, das Erscheinen des Antichristen für diese unsere Zeit vorausgesagt. Da nun der Antichrist alles, was er tut, gegen die heilige Kirche wendet, ist auch dieser Kreuzzug gegen die Gläubigen gerichtet. Deshalb hat Papst Gregor IX. diesen Kreuzzug verboten – so wenigstens glaube ich vermuten zu dürfen."
Pierre de Montague war mit dieser Antwort nicht zufrieden:
„Also, um es kurz zu machen, Ihr wisst es auch nicht. Vielleicht kommen demnächst wieder zwei Patres aus Rom und erklären den Bann über Kaiser Friedrich II. für gelöst, und wir machen wieder eine Kehrtwendung. Meiner Ansicht nach, und das könnt ihr dem Heiligen Vater ruhig mitteilen, sind wir hier, um von den Heiden das Heilige Land und das Königreich Jerusalem zurückzuerobern und den Pilgern und Gläubigen des Abendlandes für alle Zeiten zugänglich zu machen. Dazu ist die Anwesenheit und Bereitschaft meines und der anderen heiligen Orden hier für alle Zeiten erforderlich. Ein jeder, der uns bei dieser Aufgabe hilft, soll uns jederzeit willkommen sein!" Der Großkomtur lies dabei offen, ob er mit der Bezeichnung *ein jeder* auch den geächteten Kaiser meinte.
Der Teil des Heeres, zu dem die Gruppe gehört, war soeben an einem ausgetrockneten Bachlauf angekommen, dessen Brücke zerstört war. Die herumliegenden Felsbrocken und Steine erforderten von den Reitern uneingeschränkte Aufmerksamkeit, sodass vorübergehend das Gespräch nicht weitergeführt wurde. Es mussten sogar einige Ritter absteigen und ihre Pferde an den Zügeln führen. Hin und wieder waren Flüche zu hören, allerdings nicht in der Nähe des Patriarchen von Jerusalem.
In der Gruppe der Ritter um den Kaiser sprach man über die geheimnisvolle Nachricht des Sultans Al-Kamil. Die Herren, insbesondere die Emissäre Balian von Sidon und Graf Thomas von Acerra, wollten von dem Kaiser den Inhalt des Pergamentes erfahren. Der Kaiser ließ sich aber zu

keiner Äußerung überreden und Hermann von Salza tat so, als wüsste er von nichts. Um von dem Thema abzulenken, wandte er sich an den Kaiser:

„Majestät, Sie hatten vor, den Edlen von Sidon und von Acerra mitzuteilen, dass sie alsbald erneut Kontakt zu Al-Kamil aufnehmen sollen."

„Ach ja, gut dass Sie mich erinnern!

Balian und Thomas, ich möchte, dass Sie gleich nach unserer Ankunft in Jaffa erneut das Lager des Sultans Al-Kamil besuchen. Wir können es uns nun nicht mehr leisten, Zeit zu verlieren. Wir müssen das Eisen schmieden, solange es heiß ist. Es tut mir leid, Ihnen keine Zeit zur Erholung gewähren zu können. Aber bitte glauben Sie mir, die Angelegenheit, in der Sie unterwegs sind, ist von äußerster Wichtigkeit. Ich will mich hier im Einzelnen nicht äußern, aber Sie werden im Laufe der Verhandlungen erkennen, um was es geht, und mich dann besser verstehen. Auch wenn ich weiß, es ist überflüssig, so appelliere ich dennoch erneut an Ihre absolute Verschwiegenheit."

Die angesprochenen Emissäre nahmen den erteilten Auftrag mit Ehrerbietung entgegen, brachten aber noch einige Fragen vor:

„Sind Sie sicher, Majestät, dass der Sultan inzwischen wieder in sein Lager zurückgekehrt ist? Wir sollten dies andernfalls erst in Erfahrung bringen, bevor wir aufbrechen."

Der Kaiser antwortete sofort:

„Aus Ihrem Bericht über den letzten Besuch im Lager des Sultans glaube ich schließen zu können, dass Emir Fahr ed-Din vom Sultan mit ausreichenden Vollmachten ausgestattet wurde. Er hat schließlich in Abwesenheit des Sultans Ihnen die geheime Botschaft an mich übergeben. Ich schließe daraus weiterhin, dass wir in dem Emir einen uns geneigteren Partner im Lager der Araber vorfinden. Auch dies ist ein Grund, weshalb Sie nach unserem Eintreffen in Jaffa sofort aufbrechen müssen. Es ist für uns offensichtlich von Vorteil, wenn der Sultan nicht anwesend ist."

Die Emissäre waren erstaunt, in welchen Dimensionen der Kaiser dachte. Sie waren aber auch nicht in der Lage, sich in die bis jetzt aussichtslose Lage Friedrichs II. hineinzuversetzen.

Am Abend hatte der Sturm derart zugenommen, dass an einen Aufbau der Zelten oder das Entfachen eines wärmenden Feuers nicht zu denken war. Die Ritter und die Fußsoldaten suchten im Windschatten der Ochsenkarren und ihrer eigenen Pferde Schutz vor dem alles durchdringenden kalten Nordwest. Glücklich war, wer ausreichend Freunde hatte, um sich auf dem harten Boden gegenseitig wärmen zu können. Als endlich nach wenig Schlaf der Morgen wieder graute, brannte kein Feuer, um eine wärmende Suppe zu kochen. So war es für jeden das Einfachste, sich ohne zu essen und zu trinken auf sein Pferd zu werfen und weiterzureiten. Die Moral des Heerzuges sank beträchtlich, und die Bewacher der Fouragewagen hatten ihre liebe Not, um Diebstähle abzuwehren. Es war aber für die Masse der Fußsoldaten und der einfacheren Ritter beruhigend zu sehen, wie auch der Kaiser, die Ordensleute und die Generalität unter den Unbilden der Witterung zu leiden hatten, genau wie sie.

So ging es fünf Tage und fünf Nächte weiter, ohne dass der eiskalte Wind auch nur ein wenig nachlassen wollte. Am Abend des fünften Tages waren am Horizont die zerstörten Türme der Stadt Jaffa zu erkennen. Dies gab dem Heer neuen Mut, denn wenn schon keine ausreichende Verpflegung vorhanden sein würde, konnte man doch hoffen, in der Stadt irgendwo ein trockenes Quartier zu finden.

Am kommenden Morgen machte sich das Heer schon lange vor Sonnenaufgang auf den nun mehr kurzen Weg nach Jaffa, wo es mit der Masse seiner Soldaten noch vor der Mittagsstunde eintraf. Wie zu erwarten, lag kein einziges Schiff im Hafen, denn der Sturm hatte nicht nachgelassen. Die Stadt bot keine nennenswerten Lebensmittelvorräte und so zogen einige Truppenteile marodierend durch die Umgegend und stahlen alles Essbare. Der Kaiser ließ die Befehlshaber strengstens durchgreifen und die Übeltäter öffentlich auspeitschen. Den betroffenen, ohnehin verarmten Bauern der Umgebung von Jaffa wurde für das Ihnen Entwendete eine Entschädigung gezahlt. Für die dabei erlittenen Schmerzen durch die prügelnden Soldaten gab es jedoch nichts. Auch die bei dieser Gelegenheit vergewaltigten Frauen erhielten keine Entschädigung. Es bat sie auch niemand um Verzeihung, entsprechend groß war der Zorn auf die neuen Besatzer, die in nichts besser waren als die alten.

Als nun alle Soldaten und Ritter in festen oder provisorischen Unterkünften einquartiert waren, riefen die Feldgeistlichen alle neu eingetroffenen Soldaten und auch die einheimische Bevölkerung zu einem Bittgottesdienst auf. Der Herrgott und Jesus Christus wurden angerufen und es wurde inbrünstig dafür gebetet, dass der Sturm endlich nachließe. Für das

angerichtete Unheil wurde um Verzeihung gebeten, Besserung wurde inständig gelobt. In Übereinkunft mit den weltlichen Herrschern ordneten die Geistlichen auch an, die Gottesdienste in kurzen Intervallen zu wiederholen, bis sich die Dinge zum Guten ändern würden.
So vergingen noch einmal fünf Tage nach dem Eintreffen in der Stadt Jaffa. Am sechsten Tage lief morgens ein heftiges Geschrei vom Hafen her kommend durch die Gassen der Stadt. Der Wind hatte sich noch in der Nacht gelegt und keine einzige Welle kräuselte mehr die Oberfläche des Meeres. Als kurze Zeit später die Sonne aufging, brachen sich die Strahlen auf dem spiegelglatten Meer. Im Laufe des Vormittags erhob sich eine leichte Brise direkt aus östlicher Richtung, von wo die Schiffe erwartet wurden. Die Priester hatten noch am Morgen zu einem Dankgottesdienst gerufen, dem fast alle nachkamen.
Am gleichen Abend hatten alle in der Stadt Jaffa die Gewissheit, dass ihre Bitten erhört worden waren, denn am Horizont zeigten sich die ersten Segel schwer beladener Schiffe. Noch in der Nacht landeten zwei Segler an, die Ladung wurde sofort verteilt und es begann ein großes Schmausen. Im Laufe des nächsten Tages wurden alle, die noch hungrig ausgeharrt hatten, versorgt. Dem Heer wurde noch eine Ruhepause gegönnt, doch am übernächsten Tage nach dem Eintreffen der Schiffe wurden bis auf Weiteres Schanzarbeiten zur Wiederherstellung der Befestigungsmauern und Türme angeordnet.
Von da ab trat wieder Normalität in den Tagesablauf des Heeres ein. Arbeit war ausreichend vorhanden, Verpflegung und Wasser auch. Und mit dem Fortgang der Arbeiten verbesserte sich auch die Aussicht auf eine feste Unterkunft für alle, die noch keine hatten.
Der Kaiser hatte mit Unruhe das Einkehren von Zucht und Ordnung innerhalb des Heeres erwartet. Bei der ersten Gelegenheit, die sich ihm darbot, als alle Ritter und Fußsoldaten Unterkunft gefunden hatten und verpflegt worden waren, ließ er die Herren Balian von Sidon und Graf Thomas von Acerra zu sich rufen.
„Meine Herren, Sie wissen, warum ich Sie rufen ließ?“
Und ohne eine Antwort abzuwarten fuhr er fort:
„Die Zeit ist gekommen, um wieder mit dem Sultan Verbindung aufzunehmen, wobei wir eine zweigleisige Strategie verfolgen werden. Sie werden wie üblich meine Emissäre sein und die Verhandlungen dahingehend

führen, dass wir den größtmöglichen Teil des Heiligen Landes kampflos zurückerhalten. Parallel dazu wird es Geheimverhandlungen geben, die ausschließlich zwischen dem Sultan Al-Kamil und mir stattfinden werden. Diese Geheimverhandlungen werden uns ermöglicht, da es meinem Stab, insbesondere dem Magister Michael Scotus, gelungen ist, das uns von den Arabern übersandte, mit der geheimen Botschaft versehene Behältnis wieder so zu präparieren, um es unsererseits verwenden zu können. Werten Sie es bitte nicht als Misstrauen Ihnen gegenüber, dass ich so handele, es ist in ihrem eigenen Interesse. Es wird unter unseren zahlreichen Feinden nicht unbekannt bleiben, dass Sie von dem Inhalt des Schreibens in dem Behältnis keine Kenntnis haben. Man wird also nicht versuchen, Ihrer Personen habhaft zu werden, um Sie zu foltern und zu erpressen."

Der Graf von Acerra hatte zu den Ausführungen des Kaisers noch Fragen:

„Majestät, hat sich an dem Mechanismus des Behälters etwas geändert, das wir wissen müssten?"

„Nein, der Behälter darf, wie Sie wissen, auf keinen Fall senkrecht stehen, weil sonst der Öffnungs- und danach der Vernichtungsmechanismus zu arbeiten beginnen. Das austretende Gas ist giftig. Wir haben uns an die in kufischer Schrift abgefasste Gebrauchsanweisung gehalten, so dass die Araber, von denen das Behältnis ja stammt, damit umgehen können."

Auch Balian von Sidon stellte noch eine Frage:

„Sagen Sie, Majestät, wenn wir auf die Geheimbotschaft Antwort erhalten, darf ich doch annehmen, dass diese wiederum von den Arabern in dem Behältnis deponiert und uns zum Transport übergeben wird?"

„Ja, Herr von Sidon, so ist es und bitte übergeben Sie mir das Behältnis nach Ihrer Rückkehr sofort."

Der Kaiser wandte sich bereits zum Gehen, als ihm noch etwas einfiel:

„Ach ja, meine Herren, nehmen Sie bitte auch wieder die zwei Knappen und die Sarazenen, die sie das letzte Mal begleitet haben, mit auf Ihren Ritt."

Während am Hof des Kaisers eine Geheimbotschaft verfasst und in dem Behälter deponiert wurde, den man anschließend mit einem Cherubim verschloss, bereiteten sich die Emissäre auf den nun viel kürzeren Ritt nach Gaza in das Lager des Sultans Al-Kamil vor.

Seit dem letzten Besuch der Emissäre hatte sich im Lager der Araber einiges verändert. Das große Zelt des Sultans war abgebaut und auch die umliegenden Zelte des Harems und der Dienerschaft waren fortgeschafft worden. Es hatte auch den Anschein, als sei von den Zelten der Mamluken ein Teil entfernt worden. An Stelle des Sultanszeltes war ein kleineres, aber ebenfalls sehr prächtiges Zelt errichtet worden. Auch hier stand das schlichtere Zelt der Leibwache in direkter Nachbarschaft. Die Unterkunft für die Emissäre war noch die gleiche wie bei ihrem letzten Besuch.

Bereits bei dem ersten Kontakt mit den Vorhuten der Mamluken war erkennbar, dass sich die Stimmung seit dem letzten Besuch verschlechtert hatte. Bei Befragungen der apulischen Sarazenen, die wie immer einen guten Kontakt zu ihren früheren Landsleuten hatten, ergab sich, dass die Araber äußerst verärgert waren. Man verübelte den Christen, dass sie nach Jaffa marschiert und die Stadt begonnen hatten zu befestigen. Auch war man erzürnt über die Übergriffe der Soldaten gegen die Zivilbevölkerung. In dem bisherigen Verhalten der Christen sahen die Araber bereits einen Bruch des bestehenden Waffenstillstandes, wie die apulischen Sarazenen weiter berichteten.

Nachdem die Emissäre sich in ihrer Unterkunft eingerichtet hatten, wurden sie in das Sultanszelt bestellt. Anders als sie bereits vermutet hatten, war es aber nicht Sultan Al-Kamil, der sie empfing, sondern Emir Fahr ed-Din. Ohne Anrede begann dieser sofort, sie mit Vorwürfen zu überschütten:

„Ich bin sehr besorgt über das Verhalten, das uns von dem Kaiser und seinem Heer vorgeführt wird. Sie haben die Bevölkerung überfallen, vergewaltigt und geplündert und den Menschen ihre Vorräte gestohlen. Sie haben weiter begonnen, die Stadt Jaffa zu befestigen, obwohl in dem Text des Waffenstillstandes des letzten Jahres derartiges nicht vorgesehen war."

Der Graf von Acerra entgegnete:

„Erhabener Emir Fahr ed-Din, wir bitten im Namen unseres Kaisers und Herrn um Entschuldigung für Vorfälle, die nicht hätten stattfinden dürfen. Der Kaiser hat aber sofort, nachdem ihm der Sachverhalt vorgetragen worden war, eine schärfste Bestrafung der Übeltäter angeordnet. Er hat weiter angeordnet, dass die Landbevölkerung für das Übel, das ihr angetan wurde, eine ansprechende Vergütung erhält. Des Weiteren wurde aus den Vorräten des Heeres Getreide und Öl an die Geschädigten verteilt. Der Kaiser lässt Euch durch uns mitteilen, dass er alles in seiner Macht Stehende tun wird, um ähnliche Vorfälle zu vermeiden."

Die versteinerten Gesichtszüge des Emir Fahr ed-Din lösten sich als er antwortete:
„Das ist mir allerdings bis jetzt noch nicht bekannt geworden. Sagen Sie dem Kaiser meinen Dank. Es bleibt aber noch zu erwähnen, dass er entgegen den gültigen Verträgen die Stadt Jaffa befestigt."
„Dazu kann ich folgendes sagen", entgegnete der Graf von Acerra, „wir planen nicht die Befestigung der Stadt Jaffa, sondern wir versuchen lediglich die zerstörten Gebäude winterfest zumachen, da wir vorhaben, längere Zeit dort zu bleiben. Im Übrigen bringen wir nur die gröbsten Beschädigungen an den Türmen und Mauern wieder in Ordnung, da es einem Heer unter der Führung des Kaisers der Franken nicht zuzumuten ist, in einer Ruinenstadt zu lagern."
Diese selbstbewussten Worte verfehlten ihre Wirkung auf den Emir nicht.
„Nun gut, ich werde Eure Nachricht dem Sultan überbringen, den wir demnächst wieder hier erwarten."
Unvermittelt wechselte er das Thema:
„Haben Sie unsere geheime Nachricht dem Kaiser überbracht und wie ist seiner Reaktion?"
Graf von Acerra winkte seinem Knappen, der aus dem runden Holzbehälter die Metallhülse mit dem Cherubim-Verschluss hervorholte. Während er das Behältnis mit der Geheimbotschaft waagerecht haltend dem Emir übergab, sagte er:
„In diesem Behälter befindet sich die Geheimbotschaft, die Kaiser Friedrich II. direkt an Sultan Al-Kamil in Beantwortung einer ebensolchen Botschaft richtet."
„Ich werde die Botschaft sofort an den Sultan weiterleiten", entgegnete der Emir.
„Wir haben bisher verabsäumt, uns für das wunderbare Geschenk zu bedanken, das wir mit großer Freude täglich betrachten. Bitte entschuldigen Sie uns dafür bei dem Kaiser. Wir wollen Ihnen nicht verhehlen, dass in der letzten Zeit nach Allahs Willen einiges Unglück über uns hereingebrochen ist. Der Sultan musste sich einer schweren Gallenoperation unterziehen, die nur in Oberägypten vorgenommen werden konnte. Nach Allahs Ratschluss befindet er sich aber auf dem Weg der Besserung und wird bald wieder bei uns sein. Teilen Sie dies bitte dem Kaiser mit und sagen Sie ihm, der Sultan werde sich noch persönlich bei ihm bedanken."

Der Emir erhob sich und beendete damit das Gespräch. Diener räumten die Sitzkissen in die Nebenzelte und die Emissäre waren entlassen, ohne dass auch nur ein Wort über ihre eigentliche Mission, der Rückgabe von Teilen des Heiligen Landes, gefallen wäre. Der Kaiser war entsprechend unzufrieden, als die Herren ihm das Ergebnis ihres Rittes in das Lager der Araber mitteilten. Er machte aus seinem Missfallen keinen Hehl:

„Haben Sie den Emir nicht darauf aufmerksam gemacht, das wir mit einem Heer hier in Jaffa lagern, um Teile des Heiligen Landes zurückzuerobern? Wir machen doch keine Besuche, um uns für den Diebstahl einiger Scheffel Korn zu entschuldigen."

„Majestät, bitte lassen Sie sich erklären", ergriff Balian von Sidon das Wort:

„Wir hatten beide den Eindruck, dass der Emir, bevor er nicht unsere Geheimbotschaft studiert hatte, keine Stellungnahme zu diesem Thema abgeben konnte oder wollte. In der angespannten Stimmung, die trotz unserer Entschuldigung herrschte, erschien es uns nicht opportun, dieses Thema anzuschneiden, von dem wir ahnten, dass wir darauf keine befriedigende Antwort bekommen würden."

Der Kaiser war enttäuscht und auch ein wenig traurig, denn er ahnte, er würde sein geliebtes Apulien sobald nicht wiedersehen.

Die Zeit im Lager des Kaisers verging unendlich langsam. Aus der Heimat erreichten ihn Nachrichten, die für die Zukunft nichts Gutes erahnen liessen. Der Papst hatte Truppen angeworben und die Grenzen des Regnum überschritten. Die Stadt Gaeta war nach kurzer Belagerung eingenommen worden, sodass in der Umgebung des Kaisers die Überzeugung vorherrschte, sie sei zum Papst übergelaufen. Aus anderen Städten kamen Nachrichten, die auf ein ähnliches Verhalten hindeuteten. Wenn auch die Befestigung der Stadt Jaffa gute Fortschritte machte, war doch erkennbar, dass weder die Ordensleute noch die Ritter und Gefolgsleute aus Italien und Deutschland mit der herrschenden Situation zufrieden waren. Sie waren doch gekommen, um zu kämpfen und das Heilige Land zurückzuerobern, wobei viele auch die Aussicht auf persönliche Bereicherung lockte. An all dies war nicht zu denken, vielmehr standen Schanzarbeiten auf unabsehbare Zeit an.

Als wieder eine gewisse Zeit im ständigen Einerlei des Trossdienstes verstrichen war und das Weihnachtsfest sich ankündigte, meldeten eines Tages von der üblichen Patrouille zurückkehrende Sarazenen eine große Wagenkolonne, begleitet von Reitern und Fußsoldaten, auf dem Marsch nach Jaffa. Obwohl die Kolonne nicht so groß war, um eine Gefahr für das Heer des Kaisers darzustellen, wurden einige Züge der Templer und Johanniter in Bereitschaft versetzt. Kurze Zeit danach traf ein Trupp von Mamluken unter der Führung eines Offiziers im Lager ein und begehrte den Kaiser zu sprechen. Als dieser in seinem Zelt davon hörte, ging er den Arabern entgegen, weil er, des langen Wartens müde, seine Wissbegier nicht mehr zügeln konnte und wollte. Er sprach sie auf Arabisch an, das er seit seiner Jugend fließend beherrschte.

„Salaam alaikum! Seid gegrüßt, was ist Euer Begehr?"

Der Offizier sprang vom Pferd und verbeugte sich tief vor dem Kaiser.

„Wa-'aleikum Salaam, Erhabener! Mein Herr, der Sultan Al-Kamil schickt mich, Euch mitzuteilen, dass eine Kolonne mit Geschenken für Eure Majestät auf dem Weg zu Euch ist. Er bittet Euch um freundliche Aufnahme und wünscht Euch, dass seine Geschenke Euer Herz erfreuen mögen. Für Eure ruhmreichen Krieger sind auch einige Wagen dabei, beladen mit dem Getränk, das Ihr Wein nennt und das den Muslimen verboten ist."

Der Kaiser war hoch erfreut, war doch nun endlich erkennbar, dass Bewegung in die Verhandlungen kommen würde.

„Ich danke Euch, Saadiqu, lasst Euch von meinen Leuten erfrischen und sagt dem Sultan, wir erwarten seine Geschenke mit ehrfurchtsvoller Spannung." Das war nicht übertrieben, denn alle, die von ihrer Arbeit abkömmlich waren, versammelten sich vor der Stadt. Darunter war vor allen anderen der Kaiser selbst. Dann in der ersten Reihe seine Befehlshaber Hermann von Salza, die Marschalle Richard Fielangieri und Odo von Montbeliard, die Großkomture der Johanniter und der Templer sowie Johann von Ibelin, dazu der gesamte Klerus unter Leitung von Gerold von Jerusalem. In den weiteren Reihen der Neugierigen alle Übrigen, die im Heer einen Rang hatten, in absteigender Reihenfolge ihrer Wichtigkeit. Was sie nach einiger Zeit des Wartens zu sehen bekamen, war so staunenswert und einmalig, dass man noch nach Jahrzehnten bis nach Europa und über die Alpen hinweg davon in langen Geschichten berichten würde.

An der Spitze der Gesandtschaft ritt auf einem prächtigen schwarzen Araber- Hengst der Emir und Stellvertreter des Sultans Fahr ed-Din Ibn as-Saih. Seine Kleidung und die Waffen, die er trug, waren so kostbar, wie man sie unter den Rittern des Abendlandes noch nie gesehen hatte. Das Zaumzeug, der Sattel und die Satteldecke waren edelste Handarbeit und über und über mit kleinen Schuppen aus Goldblech verziert. Der Rappe, der auf den Namen *Drache* hörte, war von edelstem Geblüt und hatte, nervös durch die große Anzahl von Menschen um ihn herum, schneeweißen Schaum vor dem Maul. Dem Emir war es aber ein Leichtes, das tänzelnde Tier durch sanften Schenkeldruck zu beruhigen und auf die vorgesehene Position gegenüber dem Kaiser zu dirigieren. Dort angekommen, ließ er sich elegant aus dem Sattel gleiten, bevor er drei Schritte auf den Kaiser zu machte und dabei den edlen Hengst am langen Zügel neben sich führte. Vor dem Kaiser angekommen verbeugte er sich knapp und streckte beide Hände aus, die dieser sofort ergriff. Die beiden Männer umarmten sich und gaben sich vor der versammelten Mannschaft nach orientalischer Sitte den Bruderkuss auf die Wangen. Der Kaiser fasste sich als erster:
„Mein Freund Fahr ed-Din, ich bin erfreut und ergriffen, dich zu sehen. Was ist nicht alles geschehen, seit wir uns das letzte Mal anlässlich meiner Hochzeit in meiner Heimat kennen und schätzen lernten. Ich muss aber feststellen, dass du dich, wenn überhaupt, nur zu deinem Vorteil verändert hast."
„Danke, Majestät Federico, auch ich freue mich, dass wir uns hier wieder sehen. Lasst mich aber zuerst meine offizielle Mission erledigen."
Nachdem er dies gesagt hatte trat Fahr ed-Din einen Schritt zurück, zog aus der Satteltasche ein Dokument, entrollte es und begann zu lesen:

„Erhabene Majestät, Kaiser der Franken, vielfältiger König!
Der Sultan Al-Kamil von Ägypten entbietet Euch und Eurem Heere den Gruß und die Freundschaft des ihm unterstehenden Volkes. Möge der Erhabene und Allwissende unsere Herzen zusammenführen und unseren Verstand beflügeln, auf das zwischen unseren Völkern ewiger Frieden herrsche. Wir haben mit übergroßer Freude Eure Nachricht und Euer hochherziges Geschenk empfangen. Auf dass wir nicht in ständiger Scham darüber, dass Ihr uns mit Eurer Gabe über alle Maßen beglückt habt, verharren müssen, wollen wir Euch, wie wir hoffen, ebenso mit Glück erfül-

len. Nehmt bitte unsere Geschenke als ein Zeichen unverbrüchlicher Freundschaft zwischen unseren Völkern.“

Nachdem er die Botschaft des Sultans verlesen hatte, trat der Emir wieder einen Schritt auf den Kaiser zu. Indem er seiner Stimme nun einen amtlichen Tonfall gab und zu der offiziellen Form der Anrede zurückkehrte, überreichte er ihm die Zügel des edlen Pferdes.

„Nehmt bitte dieses ausgesuchte Tier als Geschenk meines Volkes. Wie ihr wisst, verbindet uns seit den Zeiten unseres Propheten ein so inniges Verhältnis mit unseren Pferden, dass sie und unsere Kinder gemeinsam essen und trinken und in unseren Zelten zusammen aufwachsen. So fällt es uns besonders schwer, wenn wir uns von ihnen trennen müssen, und wir tun dies nur, wenn dazu ein besonderer Anlass, wie eben jetzt, vorliegt.“

Bei diesen Worten war dem Kaiser das Blut in den Kopf geschossen und hatte sein Gesicht bis unter den Haaransatz gerötet. Es überkam ihn ein Gefühl, das ihn vor langer Zeit, als er noch Knabe war und man ihn öffentlich demütigte, ohne dass er sich wehren konnte, einmal überkommen hatte. Es war eine Mischung aus Erniedrigung und Dankbarkeit. Erniedrigung deshalb, weil er sich in seiner äußeren derzeitigen Erscheinung mit dem leinenen Kittel – auch wenn der mit feiner Stickerei verziert war – über der grob gewebten Hose dem Emir gegenüber wie ein Bettler vorkam. Dankbarkeit aber, weil Fahr ed-Din ihm das Gefühl vermittelte, einem wahren Freund gegenüberzustehen. Er kannte die Lebensweise der Araber, deren Sprache er vollkommen beherrschte, so gut, dass er wusste, was es für sie bedeutet, wenn sie sich von solch einem edlen Tier trennen. Dieses Geschenk, das wusste er genau, war eine Geste, die durch nichts anderes zu überbieten war.

Als er sich in der Lage fühlte, dem Emir zu antworten, musste er feststellen, dass ihm eine unerklärliche Trockenheit im Hals das Sprechen erschwerte.

„Erhabener Sultan Al-Kamil, mein lieber Freund! Ihr seht mich hier vor Euch stehen wie einen Büßer, der soeben erfahren hat, dass seine inständigen Gebete erhört worden sind. Das Gefühl der Freude und der Dankbarkeit ist in mir so gewaltig, dass ich es herausschreien möchte. Aber Worte und Gesten können nur unvollständig ausdrücken, was mich bewegt."

Der Kaiser musste seine Rede unterbrechen, um sich zu räuspern, denn erneut versagte seine Stimme.

„Der Herr, unser Gott, und der Allmächtige und Allverzeihende haben von jeher darauf bestanden, dass ihre Gläubigen den Frieden untereinander als eines ihrer höchsten Güter betrachten sollen. Danach wollen wir uns richten."

Der Kaiser hatte die Zügel des Rappen übernommen, während dem Emir von seiner Begleitung ein anderes rassiges Pferd zugeführt wurde. Die beiden Herrscher stiegen fast gleichzeitig in den Sattel, wobei es dem Kaiser mühelos gelang, das feurige Pferd, obwohl es nun einen fremden Reiter spürte, zu dirigieren. Gemeinsam nahmen die Herrscher eine Parade ab, wie sie die Weltgeschichte bis dahin selten erlebt hat.

Den Anfang machte ein Trupp von Mamluken in prächtigen Gewändern und auf edlen arabischen Vollblütern. Nachdem diese vorbeigezogen waren, erschien ein riesiger Elefant mit den gewaltigen Stosszähnen, in dessen Nacken, dicht hinter den Ohren, der Elefantenführer sass und mit einem Eisenstab die Richtung dirigierte. Weiter hinten, auf dem Rücken des Tieres, war ein achteckiger Turm aufgeschnallt, in dessen Inneren drei pechschwarze Afrikaner auf Flöten eine exotische Melodie spielten. Als der Elefant auf gleicher Höhe mit dem Kaiser und dem Emir angelangt war, liess er ein lautes Trompeten hören, das die Pferde sich erschreckt aufbäumten. Es folgten wieder einige Mamluken und danach ein Zug von fünf Rennkamelen, die Reiter in prächtigen Sätteln auf ihrem Rücken trugen. Immer wieder von kleinen Trupps von Mamluken unterbrochen, folgten auf grossen Ochsenkarren exotische Raubtiere in aus eisernen Gitterstäben hergestellten Behältnissen. Im ersten Wagen befand sich ein ausgewachsener Berberlöwe mit mächtiger Mähne, der sein Maul aufriss und furchterregend lange Zähne bleckte. Auf dem nächsten Wagen war eine Löwin und in einem weiteren Behältnis ein Panther untergebracht. Bei allen Ochsenkarren liefen die jeweiligen Pfleger der Tiere nebenher. Als schon das Ende des Zuges abzusehen war, erschien hinter dem Hügel ein Wagen, der von vier Ochsen gezogen wurde. In dem Käfig, der wiederum aus besonders starken Gitterstäben errichtet war, stand ein riesiges

Nilpferd. Wenn es auf Zuruf seines Pflegers sein Maul aufriss, hätte man darin fast ein kleines Rind unterbringen können.

Es folgten an Ketten angeschlossene Affen, Papageien und andere bunte Vögel. Nach den Vögeln, die in Volieren transportiert wurden, folgte ein träge auf der Ladefläche eines Karrens liegendes Krokodil. Den Abschluss des Zuges bildete ein Trupp arabischer und nubischer Edelleuten aus Unter- und Oberägypten.

Als der Kaiser sein Pferd wenden wollte, um den Rückweg in die Stadt Jaffa anzutreten, gab ihm der Emir ein Zeichen zu warten.

„Ich habe noch etwas ganz Spezielles für deinen Geburtstag vorbereitet. Ich hoffe, es wird dir gefallen?"

Der Kaiser fragte überrascht:

„Ja, hast du denn an alles gedacht?"

Nach kurzer Zeit erschien ein Trupp von fünf Reitern, jeder von ihnen hatte einen Falken auf der behandschuhten rechten Faust. Der Kaiser richtete sich kerzengerade auf seinem Pferd auf, als er die Reiter sah. Seit frühester Jugend hatte er sich für die Jagd mit Falken interessiert und es in der Beizjagd zu einer beachtlichen Fertigkeit gebracht. Natürlich gehörte dazu auch eine gründliche Kenntnis der Lebensweise und der Kunst, die einzelnen Arten der Falken zu unterscheiden. So erkannte er sofort, dass die ersten zwei Reiter weiße Gerfalken auf ihren Fäusten hielten. Die nächsten drei Reiter führten ein Wanderfalkenpärchen und einen einzelnen Luggerfalken mit sich.

Der Kaiser bedankte sich überschwänglich:

„Oh Fahr, du machst mir eine unbeschreibliche Freude. Es wird mir schwer fallen, deine Großzügigkeit jemals zu überbieten."

Der Kaiser und das ganze versammelte Kriegsvolk waren von der Vorführung überwältigt.

Den größten Teil der Tiere hatten sie weder jemals gesehen noch von ihnen gehört.

Friedrich II. war einen Moment lang unschlüssig, als er die Falken sah, und er kämpfte mit sich, ob er wohl diese wertvollen Geschenke annehmen sollte. Es war ihm bewusst, dass seine massive Silberschale, die er dem Sultan geschenkt hatte, nicht im Entferntesten dem entsprach, was ihm hier überreicht wurde. Als ausgesprochener Machtmensch schob er allerdings solche Gedanken weit von sich, und aus seiner Erziehung und

Mentalität heraus war ihm klar, dass derartige Geschenke nur gemacht werden, wenn irgendwann eine entsprechende Gegenleistung von ihm erwartet werden konnte.
Nachdem sich die Aufregung unter den Rittern und dem Fußvolk wie auch unter den anwesenden Bewohnern der Stadt Jaffa gelegt hatte, brachen die ersten auf, um sich in ihre Quartiere zu begeben. Der Kaiser hatte seinen Stab angewiesen, die arabischen Gäste zu bewirten und es ihnen an nichts fehlen zu lassen. Um den Emir Fahr ed-Din kümmerte er sich persönlich.
„Ihr habt mich so beschenkt, wie ich es in meinem Leben noch nie erlebt habe."
Der Kaiser suchte nach Worten, um blumenreich seinen Dank auszudrücken, aber er fand sie nicht.
„Danke, mein Freund Fahr, danke", war alles, was ihm über die Lippen kam. Die Herren waren inzwischen von ihren Pferden abgestiegen und hatten die Tiere den Bediensteten des Kaisers übergeben. Der Emir legte seine Hand auf die Schulter des Kaisers.
„Majestät Federico", er hatte sich so an diese Anrede gewöhnt, dass er sie gar nicht mehr ändern konnte oder wollte, und der Kaiser hörte sie nicht ungern.
„Wir sind ein mächtiges Volk in einem großen Land und die Geschenke an dich sind dagegen vergleichsweise bescheiden. Du musst dich also nicht grämen, denn du bist der Fürst der Könige des Abendlandes und an deiner Freundschaft ist uns sehr gelegen. Von meiner Person ganz zu schweigen." Ein Lächeln überzog sein scharf geschnittenes, ebenmäßiges Gesicht als er fortfuhr:
„Ich freue mich schon jetzt auf die Gespräche und Diskussionen mit dir, die uns hoffentlich so viel Freude bereiten werden wie jene, die wir bei meinem letzten Besuch in deinem Land Italien führten."
Als sie so im Gespräch nebeneinander hergingen, war nach diesen Worten des Emirs der Kaiser stehen geblieben.
„Ja, Fahr, auch ich freue mich, wenn wir zusammen sein dürfen. Leider ist es uns diesmal nicht vergönnt, so sorglos zu plaudern wie anlässlich deines Besuches zu meiner Hochzeit. Ich hoffe aber nicht, dass dadurch unsere Freude am gemeinsamen Gespräch leiden wird."
Die beiden Freunde gingen auf das Quartier zu, das der Kaiser seinem Gast zugedacht hatte. Zum Abschied verabredeten sie einen Termin, zu

einem Gespräch unter vier Augen in entspannter und freundschaftlicher Umgebung, mit dem Kaiser als Gastgeber.

Kapitel 3
Ein Vertrag entsteht

Wie immer, wenn in der Stadt Jaffa Markttag war und die Händler früh morgens noch ihre Waren auf den Standtischen ausbreiteten, fanden sich bereits die Einwohner in den umliegenden Straßen ein.
An den Festungsanlagen wurde von den Fußtruppen des Kaisers emsig Aufbauarbeit geleistet, doch die Bürger und die dienstfreien Soldaten strömten wie auf ein geheimes Zeichen zum Markt in der Innenstadt. An den Marktständen wurde verkauft und gefeilscht und es war unverkennbar, dass durch die in der Stadt versammelten Truppen der Handel einen beachtlichen Zuwachs erfuhr. In den Gesprächen jedoch hatte das, was vor der Stadt aufgebaute war, Vorrang vor allem anderen. Dort draußen vor den Mauern der Stadt war auf einer freien Fläche ein quadratischer Platz abgesteckt worden, auf dem, im nötigen Abstand zueinander, die Käfige der wilden Tiere, die die Sarazenen mitgebracht hatten, aufgestellt waren. Durch zwei Tore in der Einzäunung konnte jeder nach Belieben eintreten und die Bestien besichtigen, während die Tierbändiger und die übrigen Bediensteten darauf achteten, dass keiner der Besucher zu Schaden kam. Besonderes Interesse erregte der riesige Elefant, der im Freien umherlief, so weit es die Kette an seinem rechten Vorderfuß zuließ. Von den Neugierigen wurde der Mahoud, der den Koloss ständig begleitete, immer wieder nach dem Alter und dem Gewicht des Tieres, nach der Länge der Stoßzähne und anderen Dingen gefragt. Da er aber kein Wort verstand, erteilte er auch keine Antwort, außer einem Schulterzucken.
Auch einige Herren aus der Kanzlei des Kaisers waren zur Besichtigung erschienen, hatten sich aber, nachdem sie verschiedene Messungen an dem Dickhäuter vorgenommen hatten, wieder entfernt. Sie waren nämlich beauftragt, die Vorbereitungen für den Seetransport der Tiere nach Italien zuorganisieren, was sie offensichtlich beträchtlich strapazierte.

Weitab von all dem Trubel hatte sich der Kaiser in der Villa, die er vor Tagen requirieren und anschließend reparieren ließ, an seinem Schreibtisch niedergelassen, um Papiere und Botschaften zu studieren. Nachdem das Tagesgeschäft erledigt war, widmete er seine Aufmerksamkeit dem geheimen Pergament, das der Emir ihm in der mit einem Cherub verschlossenen Hülse übergeben hatte. Den Mechanismus hatte er bereits am Morgen vorsichtig betätigt, das Pergament entnommen und alles wieder verschlossen. Als er daraufhin in Ungeduld das Schreiben überflog, musste er schnell feststellen, dass die Realisierung der arabischen Forderungen beträchtliche Schwierigkeiten bereiten würde. Nun zwang er sich zu einer aufmerksamen Lektüre, doch schon beim ersten langsamen Lesen des Textes wurde dem Kaiser klar, dass eine Umsetzung des Geforderten mit den im Königreich zur Verfügung stehenden wissenschaftlichen Mitteln nicht möglich sein würde. Wollte er also nicht Gefahr laufen, in seinem Vorhaben von landesfremden, bezahlten Gelehrten verraten zu werden, so musste er sich der Hilfe der Araber bedienen. Je länger der Kaiser das Geheimpapier studierte, desto mehr festigte sich bei ihm die Ansicht, dass die größte Gefahr nicht in der Ausführung der Forderungen der Araber lag, sondern darin, die Vorbereitungen möglicherweise nicht geheim halten und den geheimen Zweck des Gebäudes nicht genügend verschleiern zu können.

Der Kaiser beschloss, in dem für den heutigen Abend vereinbarten Gespräch mit dem Emir dieses Thema anzuschneiden. Alle Vorbereitungen für einen behaglichen Abend waren getroffen. Im Kamin flackerte ein Feuer, denn um diese Jahreszeit wurde es nachts recht kalt. Auf dem Tisch standen Spezereien und auch verschiedene Getränke waren vorbereitet. Der Kaiser wusste von der Vorliebe des Emirs für sehr heißen und sehr starken Mokka und hatte alles für die Zubereitung Nötige herbeibringen lassen. Im Hintergrund, jedoch außerhalb des Zimmers, in dem die Herrscher plaudern wollten, würden zwei Spielleute leise auf Flöten musizieren. Auch zusätzliche Kissen hatte der Kaiser auf den Stühlen und Diwanen verteilen lassen.

Der Emir erschien pünktlich zur festgelegten Zeit. Er hatte, dem Charakter ihres Treffens entsprechend, auf jegliche förmliche Kleidung verzichtet und ein bequemes Gewand angelegt. Anstelle der Stiefel trug er bestickte Pantoffeln. Als einzigen Schmuck führte er einen kunstvoll gearbeiteten Krummdolch mit sich, wie er in der arabischen Wüste gebräuchlich ist. Der Kaiser hatte sich ebenfalls leger gekleidet und alle Waffen und den üblichen breiten Ledergürtel abgelegt.

Die Begrüßung war, wie zwischen Ihnen üblich, warm und herzlich. Der Kaiser führte seinen Gast zu einem bequemen Platz und eröffnete das Gespräch:
„Nun können wir endlich, nach so langer Zeit, wieder einmal in Ruhe miteinander sprechen. Du kannst es nicht ermessen, wie viel ich auf dem Herzen habe."
Der Emir setzte sich und schlug die Beine übereinander:
„Doch doch, ich glaube zu wissen, was dich bedrückt, deshalb sind wir hier zusammengekommen, um alles auszuräumen, was zwischen uns stehen könnte."
Der Kaiser schenkte Mokka ein:
„Sag mir, Fahr, wie geht es dem Sultan, und wie hat er seine Operation überstanden?"
Der Emir trank einen Schluck, bevor er antwortete:
„Es geht ihm gut, er hat zwar etwas abgenommen, was aber kein Fehler ist. Schmerzen hat er nicht mehr, obwohl eine zwanzig Zentimeter lange Narbe seinen Leib ziert."
Der Kaiser, der schon immer einen Hang zum Humor hatte, entgegnete:
„Dann kann er im Harem prahlen, die Ungläubigen hätten versucht, ihn in der Schlacht in zwei Hälften zu teilen."
Fahr ed-Din lachte.
„Nur gut, dass die Narbe weit genug oben liegt, sonst würden die Damen sich noch alles Mögliche zusammenreimen. Aber, Spaß beiseite, der Sultan hatte unter seinen Gallensteinen große Schmerzen zu erdulden."
Der Kaiser war interessiert:
„Ihr seid also in der Lage, einen Patienten von seinen Gallensteinen zu befreien? Das gelingt unseren Ärzten nur in seltenen Fällen."
Der Emir klärte den Kaiser auf:
„Wir haben in Oberägypten an der Grenze zum Sudan einen Arzt, der sich auf solche Dinge versteht. Einmal konnte ich mich mit ihm unterhalten und er erklärte mir, dass die Lebenserwartung der Patienten bei allen Operationen davon abhänge, mit welch extremer Sauberkeit von den Chirurgen gearbeitet werden würde."
„Das muss ich mir merken. An der Sauberkeit, so fürchte ich, mangelt es in unseren Hospitälern. Aber sag mir, lieber Fahr, wie geht es dir denn gesundheitlich und auch sonst?"

„Bei mir gibt es nicht viel zu berichten. Meine Gesundheit ist, Allah sei Dank, mehr oder weniger gut. In der Familie machen mir meine beiden Söhne viel Freude. Jedes Mal, wenn ich zurückkehre, sind sie ein gutes Stück gewachsen und reifer geworden."
Bei dem Emir machte sich das Verlangen bemerkbar, von einer Schilderung persönlicher Befindlichkeiten weg zu dem eigentlichen Thema der heutigen Unterhaltung zu gelangen.
„Nun sag du mir, lieber Federico, wie ergeht es dir im fremden Land, so weit von deiner Heimat entfernt?"
Auch der Kaiser hatte schon darauf gewartet, das Thema, das ihn am meisten belastete, anzusprechen. Es schien ihm aber angebracht, nicht direkt damit zu beginnen.
„Zuvorderst wäre zu erwähnen, wie es mir in der Fremde an einigen Bequemlichkeiten mangelt, die zuhause selbstverständlich sind. Zu meinem täglichen Bad komme ich hier nicht so einfach, denn einmal fehlt es an dem nötigen Brennholz, ein anderes Mal ist nicht genügend reines Wasser vorhanden. Manchmal komme ich mir vor wie einer der Ritter, die schon von weitem stinken wie ein Waldesel, weil sie sich überhaupt niemals waschen. Auch mit der Verpflegung haben wir hier unsere Schwierigkeiten, aber das kennt Ihr doch wohl auch."
Der Kaiser machte eine Pause, trank bedächtig aus der Mokkatasse, dann fuhr er fort:
„Das wäre aber alles noch nicht schlimm und leicht zu ertragen, wenn mich nicht die ständige Sorge umtriebe, bei meiner Mission im Heiligen Land zu versagen. Ja, mein Freund, du hast richtig gehört, der mächtige Kaiser Friderico hat große Sorgen zu versagen."
Dem Emir waren die Zusammenhänge nicht sofort ersichtlich, daher fragte er:
„Wieso glaubst du zu versagen? Die Zeichen stehen für dich doch nicht schlecht. Du hast ein großes Heer aufgestellt und stehst mitten im Heiligen Land. Nun gut, wir haben zweifellos das größere Heer, aber wie du weißt, ist unsere Flanke nach Damaskus hin nicht gesichert."
Der Kaiser antwortete nicht sofort, da er zuerst seine Gedanken ordnen musste.
„Nicht die Stärke eines der Heere ist es, die zum Schluss über Sieg oder Niederlage entscheidet, viel mehr ist zu bedenken, wie man erobertes Ge-

biet sichert, ohne sich dabei zu schwächen. Wie du weißt, bestehen unsere Kräfte überwiegend aus angeworbenen Söldnern, die bei Beendigung eventueller Kämpfe sofort mit ihrer Beute in ihre Heimat zurückkehren werden. Diese Männer interessieren sich nicht im Geringsten dafür, was nach ihnen aus dem Heiligen Land wird. Aber ich kann es ganz und gar nicht über mich bringen, den Gedanken an eine gewaltsame Eroberung, gegen den Widerstand meiner Freunde, zu Ende zu denken. Damit stehe ich ohne Frage im schroffen Gegensatz zu einem Großteil der Ritter der heiligen Orden. Zu guter Letzt habe ich ein Zeitproblem. Während ich hier sitze und plaudere, überfällt und plündert der Papst mein Land. Du siehst, mein lieber Fahr, es gibt genügend Grund zur Sorge."

Das Gespräch hatte nun einen Punkt erreicht, an dem beide Teilnehmer bei dem, was sie sagten, nicht mehr taktierten, sondern ihr Inneres offenlegten. Und so sagte der Emir:

„Nun, wir haben uns in den bisherigen Geheimbotschaften bereits auf eine einvernehmliche Lösung festgelegt. Lass es mich noch einmal in kurzen Worten wiederholen. Angesichts unserer militärischen Kräfte besteht eine Patt-Situation zwischen uns mit gewissen Vorteilen für die arabische Seite, denn wir sind in diesem Land zuhause, während Ihr Euch um den Nachschub über das winterliche stürmische Meer sorgen müsst. Wir haben lange über deine Forderung nach Abtretung von Teilen des Heiligen Landes nachgedacht.

Der heilige Koran fordert uns zwar auf, den Hilfsbedürftigen zu geben und die Armen zu beschenken, doch Ihr seid weder das eine noch das andere. Warum also sollten wir Euch etwas so wertvolles wie das Heilige Land oder auch nur Teile davon schenken, ohne eine Gegenleistung dafür zu verlangen? Aber über diese Gegenleistung haben wir uns bereits in unseren geheimen Papieren verständigt."

Die Stirn des Kaisers hatte sich, je länger der Emir sprach, desto stärker in Falten gelegt.

„Du hast recht mit allem, was du sagst. Dennoch ist eine Lösung nicht so einfach, wie von dir gedacht."

Der Emir hatte sich erhoben und ging nun langsam in dem Raum umher:

„Aber das ist doch gar nicht schwer! Wir wollen lediglich einen Ausgleich für das, was Ihr von uns verlangt. Uns schwebt vor, dass im Herzen deines Landes etwas errichtet wird, das wir Muslime anbeten können und das uns

stolz macht und uns nicht der Schande des Verrates preisgibt, wie es geschehen würde, wenn wir unser Land verschenken."
Jetzt war es heraus. Aus den geheimen Dokumenten war bisher für den Kaiser nicht erkennbar gewesen, was die Gegenseite tatsächlich vorhatte. Nun sah er blitzschnell vor seinem geistigen Auge etwas Ähnliches wie den Felsendom in Jerusalem auch in seinem Königreich entstehen, womöglich in Nachbarschaft zum Land des Papstes.
Der Kaiser sprang von seinem Sitz auf:
„Nein, Fahr, so geht es nicht! Hier entsteht eine Sache von allerhöchster Brisanz für mich und meinen Thron und Ihr wollt dieses Gebilde öffentlich anbeten und in Euren Büchern preisen, und das mitten in meinem Land, das ist unmöglich."
„Wir wollen nicht in deinem Land beten, das wäre vermessen, aber wir wollen, dass der Stolz der Araber und unser Glaube befriedigt werden. Es darf nicht sein, dass wir als die Stärkeren vor der Geschichte und unserem Volk als die leichtfertigen Verschwender unseres Landes dastehen. Wir haben deine Situation wohl gründlich betrachtet. Wenn wir, wie von dir gewünscht, Teile des Heiligen Landes kampflos abgeben, so bist du der große Gewinner und wir die schäbigen Verlierer. Gibst du uns aber ebenso kampflos dafür von deinem Land, so bist du in den Augen deines Volkes und des Papstes der große Verräter und dieses Verhalten kann dich alle deine Kronen kosten."
Als der Kaiser dies hörte, machte er einen etwas ratlosen Eindruck:
„Ja, und wie soll es nun weitergehen?"
Seinem Gesicht sah man an, wie unschlüssig er war und das ihm keine spontane Lösung einfallen wollte.
„Der Sultan und ich haben eingehend in unserer Hauptstadt Al Qahirah mit unseren Beratern überlegt, wie wir eine für alle Beteiligten annehmbare Lösung finden können."
Der Kaiser unterbrach den Emir erregt:
„Und, sprecht, was habt Ihr herausbekommen?"
Der Emir blieb ruhig:
„Wir sind zu dem Entschluss gekommen, Euch vorzuschlagen, etwas so Einmaliges zu errichten, wie es bisher noch nie gebaut wurde. Wir können ermessen, wie groß Eure Fähigkeiten sind, aber, ohne überheblich zu sein, haben wir in unserem Land die bei weitem besseren Wissenschaftler und

Gelehrten, denn der gesamte überlieferte Wissensschatz der Griechen ist von uns übersetzt worden. Ihn studieren wir beständig und schöpfen aus diesen Erkenntnissen immer wieder für unser Alltagsleben."
Der Kaiser war immer unruhiger geworden, schließlich unterbrach der den Emir und fragte mit scharfem Unterton:
„Willst du mir eine Vorlesung über die Unterschiede der Wissenschaft deines und meines Landes halten?"
„Nein, natürlich nicht, aber was wir dir vorschlagen, kann von dir und deinem Hofe allein, bei eurem derzeitigen Wissensstand, nicht realisiert werden. Wir werden euch daher mit allen nötigen Unterlagen versorgen, und unsere Gelehrten werden bei der Ausführung, falls erforderlich, anwesend sein."
Der Kaiser unterbrach die Rede des Emirs erneut:
„Und was soll das alles?"
„Die Antwort ist leicht", entgegnete der Emir, „Die Menschen und mehr noch die kommenden Generationen werden erkennen, dass hier etwas so Anspruchsvolles entstanden ist, das es nur die Araber geplant haben können. Damit ist unserem Stolz genüge getan."
„Und wie ist es mit der Anbetung dieses Wunderdinges?"
Der Kaiser hatte sich wieder auf seinem Stuhl niedergelassen und sich einen weiteren Mokka eingegossen, als ihm der Emir antwortete:
„Wir wissen natürlich beide, dass das Gelingen unseres Vorhabens von einer strikten Geheimhaltung abhängt. Unsererseits reicht es uns, wenn der Sultan, ich und noch einige verlässliche Berater und Gelehrte von dem Vorhaben wissen. Damit haben wir unser Gewissen vor unserem Schöpfer, unseren Seelen und unserem Volk beruhigt. Was dich und deinen Stab anbelangt, so ist die Geheimhaltung bei dir in den allerbesten Händen, denn wenn etwas von dem, was wir vorhaben, bekannt werden würde, kann es dich Kopf und Krone kosten."
Der Kaiser nickte bedächtig mit dem Kopf.
„Das sind fürwahr schöne Aussichten, die da auf mich zukommen. Und wie sollen wir nun weiter vorgehen?"
„Wir werden einen so genannten öffentlichen Vertrag aushandeln, der vor aller Welt offen gelegt werden mag oder auch nicht, ganz wie du willst. Diese Arbeit sollen wohl, wie ich sehe, die Herren Acerra und von Sidon erledigen. Wir zwei werden uns über einen Geheimvertrag unterhalten, der

das enthält was wir soeben besprochen haben. Dieser Vertrag wird von keiner Seite veröffentlicht und trägt lediglich die Unterschriften des Kaisers und des Sultans."

Über der Unterhaltung war es spät geworden und das Gesprochene hatte den Kaiser wie den Emir gleichermaßen erregt. Ging es doch mehr oder weniger um das Schicksal und das Selbstverständnis der Herrscher des Nillandes und des Abendlandes und die Einordnung ihrer Taten in den Rahmen der Weltgeschichte. Der Emir äußerte als erster den Wunsch, das Gespräch an einem anderen Tage fortzusetzen.

„Mein lieber Friderico, ich glaube, wir kommen heute nicht mehr zu weiteren Lösungsschritten. Wir haben ein ganzes Feld von Problemen bestellt und sollten uns mit dem begnügen, was wir erreicht haben."

Auch der Kaiser war erschöpft und spürte das Bedürfnis, in Stille noch einmal über alles nachzudenken.

„Natürlich, lieber Fahr, wir haben uns an diesem Abend lange genug die Wahrheit gesagt, wie es unter Männern wie uns üblich sein sollte. Lasst uns unsere Quartiere aufsuchen und an einem anderen Tag über Einzelheiten sprechen."

Die Herren verabschiedeten sich freundlich und begaben sich in ihre Quartiere.

Dort angekommen, ließ der Kaiser sich ein heißes Bad richten, und als er lang ausgestreckt in dem Badezuber lag, ließ er all das, was sein Freund Fahr ed-Din ihm schonungslos unterbreitet hatte, auf sich wirken. Sein scharfer Verstand hatte im Unterbewusstsein bereits eine Lösung vorbereitet, die er nun ausarbeitete. Tatsache war, dass ein Waffenstillstand abgeschlossen werden würde, der ihm Teile des Heiligen Landes kampflos überließe. Damit konnte er nach außen einen Sieg verbuchen und ruhmreich in das Regnum und das Imperium zurückkehren. Die von ihm zu erbringende Gegenleistung musste bis zu dem Termin erbracht sein, an welchem der Vertrag auslaufen würde. Er erinnerte sich, dass nach islamischem Recht, wegen der Heiligkeit der Zahl 10, Verträge oft über einen Zeitraum von 10 Jahren, 10 Monaten, 10 Tagen und 10 Stunden abgeschlossen werden. So würde ihm für die Erfüllung seiner Verpflichtungen aus dem Geheimvertrag etwa ein Spielraum von 11 Jahren verbleiben.

In dieser Zeitspanne konnte viel geschehen, stellte der Kaiser befriedigt fest und beendete sein Bad. Er ließ sich abreiben, ging zufrieden zu Bett und schlief sodann lange und ausgiebig.
Als Emir Fahr ed-Din sein Quartier erreicht hatte, ließ er sich umkleiden. In ein bequemes Gewand gehüllt, setzte er sich vor dem wärmenden Kamin auf den mit Teppichen und bequemen Kissen bedeckten Boden und sinnierte über den zurückliegenden Abend.
Er wusste, was im Lager der Christen niemand auch nur ahnen durfte, dass sein Heer keineswegs so stark war, wie sein kaiserlicher Freund glaubte. Der Sultan hielt sich nicht wegen einer Gallenoperation in Südägypten auf, sondern weil dort unter den Stämmen der Nubier Aufstände gegen die Herrschaft des Sultans ausgebrochen waren. Dieser war mit dem halben Heer in Eilmärschen nach Südägypten aufgebrochen. Allerdings waren inzwischen die Aufstände niedergeschlagen und der Sultan auf dem Rückweg. Alle Fakten zusammenfassend kam der Emir zu dem Schluss, dass das, was bisher ausgehandelt war, durchaus den Muslimen zum Vorteil gereichte. Beruhigt begab auch er sich zu Bett.
Der nächste Tag war angefüllt mit Unterredungen, dem Lesen von Nachrichten aus seinem Reich und anderem Unbill, das der Kaiser über sich ergehen lassen musste. Seinem Gast, dem Emir, war dies nicht unangenehm, denn er nutzte die Zeit, um das Lager der kaiserlichen Sarazenen zu besuchen. Der Befehlshaber Said bin Mustafa bel-Kassim war von dem nahenden Besuch unterrichtet worden und man hatte ihm aufgetragen, dem Emir alle gewünschten Auskünfte zu erteilen.
Als der Emir mit einigen Offizieren seiner Leibgarde der Mamluken im Lager eintraf, begrüßte ihn der Offizier mit größter Ehrerbietung.
„Es-Salaam alaikum, edler Herr. Said bin bel-Kassim, der Befehlshaber der kaiserlichen Sarazenen im Heiligen Land, begrüßt euch im Namen Gottes, des Allerbarmers, des Allbarmherzigen."
„Sabach-el-cheer, erhebe dich mein Freund",
dann fragte der Emir erstaunt:
„Du sprichst so gut arabisch wie ich, hast du es im fremden Land nicht verlernt?"
Der Offizier antwortete erstaunt:
„Nein, Herr, wir sprechen nur arabisch. Alle Befehle erhalten wir von unserem Herrn, dem Kaiser, allein in arabischer Sprache. Auch Recht wird

bei uns vom Kadi nach dem arabischen Text des heiligen Korans gesprochen."

Nun war es an dem Emir, erstaunt zu sein:

„Und wie haltet Ihr es mit den Gebeten?"

„Wir beten fünfmal am Tag in Richtung Mekka, wie das heilige Buch es vorschreibt. Am Freitag ist es unsere Pflicht, in der Moschee zu beten. Wir bestatten unsere Toten mit dem Kopf in Richtung des Sonnenaufganges."

Der Emir hatte dieses Verhalten von den kaiserlichen Sarazenen nicht erwartet.

„Und wie ist es mit eurer Vergangenheit?"

Die Antwort war eindeutig:

„Das ist lange vorbei. Unser Herr ist gut und gerecht zu uns, er ehrt unseren Glauben, Arme und Reiche werden von ihm gleich und ehrerbietig behandelt. Wir sind es so zufrieden, wie es ist."

Der Emir, der wohl eine andere Antwort erwartet hatte, wechselte das Thema und fragte provokant:

„Mit welchen Waffen würdet ihr gegebenenfalls gegen uns kämpfen?"

Auch hier war die Antwort eindeutig:

„Wir benutzen für den Fernkampf skythische Bogen und jeder unserer Reiter trägt dreißig Pfeile. Die Ausbildung im Bogenschießen dauert bei uns fünf Jahre. Außerdem hat jeder unserer Männer ein Krummschwert, allerdings etwas länger und weniger gebogen und damit schwerer als bei euch, weil wir im Abendland oft im Nahkampf gegen gepanzerte Reiter antreten müssen. Ansonsten haben wir Rüstungen und die üblichen Dolche, manchmal verwenden wir auch leichte Lanzen. Unsere Pferde sind nur wenig geschützt, weil die Christen mit Pfeil und Bogen nicht umgehen können."

Der Emir, Oberbefehlshaber aller muslimischen Truppen, war beeindruckt.

„Und woher stammen eure Waffen?"

Stolz erklärte der Offizier:

„Alle unsere Waffen stellen wir in unserer Stadt Lucera eigenhändig her. Den Stahl importieren wir aus Indien und die Kunst, unsere Schwerter zu schmieden, gleicht der in Eurer Stadt Damaskus. Viele Christen lassen

ihre Schwerter bei uns anfertigen, da unsere Qualität besser ist als die nach der im Abendland üblichen merowingischen Schmiedetechnik."
Der Emir war beeindruckt. Als ihm bei einem Rundgang auch noch die im Lager herrschende Ordnung und die Disziplin der kaiserlichen Sarazenen vorgeführt wurde, wünschte er sich kurz, auch solch eine Truppe befehlen zu dürfen. Dann dachte er jedoch daran, dass er in der vom großen Sultan Salah-Ed-Din vor mehr als vierzig Jahren aufgestellten Leibgarde der Mamluken eine durchaus gleichwertige oder sogar bessere Truppe zur Verfügung hatte und dieser Gedanke machte ihn froh und selbstbewusst.
Der Emir verabschiedete sich von dem Offizier Said bin bel-Kassim:
„Ma`assalama – doch Allah möge verhindern, nicht auf dem Schlachtfeld."
Auf dem Rückweg fragte er seine Offiziere der Leibgarde:
„Nun, meine Herren, was halten Sie von den kaiserlichen Sarazenen?"
Einer gab Antwort:
„Eine gute Truppe, ohne Frage, ich möchte ungern im Kampf auf sie treffen, aber wenn, dann würden wir siegen. Was der Befehlshaber über die Säbel sagte, ist sicher richtig. Unsere Waffen sind gegen die schwer gepanzerten Kreuzritter zu leicht."
Der Emir beendete das Gespräch, indem er bemerkte:
„Wir werden dies ändern!"
Am späten Nachmittag bot sich dem Kaiser mehr Zeit und so ließ er den Emir fragen, ob ihm eine weitere Besprechung genehm wäre. Es wurde verabredet, sich in zwei Stunden im Haus, das dem Emir zur Verfügung gestellt worden war, zu treffen. Zur vereinbarten Zeit begrüßten sich die edlen Herren am Kamin im Saal der Villa.
Der Kaiser begann das Gespräch:
„Gott zum Gruß! Das war ein harter Arbeitstag, sei froh, lieber Fahr, dass du kein Kaiser des Abendlandes bist."
Der Emir hatte inzwischen Platz genommen:
„Gott zum Gruß auch dir! Mir vergönnt es das Glück, zu Besuch zu sein, deshalb belästigt mich hier niemand. Was schlägst du vor? Wie soll es weiter gehen?"
Der Kaiser wurde sofort sachlich:
„Wir müssen die Dinge, die wir gestern besprochen haben, nun präzisieren und zu Papier bringen. Ein zuverlässiger Schreiber muss sodann alles

feinsäuberlich auf Pergament niederschreiben und eine Kopie erstellen. Die beiden Schriftstücke werden daraufhin vom Sultan und mir unterschrieben und jeder der Herrscher erhält ein Exemplar."

Nach einer kurzen Pause fügte er hinzu:

„Darf ich dich bitten, für Pergament und einen Federkiel zu sorgen, denn du bist hier zuhause."

Als nun alles Nötige beisammen war und sie sich auf den Emir als Schriftführer verständigt hatten, wurde das Konzept des geheimen Vertrages aufgesetzt. Es bestand im Wesentlichen aus einer Aufzählung der Forderungen, die der Kaiser als Gegenleistung für die Übergabe von Teilen des Heiligen Landes zu erfüllen hatte. Es folgten Festlegungen über die einzuhaltenden Termine, wobei der Emir selbst die Zeitspanne von 10 Jahren, 10 Monaten, 10 Tagen und 10 Stunden vorschlug, mit der der Kaiser sofort einverstanden war. Als die Sprache auf die Kosten kam, machte der Emir einen bemerkenswerten Vorschlag:

„Lieber Federico, wir möchten das, was wir vorhaben, in der kürzest möglichen Zeit ausgeführt wissen. Wir haben uns überlegt, dass du zur Verteidigung deines Landes eine große Summe Geldes aufbringen musst. Daher könnte unser gemeinsames Vorhaben vorübergehend zum Erliegen kommen. Um dies zu vermeiden, möchten wir uns an den Kosten beteiligen."

Der Kaiser war entrüstet:

„Lieber Freund, was glaubt Ihr denn von mir? Bin ich ein Bettler? Drei Kronen trage ich, eine vierte liegt für mich bereit, da sollte ich doch wohl die Kosten für unseren Handel aufbringen können."

Das war es, was der Kaiser sagte. Was er dachte, war etwas anderes. Da er wusste, dass seine Kassen immer leer waren, gab er sich nach anfänglichem Widerstand sehr bald geschlagen:

„Nun gut, wenn Ihr unbedingt darauf besteht, soll der Passus in das Dokument aufgenommen werden."

Bei der Festlegung des Datums, zu dem der Geheimvertrag beginnen sollte, gab es zwischen Kaiser und Emir noch Meinungsverschiedenheiten, denn es musste doch vorerst noch der öffentliche Vertrag verhandelt werden, der die Übergabe von Teilen des Heiligen Landes regelte. Man verständigte sich darauf, den öffentlichen und den geheimen Vertrag mit gleichem Datum zu versehen.

Emir Fahr ed-Din Ibn As-Saih und seine Begleitung verließen nach zwei weiteren Tagen des Aufenthalts in Jaffa die Stadt und begaben sich in die ägyptische Garnison nach Gaza, wobei der Kaiser es sich nicht nehmen ließ, seinen Freund, auf dem geschenkten Rappen Drache reitend, ein gutes Stück des Weges zu begleiten. In Gaza war inzwischen Sultan Al-Kamil aus Oberägypten eingetroffen.

Noch am gleichen Tage traf der Emir seinen Herrscher, um von den Ergebnissen seiner Verhandlungen mit dem Frankenkaiser zu berichten:

„Ehrwürdiger Sultan, lieber Freund! Von Herzen freue ich mich, dich hier wieder wohlbehalten begrüßen zu dürfen. Es war Allahs Wille, dass deine und meine Mission einen für unseren Glauben und unser Volk glücklichen Verlauf nahmen, dafür sei dem Allmächtigen und Allwissenden und auch dir, edler Herrscher, der Dank der Gläubigen ausgesprochen."

Es war eine der Eigenheiten des Sultans, dass er im Umgang mit seinen Untertanen einen eher schroffen Ton liebte, selbst aber von ihnen so nicht angesprochen zu werden wünschte:

„Vielen Dank, lieber Emir, ich habe mich auf dem langen Weg nach dem Sudan und zurück nicht verändert. Warum also redest du mich nun so schwülstig an? Erzähl mir in dürren Worten, was du mit dem Kaiser ausgehandelt hast und lass uns dann über freundlichere Dinge sprechen."

Der Emir verbeugte sich:

„Wie Ihr es befehlt, ehrwürdiger Sultan."

Er befeuchtete sich mit der Zunge die Lippen und fuhr fort:

„Es verlief alles genau so, wie wir es in Kairo mit unseren Beratern ausgearbeitet hatten. Wir werden einen Vertrag abschließen, der dem Kaiser noch zu verhandelnde Teile von Palästina überlässt. Im Gegenzug wird der Kaiser in seinem Kernland nahe der Grenze zum Papstgebiet etwas Außergewöhnliches nach unserer Wahl errichten lassen. Dieses Außergewöhnliche wird so beschaffen sein, dass auf ewige Zeiten für jeden erkennbar wird, dass nur die Herrscher der Gläubigen in der Lage waren, es so zu planen, wie es dann dort stehen wird."

Der Sultan war es zufrieden.

„Habt Ihr schon darüber gesprochen, was wir dem Kaiser von unserem Land geben werden?"

„Nein, darüber ist noch nicht verhandelt worden."

Der Sultan zeigte sich interessiert:

„Selbstverständlich so wenig wie möglich und so viel wie nötig. Die Heilige Stadt Jerusalem ist für uns nicht zu retten, ebenso wie Bethlehem, die Geburtsstadt des Propheten Jesus. Von den Küstenstädten Akkon und Jaffa sowie von Sidon werden wir uns wohl auch trennen müssen. Damit haben wir aber schon das erreicht, was wir verschmerzen können. Sicher, auch die Zufahrtswege zwischen diesen Städten und Jerusalem müssen für die Christen frei sein, also überlassen wir ihnen zudem noch die entsprechenden Dörfer."

Der Sultan wechselte das Thema:

„Was schlagt Ihr als Termin vor, um den Vertrag abzuschliessen und wie lange soll der Waffenstillstand laufen?"

Der Emir antwortete:

„Über die Laufzeit des Vertrages besteht Einigung. Er läuft über den für Muslime üblichen Zeitraum."

Der Sultan war einverstanden:

„Gut, lieber Emir, wir müssen uns dann in circa 11 Jahren, das heisst im Jahr 1240 spätestens, wieder zusammensetzen. Und wann sollen wir den Vertrag Eurer Ansicht nach unterzeichnen?"

Der Emir antwortete nicht sofort, weil er über das Problem nachdenken musste. Nach einer kurzen Weile bezog er den Sultan in seine Überlegungen mit ein:

„Wir sind uns doch einig, dass wir den Kaiser und sein Heer sobald als möglich loswerden wollen? Wie mir gemeldet wurde, ist er in seinem Heimatland ernsthaft in Bedrängnis, der er sich nur erwehren kann, wenn er wieder Apulien ist. Andererseits sind von uns noch gewisse Vorbereitungen zu treffen. Wir müssen in den Städten Jerusalem, Bethlehem und so weiter und in den zu übergebenden Dörfern die arabische Bevölkerung unterrichten. Für den Felsendom und die Al-Aqsa-Moschee müssen wir eine starke Wache aufstellen, denn diese heiligen Orte sollen weiterhin unserer direkten Verwaltung unterstehen. Für Jerusalem und Bethlehem muss jeweils ein Kadi benannt werden, da die Rechtsprechung über unsere Pilger von uns wahrgenommen wird."

Der Sultan unterbrach den Emir:

„Wie lange schätzt Ihr also, werden wir brauchen, unsere Aufgaben zu erledigen?"

„Wir werden von jetzt an mindestens zwei Monate benötigen, bis die Übergabe vorbereitet ist.“

„Nun denn! Dann veranlasst Ihr bitte all das, wie wir es eben besprochen haben und legt mir dann den öffentlichen Vertrag und den Geheimvertrag zur Unterschrift vor.“

Nachdem der Sultan dies gesagt hatte, verabschiedete er den Emir und ging in den angrenzenden Teil seines luxuriösen Zeltes. Der Emir verließ das Sultanszelt, begab sich aber nicht sogleich in seine Unterkunft, sondern sah bei den Wachen, die in einem separaten Zelt untergebracht waren, nach dem Rechten.

Bei den Mamluken, die als Wachen eingesetzt waren, gab der Emir Anweisungen, um jene Schritte zur Übergabe von Teilen des Heiligen Landes zu unternehmen, die ohne Verzögerung sofort ausgeführt werden konnten. So mussten Boten nach Kairo gesandt werden, um die als Kadi vorgesehenen Personen darauf vorzubereiten, dieses Amt für die Städte Bethlehem oder Jerusalem zu übernehmen. Die gleichen Boten sollten mehrere Juristen des Grosshofes des Sultans unterrichten, sich umgehend nach Jaffa zu begeben, um einen Vertrag auszuarbeiten. Zwei äußerst vertrauenswürdige Schreiber, ebenfalls vom Hof des Sultans in Kairo, sollten die Boten auf ihrem Rückweg gleich mitbringen. Die Schreiber wiederum sollten für ausreichendes Schreibmaterial Sorge tragen. Später wurde den bereits aufgebrochenen Boten ein weiterer nachgesandt, der sollte veranlassen, dass auch eine Anzahl von Übersetzern vom Arabischen ins Lateinische und umgekehrt sich mit der Gruppe der Juristen zusammen auf den Weg nach Gaza machten.

Auch im Quartier des Kaisers liefen derweil die Vorbereitungen zum Abschluss des Vertrages unter großem Druck für alle Beteiligten. Die Herren Balian von Sidon und Graf Thomas von Acerra, Emissäre des Kaisers, waren von Morgens bis spät in die Nacht mit der Ausarbeitung der Landkarten beschäftigt, die als Grundlage für den Übergabevertrag dienen sollten. Der Kaiser, der ein vitales Interesse am Fortschritt der Vorbereitungen hatte, sah hin und wieder vorbei, gab gute Ratschläge und ermunterte die Anwesenden, diese schwierige Arbeit unverzagt fortzuführen. Er selbst gab öfter an seinen Hof die Anweisung, ihn nicht zu stören. In dieser Zeit machte er sich selbst an die Ausarbeitung eines Konzeptes für den Geheimvertrag. Er wollte mit allen Mitteln verhindern, dass irgendetwas von

der Absprache mit dem Emir und dem Sultan an Unbefugte weitergegeben wird und so möglicherweise bis zum Vatikan nach Rom gelangt. Aus früheren Erfahrungen in ähnlichen Angelegenheiten war ihm die Allgegenwärtigkeit der päpstlichen Spione wohlbekannt, die nur darauf lauerten, dass er sich eine Blösse gab. Und der Geheimvertrag wäre eine ungeheuerliche Blösse!
Irgendwann einmal ist jede anfangs noch so unüberschaubare Arbeit geschafft und nach der Pause, die durch das Weihnachtsfest und den Geburtstag des Kaisers am zweiten Weihnachtsfeiertag entstanden war, lagen die Konzepte des Vertragstextes und die zugehörigen Landkarten verhandlungsreif im christlichen Lager vor. Auch aufseiten des Sultans waren alle erforderlichen Helfer rechtzeitig eingetroffen und hatten ihre Arbeit getan, sodass für den 15. des Monats Januar 1229 der Beginn der mündlichen Verhandlungen festgelegt wurde. Ein diesem Datum vorangehender, weiterer Besuch des Emirs im Kreuzfahrerlager bei Jaffa wurde ebenso vereinbart. Nach aussen erklärte man dies damit, dass der Emir selbst die unterschriftsreifen Verträge dem Kaiser überbringen wolle, in Wirklichkeit sollte bei dieser Gelegenheit der Geheimvertrag ausgearbeitet und unverzüglich vom Kaiser unterschrieben werden.
Kurz vor dem Januartermin packten alle Beteiligten ihre Sachen und machten sich auf den Weg nach Jaffa. Der inzwischen schon eingetroffene Emir Fahr ed-Din hatte ein separates Zelt aufstellen lassen, das alle Utensilien enthielt, um den Juristen und Schreibern ein vernünftiges Arbeiten zu ermöglichen. Als die Emissäre des Kaisers das Zelt betraten, kam ihnen Abu Hashim al-Jubba`i, der Oberhofmeister des Sultans Al-Kamil, entgegen und begrüsste sie freundlich:

„Seien Sie gegrüsst, Graf von Acerra und auch Sie, Balian von Sidon. Wir haben alles zusammengestellt, was für eine gedeihliche Arbeit erforderlich ist. Doch zunächst möchte ich Ihnen die Juristen des Sultans vorstellen. Dies ist Scheich Abdul Rahman Dschubail, er ist in unserem Lande der grösste Kenner des arabischen Rechts, wie es uns der heilige Koran vorschreibt.“
Der Angesprochene war ein grosser, schlanker Mann von ungefähr fünfzig Jahren mit weissem Bart und einem grossen Turban auf dem Kopf. Er war in einen vorne geschlossenen, weissen Mantel gekleidet, der am Saum mit

Stickereien aus Goldfäden versehen war. Graf von Acerra verbeugte sich höflich vor dem Juristen.
„Gestattet mir, Euch meine Freude über unsere Zusammenarbeit auszudrücken, wobei ich aber hoffe, in nicht allzu vielen Streitpunkten disputieren zu müssen.“
Der Scheich Abdul Rahman entgegnete höflich:
„Auch ich hoffe dies von ganzem Herzen. Möge der Allmächtige uns bei unserer Arbeit erleuchten. Wenn Sie übrigens an Stelle der arabischen Sprache das Lateinische bevorzugen, dann soll mir das recht sein, ich habe lange Zeit in Bologna studiert.“
Die Emissäre waren erstaunt, denn die Universität von Bologna war die beste des ganzen Abendlandes. Graf von Acerra fasste sich als erster:
„Das ist eine Überraschung, auch ich habe an der juristischen Fakultät in Bologna studiert. Vielleicht können wir nach Abschluss unserer Arbeiten ein wenig über unser Studium plaudern.“
Abdul Rahman erwiderte: „Dies wird sicher möglich sein.“
Balian von Sidon, der selbst kein Jurist war, dafür aber ein ausgezeichneter Kenner des Königreiches Jerusalem, hatte sich inzwischen im Zelt umgesehen. An den Rändern waren eiserne Becken mit glühender Holzkohle aufgestellt, so dass eine angenehme Temperatur herrschte. In der Mitte des Zeltes war ein großer Tisch aufgebaut, um den zehn Stühle gruppiert waren. In einigem Abstand standen weitere Schreibtische, an denen Schreiber erwartungsvoll Platz genommen hatten. Drei Diener liefen geschäftig hin und her und erkundigten sich, ob sie Mokka servieren sollten.
Abu Hashim, der Oberhofmeister, verabschiedete sich:
„Meine Herren, Sie werden entschuldigen, mich rufen leider weitere Verpflichtungen. Wenn sie irgendetwas benötigen, so klingeln Sie bitte mit dieser Glocke und mein Hofmeister steht Ihnen zur Verfügung.“
Scheich Abdul Rahman Dschubail stellte noch seinen Stellvertreter und die weiteren Gelehrten vor, dann bat er die Anwesenden mit ihren Dokumenten an dem großen Tisch Platz zu nehmen, nachdem er selbst sich an eine Schmalseite des Tisches gestellt hatte und damit zu erkennen gab, den Vorsitz übernehmen zu wollen.
„Nun schlage ich vor, dass wir zuerst die Kartenunterlagen des Kaisers der Franken betrachten.“ Indem er sich an zwei bereitstehende Diener wandte, sagte er:

„Rollt bitte den ersten Plan auf und haltet ihn aufgerollt.“ Die Abordnungen beugten sich über die aufgerollten Karten und es war für die Araber ein Leichtes zu erkennen, dass hier unter den gegebenen Umständen Maximalforderungen eingezeichnet waren. Der Scheich murmelte etwas, das man als „Nun ja, nun ja“ verstehen konnte. Seine weiteren Worte waren deutlicher:

„Dann sollten wir unsere eigenen Vorschläge dagegen halten. Rollt bitte auch unsere Karte auf und legt sie neben die kaiserliche.“

Hier war wesentlich weniger der Fläche des Königreichs Jerusalem zur Übergabe vorgesehen, wie auf den ersten Blick erkennbar war. Es entspann sich ein Disput zwischen den Abgesandten des Scheichs und der Christen, der dahin mündete, dass im Wesentlichen die Vorschläge der arabischen Seite Anerkennung fanden.

Der Scheich rief seine arabischen Schreiber und diktierte ihnen das Ergebnis in die Feder.

„An Land und Leuten des Königreiches Jerusalem sollen zur Verwaltung an den Kaiser Friedrich II. für 10 Jahre, 10 Monate, 10 Tage und 10 Stunden folgende Gebiete an einem noch festzulegenden Tage übergeben werden:

Die Stadt Jerusalem innerhalb ihrer Stadtmauern, jedoch ohne das Gebiet des Tempelberges mit dem Felsendom und der Al-Aqsa-Moschee.

Die Stadt Bethlehem innerhalb ihrer Stadtmauern und die Verbindungsstraße von dort nach Jerusalem.

Die Städte Akkon und Nazareth und das zwischen ihnen liegende Land, ferner die Städte Jaffa und Arsur.

Die Stadt Sidon und die dort liegende Ebene.

Die Verbindungsstraßen zwischen diesen Städten und Jerusalem.

Die an den Verbindungsstraßen liegenden Dörfer und Weiler.

Das Land Torron bei der Stadt Tyrus und diese selbst.

Befestigt werden dürfen: die Stadt Jerusalem, die Burg von Jaffa, die Burg von Cäsarea, die Burg des Deutschen Ordens bei Akkon.“

Über ein besonderes Anliegen des Kaisers, das zu lösen er seinen Emissären besonders ans Herz gelegt hatte, gab es nochmals eine Diskussion. Graf von Acerra sprach das Thema an:

„Wir müssen noch darüber sprechen, was mit den christlichen Gefangenen geschehen soll, die sich seit dem Verlust der Stadt Damiette und späterer Zeit in Eurer Hand befinden."
Der Scheich gab zu bedenken:
„Der so genannte Verlust von Damiette, wie Ihr es nennt, ist kein gutes Zeitmaß. Wir Araber haben die Stadt zwei Jahre früher als Ihr verloren. Das ist unser Verlust. Sie ist dann von uns zurückerobert worden, das ist euer Verlust. Welcher der beiden Verluste soll nun gelten?"
Man einigte sich darauf, den Zeitpunkt nicht zu präzisieren, sondern es sollten alle Gefangenen, die sich noch in arabischer Hand befinden, in ihre Heimat entlassen werden. Damit kamen jene Christen, die seit fast zehn Jahren in der arabischen Knechtschaft gelitten hatten, endlich frei. Die anderen aber, die in der Zeit der Unfreiheit zum Islam übergetreten und damit der Zwangsarbeit entgangen waren, mussten bleiben.
Scheich Abdul Rahman Dschubail brachte das Gespräch – mehr ironisierend als ernst gemeint, denn er wusste über den Sachverhalt genau Bescheid – auf die arabischen Gefangenen bei den Christen.
„Wie halten wir es mit den arabischen Gefangenen? Warum sollten wir es anders lösen es als mit den christlichen Gefangenen."
Aus der Antwort des Balian von Sidon sprach grenzenloses Staunen:
„Aber in unserer Hand befinden sich überhaupt keine Gefangenen."
„Ja, wo sind sie denn?" fragte der Scheich sarkastisch.
Die Antwort war niederschmetternd:
„Es wurden nie welche gemacht!"
Der Vertrag wurde nun von den Schreibern und Kalligraphen in arabischer und auch lateinischer Sprache auf feinstem Pergament in doppelter Ausfertigung niedergeschrieben, lediglich die maßgebenden Termine wurden in den Dokumenten noch offengelassen. Sie sollten später nachgetragen werden, denn dies waren allein Entscheidungen des Kaisers und des Sultans. Während die Unterhändler beider Seiten an dem offiziellen Vertrag arbeiteten, hatte der Kaiser seinen Entwurf des geheimen Vertrages fertig gestellt und entsandte einen Boten an den Emir mit der Bitte um eine weitere Unterredung in seinem Lager.
Der Emir reagierte auch sofort und noch Ende Januar des Jahres 1229 fand eine weitere Besprechung zwischen den Freunden statt. Der Kaiser empfing Fahr ed-Din in dem gleichen Haus in Jaffa, das er immer noch be-

wohnte. „Lieber Fahr, ich hoffe, dir geht es gut und deine Gesundheit hält, was dein strahlendes Gesicht verspricht.“

„Allah sei Dank, ich kann nicht klagen, alles ist im Wesentlichen gut gelaufen und wenn wir uns heute einigen, können wir in Kürze die Verträge unterzeichnen.“

Der Kaiser entgegnete mit einem traurigen Unterton in der Stimme:

„Das sollte mich freuen, denn leider steht es in meinem Königreich Sizilien nicht zum Besten. Aber wem dient das Klagen? So war es schon häufiger und wie hat doch der große Gotenkönig Totila gesagt? *Was uns nicht umwirft, macht uns nur noch stärker*!“

Die Herren verhandelten lange und am Ende erkannte der Kaiser etwas klarer, was auf ihn zukommen würde. Die Muslime verlangten als Gegenleistung für die abgetretenen Gebiete in Palästina von ihm die Errichtung eines noch nie dagewesenen Gebäudes, dessen Herstellung aber im Rahmen des dem Kaiser Möglichen liegen sollte. Dieses zu errichtende Ding sollte auf einer Linie liegen, die durch die Basilicata und die Capitanata verläuft und das Gebirge der Monti Alburni und des Monte Li Foi di Picerno überquert. Bei der Planung, die, je nach Leistungsfähigkeit, vom Hof des Kaisers oder von den Muslimen ausgeführt werden sollte, würden die neuesten Forschungsergebnisse arabischer Wissenschaftler berücksichtigt werden. Der Bau selbst sollte von den Zisterziensern, die als einzige über entsprechende Erfahrungen verfügten, ausgeführt werden. Über die Nutzung des zu errichtenden Gegenstandes enthielt der Geheimvertrag nur die unklare Andeutung, dass er zum Gebet und zur Bestattung nach den Regeln des Korans geeignet sein müsse.

Die Herstellung der Pergamente mit dem Text des geheimen Vertrages wurde von den Christen übernommen. Der Kaiser beauftragte in diesem besonderen Falle seinen Protonotar Peter von Vinea mit den Schreibarbeiten. Damit war sichergestellt, dass in seinem Lager nur drei Personen von der Existenz des geheimen Vertrages wussten: er selbst, Heinrich von Salza und eben Peter von Vinea. Allerdings gab es dadurch von dem Original nur eine Kopie, und die war ebenfalls in Latein abgefasst. Nach Angaben des Emirs sollte dies aber kein Hindernis sein. Der Kaiser unterzeichnete am nächsten Tag die beiden Exemplare und siegelte sie eigenhändig, dann übergab er sie eingerollt und verschlossen in der Cherubshülse dem Emir, damit sie dem Sultan zur Unterzeichnung vorgelegt werden.

Für Kaiser Friedrich II. war es ein grosser Tag, als er am 11. Februar des Jahres 1229 vor die versammelten edlen Ritter im Bankettsaal der Johanniter trat und eine kurze Rede hielt:

„Meine Herren, wie Sie wissen, haben wir in den letzten Wochen intensive Gespräche mit Sultan Al-Kamil und Emir Fahr ed-Din geführt. Ohne einen Schwertstreich zu führen, ist uns die Restitution der Städte Jerusalem, Bethlehem, Akkon, Jaffa, Cäsarea und Sidon sowie weiteren fruchtbaren Landes für die Dauer von vorerst zehn Jahren zur alleinigen Nutzung gelungen. Über Details unterrichteten Sie die Herren Balian von Sidon und der Graf von Acerra, die hauptsächlich die Verhandlungen geführt haben. Nun möchte ich Sie bitten, mir mitzuteilen, ob sie die getroffenen Vereinbarungen, die uns den Zugang zur Heiligen Stadt ermöglichen, mittragen können."

Nach dieser Ankündigung erhob sich unter allen Anwesenden eine heftige Diskussion. Die Meinungen waren offensichtlich sehr unterschiedlich. Als erster meldete sich Balian von Sidon, der als Baron des Königreiches Jerusalem zu den direkt Betroffenen gehört, zu Wort.

„Meine Herren, ich habe selbst die Verhandlungen mitgeführt und weiss daher, wie schwer der Abschluss des vorliegenden Vertrages gefallen ist. Es kann aber kein Zweifel daran bestehen, dass die Freigabe der heiligen Orte unseres Landes der erste Fortschritt ist, seitdem wir im Jahre 1197 durch den Emir Salah-Ed-Din nahezu das gesamte Heilige Land verloren haben. Daher bin ich uneingeschränkt dafür, den Vertrag zu unterzeichnen."

Im gleichen Sinne entschieden sich nacheinander weitere fünf Barone des Königreiches Jerusalem für die Annahme des Vertrages. Nach diesen zustimmenden Aussagen war es im Saal ruhiger geworden, als sich Guarin de Montague, Meister der Hospitaliter in Jerusalem, Akkon und Cypern zu Wort meldete:

„Meine Herren, wie Sie wissen, unterstehen wir der direkten Befehlsgewalt des Heiligen Vaters Gregor IX. Meine Treue zu ihm setzt mich nicht in die Lage, und mein Kollege vom heiligen Orden der Templer stimmt mir zu, hier und heute eine Stellungnahme abzugeben, bevor nicht Gerold von Jerusalem, der Patriarch von Jerusalem, seine Zusage gegeben hat."

Der Kaiser meldete sich zu Wort und geißelte das eben Gehörte scharf: „Herr de Montague, ich verzichte auf Ihre Aussage und die Ihres Kollegen ebenso wie auf die Aussage des Patriarchen, dessen engstirnige Meinung mir hinreichend bekannt ist."

Als letzter meldete sich der würdige Hermann von Salza zu Wort:

„Meine Herren, es kann kein Zweifel sein, dass wir hier einen großen Sieg errungen haben. Auch die Ritter des Deutschen Ordens unterstehen dem Heiligen Vater. Es kann aber für mich kein Zweifel bestehen, dass die Freiheit der heiligen Orte nach mehr als dreißigjähriger Knechtschaft von jedem aufrechten Christen begrüßt werden wird."

Damit hatte sich die Mehrzahl der am Kreuzzug beteiligten Ritter für die Annahme des Vertrages entschieden und es wurde als Vertragsbeginn der 18. Februar 1229 in den Text aufgenommen. Der Kaiser legte fest, dass das Dokument zur Unterzeichnung und Siegelung durch die Araber, in Anwesenheit der Bischöfe Willem von Exeter und Peter von Terouane und natürlich des Balian von Sidon und des Grafen von Acerra als Zeugen, nach dem Lager des Sultans in Gaza verbracht werde. Anschließend sollten die Zeugen zusammen mit den Zeugen der Gegenseite zurückkehren und der Kaiser würde das Dokument öffentlich unterzeichnen und siegeln.

Herrn Balian und dem Grafen von Acerra war vom Kaiser vertraulich aufgetragen worden, auf dem Rückweg die Cherubshülse mitzubringen.

Kapitel 4
Einige sind dagegen

Unter der Bevölkerung der Stadt Jaffa, aber vor allem unter den Pilgern und den Kriegsknechten des Kaisers, die vor den Toren der Stadt auf jedem Stück freien Geländes lagerten, herrschte große Freude über den Waffenstillstand, zugleich jedoch auch Unruhe, weil nicht geklärt war, wann man nach Jerusalem aufbrechen sollte. Viele hatten sich Anfang März schon mit Lebensmitteln für mehrere Tage eingedeckt, da jeder befürchtete, in der Heiligen Stadt am Anfang nichts Essbares zu finden. Die Botschaften zwischen den Sarazenen und den Christen gingen hin und her, doch für die Abgesandten des Sultans war es nicht so einfach, der arabischen Bevölkerung zu erklären, dass sie nun unter Herrschaft der christlichen Kreuzfahrer stehen sollten, obwohl es zu keinem Kampf, geschweige denn, zu einer Niederlage der Araber gekommen war. Es herrschte allgemein ein großes Jammern und Wehklagen und man verstand nicht, warum der Sultan Al-Malik Al-Kamil die Stadt kampflos übergeben hatte. Die allgemeine Bekümmernis wurde aber dadurch etwas gemildert, dass die arabischen Einwohner von Jerusalem auch, wenn sie wollten, in das Umland der Stadt gehen konnten, da dieses nach dem Vertrag unter arabischer Herrschaft blieb.

Um den 12. März des Jahres 1229 hatte der Kaiser endlich Nachricht erhalten, dass man die Übergabe der Stadt Jerusalem am Tag vor Oculi, das heißt am 17. März erwarten dürfe. Daraufhin ließ er sofort seine Heerführer und die Spitzen der Verwaltungs- und Kirchenleute, die für Jerusalem und die anderen zu übernehmenden Orte vorgesehen waren, einberufen. Er wies sie an, sich umgehend mit allen ihren Untergebenen auf dem größten Platz der Stadt Jaffa vor der Kirche zu versammeln. Der Protonotar Peter von Vinea machte sie mit der freudigen Nachricht vertraut:

„Es hat dem Herrn im Himmel gefallen, unserem Kaiser Friedericus die Heilige Stadt Jerusalem, nachdem sie so lange Zeit in Finsternis verweilen musste, zurückzugeben, damit sie von ihm strahlend wiederhergestellt werde zum Ruhme der gesamten Christenheit. Wir beten alle zu Gott, dem Allmächtigen, dass die Rückgabe am nächsten Sonntag Oculi geschehen wird."

Die salbungsvolle Rede des obersten Hofjuristen des Kaisers wurde bei der Nennung des Termins Oculi jählings unterbrochen von Jubelgeschrei und einem ungeheuren Tumult. Viele Pilger taten ihren Beifall durch Klatschen kund oder fielen auf die Knie und beteten, während andere in Weinen ausbrachen und lauthals schluchzten. Ritter schlugen mit ihren Schwertern gegen die Schilde, Fußknechte stießen mit den Enden ihrer Lanzen auf das Straßenpflaster. Auch Trommeln und Pfeifen waren zu hören. Überall wurden Rufe laut:

„... der Herr hat uns verziehen",

„... wir sind erlöst, das Leid hat ein Ende",

aber man hörte auch andere Stimmen, die riefen:

„... ein neues Zeitalter beginnt, der Messias ist uns erschienen."

Das hörten die anwesenden Kirchenvertreter gar nicht gerne, denn wer der Messias sein sollte, wollten sie allein zu gegebener Zeit bestimmen.

Kaum verebbte der Jubel, machten sich die ersten auf den etwa dreißig Meilen langen Weg nach der Heiligen Stadt. Sie hatten sich ausgerechnet, bei dem schlechten Zustand der Straße ungefähr drei bis vier Tage zu benötigen, um dorthin zu gelangen. Der Kaiser und sein Stab hatten Vorsorge getroffen, als erste vor der Stadt einzutreffen. Tatsächlich standen sich am Morgen des 17. März der Kaiser mit seinen Heerführern und der vom Sultan Al-Kamil beauftragte Kadi der Stadt Nablus vor dem Davidstor im Westen der Stadt gegenüber. Zuvor hatte der Kaiser mit seiner Begleitung noch einen kleinen Umweg zum Berg der Freude gemacht. Auf der Anhöhe, die Stadt Jerusalem zu seinen Füßen, fühlte er am eigenen Leibe die verinnerlichte und erregte Stimmung, die jene Ritter des ersten Kreuzzuges überkommen hatte, als sie die Zinnen zum ersten Mal erblickten.

Als der Kadi den Kaiser sah, fiel er auf die Knie und beugte das Haupt. Der Kaiser sprang vom Pferd, hob ihn auf und klopfte ihm auf die Schulter, während er ihn ansprach:

„Bist du Scheich Shams ad-Din, der Kadi von Nablus?"

Der Angesprochene errötete vor Stolz:

„Ja, erhabener Herrscher, der bin ich!"

Der Kaiser hatte wenig Zeit und kam sofort zur Sache:

„Du sollst nicht vor mir auf die Knie fallen, denn ich bin nicht dein Herr. Kannst du mir die Stadt Jerusalem übergeben und mich zu unseren heiligen Stätten führen?"

„Ja, erhabener Herrscher, alles ist vorbereitet, wenn Ihr mir bitte folgen wollt.“

Mit dem Kaiser und dem Kadi voran, bewegte sich der ganze Zug der Christen in die Stadt hinein und der Scheich lenkte die Schritte in Richtung des Heiligen Grabes des Herrn Jesus Christus mit der Grabeskirche, die nicht weit vom Davidstor entfernt steht. Bevor sie die heilige Stätte betraten, verabschiedete sich Shams ad-Din vom Kaiser mit den Worten:

„Erhabener Herrscher, hier möchte ich Euch verlassen. Auch wir Muslime ehren diese Stätte und beten hier, aber unsere Gebete haben einen anderen Sinn als Eure, wir sollten sie nicht vermischen.“

Der Kaiser war verblüfft, daran hatte er noch nicht gedacht.

„Gut, Kadi von Nablus, ich erwarte dich nach unserem Gebet.“

Als der Kaiser nach dem ersten Gebet in der Heiligen Stadt die Grabeskirche verließ, schickt er nach dem Kadi, um sich bei ihm zu bedanken. Als der Kadi erschien, fragte ihn der Kaiser:

„Was empfindet Ihr, wenn plötzlich fremde Herren hier erscheinen und zu beten begehren an Stätten die Euch heilig sind?“

Der Kadi überlegte nicht lange:

„Wir hatten früher immer Pilger aus dem Abendland hier und es störte niemanden, wenn sie dort beteten, wo auch wir beten. Allerdings hatte jede Religion ihre bestimmten Zeiten der Besinnung, die auch stets eingehalten wurden. Dann kamen Ritter aus Eurem Land und begehrten die heiligen Stätten für die Christen alleine. Sie töteten nicht nur die Muslime, sondern auch alle anderen Andersgläubigen. Wir waren zuerst fassungslos. Unser heiliges Buch sagt, Christus ist ein Prophet und ebenso verehrungswürdig wie unser eigener Prophet Mohammed. Wir haben lange gebraucht, um umzudenken. Erst Sultan Salah ed-Din konnte die Muslime einigen und den Spuk der Ritter, die wir nicht als Christen betrachten konnten, beenden. Verzeiht mir meine offenen Worte, aber Ihr habt mich nach meiner Meinung gefragt, und ich habe sie Euch offen gesagt.“

Der Kaiser war betroffen:

„Ich danke Euch für Eure freien, offenen Worte und den Mut, den Ihr bewiesen habt, indem Ihr sie mir offenbartet. Ich wünschte, ich hätte viele Leute mit Eurer Courage in meinem Land. Lebt wohl, Scheich Shams ad-Din. Ma`assalama.“

Nachdem der Kaiser sein Quartier im Hospital der Johanniter neben der Abtei Santa Maria Latina bezogen hatte, gönnte er sich einen Moment der Ruhe und der Sammlung seiner Gedanken. Von seinem Kammerdiener liess er sich ein Bad richten. Die erfrischenden und belebenden Kräuter vertrieben seine Müdigkeit und veranlassten ihn, nachdem er sich wieder angekleidet hatte, nach seinem Berater Hermann von Salza rufen zu lassen. Ohne grosse Formalitäten begrüsste der Kaiser den Grosskomtur des Deutschen Ritterordens:

„Nun, Hermann, wie hat dir der Einzug in die Heilige Stadt heute gefallen, war dies nicht vergleichbar mit dem Einzug von König David?"

Hermann von Salza antwortete zurückhaltend:

„Friderico, du solltest dich nicht mit König David vergleichen. Ich will dir nicht zu nahe treten, aber wir beide wissen, dass dein Triumph auf einem Geschäft mit dem Sultan beruht. Auch wenn die unwissenden Pilger glauben, eine göttliche Fügung habe dich geleitet, kennt doch der Herr im Himmel die Wahrheit. Du solltest ihn nicht versuchen."

Der Kaiser mochte solch offene Worte der Kritik nicht. Es gab aber einige Berater, denen er dies verzieh, weil er ihnen unbedingt vertraute. Dazu gehörte Hermann von Salza. Nachdem er nachgedacht hatte, war auch ihm bewusst, wie wenig die Übergabe der Heiligen Stadt mit göttlicher Fügung zu tun hatte. Fragend wandte er sich an den Grosskomtur:

„Ich bin in diesem Land hin und her geritten, derweil bei mir zuhause einiges drunter und drüber geht. Ich habe die Heilige Stadt und noch dazu viel Land dieses Königreiches Jerusalem ohne Schwertstreich erworben. In meinem Gepäck trage ich die Krone dieses Landes. Mein Sohn ist ihr König und ich bin sein Regent. Soll ich nun wie ein einfacher Eroberer meine Sachen packen, einen Regenten einsetzen und wieder nach Hause fahren?"

„Nein, sicher nicht", Hermann von Salza war jetzt ganz angespannt, „das Problem ist, dass die Priesterschaft auf Anweisung des Patriarchen Gerold von Jerusalem ihre Teilnahme an Gottesdiensten ablehnt, wenn du dabei bist. Mir ist auch zu Ohren gekommen, dass Gerold den Erzbischof von Cäsarea nach Jerusalem geschickt hat, um über die Grabeskirche und alle heiligen Orte das Interdict auszusprechen, solange du in Jerusalem verweilst."

Der Kaiser war wutentbrannt, sein Gesicht hatte sich verfinstert und die Zornesadern auf seiner Stirn traten hervor:

„Das ist doch unerhört! Ein Affront gegen mich! Was muss ich noch alles tun, damit die Pfaffen endlich Ruhe geben? Ich werde sie alle in den Kerker werfen und ihnen die Zungen herausreißen lassen."

Der Großkomtur versuchte den Kaiser zu beruhigen:

„Gemach, gemach, Friderico, wir müssen in dieser Lage einen kühlen Kopf bewahren. Die Machenschaften der hiesigen Kirchenvertreter sind bisher nirgendwo bei den Pilgern publik gemacht worden. Morgen früh werden also alle Gläubigen sich in der Grabeskirche versammeln. Zwar werden keine Priester anwesend sein, wir werden aber für das, was ich dir vorschlage zu sagen, ein überwältigendes Auditorium haben."

Der Kaiser hatte sich etwas beruhigt und interessiert fragte er:

„Was hast du vor, Hermann?"

„Du musst persönlich eine Erklärung abgeben, die allen Vorwürfen und Verleumdungen deiner Gegner die Spitze nimmt. Dann musst du dich an den Papst wenden und erklären, alles Bisherige sei ein Missverständnis gewesen. Du musst weiter erklären, dass du am heutigen Tage dein Versprechen, das Kreuz zu nehmen, dadurch erfüllt hast, indem du die Heilige Stadt der gesamten Christenheit zurückgibst. Da du der Regent deines Sohnes Konrad bist, kannst du dir in seinem Namen die Krone des Königreichs Jerusalem aufsetzen und ‚unter der Krone' die weiteren nötigen Anweisungen ‚im Namen des Königs' erteilen."

Der Kaiser hatte gespannt zugehört und wollte nun noch mehr wissen:

„Und welche Art von Anweisungen schweben dir vor, lieber Hermann?"

„Da wäre zuerst die Regentschaft für die Zeit deiner und deines Sohnes Abwesenheit zu klären. Des Weiteren sind der Wiederaufbau und die Befestigung der Heiligen Stadt ein dringendes Anliegen. Bei aller Bescheidenheit möchte ich aber darauf hinweisen, dass auch mein Orden dringend des kaiserlichen Wohlwollens bedarf."

Der Kaiser nickte mehrmals mit dem Kopf:

„Aber Hermann, das ist doch selbstverständlich. Dein hier erteilter Rat ist mehr wert als alles Gold und Silber, das mir hier noch verblieben ist und das ist wenig genug. Aber ich verspreche dir, sofort nach meiner Rückkehr wirst du die verdiente Belohnung erhalten. Natürlich werde ich noch alles mit Brief und Siegel versehen. Ich sehe schon Peter von Vinea und seinen Stab schwitzend über all die Dokumente gebeugt."

Am nächsten Morgen hatte sich erneut eine große Menschenmenge in und vor der Grabeskirche eingefunden. Auch ohne Priester betete die Menge andächtig und intonierte die entsprechenden Psalme. Nachdem Schweigen eingekehrt war, betrat Hermann von Salza die Empore und gab dem Kaiser ein Zeichen. Der erhob sich von seinem Platz, schritt nach vorne und setzte sich die Krone des Königreiches Jerusalem aufs Haupt. Dann gab er eine Erklärung in seiner Landessprache ab. Die italienischen Ritter und Pilger, die ihn sofort verstanden, applaudierten ihm am Ende seiner Ausführungen. Der Kaiser nahm wieder Platz und Hermann von Salza übersetzte den Text des Kaisers ins Lateinische und in den gängigsten deutschen Dialekt. Auch hier folgte, nachdem das Gesagte inhaltlich verstanden war, anhaltender Applaus durch die Pilger.
Friedrich II. verbrachte den weiteren Tag mit Diktaten und Anweisungen und in seiner Kanzlei mit der Korrektur der niedergeschriebenen Anordnungen.
Besonders ausführlich widmete er sich dem Inhalt jener Schreiben, die er an die europäischen Herrscherhöfe und an Papst Gregor IX. richtete. Neben der Freude über die Rückgewinnung erheblicher Teile des Heiligen Landes brachte er erneut zum Ausdruck, dass sein Zwist mit dem Papst nur auf gegenseitigen Missverständnissen beruhen könne. Spät am Abend traf er sich mit den Baronen des Königreiches Jerusalem und machte sie mit den von ihm eingesetzten Statthaltern bekannt.
„Meine Herren, es erfreut mich, dass Sie meiner Einladung gefolgt sind. Es ist mir daran gelegen, Ihnen schon heute die Statthalter, die mich bei meiner eventuell baldigen Abwesenheit vertreten werden, vorzustellen. Nun darf ich die Herren Balian von Sidon und Werner von Egisheim bitten vorzutreten."

Indem er auf die Angesprochenen deutete, lobte er sie für ihre bisherigen Taten:
„Die Herren, die ich hier für ihre herausragenden Tätigkeiten bei der Rückgabe der heiligen Stadt Jerusalem besonders loben möchte, sind ihnen allen seit langem bekannt. Sie sind beide in Palästina geboren und

aufgewachsen und haben mit ihnen zusammen schon vor Jahren für das Heilige Land gekämpft. Als König von Jerusalem richte ich heute meine bescheidene Bitte an Sie, die Herren bei ihrer Arbeit tatkräftig zu unterstützen."

Schon als der Kaiser im ersten Satz seiner Ansprache seine baldige Abwesenheit erwähnte, war ein Raunen durch die Versammlung gegangen. Baron Odo von Montbéliard ergriff das Wort:

„Majestät, erlauben Sie die Frage, wie sollen wir verstehen, wenn Sie von Ihrer baldigen Abwesenheit sprechen?"

„Meine Herren, Sie haben sicher schon gehört, dass ich im Regnum Siziliae unter großer Bedrängnis stehe. Meine Anwesenheit in Italien ist dringend erforderlich. So darf ich Ihnen auch nicht verhehlen, dass die Kosten für den Unterhalt des Heeres mein Budget bis aufs Äußerste strapaziert haben. Es braucht wohl nur mehr wenige Tage, bis meine Kriegskasse vollends geleert ist. Der alsbaldige Heimweg ist daher der einzige Weg aus dieser Krise. Mit der heutigen Ernennung der Regenten und den anderen Erlassen, die ich verfasst habe, ist alles Erforderliche geregelt. Für den Wiederaufbau des Landes nötige Gelder werde ich rechtzeitig überweisen. Es ist auch meine Hoffnung, dass sich die heiligen Orden ebenfalls an den Kosten für die Befestigungen der Städte und der zugehörige Infrastruktur beteiligen werden. Wie die nächsten Tage sich für mich gestalten werden, kann ich heute nicht ermessen, daher möchte ich Ihnen allen schon heute und hier mein herzliches Lebewohl sagen. Gott sei mit Ihnen!"

Als der Kaiser dies gesagt hatte, verfiel die Versammlung der Edelleute in Schweigen und eine für alle spürbare Niedergeschlagenheit erfasste die Barone. Sie waren bereits zu lange auf sich allein gestellt in der Verteidigung des Heiligen Landes, als dass sie nicht wussten, welche Stütze sie in dem Kaiser hatten.

Am nächsten Morgen traf der Erzbischof von Cäsarea aus Akkon kommend in der Heiligen Stadt ein. Wie von Hermann von Salza vorhergesagt, hatte ihn der Patriarch Gerold von Jerusalem beauftragt, die heiligen Stätten mit dem Interdict zu belegen. Daraufhin herrschte bei den Pilgern, Soldaten und Rittern großes Erstaunen und Betroffenheit, dass ihnen der Zugang zu den heiligen Stätten nun erneut, und diesmal von der Kirche selbst, verwehrt wurde. Schon am Abend zuvor hatte der Kaiser beschlossen, die Heilige Stadt zu verlassen. Der Grund für den Aufbruch war ein

Schreiben des Sultans Al-Kamil, dem die Kopie eines anderen Schreibens beigefügt war. Darin teilte der Großkomtur der Templer, Pierre de Montague, dem Sultan mit, der Kaiser werde an einem bestimmten Tage den Fluss Jordan aufsuchen, und er empfahl ihm, ihn dort zu fangen oder zu töten. Der Sultan hatte sich aber mit seinem Emir Fahr ed-Din beraten und sie hatten beschlossen, den Kaiser zu warnen. Dieser begab sich am frühen Morgen, noch bevor der Erzbischof aus Cäsarea eintraf, eilends auf den Weg nach Jaffa, wo er sich jedoch nicht lange aufhielt, sondern gleich weiter nach der Stadt Akkon ritt, in der er am 25. März 1229 eintraf. Dort hatte, besonders in der letzten Zeit, Gerold von Jerusalem in übler Weise gegen den Kaiser Stimmung gemacht und dabei auch die Templer und Johanniter auf seine kaiserfeindliche Seite gezogen. Auch hatte er begonnen, unter den Pilgern Söldner anzuwerben, angeblich um sich gegen feindliche Sarazenen zu verteidigen, in Wahrheit aber, um gegen den Kaiser vorzugehen. Nun musste der Kaiser, um die Disziplin wiederherzustellen, die entsprechenden Herren unter Hausarrest stellen. Nachdem die Wetterbedingungen und die Zustände in der Stadt Akkon ein früheres Auslaufen der kaiserlichen Schiffe verhindert hatten, konnte Friedrich erst am 1. Mai die Stadt verlassen, nicht ohne zuvor noch den Templern ihre Privilegien in Italien abgesprochen und in der Stadt für Ruhe und Ordnung gesorgt zu haben. Doch die Bürger der Stadt waren nun keineswegs zufrieden, sondern beleidigten den Kaiser, bevor er nach Zypern segelte, auf seinem Weg zum Hafen.

Den kurzen Abstecher auf die Insel nutzte der Kaiser dazu, einen fünfköpfigen Regentschaftsrat einzusetzen und seinen geschrumpften Staatssäckel aufzufüllen. Wie in dieser Gegend üblich, benutzte er dazu ein Bieterverfahren. Der Meistbietende erhielt den Zuschlag und war Mitglied des Regentschaftsrates. Dann verheiratete er noch den minderjährigen König und segelte weiter in Richtung seiner Heimat.

Auf der Überfahrt von der Insel Cypern blieb dem Kaiser ausreichend Muße, darüber nachzudenken, wie er seinen Teil des Geschäftes mit dem Sultan erledige. Der Hinweis des Emirs Fahr ed-Din, die Wissenschaft im Abendland und in seinem Regnum sei hinter der der Sarazenen zurück, steckte wie ein Stachel in seinem Gehirn. So sann er auf Abhilfe und es fiel ihm ein, dass er einen überragenden Gelehrten an seinem Großhof beherbergte. Umgehend ließ er Michael Scotus, den Übersetzer und Sprachkenner kommen, der sich auch auf dem Praetoriae Imperatoris, dem Flaggschiff des Kaisers befand.

Der Kaiser begann die Unterhaltung sehr weitschweifig:

„Magister Scotus, seit langem haben wir nicht mehr miteinander gesprochen, wie ist es Euch im Heiligen Land ergangen. Hoffentlich war Euer Aufenthalt etwas ruhiger als meiner?“

Auch auf dem Schiff hatte Michael Scotus einen von ihm konstruierten leichten eisernen Helm auf dem Kopf. Er hatte sich vor einiger Zeit selbst geweissagt, sein Leben werde enden, wenn ein kleiner Stein auf seinen Kopf fällt. Dies versuchte er nun durch den Helm zu verhindern.

„Majestät, mir geht es gut und der Aufenthalt im Heiligen Land war wunderbar. Die Übersetzungsarbeit war gering und Akkon besitzt eine wertvolle Bibliothek.“

„Das erfreut mich wirklich, denn ich glaube, Eure Hilfe in unserer Residenz Foggia dringend zu benötigen. Wie Ihr wisst, besteht mein Hofstaat zum großen Teil aus Juristen und Schreibern und natürlich den üblichen Bediensteten und Steuereintreibern nebst den Verwaltern meiner Gelder und Güter. Es fehlt mir aber an Wissenschaftlern, wie zum Beispiel Astronomen und Mathematikern, die mit den arabischen Zahlen rechnen können.“

Michael Scotus war etwas überrascht, denn er war nur am Rande ein Mathematiker, seine Hauptaufgabe am Hof war die Übersetzung von griechischen und arabischen Texten.

„Wie kann ich Eure Majestät weiterhelfen, zwar habe ich einige astronomische Kenntnisse, aber ein Spezialist auf diesem Gebiet bin ich nicht.“

Der Kaiser präzisierte seine Ideen:

„Nein nein, nicht Euch persönlich meine ich, sondern Ihr sollt mir mit den Kenntnissen der Personalien möglicher Kandidaten helfen, die Wissenschaften an meinem Hof zu stärken. Hättet Ihr schon eine Idee?“

Michael Scotus dachte kurz nach:

„Da käme vor allem ein Mann infrage, der zurzeit dem ganzen Abendland das Rechnen beibringt, aber mit arabischen Zahlen statt den römischen Ziffern wie bisher. Sein Name ist Leonardo da Pisa oder kurz Fibonacci.“

Der Kaiser, der ein ausgezeichnetes Gedächtnis hatte, erinnerte sich:

„Mit diesem Mann hatten wir doch bereits zu tun? Ist es nicht jener, der die Frage nach dem Wachstum einer Kaninchenpopulation seinerzeit in Pisa durch seine Berechnungen gelöst hat?“
„Ja, Majestät, der genau ist es.“
„Dies ist ein sehr guter Vorschlag. Habt Ihr sonst noch jemanden in petto?“
„Einen anderen möchte ich Euch auch noch nennen, der aber müsste noch etwas geformt werden, was einige Zeit in Anspruch nehmen könnte.“
Der Kaiser war neugierig geworden:
„Eile ist, Gott sei Dank, nicht geboten, die Angelegenheit, an die ich denke, wird sich ohnehin über mehrere Jahre hinziehen. Sagt also, um wen handelt es sich?“
Michaels Scotus verdrehte etwas die Augen unter seinem Helm.
„Der junge Mann, an den ich denke, ist aber vielleicht nicht so genehm.“
Der Kaiser war ungeduldig:
„Nun sagt schon, Michael Scotus, wer ist es. Ich bin doch kein Menschenfresser.“
„Es ist Johann von Ibelin der Jüngere, der Herr von Arsur.“
Nun wurde der Kaiser wirklich unwirsch:
„Ja, wisst Ihr denn nicht, dass ich diesen jungen Mann dem Herrn von Acerra zum Knappen anempfohlen habe, damit er in meiner Nähe als Geisel für seinen aufsässigen Vater herhält?“
Michael Scotus machte ein unschuldiges Gesicht.
„Ich habe davon gehört, Majestät, aber nach einer Ausbildung in einem arabischen Land kehrt er ja wieder an Euren Hof zurück. Da ist er Euch doch sicher.“
„Was habt Ihr da gesagt? Ich soll den jungen Mann auch noch ins Ausland schicken?“
Michael Scotus hatte das dicke Fell, das man seinen Landsleuten im fernen Schottland gerne nachsagt. Er war von der Intelligenz und schnellen Auffassungsgabe des jungen Mannes überzeugt, hinzukam, dass dieser fehlerfrei Arabisch in Wort und Schrift beherrschte.
„Ja, Majestät, es lohnt sich, er spricht arabisch so gut, wie ich es nie fertig bringen werde, außerdem kann er es lesen und schreiben. Wenn überhaupt einer es zu großen Erfolgen in der Wissenschaft bringen sollte, dann er.“
Der Kaiser war halb und halb überzeugt:

„Nun gut, machen wir einen Versuch. Ihr organisiert sozusagen eine Lehrstelle bei der Schule, die der große Averroës zu seinen Lebzeiten in Córdoba in Spanien eingerichtet hat, und ich spreche hier mit dem jungen Mann."

Der Kaiser hatte sich erhoben und wandte sich zum Gehen, als er sich noch einmal umwandte und fragte:

„Wo steckt eigentlich derzeit der schlaue Mann aus Pisa?"

„In Pisa, huldvollste Majestät!" war die Antwort.

Bei einem kurzen Aufenthalt der Flotte im Hafen Limni auf der Sporadeninsel Euböa veranlasste der Kaiser, dass der junge Knappe Johann von Ibelin auf sein Flaggschiff übersiedelte. Er hatte vor, sich auf der langen Seereise intensiv mit dem jungen Mann zu unterhalten, immerhin war sein Vater nicht eben das, was man einen Freund des Kaisers nennen konnte. An einem warmen, nicht allzu windigen Tag auf See ließ der Kaiser den Knappen zu sich rufen. An Deck des Seglers waren zwei Stühle bereitgestellt und er forderte ihn auf, an seiner rechten Seite Platz zu nehmen. Johann von Ibelin war bereits ganz oberflächlich von Michael Scotus unterrichtet worden, was auf ihn zukommen würde. Dies hatte aber nicht bewirkt, seine Aufregung auch nur ein wenig zu mildern. Im Gegenteil war ihm das Blut in den Kopf geschossen und in der Nähe des Herrschers errötete er nun bis unter den Haaransatz. Der Kaiser hatte die Verlegenheit bemerkt:

„Ihr müsst Euch nicht erregen, Johann von Ibelin, es ist mein Anliegen, ganz im Vertrauen mit Euch zu sprechen, einige Fragen zu stellen und, wenn die Antworten mir zusagen, Euch zu bitten, gegebenenfalls in meine Dienste zu treten."

Der junge Mann räusperte sich, da ihm der Mund trocken geworden war:

„Erlauchte Majestät, Ihr ehrt mich über die Maßen. Alles kommt so plötzlich, ich kann es gar nicht fassen."

Der Kaiser, ein großer Bewunderer schöner Köpfe und ebenmäßiger Körper, allerdings überwiegend beim weiblichen Geschlecht, war von den edlen Gesichtszügen des Knappen recht angetan. Um die Stimmung etwas aufzulockern, stellte er seine nächste Frage in Arabisch:

„Habt Ihr eigentlich noch einen anderen Vornamen als Johann, er erinnert mich sehr an Euren Vater?"

Die Antwort, die er erhielt, war nicht nur korrekt ausgesprochen, sondern hatte auch eine leichte Anmutung jenes Dialektes der Wüstenbewohner in der Heimat des Propheten.

„Wir haben bei uns in Cypern den Brauch der Griechen übernommen, die Kinder auch nach den Vornamen der Großväter zu benennen. So heiße ich noch Claude und Roger."

Der Kaiser antwortete jovial:

„Also, den Namen Roger gibt es schon reichlich. Mein Großvater hieß Roger und war König von Sizilien, daher habe auch ich diesen zweiten Vornamen. Wenn es dir recht ist, werde ich dich in Zukunft Claude von Ibelin nennen."

Dem Knappen war es recht, in seiner Familie hießen alle Männer ausnahmslos Johann, da hatte er sich ohnehin einen anderen Namen schon einmal gewünscht.

Der Kaiser stellte weitere Fragen, so zum Beispiel nach den Ideen des jungen Mannes für seine Zukunft. Auch wie der junge Ibelin sich eine Zusammenarbeit vorstellen könne, wo doch sein Vater gegen das Staatsverständnis des Kaisers eingestellt sei. Als die Antworten des jungen Mannes zur Zufriedenheit des Kaisers ausgefallen waren, machte er ihm das Angebot, in seine Dienste zu treten. Claude von Ibelin sagte erfreut zu. Die weitere Fahrt der Flotte verlief ruhig und ereignislos bis zum 10. Juni, dem Tag, an dem das voraussegelnde Flaggschiff des Kaisers in Brindisi einlaufen sollte. Vorsichtigerweise hatte der Kapitän zuvor an der Küste ein Boot ausgesetzt und Späher in die Stadt geschickt. Sie kamen zurück und berichteten, überall in dem Orte schlichen Leute des Papstes umher und fragten nach dem Kaiser oder fremden Schiffen. Die Kundschafter des Kaisers waren aber so klug zu erkunden, in welcher Stadt sich keine Leute des Papstes befanden. Man nannte ihnen die kaisertreue Stadt Ostuni als sicheren Ort. Leider gab es dort keinen Hafen, so dass der Kaiser und seine Getreuen, durch die Brandung watend, an Land gehen mussten. In dem Ort sammelte der Kaiser seine Gefolgschaft und begab sich umgehend nach Brindisi, wo sich die überraschten Gefolgsleute des Papstes sofort ergaben. Nun konnte der Genueser Heinrich von Malta die gesamte Flotte mit allem Gerät sicher in den Hafen bringen. Die Heerführer sammelten unverzüglich weitere Truppen und zogen nach Barletta. Alle in das Regnum eingefallenen päpstlichen Truppen verließen, als sie von des Kaisers

Ankunft hörten, fluchtartig sein Königreich. Unter dem persönlichen Gut des Kaisers, das von einem zuverlässigen Trupp seiner Sarazenen bewacht wurde, befand sich eine besonders stabil gearbeitete, mit zwei Schlössern gesicherte Truhe. Sie enthielt neben der Krone des Königreiches Jerusalem eine sechskantförmige Metallhülse, die mit einem Schraubverschluss in Form eines Cherubs verschlossen war. Die Hülse selbst war in einem Behälter untergebracht, dessen Form so ausgebildet war, dass sie immer waagerecht liegen musste. Nur zwei weitere Menschen neben dem Kaiser kannten ihren Inhalt, der zu dieser Zeit das wohl größte Staatsgeheimnis des Königreichs Sizilien war. Die Truhe wurde in die nahe liegende Festung Lucera verbracht und dort, in der Garnison der Sarazenen, zusammen mit dem Staatsschatz sorgfältig verwahrt. Der Kaiser vertrieb alle feindlichen Truppen aus seinem Königreich und bestrafte die verräterischen Städte hart, dann bezog er wieder seine Residenz in Foggia.

Nachdem sich der Großhof des Kaisers in Foggia wieder eingerichtet hatte, wurde der Knappe Claude von Ibelin durch den Kaiser persönlich zum Ritter geschlagen. Der Vater Johann von Ibelin war, zum Kummer seines Sohnes und trotz der Einladung des Kaisers, nicht am Hof erschienen, um an der Zeremonie teilzunehmen. Er ließ sich wegen der großen Entfernung zwischen der Insel Cypern und der Residenz Foggia des Kaisers entschuldigen, in Wahrheit schmiedete er wie üblich ein Komplott, um die neuen Statthalter der Insel zu entmachten. Der Freude des jungen Ritters über seine Ehrung tat die Abwesenheit seines Vaters jedoch keinen Abbruch. Im Anschluss an die Zeremonie, in der der junge Mann dem Kaiser auch unbedingte Treue geschworen hatte, erhielt Claude von Ibelin eine beträchtliche Summe Geldes ausgehändigt und dazu die Weisung, sich an die Schule des Averroës in Cordoba zu begeben und dort intensiv die Philosophie des großen Gelehrten, aber auch die Mathematik und Nautik, zu studieren. Mit dieser Aufforderung des Großhofes zur Reise war die Auflage verbunden, alle künftig erworbenen Kenntnisse und Fertigkeiten und auch sonst alle Notizen und Dokumente unter keinen Umständen an Dritte weiterzugeben, vielmehr seien sie den Herren des Concilii Assesoratus, wie ein Beirat am Großhof heißt, dem alle Consiliarii Imperatoris, die kaiserlichen Ratgeber also, angehören, zu übergeben. Am Ende folgte noch die Ermahnung, sich möglichst fleißig den Studien zu widmen, damit dem Kaiser keine unnötigen Kosten entstünden.

Michael Scotus hatte die Hochschule, an der er lange Jahre selbst gelehrt hatte, bereits über die baldige Ankunft des jungen Ritters unterrichtet.

An einem sonnigen und nur mäßig windigen Morgen verließ Claude von Ibelin auf einem Segelschiff der mit dem Kaiser verbündeten Pisaner den Hafen von Neapel und erreichte nach angenehmer Fahrt über das westliche Mittelmeer den Hafen von Málaga, von wo aus er sich einer Gruppe von Kaufleuten anschloss, die ebenfalls nach Cordoba wollten.

Kapitel 5
Besuch aus Ägypten

Im Königreich Sizilien war wieder Frieden eingekehrt, die Feinde vertrieben und die Verräter bestraft. Mit dem Papst hatte der Kaiser intensiv verhandelt und nachdem er in seinen Kompromissen bis an die Grenze des für ihn als Herrscher Erträglichen gegangen war, konnte ein Friedensvertrag ausgehandelt und unterschrieben werden. Zur Besiegelung ihrer neuen Freundschaft trafen sich der christliche und der weltliche Herrscher im Geburtshaus des Papstes, um dort gemeinsam zu tafeln.

Auch im Orient hatten sich die Verhältnisse beruhigt. Der Herrscher von Ägypten, Sultan Al-Malik Al-Kamil, und sein Bruder, Al-Ashraf, hatten ihren Neffen in der Stadt Damaskus besiegt und sein Land unter sich aufgeteilt. Der Emir Fahr ed-Din konnte sich nun den Angelegenheiten widmen, für die sein Reich die Stadt Jerusalem und weitere Ländereien geopfert hatte. Es war an der Zeit, Kaiser Friedrich II. die Rechnung zu präsentieren.

An einem schönen, sonnigen Morgen ließ Fahr ed-Din ein Pferd satteln und gab zweien seiner Diener Anweisung, ihn zu begleiten. Sein Ziel war die ehrwürdige Al-Azhar-Moschee, die auch die Madrasa beherbergt, also die Universität von Al Qahirah, wie die Stadt Kairo in der Landessprache auch genannt wird. Im ganzen Land und auch weit darüber hinaus, bis nach Persien und Indien, waren die Schriften der dort lehrenden Scheichs wohl bekannt. Umgekehrt war den Scheichs an der Madrasa von Al Qahirah das Schriftgut all dieser Länder und noch weiterer bis hin zum fernen China geläufig.

Zu der Zeit, als Fahr ed-Din seinen Freund, den gelehrten Scheich Sirag ad-Din al-Urmawi, Dekan der mathematischen Fakultät, besuchte, zählte die Universität etwa fünfhundert Studenten, die um die Moschee herum logierten. Auch die Professoren lebten nahebei, in Häusern, die ihnen kostenlos zur Verfügung gestellt waren. Von seinem Palast aus benötigte der Emir ungefähr eine halbe Stunde, um dorthin zu gelangen. Ein Mann seines Standes ging nicht zu Fuß, sondern ritt auf einem Pferd, das aber von einem Diener am Zügel geführt wurde. Der zweite Diener ging hinter dem Pferd oder ihm voran, um gestikulierend den Weg frei zu machen. Der Weg war schattig, denn er verlief überwiegend unter den von Säulen ge-

tragenen Arkaden der Stadthäuser. Der Boden war mit Platten belegt, unter denen versteckt die Abwässer dem Fluss Nil zugeführt wurden. Die Diener waren für einen Reiter unbedingt erforderlich, da ein reges Treiben in diesen Straßen herrschte und auch zweirädrige Karren, beladen mit Bananen, Datteln, Brennholz und Trinkwasser, oft den Weg versperrten. Trotz der vielen Menschen und Waren war alles aufgeräumt und sauber, denn eine Anzahl von christlichen Kopten, die seit langem in der Stadt wohnten, hatten vom Sultan den Auftrag erhalten, die Stadtreinigung zu erledigen. Es patrouillierten auch Mamluken auf den Straßen, die für Ruhe und Ordnung sorgten.
Als der Emir das Haus seines Freundes erreicht und ihn begrüßt hatte, setzten sie sich in den Schatten der Bäume im Innenhof. Der Emir wollte seine Neugier nicht zügeln und fragte den Scheich ohne Umschweife:
„Sage mir, Sirag, wie sind deine Erkundigungen verlaufen? Nach meiner Berechnung müsstest du inzwischen Antwort erhalten haben."
Der Scheich kramte in einigen Pergamenten, die er mitgebracht hatte:
„Du hast gut gerechnet, Fahr, die Unterlagen sind soeben vor zwei Tagen angekommen, und nicht mehr als einen kurzen Blick konnte ich auf die Berechnungen werfen."
„Dann lass mich wissen, was du gesehen hast."
Der Scheich griff in den Stapel der Pergamente und zog dann eines heraus:
„Unsere Gelehrten in der jemenitischen Stadt Aden haben offensichtlich gute Arbeit geleistet."
Der Emir war erstaunt:
„Wieso in Aden, es war mein Glaube, Ihr hättet Eure Wissenschaft in Kairo versammelt?"
„In den Hafen von Aden kommen die meisten Segelschiffe, die den Gewürzhandel mit Indien und den Molukken betreiben. In diesen Ländern treffen die Kapitäne auf jene Kollegen, die wiederum mit China und Japan Handel treiben. Bei dieser Gelegenheit tauschen sie ihr Wissen aus, das sie zum Navigieren über solch immense Entfernungen brauchen. In Aden selbst befindet sich eine Seefahrtschule, in der auch unserer Kapitäne ausgebildet werden. Dort wird all das Wissen, das sich im Laufe der Zeit ansammelt, geordnet und niedergeschrieben. Der Leiter dieses Institutes ist ein guter Freund von mir und wir tauschen uns regelmäßig aus."

Der Emir hatte interessiert zugehört, von der Seefahrtschule hatte er noch nie gehört.

„Höchst interessant, aber hast du in unserem konkreten Falle schon eine Lösung?"

„Ich habe meinen Freund in Aden gebeten, für mich eine Berechnung zu machen, wie sich die Verhältnisse in dem Land Italien ergeben, wenn man die zwei Städte, die wir vorgegeben hatten, als Eckpunkte in einem sphärischen Dreieck zugrunde legt. Die Antwort, hoffe ich, ist hier enthalten."

Der Scheich hatte auf den Stoß mit den Pergamenten gedeutet, aber der Emir ließ nicht nach:

„Nun schau schon nach, ob du etwas Derartiges findest!"

Tatsächlich war unter den Pergamenten eines, das über und über mit Zahlen beschrieben war. Der Scheich reichte es triumphierend dem Emir:

„Hier ist es, mein Freund hat Wort gehalten."

Der Emir warf einen Blick auf das Pergament und gab es dem Scheich zurück.

„Von dem, was dort steht, verstehe ich kein Wort, oder besser gesagt, keine Zahl, denn es sind doch nur Zahlen, die ich hier sehe."

Der Scheich lachte:

„Auch du als Soldat solltest dich ein wenig mit Zahlen auskennen, immerhin gelten die Berechnungen von Entfernungen nicht nur auf See, sondern auch an Land."

Der Emir bemerkte ironisch:

„So weit kommt es noch, dass ich auf meine alten Tage mich mit nautischen Berechnungen herumplage."

Die Herren lachten und der Emir klatschte nach seinem Diener. Ihm gab er den Auftrag, im Haushalt des Scheichs zu fragen, ob dort ein kalter Minztee sei. Dies war tatsächlich der Fall und die Herren gingen in ihrer Unterhaltung zu alltäglicheren Dingen über.

Nachdem sie noch eine Weile geplaudert hatten, vereinbarten beide einen neuen Termin, diesmal im Hause des Emirs, und gingen auseinander. Doch gleich darauf kehrte der Emir noch einmal zurück und bat den Scheich, zu dieser nächsten Besprechung einen seiner fähigsten Doktoranden mitzubringen, einen, der auch willig sei, für einige Zeit nach Italien zu gehen.

Mehrmals schon hatte Sultan Al-Kamil bei Fahr ed-Din Ibn as-Saih anfragen lassen, wie weit die Erfüllung der Vereinbarungen aus dem Geheimvertrag mit Kaiser Friedrich II. in Italien gediehen seien. Es war angeraten, den Sultan nicht allzu lange im Unklaren zu lassen, denn er wurde leicht nervös und neigte dann zu unkontrollierten Handlungen. Der Emir vereinbarte daher, nachdem er von dem Scheich in großen Zügen unterrichtet war, ein Gespräch im Palast des Sultans.

Das prächtige Gebäude war nicht weit vom etwas kleineren Palast des Emirs entfernt, die rückwärtigen Gärten grenzten sogar aneinander, so dass der Emir durch eine kleine, geheime, jedoch bewachte Pforte den Sultanspalast betreten konnte. Dieser Zugang war ausschließlich ihm allein und sonst niemandem vorbehalten. Im Sultanspalast durchschritt er mehrere große Säle, die für Audienzen vorgesehen waren. Alle Räume waren mit edlen Holzpaneelen verkleidet, filigranes Schnitzwerk und eingelegte Intarsien schmückten die Oberflächen. Die geschwungenen Decken wurden von schlanken Säulen getragen, deren Kapitelle über und über mit verschlungenen Ornamenten verziert waren. Farbige Kacheln, mit denen die Böden ausgelegt waren, bildeten rätselhafte Ornamente. Der Sultan wartete in einem kleinen, zum Garten hin offenen Zimmer auf seinen Gast. Nach einer Begrüßung, die den Gepflogenheiten der Muslime entsprach, setzten sich die Herren zum entspannten Gespräch mit untergeschlagenen Beinen auf komfortable Sitzkissen.

„Sehr lange hast du mich warten lassen, lieber Fahr!“

„Das ist richtig, Eminenz, aber wie Ihr wisst, ist der Weg von hier in den fernen Jemen lang und gefährlich, und der Rückweg gleicht dem Hinweg an Entbehrungen und Gefährlichkeit.“

Der Sultan war erstaunt:

„Weshalb holt Ihr Informationen aus so fernen Ländern? Sind wir nicht selbst in der Lage, solche Probleme zu lösen?“

„Ehrwürdiger, wir wollen immer und überall nur die besten Ergebnisse, und sie kommen in diesem Fall von weither, aus Indien und China, und werden in Aden gesammelt und ausgewertet.“

Der Sultan war zufrieden:

„Und was ist nun auf der langen Reise herausgekommen?“

Der Emir holte tief Luft

„Wir wissen nun dies: In einem Bauwerk, das auf einem Bogen, der über jener Strecke gelegen ist, die sich aus dem Abstand zweier gegebener Städte ergibt, im Inneren dieses Gebäudes die Gebetsrichtung, die Quibla also, immer in die richtige Richtung weist, gleichgültig, wo auf dem Bogen sich dieses Bauwerk befindet. Dies ist deshalb besonders wichtig, weil wir aus Sicherheitsgründen auf die heilige Nische Mihrab verzichten müssen."

Der Sultan hakte nach:

„Ihr redet von Sicherheitsgründen. Meine Probleme sind ganz anderer Art. Wie Ihr wisst, verfluchen mich meine gläubigen Untertanen, weil ich, wie sie glauben, Teile des Landes an den Kaiser der Franken verschenkt habe. In Damaskus hat der große Prediger Sibt Ibn al-Gauzi von der Kanzel herab mich geschmäht. Die Gläubigen bitten in ihren Gebeten den Allbarmherzigen und Allverzeihenden, mir zu vergeben. Du bist der einzige, der die Wahrheit kennt. Das muss sich ändern, ich kann nicht warten, bis die Nachwelt herausbekommt, was wirklich stattgefunden hat."

Der Emir war sehr ernst geworden:

„Weiser Herrscher, Eure Bedenken sind natürlich denen des Frankenkaisers diametral entgegengesetzt."

„Dessen bin ich mir wohl bewusst, aber er hat seinen Landgewinn und geht mit stolz geschwellter Brust überall damit hausieren, Befreier der heiligen Stadt Jerusalem zu sein. Wie er seine Schulden bezahlt, interessiert ihn nicht, ich dagegen stehe überall da wie ein Bösewicht und Verräter."

Der Emir hatte aufmerksam zugehört und richtete sich in seinem Sitzkissen auf:

„Eure Bedenken gehen mir schon seit längerer Zeit durch den Kopf. Es ist unbefriedigend für alle Gläubigen, dass Ihr, edler Herrscher, aber auch wir, Eure engsten Untertanen, dastehen sollen wie Verlierer. Ich habe mir daher Folgendes überlegt:

Wir werden mit einer Abordnung in das Land des Frankenkaisers segeln und dort, nahe der Grenze zum Patrimonium Petri, dem Land des Papstes, Messungen durchführen. Wir werden die Basilicata und das Land Apulien durchqueren und dabei große Aufmerksamkeit unter den Ungläubigen erregen. Der Papst, den sie Heiliger Vater nennen, wird aufmerksam werden auf das, was wir Muslime dort treiben. Es wird uns aber niemand auf die Schliche kommen, da es im Land des Kaisers keine Mathematiker gibt, die unser Wissen besitzen, geschweige denn, begreifen, und am Hof des Vatikans schon gar nicht. Dort glauben alle an Wunder und Erscheinungen."

Der Sultan hatte mit großem Interesse zugehört, und hin und wieder auch beifällig mit dem Kopf genickt.

„Gut, lieber Emir, sehr gut. Damit werden wir wildesten Gerüchten Nahrung geben. Vielleicht sollten wir flankierend dazu die Geheimhaltung über den abgeschlossenen Vertrag etwas lockern. Es sollte bereits genügen, wenn wir unsere Leute einen Teil der Wahrheit wissen ließen. Die Geschwätzigkeit der Menschen wird von alleine für die nötige Aufbauschung und Verbreitung sorgen. Je mehr von dem Geheimvertrag bekannt wird, desto mehr steigt mein Ansehen im Volke, aber natürlich dürfen wir auf keinen Fall vertragsbrüchig werden."

Mit diesen immer begeisterter vorgebrachten Ausführungen des Sultans war dem Emir die Generalrichtung für sein weiteres Vorgehen vorgegeben. Auf Unterstützung seines Herrschers beim Auftreten von Problemen, so viel wusste er aus der Vergangenheit, konnte er deshalb noch lange nicht bauen. Nachdem aber der Sultan sich nun eindeutig über das weitere Vorgehen ausgelassen hatte, durfte der Emir keine Zeit mehr verlieren, die erforderlichen Maßnahmen zu ersinnen und zu ergreifen. Er richtete eine Botschaft an den Professor, sich mit seinem Assistenten bereits am nächsten Morgen nach dem Gebet bei ihm einzufinden und die Dokumente aus dem Jemen mitzubringen.

Pünktlich zur vereinbarten Zeit fanden sich Professor Scheich Sirag ad-Din al-Urmawi und sein Doktorand Abdul Rahman al-Ubaidi bei dem Emir ein. „Möge der Prophet uns erleuchten",

wurden sie von Emir Fahr ed-Din begrüßt, der dann sogleich das Thema eröffnete.

„Unser Sultan hat in seiner großen Weisheit entschieden, dass wir uns in das Land der Ungläubigen begeben, um dort ein Gebiet zu bereisen, das für unser Vorhaben geeignet erscheint. Darf ich annehmen, Abdul Rahman, dass Ihr bereit seid, für einige Zeit das Königreich der beiden Sizilien zu besuchen?"

„Selbstverständlich, Euer Ehren, ich muss aber zu meiner Schande eingestehen, dass ich der Sprache der Ungläubigen nicht mächtig bin."

Der Emir machte eine abwehrende Bewegung:

„Das ist unbedeutend! Wir werden wahrscheinlich vom Kaiser der Franken eine Begleitung von Sarazenen seiner Garnison Lucera gestellt bekommen, die allesamt arabisch sprechen. Ihr müsst Euch nur darüber im Klaren sein, dass diese kaisertreuen Männer nicht nur zu Eurem Schutz da sein werden, sondern auch zu Eurer Bewachung."

Dem Doktoranden Abdul Rahman al-Ubaidi gingen Dutzende von Fragen gleichzeitig durch den Kopf. Er brauchte einige Zeit, um die wichtigsten herauszufiltern:

„Euer Ehren, wenn Ihr gestattet, möchte ich noch ein paar Fragen anbringen."

„Sprecht nur, Abdul Rahman, alles, was wir hier an Missverständnissen aufklären, verhindert später folgenschwere Fehler."

„Sagt mir bitte, was ist meine genaue Aufgabe, welche Geräte werde ich benutzen müssen und wie viele Helfer werden mir zur Verfügung stehen?"

An dieser Stelle mischte sich Professor Scheich Sirag ad-Din al-Urmawi in das Gespräch ein:

„Gleich drei Fragen sind dies, lieber Doktor, aber sie treffen genau den Kern des Problems.

Eure Aufgabe wird es sein, nach einer Liste, die wir an unserer Fakultät und noch mit Eurer Mithilfe erarbeiten werden, an Ort und Stelle Punkte im Gelände einzumessen. Wie Ihr wisst, benötigt man dazu einen Schattenstab, auch Gnomon genannt, und eine vorbereitete waagerechte Fläche, die mit so genannten indischen Ringen versehen ist. Damit könnt Ihr, wie Ihr wisst, die Nordrichtung festlegen. Den Meridian des Geländepunktes erhaltet Ihr wie üblich aus der Messung des Sonnenstandes und unseren mathematischen Tabellen. Die geometrische Länge, also die zweite Eurer geometrischen Koordinaten, erhaltet Ihr nach der Formel, die wir mit Eurer Hilfe an unserer Fakultät entwickelt haben."

Der Doktorand Abdul Rahman konnte mühelos den Ausführungen seines Professors folgen. Er war aber noch nicht ganz zufrieden gestellt:

„Was aber geschieht dann, wenn nun also entsprechend den Vorgaben der Liste ein Punkt im Gelände nach seinen beiden Koordinaten von uns eingemessen worden ist?"

Nun mischte sich wieder der Emir in das Gespräch ein, denn er erwartete nicht, dass der Professor antworten würde. Nach wie vor galt für ihn die unbedingte Geheimhaltung des Unternehmenszweckes. Den Wunsch des Sultans, sie zu lockern, kannte bisher allein der Emir.

„Wenn Ihr diesen Punkt im Gelände markiert habt, erkundet Ihr die unmittelbare Umgebung und stellt fest, ob sie zur Errichtung eines sehr großen Bauwerkes geeignet ist. Ihr müsst dazu prüfen, ob es in der Nähe bereits Bebauung gibt, was für unser Vorhaben ungeeignet wäre, des Weiteren den Untergrund und die sonstigen Geländeeigenschaften. All dies haltet Ihr in einem Bericht fest, der es uns nach Eurer Rückkehr ermöglichen wird, zu entscheiden, welcher Ort endgültig ausgewählt werden wird."

Der Professor war überrascht, mit welcher Offenheit der Emir hier gesprochen hatte, aber er ließ sich nichts anmerken:

„Ihr habt gemerkt, lieber Abdul Rahman, dass die Aufgabe, die auf Euch wartet, mit der eines Schiffskapitäns vergleichbar ist, der auf unbekanntem Meer einen Punkt, nämlich den Hafen, finden muss. Er hat dazu auch nur seine Instrumente, die Sonne und die Sterne und natürlich, nicht zu vergessen, seine Tabellen zur Verfügung."

Auch diese Ausführungen des Professors machten auf den Doktorand Abdul Rahman keinen besonderen Eindruck. Er war im Rahmen seiner Ausbildung des Öfteren zur See gefahren und hatte überdies an der Universität die Nautik eingehend studiert. Etwas anderes bereitete ihm viel größere Sorgen: „Professor al-Urmawi, wir haben zwar an der Universität alle nötigen Gerätschaften, aber wie Ihr wisst, sind sie durch die ständige Benutzung doch schon sehr abgegriffen und dadurch nicht mehr so genau, wie sie wohl sein sollten."

Wieder mischte sich der Emir ein:

„Doktor al-Ubaidi, Ihr habt hiermit alle Vollmachten, bei den besten Handwerkern der Stadt Kairo alle nötigen Gerätschaften herstellen zu lassen. Die Kosten übernimmt der Wesir, der unsere Finanzen regelt. Auch sonst soll es Euch an nichts fehlen. Ihr werdet für Eure Reise ausreichend Finanzmittel erhalten, und auch die Entlohnung wird Euch zufrieden stellen. Die Anzahl der Diener, die Euch begleiten sollen, müsst Ihr selbst festlegen, wobei ich empfehle, mindestens zwei Helfer zur Seite zu haben, die alle nautischen Berechnungen an Ort und Stelle ausführen können."

Der Doktorand Abdul Rahman al-Ubaidi, der sehr wohl vermerkte, wie der Emir ihn bereits mit Doktor angesprochen hatte, jenem Titel, auf den

er mit Fleiß hinarbeitete, war nun zufrieden. Eine letzte Frage stellte er jedoch noch:
„Mögen mir die verehrten Herren bitte sagen, welche Terminvorstellungen ihnen für die Abreise, die Ausführungen und die Rückkehr vorschweben?“
Der Emir gab auch diesmal die gewünschte Antwort:
„Eure Abfahrt sollte sobald als möglich erfolgen. Wir haben das Frühjahr des Jahres 1231. Da wir wohl für die eigentlichen Messungen den ganzen Sommer benötigen werden, dürfen wir also keine Zeit verlieren.“
An die beiden Herren gewandt, fuhr er fort:
„Seien Sie bitte so nett und tun Sie alles in Ihrer Macht stehende, um die Arbeiten an den Instrumenten und Ihre Vorbereitungen zu beschleunigen. Sollten Sie die Unterstützung meiner Person oder gar des Sultans dazu benötigen, so lassen Sie mich dies bitte wissen.“
Dass der Emir sich nicht versprochen hatte als er al-Ubaidi mit Doktor anredete, stellte sich nach einigen Tagen heraus, als er in die Fakultät gerufen wurde und ihm dort außerplanmäßig der Doktorhut verliehen wurde. Im Unterschied zu den Kollegen der medizinischen Fakultät wurden die Mathematiker und Geodäten meistens mit dem Titel Mu'allim angesprochen. Der junge Mann, erst siebenundzwanzig Jahre alt und Spross einer vornehmen Familie aus einer Stadt des Nildeltas, wo er bereits als Kind mit Kreuzrittern Erfahrungen sammeln konnte, war, wie ihm vom Emir aufgetragen, sofort tätig geworden. Zunächst hatte er jene Werkstätten besucht, die für die Universität technische Instrumente herstellten, dabei aber bald bemerkt, dass die Qualität der Arbeiten seinen Anforderungen nicht entsprach. Da nun aber Geld keine Rolle spielte, suchte er einige Silberschmiede auf und konnte dort feststellen, um wie viel genauer diese arbeiteten. Diese Feinhandwerker fanden sich traditionell in einem kleinen Stadtteil, der nicht weit vom großen Fluss Nil entfernt lag. In den engen Gassen reihten sich die Werkstätten aneinander und es gab keinen Unterschied zwischen dem Bereich, in dem verkauft und jenem, in dem gearbeitet wurde. Während die Gesellen dicke Silberbarren in dünnes Silberblech umwandelten, wobei sie ausschließlich die unterschiedlichsten Hämmer benutzten, saß ihnen gegenüber der Prinzipal im vertraulichen Verkaufsgespräch mit einem Kunden.
Mit einem Meister der Silberschmiedezunft kam Mu'allim Abdul Rahman al-Ubaidi ins Geschäft und ließ sich als erstes Instrument ein Skiotherikòs

Gnomon nach griechischem Vorbild herstellen, wobei ein unbrauchbares Exemplar aus dem Fundus der Universität als Modell herhalten musste. An der Spitze des Schattenstabes wurde eine kleine geschwärzte silberne Kugel angebracht, die den Sonnenschatten auf der Skala besser ablesbar machte. Der Mu'allim ordnete an, die Skala zusammenklappbar auszuführen. Auch sollte sie als Ganzes von der unteren Platte mit der Gradeinteilung abgenommen und getrennt verstaut werden können. Auf dieser unteren Platte wurden, auf seine Anweisung hin, seitliche Federklemmen angebracht, die dazu dienten ein durchscheinendes Pergament festzuhalten. Man konnte also die Schattenlänge auf dem Pergament markieren und später den zugehörigen Winkel in Ruhe auswerten. Das durchscheinende Pergament ließ dabei die darunter befindlichen Ringe erkennen und diente als Hilfe bei der Markierung der Ergebnisse der Schattenmessungen. Für alle Teile ließ er feste, mit Schlössern gesicherte Kästen bauen, im Inneren mit Wollwatte unter feiner Seide gepolstert.

Um Zeit zu sparen, ließ der Mu'allim Abdul Rahman bei einem anderen Silberschmied ein Astrolabium genanntes Präzisionsinstrument herstellen. Auch hierbei diente ein ausrangiertes Exemplar der Universität als Muster. Mit diesem Gerät war Abdul Rahman in der Lage, alle möglichen Winkelmessungen an der Sonne und an ausgewählten Sternen vorzunehmen. Während der Herstellungsarbeiten an diesem Instrument konnte er noch Verbesserungen anordnen, denn im nahen Alexandria lagerten noch auswertbare Unterlagen der Mathematikerin Hypatia, die im fünften Jahrhundert das Astrolabium erfunden hatte.

Unter den vielfältigen, noch auszuführenden Arbeiten hob sich eine besonders hervor. Zur Bestimmung der geographischen Länge eines Punktes war es unbedingt erforderlich, über genaue Methoden der Zeitmessung zu verfügen. Mu'allim Abdul Rahman war klar geworden, dass die bekannten Methoden der Zeitmessung für seine Belange nicht ausreichten. Daher ließ er in Zusammenarbeit mit Glasbläsern und Goldschmieden, die noch genauer arbeiteten als die Silberschmiede, eine Sanduhr konstruieren, bei der nach Ablauf eines Durchlaufes eine weitere Sanduhr in Betrieb gesetzt wurde. Dies wiederholte sich viele Male, so dass über ein längeres Intervall die Zeit gemessen werden konnte. Als Füllung wurde nicht normaler Sand verwendet, sondern in einem besonderen Verfahren hergestellter Silberstaub. Damit wurde eine Steigerung der Genauigkeit erzielt und auch die Fehleranfälligkeit konnte beträchtlich gesenkt werden. Von diesem Präzisionsinstrument ließ er zwei Exemplare herstellen, die man so verbinden konnte, dass nach Ablauf der Zeit des einen Instrumentes dieses das zweite in Bewegung setzte. Danach konnte man alle Glasbehälter des ersten Instrumentes wieder umdrehen und der Vorgang der gegenseitigen Beeinflussung der beiden Geräte begann von neuem.

Da schon bei den ersten Verhandlungen mit den Gold- und Silberschmieden abzusehen war, dass seine Zeit kaum noch für andere Planungen reichte, hatte Mu'allim Abdul Rahman einen Freund, den er als zuverlässig kannte, eingestellt. Ihn hatte er beauftragt, für alle Dinge des täglichen Bedarfs in der Fremde zu sorgen. Gedacht war dabei an Zelte und alles, was dazu gehört, Klapptische und Klappstühle, Betten, Decken und Kissen. Desweiteren Essgeräte wie Töpfe, Tassen und Besteck. Hinzu kam noch Material für das Abstecken der Terrains, etwa angespitzte Pfähle und Hämmer, aber auch Äxte, um Brennholz einzuschlagen, und Flintsteine zum Feuer machen.

Als abzusehen war, welchen Umfang die Expedition annehmen würde, es fehlten ja auch noch Reit- und Packpferde mit dem entsprechenden Lederzeug und andere Dinge, kristallisierte sich heraus, wie groß die Mannschaft sein müsste, mit der Mu'allim Abdul Rahman aufbrechen wollte. So kamen zu ihm selbst und seinem Freund Da'ud ibn Auda noch die zwei Auswerter der Messungen, zwei Helfer für die Durchführung der Messungen, zwei Pferdeknechte und zwei ihnen zugeteilte Burschen zum Aufstellen der Zelte, ein Koch und ein Küchenjunge, alles in allem also zwölf Personen nebst zwölf Reitpferden und dazu noch sechs Packpferde für Zelte und Verpflegung.

Als der Mu'allim dem Emir in dessen Palast die Beendigung seiner Vorbereitungen und damit seine Abreisebereitschaft mitteilte, war dieser doch etwas erschrocken:

„Das ist ja eine richtige Expedition, habt Ihr Euch das gut überlegt?"

„Ja, Ehrwürdiger, ich bin bei der Zusammenstellung der Personen vom Minimum ausgegangen. Man darf ja nicht vergessen, dass wir vielleicht sechs Monate unterwegs sind und es Ausfälle geben könnte."

Der Emir war es zufrieden und akzeptierte die Argumente des Mu'allim:

„Gut, dann soll es so sein. Nun liegt meine Sorge noch darin, den Kaiser im Königreich Sizilien schonend auf Euren Besuch vorzubereiten. Sodann

muss ein Kapitän verpflichtet werden, der Euch mit seinem Schiff nach Italien bringt und später wieder abholt."
Der Mu'allim erinnerte den Emir:
„Hoheit, wenn Eure Leute den Kapitän beauftragen, so sagt ihm bitte, der beste Hafen für uns sei Salerno. Von dort werden wir entlang der Küste durch das Gebiet der Salzgewinnung und über die Orte Paestum, Agropoli und Castelabate nach dem kleinen Örtchen Agnone reiten und dort mit unserer Absteckung beginnen."
„Seht, das wollte ich Euch noch fragen, welche Reiseroute Ihr plant! Aber nun weiß ich es schon."
Der Emir verabschiedete den Mu'allim und diktierte seinem Sekretär sofort einen Brief an Kaiser Friedrich II. Er begann wie üblich:

Majestät Federico,
viel Zeit ist vergangen und wie ich Deinem Brief entnommen habe, hast Du siegreich mit dem Papst Frieden geschlossen. Auch bei uns hat sich alles zum Guten gewendet, wir haben die Stadt Damaskus ohne viel Blutvergießen erobert und das Gebiet zwischen Sultan Al Malik und seinem Bruder aufgeteilt. Auch ich habe mit Fleiß gearbeitet und Dokumente angefertigt. Sobald ich von Dir Antwort erhalten habe, dass dieses Schreiben Dich erreicht hat, wird in Alexandria ein Schiff abgehen, das eine Gruppe von Feldvermessern in Dein Land befördert. Geführt werden diese Männer von Mu'allim Abdul Rahman al-Ubaidi, der äußerst intelligent ist und mein volles Vertrauen genießt. Darf ich Dich nun heute mit diesem Schreiben bitten, meine zwölf Männer mit ihren sechzehn Pferden durch Deine Sarazenen in der Stadt Salerno in Empfang zu nehmen und sie auf ihrem Weg durch Dein Land begleiten zu lassen? Mu'allim Abdul Rahman al-Ubaidi hat den Auftrag, sich von Salerno aus an der Küste entlang nach dem kleinen Dorf Agnone, das nahe bei Castelamare liegt, zu begeben. Es ist ihm aufgetragen, von dort aus quer durch Dein Königreich zu reiten und an den verschiedensten Orten, die aber alle auf einer geodätischen Linie liegen, Messungen vorzunehmen. Es ist meine inständige Hoffnung, Du mögest dagegen keine Einwendungen haben. Deine Antwort erwarte ich untertänig. Möge der Allmächtige stets Deinen Weg beschützen!
Fahr ed-Din

Emir von Ägypten
Gegeben in der Stadt Al Qahirah am 20. Tag des Mai 1231

In dem Schreiben hatte der Emir bewusst darauf verzichtet, die genaue Wegrichtung der Expedition und die Stelle, an der sie auf der Ostseite Italiens die adriatische Küste erreichen würde, zu erwähnen. Der Kaiser und andere, für deren Augen das Pergament nicht vorgesehen war, sollten ruhig etwas zum Grübeln haben. Von Alexandria aus wurde das Schreiben mit einem Schnellsegler nach dem Hafen Barletta, der nahe der Residenz des Kaisers in Foggia liegt, verbracht. Der Bote, bei dem es sich um einen verlässlichen Mitarbeiter des Emirs handelte, war unterrichtet, dass man möglicherweise heimlich sein Gepäck durchsuchen würde. Er war angewiesen, das Schreiben des Emirs zwar sorgfältig zu bewachen, aber dennoch dafür zu sorgen, dass es hin und wieder unbeobachtet blieb. Tatsächlich hatte sich die nahende Abfahrt eines Schiffes nach Barletta, das selten angesegelt wurde, rasch im Hafen von Alexandria herumgesprochen. Da die Residenz des Kaisers bekanntermaßen nahe dieser kleinen Hafenstadt lag, war leicht zu erraten, wen der Bote aufsuchen sollte. Es kam, wie es kommen musste und vom Emir erwartet worden war – ein Spion des Papstes befand sich während der Überfahrt mit an Bord des Schiffes.

In seiner Residenz Foggia legte der Kaiser nach den anstrengenden Jahren des Kreuzzuges und der anschließenden Kämpfe in seinem Regnum nun eine Ruhepause ein. In dem weitläufigen Gelände der Residenz mit ihren zahlreichen, durch Wege verbundenen Gebäuden waren die Gästehäuser um diese Jahreszeit des Frühsommers weitgehend belegt. Der Kaiser liebte es, im Kreise vieler Freunde und Bekannten zu tafeln und anschließend möglichst gelehrte Gespräche zu führen. Zu diesem Zwecke lud er Wissenschaftler und Künstler aus allen Gebieten seines Reiches und auch des Imperiums zu sich ein. Da er eine besondere Freude daran hatte, schöne Menschen zu betrachten und sich mit ihnen zu unterhalten, wobei das weibliche Geschlecht seine besondere Zuneigung fand, weilten stets auch die entsprechenden Schönheiten, besonders aus dem arabischen Raum, in seiner Residenz.

In dieser beschaulichen Phase seines Lebens erreichte den Kaiser das Schreiben seines Freundes Fahr ed-Din und beendete vorübergehend die

Idylle. Der Kaiser sagte einige Vergnügungen ab und konzentrierte sich mit seinen Beratern auf die neue Situation. Gleich am nächsten Morgen nach dem Eingang des Schreibens rief er seinen Protonotar Peter de Vinea, den Wissenschaftler und Astrologen Michael Scotus und Said bin bel-Kassim, den vertrauten Offizier der kaiserlichen Sarazenen zu einer Besprechung in seinen Thronsaal. Ohne Umschweife kam er auf das Thema zu sprechen, das ihm unter den Nägeln brannte:

„Meine Herren, hier habe ich ein Schreiben meines Freundes Fahr ed-Din aus Kairo, das ich Sie bitte, sich genau durchzulesen. Zuvor muss ich einigen von Ihnen noch erklären, worum es sich im Einzelnen handelt und bitte dabei unbedingte Geheimhaltung gegenüber jedermann einzuhalten. Wir haben in unseren Verträgen mit Sultan Al-Kamil einige Zugeständnisse machen müssen, die nun einzulösen sind. Wir mussten eigenes Gebiet im Tausch gegen die Stadt Jerusalem und weitere Territorien im Heiligen Land abgeben. Der Emir Far-ed-Din schickt nun eine Expedition von Landvermessern, um einen entsprechenden Ort auszusuchen. Es ist von großer Wichtigkeit für uns, das Schreiben des Emirs genau zu studieren und auch zwischen den Zeilen zu lesen. Ich habe aus Gründen der Geheimhaltung keine Kopien anfertigen lassen, lesen Sie also bitte nacheinander."

Während die Herren sorgfältig das Dokument studierten, hatte der Kaiser eine Karte seines Regnum aufgeschlagen und die im Dokument genannten Orte Salerno, Castelamare und das Dorf Agnone farbig markiert.

Nach einiger Zeit, in der die drei zum Kaiser Gerufenen schweigend gelesen hatten, meldete sich der Protonotar zu Wort:

„Majestät, in diesem Schreiben kann ich keinen verborgenen bedenklichen Inhalt entdecken. Die Wissenschaftler beginnen mit ihren Messungen an einer ziemlich einsamen Stelle, die außer der Salzgewinnung nichts zu bieten hat. Wohin es geht, ist allerdings nicht beschrieben. Außer der Tatsache, dass die Araber nach Salerno kommen und von dort weiterreiten, kann ich dem Schreiben nichts entnehmen."

Dem Kaiser war es beim Lesen des Briefes ähnlich ergangen:

„Auch ich habe nichts gefunden, was uns irgendwie weiterhelfen könnte."

Dann meldete sich Michael Scotus zu Wort:

„Von einer geodätischen Linie zu lesen macht mich etwas stutzig. Diese Linie, die eigentlich nur eine Gerade sein kann, wird sicher nicht in Richtung der Stadt Neapel verlaufen, weil dort Messungen ziemlich zwecklos wären. Auch die Richtung nach dem Süden, nach Lecce, halte ich für unwahrscheinlich. Bleibt also nur eine etwas mittlere Linie quer durch den Stiefel in Richtung etwa der Halbinsel Gargano. Mehr kann ich dem Schreiben auch nicht entnehmen. Als möchte ich vorschlagen, die Ankunft der Leute abzuwarten und dann zu beobachten, in welche Richtung sie sich orientieren."

Der Kaiser war mit der Antwort zufrieden:

„Gut, Meister Scotus, so wollen wir's machen."

An den Offizier seiner Leibwache Said bin bel-Kassim gewandt, fuhr er fort: „Said, Ihr sorgt für die Bewachung", und mit einem leichten Lachen berichtigte er sich, „verzeiht, für den Schutz der Leute aus Kairo. Es werden zwölf Männer sein, wenn Ihr also mit der doppelten Anzahl losreitet, müsste dies genügen. Peter von Vinea wird Euch noch genauer unterrichten, bis dahin haltet Ihr Euch bereit."

Indem der Kaiser die anderen beiden Herren entließ, bat er den Protonotar noch zu bleiben.

„Wir müssen noch ein Antwortschreiben an Emir Fahr ed-Din aufsetzen. Die bisherigen Auskünfte des Sultans sind mir zu gering. Es ist mir, als hielten die Araber mit dem, was sie tatsächlich in meinem Reich vorhaben, hinter den Berg. Zwar habe ich wenig Hoffnung, dies könne sich ändern, doch einige Fragen will ich trotzdem stellen."

Peter von Vinea hatte einen ähnlichen Eindruck von der Situation:

„All das überdenkend, was ich weiß, muss ich gestehen, wie mysteriös dies mir dünkt. Natürlich werden wir die Muslime überwachen, aber was werden wir erfahren?"

Der Kaiser hatte natürlich die ironische Bemerkung als solche erkannt:

„Lieber Peter, nicht in alles will ich dich einweihen, weil dieses Wissen für dich eine gewisse Gefahr bedeuten würde. Aber eins kannst du mir glauben, viel klüger als du bin auch ich nicht."

Das Antwortschreiben ließ den eleganten Stil des Protonotars und Vorstehers des Großhofes des Kaisers erkennen.

An Fahr ed-Din,
Emir des Reiches von Ägypten.
Eminenz und Freund,

die Zeit war lang, in der ich nichts von Dir hörte. Nur die Gedanken an gemeinsame Stunden des Gespräches hielten die Erinnerung aufrecht. Nun hat sich die Sonne wieder im Osten erhoben und Deine Nachricht erhellt.
Sei gewiss, mir ist alles recht, was von Dir ausgeht, und ich habe alle Veranlassungen getroffen, um Eure Männer im Hafen von Salerno zu begrüßen und sicher durch mein Land zu begleiten. Hilfreich wäre es allerdings, wenn wir wüssten, welche Route sie einzuschlagen gedenken, damit wir in entsprechenden Abständen Verpflegung und Unterkunft bereitstellen können. Wie Du weißt, besteht ein Teil meines Landes, besonders dort, wo Ihr mit Euren Messungen beginnen wollt, aus vulkanischen, wüsten und menschenleeren Gebieten mit hohen unübersteigbaren Bergen.
Sicher wirst Du mir noch genau mitteilen, wann Euer Schiff eintreffen wird. Zu gegebener Zeit werde ich Deiner Abordnung einen persönlichen Besuch abstatten. Als Kontakt zwischen Euren Leuten und meinem Hof werde ich einen jungen Wissenschaftler schicken, denn meine Sarazenen kennen natürlich nicht die Bedürfnisse einer Expedition von Feldvermessern.
In Erwartung Deiner weiteren Nachrichten mit den Details zu Eurer Expedition bin ich wie immer Dein Freund, der Dir den Segen des Herrn wünscht.
Friedrich II.
Kaiser des Heiligen Römischen Reiches,
König des Regnum Siziliae,
König des Landes Arelat,
König des Landes Jerusalem.
Gegeben in der Residenz Foggia am 12. des Juni 1231

Peter von Vinea ließ das Konzept dieses Schreibens sofort in seine Kanzlei bringen und ordnete auch an, dass ein Bote umgehend nach Kairo aufbreche. Als er sich vom Kaiser verabschieden wollte, hatte der noch ein Anliegen:
„Noch etwas, Peter, musst du für mich erledigen! Wie du weißt, habe ich vor zwei Jahren den jungen Claude von Ibelin zur Ausbildung an die Schule des Averroës nach dem spanischen Cordoba geschickt. Nun musst du ihn wieder zurückholen, wir brauchen ihn hier. Weil aber seine Ausbildung noch nicht abgeschlossen ist, sollst du mit dem Magister Fibonacci

in Pisa Kontakt aufnehmen, damit der junge Mann, wenn er hier wieder mehr Zeit hat, seine Studien fortsetzt."

So wurde von dem Großhof des Kaisers in diesen Tagen ein zweiter Bote in Richtung der spanischen Stadt Cordoba in Marsch gesetzt. Die Spione des Papstes waren auch diesmal wachsam und wussten nach kurzer Zeit von dem Inhalt der Nachrichten, die beide Boten überbringen sollten. Einen Reim auf die Zusammenhänge konnten sie sich jedoch nicht machen.

In Kairo waren inzwischen die Vorbereitungen zur Abreise der Expedition bis auf einige Kleinigkeiten abgeschlossen. Es war zwischen dem Hof des Emirs und der Faktorei, welche die Stadt Pisa in Alexandrien unterhält, abgesprochen worden, dass in etwa zehn Tagen ein Schiff bereitliegen solle, um die Expedition nach Salerno zu bringen. Nicht jedes Schiff war geeignet, um Pferde zu transportieren. Es mussten besondere Vorrichtungen vorhanden sein, die es erlaubten, die Pferde durch starke, unter ihrem Bauch durchlaufende Bänder an der Decke des Laderaums zu befestigen. Dies war erforderlich, damit die Pferde bei Seegang nicht das Gleichgewicht verlieren und übereinander stürzen. Auch für die Aufhängung der beiden kombinierten Präzisionsuhren war Sorge zu tragen. Es war vorgesehen, die Geräte ebenfalls an der Decke im Zwischendeck aufzuhängen, wobei ein Gegengewicht dafür sorgen sollte, dass die gesamte Konstruktion sich im Seegang auspendeln konnte. Dadurch wurde verhindert, dass es durch das Schwanken des Schiffes zu Abweichungen im Gang der Sanduhren, die ja genau genommen Silberstaubuhren waren, kommen konnte.

Zu den Vorbereitungen, die vor der Abfahrt zu treffen waren, gehörte das genaue Kalibrieren dieser Uhren. Als Bezugspunkt diente der Meridian, der durch die Pyramiden von Gizah verläuft. Der Mu'allim Abdul Rahman al-Ubaidi und sein Freund Da'ud ibn Auda hatten mehrere Tage bei den Pyramiden verbracht, mit dem Gnomon die genaue Nordrichtung bestimmt und bei der Gelegenheit den Winkel des höchsten Sonnenstandes gemessen und unter Beachtung des entsprechenden Tages der Messung in eine Tabelle eingetragen. Der Mu'allim erklärte seinem Freund, der in seinen Studien noch nicht so weit fortgeschritten war, den Vorgang:

„Wenn wir den Winkel der Sonne an ihrem höchsten Punkt an einer bestimmten Stelle des Erdballes messen und unsere Präzisionsuhr uns anzeigt, es ist eine Stunde vor der Mittagszeit, dann sind wir genau eine Stunde weiter östlich von dem Ort entfernt, wo wir die Uhr eingestellt haben. Da der Erdball am Äquator in 360 Winkelgrade eingeteilt ist und der Tag 24 Stunden hat, gehen auf eine Stunde genau 360 / 24 = 15 Winkelgrade. Wir sind also 15 Winkelgrade von dem Meridian entfernt, an dem die Uhr kalibriert wurde, und zwar in östlicher Richtung."

Der Freund hatte noch nicht richtig verstanden:

„Warum aber in östlicher Richtung?"

„Ganz einfach, weil die Präzisionsuhr erst eine Stunde vor der Mittagszeit anzeigte, während es an dem Ort, der vermessen werden soll, bereits Mittag war. Die Sonne, die ja von Osten nach Westen wandert, war also von dem Ort der Kalibrierung noch eine Stunde entfernt, also östlich von ihm. Hätte die Präzisionsuhr eine Stunde nach der Mittagszeit angezeigt, dann wären wir entsprechend 15 Grad von dem Meridian der Kalibrierung nach Westen entfernt gewesen."

Der Freund tat so, als hätte er verstanden und nahm sich vor über alles noch einmal nachzudenken.

Als nun die Vorbereitungen alle abgeschlossen waren und die Präzisionsuhr, die von nun ab immer in Gang gehalten werden musste, sorgfältig verpackt worden war, traf auch einige Tage später der pisanische Segler ein und machte am Kai von Alexandria fest. Während in den Laderäumen Gewürze, getrocknete Datteln und andere Spezereien verstaut wurden, denn das Schiff sollte von Salerno nach Pisa weitersegeln, machten die Seeleute das Geschirr zur Sicherung der Pferde klar und verstauten die Ausrüstungsgegenstände der Expedition. Mitten in dieser Arbeit erreichte den Emir auch das Antwortschreiben des Kaisers, und der Abfahrt stand nichts mehr im Wege. Während die Mitglieder der Expedition noch ihre Unterkünfte einrichteten, signalisierten laute Trillerpfeifentöne des ersten Steuermanns die Abfahrt des schmucken Schiffes. Da um diese Jahreszeit die Wetterverhältnisse im Mittelmeer sehr ausgeglichen sind, segelte das Schiff zwar langsam, aber komfortabel ohne Zwischenstationen durch die Straße von Messina direkt nach der Stadt Salerno, wo es Ende Juni des Jahres 1231 eintraf.

Kapitel 6
Über Stock und Stein

Als der pisanische Segler aus Al Qahirah kommend in dem kleinen Hafen von Salerno anlandete, erregte die Ankunft unter der Bevölkerung einige Neugier und Aufsehen. Dies steigerte sich noch, als die Männer der ägyptischen Expedition das Schiff verliessen. Die farbenprächtig gekleideten Muslime mit ihren breiten Turbanen weckten in der Bevölkerung nicht nur gute Erinnerungen. Den Menschen am Kai kamen sogleich jene Zeiten in den Sinn, als die gesamte Küste des Cilento beständig von sarazenischen Piraten überfallen und die Bewohner in die Sklaverei entführt worden waren. Dies hatte im Laufe der Zeit die Bevölkerung dazu gezwungen, sich von der Küste zurückzuziehen und an den weiter im Inland gelegenen Hängen des Gebirges anzusiedeln. Bevor sich aber der Volkszorn im Hafen von Salerno organisieren konnte, erschienen kaiserliche Soldaten aus dem nahe gelegenen Kastell. Sie waren von der bevorstehenden Ankunft des Seglers unterrichtet worden und sperrten nun den Liegeplatz des Seglers weiträumig ab.
Die Expeditionsteilnehmer und die Seeleute konnten in Ruhe das Schiff entladen und ihre Materialien im Hafengebiet aufstapeln. Noch während dieser Arbeiten erreichten die kaiserlichen Sarazenen unter der Führung von Said bin bel-Kassim, den der Kaiser persönlich überredet hatte, diese Aufgabe zu übernehmen, das Gebiet und lösten die Soldaten des Kastells bei der Bewachung des Geländes ab.
Der Führer der Expedition, Mu'allim Abdul Rahman al-Ubaidi, und sein Freund, Da'ud ibn Auda, machten sich mit dem Offizier der kaiserlichen Sarazenen bekannt. Obwohl sich alle drei bemühten, Hocharabisch zu sprechen, war doch hörbar, dass der Offizier schon länger in anderer Umgebung lebte, was aber der Verständigung keinen Abbruch tat. Der Offizier fragte höflich nach den weiteren Plänen:
„Wie ich gehört habe, legt der Segler in den nächsten Tagen wieder ab, um seinen Weg nach Pisa fortzusetzen. Ihr werdet also sicher in der Stadt ein Quartier suchen wollen.“
Der Mu'allim hatte andere Vorstellungen:
„Nein, die Stimmung in der Bevölkerung scheint mir nicht dazu angetan, dass wir hier eine gute Zeit hätten. Daher habe ich mir mit meinem Freund

Da'ud überlegt, Salerno zu verlassen und unterwegs auf dem Wege nach Agnone, je nach Erfordernis, ein Lager aufzuschlagen."
Der Offizier war überrascht:
„Nun bin ich etwas verlegen, bin ich doch nicht darauf vorbereitet, mit meinen Männern auf freiem Felde zu biwakieren."
Der Mu'allim, um eine Antwort nie verlegen, entgegnete:
„Bitte, lieber bin bel-Kassim, dies sollte uns keine Schwierigkeiten bereiten. Wir führen ausreichend Zelte mit uns, so dass wir Euch eines davon anbieten können. Die anderen Eurer Reiter können dann in der Zwischenzeit zur Garnison reiten und sich mit Zelten und Decken versorgen."
So wurde es gemacht und die Gruppe aus Ägypten, samt einem Dutzend kaiserlicher Sarazenen, machte sich auf den Weg, entlang der Küste des Golfes von Salerno, nach dem Ort Castelabate, wo noch fehlender Proviant eingekauft werden sollte. Da um diese Jahreszeit bereits die Nächte lau waren und auch die Regenzeit des Frühjahrs beendet war, begnügten sich die Reisenden damit, im Freien zu schlafen, ohne die Zelte aufzuschlagen. So näherten Sie sich binnen weniger Tagen der Stadt, die von einem Kastell des Kaisers überragt war. Seitdem der Kaiser Friedrich II die Kastelle an den Küsten seines Landes ausbessern ließ und mit zuverlässigen Mannschaften zur Verteidigung besetzte, hatten die Überfälle feindlicher Piraten fast gänzlich nachgelassen und die Bewohner der Küstenorte waren zum Teil wieder in ihre Dörfer und Städte zurückgekehrt. Auch in Castelabate erregten sich die Einwohner zunächst über den ungewohnten Anblick der Muslime aus Ägypten. Als diese aber ihren Wunsch nach Lebensmitteln bekundeten und mit Golddukaten bezahlten, war sehr bald Einvernehmen zwischen den Volksgruppen hergestellt. Und nach einigen Tagen waren die Einwohner der Stadt sogar traurig, vom Aufbruch der Fremden zu erfahrenen.
So gelangte die Expedition mit ihrer wegen der Beschaffung von Zelten zusammengeschrumpften Wachmannschaft aus kaiserlichen Sarazenen nach dem Örtchen Agnone, wo diesmal ein Lager für längere Zeit aufgeschlagen wurde.
Die Begleitmannschaft einschließlich ihres Offiziers staunte nicht schlecht, als der Mu'allim die gut verpackten Instrumente aus ihren Kästen befreite und erste Messungen vornahm. Es ergab sich auch gleich aus der Anwesenheit der Ägypter mit ihren Instrumenten ein Vorteil für alle,

indem durch eine einfache Messung und anschließende Berechnung die Richtung der täglichen Gebete nach Mekka genau festgelegt werden konnte.

Der Offizier Said bin bel-Kassim war sehr an den Arbeiten des Mu'allim interessiert:

„Welche Messungen nehmt Ihr vor, nachdem Ihr nun Eure Instrumente aufgebaut habt?“

Der Mu'allim hatte keine Bedenken, ihm alles zu erklären:

„Zunächst errichten wir den Schattenstab des Gnomon, indem wir die Fläche, mit der er senkrecht verbunden ist, auf einem Holzgestell oder auf dem Erdboden genau waagerecht ausrichten. Sodann messen wir die Schattenlänge ungefähr drei Stunden vor der Mittagszeit und markieren den Schatten der kleinen Kugel an der Spitze der Schattenstabes auf der waagerechten Fläche. Dies unternehmen wir alle fünf Minuten, bis wir drei Stunden nach der Mittagszeit wieder die ursprüngliche Schattenlänge, wie beim Beginn der Messung, erhalten. In der Mitte der Kurve, die so erzeugt wurde, ist die Schattenlänge zur Mittagszeit am kürzesten, dort scheint die Sonne genau aus Süden und der Schatten zeigt genau nach Norden. Wir haben also zwei Werte erhalten: einmal die Nordsüdrichtung, und zum anderen die genaue Mittagszeit, die auch Kulmination genannt wird.“

Der Mu'allim machte eine Pause und sah den Offizier fragend an.

„Habt Ihr meine in der Tat sehr wissenschaftlichen Ausführungen verstanden?“

„Nun, Herr, so halb und halb. Die Sache mit der Nordsüdrichtung kann ich durchaus nachvollziehen. Aber was fangt Ihr mit der genauen Mittagszeit an?“

Der Mu'allim freute sich über die Fortschritte seines Zuhörers:

„Ihr habt es gut erfasst, Said bin bel-Kassim, Eure Frage zielt genau in die richtige Richtung. Wir müssen die Messanordnung mit dem Gnomon, ohne sie in ihrer Lage zu verändern, einen weiteren Tag stehen lassen. Dadurch wissen wir am nächsten Tag den genauen Mittagspunkt. Wird er vom Schatten des Gnomon erreicht, messen wir mit unserem Astrolabium, das ist dieses runde Instrument hier“, er zeigte auf das in der geöffneten Kiste liegende Präzisionsgerät, und fuhr fort: „den Winkel, unter dem uns die Sonne erscheint, und notieren den entsprechenden Wert.“

Der Mu'allim sah wiederum fragend den Offizier an:
„Könnt Ihr meinen Ausführungen folgen?"
Der Offizier nickte und erklärte freundlich:
„Bis zu diesem Punkte steht mir der Vorgang klar vor Augen, aber Ihr seid sicher noch nicht fertig."
„Das habt Ihr richtig erkannt. Ein weiterer Mann muss genau zur Mittagszeit die Präzisionsuhr ablesen und den Wert notieren."
Der Offizier sah den Mu'allim fragend an:
„Ihr habt aber immer noch kein fertiges Ergebnis?"
„Nein, aber was dann geschieht, hat mit der eigentlichen Messung nichts mehr zu tun und ist mathematische Auswertung."
Am nächsten Tag war Said bin bel-Kassim um die Mittagszeit ein eifriger Beobachter der Messarbeiten. Das Astrolabium wurde mithilfe eines Armilla genannten, oben angebrachten Ringes an einer Stange aufgehängt, wodurch das Gerät senkrecht nach unten hängen konnte. Der Doktorand Da'ud ibn Auda stellte auf das Zeichen eines Helfers am Schattenstab hin genau zur Mittagszeit den Alhidade genannten Doppelzeiger auf den Winkel zur Sonne. Auf das gleiche Zeichen hin las der Mu'allim die Präzisionsuhr ab, die ja die Zeit des bekannten Meridians von Gizah anzeigte. Das Astrolabium wurde sodann vorsichtig einem der an zwei Tischen sitzenden, auf das Rechnen mit astronomischen Werten spezialisierten Wissenschaftler übergeben. Dem anderen wurde die notierte Zeit der Präzisionsuhr genannt. Während der eine den Winkel der Sonne mit einer Tabelle verglich und unter Berücksichtigung des entsprechenden Tages im Jahresverlauf die geographische Breite ermittelte, rechnete der andere aus der Zeitdifferenz der Präzisionsuhr gegenüber der hier herrschenden Mittagszeit die geographische Länge aus.
Damit waren die Koordinaten des Messpunktes festgestellt.
Was dem Offizier nicht mitgeteilt wurde, da er auch nicht danach gefragt hatte, war der Auftrag der Expedition, sich entlang einer zuvor festgelegten Linie zu bewegen. Es war also erforderlich, zwischen den vorgegebenen Koordinaten und den soeben gemessenen eine Korrelation herzustellen. Also errechneten Die Wissenschaftler noch die Differenz zwischen Vorgabe und Messung und übergaben dem Mu'allim die entsprechenden Korrekturwerte. Der wusste damit genau, ob er sich vor oder hinter oder neben dem Punkt, der ihm vorgegebenen war, befand.

Es war nun noch festzustellen, welche Eigenschaften der gefundene Ort im Hinblick auf die Errichtung eines großen Gebäudes hatte. Dies bezog sich auf die Zusammensetzung des Untergrundes und die Frage, ob es eventuell Steinbrüche in erreichbarer Nähe gab oder wenigstens das entsprechende Kalksteinmaterial in der Umgebung anstand. Weiter war die Zugänglichkeit des Ortes für Arbeiter, Maschinen und Material zu klären. Der Mu'allim schrieb alle Daten sorgfältig auf und achtete auch darauf, dass an den Stellen, die nicht genau vermessen waren, aber auf der Linie zwischen zwei Messpunkten lagen, entsprechende Untersuchungen gemacht werden.

Schon in Castelabate hatte der Mu'allim des Öfteren sorgenvoll nach Nordosten in das bergige Innenland des Cilento geschaut. Nun, in Agnone, musste er seine aufkommenden Bedenken mit seinem Freund besprechen.

„Da'ud, lasst mich mit dir einmal im Vertrauen reden. Seit Tagen beobachte ich das Innenland und sehe mit Sorge die hohen Berge und die Wolken, die ständig um die Gipfel kreisen. Dies alles würde mich nicht stören, aber in dieser Richtung der höchsten Felstürme liegt auch unsere Marschrichtung." Sein Freund Da'ud hatte sich darüber noch keine Gedanken gemacht.

„Die Karte mit der Landschaft, gebe ich zu, habe ich noch nicht studiert. Aber wenn du meinst, dass wir dieses Gebirge dort", er zeigte mit der rechten Hand in Richtung des Monte Alburni genannten Gebirgszuges, „übersteigen müssen, dann werden uns wohl beträchtliche Schwierigkeiten erwarten."

Der Mu'allim legte seine Stirn in sorgenvolle Falten:

„Bei Allah, dem Allmächtigen, da magst du Recht haben. Schau dir nur einmal die Blitze an, die ständig aus den Wolken niederzucken. Das sind wir nicht gewohnt und unsere Wüstenpferde allemal nicht. Die Tiere werden es nicht leicht haben sich sicher zwischen den Felsbrocken zu bewegen, die sich an den Hängen der Berge auftürmen."

Da'ud, der einige Zeit auf der felsigen Halbinsel Sinai gelebt hatte, machte einen Vorschlag:

„In Anbetracht des bevorstehenden Weges bin ich ziemlich sicher, dass wir unsere Pferde, die zum Transport der empfindlichen Messgeräte durch das Gebirge ungeeignet sind, gegen trittsichere Maulesel austauschen müssen."

Der Mu'allim reagierte ungehalten:

„Guter Da'ud, von wem sollten wir in diesem Kaff denn Maulesel bekommen?"

Hierauf wusste der Angesprochene auch keine Antwort.

Also beschlossen Mu'allim Abdul Rahman al-Ubaidi und sein Freund Da'ud ibn Auda unausgesprochen das Problem vor sich her zu schieben, um zu gegebener Zeit nach einer Lösung zu suchen.

Noch während die Expedition in dem kleinen Orte Agnone lagerte, hatte der Mu'allim die beiden mit nautischen Problemen vertrauten Wissenschaftler beauftragt. die Marschrichtung zu errechnen, auf der man weiterziehen müsste, um die vorgegebene Route einzuhalten. Sie bestätigten seine Vermutung, dass man nach Nordosten reiten müsse. Dort lag das Dorf San Magno, das darum den kaiserlichen Sarazenen als nächstes Etappenziel mitgeteilt wurde. Der Abbruch des Lagers wurde für den nächsten Morgen anberaumt. Einen ganzen Vormittag nahm der Abbau der Zelte und der sonstigen Vorrichtungen für die Messungen, aller Gerätschaften und des Mobiliars in Anspruch. Auch das Zuschütten der als Latrinengrube wurde nicht vergessen, ebenso wurden die Feuerstellen beseitigt und die Asche im Gelände verteilt.

Der vorgesehene Ort San Magno war zwar nur zehn Mille Passus von Agnone entfernt, dennoch dauerte der Ritt dorthin mehr als zwei Tage. Der Pfad war seit Jahren nur noch spärlich benutzt worden, da viele Bewohner die Küstenregionen noch nicht wieder besiedelt hatten. Überall wuchs wilder Lavendel und die Bäume am Wegesrand hatten ihre dürren Äste dort abgeworfen. Da die Pferde den vor ihnen liegenden Untergrund nicht erkennen konnten, waren sie langsamer als sonst. An manchen Stellen war es erforderlich abzusteigen und sie am kurzen Zügel zu führen. Die Pferde der kaiserlichen Sarazenen waren zwar das unwegsame Gelände besser gewohnt, die Expedition kam aber deshalb auch nicht schneller voran, da die Langsamsten das Tempo vorgaben.

Mit den wachsenden Schwierigkeiten steigerten sich auch die Bedenken des Mu'allim und er sprach darüber mit seinem Freund, als sie einmal zu Fuß nebeneinander hergingen und ihre Pferde führten:

„Sag einmal, lieber Da'ud, hast du dir schon einmal Gedanken darüber gemacht, was geschehen wird, wenn diese Expedition kein Erfolg wird?"

Auch der Freund hatte darüber bereits nachgedacht:

„Da gibt es zwei Möglichkeiten. Entweder wir kommen nach Al Qahirah zurück, dann wird man uns den Kopf abschneiden, oder wir bleiben hier und schließen uns den kaiserlichen Sarazenen an."

Der Mu'allim schüttelte den Kopf:

„Das Letztere kannst du getrost vergessen, der Kaiser ist ein Freund des Emirs, meinst du, er wird wegen uns seine Freundschaft aufgeben?"

Da'ud fasste das Ergebnis ihres Gespräches zusammen:

„Also gibt es nur eine Lösung, wir müssen die Expedition erfolgreich zu Ende führen. Hast du eigentlich genug Geld dabei, damit wir uns Maultiere und was wir sonst noch brauchen, kaufen können?"

„Darum brauchst du dir keine Sorgen zu machen."

San Magno war ein vollkommen verlassenes Örtchen mit leer stehenden Häusern. Die kaiserlichen Sarazenen und die Mitglieder der Expedition suchten sich die besten Gebäude aus und ersparten sich damit, wie sie glaubten, das Aufstellen der Zelte. In der Nacht kam aber eine Menge Ungeziefer, darunter auch Skorpione und große Spinnen, aus den Mauerritzen hervorgekrochen und belästigte die schlafenden Männer, die daraufhin fluchtartig die Gebäude verließen und damit vorlieb nahmen, unter freiem Himmel zu schlafen. Am nächsten Tag säuberten sie eine geeignete Wiese vom Unkraut und stellten, wie schon gewohnt, ihre Zelte auf und errichteten Feuerstellen zum Kochen.

Die Messungen verliefen schon viel routinierter als in Agnone und es stellte sich eine durchaus erwünschte Sicherheit im Ablesen der Instrumente ein. Allerdings ergaben die Ausrechnung und der Vergleich mit den Vorgaben, dass sie doch einige Kilometer vom Ziel abgewichen waren. Der Mu'allim und sein Freund mussten daher die Strecke zum Zielort abreiten und darauf prüfen, dass keine bedeutenden Abweichungen in der Geländebeschaffenheit vorlagen. In Zukunft wollten sie auf das Ansteuern einzelner Ortschaften verzichten, da diese ohnehin im Allgemeinen nicht auf der Messlinie lagen. Außerdem beschlossen die beiden, jeweils eine Messung nach etwa zehn Mille Passus durch offenes Gelände vorzunehmen. Die Wegrichtung sollte ermittelt werden, indem die Strecke zwischen zwei vorangegangenen Messungen mit Hilfe des Kompasses verlängert wurde.

Bereits bei dem Ritt nach San Magno war ein leichter Geländeanstieg festzustellen. Wenn der Mu'allim nun in die Richtung blickte, die sie in den nächsten Tagen nehmen mussten, war klar zu erkennen, dass sich die ansteigende Tendenz des Geländes verstärken würde. Es erschien ihm daher angebracht, sich darüber mit dem Offizier der Sarazenen auszutauschen und so sprach er ihn am nächsten Tag nach dem gemeinsamen Morgengebet an: „Sabach-el-cheer *guten Morgen*, Exzellenz Said bin bel-Kassim, keef Chalek *wie geht's*?"

„Schukran *danke*, Scheich Abdul Rahman al-Ubaidi, mumtäs *ausgezeichnet*!"

Der Mu'allim zauberte einen gewinnendes Lächeln in sein Gesicht:

„Darf ich euch zu einem Schälchen Chai einladen, Exzellenz?"

Der Offizier hatte seine Mannschaft bereits zur Arbeit eingeteilt und sagte interessiert zu:

„Ja gerne, lieber Freund, wir sprechen ohnehin viel zu wenig miteinander."

Der Mu'allim zog zwei Stühle hinter dem Zeltvorhang hervor und gab dem Diener Anweisung, zwei Schalen süßen Tees zuzubereiten. Nachdem der Tee eingegossen, das Kännchen wieder auf dem kleinen Kocher stand und die ersten Schlucke vorsichtig genossen wurden, hielt der Mu'allim die Zeit für gekommen, dem Offizier seine Probleme vorzutragen.

„Je weiter wir ins Binnenland vordringen, desto mehr erscheint mir die Überwindung des vor uns liegenden Gebirges als fast ausgeschlossen. Ihr seid doch in Süditalien aufgewachsen, könntet Ihr mir Eure Erfahrungen schildern?"

Der Offizier nahm einen kleinen Schluck:

„Geboren wurde ich zwar auf der anderen Seite der Halbinsel, aber in diesem Landstrich, den man Cilento nennt, war ich mindestens zehn Mal mit meinem Fürsten zur Jagd. Dies ist im ganzen Königreich die beste Gegend, um mit Falken zu jagen. Zu den großen Leidenschaften unseres Kaisers gehört, wie Ihr sicher schon erfahren habt, neben der Jagd nach schönen Frauen die Falkenjagd."

Der Mu'allim richtete sich auf seinem Stuhl auf, als er hörte, dass der Offizier die Gegend kannte.

„Ja, ich habe schon viel von Eurem Kaiser gehört. Er soll seine liebste Geliebte in Agnone, wo wir kürzlich waren, kennengelernt haben."

Der Offizier bestätigte, was der Scheich sagte:

„Oh ja, und ich war dabei. Natürlich nur zu Beginn."

Der Mu'allim war erstaunt:

„Dann habt ihr Euch bereits früher hier in der Gegend aufgehalten? Davon habt Ihr mir bisher nichts gesagt!"

Der Offizier lächelte:

„Ihr habt mich auch nicht danach gefragt, Scheich Abdul Rahman al-Ubaidi!"

Mit seinen Worten gab der Offizier dem Mu'allim zum zweiten Mal an diesem Morgen zu verstehen, dass die Kommunikation zwischen ihnen aus seiner Sicht unzureichend sei. Der Mu'allim war klug genug zu wissen, dass diese Gespräche mit dem Offizier ein Geben und Nehmen von Informationen sein würden. Er könnte mehr über die Eigenart der Landschaft und ihrer Gebirge erfahren, der Offizier würde mehr über die Hintergründe der Expedition wissen wollen. Im Hinblick auf den Erfolg seiner Expedition war er aber innerlich bereits mit dem Handel einverstanden.

Said bin bel-Kassim war etwa vierzig Jahre alt und sein Bart bereits halb ergraut. Die Farbe seines Haupthaars war nicht erkennbar, denn ein kunstvoll geschlungener Turban verbarg es stets vor den Blicken anderer. Er war groß, schlank und sehnig, an seinem Körper fand sich kein Gramm Fett. Seine Haut war heller als bei den kaiserlichen Sarazenen üblich, denn seine Vorfahren stammten von den Berbern Tunesiens ab. Während sein Großvater noch zur Führungsschicht der Sarazenen auf der Insel Sizilien gehörte, hatte sich sein Vater bereits dem Kaiser unterworfen und war nach Lucera in Apulien verbannt worden. Dort hatte der Sohn die bestmögliche Ausbildung genossen, war bei einem normannischen Ritter Knappe gewesen und vom Kaiser persönlich zum Ritter geschlagen worden. Die besondere Gunst Friedrichs II. hatte er sich durch außergewöhnliche Tapferkeit bei der Niederschlagung verschiedener Aufstände des italienischen Adels gegen den Kaiser errungen. Er sprach neben dem sarazenischen Arabisch perfekt Latein und das volkstümliche Volgare des Königreiches Sizilien.

Der viel jüngere Mu'allim hatte große Hochachtung vor dem Alter und dem Rang des Offiziers.
„Lasst mich hiermit meine Fragen nachholen, wenn es erlaubt ist."
Der Offizier, erfreut über die Aussicht auf andere Gespräch als über die Messungen der Expedition, entgegnete:
„Aber natürlich, Scheich Abdul Rahman, Eure Fragen will ich Euch gerne beantworten."
Der Mu'allim deutete mit der rechten Hand in Richtung der schon näher gekommenen Berge im Nordosten.
„Glaubt Ihr, Exzellenz, man könnte diese Berge mit unserer Expedition und Ausrüstung überschreiten und dabei Messungen vornehmen?"
Der Offizier schüttelte verneinend den Kopf:
„Nein, vor uns liegt das Gebiet der Monti Alburni mit Bergen von über 5000 Fuß Höhe. Auch sind die Bergflanken mit urwaldartigen Wäldern bedeckt, die nur äußerst mühsam zu durchdringen sind."
Der Mu'allim konnte seine Enttäuschung nicht verbergen:
„Wären denn zumindest ein oder zwei Reiter in der Lage, dieses Gebirge zu durchqueren?"
Auf diese Weise, so hatte er es dabei im Sinn, könnte er wenigstens einen Bericht über die vorgefundene Geländebeschaffenheit abgeben, wenn es ihm schon nicht möglich wäre, in dieser Richtung wie vorgesehen seine Messungen fortzusetzen.
Der Offizier war schwankend:
„Außer Einheimischen vielleicht hat es, meines Wissens nach, noch niemand versucht. Wenn es überhaupt eine Möglichkeit gibt, dann nur im Tal zwischen dem Gebirge der Monti Alburni und den Bergen des Pruno genannten Massivs."
Der Scheich Abdul Rahman nahm all seinen Mut zusammen und fragte:
„Exzellenz, könntet Ihr vielleicht meinem Wunsche entsprechen und mit mir zusammen diesen Weg unternehmen?"
Nun stellte Said bin bel-Kassim seinerseits eine Frage:
„Warum seid Ihr so versessen darauf, ausgerechnet diesen Weg zu nehmen?"
Der Mu'allim war sich darüber im Klaren, nun ein Staatsgeheimnis auszusprechen:

„Ich bin beauftragt, entlang einer Linie, die ungefähr in nordöstlicher Richtung verläuft, das Gelände daraufhin zu untersuchen, ob dort ein größeres Bauwerk errichtet werden kann."
Der Offizier Said bin bel-Kassim wusste nun, woran er war.
„Scheich Abdul Rahman, auf Eure Frage möchte ich Euch ganz ehrlich antworten. Es ist mir nicht möglich, Euch dies hier und jetzt zuzusagen. Mein Auftrag lautet Eure Expedition auf Eurem Weg mit meinen Männern zu begleiten und zu beschützen. Eine solche Exkursion mit Euch und eventuell einem Diener quer durch das Cilento ist nicht vorgesehen."
Der Mu'allim machte keinen Hehl aus seiner Enttäuschung:
„Ihr könnt gewiss sein, ich wäre Euch sehr verbunden, wenn Ihr Eure Entscheidung noch einmal in Ruhe überdenken könntet."
Dem Offizier ging es darum, Zeit zu gewinnen, um den Kaiser zu unterrichten und um seine Genehmigung zur Durchquerung des Cilento zu bitten. Unmittelbar nach dem Gespräch sandte er daher unerkannt einen Boten nach Foggia an den Großhof des Kaisers. In einem kurzen Schreiben hatte er die Zielsetzung und die Schwierigkeiten der Expedition geschildert, mit der Bitte um Anweisung, wie weiter zu verfahren sei.
Die Mitglieder der Expedition machten sich derweil wieder an das Abbauen des Lagers, wie sie es schon in Agnone geübt hatten. Nächstes Ziel sollte der etwas größere Ort Roccadaspide sein, da er ziemlich genau auf der vorgegebenen Linie lag.
Auf dem Ritt nach Roccadaspide nahmen die Schwierigkeiten weiter zu. Das Gelände wurde steiler und die Wege waren in einem noch schlechteren Zustand als bisher. Die Pferdeknechte mussten die Fesseln, besonders der Packpferde, mit Stoff umwickeln, da sie sich an losen Felsbrocken bereits verletzt hatten. Auch das Schuhwerk der Männer der Expedition war nicht für diese gebirgige Gegend geeignet. Es dauerte daher eine ganze Woche, bis die Expedition in dem Ort eintraf. Die Männer waren erschöpft und für das Aufbauen des Lagers brauchten sie die doppelte Zeit wie bisher. Am nächsten Tag stellte sich aber heraus, dass die Wahl von Roccadaspide doch nicht so schlecht war. Die Männer konnten im Ort festes Schuhwerk erwerben und sie fanden sogar einen Bauern, der ihnen zwei Esel verkaufte. Als er aber hörte, dass sie die Monti Alburni durchqueren wollten, winkte er entsetzt ab. Wenn der Mu'allim ihn richtig verstanden hatte, hatte er von wilden Tieren gesprochen, und das Wort

periculoso war öfter als einmal gefallen. Die Messungen verliefen problemlos und die Wissenschaftler stellten fest, dass sich die Expedition bisher, mit geringen Abweichungen, auf der vorgegebenen geodätischen Linie befand.
Von den Expeditionsteilnehmern des Sultans unerkannt, war inzwischen der Bote der kaiserlichen Sarazenen zurückgekehrt und hatte seinem Offizier die Anordnung des Kaisers mitgeteilt. Danach war es ihm freigestellt, wie er sich verhalten sollte. Es war ihm lediglich aufgetragen, jenen Weg zu beschreiten, der am meisten auf weitere Informationen hoffen ließ. Damit war für den Offizier Said bin bel-Kassim klar, dass von den zwei Möglichkeiten nur der Ritt mit dem Scheich Abdul Rahman al-Ubaidi allein durch das Gebirge infrage kam. Bei der nächsten Gelegenheit sprach er ihn daher nach den üblichen Begrüßungsfloskeln auf diese Sache an.
„Ehrwürdiger Scheich, Ihr wisst, ich bin Euch noch eine Antwort schuldig, erinnert Ihr Euch?“ Und ob sich der Scheich erinnerte:
„Ja, natürlich, Ihr wolltet mir Eure Stellungnahme zum meinem Vorschlag mitteilen. Wie steht es also?“
Der Offizier holte etwas weiter aus:
„Nachdem ich lange nachgedacht und Euer Ansinnen mit meiner Mission verglichen habe, kam ich zu dem Ergebnis, nicht nur für den Schutz, sondern auch für das Gelingen Eurer Expedition in gewissem Sinne verantwortlich zu sein. Ihr sollt keine weißen Flecken auf Eurer Landkarte behalten, daher bin ich bereit, Euch zu führen. Wir werden nicht mehr als fünf Personen sein. Ihr selbst, Euer Freund, ich und zwei meiner Männer. Dazu fünf Pferde und zwei Packesel. Das muss für einen solch beschwerlichen Weg reichen.“
Der Mu'allim war hocherfreut:
„Das ist endlich einmal eine erfreuliche Nachricht! Wann können wir aufbrechen?“
Der Offizier hatte es nicht so eilig:
„Gemach, gemach, Scheich Abdul Rahman al-Ubaidi. Unser Vorhaben will gut vorbereitet sein. Der Ritt, das darf ich Euch nicht verhehlen, wird nicht ungefährlich sein. In dem vor uns liegenden Urwald hält sich nicht nur eine Anzahl von Gesetzesbrechern versteckt, sondern es gibt auch Bären, Wildkatzen und anderes Raubzeug. Wir müssen Euch und Euren Freund bewaffnen und dann sogleich durch einige Übungen mit den Waf-

fen dafür sorgen, dass ihr Euch nicht etwa selbst verletzt, und damit womöglich wehrlos werdet."

Ohne lange Vorbereitungen der Beteiligten befahl er seinen Leuten, dem Mu'allim und seinen Freund zwei Säbel auszuhändigen. Anschließend übte er mit ihnen die Parade und den Angriff, wobei er aber feststellte, dass sie für den Schwertkampf völlig ungeeignet waren. Um dennoch diesen Männern der Wissenschaft einen besseren Schutz zu gewährleisten, ließ er ihnen zusätzlich zwei Krummdolche aushändigen. Da sie nicht wussten, wie sie die Waffen an ihren Leibern befestigen sollten, erhielten sie auch noch zwei breite Ledergürtel. Wer sie nicht kannte, stellte er fest, als er nun die beiden betrachtete, musste sie für gefährliche Krieger halten. Said bin bel-Kassim ordnete auch an, dass ein einziges Zelt für die fünf Männer ausreichen musste. Dieses wurde zusammen mit den Decken den Eseln aufgebürdet. Die notwendige Verpflegung und das Trinkwasser musste jeder selbst auf seinem Pferd transportieren. Es wurde festgelegt, unterwegs nur ein kleines Feuer zum Teekochen zu entzünden. Der Offizier und seine zwei Sarazenen nahmen noch ihre Bogen und eine Anzahl Pfeile mit auf die Reise. Es wurde auch nicht vergessen, einen Spaten und einen Pickel mitzunehmen, um den Untergrund auf seine Beschaffenheit hin zu untersuchen.

Der Mu'allim hatte Schreibzeug und das neuartige, Papier genannte Pergament aus China dabei, um sich Notizen zu machen.

Als nun alles gerichtet war, machten sich die fünf Männer auf den mühsamen Weg durch den Cilento, während die anderen dem Küstenverlauf folgten und das Gebirge weiträumig umgingen. In Avigliano, nahe dem kaiserlichen Castel Lagopesole, das auch der Befehlsgewalt des Offiziers Said bin bel-Kassim unterstellt war, wollte man sich wieder treffen.

Bereits kurze Zeit, nachdem die fünf Reiter die letzten Häuser hinter sich gelassen und in den Urwald eingedrungen waren, machte sie der Offizier mit einem weiteren Vorzug der Säbel bekannt. Man konnte mit ihnen eine Bresche in die grüne Mauer des Waldes schlagen. Alle Teilnehmer übernahmen in gleichen Zeitabständen die Führung und mussten den Weg frei schlagen, dabei erkannten die Wissenschaftler, dass es mit der Kraft des Geistes in diesem Falle nicht weit her war.

Der mühsame Weg durch den Urwald brachte jedoch nicht den gewünschten Erfolg in der Beurteilung der Bodenbeschaffenheit. Das ganze Gebiet war offenbar in grauer Vorzeit vulkanisch gewesen, denn überall fanden die Männer Ablagerungen von Eruptivgestein. Als Untergrund für schwere Bebauung wäre es wohl geeignet, nicht aber als Baumaterial. Entweder war der Tuff zu weich oder die Basaltnadeln widersetzten sich jedweder Bearbeitung.

So blieb es bei der mühsamen Durchquerung eines Gebietes, das sich als völlig ungeeignet für jegliche Form der Besiedlung zeigte.

Am Abend des zehnten Tages ihrer mühsamen Durchquerung hatten die fünf Männer an einer Waldlichtung haltgemacht. Das Zelt war am Waldrand aufgestellt worden, und die Pferde weideten auf der Lichtung. Damit sie nicht im Wald verschwinden konnten, waren ihre Vorderläufe mit Schnüren zusammengebunden, die nur die Vollführung kleiner Schritte erlaubten. Die Sarazenen hatten ein kleines Feuer entzündet, damit wenigstens ein belebender Tee aufgebrüht werden konnte. Bald nachdem sie sich an dem süßen Getränk gelabt hatten und die Sonne untergegangen war, legten sich alle im Zelt zum Schlafen nieder. Der Mu'allim fand lange keine Ruhe, denn er überlegte immer wieder, ob er all das, was er unternahm, auch richtig machte. Endlich fiel auch er in tiefen Schlaf.

Es war schon früher Morgen, etwas Licht fiel durch den Stoff der Zellwände und man konnte bereits einzelne Gegenstände erkennen, als der Mu’allim und sein Freund durch unerklärlichen Lärm jäh geweckt wurden. Die beiden Männer sahen sich ratlos im Zelt um und stellten fest, dass die Schlafstätten der kaiserlichen Sarazenen leer waren. Auf ein Zeichen und ohne ein Wort zu wechseln wickelten sie sich aus ihren Decken und ergriffenen ihre Säbel, mit denen sie aus dem Zelt stürmten. Was sie sahen, ließ sie zu Salzsäulen erstarren, unfähige sich zu bewegen.

Der Mu’allim, gewohnt, alle Naturerscheinungen mit einfachen Worten zu erklären, ohne jemals in Verlegenheit oder ins Stottern zu verfallen, hatte später große Mühe, das Gesehene zu beschreiben. Auf der Lichtung vor dem Zelt lag ein Pferd blutend auf dem Boden und seine Läufe, die seitlich abstanden, zuckten unrythmisch an seinem Leib. Der Kopf war unnatürlich nach hinten gebogen und aus der Kehle quoll ein Strom roten Blutes. Said bin bel-Kassim stand mit bloßem Oberkörper und barhäuptig, ohne seinen Turban, einem riesigen Bären gegenüber, der ihn um eine halbe Körperlänge überragte. Mit seinen beiden Händen hielt der Offizier seinen Damaszenersäbel mit einer leicht kreisenden Bewegung etwa in

Nabelhöhe, mit der Schneide von sich weg. Er hatte einen leicht erhöhten Standort und der Bär, wenn er in erreichen wollte, musste bergauf laufen. Der Abstand zwischen dem Tier, der mit beiden Pranken nach dem Offizier schlug, und dem Säbel betrug nicht mehr als einen Meter. Die beiden kaiserlichen Sarazenen standen, für die entsetzten Beobachter ganz unbegreiflich, im Abstand von drei Metern rechts und links von ihrem Befehlshaber und stützten sich auf ihre gesenkten Säbel, als ob sie das Ganze nichts anginge. Während der Bär sich langsam auf den Offizier zu bewegte, dabei das blutverschmierten Maul aufriss und brüllend riesige Zähne fletschte, wich der Offizier leichtfüßig zur Seite aus, bis er plötzlich einen halben Schritt auf den Bären zu machte und dadurch in die Reichweite der Pranken der Bestie geriet. Bevor der Bär jedoch reagieren konnte, hatte ein Schlag mit der messerscharfen Säbelschneide das Fell des Tieres im Bereich der Rippen bis auf die Knochen aufgetrennt. Durch den brennenden Schmerz irritiert, fasste der Bär sich mit seinen Pranken an die verwundete Stelle. In diesem Moment stieß Said bin bel-Kassim seinen Säbel mit beiden Händen und aller Kraft seiner Bauch- und Brustmuskeln mit der Spitze nach oben, durch die Öffnung des Unterkiefers hindurch, in die Kehle und diese auftrennend, direkt von dort mit einer wuchtigen Aufwärtsbewegung der Waffe in das Gehirn des Tieres. Der Bär seiner Steuerung nicht mehr mächtig, röchelte mehrere Male, sackte in sich zusammen und fiel verendend zur Seite. Der Offizier holte tief Luft, zog dann seinen Säbel aus dem Tier und ging auf den Mu'allim und seinen Freund zu.

„Ihr könnt euch wieder bewegen, die Gefahr ist vorüber."

Die Angesprochenen waren jedoch unfähig, sich zu rühren oder zu reden. Der Offizier gab seinen Männern, die sich erst jetzt aus ihrer Wartestellung lösten, zwei knappe Kommandos. Als der Mu'allim seinen Schrecken überwunden hatte und wieder zu sprechen vermochte, fragte er den Offizier, was vorgefallen sei.

„Ein Bär hatte sich im Morgengrauen an die Pferde herangeschlichen und eines der Tiere mit einem fürchterlichen Prankenschlag gegen den Kopf zu Boden gestreckt. Dann hat er ihm die Kehle durchbissen und bereits begonnen, an dem Tier zu nagen. Als ich, vom Lärm geweckt, hinausstürzte, richtete der Bär sich zu seiner vollen Größe auf. Was dann kam, habt ihr ja erlebt."

Der Mu'allim war beeindruckt von der Gewandtheit, mit der der Offizier den Bären getötet hatte.
„Wie konntet Ihr so sicher sein, dass der Bär gleich tot sein würde?"
Der Offizier ließ mit seinen Worten erkennen, dass sein Beruf nichts mit Schöngeisterei und Verseschmieden zu tun hat.
„Unsere Fechtmeister haben uns gelehrt, dass ein gepanzerter und behelmter Ritter unter dem Unterkiefer verletzbar ist, wenn er seinen Kopf bewegt. Wir haben dies oft an den aufständischen Langobarden der norditalienischen Städte ausprobieren können. Warum soll es also bei einem Bären nicht funktionieren?"
Der Mu'allim fragte noch:
„Und warum haben Euch Eure Männer nicht geholfen?"
„Warum sollten sie? Sie waren doch sicher, dass ich dies alleine erledigen kann."
Später am Morgen zogen die Sarazenen dem Bären das Fell ab und schnitten noch zwei kräftige Schinken aus dem Tier heraus. Dann vergruben sie die Kadaver des Bären und des Pferdes. Als sie nun weiterritten, veränderte die Landschaft völlig ihr Aussehen. Die Berge waren niedriger als die bereits überwundenen, aber die Hochebenen lagen weitgehend frei von Bäumen und Sträuchern vor ihnen. Dafür waren der Boden und die aufsteigenden Hänge übersät mit scharfkantigen Tuffsteinbrocken unterschiedlicher Größe. Für die Pferde und die Esel war auch dieses Gelände nicht ideal, doch immer noch besser als der zuvor durchquerte Urwald. Zum Glück für die Männer bewährten sich die von den Einheimischen gekauften Stiefel. Als äußerst störend erwiesen sich die immer wieder auftretenden heftigen Gewitter, besonders wegen der lauten Donnerschläge, die sich vielfach an den Bergwänden brachen und ein ohrenbetäubendes Echo erzeugten. Auch macht sich die mangelnde Ausrüstung des Trupps bemerkbar. Die Turbane waren gegen den heftigen Regen völlig unwirksam und fielen, nachdem sie sich mit Wasser vollgesogen hatten, in sich zusammen und von den Köpfen der Männer. Es fehlte ihnen vollständig an regenabweisender Bekleidung. Die Pferdedecken, mit denen man sich behalf, saugten sich ebenfalls voll Wasser. Immerhin konnte man sie von Zeit zu Zeit auswringen. Alles in allem gab es aber kein Mittel gegen die ständige Durchnässung der Kleidung. Said bin bel-Kassim registrierte sorgfältig alle Vorkommnisse und Mängel und nahm sich vor, bei seiner

Rückkehr in zivilisierte Gegenden die Ausrüstung der kaiserlichen Sarazenen entsprechend zu verbessern. Unter anderem war ihm aufgefallen, dass die wenigen Hirten, denen man begegnete, durch breitrandige Hüte und Umhänge aus einem Loden genannten Stoff gegen den Regen geschützt waren. So kam es, dass man in den späteren Jahren kaiserliche Sarazenen in den Abruzzen beobachten konnte, die aussahen wie einheimische Ziegenhirten. Nach einer Zeit, die ihnen unendlich lang vorkam, und deren Anzahl an Tagen nur durch die Addition von Abdul Rahman al-Ubaidi allabendlichen Notizen zu ermitteln war, lag vor den Männern ein letztes Hindernis. Zwei Bergrücken, La Rotonda di Monte Marmo zum einen, und Monte li Foi di Picerno zum anderen, versperrten ihnen den Weg. Sie kamen zwar noch bis zu dem Ort Picerno, dann aber verhinderte die Felsbarriere jedes Durchkommen. Die Männer,, nicht mehr bereit, weitere Strapazen auf sich zu nehmen, wählten den gut ausgebauten Weg über die Stadt Potenza, was jedoch einen großen Umweg bedeutete. Da sie diese Wegstrecke angesichts der bisher erduldeten Strapazen gemächlich hinter sich brachten, war die Nachricht von ihrer baldigen Ankunft in Avigliano durch schnellere Reiter bereits bis zum Kastell Lagopesole und zu den dort stationierten kaiserlichen Sarazenen durchgesickert. Die ließen es sich nicht nehmen, ihrem Befehlshaber Said bin bel-Kassim, aber auch den anderen Expeditionsteilnehmern und Soldaten entgegenzureiten, um ihnen einen begeisterten Empfang zu bereiten. Das Fell des Bären wurde dabei überall gezeigt und es wurden die tollsten Geschichten, teils Wahrheit, teils auch ganz neu erfunden, zu diesen Begebenheiten erzählt.

Einige Tage der Erholung brauchten der Mu'allim, sein Freund sowie die anderen, bevor sie die Expedition neu organisieren und die Messungen fortsetzen konnten. Dabei zeigte es sich, dass der Ort Avigliano ziemlich genau auf einem Punkt der vorgegebenen geodätischen Linie lag und nur kleine Korrekturen gegenüber der Messung anzubringen waren, um diesen Punkt zu treffen. Als Standort für ein eventuell zu errichtendes Bauwerk kam die Gegend jedoch nicht infrage, obwohl alle anderen Bedingungen erfüllt waren, befand sich doch auch das Kastell Lagopesole ganz in der Nähe.

Dass zur gleichen Zeit, als die Teilnehmer der Expedition und die kaiserlichen Sarazenen in Avigliano wieder zusammentrafen, der Kaiser und sein

Hofstaat sich zur Jagd vorübergehend in dem nahen Kastell Lagopesole aufhielten, mochte Zufall sein. Dagegen sprach allerdings, dass der junge Claude von Ibelin sich unter den Begleitern des Kaisers befand. Er war erst vor kurzem aus Spanien kommend nach Italien zurückgerufen worden und sollte, nach dem ausdrücklichen Befehl des Kaisers, die Expedition der Ägypter auf dem Rest ihres Weges begleiten.

Als dem Kaiser von der Ankunft der Expedition und des Begleitschutzes berichtet wurde und auch davon, dass alle daran Beteiligten sich derzeit in dem nahen Avigliano befinden, lud er sie in seine Privatgemächer des Kastells zu einer Audienz. Der mächtige Bau aus örtlich abgebauten Kalksteinquadern war in zwei gleich grosse Bereiche aufgeteilt. Während der eine Teil ausschliesslich für den privaten Gebrauch des Kaisers und seiner Dienerschaft vorgesehen war, befanden sich in dem anderen Teil die Unterkünfte und Stallungen für etwa fünfhundert Kriegsleute, davon etwa die Hälfte kaiserliche Sarazenen, mit ihren Rössern.

Im privaten Teil des Kastells war in dem Thronsaal eine mächtige Tafel aufgebaut worden und eine Menge Diener standen bereit, die Gäste zu bewirten. Der Kaiser liess es sich nicht nehmen, zuerst seinen Befehlshaber, Said bin bel-Kassim, mit Handschlag zu begrüssen und ihm seinen Dank für die geleistete Arbeit auszusprechen. Dann begrüsste er auch persönlich den Mu'allim, seinen Freund sowie die wissenschaftlichen Mitarbeiter und begann noch im Stehen ein Gespräch mit den Fremden über Themen die von grösstem Interesse für ihn waren. Später lud er die Ausgezeichneten an der Tafel in seine Nähe ein, um das Gespräch fortzusetzen und zu vertiefen, wobei er den Mu'allim durch sein umfassendes Wissen nachhaltig beeindruckte. Als die Tafel aufgehoben war, bedankte sich der Kaiser noch einmal bei allen und überreichte ihnen eine Gedenkmedaille. Danach nahm er den Mu'allim beiseite und sprach mit ihm allein und auf Arabisch:

„Scheich Abdul Rahman al-Ubaidi, ich habe ein persönliches Anliegen an Euch. Ein junger Gelehrter ist soeben von der Schule des grossen Averrœs in Cordova zurückgekehrt und möchte gerne seine Kenntnisse in der Geodäsie verbessern. Es dünkt mich, zurzeit keinen besseren Lehrer als Euch in meinem Königreich zu finden. Würdet Ihr mir die Ehre antun, den jungen Mann in der verbleibenden Zeit, die Ihr noch in meinem Reich seid, zu unterrichten?"

Der Mu'allim brauchte einige Zeit, um zu antworten, so überrascht war er von der unerwarteten Ehre, die ihm der Kaiser mit seiner Bitte erwies:

„Majestät, das ist selbstverständlich, seid gewiss, ich werde alles tun, um dem jungen Mann mein bescheidenes Wissen zukommen zu lassen."

Der Kaiser ließ Claude von Ibelin herbeirufen und stellte ihn dem Mu'allim vor:

„Hier ist der junge Mann, von dem ich Euch erzählt habe. Sein Name ist Claude von Ibelin. Sein Vater bereitet mir zurzeit auf der Insel Cypern so viele Schwierigkeiten wie möglich. Nehmt ihn bitte in Eure Obhut und bringt ihm alles Euch Mögliche bei, das wird ihm helfen, anders zu werden als sein Vater."

Den jungen Claude ließen die Worte des Kaisers ziemlich kalt. Dergleichen war er gewohnt. An den Mu'allim gewandt, sagte er lediglich in gepflegtem Arabisch:

„Edler Herr, ich freue mich auf eine angenehme Zusammenarbeit", und reichte ihm die Hand.

Als der Kaiser gegangen war, verabschiedete sich der Offizier Said bin bel-Kassim von dem Mu'allim und Da'ud ibn Auda und übergab das Kommando über die Begleitsoldaten der Expedition einem Offizier aus dem Stab des nahe gelegenen Kastells, um in sein Amt als Befehlshaber der kaiserlichen Sarazenen zurückzukehren. Der Abschied war herzlich, denn es hatte sich während der langen Zeit ihrer Durchquerung des wilden Cilento ein freundschaftliches Verhältnis herausgebildet.

Auf dem weiteren Weg der Expedition lagen nur noch wenige mittelhohe Berge, die in den nächsten Tagen ohne ernsthafte Schwierigkeiten überschritten wurden. Danach breitete sich ein lang gezogener und licht bewaldeter Höhenrücken vor der Expedition aus. Die leicht wellige Landschaft war angenehm zu durchreiten und da das Wetter trocken und warm war, kamen die Männer zügig voran.

Bei der Ermittlung der geodätischen Koordinaten entlang der vorgegebenen Linie erstaunte der junge Claude von Ibelin den Mu'allim durch seine hohe Intelligenz und schnelle Auffassungsgabe. Schon nach kurzer Einweisung und Eingewöhnungszeit konnte er alle Instrumente sicher bedienen. Einige Tage später glaubte der Mu'allim erkennen zu können, dass der junge Mann das System, nach dem die Expedition vorging, durchschaut hatte. Auf keinen Fall, da war er sicher, handelte es sich bei ihm um einen unerfahrenen Novizen.

Nach weniger als einer Woche kam am Horizont der Campanile der Kirche von Spinazzola in Sicht. Der Ort bot willkommene Gelegenheit, die Vorräte aufzufüllen und eine kurze Rast einzulegen. Zurückblickend konnte der Mu'allim feststellen, dass das gesamte Gebiet von Avigliano bis Spinazzola die vorgegebenen Anforderungen an die Beschaffenheit des Geländes erfüllte. Bevor die Expedition Spinazzola und damit das Gebiet der Basilicata verließ und das Gebiet von Apulien betrat, ließ der Mu'allim noch einmal die bisher erlebten Abenteuer vor seinem geistigen Auge vorbeiziehen. Er konnte sich des Gefühls nicht erwehren, dass diese Landschaft ihm mehr bedeutete, als er zugeben mochte. Einer Sache war er sich allerdings gewiss – das Erlebte und Gesehene würde noch lange Zeit in seiner Erinnerung bleiben.

Nach dem Aufbruch aus Spinazzola und einer kurzen Strecke Weges war von den vorausreitenden kaiserlichen Sarazenen, die sich auf einer Hügelkuppe befanden, wildes Gestikulieren zu beobachten. Als die anderen Expeditionsteilnehmer sich näherten und ebenfalls die Anhöhe erreichten, erkannten sie den Grund des Jubels. Weit in der Ferne war zu erkennen, dass der Horizont sich nicht in endlosen Hügeln fortsetzte, sondern in einen tief dunkelblauen waagerechten Strich übergegangen war. Das Ende ihrer Durchquerung des Königreiches Sizilien war in Sicht gekommen – das Adriatische Meer.

Von nun an ging der Ritt durch eine Gegend, die an Schönheit die bisher durchquerten Landstriche noch übertraf. Sanfte Hügel wechselten mit anmutigen Tälern, alles bewachsen mit einem lichten Wald aus Korkeichen, Koniferen und wilden Olivenbäumen. Die Einheimischen nennen dieses Land zärtlich Murge und es ist dasjenige Gebiet seines Königreiches, das Kaiser Friedrich II. am meisten liebt.

Unweit hinter Spinazzola entfernt lag eine kompakte Gruppe von Hügeln vor den Reitern, die von ferne wie eine einzige Erhebung aussah. Kam man ihnen jedoch näher, so lösten sie sich in einzelne, beieinander liegende Erhebungen auf. Der Mu'allim wählte den Weg zwischen zweien von ihnen, die von den einheimischen Ziegenhirten Monte Scorzone und Monte Caccia genannt werden, und die sich beide hervorragend für das Vorhaben des Sultans im fernen Al Qahirah eignen würden. Auch die äußeren

Bedingungen waren hervorragend, da der Untergrund aus seit der Entstehung des Landes gewachsenem Kalkstein bestand, der sich ausgezeichnet brechen und vermauern ließ. Über all dies fertigte er gewissenhaft Notizen und verwahrte sie, wie üblich, sorgfältig.

Nachdem die Expedition die letzte Hügelgruppe überquert hatte, lag vor ihnen ein Gelände, das in seinem weiteren Verlauf ganz unmerklich nach Osten hin abfiel. Ein letzter Hügel zeichnete sich vor dem am Horizont immer klarer erkennbaren adriatischen Meer ab. Auch hier gaben die Ziegenhirten über den Namen bereitwillig Auskunft. Der schöne Hügel hieß Santa Maria del Monte. Als die Reiter näher kamen, erkannten sie ein an die steilere Südflanke angelehntes altes Mauerwerk. Sie waren sehr erstaunt, als sie dort eine Gruppe von drei Mönchen entdeckten, die in Klausur lebte und betete. Sie ernährten sich ausschließlich von milden Gaben, die ihnen Bewohner entfernt liegender Ortschaften wie Ruvo und Corato zukommen ließen. Im Gegenzug spendeten ihnen die Mönche den Segen, der in der Gegend als wundertätig galt.

Die frommen Männer reichten dem Mu'allim und seinen Leuten Wasser aus einer aus dem Felsen sprudelnden Quelle und erzählten dem jungen Claude von Ibelin, dass nach einer alten Überlieferung heidnische langobardische Eroberer vor mehr als fünfhundert Jahren auf diesem Hügel eine Marienerscheinung hatten, bei der sie aufgefordert wurden, eine Kirche zu errichten und den christlichen Glauben anzunehmen.

Auch dieser Hügel war für die arabischen Belange geeignet, allerdings sprach dagegen, dass er bereits bewohnt war. Zwar waren es nur drei Bewohner, außerdem arm und schwach und auch oft hungrig, aber hinter ihnen stand die geballte Macht der katholischen Kirche und des christlichen Glaubens. Der Mu'allim schrieb, was er aus der Übersetzung des Claude von Ibelin erfuhr, sorgfältig auf und ordnete es in seinem Gesamtbericht an der richtigen Stelle ein.

Von nun an fiel das Gelände stärker zum Meer hin ab und ging langsam in die Terra di Bari genannte fruchtbare Ebene über. In dem Städtchen Corato machte die Expedition ein letztes Mal Halt. Von hier aus war es nur noch ein Tagesritt, bis die geodätische Linie, der sie durch das ganze Königreich gefolgt waren, bei dem Ort Bisceglie im adriatischen Meer verschwand. Dieses letzte Stück war das leichteste der ganzen Reise. Auf flachen, mit Gras und Büschen bewachsenem Untergrund, war erholsames

Reiten möglich, und in zwei weiteren Tagen hatten alle Reiter die kleine Fischerstadt erreicht, und der Mu'allim nahm seine letzte Messung vor. Da sie nun schon Tage zuvor ihr Ziel in Sicht gehabt und somit ihre erste große Freude über das nahende Ende der langen Reise bereits erlebt hatten, war die Freude bei der Ankunft nun zwar nicht überschwenglich, aber durchaus vorhanden. Langsam löste sich die Expedition auf. Als erste traten die kaiserlichen Sarazenen bis auf fünf Mann den Heimritt zu ihrer Garnison Lucera an, nachdem sie sich überaus herzlich von den Männern der Expedition verabschiedet hatten. Während der Rast in Bisceglie ließ der Mu'allim die wertvollen Instrumente wieder gewissenhaft verpacken und für die lange Seereise mit neutralem Öl konservieren. Anschließend ritten die übrigen, zu denen auch Claude von Ibelin gehörte, nach dem Hafen Barletta, wo ein Schiff nach Al Qahirah erwartet wurde. Die Wartezeit in dem kleinen Hafen nutzten der Mu'allim und der junge Claude von Ibelin, um noch einmal die Messergebnisse der langen Expedition durchzusprechen. Auch hier glänzte der junge Mann durch schnelles Erfassen der mathematischen Zusammenhänge und versetzte damit den Scheich in Erstaunen. Noch größer war seine Überraschung, als ihn der Jüngling fragte, ob er ihn gegebenenfalls in Al Qahirah besuchen dürfe. Ohne Zögern sagte der Mu'allim zu, glaubte aber zu wissen, dass dies nicht eintreten würde. Mit dieser Meinung lag er aber falsch, wie sich recht bald herausstellen sollte. Beide verabschiedeten sich in Freundschaft und Claude von Ibelin nahm den Weg nach Foggia zur Residenz des Kaisers, während der Mu'allim mit seinem Freund und allen Mitarbeitern das Schiff erwartete, das sie zurück nach Al Qahirah bringen sollte.

Kapitel 7
Einige denken anders

Während die Ägypter noch im Hafen von Barletta auf den Segler warteten, der aus Venedig kommend regelmäßig diesen Hafen anlief und sie nach Alexandria zurückbringen sollte, hatte der Kaiser in seiner Residenz Foggia bereits seine Berater zu einer Besprechung in seine Privatgemächer gerufen. Eingeladen waren:
der Protonotar Peter von Vinea
der Befehlshaber Said bin bel-Kassim
der Magister Michael Scotus
der junge Wissenschaftler Claude von Ibelin, der vor kurzem aus Cordoba zurückgerufen worden war, und der noch kurze Zeit an der ägyptischen Expedition teilgenommen hatte.
Der Kaiser ließ süßen Tee und andere Getränke auftragen und eröffnete ohne Umschweife die Unterhaltung:
„Meine Herren, ich freue mich, dass Sie alle wohlbehalten wieder hier eingetroffen sind. Sie haben viel erlebt, doch mehr als Ihre Abenteuer ist mir heute das von Bedeutung, was im Hintergrund geschah. Ich möchte Sie bitten, mir Ihre Eindrücke und Erkenntnisse mitzuteilen und wünsche mir von Said bin bel-Kassim, er möge anfangen."
Der Angesprochene erhob sich:
„Wie Majestät wissen, war ich fast vom ersten Tage an mit dem Schutz der ägyptische Expedition betraut. Es gelang mir, mit ihrem Führer, dem Mu'allim Scheich Abdul Rahman al-Ubaidi, ein vertrauensvolles Verhältnis herzustellen. Er erklärte mir den Zweck und die Handhabung aller seiner Instrumente. In einer Liste, die er aus Al Qahirah mitgebracht hatte, waren die geographischen Koordinaten einer Reihe von Orten verzeichnet, die alle auf einer schwach geneigten Kurve innerhalb des Gebietes unseres Königreiches liegen. Diese Kurve beginnt im Ort Agnone an der Küste des Golfes von Salerno und endet auf der anderen Seite in dem Hafen Bisceglie am adriatischen Meer. Wie mir der Mu'allim vertraulich mitteilte, diente seine Expedition dazu, entlang der geschilderten Linie die Beschaffenheit der Gegend und des Untergrunds, die Infrastruktur und die Möglichkeit, Baumaterial zu entnehmen, zu untersuchen. Als Grund wurde mir genannt, dass geplant sei, dem fränkischen Kaiser beim Bau einer Art von

Kastell zur Verteidigung gegen den Papst zu helfen. Als eigentlicher Denker steht hinter dieser Expedition mit ihren Messungen meiner Ansicht nach Scheich Alam ad-Din Qaisar, der Hofmathematiker des Sultans Al-Kamil. Dies kann ich nicht beweisen, doch sein Name ist häufiger gefallen und der Mu'allim wusste offensichtlich nicht alle Einzelheiten."

Der Kaiser war mit den Ausführungen seines Befehlshabers sehr zufrieden: „Gut gesprochen, lieber Said, vielen Dank. Zwar habe ich Euch mit einer Mission betraut, die weit unter Euren Fähigkeiten zu liegen schien, aber Ihr habt inzwischen sicher erkannt, welche außerordentliche Tragweite das Vorgehen der Ägypter in unserem Land haben kann."

Der Kaiser wendete sich nun an einen anderen der Eingeladenen:

„Als nächstes darf ich Claude von Ibelin bitten, uns seinen Erfahrungsbericht zu erstatten."

Auch der nun Angesprochene trug seinen Bericht stehend vor:

„Majestät, zwar bin ich erst, bedingt durch meine lange Anreise aus Spanien, ziemlich spät mit der Expedition zusammengetroffen, es haben sich aber dennoch einige Erkenntnisse ergeben. Da ich während einiger Tage in Barletta mit dem Mu'allim die Messergebnisse noch einmal durchgehen konnte, war es mir möglich zu erkennen, dass die geographischen Koordinaten nicht auf einem so genannten Großkreis liegen. Wie Majestät wissen, verlaufen diese Kreise um den als kugelförmig angenommene Planeten, den wir Erde nennen, und ihr Mittelpunkt ist immer auch der Erdmittelpunkt. Weiter bemerkenswert erschien mir, dass der Mu'allim offenbar bereits eine Reihe von Orten als ungeeignet eingestuft hat. Insbesondere scheint das Gebiet des Cilento, vielleicht wegen des dort vorherrschenden Vulkanismus, in seinen Augen und für seine Zwecke untauglich zu sein. Im Gegensatz dazu muss das Gebiet der Murge für das Vorhaben der Ägypter durchaus geeignet sein."

Der Kaiser war auch mit der Leistung des jungen Wissenschaftlers zufrieden:

„Vielen Dank für Euren Vortrag, Claude von Ibelin."

An Michael Scotus gerichtet fragte er sodann:

„Was sagt Ihr dazu, Magister Scotus?"

Der Angesprochene wandte sich an Claude von Ibelin:

„Eine Frage an Euch gestattet mir noch, junger Gelehrter. Ihr sagtet, die Koordinaten, mit denen die Expedition arbeitete, lägen nicht auf einem Großkreis. Wie habt Ihr das festgestellt?“
Nun ohne sich zu erheben antwortete ihm Claude von Ibelin:
„Wie Ihr wisst, ist der Großkreis die kürzeste Verbindung zwischen zwei Punkten auf der Erdoberfläche, zum Beispiel also zwischen Agnone und Bisceglie. Die geodätische Linie der Ägypter war aber länger und damit nicht die kürzeste Verbindung, ergo kein Großkreis.“
Michael Scotus verstand allerdings nichts von den Eigenschaften eines Großkreises auf der Erde, hatte aber das Gefühl, eine gute Frage gestellt zu haben, weiter nachzubohren erschien ihm allerdings nicht angebracht im Hinblick darauf, dass der junge Mann offensichtlich nicht nur in der Geometrie, sondern auch in der Rhetorik gute Fortschritte gemacht hatte. Deshalb ließ er es mit einem „Vielen Dank, Herr von Ibelin.“ bewenden.
Zuletzt wandte sich der Kaiser an seinen Freund, den Protonotar Peter von Vinea:
„Peter, darf ich dich um eine kurze Situationschilderung bitten!“
Peter von Vinea blieb auf seinem Platz, als er sprach:
„Unsere Gewährsleute im Vatikan haben dort eine beträchtliche Unruhe festgestellt. Es ist bekannt geworden, dass eine Expedition aus Ägypten in Salerno an Land gegangen ist und quer durch das Regnum Messungen vorgenommen hat. Über den Zweck gibt es tolle Spekulationen. Eine davon behauptet, eine Reihe von Kastellen sollten entlang einer Linie errichtet werden. Es gibt aber Gegenstimmen, die einwenden, wieso diese Kastelle so weit vom Patrimonium Petri entfernt errichtet werden sollten. Andere Stimmen erklären, es soll eine Straße durch das Regnum gebaut werden. Zusammenfassend herrscht also im Vatikan allgemeine Verwirrung, allerdings ist immer und überall der Hintergedanke dabei, der Kaiser paktiere mit den Arabern.“
Da fiel dem Kaiser etwas ein:
„Said bin bel-Kassim, eine rasche Zwischenfrage! Ist die Expedition, die in Barletta auf ihr Schiff wartet, noch bewacht?“
„Selbstverständlich Majestät, es sind ständig fünf Mann zum Schutz des Mu’allim und seiner Leute abgestellt.“
Der Kaiser war zufrieden:
„Gut gemacht, Said bin bel-Kassim!

Nun zu dir, lieber Peter. Die Reaktion des Vatikans ist letztlich immer die gleiche, nur sind die Herren im vorliegenden Fall etwas aufgeregter, was aber nichts an der Tatsache ändert, dass wir uns überlegen müssen, wie wir weiter vorgehen. Kannst du uns etwas vorschlagen?“
Peter von Vinea wiegte bedächtig sein Haupt:
„Dies, meine Majestät, ist schwer zu sagen, da wir doch nicht einmal wissen, was unsere Kontrahenten genau vorhaben. Sicher scheint zu sein, dass sie im Gebiet der Murge etwas bauen wollen. Daher schlage ich vor, vorerst auf weitere Nachrichten aus Kairo zu warten. Bis dahin sollten wir uns die Version zu Eigen machen, dass uns die Araber beim Bau einer Verteidigungsanlage helfen wollen.“
So wurde es beschlossen und die Herren gingen ihren Tagesgeschäften nach. Der Kaiser empfahl allerdings noch dem jungen Claude von Ibelin:
„Herr von Ibelin, vielleicht wäre es für Sie nicht uninteressant, wenn Sie unserem Freund Fibonacci in der Stadt Pisa einen Besuch abstatten würden. Ich werde das Gefühl nicht los, dass seine Kenntnisse für uns demnächst noch von Nutzen sein werden.“
Der junge Mann war zuerst etwas überrascht, fand aber den Vorschlag des Kaisers für seine weitere Fortentwicklung nicht unwichtig.
„Aber gerne, Majestät, wenn Sie es so wünschen.“
So kam es, dass Claude von Ibelin bei dem Magister Fibonacci die Zeit bis zum Eintreffen weiterer Nachrichten aus Kairo verbrachte, und dabei tiefe Einblicke in dessen Entdeckung der nach ihm benannten Fibonacci-Folgen erhielt.

Im Hafen von Barletta war zu Beginn des Monats Oktober des Jahres 1232 endlich der venezianische Segler eingetroffen, um den Mu’allim und seine Männer zurück nach Ägypten zu bringen. Sie wurden bereits ungeduldig erwartet, als sie Mitte des Monats Oktober in Alexandria an Land gingen.
Als Emir Fahr ed-Din Ibn As-Saih in Al Qahirah erfuhr, dass ein Segler in Alexandria die Expedition zurückgebracht hatte, ließ er umgehend sein Pferd satteln und ritt mit einem kleinen Begleittrupp zum Hafen. Er traf den Mu’allim mitten bei der Endladung seiner Expeditionsgüter an.
„Salaam alaikum, Scheich Abdul Rahman al-Ubaidi. Allah sei dank für Eure glückliche Heimkehr.“ Der Emir freute sich aufrichtig, den Mu’allim

zu sehen. Der reinigte rasch seine staubigen Hände und fuhr sich mit einem Lappen über sein Gesicht, bevor er sich vor dem Emir verneigte:

„Wasaleikum Salaam, auch ich danke Allah für seine unermessliche Güte, die er mir hat zuteil werden lassen."

Während die beiden sich einen ruhigen Ort abseits der emsig arbeitenden Schauerleute und Expeditionsteilnehmer suchten, hatte der Emir den Mu'allim untergehakt:

„Sagt mir, lieber Scheich, wie ist es Euch ergangen in Italien? Habt Ihr meinen Freund, den Kaiser, getroffen? Ich habe so viele Fragen, wir werden noch lange in Al Qahirah zusammensitzen, während ich Eurem Bericht lausche."

Der Scheich lächelte still vor sich hin, als er an sein Zusammentreffen mit dem Kaiser dachte:

„Ja, Exzellenz, dem Kaiser bin ich begegnet und er hat mir diese Auszeichnung verliehen."

Während er dies sagte, nestelte er an seiner Bluse und zog einen Orden hervor, den er an einem Band um den Hals trug. Der Emir betrachtete die Medaille und rief erstaunt aus:

„Wisst Ihr, was Ihr da um den Hals tragt? Das ist ein Augustale, das wertvollste Goldstück in der Währung des Kaisers. Es hat mindestens zweihundert Dirham an Wert."

Dem Mu'allim war dies einerlei, er hatte ohnehin nicht vor, die Auszeichnung zu Geld zu machen.

Nun bat der Emir den Mu'allim, sich zusammen mit seinem Freund in der kommenden Woche in seinem Palast einzufinden. Bei dieser Gelegenheit sollten die beiden ihm über ihre Expedition mündlich Bericht erstatten.

„Es ist mir sehr daran gelegen, so schnell als möglich über Eure Expedition informiert zu werden, denn der Sultan bedrängt mich ständig, ihm Neuigkeiten zu berichten."

„Wenn es Euch recht ist, werde ich gleich am Montagvormittag zu Euch kommen und alle Dokumente mitbringen."

Damit war der Emir zufrieden. In der Zwischenzeit hatte jedoch auch Sultan Al-Kamil von der Ankunft der Expedition erfahren. Er ließ sofort nach dem Emir schicken, der alle Beteiligten in den Palast des Sultans einladen musste, anstatt sich zunächst allein unterrichten lassen zu können.

Also versammelten sich in einem prächtigen Nebengelass des großen Saales, in dem sonst die Audienzen und Empfänge ausländischer Gesandter stattfanden, neben dem Sultan und seinem Emir auch Scheich Alam ad-Din Qaisar, der Hofmathematiker des Sultans, sowie Professor Scheich Sirag ad-Din al-Urmawi und natürlich der Mu'allim Abdul Rahman al-Ubaidi und sein Freund Da'ud ibn Auda.

Der Sultan betraute seinen Hofmathematiker mit dem Vorsitz:

„Scheich Qaisar, Ihr als der geistige Vater der Expedition und des ganzen Vorhabens im Königreich Sizilien erscheint mir als die beste Wahl, um die Leitung unserer Besprechung zu übernehmen."

Der Hofmathematiker war neugierig auf die Ergebnisse der Expedition:

„Scheich al-Ubaidi, Ihr habt die Expedition geleitet, so gebt uns nun bitte eine kurze Übersicht über Eure Tätigkeit."

Der Mu'allim begann mit der Situation in Agnone.

„Nach längerer Vorbereitung und der Überfahrt in das lange Land, das auch Italien genannt wird, kamen wir nach einem kleinen Ort mit Namen Agnone. Die Berechnungen des verehrten Scheich Sirag ad-Din al-Urmawi beginnen, wie bekannt, an diesem Ort. Der Untergrund ist kalkhaltig, aber durch Vulkanismus aufgebrochen und mit Eruptivgestein ausgefüllt. Im größeren Umkreis ist noch aktiver Vulkanismus zu verzeichnen. Das Gelände steigt langsam an, und am Horizont sind hohe Berge erkennbar. Die Gegend ist weitgehend unbewohnt. Die Einwohner haben sich, infolge früherer Piratenüberfälle, auf die Hänge der ansteigenden Hügel zurückgezogen. Nach etwa dreizehn Milia Passuum in Richtung der vorgegebenen geodätischen Linie beginnt, infolge häufiger Niederschläge und des fruchtbaren vulkanischen Bodens, ein fast undurchdringlicher Wald, wie wir ihn in unserem Land nicht kennen. Im weiteren Verlauf lässt der Bewuchs, bedingt durch die größere Höhenlage, nach und geht in eine unfruchtbare Steppe über. Hier beträgt die Höhe über tausend Passuum über dem Spiegel des Mittelmeeres. Indes herrschen fast ständig heftige Gewitter, resultierend aus den aufsteigenden Wolken des Meeres. Im weiteren Verlauf fallen die Berge etwas ab, bleiben aber weiterhin in einer Höhe von etwa achthundert Passuum. Noch weiter östlich auf der geodätischen Linie löst sich der Vulkanismus langsam auf und die Gegend wird hügelig mit einer Basis aus gewachsenem Kalkstein. Die Niederschläge sind jahreszeitlich bedingt und als normal anzusehen. Im weiteren Verlauf fällt das Gelände weiter ab und nähert sich einer relativ fruchtbaren Ebene, die alsbald an den Ufern des adriatischen Meeres endet. Nur in diesem Bereich befinden sich menschliche Ansiedlungen in Form von Städten und Häfen, während sonst nur einzelne kleine Dörfer, Gehöfte und Klausen vorgefunden werden.

Was die gutachterliche Stellungnahme zur Herstellung eines gewissen Bauwerkes angeht, so darf ich auf meine schriftlichen Ausführungen verweisen, die ich in Kürze vorlegen werde."

Während Scheich Qaisar seine Zufriedenheit über die Ausführungen des Mu'allim mit einem „sehr gut gesprochen, Scheich al-Ubaidi" ausdrückte, ignorierte der Sultan den Hinweis des Mu'allim auf eine noch folgende schriftliche Ausarbeitung und fragte ihn:

„Sagt mir nun noch, Scheich al-Ubaidi, wo haltet Ihr selbst nach Eurem Ermessen die Errichtung eines gewissen Bauwerkes für möglich?"

„Die Bedingungen sind im gesamten Gebiet ab dem Kastell Lagopesole erfüllt, am günstigsten jedoch in dem Teil Apuliens, das Murge genannt wird."

Eine weitere Frage stellte Sultan Al Malik Al-Kamil, die aber dem Mu'allim die Sprache verschlug. Auch sein Freund verstand die Welt nicht mehr und der Emir grübelte noch Stunden nach dieser Besprechung über diese Frage nach:

„Sagt mir, Scheich al-Ubaidi, ist Euch auf Eurem Wege durch das Land des Kaisers eine Gegend oder ein Hügel oder sonst eine Landmarke bekannt geworden, die den Namen Santa Maria del Monte trägt?"

Der Mu'allim brauchte einige Minuten, um sich zu sammeln. Zu viel ging ihm durch den Kopf. Wie konnte der Sultan im fernen Al Qahirah von einem Hügel in der Murge genannten Gegend Apuliens wissen, der bisher lediglich in seinen Notizen niedergelegt, aber noch nicht ins Reine geschrieben war?

„Ja, Majestät! Ja, es gibt wirklich einen Hügel mit diesem Namen, etwa siebenundzwanzig Milia Passuum von der Küste entfernt und genau auf der vorgegebenen geodätischen Linie liegend."

Der Sultan wandte sich an Scheich Alam ad-Din Qaisar, den Hofmathematiker, und versetzte mit seiner Bemerkung die anderen Anwesenden in noch größeres Erstaunen:

„Ihr hattet also Recht, Scheich Qaisar, es gibt dort in diesem Reich tatsächlich einen ausgezeichneten Ort.“
Der Angesprochene nickte zustimmend mit dem Kopf und entgegnete kühl: „Majestät, nichts anderes hatte ich, ehrlich gesagt, erwartet!“
Scheich Alam ad-Din Qaisar war nicht nur der Hofmathematiker des Sultans, sondern auch dessen intimer Berater. Im Laufe vieler Jahre hatte er sich als Hofastrologe durch zutreffende Voraussagen kommender Ereignisse das Vertrauen des Herrschers erworben. Auch war er älter als der Sultan und als der Emir und die Erscheinung des hochgewachsenen Mannes mit langem grauem Bart strahlte eine natürliche Autorität aus, die durch eine langsame, besonnene Redeweise noch unterstrichen wurde. Er war der Vater der Idee, dass man von dem Kaiser im Tausch gegen die Stadt Jerusalem auch ein Stück seines eigenen Landes beanspruchen sollte und hatte damit den Sultan überzeugt. Seine Sonderstellung am Hofe des Sultans erlaubte es ihm, mit allen führenden Wissenschaftlern der arabischen Welt zu korrespondieren, und er konnte immer sicher sein, eine Antwort zu erhalten. Das alles hob ihn von den Professoren der Madrasa von Al Qahirah ab, die solcherlei Vorteile nicht genossen.
„Vielleicht sollten wir die anderen Herren unterrichten, Scheich Qaisar.“
Während er dies sagte, deutete der Sultan auf den Emir, den Scheich Sirag ad-Din al-Urmawi und den Mu'allim, die auf Kissen um einen niedrigen Tisch herum saßen und eine Gruppe bildeten.
Scheich Alam ad-Din Qaisar rückte sein Sitzkissen zurecht:
„Im engeren Kreis des Hofes unseres verehrungswürdigen Sultans ist bekannt, dass wir seit Längerem die Verhältnisse in Sizilien und im angrenzenden Italien aufmerksam beobachten. Gleichzeitig studieren wir die alten Quellen, denn schon zu Zeiten der großen Eroberungen sind unsere tapferen Krieger nicht nur nach Spanien vorgedrungen, sondern auch auf die Inseln des Mittelmeeres und nach Italien. Uns ist bei unseren Studien aufgefallen, dass es verschiedene Orte gibt, an denen seit altersher ein Kult betrieben wird, bei dem eine Jungfrau mit einem Kind verehrt wird. Bei den Christen ist es die Mutter des Propheten Jesus mit Namen Maria. Auch die Muslime verehren diese Frau und unser heiliges Buch Qur'an spricht ehrfurchtsvoll von ihr. Als wir nun weiter forschten, sind wir darauf gestoßen, dass es Verbindungen von unserm Land in ihr Land gibt und“, er wandte sich direkt an den Mu'allim:

„Ihr seid bei Euren Messungen auf eine davon gestoßen.“
Sultan Al-Malik schaltete sich ein:
„Scheich al-Ubaidi, bitte berichtet uns weitere Einzelheiten über den Ort mit dem Namen Santa Maria del Monte.“
Der Mu’allim schilderte seine Begegnung mit den Mönchen:
„Auf dem besagten Hügel, der etwa 350 Milia Passuum über dem Meeresspiegel liegt, befindet sich am Rande die Ruine einer alten Kirche. In diesen Ruinen leben drei Mönche in vollkommener Klausur. Sie verehren offensichtlich Maria, die Mutter des Propheten Jesus, und erteilen Pilgern und Wallfahrern den Segen dieser Heiligen. Ansonsten ist über den Ort nicht viel zu berichten, außer vielleicht, dass dort vor vielen hundert Jahren ungläubige Eroberer eine Erscheinung gehabt haben sollen.
Was die Umgebung anbelangt, so ist zu sagen, dass der Untergrund aus dem gewachsenen Kalkstein besteht, der dort gebrochen werden könnte oder in der Nähe ansteht. Straßenverbindungen und sonstige Bebauung existieren nicht.“
Der Sultan bedankte sich bei dem Mu’allim, konnte aber eine Bemerkung nicht unterlassen:
„Wenn wir also dort tätig werden sollten, wird unser Freund, der Kaiser, nicht umhin können, die Mönche aus ihrer Klause zu vertreiben. Es wird ihm dann ergehen, wie mir mit den Bewohnern der Stadt Jerusalem. Doch er wird nur drei Mönche davonjagen, während ich zehntausend Muslime aus ihren Städten vertrieben habe. Allerdings wiederum mit einem Unterschied – hinter den drei Mönchen steht die gesamte katholische Kirche. Alles in allem sind wir also, was die Vertreibung anbelangt, mit den Christen wohl quitt.“ Der Emir hatte die ganze Zeit geschwiegen und sich seine Gedanken gemacht. In gewisser Weise fühlte er sich übergangen, denn der Sultan hatte seine Untersuchungen durchgeführt, ohne ihn zu unterrichten. Er ließ dies auch dem Sultan gegenüber anklingen:
„Ihr habt uns in einiges Erstaunen versetzt, Majestät, mit dieser Entwicklung hatten wir nicht gerechnet.“
Der Sultan entgegnete etwas verlegen:
„Lieber Emir, Ihr habt Recht, doch hier am Hofe stellte sich uns ein kleines Problem. Ihr seid ein so rational denkender Mensch, dass wir, Scheich Alam ad-Din Qaisar, der Hofmathematiker, und ich, es nicht gewagt haben, Euch mit unseren Spekulationen – denn etwas anderes waren unsere

Überlegungen nicht – zu behelligen. Ihr hättet uns ausgelacht und unsere Argumente zerpflückt. Verzeiht mir also bitte, dass wir Euch nicht früher unterrichtet haben."
Bisher hatte Scheich Sirag ad-Din al-Urmawi, der Professor an der Madrasa von Al Qahirah, geschwiegen und nachgedacht. Wahrscheinlich war er zu dieser Zeit der Einzige, der die Zusammenhänge richtig erkannte.
„Wenn ich alles richtig verstanden habe, dann gibt es unter den hier Versammelten zwei Denkrichtungen, die unabhängig und ohne Kenntnis der jeweils anderen verfolgt wurden."
Der Sultan ermunterte ihn fortzufahren:
„Sprecht nur weiter, Scheich al-Urmawi, zwar ahnen wir schon, wie alles zusammenhängt, aber es fehlt uns noch die rechte Verbindung."
Professor al-Urmawi erklärte also:
„In Zusammenarbeit mit dem Emir hatte ich Beauftragte zu den Nautikern nach Aden schicken lassen, damit sie eine geodätische Linie quer durch Süditalien errechnen. Der Mu'allim Scheich al-Ubaidi hat diese Linie in dankenswerter Weise quer durch das Land des Kaisers Friedrich II. verfolgt. Unabhängig davon habt Ihr, verehrter Sultan, mit Eurem Hofmathematiker Scheich Qaisar eine andere Linie verfolgt. An einer bestimmten Stelle haben sich nun beide Linien geschnitten, und damit hat uns Allah, der Allwissende, auf wunderbare Weise bestätigt, dass es sich bei dem Schnittpunkt um einen außerordentlichen Ort handeln muss."
Scheich Qaisar stimmte den Ausführungen seines Kollegen zu und auch die anderen bekundeten ihr Einverständnis mit den Ausführungen des Professors.
Zum Abschluss der Besprechung legte Sultan Al Malik al-Kamil fest, dass dieser außergewöhnliche Ort am Schnittpunkt zweier Linien in Süditalien die Errichtung eines außergewöhnlichen Bauwerkes rechtfertigte.
Bevor die Teilnehmer an diesem Novembertag des Jahres 1232 auseinander gingen, beauftragte der Sultan einen jeden mit dem, was von ihm in der nächsten Zeit im Zusammenhang mit dieser Besprechung zu erledigen sei. Unter der Oberleitung des Emirs wurde der Hofmathematiker, Scheich Alam ad-Din Qaisar, damit betraut, zusammen mit seinem Kollegen Professor Scheich Sirag ad-Din al-Urmawi und dem Mu'allim Abdul Rahman al-Ubaidi sowie seinem Freund Da'ud ibn Auda ein architektonisches Konzept zu erarbeiten, das in seiner Art noch nie dagewesen sein sollte.

An der Madrasa von Al Qahirah herrschte nach dem Gespräch mit dem Sultan und den Anweisungen, die er jedem der Teilnehmer einzeln erteilt hatte, fieberhafte Betriebsamkeit. Beide an dem Projekt beteiligte Gruppen, die bis zu dem Gespräch beim Sultan nichts voneinander gewusst hatten, setzten sich nun zusammen und erläuterten ihre bisherige Arbeit.

Scheich Alam ad-Din Qaisar, der Hofmathematiker, hatte bisher an der vom Sultan gestellten Aufgabe alleine gearbeitet und erläuterte als Erster den anderen sein Konzept:

„In den heiligen Städten unseres Glaubens, die Allah beschützen und wachsen lassen möge, werden jeden Tag von den Gläubigen tausende und abertausende von Gebeten ausgesprochen oder im Stillen gedacht. Viele werden sofort erhört, andere laufen um die Erde, bis ihre Zeit gekommen ist und sie erfüllt werden. An heiligen Orten anderer Religionen wird ebenfalls gebetet, und einige Gebete werden auch hier nicht sofort erfüllt werden. Wenn nun die Gebete des einen Ortes mit denen eines anderen zusammentreffen, so werden sie sich gegenseitig verstärken und reiner als zuvor erklingen und die Zeit bis zu ihrer Erhörung wird verkürzt werden. Solche Orte sind heilig, denn sie verstärken auch jene Gebete, die jeder Gläubige täglich verrichtet. Es ist nun unsere Aufgabe, solche Orte auf der Erde aufzuspüren und ihre Verbindungen mit unseren heiligen Orten zu erkennen. Wir verfolgen zu diesem Zwecke alte Aufzeichnungen und Berichte, aber auch solche neueren Datums. Wie wir herausgefunden haben, gibt es auch gewisse Punkte auf der Erde, die heilig sind, aber zurzeit nicht genutzt werden. Von Interesse sind auch Orte, an denen Propheten geboren sind und gelebt haben, aber auch solche, über die es Prophezeiungen gibt und wiederum andere, an denen Einsiedler leben. Ein solcher Ort ist nun der Berg Sancta Maria del Monte im Königreich der beiden Sizilien. Er ist, wie wir herausgefunden haben, mit anderen Orten verbunden, was, wie ausgeführt, zu einer Verstärkung der Gebetswirkung führt. Welche anderen Orte dies genau sind, spielt zurzeit hier keine Rolle und soll vorerst unausgesprochen bleiben. Eine wunderbare Bestätigung unserer Untersuchungen stellt jedoch die Tatsache dar, dass, ganz unabhängig von unseren Arbeiten, Ihre Gruppe auch auf diesen Ort gestoßen ist. Dies bündelt und konzentriert die Kraft des Ortes Sancta Maria del Monte, und damit wird die Gebetswirkung noch einmal zusätzlich um einen großen Faktor verstärkt."

Die anderen Herren waren beeindruckt, denn der Hofmathematiker hatte für seine Arbeit keine weitere Hilfe außer einigen wissenschaftlichen Helfern in Anspruch genommen. Der Emir lobte den Hofmathematiker:
„Scheich Alam ad-Din Qaisar, Ihr habt wirklich außerordentlich erfolgreiche Arbeit geleistet. Das Sultanat und ich als sein Vertreter danken Euch ausdrücklich. Was die Geheimhaltung der korrespondierenden Orte angeht, so wollen wir dies beibehalten und auch auf die entsprechenden Orte der anderen Gruppe anwenden. Unsere Nachrichten vom Hofe des Kaisers wie die aus dem Vatikan lassen uns vermuten, dass auch in unseren Palästen die Wände Ohren haben. Es kann nicht in unserem Interesse sein, wenn unsere Geheimnisse nach außen dringen.“
Der Emir sprach nach einer kurzen Pause weiter:
„Nachdem wir nun die Geschichte des verdienten Scheich Qaisar gehört haben, ist es an der Zeit, uns zu überlegen, welcher Art das Gebäude sein könnte, das wir errichten wollen. Hat einer der Anwesenden bereits eine Idee?“
Da'ud ibn Auda war der unbedeutendste unter den Wissenschaftlern, da er seine Studien noch nicht abgeschlossen hatte. Er war aber deshalb noch lange nicht der Dümmste von allen:
„Ich habe zwar keinen Vorschlag, was wir machen könnten, aber ich habe einen Vorschlag, was wir nicht machen sollten. Eine Moschee zu errichten hielte ich für eine große Torheit, denn im Land des Kaisers Friedrich II. gibt es außer in Lucera keine Muslime.“
Scheich al-Urmawi wandte dagegen ein:
„Was wir bauen, errichten wir für die Ewigkeit oder zumindest für einen sehr langen Zeitraum. Wer weiß, ob nicht eines Tages das ganze Land von Muslimen bewohnt wird.“
Scheich Qaisar machte einen sachlichen Einwand:
„Meine Herren, Sie müssen unbedingt beachten, dass dieses Bauwerk seinen Zweck nicht offenbaren darf. Es ist unmöglich, zurzeit im katholischen Italien eine Moschee zu bauen. Auch wenn wir glauben, wir könnten zum Beispiel einen Schrein errichten, wie ihn der Felsendom in Jerusalem darstellt, werden wir auf den heftigsten Widerstand des Vatikans stoßen. Wir müssen bei allem, was wir tun, die tarqiya beachten, das wahre religiöse Bekenntnis muss also verborgen bleiben.“
Professor Scheich al-Urmawi dachte wie immer sehr pragmatisch:

„Seit dem Beginn seiner Regierungszeit hat Kaiser Friedrich II. über sein Regnum verteilt etwa hundertfünfzig Kastelle erbaut oder renoviert. In all diesen Jahren hat er nur eine einzige Kirche errichtet und auch dazu musste ihn der Heilige Vater in Rom massiv zwingen, wenn man dieses Wort bei Friedrich II. anwenden darf. Wenn ich also genau überlege, können wir für unser Bauwerk eigentlich nur eines in Betracht ziehen.“
Die Logik des Scheichs Al-Urmawi war so überzeugend, dass alle anderen seinen Argumenten sofort zustimmten. Der Mu'allim al-Ubaidi fasste die Stimmung noch einmal zusammen:
„Wir haben von Scheich al-Urmawi ein wahres Wort gehört, es bleibt uns nur übrig, ein Bauwerk zu planen, das nach außen hin wie ein Kastell aussieht. Im Inneren werden wir bei der Gestaltung etwas freier sein, es gilt aber in allen Fällen die tarqiya einzuhalten. In dieser Richtung müssen wir weiter überlegen, wie der Plan konkretisiert werden kann.“
Die Herren vereinbarten einen neuen Termin und der Emir beauftragte jeden, sich bis dahin ein Konzept ausdenken, bei dem die besprochenen Kriterien berücksichtigt werden. Dieses sollte dann von jedem vorgetragen und erläutert werden.
Auch das nächste Treffen fand in dem frei geräumten Vortragssaal an der Madrasa von Al Qahirah statt. Die Teilnehmerrunde hatte sich an einen eigens dafür aufgestellten, großen Tisch gesetzt. An der dem Fenster gegenüberliegenden Wand war eine große Karte aufgehängt, die das gesamte Mittelmeer und den vorderen Orient bis hin zum Arabischen Meer zeigte. Dazu waren noch Detailkarten von Sizilien und Unteritalien an der Wand befestigt. Professor Scheich Sirag ad-Din al-Urmawi hatte ein kleines Modell aus Holz bauen lassen, das er vor sich auf den Tisch stellte. Auf ein Zeichen des Emirs erläuterte er seinen Vorschlag:
„Um meinen Vorschlag zu untermauern, habe ich mir erlaubt, ein kleines Modell anfertigen zu lassen. Wie Sie sehen, handelt es sich um einen achteckigen Grundriss, wie er zum Beispiel auch dem Felsendom in Jerusalem zugrunde liegt. Die Hauptwindrichtungen zeigen in acht Richtungen, die Sonne ist von acht Planeten umgeben, acht ist die Zahl, die alles Neue symbolisiert. Der Thron, der die Welt umschließt, wird von acht Engeln gehalten und zu guter Letzt ist acht eine kaiserliche Zahl, was unserem Freund Friedrich II. entgegenkommen wird.“
Der Emir hatte noch eine Frage:

„Wieso ist acht eine kaiserliche Zahl?“

Professor al-Urmawi antwortete, indem er dabei auf das vor ihm stehende Modell zeigte:

„Die kaiserliche Krone hat acht Zacken und die Krönungskapelle in der Stadt Aachen, wo der Kaiser gekrönt wurde, ist wie dieses Modell achteckig.“

Der Hofmathematiker Scheich Qaisar war jedoch mit den bisherigen Argumenten nicht einverstanden:

„Mit Eurem Modell auf achteckigem Grundriss habt Ihr aber nichts Neues entdeckt. Solche Grundrisse gibt es, neben den von Euch aufgezählten, noch etliche mehr. Sie alle will ich nicht aufzählen, aber mindestens einer steht in Rom und der Papst, der nicht gerade unser Freund ist, betet darin. Mein Vorschlag ist vielmehr, einen Turm zu errichten. Hoch wie der Himmel und schlank wie ein Minarett.“

Doch auch mit diesem Vorschlag konnte sich die Versammlung nicht anfreunden und der Emir fragte den jungen Da'ud ibn Auda:

„Junger Mann, von allen hier seid Ihr in meinen Augen derjenige, der noch am ehesten unvoreingenommen ist. Ihr habt, nehmt das bitte nicht missbilligend auf, noch wenig praktische Erfahrung und Ihr braucht auch noch keine Rücksicht zu nehmen – was meint Ihr, sollen wir dem Sultan vorschlagen.“

Der Doktorand hatte sich auch Verschiedenes ausgedacht, dann aber einen Entschluss gefasst, den er nun vortrug:

„Lange habe ich überlegt und schlage folgendes vor: Wir errichten auf dem Hügel eine Pyramide, wie sie ähnlich hier in der Nähe in Gizah steht. Ob sie vier Seiten hat oder nur drei oder eine andere Zahl, ist in meinen Augen nicht wichtig. Nur die Neigung sollte die gleiche sein wie bei der Cheopspyramide.“

Als der junge Doktorand das Wort Pyramide fallen ließ, war der Hofmathematiker Scheich Qaisar zusammengezuckt:

„Auf keinen Fall eine Pyramide! Sie stellen einen jahrtausendealten Baustil dar, von dem wir noch nicht einmal wissen, welchem Zweck er gedient hat. Es gibt keinen Bezug zu unserem Glauben, und auch wir wissen nicht, was wir in dem fertigen Bauwerk unterbringen sollen.“

Der Emir war erstaunt:

„Warum ereifert Ihr Euch so, lieber Scheich Qaisar, sind wir heute nicht lediglich zusammengekommen, um wie verabredet unsere Vorschläge vorzutragen?“

Der Hofmathematiker ließ sich nicht abbringen:

„Um es gleich eindeutig festzustellen, für eine Pyramide werde ich mich nicht entscheiden!“

Die Herren waren von der Entschlossenheit des Hofmathematikers überrascht, erst viel später sollten sie den genauen Grund für dieses Verhalten erkennen.

Im Verlauf weiterer Sitzungen wurden die verschiedensten Möglichkeiten durchgesprochen, aber eine eindeutige Lösung fanden die Herren nicht. Dies dauerte so lange, bis sich der Sultan einschaltete und ein Ergebnis einforderte. Als Lösung wurde ihm ein achteckiger Grundriss, wie bereits von Professor Scheich Sirag ad-Din al-Urmawi vorgeschlagen, vorgetragen. Der Emir suchte die passenden Worte:

„Ehrwürdige Herrscher, wir haben uns zu einem Entschluss durchgerungen und auch ein Modell anfertigen lassen.“

Der Sultan war ungeduldig:

„So lasst mich endlich sehen, was ihr entwickelt habt.“

Als dem Sultan das Modell gezeigt wurde, war er enttäuscht und äußerte sich auch entsprechend:

„Ist das alles, was Ihr entdeckt habt? Solch ein Gebilde steht seit sechshundert Jahren in Jerusalem auf dem Tempelberg. Ich hatte mir vorgestellt, in Euren Köpfen entsteht etwas Neues, aber da habe ich zu hoch gegriffen.“

Der Emir entschuldigte sich:

„Wir haben monatelang gerungen, Majestät, es ist sehr schwer, alle Bedingungen untereinander abzustimmen. Der Hauptgrund für unsere Wahl ist, dass wir den Kaiser mit allen unseren anderen Entwürfen kompromittieren würden. Es war unser Bestreben, dies zu vermeiden, da sonst die Gefahr besteht, dass das ganze Unternehmen in sich zusammenfällt. Wenn der Kaiser dem Papst unterliegt, und wir würden bei unüberlegtem Handeln dies unterstützen, dann ist unser Vorhaben beendet, bevor es begonnen hat.“

Die Worte des Emirs beeindruckten den Sultan:

„Ihr habt ja recht, lieber Fahr, ich habe die möglichen Konsequenzen nicht richtig abgeschätzt. Wenn Sie sich also gemeinsam entschlossen haben, so soll es geschehen. Wir werden uns in den nächsten Tagen erneut hier versammeln und dem Kaiser unsere Entscheidung in einem Schreiben mitteilen. Seien Sie also nach dem Freitagsgebet alle in meinem Palast."
Als sich alle Beteiligten im Palast des Sultans an der bekannten Stelle eingefunden hatten, erschien der Herrscher mit einem seiner Rechtsberater. Der hatte ein Pergament bei sich, auf dem bereits das Schreiben an den Kaiser vorformuliert worden war. Auf ein Zeichen des Sultans verlas der Berater das Dokument:

Bismi 'llahi r-rahmani r-rahim,
im Namen Gottes, des Allerbarmers, des Albarmherzigen.
Von Sultan Al-Kamil nach Allahs Willen, Beherrscher des Nillandes und aller angrenzenden Länder von Sonnenauf- bis Sonnenuntergang einschließlich der Stadt Damaskus und aller Wüsten und des Meeres, Bewahrer der Gläubigen und der heiligen Stätten, Verteidiger des wahren Glaubens.
Streng geheim an:
Friderico II. Roger, erhabener Kaiser des Abendlandes, König der Franken, König der beiden Sizilien, König von Jerusalem, König von Arelat, das sie Burgund nennen, Freund der Gläubigen.
Viel Zeit ist vergangen, seit Du uns besucht hast. Viel Zeit ist vergangen, seit wir von einander gehört haben. Nicht alles, was zu uns gedrungen ist, klang gut in unseren Ohren, umgekehrt wird es nicht anders gewesen sein. Sei aber versichert, lieber Freund, dass wir wohlauf sind und in unserem Land Frieden herrscht, was wir auch Dir wünschen.
Lange haben wir nachgedacht, was zu tun sei, damit unsere Verträge erfüllt werden. Nachdem Du durch Dein Erscheinen in der heiligen Stadt Jerusalem dort die Herrschaft ergriffen hast und eine weitere Krone Dein Haupt schmückt, ist es an der Zeit, Dir unsere Wünsche mitzuteilen:
Nicht weit entfernt von Deiner Residenz Foggia in Apulien liegt in der Murge ein Hügel mit Namen Santa Maria Del Monte. Auf diesem Hügel soll ein Schloss mit achteckigem Grundriss errichtet werden. Die Abmessungen sollen dem Felsendom in Jerusalem entsprechen. Die Bauweise sollte der deiner Kastelle entsprechen, also mit sehr dicken Wänden, die

einer Belagerung und dem Beschuss durch große Schleudern widerstehen können. Was die innere Einteilung anbelangt, so haben wir noch nicht endgültig entschieden. Wir werden möglicherweise an Ort und Stelle festlegen, was innerhalb der Außenmauern gebaut werden soll. Sobald Du den Hügel frei geräumt hast, werden wir Dir die Baubeschreibung zukommen lassen. Sie wird so abgefasst sein, dass Deine Bauleute, wobei wir annehmen, das Du wie üblich die Zisterzienser beauftragen wirst, ohne Schwierigkeiten und ohne Zuhilfenahme von zusätzlichen Plänen den Bau errichten können. Der Herr der Welten, der Allerbarmer, der Allbarmherzige, möge er Dir für alle Zeit sein Wohlwollen schenken und die Geschicke in Deinem Sinne lenken.
Gegeben im Palast des Sultans al-Malik al-Kamil
In der Stadt Al Qahirah
und übermittelt durch den Cherub
im März des Jahres 1233 der christlichen Zeitrechnung.

Es verging einige Zeit, bis der Kaiser dieses Schreiben erhielt, denn der Bote konnte den Kaiser nicht sogleich erreichen. In Ostsizilien war in Messina ein Aufstand ausgebrochen, der die Anwesenheit des Kaisers zwischen April 1233 und Februar 1234 erforderlich machte. Offenbar hatten Steuererhöhungen auf Nahrungsmittel und andere Waren die Bevölkerung, nicht nur in der großen Hafenstadt, sondern auch in kleinen Landstädten, verärgert. Hinzu kam, dass der zuständige Justitiar Richard von Montenigro die entsprechenden Erlasse in seinem Amtsbezirk besonders rigoros durchsetzte. Der Kaiser musste persönlich die blutige Niederschlagung des Aufstandes leiten, auch ließ er eine Anzahl von Rädelsführern verbrennen oder aufhängen. Zum künftigen Erhalt von Ruhe und Ordnung setzte er einen anderen Justitiar mit Namen Matthäus Marclafaba ein.
Natürlich hatte der Kaiser von dem Schreiben des Sultans Kenntnis genommen, jedoch nahm er seine Auseinandersetzungen auf der Insel Sizilien zum Anlass, sich beim Sultan für eventuelle Untätigkeit zu entschuldigen. Er schrieb einen langen Brief und schilderte ihm seine Lage mit der Bitte um zeitlichen Aufschub der weiteren Erörterung des Vorhabens. Gleichzeitig richtete er aber in der Residenz Foggia einen Stab von Wissenschaftlern ein, die sich den Fragen zur Geometrie und zur Lage

des geplanten Bauwerkes intensiv widmen sollten. Dem Sultan passte dieser zeitliche Aufschub ebenfalls in sein Kalkül. Seine Leute konnten sich unter der Leitung des Emirs Fahr ed-Din an der Universität Al Qahirah in Ruhe mit den Konstruktionsplänen des Gebäudes befassen.

Kapitel 8
Hektische Betriebsamkeit

Während der Kaiser einen Aufstand in Sizilien bekämpfte, versammelten sich in Foggia auf seine Veranlassung hin mehrere Herren, um ein geheimes Projekt zu bearbeiten. Es waren dies:

Der Protonotar Peter von Vinea, der die Leitung des Unternehmens innehatte.

Der Magister Michael Scotus.

Der junge Wissenschaftler Claude von Ibelin, der im Sommer des Jahres 1233, nachdem er sechs Monate bei Magister Leonardo Fibonacci in Pisa volontiert hatte, wieder in die kaiserliche Residenz zurückgekehrt war.

Des Weiteren noch die Mathematiker am Hofe, Magister Domenicus, Magister Johannes von Palermo und Magister Theodor von Antiochia.

Der Kaiser hatte aufgrund eines Schreibens des Sultans Al-Kamil genaue Anweisungen erlassen. Sie sahen vor, dass zuerst ermittelt werden sollte, warum die Ägypter den Hügel Santa Maria del Monte als Standort eines Oktogons ausgesucht hatten. Auch hatte der Kaiser ganz eigene Ideen, wie ein solches Achteck ausgestaltet werden sollte. Dies hatte er sehr detailliert beschrieben, so dass aufgrund dieser Angaben mit einem Entwurf begonnen werden konnte.

Ein abschliessender Absatz aus dem Schreiben des Kaisers, der aber nur für den Protonotar bestimmt war, befasste sich mit dem jungen Claude von Ibelin.

Der Vater des Jungen, Johann von Ibelin, hatte auf der Insel Cypern das vom Kaiser eingesetzte Regiment von fünf Reichsverwesern gestürzt und sich selbst an ihre Stelle gesetzt. Der Kaiser hatte daraufhin seinen Reichsmarschall Richard Fielangieri mit einer Truppe von Rittern nach Cypern gesandt, um die Lage dort wieder zu seinen Gunsten zu verändern. Nach anfänglichen Erfolgen in den ersten Kämpfen, hatte der Marschall eine vernichtende Niederlage erlitten. Er war von der Insel geflohen und in Beirut mit dem Rest seiner Truppe gelandet. Die Verstimmung des Kaisers war immens, als ihm dies berichtet wurde, und er erinnerte sich an den in seinen Diensten stehenden Sohn. Der hatte sich bisher als äußerst intelligent, geschickt und zuverlässig dem Kaiser gegenüber gezeigt, der Protonotar war aber gehalten, ein wachsames Auge auf den jungen Mann zu werfen.

Von dem Protonotar Peter von Vinea, der dem Großhof des Kaisers während dessen Abwesenheit vorstand, war ein geräumiges Gebäude für die Wissenschaftler ausgestattet worden. Der große Saal war mit Zeichentischen und den dazugehörigen Utensilien ausgestattet, und einiger Fenster waren einzig zu dem Zwecke besserer Lichtverhältnisse an den Arbeitsplätzen herausgebrochen und erweitert worden. Es waren alle möglichen Karten des Mittelmeeres und der arabischen Halbinsel zusammengetragen worden, eine eigens zusammengestellte Bibliothek enthielt alle im Abendland bekannten Werke der arabischen Mathematik und Astronomie. Ein weiterer großer Saal hatte einen vollkommen ebenen Fußboden erhalten, der zusätzlich noch mit weißer Farbe getüncht worden war. Diese Maßnahme hatte Claude von Ibelin bei dem Protonotar durchgesetzt, und bei den anderen Herren erregte er damit Erstaunen. Gleich bei ihrem ersten Zusammentreffen konnte der Magister Domenicus seine Neugierde nicht bezwingen:

„Sagt mir, lieber Claude von Ibelin, was hat es mit dem weiß gestrichenen zweiten Saal auf sich, der doch sonst vollkommen leer ist?“

Der Angesprochene erklärte bereitwillig:

„Seht, ich habe die Genehmigung erhalten, einige Geographen von der Universität Bologna für einige Zeit am Hofe einzustellen. Wir wollen auf dem Fußboden eine Karte zeichnen, die dem Weg entspricht, den die ägyptische Expedition durch unser Land genommen hat. Zusätzlich sollen in diesem stark vergrößerten Maßstab noch die Liparischen Inseln und die Insel Sizilien dargestellt werden. Dann wollen wir die Punkte, die von den Ägyptern eingemessen wurden und die ich mir gemerkt und später sorgsam notiert habe, eintragen und durch eine Linie verbinden. Wir wollen feststellen, ob und wo die Verlängerung dieser Linie hinführt. Wenn uns dies gelingt, können wir die Gleichung der zu Grunde gelegten Kurve ermitteln und diese ausrechnen.“

Der Magister Domenicus hatte Zweifel:

„Das ist ja ein beträchtlicher Aufwand, den Ihr treibt, ich hoffe, er ist von Erfolg gekrönt."

Claude von Ibelin war zuversichtlich:

„Dies habe ich mir wohl genau überlegt. Wir werden vorgehen wie die Schiffsbauer und mit sehr dünnen, biegsamen Leisten aus Eschenholz die Kurve nachziehen und dann ausmessen."

Der Magister Domenicus war nun gespannt:

„Das klingt recht überzeugend, lasst mich bitte wissen, wenn Ihr brauchbare Ergebnisse erzielt. Ich könnte mir vorstellen, dass Einzelheiten der Lage auf dem Hügel Santa Maria del Monte Einfluss auf die Konstruktion des Oktogons nehmen werden."

Die anderen Herren hatten interessiert zugehört. Sie selbst hatten zwar noch keine Konzeption, wie die Forderungen des Kaisers zu realisieren seien, die Initiative ihres Kollegen Claude von Ibelin war ihnen daher durchaus recht.

Michael Scotus hatte noch eine Frage, die sich auf die Ausbildung des jungen Mannes bezog:

„Schon die längste Zeit wollte ich Sie fragen, wie es Ihnen in Pisa bei meinem Freund Fibonacci gefallen hat?"

Claude von Ibelin zeigte echte Begeisterung:

„Ihr könnt versichert sein, es war eine wunderbare Zeit. Der Magister ist ein wahrer Könner seines Fachs. Er hat mich in das Geheimnis der von ihm entdeckten Folgen eingeweiht und mir ihre Zusammenhänge mit dem so genannten goldenen Schnitt erklärt. Doch leider war, wie zu erwarten, die Zeit in Pisa viel zu kurz, aber ich studiere seine Werke weiter und glaube, schon große Fortschritte gemacht zu haben."

Dann fügt er nach einer kurzen Pause hinzu:

„Magister Michael Scotus, Euch bin ich sehr dankbar, mich sowohl beim Kaiser als auch bei dem Magister in Pisa empfohlen zu haben, und ich hoffe, Euch nicht zu enttäuschen."

Dem Angesprochenen war der Dank peinlich, doch er verbarg es und entgegnete lässig:

„Ihr braucht Euch nicht bei mir zu bedanken. Was wir tun, tun wir für unsere Majestät, Kaiser Friedrich II.“

Die anderen Herren klatschten spontan Beifall für diese Worte. So ging das erste Zusammentreffen der führenden Wissenschaftler des Regnum Siziliae mit einer Ovation für den Kaiser, ihren Auftraggeber, zu Ende.

Schon einige Tage später konnte Claude von Ibelin mit den Geographen aus Bologna im zweiten Saal des zur Verfügung gestellten Gebäudes die Arbeit aufnehmen. Von einer sehr genauen Vorlage des westlichen Mittelmeeres, die noch aus römischer Zeit stammte, wurde zunächst eine Vergrößerung angefertigt, die dann Stück für Stück auf den Fußboden übertragen wurde. Auch die Geländebeschaffenheit, insbesondere die Berge und Täler, aber auch die Hochebenen und Hügel, wurden maßstabgetreu übertragen. Besondere Sorgfalt wurde darauf verwendet, die von der ägyptischen Expedition besuchten Orte geographisch genau zu verzeichnen.

Claude von Ibelin konnte sich, als er in Barletta mit dem Mu'allim noch einmal die Messungen der Expedition durchgesprochen hatte, die Orte in seinem Gedächtnis einprägen und sie anschließend sofort niederschreiben. Jetzt wurden diese Dörfer und Städtchen auf der Fußbodenkarte genau eingemessen, genordet und eingetragen – Agnone, San Magno, Roccadaspide, Picerno, Avigliano, Spinazzola, Corato und Bisceglie. Anschließend wandten sich die Geographen dem Mittelmeer zu und trugen die Liparischen Inseln und die Insel Sizilien in die Fußbodenkarte ein. Auf der anderen Seite des adriatischen Meeres waren die Eintragungen spärlicher, denn der Saal des zur Verfügung gestellten Gebäudes reichte nicht aus, auch den Balkan in der gewählten Vergrößerung zeichnerisch mit zu erfassen.

Nachdem dies so sorgfältig alles eingetragen war, konnten die Geographen darangehen, die Orte zu verbinden. Die Leisten, die dies ermöglichen sollten, waren aus astfreiem Holz gefertigt, von sehr geringem Querschnitt, äußerst biegsam, aber dennoch elastisch. Um sie auf dem Boden zu fixieren, hatte Claude von Ibelin von einer Werft in Neapel Gewichte kommen lassen, die an einem Ende flach zuliefen, damit man sie leicht mit dieser Seite auf die Leiste legen konnte. Eine einmal eingestellte Kurve behielt dann ihre Lage bei. Da die Leisten sehr lang waren, gab es nur wenige Knickpunkte, wenn sie aneinander gelegt werden mussten. Was sich auf der Werft in Neapel beim Schiffbau zur Ermittlung der Krümmung eines Schiffsrumpfes bewährt hatte, nutzte hier auch den Geographen.

Als diese die letzte Leiste über dem Mare Tirreno in Richtung Sizilien und in Fortsetzung der bisherigen Krümmung angelegt hatten, war ihr Erstaunen groß. Die Linie, die sich ergeben hatte, verlief mitten durch die Stadt Palermo. Sofort wurden die anderen Wissenschaftler herbeigerufen und es wurde heftig diskutiert. Am meisten interessiert zeigte sich der Magister Johannes von Palermo, denn er war ja sozusagen von seinem Namen her der Patron dieses Systems:

„Das ist ja höchst bemerkenswert, eine Linie von Palermo über das Mare Tirreno und Regnum Siciliae, und dann weiter über das adriatische Meer bis zum Balkan. Kann man schon feststellen, ob es sich um eine geodätische Kurve oder um einen sehr großen Kreis handelt?“

Claude von Ibelin antwortete sachlich:

„Nein, dazu ist es noch zu früh, wir haben soeben erst die letzte Leiste angelegt.“

Der Magister Theodor von Antiochia schaltete sich ein:

„Darf ich vermuten, dass Sie nun auf ihrer Landkarte eine Schnur von Palermo bis nach Bisceglie spannen werden, um daraufhin exakt in der Mitte den Abstand zu Ihrer Kurve messen. Die Länge der Schnur ermöglicht es Ihnen dann, den Radius des Kreises zu errechnen, wenn es denn einer ist.“ Versöhnlich fügte er dann hinzu:

„Aber das wissen Sie ja alles selbst, lieber Claude von Ibelin.“

Der Protonotar Peter von Vinea hatte sich bisher überhaupt noch nicht geäußert:

„Zwar verstehe ich nicht viel von dem, was Sie hier erörtern, aber eine Frage muss erlaubt sein. Wenn Sie also den Radius dieser Kurve ermittelt haben, was geschieht dann?“

Michael Scotus gab die Antwort:

„Wenn wir dies bewältigt haben, werden wir der Lösung der kaiserlichen Aufgabe ein beträchtliches Stück näher gekommen sein. Die Leute des Sultans Al-Kamil haben den Schnittpunkt zweier Kurven auf dem Hügel Santa Maria del Monte ermittelt. Von einer Linie wissen wir, dass sie durch Palermo geht. Mehr aber noch nicht. Daran arbeiten wir nun.“

Peter von Vinea war noch nicht zufrieden, er wusste aus Erfahrung, dass Friedrich II. beharrlich nach dem Stand der Dinge fragen würde:

„Sie sprachen von zwei Kurven, Magister Scotus. Wie steht es mit der zweiten?“

Die Antwort von Michael Scotus war kurz und bündig:

„Von dieser zweiten Kurve wissen wir überhaupt noch gar nichts.“

Der Protonotar gab keine Ruhe:

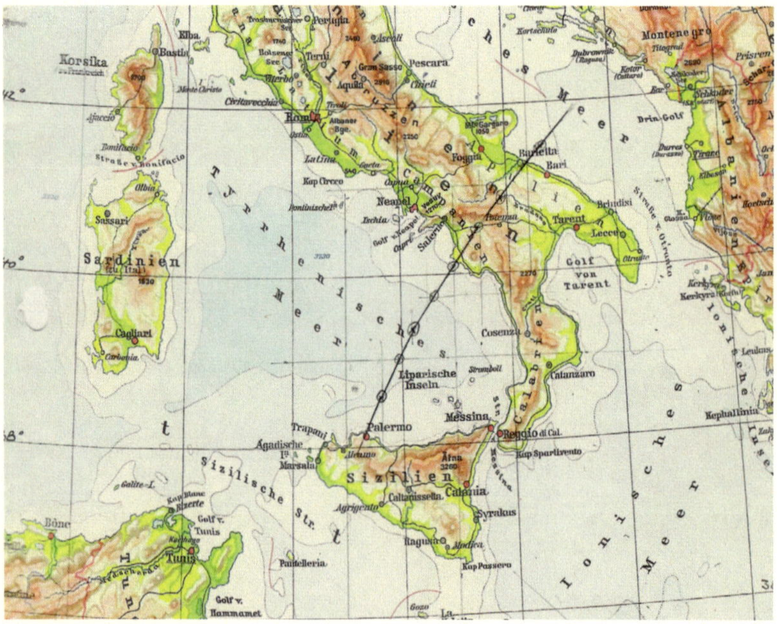

Abb.1 Verlauf einer gekrümmten Kurve durch das Regnum Siciliae

„Nein, wie ich sagte, wissen wir noch gar nichts, es sei denn…"
…, der Magister Scotus machte eine kleine Pause, bevor er seine Vermutung aussprach „in der vorhandenen Kurve läge eine Lösung verborgen."

Bei diesen Worten schaltete sich auch noch der Magister Theodor von Antiochia mit einer listigen Bemerkung in das Gespräch ein:

„Nehmen Sie doch einfach diese Formel (1) und errechnen Sie den Wert des Winkels psi, indem Sie so lange probieren, bis der Wert auf der rechten Seite der Gleichung mit dem gemessenen Wert *h/s* übereinstimmt. Mit dem Winkel psi können Sie dann den Radius ihres Kreises bestimmen."

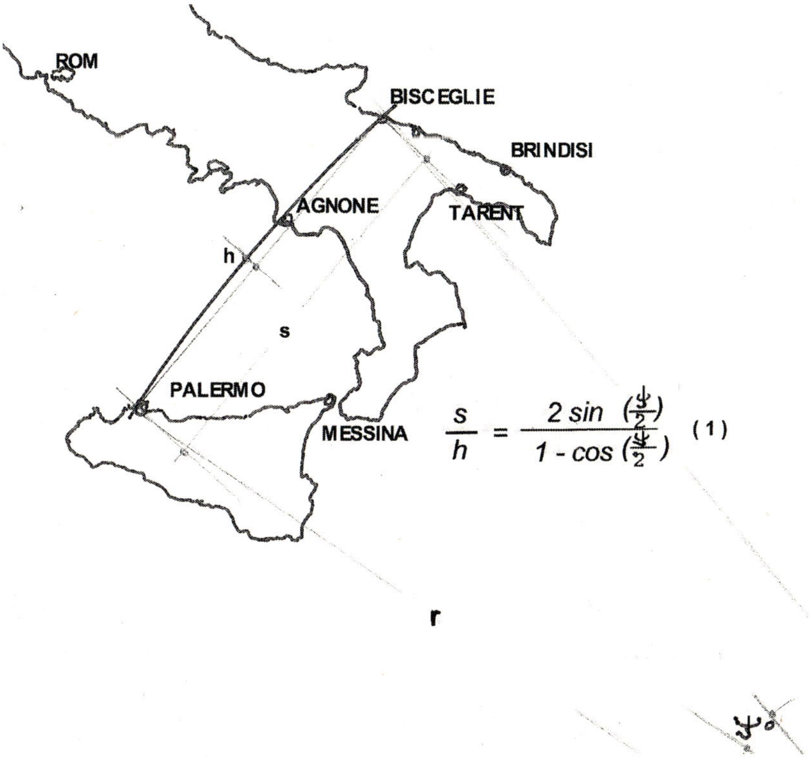

Abb.2 Ermittlung des Radius r aus den Messwerten der Sehnenlänge s und der Stichhöhe h nach Gleichung (1)

Während der Magister sprach, hatte er auf einer Schiefertafel die Formel aufgeschrieben und anschliessend auf der am Boden gezeichneten Landkarte die Bezeichnungen *s* für die Sehne, *h* für die Stichhöhe, *r* für den Radius und psi für den Zentriwinkel eingetragen.

Natürlich war den meisten der hier Versammelten die von dem Magister Theodor von Antiochia genannte Formel (1) bekannt. Es war ihnen aber auch bekannt, dass es im ganzen Regnum keine Tafel gab, aus der sich der entsprechende Winkel in Grad zu einem errechneten Sinuswert hätte ablesen lassen. Als einer der Herren eine entsprechende Bemerkung machte, entschuldigte sich der Magister sofort. Da es aber aus den geschilderten Gründen üblich war mit Näherungen zu arbeiten deren Ungenauigkeit sich umso größer ergab, je kleiner sich der betrachtete Winkel zeigte, waren die Herren nun nicht mehr zu halten. Sofort wurde der Abstand von Palermo bis zu dem Hügel Santa Maria Del Monte auf der am Fußboden gezeichneten Karte gemessen, wobei sie die neue Ibelin-Einheit verwendeten die von der Umrechnung $1m = 3{,}8$ Neapolitanische Palm und $10^3 m = 1km$ gebrauch macht.. Es ergaben sich 8,34 *m*. Da die Karte im Maßstab von 1:50000 gezeichnet worden war, wurde das Messergebnis sogleich mit diesem Wert multipliziert und das Ergebnis mit s = *Sehne* = 417 *km*, bezeichnet. In der Mitte dieser Strecke wurde auf dem Fußboden die Bogenhöhe mit 0,316 *m* gemessen. Wiederum mit dem Maßstab multipliziert, ergaben sich für die Bogenhöhe h 15,79 *km*. Aus den Werten für die Sehne s und für die Bogenhöhe h folgte das Verhältnis $s/h = 417/15{,}79 = 26{,}40$ welches man aber wegen der fehlenden Winkelfunktionen nicht auswerten konnte. Den Zentriwinkel ermittelten die Herren indem sie die Bogenlänge b an Stelle der Sehne s in die entsprechende Formel einsetzten, wobei sie zur Messung des Radius $r = 1399$ *km* noch etwas in die Kaiserlichen Gärten ausweichen mussten, zu psi = 17.1°.

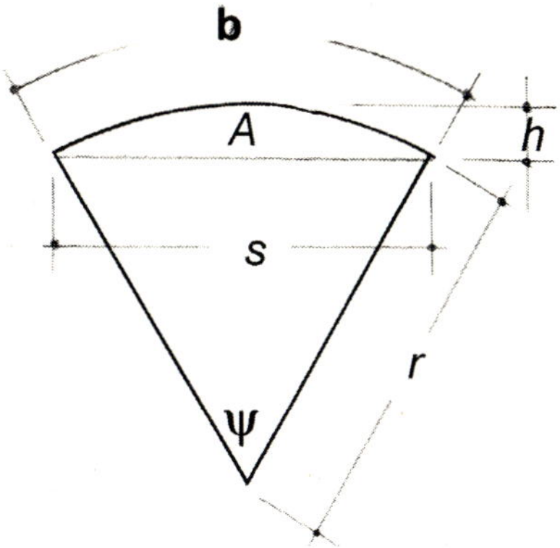

r = Halbmesser
b = Bogenlänge
h = Bogenhöhe
s = Sehnenlänge
A = Fläche d. Kreisabschnitt
ψ = Zentriwinkel (Psi)

$$b = r \cdot \psi \cdot \frac{\pi}{180^\circ} \qquad s = 2r \cdot \sin\left(\frac{\psi}{2}\right)$$

$$h = 2 \cdot r \cdot \sin^2\left(\frac{\psi}{4}\right) \qquad \frac{s}{h} = \frac{2\sin\left(\frac{\psi}{2}\right)}{1-\cos\left(\frac{\psi}{2}\right)} \quad (1)$$

Abb.3 Verhältnisse am Kreisabschnitt zur Ermittlung von r

Das klang alles ganz schön, und die Herren waren auch sehr begeistert über ihre Leistung, aber viel konnten sie mit dem Ergebnis letztendlich nicht anfangen. Als man dem Kaiser im fernen Sizilien die Bilanz einige Zeit später mitteilte, reagierte er nur unwirsch und feuerte die Wissenschaftler zu größerer Anstrengung an.

Es war der große Denker Michael Scotus, der die Herren daran erinnerte, dass noch einiges zu beachten sei.

„Bei aller Freude über das hier Errechnete, darf ich mir aber doch eine kleine, kritische Bemerkung erlauben. Herr von Antiochia hat uns eine Formel aufgeschrieben, die wir alle kennen und bei unseren Berechnungen verwenden, zum Beispiel, wenn wir ein Kirchenfenster planen. Leider bewegen wir uns zurzeit in ganz anderen Dimensionen. Nichts anderes unternehmen wir, als dass wir Berechnungen an unserem lieben Planeten Erde vornehmen. Vermute ich nicht recht, alle hier Versammelten so aufgeschlossen zu wissen, diesen Planeten als eine Kugel anzunehmen? Gilt also die Formel von Herrn von Antiochia auch auf dem Globus?“

Natürlich ließ der Angesprochene den Vorwurf nicht auf sich sitzen:

„Nun, nun, Herr Scotus, nun werden Sie aber kleinlich. Die größte Entfernung, die wir eben ausgerechnet haben, beträgt 1399 *km*. Das ist noch nicht sehr viel im Vergleich zum Radius unseres Planeten von 6370 *km*, wenn ich mich recht erinnere.“

Es war Peter von Vinea, der die Herren wieder zurück in die Realität brachte:

„Meine Herren, ich schlage vor, dass wir die Diskussion über die Feinheiten unserer Berechnungsmethoden auf einen Zeitpunkt verschieben, zu dem wir mehr über unser Problem wissen.“

Ganz unmerklich war es unter den Wissenschaftlern zu einer Arbeitsteilung gekommen. Während der Protonotar Peter von Vinea und die Magister Domenicus und Johannes von Palermo über die Vorgaben des Kaisers in Bezug auf die Konstruktion des Oktogons brüteten, arbeiteten die Magister Michael Scotus und Theodor von Antiochia sowie der junge Wissenschaftler Claude von Ibelin an der Klärung der Frage nach der geometrischen Lage des Objektes.

Michael Scotus hatte in seiner Zeit als Übersetzer im spanischen Cordoba einen Großteil der arabischen Literatur kennen gelernt. Nahezu das gesamte Wissen der großen griechischen Wissenschaftler, besonders auch die Werke des Aristoteles, war in den Wirren der Völkerwanderung und des Untergangs des Römischen Reiches verschollen. Doch es gab eine Vielzahl arabischer Übersetzungen, was daher rühren mag, dass Ägypten jahrhundertelang von den Nachfolgern Alexanders des Großen beherrscht worden war und sich dort die griechische Literatur erhalten hatte. Michael Scotus hatte nun die arabischen Texte der griechischen Originale ins Lateinische übersetzt und sich dabei ein immenses Wissen angeeignet. Im Erkenntnisschatz suchte er nun nach einer Lösung des *Problems der Lage*, wie er es nannte.

An einem lauen Spätsommerabend des Jahres 1233 saßen die Magister Theodor von Antiochia und Michael Scotus im Vorgarten des ihnen zur Verfügung gestellten Hauses. Sie hatten zu Abend gegessen, und ein Diener schenkte ihnen sizilianischen Wein aus einer Karaffe ein. Beide liebten den Wein wegen seines den Geist belebenden Charakters, nicht aber die Folgen exzessiven Genusses. Daher füllten sie ihre halbvollen Gläser mit Wasser auf. Theodor von Antiochia eröffnete das Gespräch:

„Über Ihren klugen Einwand von neulich habe ich noch einmal nachgedacht. Natürlich haben Sie mit Ihrer Ansicht Recht, auf der Kugel könne man nicht rechnen wie auf der Ebene. Aber wie üblich gibt es auch hierbei Ausnahmen“

Mit einem leichten Lächeln wandte sich Michael Scotus ihm zu

„Da bin ich aber gespannt.“

Der Magister überhörte die Ironie.

„Stellen Sie sich einmal die Erde als einen Apfel vor und schneiden Sie mit einem scharfen Messer ein Stück davon ab, dann erhalten sie eine vollkommen ebene Fläche, für die Sie wie gewohnt Berechnungen anstellen können.“

Michael Scotus war nur mäßig interessiert:

„Gut und schön, wir waren uns bereits bei der letzten Zusammenkunft einig, dass die Entfernungen, mit denen wir eben hantieren, doch nicht so groß sind, als dass man mit größeren Abweichungen des Ergebnisses rechnen müsste. Wenn wir zusätzlich noch eine ebene Fläche planieren, ändert dies auch nicht viel.“

Der Magister von Antiochia hatte aber schon weitergedacht:

„Es ist nicht so sehr das Ergebnis irgendeiner Berechnung, über das ich nachdenke, sondern die Vorstellung, die ich in meinem Geiste sehe, wenn ich an die Ebene auf der Kugel denke.“

Er holte seine Schiefertafel hervor, die er immer in seiner Nähe hatte und zeichnete dem Magister Scotus auf, was ihm durch den Kopf ging.

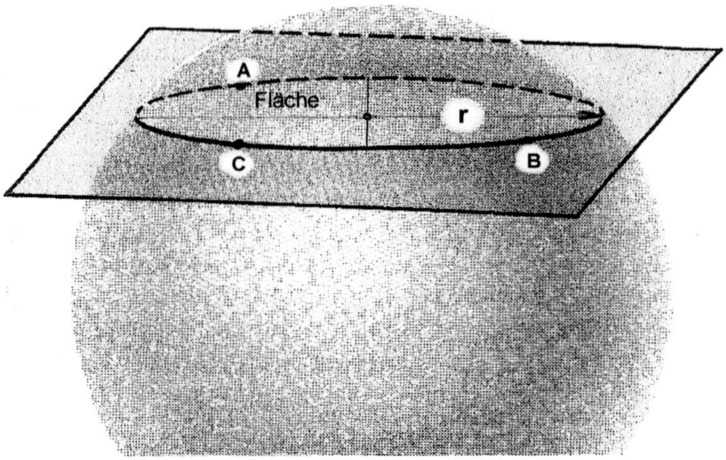

Abb.4 Abgeschnittene *euklidische* Fläche auf der Kugel

Nun hatte auch Michael Scotus Interesse an den Vorstellungen seines Kollegen gefunden. Er dachte daran, wie er vor Jahren im Zusammenhang mit einer Übersetzung auf die Werke des griechischen Mathematikers Thales von Milet gestossen war. Der so genannte *Satz des Thales*, erinnerte er sich, kann dazu dienen, ein rechtwinkliges Dreieck zu konstruieren. Er fasste seine Gedanken in Worte:

„Bei der Arbeit an meinen Übersetzungen habe ich gelernt, dass sich durch drei Punkte auf einer Kugel eine ebene Fläche aufspannen lässt, gerade so, wie Ihr es gezeichnet habt. Wenn ich nun annehme, dass der Punkt C in Eurer Zeichnung die Stadt Palermo ist, der Punkt A dagegen jener, der auf dem Hügel Santa Maria del Monte liegt, wo ist dann unser dritter Punkt B?" Magister Theodor von Antiochia hörte angespannt zu:

„So wie ich es sehe, wenn ich meine Skizze betrachte, kann der Punkt B irgendwo auf der Peripherie des Kreises liegen. Seine Lage ist vollständig unbestimmt."

Michael Scotus bewegte zweifelnd den Kopf:

„Im Prinzip erachte ich dies als richtig, aber, wie Ihr vorhin bereits korrekt bemerktet: Es gibt immer einer Ausnahme von der Regel."

Der Magister zweifelte:

„Mir ist nichts in dieser Beziehung bekannt, wenn Ihr etwas wisst, lasst mich bitte daran teilhaben."

Michael Scotus setzte sich ein wenig in Positur und sprach mit einer gewissen Überlegenheit in der Stimme:

„Habt Ihr jemals von dem so genannten, Satz des Thales gehört?"

Dem Magister fiel es wie Schuppen von den Augen:

„Aber natürlich, Thales von Milet, geboren 624 vor Christus, hat eine einfache Methode gefunden, die Höhe der Pyramiden zu messen."

Hiervon wußte nun Michael Scotus wiederum noch nichts:

„Wie hat er das bewerkstelligt?"

„Sobald man es weiß, erscheint es ganz einfach. Er hat einen Stab bekannter Länge genommen und ihn senkrecht in die Sonne gestellt, dann hat er die Länge des Schattens gemessen und das Verhältnis aus Stablänge geteilt durch Schattenlänge gebildet. Anschließend hat er den Schatten der Pyramide gemessen und mit dem zuvor ermittelten Verhältnis multipliziert, das war dann die Höhe der Pyramide."

Michael Scotus lachte leise, der Wein wirkte allmählich, trotz der Verdünnung:

Ein bewundernswert raffinierter Mann, dieser Grieche – aber seine größte Leistung war wohl doch die, dass er Folgendes entdeckte: Ein Dreieck ist rechtwinklig, wenn der Abstand zwischen zwei Eckpunkten den Durchmesser eines Kreises bildet und dessen dritter Eckepunkt auf dem Kreisbogen liegt."

Auch bei Theodor von Antiochia hatte der Wein leichte Sprachschwierigkeiten verursacht, aber was er als viel schlimmer empfand, er hatte keine geistreichen Gedanken mehr. Kurzerhand bat er um Aufschub:

„Lieber Michael Scotus, wir haben recht beachtlich in dem Problem herumgerührt. Lass mich nun vorschlagen, unser Gespräch demnächst fortzusetzen."

Der Magister Scotus war einverstanden, und gemeinsam wanderten sie in der gepflegten Gartenanlage des Kaisers zu ihren Unterkünften.

In den nächsten Tagen dachten die Herren beständig über das Problem nach. Auch Claude von Ibelin war von ihnen unterrichtet worden. Durch das beständige Arbeiten an dem Problem erzielten sie eine gewisse geistige Vertrautheit mit Kreis und Kugel. Sie waren sich dabei vollkommen der Tatsache bewusst, dass die Araber in der Lösung geometrischer Probleme auf der Erdkugel viel weiter waren als die Wissenschaftler im Abendland. Es war ihnen bekannt, dass arabische Segler bis nach China unterwegs waren und jederzeit wieder zurückfanden. Sie hatten also das Problem der Ortsbestimmung und der Entfernungsmessung, also der Navigation, auf den Weltmeeren und an Land gelöst.

Zu ihrer nächsten Zusammenkunft, die eine Arbeitsbesprechung war, hatten sich alle Beteiligten der geheimen kaiserlichen Unternehmung vollzählig um den großen Tisch herum versammelt. Michael Scotus gab einen Überblick. „Wir haben viel nachgedacht und Folgendes herausgefunden:

Aus der Tätigkeit der ägyptischen Expedition, die in breiter Front durch unser Land marschierte, haben wir Kenntnis, dass von ihr ein großer Kreisbogen auf der Erdkugel vermessen wurde. Dank der vorzüglichen Arbeit des Herrn von Ibelin wissen wir von zwei Punkten auf der Peripherie und wir kennen ihre Koordinaten. Des Weiteren sind uns der Abstand dieser Punkte und die Bogenhöhe bekannt.

Hier möchte ich etwas abschweifen.

Ich selbst halte mich nicht für einen besonderen Kenner der Mathematik. Deshalb hatte ich wohl auch einige Schwierigkeiten bei der Umrechnung auf die neuen Rechenweisen wie sie unser Freund Fibonacci zurzeit im Regnum einführt. Da dies besonders für die geometrischen Koordinaten galt, möchte ich, ohne belehrend wirken zu wollen, meine entsprechende Erfahrung hier gerne weitergeben:

Wir kennen die Koordinaten eines Punktes auf unserem Planeten in der Form

Palermo: 38° 06' 41" N; 13° 21' 11" E wobei:

° = Grad

' = Minute

" = Sekunde bedeuten.

In den folgenden Berechnungen sind die geometrischen Koordinaten aber so angegeben:

Palermo: 38,11139° N; 13,35305° E

Es hat also die folgende Umrechnung stattgefunden:

Von 38° 06' 41" N bleibt 38° unverändert.

06' 41" wird in Sekunden umgerechnet 6 x 60 + 41 =401 Sekunden

Frage: Wie viel des neuen % (von Hundert) sind dies, wenn 1°=3600 Sekunden hat?

Antwort: % (Grad)= 401 / 3600 = 0,11139°

Koordinaten mit dem neuartigen Komma daher:

Palermo: Breite:38,11139° N; Länge: 13,35305° E ."

Hier unterbrach der große Gelehrte seine Ausführungen um seine trockene Kehle mit einem Glas Wasser zu befeuchten. Dann fuhr er fort:

„Mit dem Abstand und der Bogenhöhe sind uns auch deren Verhältnis und damit der Zentriwinkel bekannt. Herr von Antiochia hatte vorgeschlagen, dass man eine Kalotte von der Erdkugel abschneidet und auf dieser Fläche unseren Kreis ansiedelt. Ich habe vorgeschlagen auf dieser Fläche einen so genannten Thaleskreis zu installieren. Beide Vorschläge haben den Vorteil, dass man innerhalb des Kreises wie gewohnt rechnen kann, ohne auf die geometrischen Probleme der Kugel zu stoßen. Im Falle des Thaleskreises ergibt sich aus seiner Definition, dass der Punkt C unserer Karte, das heißt die Stadt Palermo, ein Punkt des Durchmessers ist und A den beweglichen Punkt auf der Peripherie unseres Kreises darstellt. Mit diesen Prämissen wollen wir nun versuchen, den dritten Punkt B zu ermitteln. Ich darf Herrn von Antiochia bitten, aus seiner Sicht fortzufahren."

Der Angesprochene hatte ein kleines Konzept verfasst:

„Meine Herren, wir sind uns alle im Klaren, dass wir nur wenige Fakten zur Verfügung haben und im Übrigen Neuland erforschen müssen. Eine ebene Fläche auf der Kugel ermöglicht uns, die bekannten Methoden der Geometrie anzuwenden. Jedoch holen uns an der Grenze zwischen Kreis und Kugel die Probleme wieder ein. Sie alle wissen wahrscheinlich, was eine Transformation ist, trotzdem möchte ich kurz rekapitulieren. Am

Übergang von der Kugel auf die Fläche ist eine Transformation der maßgebenden Werte erforderlich. Innerhalb der Fläche gelten die bekannten Gesetze. Wenn die Fläche verlassen wird, sind die Werte erneut zu transformieren. Dies hat seine Hauptursache darin, dass die geographische Breite vom Äquator hin zum Nordpol ständig abnimmt, wie der Kosinus eines Winkels – Am Äquator ist der Kosinus 0° = 1, am Nordpol ist der Kosinus 90° = 0.

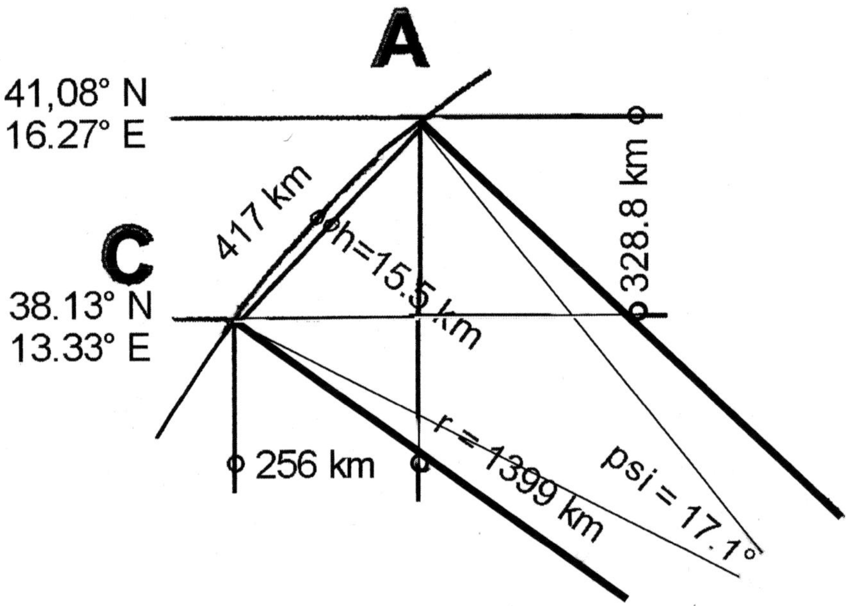

Abb.5 Aus der Fußbodenkarte ermittelte Werte

Mit anderen Worten, für beliebige zwei Entfernungen auf dem Breitengrad *E* gilt die Umrechnung 1 Grad = 111,3 *km* nur auf dem Äquator und sonst nirgends. Nur zur Erinnerung: Diese Umrechnung basiert auf einem Umfang der Erde von etwa 40068 *km* geteilt durch die 360 Grad der *Kompassrose*, die die gedachte Erde umgeben. Dies macht genau 111,3 *km* für jeden Grad der *Rose*. In Indien und China wurde diese Einteilung in letzter Zeit noch verfeinert. Da ein Grad 60 Minuten hat, kann man den Wert 111,3 *km* noch durch 60 teilen und mit 1000 malnehmen, um auf *m* zu kommen, und erhält so einen Wert, den die Inder ‚Meile' nennen, formelmäßig also 111,3 x 1000 / 60 = 1855 *m*. So lang ist also eine

‚Bogenminute', falls Ihnen dieser Begriff demnächst unterkommt. Die vor kurzem mit der Formel (1) von Abbildung 2 ermittelten Werte sind also einer ersten Transformation zu unterziehen. Die neuen Werte sind in Abbildung 6 eingetragen.

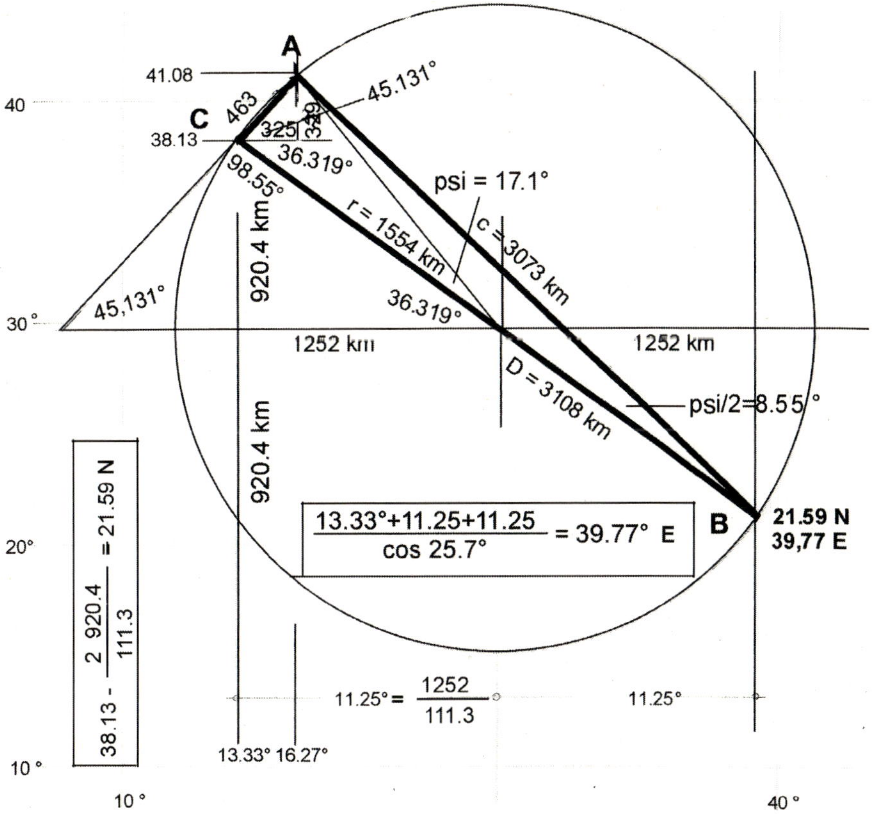

Abb.6 Überschlägige Ermittlung der geodätischen Koordinaten des Punktes B

Zuerst ist der Wert von 256 *km* durch den Kosinus des zugehörigen Längengrades, also 38,13° N zu teilen, um auf den Wert am Äquator zu kommen:

Neuer Wert = 256 / cos 38.13 = 325.5 *km*

Als nächstes ist die Verbindung zwischen A und C, also die Sehne, nach dem Satz des Pythagoras mit dem neuen Wert zu ermitteln.

Neue Sehne: $s = \sqrt{328,3^2 + 325,5^2} = 463\ km$

Der neue Radius folgt aus dem alten durch Teilen mit dem Verhältnis, alte Sehne / neue Sehne

Verhältnis = 417 / 463 = 0.90065

Neuer Radius: r = 1399km / 0.90065 = 1554 *km*

Der Winkel bei dem Punkt A des Dreiecks ABC ist nach der gemachten Prämisse ein rechter Winkel, und das Dreieck liegt im Thaleskreis.

Der kleine Winkel am Kreisbogen bei C ergibt sich zu:
Sinus kleiner Winkel = 328.3 / 463 = 0.70907
kleiner Winkel = 45,16°
Der Rest des Winkels bei C wird:
Winkel $_{rest}$ = Alpha – kleiner Winkel = 36,29°
Damit sind im Dreieck
C; Kreismittelpunkt; Aussenwinkel alle Werte bekannt, und die halbe Senkrechte auf der Sehne durch C wird:
Sehne 1 = (Sinus 36,29) 1553 *km* = 920 *km*

Die halbe Sehne am Kreis unten ergibt sich zu:

Sehne 2 = (Kosinus 36,29) 1553 *km* = 1253 *km*

Der Längengrad des Punktes B kann nach den vorherigen Ausführungen

direkt bestimmt werden:

38,13° – 2 920 / 111.3 = 21,60° N
Beim Breitengrad muss transformiert werden:

Zwischenwert = 1253 / 111,3 = 11,26°

(13.33 + 2 11.26) / 0.90065 = 39,80° E
Wir haben also die geographischen Koordinaten des Punktes B wie folgt ermittelt

21,59° N = 21°35' N – Soll 21°26' N
39,80° E = 39°48' E – Soll 39°49' E
Und nun, meine Herren, halten Sie sich bitte am Tisch fest, damit Sie nicht vom Stuhl fallen. Wir haben die geographischen Koordinaten des

heiligsten Ortes des Islam herausgekitzelt. Wir sind genau in Mekka gelandet!!

In der beiliegenden Skizze können Sie die Berechnungen nachvollziehen.

Ich danke Ihnen für ihre Aufmerksamkeit.“

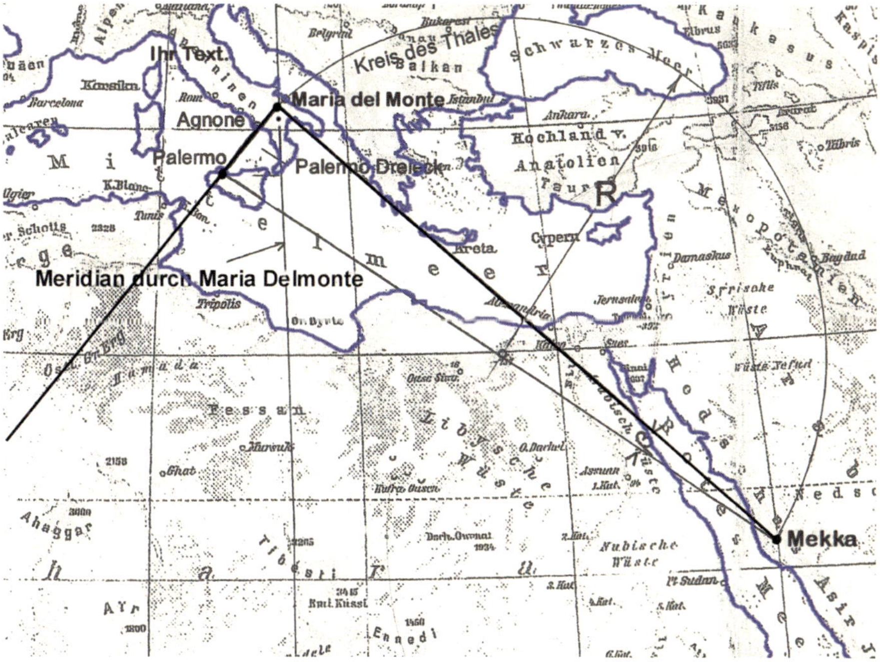

Abb.7 Ermittlung der Koordinaten der heiligen Stadt Mekka aus der Krümmung einer Kurve in Apulien

Nach einer Weile des Schweigens erhob sich großer Jubel. Alle Beteiligten waren sich darüber einig, eine große Leistung erbracht zu haben. Aus den wenigen Anhaltspunkten, die ihnen die ägyptische Expedition hinterlassen hatte, war als erstes die Stadt Palermo als Anfangspunkt einer Kurve, die sich alsbald als Kreis herausstellte, ermittelt worden. Später hatten die Ägypter selbst auf einen Punkt, der auf einem Hügel in der Murge liegt, hingewiesen. Mit der Annahme des Schotten Michael Scotus, dass dieser Punkt auf dem Bogen eines Thaleskreises liege, dessen Durchmesseranfang in Palermo beginne, war es möglich geworden, die Koordinaten des zweiten Punktes dieses Durchmessers zu ermitteln, die sich zum größten Erstaunen der versammelten Wissenschaftler als diejenigen der Stadt Mekka ergaben. Einer der Beteiligten war beherrschter als die anderen. Claude von Ibelin war trotz des Jubels in tiefes Nachdenken versunken. Ihm ging durch den Kopf, dass auch noch auf einem anderen Wege das vorliegende Ergebnis zu erzielen sei, wobei sich noch weitere Erkenntnisse ergeben sollten.

Kapitel 9
Fibonacci lässt grüßen

Claude von Ibelin hatte eine unruhige Nacht hinter sich. In den frühen Morgenstunden war er aufgewacht, sein Gehirn arbeitete mit ganz besonderer Schärfe und präsentierte ihm eine besondere Reihenentwicklung fix und fertig. Als er das sofort Niedergeschriebene am folgenden Tag untersuchte, erkannte er die Richtigkeit des Ergebnisses. Er erklärte sich dieses Phänomen mit dem vorherigen Schlaf und der morgendlichen Stille, wodurch sich sein Geist zu bisher unbekannter Leistung gesteigert haben musste.

Noch ein anderer Gedanke war ihm durch den Kopf gegangen. Als der Gelehrte Theodor von Antiochia vor einigen Tagen seinen Vortrag hielt, hatte ihn Claude von Ibelin, nachdem der Applaus abgeflaut war, gefragt, ob er ihm wohl leihweise die Tafel mit den Werten von Sinus und Kosinus für kurze Zeit überlassen könne. Die Antwort war deprimierend. Angeblich besaß der Mathematiker keine Aufzeichnungen dieser Werte, sondern hatte sie alle auswendig gelernt und in seinem Kopf gespeichert. Er hatte dem erstaunten Ibelin weiter erklärt, er könne die Werte, wenn er einen bestimmten benötige, in einem selbsthypnotischen Prozess einzeln aus seinem Gedächtnis abrufen.

Claude von Ibelin war weit davon entfernt, diese Geschichte zu glauben. Trotzdem schien es ihm in seiner Stellung nicht angeraten, die Argumente des Mathematikers öffentlich anzuzweifeln. Damit war es in einem überschaubaren Zeitabschnitt, ohne Tafeln für Sinus und Kosinus, wohl nicht möglich, das von Theodor von Antiochia in seinem neulich gehaltenen Vortrag vorgelegte Material zu prüfen und eventuell zu ergänzen.

In dieser Situation erinnerte er sich an die rekursiven Folgen, und was er in Pisa bei dem großen Gelehrten Leonardo die Fibonacci sonst noch über geometrische Probleme gelernt hatte. Diese Lehren auf die von den Arabern aufgeworfenen nautischen Probleme anzuwenden, erschien ihm zunächst unsinnig. Je mehr er jedoch darüber nachdachte, desto mehr sah er vor seinem geistigen Auge eine Lösung entstehen. Nach einiger Zeit weiterer Überlegungen beschloss er, diesen Weg weiter zu verfolgen.

Der junge Wissenschaftler ging mit Feuereifer an die Arbeit und begann damit seine Unterlagen zu durchsuchen, wobei er an die Notizen anknüpfte, die er sich mit dem Meister Fibonacci zusammen erarbeitet hatte. Nach einigen Bemühungen, denn er hielt nicht die grösste Ordnung, fand er die entsprechenden Unterlagen.

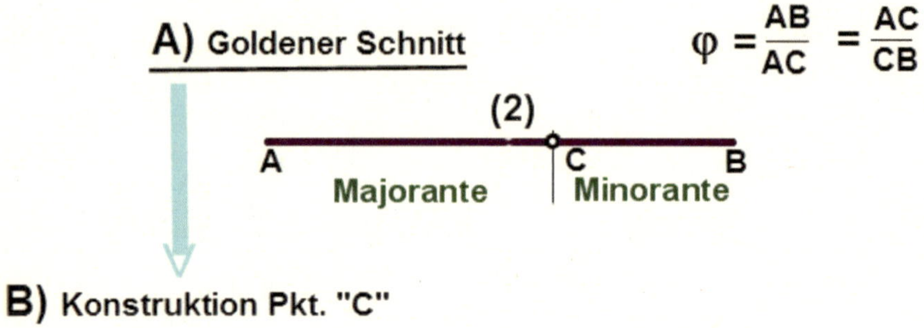

Abb.8 Die Aufteilung einer Strecke nach dem Goldenen Schnitt

Nach dem Goldenen Schnitt ist die Aufteilung einer Strecke dann besonders harmonisch, wenn sie in dem Verhältnis zweier aufeinander folgender, möglichst grosser Fibonacci - Zahlen vorgenommen wird. Das Verhältnis der Gesamtstrecke AB zur Majorante AC und das Verhältnis der Majorante AC zur Minorante CB werden dann gleich gross und mit dem griechischen Buchstaben φ bezeichnet.

Eine der vielen Konstruktionen zur Ermittlung des harmonischen Teilungspunktes C der Strecke, der auch Goldener Punkt genannt wird, erfolgt allein mit Zirkel und Lineal ohne Masseinteilung in folgenden Schritten: Teile die Gesamtstrecke AB in zwei Teile der Länge 1.

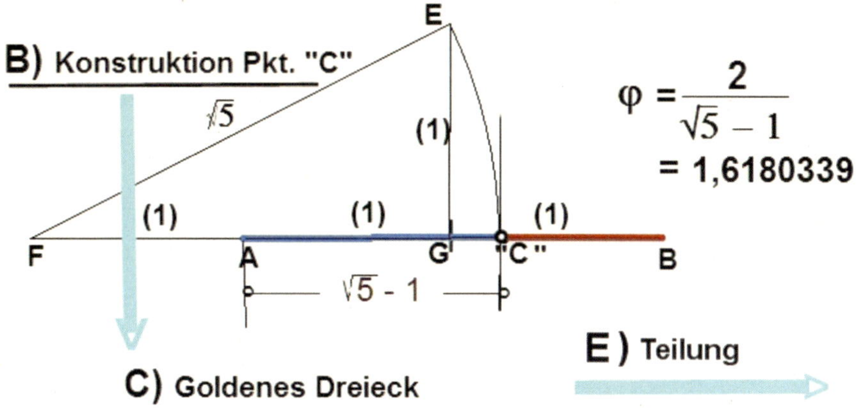

Abb.9 Die Konstruktion des Goldenen Punktes C

Trage die Länge ***1*** waagrecht bei A und senkrecht in der Mitte bei G an. Verbinde die entstandenen Punkte F und E miteinander und schlage die neue Strecke EF = $\sqrt{1^2 + 2^2}$ um den Punkt F auf AB herunter. Der so entstandene Schnittpunkt ist der Goldene Punkt C. So ergibt sich auch gleich der numerische Wert von

Gesamtstrecke AB = 2

Majorante AC = EF-1 = $\sqrt{5} - 1$ zu:

$$\frac{\text{Gesamtstrecke}}{\text{Majorante}} = \frac{2}{\sqrt{5} - 1} = 1{,}6180339$$

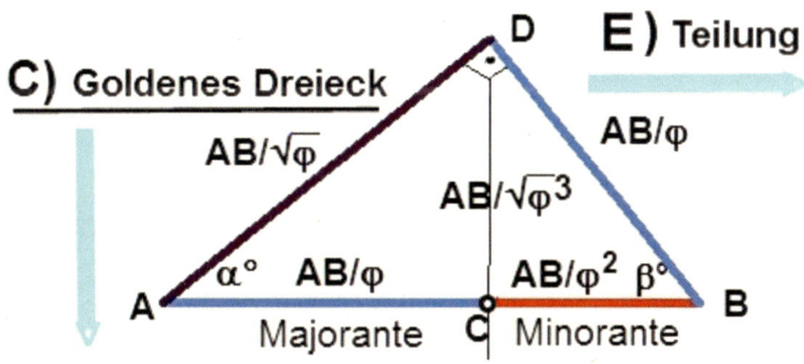

Abb.10 Aus der geteilten Strecke entsteht ein Goldenes Dreieck

Wenn die Strecke AB harmonisch geteilt vorliegt, ist es ein Leichtes, daraus ein Goldenes Dreieck zu entwickeln. Errichte in C eine Senkrechte. Schlage um B einen Kreis mit dem Radius der Majorante. Er schneidet die soeben errichtete Senkrechte im Punkt D. Verbinde D mit A und B und fertig ist das Goldene Dreieck.

D) Rekursive Folge

$$(AB/\varphi)^2;\ (AB/\sqrt{\varphi})^2;\ (AB)^2;\ \dots$$

$$a_i = (AB)^2 = a_{i-2} + a_{i-1}$$

Abb.10.1 Rekursive Folge

Aus dem Goldenen Dreieck entwickeln sich alle Gebilde, mit denen sich Claude von Ibelin beschäftigt.

Es gilt diese Behauptung: Die Quadrate der in aufsteigender Größe aufeinanderfolgenden Seiten eines Goldenen Dreiecks bilden die aufsteigenden Glieder einer rekursiven Folge. Insbesondere sind je drei aufeinanderfolgende Fibonacci-Zahlen die Quadrate der Seiten eines Goldenen Dreiecks.

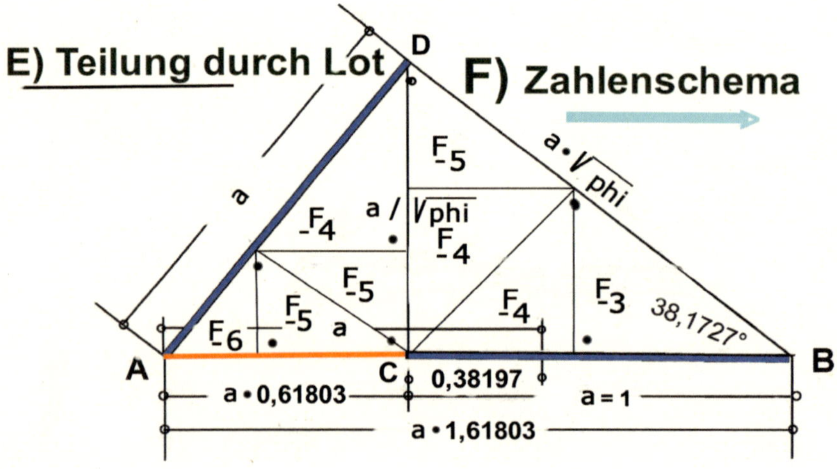

Abb.11 Das Goldene Dreieck ist unbegrenzt teilbar

Die Teilung des Goldenen Dreiecks kann erfolgen indem von einer 90° Ecke aus das Lot auf die gegenüberliegende Seite errichtet wird. Beginnend in der Ecke bei D und fortfahrend von zwei neu entstehenden Ecken bei C heraus.

Wenn man die Teilung wie unter E) beschrieben vornimmt, dann folgen die immer kleiner werdenden Goldenen Dreiecke einem Zahlenschema, das von dem Gelehrtem Abu Bakr ibn Muhammad ibn al Husayn al-Karkhi aus Bagdad entdeckt wurde.

F) Zahlenschema des Abu Bakhr

		laufende Nr. (n)	Anzahl (2^n)
große Fläche >	F_0 (1x)	0	1
	F_{-2} (1x) F_{-1} (1x)	1	2
	F_{-4} (1x) F_{-3} (2x) F_{-2} (1x)	2	4
geteilte Fläche >	F_{-6} (1x) F_{-5} (3x) F_{-4} (3x) F_{-3} (1x)	3	8
	F_{-8} (1x) F_{-7} (4x) F_{-6} (6x) F_{-5} (4x) F_{-4} (1x)	4	16
	F_{-10} (1x) F_{-9} (5x) F_{-8} (10x) F_{-7} (10x) F_{-6} (5x) F_{-5} (1x)	5	32

Abb.12 Die Zerlegung folgt einem Zahlendreieck

Mit dieser Zusammenfassung war aber der fruchtbare Acker des Goldenen Schnittes und seines Bruders des Goldenen Dreiecks noch lange nicht vollständig bearbeitet. Vielmehr stellte sich bei den noch folgenden Forschungen heraus, dass dies erst ein Anfang war und die wahrhaft sensationellen Ergebnisse erst noch kommen sollten.

Bei seiner bisherigen Arbeit an dem Goldenen Dreieck war Claude von Ibelin unangenehm aufgefallen, dass er des Öfteren Strecken im Verhältnis des Goldenen Schnittes mit Zirkel und Lineal konstruieren musste. Er überlegte, ob sich dies nicht vermeiden liesse und fand auch eine entsprechende Lösung.

Wenn er auf einem durchscheinenden Pergament ein Goldenes Dreieck zeichnete und an Stelle des Lotes vom Scheitel auf die Hypotenuse einen Schlitz einschnitt, konnte er eine Strecke so markieren, dass der Goldene Punkt, der die Strecke im Verhältnis des Goldenen Schnittes teilt, immer im Bereich dieses Schlitzes lag. Dazu musste lediglich die vorgesehene Strecke parallel zu den eingezeichneten Markierungslinien verlaufen. Unmittelbar nach diesen Überlegungen beauftragte er die kaiserlichen Werkstätten mit der Herstellung eines entsprechenden Exemplars, wie er es in einer Skizze (Abbildung 13) dargestellt hatte. Im weiteren Verlauf seiner Arbeiten war ihm dieses Instrument stets eine große Hilfe.

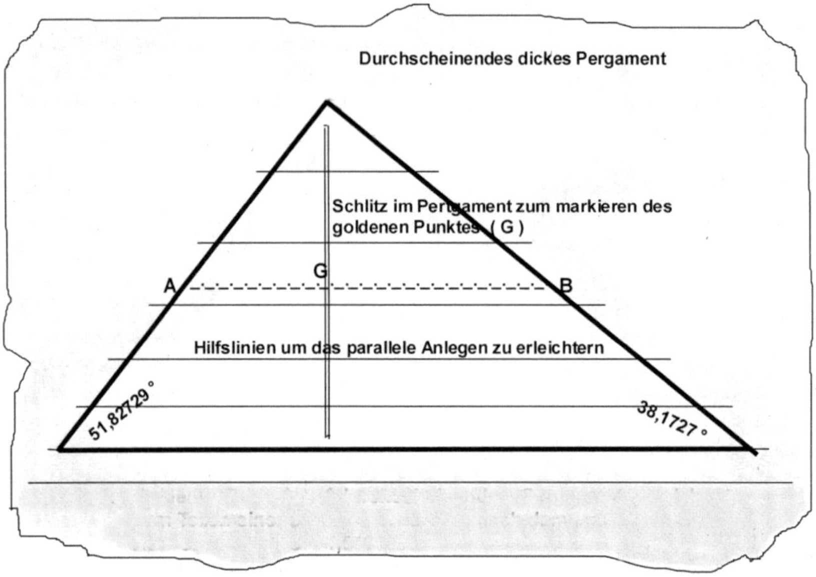

Abb.13 Goldenes Dreieck, auf durchscheinendes Pergament gezeichnet, zum Teilen einer Strecke

Im weiteren Verlauf seiner Arbeiten überlegte er lange, ob er wohl dem Einen oder dem Andren Wissenschaftler von seinen Überlegungen Mitteilung machen sollte. Schließlich entschied er sich dafür nur mit Michael Scotus über diese Sache zu reden. Die Gelegenheit dazu ergab sich an einem der nächsten Abende, als eine nichts sagende Delegation aus dem befreundeten Städtchen Andria zu einem Empfang geladen war. Claude von Ibelin hatte es arrangiert, dass er neben dem Schotten an der Tafel zu sitzen kam.

Michael Scotus war hocherfreut, denn er kannte den jungen Wissenschaftler als charmanten Plauderer.

„Endlich bietet sich mir wieder einmal die Gelegenheit, mit einem jungen Freund unterhaltsam zu plaudern. Der Arbeitstag hält zwar viel an intellektuellem Geschwätz bereits, doch kaum eine geistreiche Unterhaltung.“

Der junge Claude vermied es, mit seinem Problem sofort herauszuplatzen.

„Verehrter Meister, mir scheint, Ihr seid bei guter Gesundheit. Ihr seht blendend aus, und allem Anschein nach lässt euch auch das weibliche Geschlecht nicht kalt."
Er spielte dabei auf die interessierten Blicke an, die der Schotte den sarazenischen Tänzerinnen zuwarf. Auch sonst war bekannt, dass der Nordländer in Bezug auf Frauen kein Kostverächter war, obwohl er durch seine äußere Erscheinung beträchtliche Schwierigkeiten bei seinem Liebeswerben hatte. Dies mag wohl erklären, dass er sich gerne neben dem blendend aussehenden jungen Mann niederließ, denn dessen schwarze Locken und glutvollen, dunklen Augen, und das bei beachtlicher schlanker Körpergröße, ließen die Blicke aller Frauen an diesem Abend des Öfteren in seine Richtung fallen. Der Schotte gab sich dabei dem Gefühl hin, auch ihm könne der eine oder andere Blick gelten.
Nachdem das Essen aufgetragen und der Wein allmählich begann, die Zungen zu lösen, schien es Claude von Ibelin an der Zeit, sein Anliegen vorzubringen.
„Herrn von Antiochia habe ich neulich gefragt, ob er mir seine Sinustafel leihen könnte. Leider musste ich hören, dass er eine solche nicht besitzt, sondern alles aus seinem Gedächtnis kramt."
Michael Scotus unterbrach ihn:
„Mein junger Freund, das kenne ich. Der alte Zauderer gibt nie etwas von seinem Eigentum heraus. Dabei erfindet er die tollsten Geschichten, um sich zu entschuldigen. Was habt Ihr also an Stelle der Winkelfunktionen verwendet?"
Der junge Claude fühlte, auf dem richtigen Wege zu sein:
„Wie Ihr wisst, war ich vor kurzem in Pisa bei dem Meister Fibonacci. Zusammen haben wir an seiner Zahlenfolge gearbeitet und ich habe viel gelernt. Noch besser gefallen mir allerdings die Anwendungen seiner Zahlenreihen auf die Geometrie."
Michael Scotus war nun interessiert:
„Was meint Ihr damit? Hat es etwas mit dem Goldenen Dreieck zu tun?"
„Ja, genauso ist es."
Der junge Claude lehnte sich zurück:
„Allerdings verstehe ich darunter nicht die Teilung der 360° des Vollkreises im Verhältnis des Goldenen Schnittes, sondern jenes Dreieck, dessen Winkel so angeordnet sind, dass der Tangens und der Kosinus gleich wer-

den. Dadurch ergeben sich vielfältige Zusammenhänge, die alle mit dem Goldenen Schnitt korrelieren."

Inzwischen war eine Gruppe von sarazenischen Tänzerinnen in der Mitte des Saales erschienen. Sie balancierten aufrecht stehend auf großen, rundgeschliffenen Steinkugeln, die sie mit ihren nackten Fußsohlen auf dem sorgfältig geebneten Fußboden mit großem Geschick im Rhythmus der Musik hin und her bewegten. Jede weitere wissenschaftliche Unterhaltung war Michael Scotus nun unmöglich, so gefangen war er von der Vorführung oder besser von der Anmut der Mädchen. Auch der junge Claude musste zugeben, dass ihm der Tanz und besonders eine der Tänzerinnen zunehmend gut gefiel. Es war ihm ein leichtes, ihre Aufmerksamkeit zu erregen, und in einer Pause kam sie an seinen Tisch.

Neben dem ausnehmend guten Aussehen kam dem jungen Herrn von Ibelin zugute, fließend Französisch, das italienische Volgare, Latein und in diesem Fall vor allem Arabisch zu sprechen. Bemerkenswerte war hierbei seine Aussprache, die er bei den Wüstenarabern erlernt hatte. Sie unterschied sich beträchtlich von dem abgeschliffenen Arabisch der italienischen Sarazenen. Seine Ausdrucksweise klang viel herrischer, aber besonders dies fand bei den sarazenischen Mädchen großen Anklang.

Die Tänzerin hörte auf den Namen Aaliyah, den Claude von Ibelin sehr schön fand, wie er ihr in blumenreichen Worten erklärte. Er entdeckte auch noch eine Vielzahl anderer Vorzüge an dem Mädchen und sie unterhielten sich ausgiebig und fanden Freude aneinander. Das junge Ding interessierte sich besonders für die Herkunft des jungen Mannes:

„Ihr habt mir noch immer nicht erklärt, woher Ihr stammt und wo Ihr geboren seid, stattdessen höre ich nur, wo überall Ihr nun gerade vor ein paar Wochen oder Monaten wart."

„Daraus will ich kein Geheimnis vor dir machen", entgegnete der junge Mann:

„Ich bin im Heiligen Land geboren. Von meiner Mutter habe ich in der Nähe von Akkon ein Stück Land geerbt. Der Name der Gegend ist Azur, deshalb nennt man mich auch oft den Herrn von Azur. Allerdings muss ich sagen, dass mir diese Anrede nicht besonders gut gefällt, denn sie klingt so vornehm altmodisch. Mein Vorname ist eigentlich Johann, aber der Kaiser meinte, ich solle mich lieber nach meinem Großvater Claude rufen lassen. Meine Familie stammt väterlicherseits von der Insel Cypern, wo mein Vater in ständigem Streit mit den Regenten des Kaisers seine Tage verbringt. Das ist alles, was es im Großen und Ganzen zu sagen gibt. Wie steht es nun mit dir?“

Das Mädchen Aaliyah schüttelte die Haare aus ihrer Stirn.

„Ich lebe hier mit meinen Eltern, einer Schwester und einem Bruder schon seit mehr als zwanzig Jahren. Wir sind von der Insel Sizilien gekommen und mein Vater, Ihr solltet ihn kennen, ist Mahmud Fuad ibn al-Walid, der sich hier eine Existenz als Manufakturist von Duftwässern und Parfüms aufgebaut hat. Wir versorgen den gesamten kaiserlichen Hof mit unseren Essenzen. Vielleicht habt Ihr schon bemerkt, dass auch ich die Erzeugnisse meines Vaters verwende. Er probiert jedoch auch seine neuen Kreationen an mir aus. Nicht alles gelingt ihm natürlich auf Anhieb und so kann es vorkommen, dass ich auch einmal nicht besonders gut dufte.“

Als sie dies sagte, kicherte sie ein wenig, und Claude von Ibelin fand sie in diesem Moment besonders bezaubernd.

Neben ihm langweilte sich Michael Scotus und man sah ihm an, dass er unzufrieden war. Dem jungen Claude war dies nicht verborgen geblieben und er fragte Aaliyah leise, ob sie nicht eine Freundin bewegen könnte, dem Schotten Gesellschaft zu leisten. Das junge Mädchen war nicht besonders begeistert, aber sie wollte Claude auch nicht enttäuschen und nachdem sie sich kurz entfernt hatte, kam sie mit einer recht üppigen Sarazenin zurück, der sie den Platz neben dem Schotten anwies. Der war sofort wie verwandelt und ein Redeschwall ergoss sich über das verblüffte Mädchen. Es war erstaunlich, von welch sonderlichen Dingen der Wissenschaftler erzählen konnte. Nach kurzer Zeit wusste die Sarazenin genau über die kalte Heimat des Schotten Bescheid, auch dass er nicht plante, demnächst dorthin zurückzukehren.

Die harmlose und nette Plauderei der Männer endete ziemlich abrupt, als der Bruder erschien, um seine Schwester und ihre Freundin abzuholen. Die Mädchen verabschiedeten sich herzlich und es wurde auch eine Verabredung getroffen. Die beiden Wissenschaftler waren noch dem Bruder und den Mädchen behilflich, die schweren Steinkugeln auf den Wagen zu laden, der sie nach Lucera zurückbringen sollte. Als sich die beiden wieder an ihrem Tisch niedergelassen hatten, zeigte es sich, dass Michael Scotus noch lange nicht bereit war, das Fest zu verlassen.

„Hatten wir nicht vorhin so schön begonnen, uns über Goldene Dreiecke zu unterhalten, was meinen Sie, sollen wir darüber noch etwas plaudern?"
Auf dieses Stichwort hatte Claude von Ibelin gewartet:
„Aber gerne, lieber Meister, wenn ich Euch meine Ideen kurz vortragen darf?"
„Natürlich, nur zu, heute bin ich wirklich gut aufgelegt."
Claude von Ibelin strich sich die Haare aus dem Gesicht:
„Also, wie ich bereits ausführte, ist mir aufgefallen, dass die ägyptische Expedition einen Punkt direkt auf dem Hügel Santa Maria del Monte in Apulien berührte, der am Ende einer Hypotenuse liegt deren eine Seite in Palermo entspringt und deren andere Seite genau auf diesem Hügel endet. Die Seiten des zugehörigen Dreiecks stehen untereinander im Verhältnis von 414 Kilometern für die Hypotenuse zu 256 Kilometern für die kürzere Kathete und 326 Kilometern für die längere Kathete. Dies entspricht mit ziemlich großer Genauigkeit den Verhältnissen wie sie die Längen der Seiten in einem Goldenen Dreieck aufweisen. Auch die Basiswinkel von rund 38° und rund 52° stimmen damit überein."
An dieser Stelle unterbrach Michael Scotus den Redefluss seines Gegenübers:
„Was veranlasst Euch dazu zu glauben, man könne allein mit den Werten der Abmessungen eines ziemlich großen Dreiecks irgendetwas anfangen?"
„Ehrlich gesagt, das weiß ich auch noch nicht. Aber das Problem mit dem Herrn von Antiochia und seinen Sinustafeln ließen mich darüber nachdenken, wie es möglich sein könnte, auch auf anderem Wege als über die Winkelfunktionen auf einer Kugel vernünftig Geometrie zu betreiben. Dabei glaube ich, dass das Kalkül des Meisters Fibonacci ein möglicher Hebel wäre, das Problem zu lösen."
Michael Scotus füllte sich noch einmal den Becher und trank langsam von dem verdünnten Wein:
„Nicht besonders viel für ein äußerst anspruchsvolles Projekt. Wie wollt Ihr weiter vorgehen?"
Der junge Wissenschaftler war etwas verlegen, als er antwortete:
„Ich habe mir gedacht, es könnte ein Netz von Dreiecken geben, die alle untereinander im Verhältnis der sectio aurea stehen und sozusagen ein Koordinatennetz bilden. Unser großes Dreieck mit Palermo und dem Hügel Maria del Monte sollte in diesem Netz nahtlos integriert sein. Wenn

dies der Fall wäre, müsste sich dieses große Dreieck durch besondere Symmetrien auszeichnen."

Michael Scotus hatte gespannt zugehört:

„Sagt mir noch, junger Meister, wie haltet Ihr es mit den geometrischen Verbindungen zwischen Maria del Monte und der heiligen Stadt Mekka, die wir vor kurzem herausgefunden haben?"

Claude von Ibelin fühlte sich geehrt:

„Nach meinen Überlegungen müsste sich die heilige Stadt Mekka ebenfalls auf der Peripherie eines Goldenen Dreiecks befinden und sich ebenso in das Netzwerk aus Dreiecken einfügen, wie es das Palermodreieck, wie ich es einmal nennen möchte, bereits jetzt tut."

Michael Scotus konnte in fachlicher Hinsicht nicht viel zu den Gedankengängen beitragen, denn das Fibonacci-Kalkül war ihm nur am Rande vertraut. Entsprechend äußerte er sich:

„All dies klingt sehr schlüssig, aber auch nach sehr viel noch erforderlicher Denkarbeit. Wie Ihr wisst, bin ich ein Kenner des Aristoteles, aber nicht des Herrn von Pisa. Wenn Ihr dennoch mit einem Problem nicht weiterkommt, lasst es mich wissen, es gibt für alle Probleme ganz allgemeine Lösungswege. Soweit es mir möglich ist, werde ich sie Euch aufzeigen. Gut wäre es natürlich auch, wenn ihr die Basis eurer Überlegungen etwas weiter in Richtung der Grundlagen fassen könntet. Ich habe den Eindruck, dass die Kollegen den Faden vom Goldenen Schnitt über das Goldene Dreieck und zur Zahl φ verloren haben und mir geht es ebenso."

Claude von Ibelin versank in tiefes Nachdenken. Ähnliche Gedanken wie sie Michael Scotus hier äußerte, hatten ihn auch schon öfter geplagt. Wie konnte er so vermessen sein und seine Spezialkenntnisse, die er sich bei dem Meister in Pisa angeeignet hatte, auch bei seinen Kollegen und bei Michael Scotus vorauszusetzen. Hier musste er den bereits begonnenen Schritt, ihnen ein größeres Grundlagenwissen zu vermitteln, konsequent weiter verfolgen. Die Unterredung mit dem großen Wissenschaftler an sich hatte ihn aber in seinem Glauben bestärkt, auf dem richtigen Wege zu sein. Aufrichtig dankbar verabschiedete er sich:

„Verehrter Meister Scotus, seid gedankt für die Zeit, die Ihr mir gewidmet habt. Mit Euch zu sprechen hat mir sehr geholfen. Auf Euer freundliches Anerbieten komme ich gerne zu gegebener Zeit zurück."

Michael Scotus begab sich leicht schwankend auf den Heimweg in seine Unterkunft. Nach einem Stück Weges drehte er sich noch einmal um und rief dem jungen Wissenschaftler zu:
„Nur Mut, Kopf hoch und nicht ablenken lassen!" Dabei machte er mit den Händen eine Bewegung, wie sie die sarazenischen Tänzerinnen mit ihren Füßen auf den Steinkugeln ausgeführt hatten.

Im weiteren Verlauf seiner Arbeiten erinnerte sich Claude daran, dass einer seiner Lehrmeister immer wieder darauf hingewiesen hatte, um wie viel leichter man Ergebnisse erzielt, wenn man ein zu lösendes Problem vor sich liegen sieht.
Von den zwei Bologneser Kartographen, die auf Geheiß des Kaisers noch weiter an der großen Landkarte auf dem Fußboden des Saales arbeiteten, hatte er einen abgezogen und ließ ihn geeignete Skizzen erstellen. Dazu zitierte er aus einem Korollar, dass er mit dem Meister aus Pisa erarbeitet hatte.

$$\tan 38{,}1727 = \sqrt{\frac{1}{phi}} = \cos 38{,}1727$$

$$F_2 = phi \cdot F_1$$

$$\frac{AB}{CB} = phi = 1{,}6180339$$

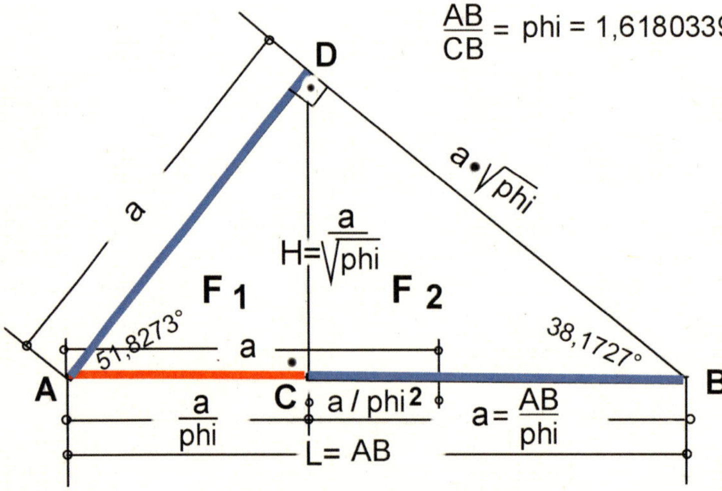

Abb.14 Die vielfältigen Abhängigkeiten der Seiten und Winkel eines Dreiecks mit hoher innerer Ordnung

Lehrsatz:

In einem rechtwinkeligen Dreieck mit dem rechten Winkel bei D und den Basiswinkeln 51,8272° und 38,1727° teilt das Lot von D auf alle Hypotenusen L, die parallel zu den Punkten A und B verlaufen und von den Katheten seitlich begrenzt werden, diese im Verhältnis 1:1,6180339 des Goldenen Schnittes. Die kürzere Kathete AD ist dabei genauso lang wie das längere Stück CB der Hypotenuse

Hilfssatz:

Zwar teilt das oben genannte Lot alle Hypotenusen im Verhältnis des Goldenen Schnittes, aber einige scheinen dabei in Bezug auf ihre innere Ordnung bevorzugt zu sein.

Im nächsten Schritt befasste sich der junge Wissenschaftler mit der Frage, welche Beziehungen zwischen dem kleinen Goldenen Dreieck mit seinen vielfältigen Abhängigkeiten, wie er es in seiner Abbildung 14 dargestellt hatte, und dem grossen, überregionalen Dreieck besteht, dessen längste Seite von Palermo und dem Hügel Santa Maria del Monte als Endpunkte bestimmt wird, und das er Palermodreieck genannt hatte. Dabei durfte er natürlich seine Ausgangsprämisse nicht aus den Augen lassen, nämlich mit dem Fibonacci-Kalkül das gleiche Ergebnis zu erzielen, wie es Theodor von Antiochia bereits vorgestellt hatte.

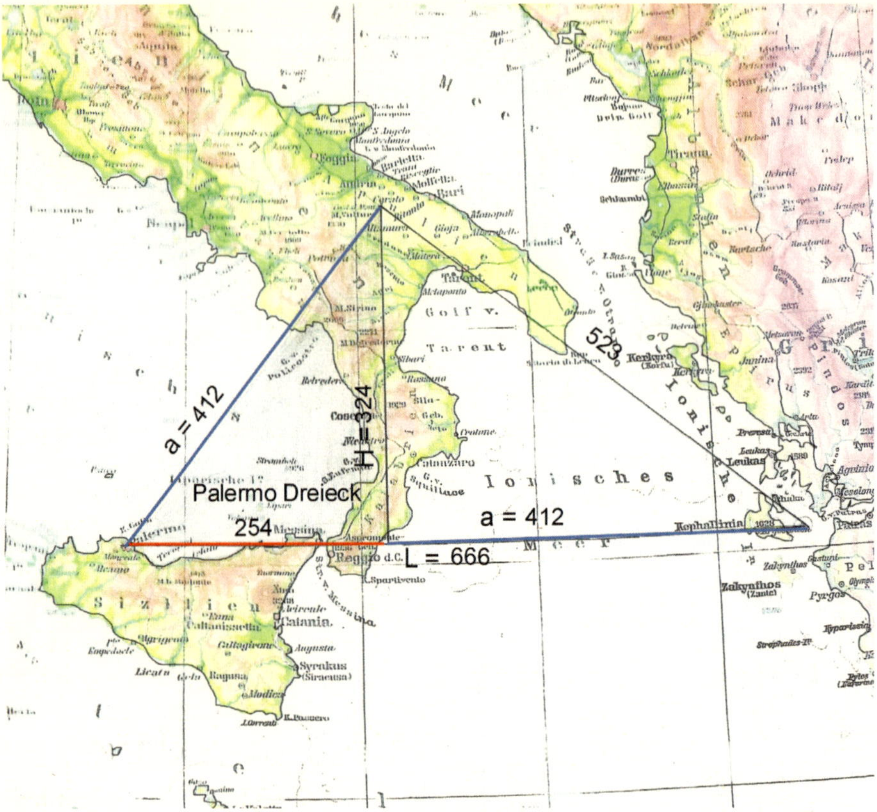

Abb.15 Das von Claude von Ibelin entdeckte Palermo-Dreieck

Mit diesen Unterlagen machte er sich also an die Rechenarbeit, wobei ihn einige arabische Mathematiker tatkräftig unterstützten.

Wegen $H = a / \sqrt{\varphi}$ (nach Abb14) wird der Tangens aus H / a

$$H / a = \tan\alpha = 1 / \sqrt{\varphi} = 0{,}78615$$

$$\alpha = 38{,}173°$$

Wegen der Koordinaten des Hügels Maria del Monte von 16,18E und 41,08N kann der Wert H nicht größer als H = 41,08° werden. Deshalb ist für H zu schreiben:

$$H = (41{,}08 - \Delta H) \cdot 111{,}3$$

mit 111,3 *km* pro Grad, als Umrechnung von Grad in Länge auf dem senkrecht auf dem Äquator stehenden Meridian.

Beide Werte für H gleichsetzen und mit 111,3 km/Grad in Länge umrechnen:

$$a = \sqrt{\varphi} \cdot (41{,}08 - \Delta H) \cdot 111{,}3 \qquad (2)$$

Wenn man eine Beziehung für $L = a \cdot \varphi$ wünscht, ist (2) mit φ zu multiplizieren:

$$L = \sqrt{\varphi^3} \cdot (41{,}08 - \Delta H) \cdot 111{,}3 \qquad (3)$$

Nach ΔH aufgelöst wird daraus:

$$\Delta H = 41{,}08 \quad \frac{a}{\sqrt{\varphi} \cdot 111{,}3} \qquad (4)$$

Claude von Ibelin hatte noch einen anderen Zusammenhang entdeckt. Der Abstand von dem Hügel Maria del Monte bis zum Äquator beträgt angenähert:

$H = 41{,}08° \cdot 111{,}3 = 4572{,}20$ *km.*

Multipliziert mit $\sqrt{\varphi} = 1{,}2720196$ ergibt dies den Wert

$a = 5815{,}938$ *km*

Dies entspricht aber fast genau dem Wert für $\varphi^{18} = 5777{,}99$.

Weiterhin fand der junge Wissenschaftler heraus, dass folgende Beziehung besteht:

$$\varphi^{18} \; / \; 111{,}3 = 51{,}9136° \qquad (5)$$

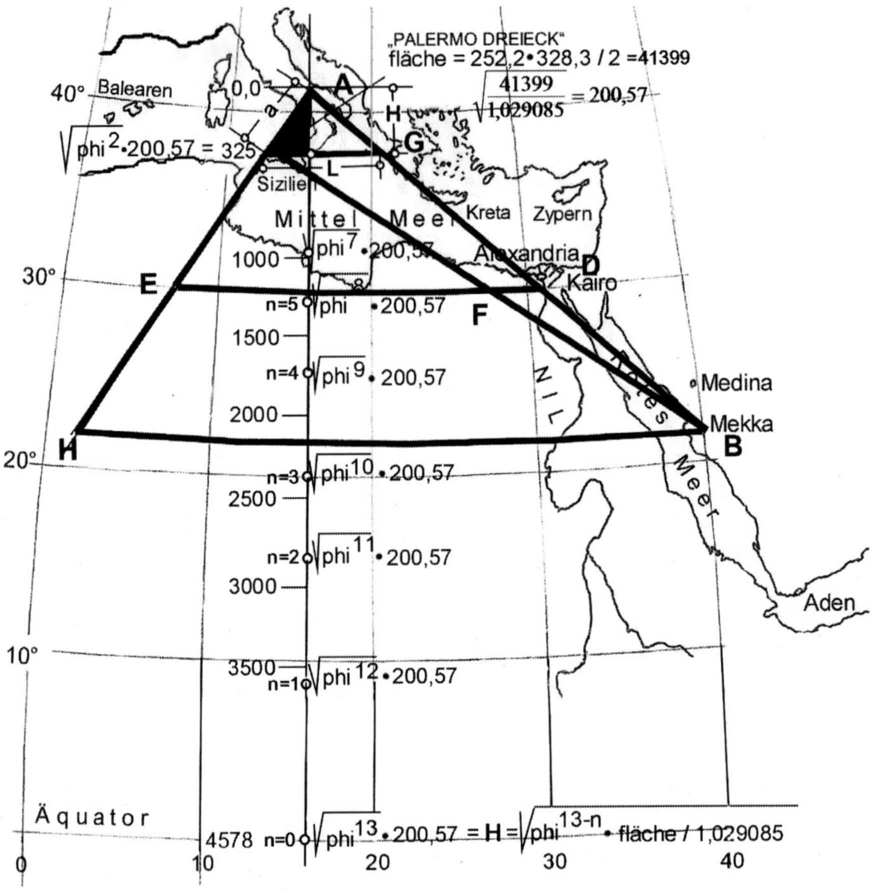

Abb.16 Das Palermo-Dreieck in Relation zum Erdquadranten

Dieser Zusammenhang war in seinen Augen sehr merkwürdig. Während der Wert φ^{18} dimensionslos ist, hat 111,3 die Dimension *km*/Grad, und der Wert 51,9136 hat wieder die Dimension Grad und ist fast so groß wie der größere Winkel des Goldenen Dreiecks mit 51,827292°. Die Gleichung (5) ist nur dann dimensionsrein, wenn man φ^{18} die Dimension einer Länge zuteilt. Er setzte in die Gleichungen (2) bis (4) den Wert für 111,3 aus (5) ein und erhielt, indem er noch den größeren Festwert etwas veränderte, folgende Ergebnisse:

$$a = 7232{,}86 / 51{,}9136 \cdot (41{,}08 - \Delta H) \qquad (6)$$

$$L = 11703{,}02 / 51{,}9136 \cdot (41{,}08 - \Delta H) \quad (7)$$

$$\Delta H = 41{,}08 - L \cdot 51{,}9136 / 11703{,}02 \quad (8)$$

Natürlich war er sehr neugierig wie seine neuen Formeln funktionieren würden und probierte sofort einige Fälle aus. Vor allem interessierte ihn die Länge der Hypotenuse des Dreiecks, das sich von Palermo aus erstreckt. Mit dem Wert ΔH = 38,13° Nord ergab sich:

$$a = 139{,}32 \cdot (41{,}08 - \Delta H) = 410{,}99\ km$$

$$L = 225{,}43 \cdot (41{,}08 - \Delta H) = 665{,}02\ km$$

$$\Delta H = 41{,}08 - L \cdot 0{,}004436 = 38{,}13°$$

Dieser Wert befriedigte ihn sehr, denn er hatte ihn auf anderem Wege zu

$L = 255{,}86 + 414 = 669{,}86\ km$

ermittelt, und das war eine sehr gute Übereinstimmung.

Das Ergebnis von ΔH war trivial und überraschte ihn nicht, denn in die Gleichung war der Wert 38,13° bereits zuvor eingegangen.

Sodann interessierten ihn die Massverhältnisse in der Umgebung der Stadt Mekka. Für ΔH = 21,42° Nord, folgt aus (7):

$$L = 225{,}43 \cdot (41{,}08 - \Delta H) = 4431{,}95\ km$$

und daraus für ΔH

$$\Delta H = 4431{,}95 / 111{,}3 = 39{,}82\ °\ \text{Ost}$$

und dies ist genau die geographische Länge der heiligen Stadt Mekka. Dies war nun aber das Erreichen seines ursprünglichen Zieles, nämlich die Koordinaten der Stadt Mekka mit dem Fibonacci-Kalkül zu ermitteln.

Eine weitere Verwunderung erlebte der junge Wissenschaftler bei dem an Überraschungen reichen Umgang mit dem Fibonacci-Kalkül, als er versuchte, die Entfernung zwischen dem Hügel in Apulien und der heiligen Stadt Mekka zu ermitteln. Nach den Zusammenhängen der Abbildung 14 ergab sich ein Wert von

$$a = 4432{,}006 / 1{,}6180339 = 2739{,}13$$

und

$$a \cdot \sqrt{\varphi} = 3484{,}23\ km$$

Dieser Wert erschien aber beträchtlich zu gross zu sein. Interessanterweise ergab sich der richtige Wert aus dem Mittel:

$$(a + a \cdot \sqrt{\varphi}) / 2 = 3111{,}68\ km$$

Bei der Ermittlung von Werten auf der langen Kathete des Goldenen Dreiecks sollte also in Zukunft der Wert $\sqrt{\varphi}$ durch $(1 + \sqrt{\varphi}) / 2$ ersetzt werden. Entsprechend sollte der numerische Wert 1,27202 durch 1,13601 ausgetauscht werden. Den Beweis für diese Massnahme wollte der junge Wissenschaftler später noch erbringen. Im Augenblick registrierte er den Abstand des Hügels zu Mekka mit dem Wert:

$$AB = 2739{,}13 \cdot (1 + \sqrt{\varphi}) / 2$$
$$= 3111{,}68\ km$$

und formelmässig mit:

$$AB = a \cdot (1 + \sqrt{\varphi}) / 2$$

Insgesamt fiel dem Wissenschaftler während der Arbeit mit dem Fibonacci-Kalkül auf, wie klein angesichts der grossen Entfernungen die Abweichungen zwischen den Ergebnissen einer normalen geometrischen Berechnung und jenen Werten war, die sich von Potenzen der Zahl phi ableiten. In einer Gegenüberstellung brachte er dies zum Ausdruck.

Normale Geometrie	von Potenzen von φ abgeleitet
$H = 41{,}08 \cdot 111{,}3 = 4572\ km$	$H = \varphi^{18} / \sqrt{\varphi} = 4542{,}37\ km$
$a = H \cdot \sqrt{\varphi} = 5815{,}93\ km$	$a = \varphi^{18} = 5777{,}99\ km$
$L = a \cdot \varphi = 9410{,}38\ km$	$L = \varphi^{19} = 9348{,}98\ km$
Winkel bei a:	
$5815{,}93 / 111{,}3 = 52{,}25$	$\varphi^{18} / 111{,}3$ ca. $51{,}827°$
Winkel bei L	
$9410{,}38 / 111{,}3 = 84{,}55°$	$\varphi^{19} / 111{,}3 = 83{,}99°$

Nachdem der Winkel 51,827° eine wenn auch noch undeutliche Rolle spielte, erschien es Ibelin nicht unlogisch, auch dem anderen Goldenen Winkel 38,1727° eine Bedeutung zuzugestehen.

Aus

$38{,}1727° \cdot 111{,}3 = 4248{,}65\ km$ folgt

wie zu erwarten der triviale Wert:

$(51{,}8273° + 38{,}1727°) \cdot 111{,}3 = 10017\ km$ bzw.

$5768{,}38 + 4248{,}65 = 10017\ km$

und dies entspricht recht genau dem vierten Teil des Erdumfanges.

$U = 0{,}5 \cdot Pi \cdot 6378 = 10018{,}53\ km$

Strecke $1 = 256 / 0{,}61803 = 414{,}20\ km$

Strecke $1{,}27202 = 414{,}2 \cdot 1{,}27202 = 526{,}89\ km$

Strecke $1{,}61803 = 414{,}2 \cdot 1{,}61803 = 670{,}19\ km$

Dieser letzte Wert, zu $L = \varphi^{19} = 9348{,}98$ km hinzuaddiert, ergab:

$9348{,}98\ km + 670{,}19\ km = 10019{,}17\ km$ (aus der Messung)

$\varphi^{19} + \varphi^{13} \cdot \sqrt{\varphi} = 10011{,}70\ km$ (formelmäßig)

und dies war:

$U = 0{,}5 \cdot Pi \cdot 6378 = 10018{,}53\ km$

also ein Viertel des Erdumfanges.

So verging für Claude von Ibelin der Sommer des Jahres 1233. Mit der jungen Sarazenin Aaliyah festigte sich eine enge freundschaftliche Verbindung. Zu weiteren Schritten konnte sich der junge Mann nicht entschließen, denn es war den Bediensteten des Kaisers, und die Tänzerinnen gehörten dazu, streng untersagt, ohne Kenntnis des Kaisers oder seines Hofes amouröse Beziehungen einzugehen.

Im Herbst brachte der Protonotar Peter von Vinea die Nachricht, der junge Wissenschaftler möge sich zusammen mit Michael Scotus zur Berichterstattung beim Kaiser in Sizilien einfinden. Da die Region noch immer nicht vollständig befriedet werden konnte, war der Kaiser gezwungen, sich weiterhin dort aufzuhalten. Die beiden Herren machten sich per Schiff von Bari aus auf den Weg nach Messina auf Sizilien, wo sie Anfang Oktober, noch vor Ausbruch der stürmischen Jahreszeit, eintrafen. Auf der Überfahrt, die von einigen Zwischenaufenthalten unterbrochen war, hatten die beiden ausreichend Gelegenheit, sich über ihre wissenschaftlichen Forschungen auszutauschen. An einem freundlichen Morgen, als das Schiff unter vollen Segeln, aber vor dem Wind und damit ohne große Schaukelei seine Bahn zog, ergab sich der Anlass zu einem Gespräch.

Claude kam die Treppe des Niederganges herauf, öffnete die Tür nach außen und sah Michael Scotus im Schneidersitz auf den Decksplanken sitzen und angestrengt auf einer Schiefertafel schreiben. Claude sprach ihn ohne Zögern an, denn ihm schien, als hätten sie beide den gleichen Gedanken.

„Wie ich sehe, seid auch Ihr damit beschäftigt, Eure Schularbeiten zu machen. Der Kaiser wird sich freuen, wenn Ihr ihm von Eurer Schiefertafel vorlest."

Michael Scotus nahm den ironischen Ton sofort auf und entgegnete:

„Und wann gedenkt Ihr Eure Schularbeiten zu machen? Wahrscheinlich habt Ihr mit Euren mathematischen Ableitungen mindestens dreimal soviel zu schreiben wie ich."

„Ich will nicht bestreiten, dass Ihr Recht haben könntet, aber Schreiben werde ich gar nichts, denn alles, was ich weiß, habe ich im Kopf. Omnia mea mecum porto, wie schon die alten Lateiner wussten."

Michael schüttelte bedächtig den Kopf:

„Denkt bitte daran, der Kaiser kann sehr ungehalten werden, wenn er bemerkt, dass sein Gegenüber nicht ausreichend vorbereitet ist. Denkt auch bitte daran, dass er sehr gezielte und fundierte Zwischenfragen stellt und darauf sofort eine Antwort erwartet. Ich habe schon erlebt, dass Audienzen mit einem Eklat für den Besucher endeten."

Claude hatte es nicht gerne, wenn man ihn ermahnte:

„Schon gut, schon gut, großer Meister, ich werde Euren Rat befolgen und mir ein Konzept erarbeiten, obwohl ich der Ansicht bin, es nicht zu brauchen. An was arbeitet Ihr da gerade?"

Michael Scotus legte die Schiefertafel beiseite und markierte die geöffnete Seite eines arabischen Wörterbuches mit einem Lesezeichen:

„Ich habe hier eine der Originalschriften des großen Philosophen und Arztes Avicenna, den ihr wohl besser unter dem Namen ibn Sina kennen werdet. Der Kaiser hat mich beauftragt, das fehlende fünfte Buch seiner großen Enzyklopädie *Al-Qanun fi At-Tibb* zu übersetzen. Es handelt sich um das Werk über innere Medizin, das bisher in noch keiner anderen Sprache als dem Arabischen vorliegt."

Claude zeigte großes Interesse an den Arbeiten des Meisters:

„Warum gerade dieses Werk? Es gibt doch von ibn Sina noch viele andere Bücher."

„Der Kaiser hegt ein ganz persönliches Interesse an diesem Buch, so vermute ich. Möglicherweise verspricht er sich von der Übersetzung Rat für die Heilung von einem Leiden. Aber dies ist alles Spekulation, und ich bitte Euch, darüber nicht zu reden."

„Selbstverständlich bleibt alles, was wir hier besprechen, in meinem Innersten verschlossen. Wie kommt Ihr mit Eurer Arbeit voran?"
Michael Scotus atmete tief durch:
„Ich habe schon schneller übersetzt. Der medizinische Text ist schwierig und in meinen Wörterbüchern fehlen viele der Spezialausdrücke. Wenn wir zuhause in Foggia wären, hätte ich es leichter. Ich würde dann zu der medizinischen Fakultät in Neapel reisen und mir dort das nötige Wissen aneignen."
Während die beiden Wissenschaftler an Deck saßen und sich unterhielten, kam der pisanische Kapitän des Schiffes vorbeigeschlendert und wünschte den Herren einen guten Morgen:
„Ist bei Ihnen alles in Ordnung, meine Herren? Haben Sie Wünsche? Sind sie mit unserer Fahrt zufrieden?"
Claude erhob sich und drückte dem Kapitän die Hand:
„Vielen Dank, Kapitän, es ist alles bestens geregelt. Solange das Wetter so bleibt, wie es ist, und wir weiter auf diesem ruhigen Kurs bleiben, werden wir uns auf Ihrem Schiff wohl fühlen."
Der Kapitän machte eine Bewegung mit dem rechten Arm von der Fahrtrichtung des Schiffes weg nach Steuerbord:
„Leider müssen wir in etwa einer Stunde den Kurs ändern und dann etwas gegen den Wind kreuzen. Das werden Sie dann daran merken, dass wir nicht mehr so ruhig wie zurzeit dahingleiten."
Diese Worte des Kapitäns machten den jungen Wissenschaftler neugierig:
„Woher wissen Sie, dass in etwa einer Stunde der Kurs geändert werden muss? Es ist doch zurzeit kein Land in Sicht?"
Der Kapitän war derartige Fragen seiner Passagiere schon gewohnt und antwortete routiniert:
„Sehen Sie den Matrosen dort vorne? Er wirft ein Brett an einer Leine ins Wasser und läuft dann dem treibenden Brett auf Deck hinterher bis er am Ende des Schiffes nicht mehr weiter kommt, dann zieht er das Brett wieder zu sich an Bord. Dabei misst er die Zeit, die er vom Bug bis zum Heck des Schiffes läuft. Da er die Länge des Schiffes kennt, kann er leicht die Geschwindigkeit des treibenden Brettes ermitteln. Natürlich ist es falsch, was ich sage, denn das Brett ruht im Meer und das Schiff bewegt sich, aber das erkläre ich nur Ihnen, weil Sie Wissenschaftler sind. Normale Reisende sehen das Brett an sich vorbeitreiben und schließen daraus auf

seine Geschwindigkeit. Wir machen diese Messung nicht ständig, denn das Tempo des Schiffes bleibt über längere Zeit konstant. Mit der Geschwindigkeit alleine können wir allerdings noch nicht navigieren. Wir müssen auch unsere Richtung beibehalten. Dazu haben wir ein kleines Bambusröhrchen, das im Inneren ein Pulver enthält und von außen versiegelt ist. Legt man dieses Röhrchen in eine Schale mit Wasser, dann schwimmt es und zeigt genau in Richtung Norden. Wenn wir also so unsere Fahrtrichtung einhalten und auch wissen, wie schnell wir segeln, können wir errechnen, dass wir in etwa einer Stunde das Kap Maria di Leuca, den südlichsten Punkt des Stiefelabsatzes des Königreiches, umrunden werden."

Michael Scotus hatte noch eine Frage an den Kapitän:

„Wie ist das mit den kleinen Bambusröhrchen?"

„Diese Röhrchen stammen aus China. Sie sind nicht ganz billig und müssen deshalb sorgfältig behandelt und gelagert werden. Ihr Inhalt ist uns nicht bekannt. Das einzige was wir wissen ist, dass sie sich im Wasser immer nach Norden ausrichten."

Die beiden Wissenschaftler fanden dies alles sehr bemerkenswert, waren aber von Berufs wegen unzufrieden mit der ungenauen Erklärung, da die wichtigste Frage nach dem Wirkungsmechanismus offen blieb.

Als sich der Kapitän verabschiedet hatte, diskutierten die beiden noch eine Weile darüber, wie wohl die chinesischen Bambusröhrchen funktionieren könnten, fanden aber keine Erklärung.

Nachdem sie eine Weile schweigend dagesessen hatten, fragte Michael Scotus nach den Fortschritten des jungen Mathematikers:

„Was werdet Ihr dem Kaiser vortragen, wenn er Euch nach den Fortschritten auf Eurem Wissensgebiet fragt?"

Claude legte seine Stirn in Falten, wie er es immer tat, wenn er angestrengt nachdachte:

„Das ist eine gute Frage, die ich auf Anhieb gar nicht beantworten kann. Das Problem liegt darin, dass ich alles weiß und vieles gelöst habe. Aber dieses Wissen einem anderen beizubringen, scheint mir äußerst schwierig. Ich muss wahrscheinlich bei ganz einfachen Beispielen anfangen, um dann fortschreitend zu komplizierteren Dingen übergehen zu können. Ich würde also wohl als erstes auf das Goldene Dreieck hinweisen und den

Lehrsatz sowie den Hilfssatz erläutern. Daraus ergibt sich dann der Wert der Konstanten φ mit ihren überraschenden Eigenschaften."
Michael Scotus unterbrach ihn mit einer Frage:
„Nur um meinem Gedächtnis aufzuhelfen, wie war das noch mit den seltsamen Eigenschaften dieser Zahl?"
„Nun, wenn man zu φ = 1,6160339 die Zahl 1 hinzuaddiert, erhält man ihr Quadrat, ebenso wenn man zur Zahl 2 den Kehrwert hinzuaddiert. Wenn man von ihr die Zahl 1 abzieht, erhält man ihren Kehrwert. Der Kehrwert der Zahl φ ist gleich dem Sinus des Winkels 38,1727° und gleich dem Kosinus des Winkels 51,8273°. Dies sind die Basiswinkel des Goldenen Dreiecks. Wenn man zur Zahl $2 \cdot \varphi$ die Zahl 1 hinzuaddiert erhält man φ^3. Dies könnte man endlos verlängern und würde immer noch einen Zusammenhang finden, der sich auf die Zahl φ zurückführen lässt."
Michael Scotus erklärte spöttisch:
„Das muss ja ein rechtes Vergnügen sein, mit einer solchen Zahl arbeiten zu müssen."
Claude ließ sich von dem Sarkasmus seines Gesprächspartners anstecken:
„Der Umgang mit dieser Zahl hat auch seine Vorteile. Sie ist immer für eine Überraschung gut und man weiß nie genau, ob man einem Hirngespinst folgt oder einer echten Entwicklung."
In diesem Moment machte der Kapitän seine Drohung wahr und wendete das Schiff nach Steuerbord, denn am Horizont war das Kap Maria di Leuca in Sicht gekommen. Wie vorhergesagt, begann das Schiff stärker zu rollen und zu schlingern, und Michael Scotus wickelte rasch seine arabischen Originale wasserdicht in eine Schweinsblase und verstaute sie in seiner Kammer. Claude von Ibelin dagegen blieb noch an Deck und ließ sich von der überkommenden Gischt das Gesicht benetzen.
Die Fahrt ging weiter durch den Golf von Tarent und entlang der felsigen Küste von Kalabrien in die Straße von Messina, wo das Schiff in der gleichnamigen Stadt anlegte. Hier waren vor kurzem die Aufstände von dem Kaiser und seinen Gefolgsleuten blutig niedergeschlagen worden. Einige Häuser in der Nähe des Marktplatzes waren ausgebrannt und unbewohnt. Nahe dem Verwaltungssitz standen noch einige aus Holz errichtete Galgen, an denen Aufständische vom Leben in den Tod befördert worden waren. Aus Gesprächen, die Claude von Ibelin in seiner Unter-

kunft mit Einheimischen führte, war herauszuhören, dass auch jene Einwohner, die sich nicht an dem Aufstand beteiligt hatten, keineswegs mit dem kaiserlichen Regime zufrieden waren. Man warf dem Kaiser und seiner Verwaltung vor, ihr Wort gebrochen und den Bürgern nicht wie versprochen Verzeihung gewährt, sondern nach der Niederschlagung blutige Rache genommen zu haben.

Den Kaiser trafen die beiden Reisenden in Messina nicht mehr an. Er war inzwischen nach Roccavaldina, dem Landgut eines seiner getreuen Regionalfürsten, weitergezogen und hatte dort Quartier genommen. Nachdem sie einige Tage in Messina gewartet hatten, erschien eine Kohorte von Soldaten unter der Leitung eines Offiziers, um sie abzuholen. Während sich Claude von Ibelin ein Pferd geben ließ, war für Michael Scotus eine zweirädrige Karre bereitgestellt worden. Der Weg führte längs den Hängen des Vulkans Ätna und war entsprechend steinig und holprig und hinreichend unkomfortabel für den Mann auf dem Karren. Nach zwei Tagen erreichten sie ihr Reiseziel, das am Westabhang des Vulkans lag, aber weit entfernt vom feuerspeienden Gipfel. Auf den Wiesen, die den zentral gelegenen Burghof umgaben, standen die Zelte der Ritter und Fußsoldaten des Kaisers ordentlich in Reih und Glied. Der Kaiser selbst residierte in dem Zentralbau und hatte dort die nötigen Räumlichkeiten für sich und seine Begleiter reservieren lassen. Auch für die beiden Reisenden wurden Unterkünfte bereitgestellt und der Kaiser ließ ihnen ausrichten, dass er sie am nächsten Tage zur Audienz zu empfangen wünsche.

Claude von Ibelin war bereits lange vor dem vereinbarten Termin von einer unerklärlichen und ihm bisher unbekannten Nervosität befallen worden. Erst jetzt wurde ihm bewusst, dass er das erste Mal zum Rapport vor dem Kaiser erscheinen sollte. Er fand aber ein probates Mittel, um seine frühere Ruhe wiederzugewinnen. Indem er alle Fakten seiner Theorie noch einmal im Geiste durchging, gelangte er zu einer inneren Sicherheit, die ihm am nächsten Tage auch die nötige Kraft gab, die Fragen des Kaisers zu bestehen. Das Gespräch fand in einem Nebenraum des großen Audienzsaales statt. Neben dem Kaiser selbst und dem juristischen Berater Roffred von Benevent war nur noch der Protonotar Peter von Vinea anwesend.

Der Kaiser eröffnete das Gespräch:

„Seid gegrüßt, lieber Michael Scotus, Ihr und Euer junger Begleiter hattet, so hoffe ich, eine angenehme Überfahrt. Es ist gut, Euch hier zu sehen, denn das Problem mit unseren arabischen Freunden ist weiterhin sehr akut. Sie haben mir vor kurzer Zeit angekündigt, die Zeichnung eines Gebäudes stehe unmittelbar vor der Fertigstellung und solle zusammen mit einer Beschreibung, wie beim Bau vorzugehen sei, an mich geschickt werden. Abgesehen davon, dass allein die Tatsache, uns eine Baubeschreibung schicken zu wollen, eine Beleidigung unseres Wissensstandes darstellt, ist es für mich unerträglich nicht zu wissen, welche Absicht sich hinter diesen Plänen konkret verbirgt. Ich hatte Sie und andere daher vor einiger Zeit gebeten, in dieser Richtung zu forschen. Ihre Kollegen haben mir bereits vor einigen Tagen Bericht erstattet. Nun möchte ich wissen, wieweit Ihre Forschungen gediehen sind. Herr Claude von Ibelin, würden Sie bitte referieren."

Der junge Wissenschaftler räusperte sich und trank einen Schluck Wasser aus dem Glas neben der bereitstehenden Karaffe, bevor er begann. Und während Ibelin nun sprach und der Kaiser sich ganz dem jungen Wissenschaftler zuwandte, konnte Michael Scotus seinen Herrscher ausgiebig betrachten. Es war ihm, als hätte der Kaiser im letzten halben Jahr, während dem er ihn nicht gesehen hatte, an Körpergewicht verloren. Seine Wangen waren eingefallen und seine Kleidung schien zu groß zu sein. Auch war der Bart nicht so gepflegt wie früher und sein ganzes Wesen war unruhiger geworden. Michael Scotus schloss daraus, dass der sizilianische Aufstand, von dem man in Foggia nicht allzu viel wusste, nicht spurlos an dem Kaiser vorbeigegangen war. Indes er sich solche Gedanken machte, hörte Scotus den jungen Ibelin sprechen: „In der Provinz Apulien, in dem Bezirk, der Murge genannt wird, befindet sich ein Hügel, der Santa Maria del Monte heißt. Er ist von alters her als wundertätiger Ort bekannt. Der Sage nach ist dort die heilige Mutter Maria mit dem Jesuskind auf dem Arm einer Horde wilder Langobardenkrieger erschienen und hat sie damit auf der Stelle zum Christentum bekehrt. Die gleichen Krieger haben anschließend an diesem Ort eine Kirche errichtet. Eine ägyptische Expedition hat diesen Platz zur Errichtung eines Gebäudes ausgesucht. Der Hügel steht mit der Stadt Palermo und der Stadt Mekka in einer gewissen Verbindung. Alle drei Punkte liegen auf einem so genannten Thaleskreis, dessen Durchmesser die Verbindung von Palermo nach Mekka darstellt.

Bekanntlich ist der Winkel eines Dreieckes, das auf dem Durchmesser des Thaleskreises liegt und dessen Peripherie berührt, rechtwinklig. Von allen diesen unendlich vielen möglichen rechtwinkligen Dreiecken auf der gesamten Bogenlänge von Palermo bis Mekka gibt es aber nur ein einziges, dessen 90°-Winkel an seiner Spitze von dem durch ihn hindurch tretenden Meridian im Verhältnis 38,172707° zu 51,82729 ° geteilt ist, und diese Spitze liegt genau auf dem Hügel Santa Maria del Monte. Bekannt sind Dreiecke mit dem genannten Winkelverhältnis weil deren Seiten und Winkel einer besonderen Symmetrie unterliegen. Im vorliegenden Falle entsteht ein grosses Goldenes Dreieck aus den Eckpunkten Palermo, Maria del Monte, und dem Schnittpunkt des durch Maria del Monte gehenden Meridians mit dem durch Palermo gehenden Längenkreis.

Diese Konstellation war bisher unbekannt und ist meiner Ansicht nach sensationell, denn sie unterstreicht auf ganz besondere Art und Weise die Bedeutung des Ortes Maria del Monte als Marienheiligtum, Punkt auf dem Thaleskreis über dem Durchmesser Palermo-Mekka und Schnitt- und Teilungspunkt zur Erzeugung eines goldenen Dreiecks. Die Seitenlängen wurden ermittelt zu 256 *km* und 323,3 *km* als Katheten und 414,2 *km* als

Abb.17 Ein Meridian teilt den rechten Winkel bei dem Hügel Maria del Monte im Verhältnis von 38,1727° zu 51,8272°

Hypotenuse und damit kürzeste Verbindung zwischen Palermo und dem Hügel. Sie stehen untereinander in der Beziehung: 256 zu 414,2 wie 1 zu 1,6180339 und 256 zu 323,3 wie 1 zu $\sqrt{1{,}6180339}$. Natürlich sind hier gewisse kleinere Abweichungen von den Längen möglich, wir haben sie aus einer zuvor gezeichneten, groß dimensionierten Karte auf dem Fußboden Eures Palastes herausgemessen. Unzweifelhaft ist aber, dass die Verhältnisse untereinander sich entsprechen wie die des Goldenen Schnittes."

Der Kaiser unterbrach hier den Vortrag des jungen Wissenschaftlers mit der Bemerkung:

„Gelehrter, junger Freund, ich hoffe, es will mir gelingen, bei meiner Rückkehr auf dem Fußboden meines Palastes irgendwo zwischen Meer und Festland und der Insel Sizilien noch einen Tisch mit acht Stühlen für mich und meine Mitarbeiter aufzustellen, ohne dabei zwischen die Goldenen Verhältnisse zu geraten."

Alle Beteiligten konnten sich eines Lachens nicht erwehren und Claude von Ibelin half diese Zwischenbemerkung des Kaisers, endgültig seine Nervosität abzulegen. Und so fuhr er mit seinem Vortrag fort:

„Wenn man an die Seiten des von uns ausgemessenen Dreiecks ein weiteres ansetzt, das die gleichen Seitenverhältnisse verwendet, dann erhält man ein neues Goldenes Dreieck, dessen Fläche um das 1,6180339-fache größer ist als die des vorherigen. Mit anderen Worten, die Verhältnisse ergeben sich zu:

$$256\,km\,/\,0{,}61803 = 414{,}20\,km$$

$$= 414{,}2\,km \cdot 1{,}27202 = 526{,}89\,km$$

$$= 414{,}2\,km \cdot 1{,}61803 = 670{,}19\,km$$

Zu dieser letzten Zahl erlaube ich mir in allem Respekt einen spekulativen Seitenblick auf die Apokalypse des Johannes:

Dort heißt es:

- Und ich sah ein Tier aus dem Meer steigen mit 10 Hörnern und
- sieben Häuptern und auf seinen Hörnern 10 Kronen. Es glich
- einem Panther, mit Bärenfüßen und einem Löwenrachen. Und ihm
- war die Macht gegeben, die Heiligen zu überwinden und Macht
- über alle Geschlechter, Völker, Sprachen und Nationen.

- Und ich sah ein zweites Tier mit zwei Hörnern, gleich wie ein Lamm und
- redete wie ein Drache.

- Hier ist Weisheit!
- Wer Verstand hat, der überlege die Zahl des Tieres; denn es ist eines
- Menschen Zahl, und seine Zahl ist 666. -

Und dies ist nun ziemlich genau die längste Seite des größeren Dreiecks, wobei man noch erwähnen könnte, dass da, wo die 666 ins Meer zwischen der Insel Kefalonia und Patras eintaucht, ein tiefer Unterwassergraben für Meerungeheuer sorgen könnte."

Der Kaiser konnte sich das Lachen nicht verkneifen.

„Nun wollen wir aber wieder ernst werden",
forderte er den Vortragenden auf.

Claude von Ibelin setzte seinen Vortrag fort:

„Andererseits kann man das neu entstandene Dreieck unendlich oft teilen, indem man einfach jeweils die Senkrechte auf derjenigen Seite errichtet, die dem rechten Winkel gegenüberliegt. Wir haben zusätzlich festgestellt, was bisher noch nicht bekannt war, dass eine weitere Teilung der Dreiecksflächen im Verhältnis des Goldenen Schnittes dadurch zustande kommt, dass der Winkel von 51,82729 durch 2 geteilt wird. Bei zwei rechtwinkligen Dreiecken, eines mit einem Winkel von 25,913646° und ein anderes mit einem Winkel von 38,172707°, stehen bei gleicher Länge der großen Kathete, die Flächen f_1 und f_2 untereinander im Verhältnis von 1/1,6180339-Diese Zusammenhänge sind in den Unterlagen:
Castrum Buch 2; Die Mathematik des Fibonacci und Ibelin
enthalten, das Eurer Majestät vorliegt."

Hier wurde der Vortrag des jungen Wissenschaftlers erneut unterbrochen. Ein Diener war an den Kaiser herangetreten und hatte ihm etwas zugeflüstert. Der erhob sich daraufhin und wandte sich an die Besucher:

„Meine Herren, es tut mir sehr leid, aber es ist eine äußerst wichtige Nachricht eingetroffen, die mich zwingt, diese Zusammenkunft zu unterbrechen. Es wird das Beste sein, wenn wir uns morgen wieder zusammenfinden. Damit Sie sich nicht langweilen, habe ich eine Bitte", damit wandte er sich an Claude von Ibelin, „fertigen Sie mir eine Skizze des doppelten Dreiecks, damit ich die Situation anschaulich vor Augen habe." Damit war der Kreis aufgelöst und die Teilnehmer waren sich selbst überlassen, außer dem jungen Claude, der die Aufgabe hatte, bis zum nächsten Tage eine Übersichtsskizze anzufertigen. Er bediente sich dazu einer völlig neuen Technik, die Reisende aus dem fernen China mitgebracht hatten und die aus Mittelitalien erst vor kurzem auch im Süden des Landes eingeführt worden war. Aus fein zerfaserten Lumpen, die zuvor noch in einer Chlorbrühe gebleicht worden waren, wurde ein Brei angerührt und mit einem klebrigen Zusatz versehen. Nach intensivem Durchmischen wurde ein Metallsieb in die Masse eingetaucht und vorsichtig wieder herausgehoben, sodass eine gleichmäßige Schicht von Fasern auf ihm zurückblieb. Diese wurde getrocknet und ließen sich dann von dem Metallsieb entfernen und mit einer Walze glätten. Nach einem weiteren Glättvorgang entstand ein weißes Blatt, auf dem sich mit einem Kohlestift vorzüglich und haltbar malen und mit Tinte schreiben ließ. Claude von Ibelin verfertigte auf einem solchen Blatt in kurzer Zeit für den Kaiser eine Skizze.

Was den Grund der Unterbrechung anging, so sollte es einem Gerücht zufolge zwischen dem Kaiser und seinem Sohn Heinrich, der im fernen Deutschland als König regierte, zu ernsthaften Zerwürfnissen gekommen sein. Zwar schwelte schon seit längerem ein Streit zwischen den beiden, nun schien er aber in offenen Flammen zu stehen. Entsprechend fahrig und nervös wirkte der Kaiser auch am nächsten Tag, als der Vortrag Ibelins fortgesetzt wurde. Mehrere Male verließ der Kanzler Peter von Vinea den Raum und wenn er zurückkam, wurde der Vortrag unterbrochen, und er flüsterte dem Kaiser Neuigkeiten zu. Claude von Ibelin beschloss im Angesicht dieser Lage seine Ausführungen zu straffen, um schneller zu einem Abschluss zu gelangen. Entsprechend begann er mit den, wie er meinte, wichtigsten Entdeckungen:

„Wir konnten feststellen, dass sich die größere Seite einer Goldenen Proportion, also die Major, weiter im Verhältnis des Goldenen Schnittes teilen lässt. Wie zu erwarten, werden dabei die Abschnitte im Verhältnis des Kehrwertes aufsteigender Potenzen der Zahl φ immer kleiner und kleiner, ohne dass ein Ende abzusehen ist. Dies ist aber nur die halbe Wahrheit, wie wir feststellen konnten. Wenn in einer solchen Folge von abnehmenden Zahlen, die alle im Goldenen Verhältnis stehen, irgendeine von ihnen doppelt gezählt wird, dann ist die nachfolgende Zahl das letzte Glied dieser Folge. Der doppelt gezählte Anteil ist dann die Summe der folgenden abgeschnittenen Glieder.

Die größte Überraschung haben wir erlebt, als wir diese Zusammenhänge auf die Abstände am Äquator anwendeten. Wie bereits ausgeführt, wachsen die Goldenen Dreiecke über jedes Maß hinaus, genauso wie sie umgekehrt unendlich oft teilbar sind. Es zeigte sich nun, dass der gesamte Erdball in ein Netz von Goldenen Dreiecken eingebettet ist. Wir haben festgestellt, dass das von uns ausgemessene Dreieck Palermo – Hügel Maria del Monte der genau definierte Anteil einer viel größeren Fläche ist, deren Hypotenuse einem Viertel des Umfanges unseres Erdballes am Äquator entspricht."

In der Versammlung erhob sich Tumult. Peter von Vinea sprach mit dem Kaiser und Roffred von Benevent redete erregt auf Michael Scotus ein. Endlich fragte der Kaiser:

„Und Ihr seid sicher, Claude von Ibelin, dass hier kein Messfehler oder ein gedanklicher Irrtum vorliegt?"

Der junge Wissenschaftler antwortete bestimmt:

„Es ist absolut sicher und wurde viele Male von uns kontrolliert – es besteht ein Zusammenhang zwischen den Maßen des Erdballes und dem von uns ausgemessenen Dreieck einerseits und den Verhältnissen des Goldenen Schnittes andererseits."

Der Kaiser unterbrach die Sitzung und bat Claude von Ibelin, neben ihm Platz zu nehmen.

„Was meint Ihr, junger Mann, wie viel von dem, das Ihr hier entdeckt habt, wissen auch die Araber?"

Auch bei seiner Antwort ließ der junge Mann jeden Zweifel vermissen:

„Sie wissen gar nichts! In ihren Augen ist der Hügel von gewisser spiritueller Bedeutung. Von allen Orten, die auf dem Thaleskreis infrage kommen, sind für sie natürlich nur die interessant, die auch im Regnum liegen. Auf dem Balkan ist ein heiliger Schrein oder was immer geplant ist, nutzlos. Es mag sein, dass sie um die Bedeutung des Winkels auf der Spitze des Hügels wissen, von den globalen Zusammenhängen ahnen sie nichts."

Der Kaiser war begeistert. Seine Sorgen um den königlichen Sohn und den Aufstand in Sizilien waren wie weggeblasen. In seiner Fantasie, und die hatte er reichlich, sah er vor seinem geistigen Auge ein gewaltiges Monument entstehen, das seine naturwissenschaftlichen Kenntnisse für immer dokumentieren würde. Er wusste sehr wohl, dass es noch einer Menge Arbeit bedurfte. Vor allem musste genau geklärt werden, wieweit den Entdeckungen des jungen Wissenschaftlers zu trauen sei. Zuerst überließ er sich jedoch seiner Freude und tat dies auch mit bewegenden Worten dem jungen Wissenschaftler kund:

„Ihr habt vortrefflich gearbeitet. Ich bin mit Euch und Eurer Arbeit sehr zufrieden. Meine Kanzlei wird Euch eine Belohnung auszahlen und wir werden prüfen lassen, wie wir Euch auch sonst fördern können. Eine Bitte habe ich allerdings. Die Araber sind uns nach wie vor in der nautischen Navigation voraus. Möglicherweise auch deshalb, weil sie systematisch seit Jahrhunderten alle entsprechenden Daten sammeln und in umfangreichen Werken niedergelegt haben. Noch sind wir mit ihnen eng befreundet, aber das kann sich, wie ich erfahren habe, durch äußere Umstände durchaus ändern. Ich bitte Euch, fahrt nach Kairo und sprecht dort mit jenen, die Ihr schon kennt und anderen, die Ihr noch kennenlernen werdet, und bringt dabei nach Möglichkeit den Wissensstand dieser Gelehrten in Erfahrung. Die Mission ist diffizil, aber nicht besonders gefährlich. Ich verlasse mich dabei ganz auf Euch."

An diesem Abend lud Claude von Ibelin den Wissenschaftler Michael Scotus und seinen früheren Freund und Mitknappen Rainald von Schweinspeunt, der inzwischen unter den Rittern des Kaisers Anerkennung gefunden hatte und zu den Söldnern des Kaisers zählte, zu einem Umtrunk in die Cantina des Lagers ein. Sein Stolz und das Hochgefühl, vom Kaiser. selbst gelobt worden zu sein, verhinderten allerdings, dass er den Überblick über die Menge des genossenen Weines behielt. Es wird berichtet, dass ihn drei Knappen in seine Unterkunft tragen mussten. Aber auch Michael Scotus soll, wenn man den Gerüchten glauben darf, an diesem Abend nur unverdünnten Wein getrunken haben. Nach einigen Tagen hatte sich Claude von Ibelin wieder erholt und war bereit, die Rückreise anzutreten. Michael Scotus blieb noch einige Tage im Lager des Kaisers, da dieser ihn gebeten hatte, ihm noch einige Erklärungen zu den bisherigen Übersetzungen des Werkes von ibn Sina zu geben. Die Rückreise verlief von Messina durch das Mare Tirreno nach Neapel, und von dort über den Apennin nach Benevent, sodann zurück nach Foggia, jedoch mit einem Umweg über Lucera, um dort Aaliyah und ihre Familie zu besuchen. Die Reise nach Al Qahirah war für das Frühjahr des Jahres 1234 vorgesehen und wurde vom Hof des Kaisers vorbereitet. Den Winter verbrachte der junge Wissenschaftler mit der Suche nach einem alternativen Weg, die noch offenen Probleme des Goldenen Schnittes zu lösen.

Damit hatte Claude von Ibelin einen großen Teil des Fibonacci-Ackers bearbeitet, zumindest so weit es für seine geometrischen Belange von Interesse war. Die restliche Zeit des alten Jahres und den Beginn des neuen verbrachte er mit Vorbereitungen für seine Ägyptenreise und zur Pflege des Kontaktes zu Aaliyah und ihrer Familie. Mit Michael Scotus traf er sich indessen des Öfteren zum Gedankenaustausch.

Kapitel 10
Auch andere Mütter haben schöne Töchter

Über Al Qahirah stand die Sonne hoch am Himmel. Wer es nicht am eigenen Leibe spürte könnte glauben, es wäre die Zeit des Hochsommers. Ein eiskalter Wind blies, nicht stark aber stetig, aus der Richtung Alexandria vom Meer her durch die Gassen der Stadt und liess die Gläubigen während des Mittagsgebetes erzittern. Überall verbreitete sich der Geruch nach verbranntem Holz, den auch der Wind nicht vertreiben konnte. Scharen von fliegenden Händlern schoben ihre mit Holzkohle beladenen Karren durch die Strassen und priesen ihre Ware mit lauten Rufen zum Verkauf an. Ihre Hände, die Gesichter und die Turbane waren dunkelgrau vom Staub, der beim Umfüllen der nur grob gebrochenen Scheite in die Säcke der Kunden aufwirbelte. Wen keine dringenden Erledigungen hinaus auf die Strasse zwangen, der blieb besser zu Hause in der Nähe der glühenden Holzkohlebecken.

In der Universität hatte sich in der Zeit der Ruhestunden nach dem Mittagsgebet wie immer grosse Stille ausgebreitet. Nur von ferne drangen die Rufe der Strassenverkäufer in die Vorhöfe der Häuser.

Hier sass Scheich Sirag ad-Din al-Urmawi am Tisch vor dem nur teilweise geöffneten Fenster. Vor sich hatte er ein Schreiben vom kaiserlichen Hof in Foggia aufgeschlagen. Es war zum Teil die Antwort auf einen Brief, den er vor einiger Zeit im Auftrag von Scheich Alam ad-Din Qaisar, dem Hofastrologen des Sultans Al-Kamil, an den kaiserlichen Hof geschrieben hatte. Dieser Abschnitt des Briefes war nichtssagend, denn man wartete im Lande des Kaisers auf weitere Nachricht. Interessanter war der zweite Abschnitt, in dem der Besuch des Wissenschaftlers Claude von Ibelin für die nächste Zeit angekündigt wurde. Der Hof berief sich auf eine Zusage, die ihm von Fahr ed-Din gemacht worden war. Es wurde darauf hingewiesen, dass der Besucher an Vorlesungen der Universität teilnehmen wolle. Man bat den Adressaten, für Kost und Logis zu sorgen, wobei alle Belastungen durch den Besucher getragen werden würden. Ein genauer Termin war noch nicht genannt, wurde aber von den Wetterverhältnissen auf dem Mittelmeer abhängig gemacht. Der Scheich schloss aus dem Schreiben, dass er unmittelbar tätig werden müsse, denn auf das Wetter hatte er kei-

dass er unmittelbar tätig werden müsse, denn auf das Wetter hatte er keinen Einfluss.
Zunächst gedachte er, seinen Assistenten Abdul Rahman al-Ubaidi von dem Schreiben zu unterrichten, denn dieser war, zusammen mit seinem Freund Da'ud ibn Auda, der einzige, der den Gast bereits von seiner Italien-Expedition her kannte. Dann musste er noch entscheiden, ob er sich vom Hof des Sultans Al-Kamil, also von Scheich Alam ad-Din Qaisar dem Hofastrologen, Anweisungen über den Umgang mit dem Besucher holen sollte. Der Gedanke an diese Entscheidung bereitete ihm keine Freude, denn sein Verhältnis zu dem Hofastrologen war nicht das Beste. Er beschloss, darüber mit seinem Assistenten zu sprechen. Noch am gleichen Nachmittag schickte er einen Bediensteten in die nahe gelegene Universität und bat den Mu'allim und den Doktoranden Da'ud ibn Auda für den nächsten Morgen zu einer Besprechung nach dem Gebet.
Anderntags, als sich die Herren im Arbeitszimmer von Scheich Sirag ad-Din al-Urmawi versammelt hatten, kam dieser ohne Umschweife auf das Schreiben des kaiserlichen Hofes in Foggia zu sprechen.
„Meine Herren, wir bekommen hohen Besuch! Hier habe ich ein Schreiben des Hofes des Kaisers Friedrich II., in dem uns der Besuch des Wissenschaftlers Claude von Ibelin angekündigt wird. Sie kennen den Herrn ja bereits von Ihrer Reise nach Italien. Nun möchte ich mit Ihnen besprechen, wie wir vorgehen und uns verhalten sollen."
Der Mu'allim Abdul Rahman al-Ubaidi war erfreut über die Nachricht und fragte den Scheich, ob er den Brief lesen dürfe. Nachdem er den entsprechenden Absatz studiert hatte, stellte er fest:
„Besonders viele Informationen sind in dem Brief nicht enthalten. Claude von Ibelin wird kommen und wir sollen ihn unterbringen, aber wie lange er bleibt und was er will, wissen wir nicht."
Der Scheich war schon zuvor ähnlichen Gedanken nachgegangen:
„Was immer es ist, er kommt, um Informationen zu sammeln, die ihnen bisher fehlen. Sagt mir, lieber Abdul Rahman, was für ein Mensch ist Claude von Ibelin?"
Der Mu'allim dachte eine Weile nach:
„Von allen Wissenschaftlern, die ich bei unserer Expedition quer durch das Königreich der beiden Sizilien kennengelernt habe, ist er bei Weitem der intelligenteste. Sein Vater war Regent auf der Insel Cypern, bis ihn

Kaiser Friedrich II. absetzte. Inzwischen hat er die zu seiner Nachfolge berufenen kaiserlichen Statthalter überwunden und sich selbst wieder als Regent eingesetzt. Dies hat aber auf das Wohlwollen des Kaisers gegenüber seinem Sohn Claude, soviel ich weiß, keinen Einfluss."

Der Scheich hatte interessiert zugehört:

„Dann kommt also ein ausgezeichneter Mann zu uns, um von uns zu erfahren, was wir wissen und er nicht. Ich schlage vor, dass wir den Spieß umdrehen und unsererseits in Erfahrung bringen, was er weiß und wir nicht." Der Doktorand Da'ud ibn Auda schaltete sich in das Gespräch ein:

„Unser Besucher ist noch sehr jung, wie ich mich erinnere. Außerdem ist er, soviel ich weiß, noch ledig. Wie wäre es, wenn wir ihm an Stelle unseres Wissens unsere schönen Mädchen vorstellen würden?"

Der Scheich, den bei diesem Vorschlag sogleich das Problem beschäftigte, wie er in diesem Falle mit dem Hof des Sultans klarkommen sollte, fragte dennoch:

„Wie alt ist denn der junge Mann?"

Da'ud ibn Auda dachte kurz nach:

„Claude von Ibelin müsste nun annähernd vierundzwanzig Jahre alt sein. Kein sonderlich hohes Alter für einen Mann seiner Intelligenz."

Der Scheich gab nun einige Anweisungen:

„Wir werden folgendermaßen vorgehen. Herr Da'ud ibn Auda, Sie werden den jungen Mann begleiten und für seine Zerstreuung sorgen. Herr al-Ubaidi, Sie sorgen für Unterbringung und Verpflegung im angemessenen Rahmen. Ich selbst werde mich mit dem Oberhofmeister des Sultans, Herrn Abu Hashim al-Jubba`i, absprechen und gegebenenfalls Emir Fahr ed-Din unterrichten. Machen Sie mir bitte Mitteilung über die Fortschritte Ihrer Vorbereitungen. Ich dagegen werde Sie informieren, sobald ich genauer weiß, wann unser Gast in Alexandria eintrifft."

Damit waren alle Schritte zum Empfang des Gastes in die Wege geleitet, bis auf die Unterrichtung des Sultanshofes. Diese undankbare Aufgabe nahm Scheich al-Urmawi sofort am nächsten Tag in Angriff. Mit einer kurzen Erklärung seines Anliegens ließ er sich bei Emir Fahr ed-Din anmelden. Der Emir gab ihm einen Termin einige Tage später und bat ihn, seine beiden Assistenten, Mu'allim Abdul Rahman al-Ubaidi und Da'ud ibn Auda mitzubringen.

Zum größten Erstaunen des Scheichs waren, als die drei im Palast des Emirs eintrafen, neben dem Emir auch der Sultan Al-Kamil, der Oberhofmeister al-Jubba`i und der Hofmathematiker ad-Din Qaisar anwesend. Während die drei Ankömmlinge den Sultan ehrerbietig begrüßten, hatten sich die anderen Anwesenden bereits auf den bereitliegenden Sitzkissen niedergelassen und zwei Diener servierten süßen Tee. Als auch die drei Wissenschaftler sich gesetzt hatten, übernahm der Emir die Begrüßung: „Meine Herren, seid willkommen im Namen unseres verehrten Sultans Al-Kamil. Wir wollen heute und hier erörtern, wie unsere Politik gegenüber dem Kaiser der Franken in Zukunft aussehen soll. Der äußere Anlass hierzu ist der bevorstehende Besuch eines ihrer Wissenschaftler in Al Qahirah. Ich will mich kurz fassen und übergebe das Wort an unseren verehrten Sultan.“ Der Sultan räusperte sich und nahm einen Schluck von dem süßen Tee:

„Wie Sie alle wissen, besteht zwischen dem Kaiser der Franken und uns ein herzliches Verhältnis. Dies hängt sicher damit zusammen, dass Friedrich II. eine gewisse Sympathie für unseren Glauben hegt. In den von ihnen besetzten Gebieten Palästinas herrscht weitgehend Ruhe, wir pflegen einen regen Erfahrungsaustausch über die verschiedensten Dinge und der Kaiser unterrichtet uns über die Vorgänge im Abendland. Unter anderem sind wir ihm behilflich, ein Verteidigungssystem zu errichten, um gegen Überfälle aus dem Patrimonium Petri, wie sie bereits während seines Besuches in Palästina erfolgt sind, in Zukunft zu verhindern. Zwei der hier anwesenden Herren waren bereits im Regnum Siziliae und haben die Geographie der infrage kommenden Region erkundet. Das erste Bauwerk soll an einem besonderen Ort errichtet werden, um es unter allen anderen herauszuheben. In den nächsten Tagen werden wir die Pläne für das, was wir zur Errichtung vorschlagen, an den Kaiser schicken und ihm dabei auch unsere Überlegungen zur Wahl des ausgewählten Ortes mitteilen. Mein Wunsch ist, dass unser gutes Verhältnis zu den Franken dem Besucher auf die vielfältigste Weise zum Ausdruck gebracht wird. Es kann kein Zweifel bestehen, dass der junge Wissenschaftler, der zu uns kommt, das Vertrauen des Kaisers genießt und ihm bei seiner Rückkehr genau Bericht erstatten wird. Berücksichtigen sie also bitte bei Ihrem Erfahrungsaustausch, dass wir bis auf wenige Dinge, die Herr ad-Din Qaisar noch genau erläutern wird, keinerlei Geheimnisse haben werden.“

Indem er auf den Hofmathematiker deutete, erteilte er diesem das Wort:
„Die Franken haben in der letzten Zeit große Anstrengungen unternommen, um ihren Wissensstand dem unseren anzugleichen. Dabei sind ihnen einige Erfolge gelungen. So zum Beispiel in jenem mathematischen Bereich, der sich mit den Problemen des Goldenen Schnittes befasst. Hier sind sie uns möglicherweise sogar überlegen. Große Mängel bestehen bei ihnen in der Anwendung der Mathematik auf Belange der Seefahrt und der Landvermessung. Es ist ihnen, von Ausnahmen abgesehen, nicht gelungen, entsprechende eigene Sinustafeln zu entwickeln, so dass sie auf das zurückgreifen, was ihnen zum Beispiel in Spanien bei der sogenannten Reconquista in die Hände gefallen ist. Wir sollten versuchen, die entsprechenden Tafeln, besonders jene mit den schwer zu errechnenden, kleinen Winkelwerten nicht herauszugeben. Des Weiteren sind natürlich die Tafeln der Auf- und Untergangszeiten der Sterne und des Sonnenstandes der einzelnen Gebiete im Großen und Ganzen geheim. Auch über alles was im Jemen, also in Aden geschieht, sollten wir Stillschweigen bewahren, was wegen der großen Entfernung dorthin auch leicht möglich sein sollte."
Der Emir übernahm noch einmal das Wort:
„Das Notwendige wissen Sie nun, meine Herren, wir wollen unseren Besucher so freundlich wie möglich behandeln, aber alles braucht er nicht zu erfahren."
Damit war die Versammlung beendet. Der Sultan hob seine rechte Hand und entließ mit dieser huldvollen Geste seine Besucher, die sich wieder an die ihre Arbeit begaben.
Bevor sie auseinander gingen, erinnerte Scheich al-Urmawi seine Assistenten jedoch noch einmal an die ihnen übertragenen Aufgaben im Zusammenhang mit dem Besuch von Claude von Ibelin.
So vergingen die Tage und in Al Qahirah wurde es wärmer und der Geruch von verbranntem Pinienholz wurde schwächer. Der Wind jedoch blies ständig weiter aus Westen und die Nachrichten aus Alexandria über eingetroffene Schiffe aus dem Abendland blieben dementsprechend spärlich. Doch auch, als das Nilhochwasser längst wieder zurückgegangen war und sich die Trockenzeit Schemu näherte, war noch immer keine Nachricht aus der Hafenstadt eingetroffen. Abdul Rahman hatte in der Nähe der Universität ein kleines Haus gemietet und einen Diener sowie einen Koch engagiert, die sich nun rechtschaffen langweilten. Der Doktorand hatte sie

beauftragt, in der Zwischenzeit den kleinen Garten in Ordnung zu bringen, aber man konnte leicht erkennen, dass die Gärtnerei nicht unbedingt ihre größte Begabung war.

In der Residenzstadt Foggia saß inzwischen der junge Wissenschaftler Claude von Ibelin auf gepackten Koffern und wartete unruhig auf eine Nachricht aus der Hafenstadt Bari, die ihm den Aufbruch verkünden sollte. Nachdem er über drei Wochen gewartet hatte, erreichte ihn eines Tages eine Botschaft aus der Stadt Termoli, dass ein venezianischer Segler sich auf den Weg gemacht hatte, die Halbinsel Gargano zu umrunden, um dann in Bari eine Zwischenstation einzulegen. Sofort ließ er sein Gepäck auf einen Pferdekarren laden und brach mit zwei Dienern zur Hafenstadt auf. Der eine Diener sollte ihn nach Ägypten begleiten, während der andere den Pferdekarren nach Foggia zurückbringen würde. Nach einer anstrengenden Fahrt über holprige Landstraßen gelangte er so rechtzeitig nach Bari, um sich auf dem Segler, der auch tatsächlich Alexandria anlaufen sollte, noch einschiffen zu können. Der Kapitän überließ ihm freundlicherweise seine eigene Kabine, wobei Claude den Eindruck nicht loswurde, dass dieses Entgegenkommen seinen Niederschlag in dem zu entrichtenden Preis hatte. Nach vielen Wochen, in denen sich ein Sturmtief nach dem anderen ihnen in den Weg gelegt hatte, ging nun ein ruhigerer und steter Wind und der Segler konnte alle seine Segel setzen, ohne kreuzen zu müssen. So dauerte es nur noch wenige Tage und die flache Küste Afrikas wurde am Horizont sichtbar. Unter Land segelnd dauerte es zwei weitere Tage, bis man vom Schiff aus eines sieben Weltwunder erkennen konnte. Der riesige Leuchtturm von Pharo auf der gleichnamigen Insel kam in Sicht und Claude von Ibelin, der die Geschichte und Geographie Ägyptens in den letzten Monaten studiert hatte, wusste, dass nun der Hafen von Alexandria nicht mehr weit war.

Die Einfahrt in den Hafen war breit und übersichtlich und das Hafenbecken selbst hatte in den Augen des jungen Wissenschaftlers geradezu riesige Ausmaße im Vergleich zu den Häfen, die er bis jetzt gesehen hatte. Der Kapitän und seine Mannschaft legten routiniert an und sofort kamen scharenweise fliegende Händler an Bord und boten allerhand Andenken und nachgemachte Kunstwerke aus der Pharaonenzeit zum Kauf an. Claude von Ibelin, den der Kapitän vorgewarnt hatte, verschloss seine Kabine und brachte alle Wertgegenstände in Sicherheit, denn ihm waren die ägyptischen Taschendiebe als die besten der Welt geschildert worden.

Da das Schiff wenigstens eine Woche im Hafen liegen würde, um die Ladung zu löschen und neue Fracht zu stauen, beschloss er, seinen Diener nach Al Qahirah zu schicken, um dort seine Ankunft zu melden. Er selbst wollte die Wartezeit, bis man ihn abholen würde, dazu nutzen, um sich die Stadt Alexandria und die Umgebung anzusehen.

Die ruhige Woche mit Besichtigungen der Stadt und dem Gelände der ausgebrannten ehemals weltberühmten Bibliothek, wie er sich das vorgestellt hatte, wurde jäh verkürzt, als bereits nach drei Tagen der Diener zusammen mit dem Mu'allim Abdul Rahman al-Ubaidi zurückkehrte.

Die Begrüßung war herzlich, als seien sie alte Freunde:

„Lieber Claude von Ibelin, seid herzlich willkommen in Ägypten. Ich hoffe, Ihr hattet eine angenehme Seereise. Wir warten schon eine ganze Weile auf Euch und haben in Al Qahirah alles vorbereitet. Wenn Ihr wollt, können wir kurzfristig aufbrechen."

Claude war hoch erfreut von dieser Begrüßung und brachte dies auch zum Ausdruck:

„Für Euren freundlichen Empfang danke ich Euch von Herzen. So schnell hatte ich Euch nicht erwartet, doch wenn ich recht überlege, hält mich nichts an Bord dieses Schiffes und wir können, wenn es Euch nichts ausmacht, bald nach Al Qahirah aufbrechen."

Der Mu'allim hatte aus der Stadt auch den für Claude in Lohn genommenen ägyptischen Diener mitgebracht. So waren zusammen mit dem italienischen Dienstboten ausreichend Hände da, um die Gepäckstücke auf das mitgebrachte Pferdefuhrwerk zu laden, während die beiden Wissenschaftler sich weiter angeregt unterhielten. Auch zwei Reitpferde standen bereit, sodass sich die Gruppe alsbald nach Al Qahirah in Bewegung setzen konnte. Nach fünf Stunden Ritt auf der vielbefahrenen Straße nach Al Qahirah brach ziemlich schnell die Dämmerung herein und die Gruppe suchte sich in einem der zahlreichen Gasthöfe ein Nachtquartier. Während des Abendessens in der Schänke sprachen die beiden Wissenschaftler natürlich über ihre Probleme, aber der Mu'allim, der die Strecke soeben erst in umgekehrter Richtung zurückgelegt hatte, war zu müde, um eine angeregte Diskussion zuführen. Man verabschiedete sich zur Nacht und erreichte, durch erquickenden Schlaf gestärkt, am Nachmittag des nächsten Tages die Stadt und das Quartier von Claude von Ibelin.

Die folgenden Tage waren angefüllt mit dem Einrichten des Quartiers und der Besichtigung der nächsten Umgebung. Am dritten Tage erschien Da'ud ibn Auda, um Claude abzuholen und in den Betrieb der Universität einzuführen. Er fragte ihn nach seinen Wünschen:

„Nachdem Ihr Euch nun wahrscheinlich bereits ein wenig einrichten konntet, sind wir, also der Professor, der Mu'allim und ich zu dem Schluss gekommen, dass Ihr sicher nun die Universität und ihre wissenschaftlichen Einrichtungen kennenlernen wollt. Wenn wir mit unseren Überlegungen richtig liegen, dann könnten wir noch an diesem Vormittag dort einen Besuch machen."

Claude entgegnete bestimmt:

„Vielen Dank für Eure Aufmerksamkeit, aber ich möchte Euch auf keinen Fall zur Last fallen. Weder finanziell noch was Eure Zeit anbelangt. Wie Ihr wisst, spreche ich passabel arabisch und werde mich sicher auch in Eurer Stadt ohne Hilfe zurechtfinden, so, wie ich es in der Vergangenheit in Pisa und Toledo gehandhabt habe. Natürlich freue ich mich, wenn Ihr mir das Gelände der Universität zeigt und komme gerne mit Euch, aber in Zukunft solltet ihr Euch um mich nicht kümmern."

Ibn Auda erklärte entschuldigend:

„Schon recht, Herr von Ibelin, aber Sie müssen verstehen, dass bei uns die Gastfreundschaft einen sehr hohen Stellenwert hat und für Sie gilt dies in besonderem Maße, da Sie auf Empfehlung des Kaisers der Franken hier sind."

Das war nun wiederum dem jungen Wissenschaftler peinlich:

„Also lassen Sie uns so verbleiben, wann immer ich ein Problem habe, werde ich bei Ihnen vorsprechen, und wenn Sie den Eindruck haben, Sie hätten lange nichts von mir gehört, dann kommen Sie mich besuchen."

Ibn Auda war einverstanden:

„Gut, so wollen wir es machen. Ich werde es den anderen Herren auch mitteilen und wir richten uns von jetzt ab ganz nach Ihnen. Aber die Universität können wir doch trotzdem heute besuchen?"

„Ja, natürlich, lasst mich nur noch der Dienerschaft einige Anweisungen geben."

Die Unterkunft Claude von Ibelins war von seinen Gastgebern mit Bedacht in der Nähe der großen Moschee auf dem Universitätsgelände ausgewählt worden. Man ging davon aus, dass, wie von dem kaiserlichen Großhof mitgeteilt, die Haupttätigkeit des jungen Wissenschaftlers im Bereich der Universität und der angeschlossenen Bibliothek liegen würde. Man konnte sich gar nicht vorstellen, dass die großen Pyramiden in Gizah, die den Einwohnern täglich vor den Augen standen und dadurch für sie fast gar keine Bedeutung hatten, auf einen fremden Wissenschaftler, der einem ganz anderen Kulturkreis entstammte, eine ungeheure Faszination ausstrahlten. So war es auch nicht verwunderlich, dass Claude von Ibelin auf ihrem gemeinsamen Weg zum Universitätsgelände bald danach fragte:
„Sagt mir, lieber Freund, wo finde ich Unterlagen zu den großen Pyramiden?"
Ibn Auda war etwas überrascht:
„Die Pyramiden?" fragte er erstaunt, „Ich dachte, Ihr wolltet Euch in der Nautik weiterbilden?"
„Ja, das ist mein Hauptanliegen, aber die Pyramiden als letztes Überbleibsel der sieben Weltwunder haben schon immer mein Interesse erregt. Was meint Ihr? Welcher Rang wurde ihnen bei ihrer Errichtung gegeben?"
Natürlich hatte sich ibn Auda während seines Studiums auch ganz allgemein mit dem Bau und der Existenz der Pyramiden beschäftigt:
„Meines Wissens sind die drei Pyramiden von Gizah, also die kleinste des Mykerinos, die mittlere Chefrens und die große des Cheops, als Grabmale der genannten Herrscher geplant gewesen. Offenbar haben sie aber diesem Zwecke nie gedient."
Claude von Ibelin fragte sogleich nach:
„Wie ist es zu verstehen, dass Mykerinos, der Enkel von Cheops, seine Pyramide immer noch bauen ließ, obwohl er wusste, dass sowohl sein Großvater als auch sein Vater in den von ihnen unter großem Aufwand erbauten Pyramiden nie aufgebahrt waren?"
Da'ud ibn Auda hatte aber seine Lektion gelernt:
„Das wird wohl damit zusammenhängen, dass in seiner Dynastie immerhin seit seinem Uhrahnen Snofru eine hundertsiebzigjährige Tradition im Bau von Pyramiden herrschte. Übrigens konnte er zu seinen Lebzeiten den Bau seiner Pyramide nicht beenden, obwohl er sie dreimal geändert hat."
Claude hatte eine Idee:

„Könnte es nicht sein, dass die Pyramiden eine ganz andere Bedeutung hatten als nur als Königsgräber zu dienen? Es stellt sich doch die Frage, wie es möglich ist, dass alle diese Herrscher ihre Pyramiden erbauen liessen im Wettlauf mit der Zeit zwischen der Fertigstellung der Bauwerke und dem Ende ihres Lebens. Auf das eine hatten sie Einfluss, auf das andere nicht."

Da'ud hatte auch hier das nötige Wissen parat:

„Aus religiösen Gründen musste jeder Herrscher sein eigenes Grabmal bauen. Sonst wäre es ja zum Beispiel für Mykerinos leicht möglich gewesen, sich in der Pyramide Chefrens bestatten zulassen. Oder er hätte die Pyramide des Snofru in Dahschur für sich okkupieren können. Ausserdem ist Ihre Feststellung, es wären keine Grabmale in den Pyramiden gewesen, so nicht haltbar. Es haben sich durchaus Artefakte in den Grabkammern gefunden." In der Zwischenzeit hatten sich die beiden im Gelände der Universität auf einem grossen Stein niedergelassen. Dieser lag als Zierde auf einer gepflegten Wiesenfläche, auf der eine Anzahl von Studenten sass und auf Schiefertafeln die verschiedensten Probleme lösten. Sowohl der Doktorand ibn Auda als auch der Wissenschaftler von Ibelin hatten Freude an dem Gespräch.

Auf dem Weg, der die Wiese durchzog, kam ein Händler mit seinem zweirädrigen Drückkarren daher und bot Schälchen mit heissem, sehr süssen Tee an, den er aus grossen Kannen ausschenkte. Als er sich den Diskutierenden näherte, unterbrach Claude von Ibelin das Gespräch und lud seinen Partner zu einem Tee ein.

Claude nahm das Gespräch wieder auf:

„In einer Überlieferung habe ich gelesen, dass der Grieche Herodot vor vielen hundert Jahren die Pyramiden besucht hat und in seinen Schriften einige Angaben zur Geometrie der grossen Pyramide machte."

Da'ud hatte davon gehört:

„Die Schriften des Herodot sind hier in Al Qahirah als Abschriften der Originale in der Bibliothek aufbewahrt. Sie können sie dort lesen."

Claude entgegnete:

„Es gibt eine Schwierigkeit, denn ich spreche Arabisch, Lateinisch, das italienische Volgare, aber kein Griechisch. Ich werde mich daher um eine Übersetzung bemühen müssen."

„Das ist sicher kein Problem. Ägypten war seit Alexander dem Großen jahrhundertelang von Griechen regiert. Irgendeiner von ihnen wird wohl Herodot in eine andere Sprache übersetzt haben. Falls Ihr Interesse dann noch nicht endgültig gestillt ist, könnten Sie auch die Schriften des Agatharchides von Knidos aus dem zweiten Jahrhundert vor Eurer Zeitrechnung studieren. Auch dieser hat sich zu den geometrischen Problemen der Pyramiden geäußert."

Claude von Ibelin war mit dem Gespräch sehr zufrieden und ließ sich von dem Doktoranden den Weg zur Bibliothek zeigen. Nicht alles von Herodot und Knidos war in der Bibliothek von Al Qahirah vorrätig. Die Verwalter der Schriftrollen wollten sich jedoch bemühen, fehlende Literatur von der Bibliothek in Alexandria auszuleihen.

Damit war für den jungen Wissenschaftler der Eintritt in eine Forschertätigkeit in der Stadt Al Qahirah erfolgt, der ihm nicht nur neue Erkenntnisse in der Berechnung nautischer Probleme bringen sollte, sondern auch eine Vertiefung in das Problem der Zahlenfolgen, die sein großer Lehrer Fibonacci bearbeitete.

Schon am nächsten Tage ging er mit Feuereifer an die Arbeit. Er hatte sich von seinem Diener italienische Panini backen lassen und ließ sich in dem großen Lesesaal der Bibliothek auf einem Sitzkissen nieder, nachdem er einige Rollen eng beschriebener Papyri mit lateinischen Übersetzungen der griechischen Texte des Herodot ausgeliehen hatte. Seine Begeisterung für den griechischen Schriftsteller wurde jedoch leider etwas gedämpft, denn der Vielgereiste war auch ein Vielschreiber, daher brauchte es einige Lektürezeit, bis Claude auf jene Passagen stieß, die sich auf die Pyramiden bezogen.

Endlich, es war bereits Nachmittag geworden und die Panini fast aufgezehrt, fand er eine Stelle, die ihn als Mathematiker sofort interessierte. Herodot schrieb über eine Unterhaltung, die er mit einem Wächter der großen Pyramiden geführt hatte. Der Mann hatte ihm erzählt, dass *jede einzelne Seitenfläche der vier äußeren Deckseiten so groß sei wie ein Quadrat mit der Höhe der Pyramide als Seitenlänge*. Sofort zeichnete er auf seiner Schiefertafel eine Pyramide und versuchte, die Aussage nachzuvollziehen. Zwar erschien ihm die Aussage, da Herodot sein Wissen nur vom Hörensagen kannte, recht suspekt, aber die Angaben waren vom mathematischen Standpunkt aus korrekt und nachvollziehbar.

Bei seinen Bemühungen kam ihm zugute, dass er bei seinen Studien an der Schule des Averroës in Spanien die Schriften des großen Mathematikers al-Khwarizmi genau studiert und angewendet hatte. Auch in der Bibliothek der Universität von Al Qahirah fand er ein Exemplar der Schrift *Al-kitab al-mukhtasar fi hisab al-gabr wa'l-muqabala* des großen Meisters. So war es ihm relativ einfach möglich, anhand der Vorgaben des Buches nach der Methode des Ergänzens und Ausgleichens die Formel des Herodot auf die Normalform einer quadratischen Gleichung zu bringen und zu lösen. Umso größer war sein Erstaunen, als er im Zuge seiner Berechnungen herausfand, dass die Ergebnisse wieder in die Richtung führten, auf die er schon in Italien gestoßen war.

Die Aussage, die er hier, wie ähnlich auch in Italien, niedergeschrieben hatte, lautete in mathematischer Form:

F = eine Seitenfläche der großen Pyramide

H = Höhe dieser Seitenfläche

h = Höhe der Pyramide

s = halbe Länge einer Basisseite

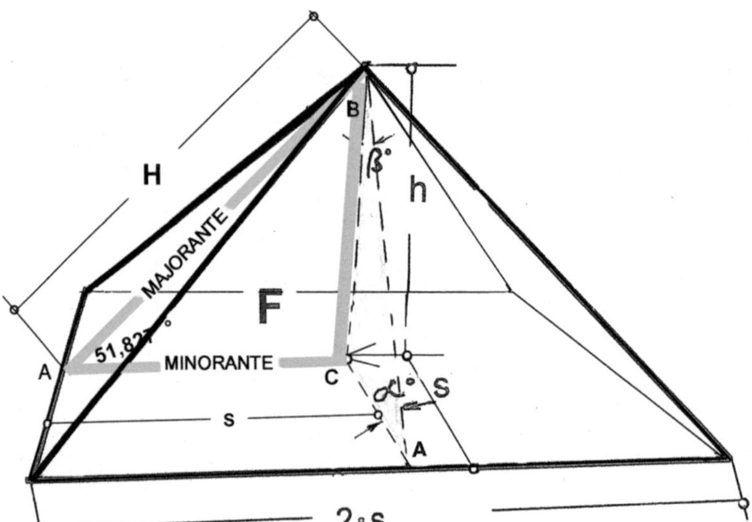

Abb.18 Zusammenhänge zwischen den Abmessungen der großen Pyramide nach den Angaben von HERODOT

(Herodot) $F = \frac{1}{2} \cdot 2 \cdot s \cdot H = s \cdot H = h^2$ (9)

H nach dem Lehrsatz des Pythagoras durch h und s ersetzen:

$H = \sqrt{h^2 + s^2}$ dieses statt H in Herodots Formel eintragen:

$h^2 = s \cdot \sqrt{h^2 + s^2}$ quadrieren und umordnen:

$h^4 - s^2 \cdot h^2 - s^4 = 0$ für $h^4 = x^2$ folgt die quadratische Gleichung:

$x^2 - s^2 \cdot x - s^4 = 0$ mit den Lösungen:

$x_{1;2} = \frac{s^2}{2} \cdot \left(1 \pm \sqrt{5}\right)$ mit h^2 wird für $\frac{h^2}{s^2}$

$\frac{h^2}{s^2} = +1{,}6180339 = \varphi$ und:

$\frac{h^2}{s^2} = -0{,}6180339 = -1 / \varphi$ die Verhältnisse des goldenen Schnittes!

Während schon die Entdeckung der sectio aurea, also des Goldenen Schnittes in dieser geometrischen Figur den jungen Wissenschaftler in größtes Erstaunen versetzt hatte, so waren die weiteren Ergebnisse noch viel erstaunlicher. Bildete er nämlich aus den Werten für h und s das Steigungsverhältnis des Tangens, dann folgte:

$$\tan \alpha_1 = \frac{h}{s} = \sqrt{1{,}6180339} = 1{,}27202$$

$$\tan \alpha_2 = \frac{h}{s} = \sqrt{-0{,}6180339} = 0{,}78615 \cdot \sqrt{-1}$$

Es waren nun die zugehörigen Winkel, die das unsägliche Erstaunen hervorriefen:

$\alpha_1 = 51{,}8273\ldots°$ und $\alpha_2 = 38{,}1727\ldots°$

und dies waren genau die Winkel des Dreiecks mit der größten inneren Symmetrie des goldenen Dreiecks.

Damit aber nicht genug, gelang es Claude, noch einen anderen Zugang zu den Abhängigkeiten an der großen Pyramide zu finden. So schrieb er die

Gleichung von Herodot in etwas anderer Form, nämlich:

$h / H = s / h$ (9a)

dann folgte aus Dreieck ABC, Abbildung 18:

$h / H = \cos \beta$ und $s / h = 1 / \tan \alpha$

$\cos \beta \cdot \tan \alpha = 1$ (9b)

aus (9a) eine andere Form von Herodot.

Da er inzwischen eine Sinustafel ausgeliehen hatte, gelang es ihm, indem er solange probierte, bis er die richtigen Werte für die Gleichung (9b) gefunden hatte, sie zu lösen. Hierbei machte er sich zunutze, dass für ihre Lösung nur Werte $\tan \alpha > 1$, beziehungsweise Winkelgrade $\alpha > 45°$ infrage kamen, wie bereits aus der Betrachtung von (9b) erkennbar war. Kleinere Werte konnte die Gleichung nicht lösen. Damit errechnete er folgende Zahlen:

$\tan \alpha = 1{,}2720196$ $\cos \beta = 0{,}7861514$

$\tan \alpha = \sqrt{\varphi} \cdot \cos \beta = \sqrt{1 / \varphi}$

Winkel $\alpha = 51{,}787346°$ Winkel $\beta = 38{,}172708°$

Er konnte aber seine Leistungen in kurzer Zeit noch beträchtlich verbessern.

So setzte er in (9b) die Identität

$\tan \alpha = \sin \alpha / \cos \alpha$ ein, womit er

diese Form von (9 b) erhält.

$\sin \alpha \cdot \cos \beta = \cos \alpha$ (9 c)

Der junge Wissenschaftler wendet nun die Additionstheoreme der Winkelfunktionen auf (9c) an und erhält:

$\cos \alpha \cdot \sin \beta + \sin \alpha \cdot \cos \beta = \sin (\alpha + \beta)$ (10)

Nun $\sin (\alpha + \beta) = 1$ einsetzen:

$\cos \alpha \cdot \sin \beta + \cos \alpha = 1$

Die Lösung führte auf die quadratische Gleichung

$1 / \varphi^2 + 1 / \varphi = 1$ (11)

Mit dieser Gleichung (11) sollte er in Zukunft noch viel Arbeit, aber auch eine gute Portion Freude haben.
Damit konnte er nun seiner schon vorher entdeckten Tabelle noch einige Werte hinzufügen und einen Zusammenhang zwischen den beiden goldenen Winkeln angeben:

$\cos \alpha = 1 / \varphi = 0{,}6180339$ $\sin \beta = 1 / \varphi = 0{,}6180339$
$\cos 51{,}827299° = \sin 38{,}172701°$
$\sin \alpha = \sqrt{1 / \varphi} = 0.7861514$ $\cos \beta = \sqrt{1 / \varphi} = 0.7861514$
$\sin 51{,}827299° = \cos 38{,}172701°$

Claude von Ibelin besuchte einige Tage, nach dem er diese Lösungen gefunden hatte, den Professor und den Mu'allim an der Universität und nahm an einer der entspannt abgehaltenen Vorlesungen von Scheich Sirag ad-Din al-Urmawi teil. Im Anschluss trafen sich die drei in einer kleinen Teestube nahe der Universität und besprachen allgemeine Dinge. Wie zufällig kamen sie dabei auch auf die Pyramiden zu sprechen und Claude berichtete von dem, was er nach dem Studium von Herodots Ausführungen hierzu herausgefunden hatte. Während der Mu'allim über die Forschungsergebnisse ins Staunen geriet, blieb der Professor ruhig.
„Was ihr da gefunden habt, ist nicht so neu, wie ihr annehmt. Bereits in der Vergangenheit hat es vielfältige Untersuchungen gegeben, die davon ausgingen, dass man aus der Lage und den Abmessungen der Pyramiden versteckte Hinweise auf das Wissen der alten Ägypter finden könnte. Ich erinnere mich noch lebhaft an eine Diskussion unter meinen Kollegen, in der es darum ging, aus der Ausdehnung der großen Pyramide auf die Zahl Pi, also das Verhältnis von Umfang zu Durchmesser eines Kreises, zu schließen. Letztendlich fand die Diskussion ihr Ende mit dem Hinweis einer meiner Kollegen, dass einige modifizierte Werte der sectio aurea, also der Zahl φ des Goldenen Schnittes, nur äußerst geringfügig von Bruchteilen des Wertes Pi der Kreiszahl 3,14159 abweichen. So ist zum Beispiel

$\sqrt{\varphi} = 1{,}2720196$ nahezu gleich mit: $4/\pi = 1{,}2732406$
und:

$\sqrt{1/\varphi} = 0{,}7861513$ nahezu gleich mit: $\pi/4 = 0{,}7853975$

Claude von Ibelin hatte aufmerksam zugehört und sich einige Notizen gemacht.

„Für mich war es bisher neu, dass bei der großen Pyramide diese ausgezeichneten Winkel auftreten. Ich selbst bin auf sie gestoßen, als ich die Verhältnisse in dem Dreieck zwischen der Stadt Palermo und einem Hügel mit Namen Santa Maria del Monte in meiner Heimat untersuchte."

Nach diesen Worten herrschte eine Weile Schweigen. Claude hatte den Eindruck, als sähen sich der Professor und der Mu'allim verständnisvoll an. Als dann seine Gesprächspartner die Unterhaltung unvermittelt abbrachen, hatte er die Ahnung, mit seiner Bemerkung auf etwas Wichtiges gestoßen zu sein. Der Professor brachte in leicht nervösem Ton eine Entschuldigung vor: „Verzeiht mir, dass wir unsere interessante Unterhaltung unterbrechen müssen, aber nun hätte ich darüber beinahe vergessen, dass ich bei dem Emir zum Vortrag gebeten bin."

„Auch mich müsst Ihr entschuldigen", sagte der Mu'allim in einem Anflug von Hektik, „wir können unser Gespräch sicher demnächst einmal fortsetzen."

Als die beiden außerhalb der Hörweite von Claude von Ibelin waren, zischte der Professor dem Mu'allim zu:

„Wir müssen uns unverzüglich treffen und über die Winkel sprechen."

Während die beiden in Sichtweite von Claude so taten, als ob sie sich auf entgegengesetzten Wegen entfernten, schlug der Mu'allim lediglich einen Umweg ein, um dann, nachdem er sich weit genug entfernt hatte, rasch zum Büro des Professors zu eilen.

Dort eingetroffen, sprach ihn der Professor unmittelbar an:

„Der Ungläubige aus dem Abendland hat scheinbar etwas entdeckt, was wir übersehen haben. Das Palermo-Dreieck ist, so wie ich ihn verstanden habe, aus Seiten, die nach dem goldenen Schnitt geteilt sind, aufgebaut. Dass heißt aber immer noch nicht, dass dort die goldenen Winkel auftreten. Wir müssen sofort nautische Berechnungen anstellen und die Unterlagen, die uns aus der Stadt Aden zur Verfügung gestellt wurden, überprüfen. Ich werde darüber mit Scheich Alam ad-Din Qaisar sprechen, schließlich ist er es, der das alles begonnen hat."

Und er gab dem Mu'allim eine Anweisung:

„Untersuchen Sie bitte die Berechnungen aus Aden mit den nur uns bekannten nautischen Formeln darauf hin, ob die Kursdreiecke etwa die Goldenen Winkelverhältnisse ergeben. Ich selbst werde meine Vorlesungen so abstimmen, dass die nautischen Belange vorrangig behandelt werden. Claude von Ibelin wird dann an diesen Vorlesungen teilnehmen, und wir können bei dieser Gelegenheit möglicherweise Näheres erfahren."

Während in Claude von Ibelin über jene Ahnung am Ende des Gespräches in der Teestube hinaus kein Argwohn geweckt worden war, hatte der Professor sich sofort beim Emir anmelden lassen und dort Bericht erstattet. Der wiederum hatte den Sultan und seinen Hofastrologen unterrichtet. Gemeinsam trafen sie sich am nächsten Tage im m Sultanspalast, um die offizielle Meinung ihres Herrschers zu hören. Der jedoch war zu dieser Zeit mit innenpolitischen Problemen seiner Regentschaft befasst und sah in der offensichtlichen Zunahme der wissenschaftlichen Kenntnisse des Frankenkaisers keinen Grund zur Besorgnis. Auch deshalb nicht, weil nach wie vor eine rege Korrespondenz zwischen den Höfen herrschte und der Kaiser des Öfteren Warnungen vor einem möglichen weiteren Kreuzzug verlauten ließ.

Es wurde also beschlossen, dass Scheich Alam ad-Din Qaisar selbst versuchen sollte, das Geheimnis des jungen Wissenschaftler zu ergründen, um weitere Einzelheiten über den Wissensstand des Abendlandes zu erlangen. Im Übrigen aber war Ibelin alle Gastfreundschaft und die ihm zukommende Hochachtung zu erweisen.

Claude, der das Vorlesungsverzeichnis der Universität stets studierte, hatte sofort reagiert, als er die Ankündigung von Professor al-Urmawis Vorlesungen über nautische Berechnungen gelesen hatte, und sich sogleich angemeldet.

Was er in den Anfangsvorlesungen hörte, war für ihn nicht neu. Bereits bei seinen früheren Studien hatte er erfahren, dass die Erde, auf der er lebt, ein Wandelstern ist und so wie viele andere Planeten um die Sonne kreist. Bereits bei seinen Studien in Spanien hatte er von den Messungen des Eratosthenes gehört, der hier in Ägypten schon vor vielen hundert Jahren durch Schattenmessungen den Durchmesser der Erde errechnet hatte. Bei seinen Untersuchungen am Palermodreieck in seinem Heimatland hatte er ständig von den entsprechenden und bereits vor Jahrzehnten von Sultan Al-Ma'mun verbesserten Werten Gebrauch gemacht. Auch die Einteilung der Erdoberfläche in Winkelgrade, die es bei der Erdkugel sogar ermöglichen, Entfernungen in Winkeln zu messen, hatte er ausgiebig benutzt. Neu, beziehungsweise ungewohnt, war ihm die umfangreiche Anwendung der Winkelfunktionen Sinus und Kosinus und ihrer invertierten Werte, da zu deren Gebrauch die Verfügbarkeit von geschriebenen Tafeln mit den entsprechenden Werten Voraussetzung war. Diese Sinustafeln waren im Abendland eine Rarität und den meisten Wissenschaftlern nicht zugänglich. In Al Qahirah zahlte sich aus, dass im arabischen Raum, anders als im Abendland, seit Jahrhunderten eine umfangreiche Forschung auf diesem Gebiet betrieben worden war und die Ergebnisse für alle Interessierten zugänglich war.

Beim Besuch der Vorlesungen von Professor al-Urmawi traf Claude von Ibelin immer wieder den Mu'allim, der als Assistent für den reibungslosen Ablauf der Vorlesungen sorgte. So ergab sich mit der Zeit ein freundschaftliches Verhältnis und Claude war auch schon bei der Familie, mit der Abdul Rahman al-Ubaidi zusammen in Al Qahirah wohnt, eingeladen worden. Eines Tages kam die Unterhaltung wieder auf die magischen Winkelverhältnisse des goldenen Dreiecks zu sprechen. Der Mu'allim fragte Claude direkt:

„Ihr habt mir immer noch nicht erzählt, wie Ihr auf die Verhältnisse des Goldenen Schnittes am Dreieck gestoßen seid."

Claude erzählte ihm die Geschichte:

„Wir haben uns, als Ihr nach Eurer Expedition quer durch Süditalien unser Land wieder verlassen hattet, gefragt, was es wohl für eine Bewandtnis habe, dass Ihr diese Anstrengungen auf Euch nehmt. Im Palast des Kaisers in Foggia haben wir auf dem Fußboden eine Landkarte gezeichnet und den Weg, den Ihr zurückgelegt habt, verlängert. Dabei sind wir auf die Stadt Palermo gestoßen. Von hier aus war es nicht mehr weit herauszubekommen, dass Euer Weg durch unser Land Teil eines großräumigen Thaleskreises war, dessen Durchmesser von Palermo bis nach Mekka reicht."

Der Mu'allim war ehrlich erstaunt:

„Ihr habt da eine gewaltige Leistung vollbracht. Alles was Ihr sagt, ist richtig. Wir sind tatsächlich auf der geodätischen Linie eines Kreises durch Euer Land gezogen. Warum wir dies allerdings gemacht haben, kann ich Euch nicht sagen, denn ich weiß es selber nicht."

Claude machte noch einen wissenschaftlichen Einwand geltend:

„Wir haben uns gefragt, was Euch wohl bewogen hat, einen Thaleskreis für Euer Vorhaben zu verwenden. Bekanntlich gehört dieser Lehrsatz zur Geometrie der Ebene und ist nicht ohne weiteres auf der Oberfläche der Erdkugel anwendbar."

Der Mu'allim entgegnete:

„Ihr werdet in den weiteren Vorlesungen, für die ihr Euch bei Professor al-Urmawi eingeschrieben habt, hören, dass es bei der Geometrie auf der Kugel ähnliche Vereinfachung gibt wie in der Ebene, wenn man rechtwinklige Dreiecke verwendet. Liegt der rechte Winkel des sphärischen Dreiecks auf einem Thaleskreises, dann sieht man von dort aus jeder Lage den Durchmesser, über dem sich dieser Kreis erhebt. Dies ist sozusagen die Umkehrung der üblichen Erklärung des zugrunde liegenden Satzes."

Claude konnte nicht umhin, die Logik dieser Vorgehensweise zu bewundern:

„Auch Ihr habt offensichtlich bei der Bewältigung der Geometrie auf der Kugel eine gewaltige Leistung vollbracht. Ich freue mich schon auf die nächsten Vorlesungen."

In der Zwischenzeit hatte der Mu'allim, wie von Scheich Sirag ad-Din al-Urmawi gefordert, die sogenannten Kurswinkel von dem Hügel Sancta Maria Del Monte nach Palermo und von Sancta Maria Del Monte nach Mekka mit den Formeln der Nautik untersucht und dabei festgestellt, dass tatsächlich der Kurswinkel von Sancta Maria Del Monte nach Palermo einen Winkel von rund 38° und der nach Mekka einen Winkel von rund 52° einschloss, wenn man die Rechenergebnisse rechtweisend von Nord ergänzte. Dies war bei der Berechnung der Koordinaten des Thaleskreises nicht berücksichtigt worden. Als der Hofmathematiker von diesen Zusammenhängen erfuhr, ergab sich sogleich eine Diskussion. Es war nicht so sehr die Unterlassung der Mathematiker aus der Stadt Aden, als die Frage, wie die Franken ohne Kenntnis der nautischen Formeln zu diesem Ergebnis gelangen konnten. Dies bestärkte ihn darin, mit Claude von Ibelin direkt zu konferieren.

Professor al-Urmawi schlug bei seinen Vorlesungen ein schnelles Tempo ein und bevorzugte die praktischen Belange vor den wissenschaftlichen. Schon nach kurzer Zeit konnte Claude die ersten nautischen Berechnungen unter Zuhilfenahme der ausgeliehenen Sinustafeln, die aber, wie alle

Tafeln der Universität, die Winkel kleiner als 3° nicht enthielten, selbstständig ausführen.
An einem schönen sonnigen Vormittag, als die Studenten im Kreise auf der Wiese der Universität um ihren Professor herum saßen und seinem Vortrag lauschten, erschien Sultan Al-Kamil persönlich mit kleinem Gefolge und nahm ebenfalls in der Runde Platz. Dem Professor, der seinen Vortrag unterbrechen wollte, gab er ein Zeichen weiterzumachen. Erst als der Professor seine Vorlesung beendet hatte, stand er auf und begrüßte Claude von Ibelin, während der Professor und der Mu'allim zu ihnen kamen. Er war von ausgesuchter Höflichkeit:
„Es tut mir äußerst leid, erst heute die Gelegenheit zu finden, Euch in meinem Land auf das Herzlichste zu begrüßen. Ihr könnt Euch sicher vorstellen, dass die Staatsgeschäfte mich über Gebühr in Anspruch nehmen. Ich habe mich aber trotzdem immer, wenn es meine Zeit zuließ, von meinen Herren über Euer Wohlergehen unterrichten lassen. Ihr könnt davon ausgehen, dass ich all Eure Probleme ziemlich gut kenne."
Claude war geschmeichelt:
„Hochwohlgeboren! Ich danke euch von Herzen für Euer Wohlwollen. So viel Freundlichkeit, wie ich sie von allen Seiten erfahre, hatte ich nicht erwartet."
Der Sultan Al-Kamil fuhr in seiner Ansprache fort:
„Nun ja, Ihr seid immerhin der Abgesandte des größten Herrschers des Abendlandes und unseres Freundes Friedrich II. Aber auch ohne dessen Empfehlungsschreiben nehmen wir jeden, der von uns lernen will, als unseren Gast und Freund auf. Leider erlaubt es mir meine Zeit nicht, dieses angenehme Gespräch fortzusetzen. Erlaubt mir also, dass ich mich verabschiede und führt bitte das Gespräch mit meinem Hofmathematiker fort."
Claude von Ibelin hatte den Eindruck, dass der Sultan und sein Hofmathematiker nicht gekommen waren, um mit ihm Höflichkeitsfloskeln auszutauschen, und dieser Eindruck täuschte ihn nicht, denn die folgenden Ausführungen von ad-Din Qaisar zeigten seine wahre Absicht:
„Wie Ihr sicher wisst, hat Euer Kaiser mit unserem Sultan eine Vereinbarung getroffen, die vorsieht, dass wir unsere Kenntnisse im Festungsbau bei der Verwirklichung einer Verteidigungsanlage im Regnum Siciliae mit seinen eigenen zusammen einbringen. An einer bevorzugten Stelle soll ein Monument von außerordentlicher Wirkung errichtet werden.

Ihr selbst ward dabei, als unsere Expedition in Eurem Land nach einem geeigneten Gelände Ausschau hielt. Wir haben uns für den Hügel Sancta Maria Del Monte als Bauplatz für dieses Vorhaben entschieden, da er von der Küste und aus dem Patrimonium des Papstes gut sichtbar zu errichten ist. Außerdem besteht dort ein uraltes Marienheiligtum, das die magische Wirkung des Bauwerkes verstärken und eine wohltuende Wirkung auf den Papst ausüben dürfte.

Nun hat mir mein Kollege Scheich Sirag ad-Din al-Urmawi erzählt, Ihr hättet entdeckt, dass von dem Hügel Sancta Maria Del Monte sich ein Goldenes Dreieck aufspannt. Das ist für uns eine Neuigkeit und wir würden gerne mehr darüber erfahren. Es wird Euch sicher eine Freude sein, wenn Ihr uns im Austausch zu dem, was Ihr an neuen Erkenntnissen hier gewinnt, etwas von Eurem Wissen zurückgeben könnt."

Claude von Ibelin hatte während des langen Vortrages fieberhaft nachgedacht und war zu dem Schluss gekommen, das Anliegen des Hofmathematikers nicht ablehnen zu können. Deshalb entgegnete er:

„Aber selbstverständlich, Eminenz, stehe ich Euch für Fragen jederzeit zur Verfügung. Ich wäre überglücklich, wenn ich Euch in meinem bescheidenen Heim empfangen dürfte."

Er hatte die Einladung zu sich ausdrücklich ausgesprochen, denn er wollte vermeiden, dass in einer fremden Umgebung mehr als zwei Ohren an dem Gespräch teilnehmen. Ihm war inzwischen klar geworden, dass eine so ranghohe Persönlichkeit wie der Hofmathematiker sich nicht wegen einer Kleinigkeit an ihn wenden würde.

Der Hofmathematiker hätte zwar gerne einen anderen Ort für ein Gespräch gewählt als das Heim des jungen Wissenschaftlers, aber er war zurzeit genötigt, wieder die uneingeschränkte Anerkennung des Sultans zurückzugewinnen, weshalb er die Einladung annahm:

„Gerne werde ich euch besuchen. Wie ich hörte, habt Ihr übermorgen keine Vorlesung, sodass dies wohl ein guter Tag dafür wäre."

Auch an der Eile, mit ihm sprechen zu können, erkannte Claude, dass dem Hofmathematiker sehr an einem Treffen gelegen sein musste. Im Prinzip war es ihm egal, wann die Unterredung stattfinden würde. Er hätte sich aber in dieser Lage sehr gerne mit einem Freund wie etwa Michael Scotus beraten, denn die Angelegenheit erschien ihm brisant. Trotzdem antwortete er mit Freundlichkeit in der Stimme:

„Ja, Eminenz, der Vormittag dieses Tages wäre ein guter Zeitpunkt."
Der Hofmathematiker war zufrieden und bedankte sich höflich:
„Ihr seid sehr freundlich, Herr von Ibelin, ich bedanke mich im Namen des Sultans Al-Kamil und seines Emirs Fahr ed-Din ibn As-Saih."
Damit war dieses für Claude so unerwartete Gespräch beendet, die Herren verabschiedeten sich und jeder ging seiner Wege. Während Claude von Ibelin zu seiner Unterkunft schlenderte ging ihm immer wieder die Frage durch den Kopf, wie er sich wohl verhalten solle. Da ihm weit und breit niemand etwas raten konnte, musste er sich auf seinen gesunden Menschenverstand verlassen und der sagte ihm: „Je weniger ich sage, desto weniger kann ich verraten." Wie sich dies realisieren lassen würde, musste sich während des Gespräches ergeben.
Viel schneller als von ihm gewünscht nahte die Stunde der Unterredung.
Pünktlich nach dem Morgengebet erschien Scheich Alam ad-Din Qaisar, der Hofmathematiker des Sultans, nur von einem einzigen Diener begleitet. Claude von Ibelin empfing ihn an der Pforte des kleinen Vorgartens mit einer in Italien üblichen, aber auch im Orient bekannten Geste der tiefen Verbeugung:
„Ich bin sehr geehrt, Eminenz, Euch empfangen zu dürfen. Darf ich Euch bitten einzutreten?"
Der Angesprochene bedankte sich und trat ein. Noch bevor er eine Begrüßungsfloskel aussprechen konnte, hatte Claude von Ibelin erneut das Wort ergriffen:
„Eminenz, es war von mir höchst beleidigend, Euch als den Älteren und Ranghöheren zu mir, dem jüngeren, in mein bescheidenes Heim einzuladen. Wollt Ihr mir dies in Eurer großen Güte verzeihen?"
„Die sei Euch gewährt. Ihr müsst aber bedenken, dass ein Gespräch in Eurem Heim auch gewisse Vorzüge bietet. Lasst uns diese Angelegenheit also vergessen und gewährt Eurem Gast ein Schälchen erfrischenden süßen Tee."
Die Herren betraten das kleine, aber sehr komfortable Wohnzimmer des jungen Wissenschaftlers und ließen sich mit überkreuzten Beinen auf den bereitliegenden Sitzkissen nieder, während der italienische Diener den Tee servierte.
Scheich Qaisar begann die Unterredung und kam unvermittelt auf das Thema zu sprechen:

„Wie Ihr wisst, bin ich der geistige Vater einer Zusammenarbeit zwischen Euren Kaiser und unserem Sultan. Eines der Ziele dieser Zusammenarbeit ist die Mitarbeit bei der Verteidigung Eures Landes. Aus diesem Grunde hatten wir eine Expedition ausgerüstet und nach einer geeigneten Stelle für eine Festung gesucht. Ich will nicht leugnen, dass bei der Wahl des geeigneten Ortes auch mystische und religiöse Aspekte eine Rolle gespielt haben. Immerhin soll ein Bauwerk in einem Land entstehen, dessen Bewohner einen anderen Glauben haben als unsere. Für die Wahl des Hügels Santa Maria Del Monte war maßgebend, dass dort seit alters her der Marienkult verbreitet ist, den auch wir schätzen. Des Weiteren liegt dieser Hügel auf dem Thaleskreis, der die Residenzstadt des Frankenreiches Palermo mit unserer heiligsten Stadt Mekka verbindet. Dies sind aus unserer Sicht ausreichende Gründe, diesen Ort zu wählen. Wie ich nun erfahren habe, ist Euch bei Euren Untersuchungen noch ein weiterer Zusammenhang aufgefallen. Ich hätte nun gerne von Euch hierüber näheres erfahren."

Nun war es heraus, was der Hofmathematiker von Claude von Ibelin wissen wollte. Die Antwort fiel dem jungen Wissenschaftler leichter, als er es erwartet hatte:

„Was Ihr wissen wollt, Eminenz, ist verhältnismäßig leicht erklärt. Wie ich schon öfter gegenüber den Kollegen ausgeführt habe, ließen wir eine überdimensionale Karte Süditaliens verfertigen und trugen in diese den Reiseweg Eurer Expedition ein. Als wir seine Punkte durch schmale biegsame Leisten verbanden und über die Landgrenze hinaus verlängerten, stießen wir nach Westen hin auf die Stadt Palermo, während auf der östlichen Seite die Adria und der Balkan außerhalb unserer Zeichnung verortet wurden. Als wir dieses Ergebnis auf der Karte ausmaßen, erkannten wir, dass die vorliegende Kurve einen Kreisbogen bildete. Nachdem nun zwei Punkte auf diesem Kreisbogen bekannt waren, stellte sich die Frage, wo wohl der dritte Punkt liegen würde. Es war der geniale Wissenschaftler Michael Scotus, der vorschlug, einen Thaleskreis den weiteren Untersuchungen zugrunde zu legen. So kamen wir auf die Stadt Mekka als dritten Punkt. Mit diesem Ergebnis waren die meisten der beteiligten Wissenschaftler zufrieden und auch der Kaiser zeigte sich befriedigt.

Ich habe jedoch aufgrund meiner Tätigkeit bei dem großen Wissenschaftler Leonardo von Pisa, den Ihr wohl unter dem Namen Fibonacci kennt, noch weitergeforscht und etwas Interessantes entdeckt. Wenn man den Meridian durch den Hügel Sancta Maria de Monte mit dem Längenkreis durch Palermo verbindet, erhält man mit der Verbindung Maria de Monte – Palermo als Hypotenuse ein Goldenes Dreieck, dessen Winkel sich zu 38,1727° und 51,7873° ergeben."

Scheich Alam ad-Din Qaisar hatte interessiert zugehört und gab seiner Begeisterung beredt Ausdruck:

„Junger Mann, ich muss sagen, was Ihr hier in kurzen Worten ausgeführt habt, begeistert mich über die Maßen. Wenn Ihr Muslim währt, würde ich Euch an unseren Hochschulen eine große Karriere prophezeien. Aber Ihr werdet auch so Euren Weg machen. Leider muss ich sagen, dass unsere Leute, als sie den Weg durch Euer Land errechneten, zwar darauf achteten, die entsprechenden Kurswinkel auszurechnen, aber sie maßen dem Ergebnis keine besondere Bedeutung bei. Zur Entlastung unserer Wissenschaftler muss ich allerdings sagen, dass wir in den Dingen, die den Goldenen Schnitt und die Fibonacci-Zahlen betreffen, nicht Euren Wissensstand haben. Sicher lag unser Unvermögen auch darin begründet, dass wir eben besser mit den Problemen der Navigation vertraut sind als mit der Vermessung auf dem Lande. Insgesamt unterstreicht aber Euer Ergebnis nur meine Entscheidung für den Hügel Sancta Maria de Monte."

Die Herren sprachen noch eine Weile über belanglose Dinge aus ihrem alltäglichen Leben und nach einiger Zeit verabschiedete sich der Hofmathematiker von dem jungen Wissenschaftler. Zuvor hatte er aber seinen Diener gerufen. Der hatte in der Kutsche vor dem Haus gewartet und brachte nun ein sorgfältig verschnürtes Päckchen dem Hofmathematiker. Scheich Alam ad-Din Qaisar überreichte es dem jungen Wissenschaftler mit den Worten:

„Ich übergebe Euch dieses kleine Geschenk mit der Bitte, es sorgfältig aufzubewahren, denn es birgt die Arbeit von Generationen unserer besten Mathematiker. Lebt wohl und Allah möge Euch langes Leben, gute Gesundheit und anhaltende Schaffensfreude gewähren."

Er ließ einen erstaunten Claude von Ibelin im Vorgarten stehen. Als er die Verschnürung des Päckchens gelöst hatte und einen Blick in das darin enthaltene Buch warf, traf ihn fast der Schlag, denn es war nichts anderes als eine Sinustafel, die bis auf ein sechstel Grad herab alle Werte mit etlichen Dezimalstellen enthielt. Dies war ein unbezahlbarer Schatz, von dem er glaubte, er existiere im Abendland kein zweites Mal. Claude von Ibelin schämte sich nicht seiner Tränen, als er durch den Vorgarten zurück in sein Wohnzimmer ging.

Das scharfe Tempo, mit dem Scheich Sirag ad-Din al-Urmawi die Kugelgeometrie in seinen Vorlesungen behandelte, beeindruckte Claude von Ibelin nicht im Geringsten. Er hatte keinerlei Schwierigkeiten, dem Dargebotenen geistig zu folgen. Bald konnte er seinen studentischen Kollegen die ihnen noch unverständlichen Zusammenhänge erklären. So war es ihm nach kurzer Zeit möglich, die Entfernung zwischen zwei Punkten auf der Erdkugel, etwa P_1 und P_2 nach der Abbildung 19, nach der folgenden Formel (12) zu errechnen:

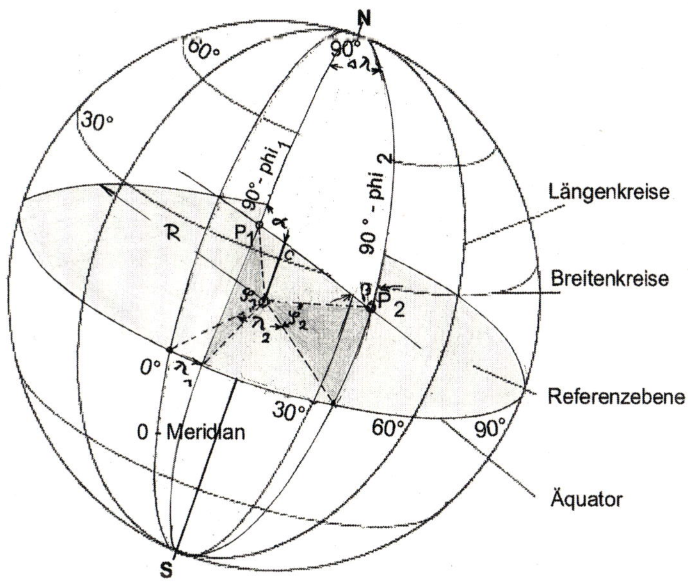

Abb.19 Berechnung des Abstandes zweier Punkte P1 und P2 auf der Erdkugel

$$\cos c = \sin \varphi_1 \cdot \sin \varphi_2 + \cos \varphi_1 \cdot \cos \varphi_2 \cdot \cos \Delta\lambda \qquad (12)$$

Wenn er zum Beispiel die Koordinaten von Palermo als

P_1 mit $\varphi_1 = 38{,}13$ N und $\lambda_1 = 13{,}33$ E
und diejenigen der heiligen Stadt Mekka
P_2 mit $\varphi_2 = 21{,}43°$ N und $\lambda_2 = 39{,}58°$ E
einsetzte, ergab sich:

$$\cos c = \sin 38{,}13° \cdot \sin 21{,}43° + \cos 38{,}13° \cdot \cos 21{,}43° \cdot \cos (39{,}58° - 13.33°)$$
$$= 0{,}61745 \cdot 0{,}36536 + 0{,}78661 \cdot 0{,}93086 \cdot 0{,}89687$$
$$= 0{,}22559 + 0{,}65667$$
$$= 0.88226$$
$$c = 28{,}084°$$

daraus folgt für die kürzeste Entfernung zwischen Palermo und der heiligen Stadt Mekka auf dem sogenannten Großkreisbogen:

Entfernung $c = 28{,}084° \cdot \pi \cdot 6370 / 180° = 3122{,}31\ km$

Nachdem er gelernt hatte, die Entfernung zweier Punkte auf der Kugel nach dem sogenannten Seitenkosinussatz zu berechnen, gelang ihm nach kurzer Zeit auch die Berechnung der sogenannten und vom Hofmathematiker ad-Din Qaisar erst vor kurzer Zeit erwähnten Kurswinkel. Hierbei handelt es sich um die Winkel α und β der Abbildung 19. Sie ergaben sich, wie er gelernt hatte, nach dem sogenannten Sinussatz zu:

$$\sin \alpha = \sin \Delta\lambda \cdot \cos \varphi_2 / \sin c° \quad (13)$$
$$= \sin 26{,}25° \cdot \cos 21{,}43° / \sin 28{,}084°$$
$$= 0{,}442288 \cdot 0{,}93086 / 0{,}47076$$
$$= 0{,}87456$$
$$\alpha = 60{,}99°$$

$$\sin \beta = \sin \Delta\lambda \cdot \cos \varphi_1 / \sin c°$$
$$= 0{,}442288 \cdot 0{,}78661 / 0{,}47076 \quad (13a)$$
$$= 0{,}73904$$
$$\beta = 47{,}65°$$

Als Claude von Ibelin die Kurswinkel für α und β errechnete, musste er innerlich lächeln. Er stellte sich vor, dass ein Schiff aus dem Hafen von Palermo unter einem Kompasswinkel von 60,99° auslaufen müsste, um nach der heiligen Stadt Mekka zu segeln. Diese liegt aber mehrere Dutzend Meilen von der Küste entfernt mitten in einer Wüste. Wahrscheinlich war dies der Grund, weshalb die Wissenschaftler an der Seefahrerschule in Aden sich nicht vorstellen konnten, dass der Kurswinkel bei Zielorten auf dem Festland für irgendjemanden von Bedeutung sein könnte. Und dies verbarg sich gewiss auch hinter der Erklärung des Hofmathematikers, als er erwähnte, seine Leute hätten es bei der Berechnung der Wegkoordinaten der Italienexpedition seinerzeit unterlassen, die Bedeutung der Kurswinkel herauszuarbeiten.

Im Verlauf seiner Studien traf Claude immer öfter mit dem Assistenten von Professor Urmawi, dem Mu'allim Abdul Rahman al-Ubaidi zusammen. Eines Tages kamen sie auf ihre gemeinsame Zeit in Italien zu sprechen:

„Erinnerst du dich noch", fragte Abdul Rahman, „als wir eines Tages die Sarazenen beobachteten, wie sie auf einem Hügel am Horizont ihre Arme schwenkten und wir uns nicht erklären konnten warum?"

„Ja, ich sehe es noch ganz genau vor mir. Es war der Moment, in dem sie am Horizont das Adriatische Meer erblickten und vor Freude, dass ihre Aufgabe bald beendet sein würde, in Jubel ausbrachen. Ich muss zugeben, auch ich war ergriffen, als ich das erste Mal das Meer sah, obwohl ich doch nur an weniger als der Hälfte der Expedition teilgenommen hatte."

„Eigentlich", fuhr Abdul Rahman fort:" sind wir uns erst in Barletta etwas nähergekommen. Bis dahin hatten wir den Eindruck, dass du uns nur ausforschen wolltest."

Claude lachte: „Da habt Ihr gar nicht mal so unrecht gehabt, ich sollte tatsächlich etwas mehr über Eure Expedition in Erfahrung bringen."

Abdul Rahman entgegnete:

„Allah sei Dank, die Geheimhaltung ist ja nun offensichtlich vorbei."

Claude war überrascht:

„Das habe ich jetzt nicht verstanden, kannst du mir das näher erklären."

Abdul Rahman fuhr fort

„Ursprünglich war unsere Expedition eine streng geheime Angelegenheit. Später stellte sich heraus, dass Ihr, dank Eurer Forschungen und der in großem Maßstab gezeichneten Karte, unsere Gedanken ergründen konntet und uns sogar in einigen Belangen überlegen wart."

Claude war neugierig geworden:

„Wenn das so ist, kannst du mir sicher auch erklären, wie Ihr die Punkte ausrechnen konntet, die Ihr dann in Italien zielsicher markiert habt.“

Der Mu'allim hatte keine Bedenken, ihm alles zu erklären:

„Also, zunächst haben unsere Leute auf der Kugel eine Verbindungslinie von Palermo nach Mekka gezogen. Dies war der Durchmesser eines Kreises, auf dem der Satz des Thales realisiert werden sollte. Von Mekka aus wurden die Koordinaten eines rechtwinkligen Dreiecks für einen Punkt auf dem Kreis im Abstand von 1° von Palermo aus gemessen ausgerechnet. Dann folgte die gleiche Prozedur für 2°, 3° und so weiter bis die Leute der Seefahrtschule in Aden sich bei einem Winkel von circa 8° im Wasser der Adria wiederfanden. Die Koordinaten befanden sich allesamt auf einem Kleinkreis und konnten mithilfe unserer Präzisionsinstrumente und der äußerst genau gehenden Uhr in der Landschaft des Cilento und der Murge wiedergefunden werden.“

Claude war begeistert:

„Ausgezeichnet! Wer sich das ausgedacht hat, ist ein wahrer Meister seines Faches.“

„Du kennst ihn gut, es ist der Hofmathematiker Scheich Alam ad-Din Qaisar.“

Claude konnte sein Staunen nicht verbergen:

„Ehrlich gesagt halte ich die Herstellung Eurer Präzisionsinstrumente für noch bemerkenswerter als die Idee von dem Thaleskreis. Warum hat Scheich ad-Din Qaisar eigentlich diesen Kreis gewählt?“

Jetzt kam der Mu'allim etwas ins Stottern:

„Ja, das ist so ein Fall, der bis vor kurzem noch unter Geheimhaltung stand. Wenn ich es dir erzähle, musst du mir versprechen, es nicht weiterzuverbreiten.“

Claude war nun ganz Ohr:

„Natürlich bleibt alles, was wir hier besprechen, unter uns.“

Der Mu'allim zögerte noch immer:

„Ich weiß nicht, ob das, was du wissen willst, nicht doch noch unter die Geheimhaltung fällt, weil es sich um ein religiöses Problem an der Grenze zwischen unseren unterschiedlichen Glaubensrichtungen handelt.“

Claude wiegelte ab:

„Wenn es dir so schwer fällt, mir davon zu berichten, so möchte ich nicht weiter in dich dringen. Ich glaube, dass die Beantwortung dieser Frage ohnehin für mich nur von geringer Bedeutung ist."
Der Mu'allim hatte sich nun aber entschlossen, über das Geheimnis zu sprechen:
„Also hör gut zu!
Wie du weißt, haben wir dem Kaiser der Franken versprochen, ihm bei der Errichtung einer Verteidigungsanlage zu helfen. So jedenfalls ist die offizielle Version. Dass es sich dabei um die Errichtung eines Castrum handeln würde, gilt allgemein als ausgemacht. Uns ist bekannt, dass die kaiserlichen Sarazenen unter einem Problem leiden. Immer wenn in fremden Landen zum Gebet gerufen wird, wissen sie nicht, in welche Richtung sie ihre Gebetsteppiche ausrollen müssen, um zur heiligen Stadt Mekka gewandt beten zu können. In dem neuen Gebäude soll die Orientierung leichter sein, denn es wird dort ein *mihrab* geben. In Moscheen ist dies eine Nische, um dem Gläubigen die Gebetsrichtung anzuzeigen, doch in diesem Fall wird eine Form gewählt werden, die einem Unwissenden nicht auffallen wird. Wir haben Eurem Kaiser versprochen, dass der Heilige Vater in Rom keinerlei Anlass finden wird, etwa eine Glaubensabweichung, also eine Häresie, zu unterstellen. Unter den Gläubigen meines Landes ist dieses Verhalten unter dem Namen *taqiyya* bekannt. Das Wort bedeutet: erlaubtes Verbergen des wahren Glaubens."
Der Mu'allim unterbrach hier seine Rede und holte tief Luft:
„All dies steht im Zusammenhang mit dem Thaleskreis, aber mehr kann ich dir im Augenblick wirklich nicht sagen."
Claude von Ibelin hatte aufmerksam zugehört und sich seine Gedanken gemacht. Den unausgesprochenen Rest des Vortrages des Mu'allims konnte er sich selbst zusammenreimen. Er beschloss aber, nicht darüber zu sprechen und seine Gedanken für sich zu behalten.
Zu seinem Freund, dem Mu'allim, sagte er nur:
„Mein Bruder, ich danke dir für deine Worte. Ich kann mir vorstellen, wie schwer es dir gefallen sein muss, hierüber zu sprechen. Ich werde dein Vertrauen nicht missbrauchen."

In der spärlichen freien Zeit, die ihm neben seinem intensiven Studium verblieb, machte Claude von Ibelin Ausflüge auf dem Nil und besuchte die Pyramiden. Mit dem Heimatland führte er eine lose Korrespondenz. Der Großhof in Foggia hatte vor seiner Abfahrt nach Ägypten mit ihm vereinbart, dass er etwa in monatlichen Abständen einen kurzen Bericht über seine Fortschritte und sonstiges Wissenswertes erstattet. Nicht nur an den Großhof schrieb er jedoch, sondern auch an die junge Sarazenin Aaliyah, wobei die Inhalte seiner Briefe beträchtlich anders lauteten. Zu seinem Leidwesen hatte sie in ihrer letzten Nachricht erwähnt, dass ihr Vater nach einem geeigneten Bräutigam für sie Ausschau hielt.

Auch von seinem Vater hatte er einen Brief erhalten. Darin schilderte er ihm die Querelen mit dem Vertreter des Kaisers auf der Insel Cypern, dem Feldmarschall Fielangieri. Der Vater berichtete, dass er einen Sieg errungen hätte und der Marschall nach dem Libanon geflohen sei. Gleichzeitig warnte er seinen Sohn vor Kaiser Friedrich II., den er des vielfältigen Bruches seiner gegebenen Versprechen bezichtigte.

Für den Sohn waren diese Anschuldigungen seines Vaters nicht neu, und er wies in seinem Antwortschreiben auf die Loyalitätsverpflichtung hin, die er als Bediensteter des Kaisers eingegangen sei. Im Stillen beschloss er aber, eine gewisse Vorsicht im Umgang mit dem Kaiser und seinen Ratgebern walten zu lassen.

Ganz unvermittelt wurde er mit einer weiteren, drohenden Gefahr konfrontiert. Eines Tages sprach ihn auf seinem Heimweg von einer Vorlesung in der Madrasa ein ihm völlig Fremder an. Dieser war eine Zeit lang auf gleicher Höhe und neben ihm hergelaufen und hatte dann laut und deutlich, aber nicht zu ihm hin gewandt auf Lateinisch gesagt:

„Du hast den Pfad des Glaubens verlassen. Kehre um, bevor es zu spät ist. Beichte alles den Priestern, damit dir vergeben werden kann. Du erhältst nur diese einzige Warnung. Eile dich!“

Bevor Claude sich fassen konnte, hatte sich der Fremde abrupt umgedreht und war in der entgegengesetzten Richtung davongeeilt und in der Menge verschwunden.

Der junge Wissenschaftler dachte lange nach, woher wohl diese Warnung gekommen sein könnte. Endlich kam ihm die Erleuchtung, dass nur der Vatikan dafür infrage käme. Wie er wusste, schwelte ein beständiges Misstrauen zwischen dem Kaiser als Vertreter der weltlichen und dem Papst als Vertreter der kirchlichen Macht. Auch erinnerte er sich im Nachdenken über den Vorfall an den Hinweis des Protonotars Peter von

Vinea anlässlich der Besprechung nach der ägyptischen Expedition durch Italien, der Vatikan sei aufgeschreckt und beobachte die regen Beziehungen zwischen dem Kaiser und den Arabern mit Misstrauen. So war es für ihn nur logisch, dass der Vatikan die damals Beteiligten daraufhin überwachte, ob sie weiter Kontakt zu den Arabern hielten. All dies betraf natürlich auch ihn, also musste er von einer Überwachung seiner Person ausgehen. Die Warnung hatte ihn erschreckt und als er weiter über sie nachdachte, erkannte er, dass seine Zeit in Ägypten eigentlich abgelaufen war. Er hatte das vorgegebene Ziel erreicht und beherrschte die sphärische Trigonometrie in allen ihren Belangen. Es war also wohl für ihn an der Zeit, an die Rückkehr nach Italien zu denken.

Als er seinen neuen Freunden, dem Scheich Alam ad-Din Qaisar, dem Scheich Sirag ad-Din al-Urmawi und den Assistenten Abdul Rahman al-Ubaidi und Da'ud ibn Auda von seinem Beschluss Mitteilung machte, verbargen sie nicht, wie traurig sie darüber waren, denn sie schätzten die offene und natürliche Art, mit der ihnen Claude von Ibelin entgegenkam, sehr hoch ein. Gleichzeitig waren sie aber alle zusammen überzeugt, dass sie einem besonderen Freund eine besondere Ehre zukommen lassen sollten. So beschlossen sie, dem jungen Wissenschaftler die Ehrendoktorwürde der Madrasa anzutragen und ihm den Titel Mu'allim, Lehrer, zu verleihen.

Die Zeremonie fand an einem Nachmittag unter Beteiligung aller Professoren der Hochschule und einer großen Anzahl von Studenten statt. In der vordersten Reihe der Ehrengäste nahmen der Sultan von Ägypten, Al-Malik Al-Kamil, und sein Emir, Fahr ed-Din ibn As-Saih, an der Zeremonie teil. Dies galt als eine ganz besondere Auszeichnung für den Geehrten.

Die Laudatio von Scheich Alam ad-Din Qaisar befasste sich mit der anhaltend guten Freundschaft zwischen dem Herrscher der Franken und dem Sultan von Ägypten. Weiter fand die außerordentliche Intelligenz Claude von Ibelins lobend Erwähnung. Alam ad-Din Qaisar wies auch daraufhin, dass der heute Geehrte demnächst in seinem Land Italien an einem Vorhaben teilnehmen würde, die maßgeblich von den Muslimen Ägyptens initiiert worden sei.

In seiner Entgegnung bedankte sich Claude von Ibelin für die außerordentliche Gastfreundschaft, die ihm zuteil geworden war. Er versicherte allen Anwesenden glaubhaft, dass er die Zeit, die er in Ägypten verbringen durfte, niemals vergessen werde. Zum Abschluss seiner Rede bekundete er seine Hoffnung, in nächster Zeit einige seiner Freunde in Italien begrüßen zu dürfen.

Als sich die Gesellschaft im Anschluss an die Feier in kleinerem Kreis im Hause des Emir zu einer geselligen Runde zusammenfand, fasste der Mu'allim die Überzeugung der Anwesenden in den Worten zusammen:

„Lieber Claude, du besitzt alles, was ein Mensch haben kann. Eine überragende Intelligenz, du hast von Hause aus ein kleines Vermögen, du bist groß und gut aussehend und, wie ich hoffe, auch gesund. Der einzige Fehler an dir ist, dass du nicht dem rechten Glauben angehörst."

Claude von Ibelin hatte in den Jahren des Zusammenlebens mit den Arabern gelernt, auf ihre Mentalität einzugehen, und gab zur Antwort:

„Es hat Allah gefallen, mich so zu erschaffen wie ihr mich seht. Es war auch sein Wille, dass ich einem anderen Glauben angehöre als ihr. Wir sollten nicht an dem weisen Ratschluss des Allerbarmers zweifeln."

Mit dieser Antwort waren alle Anwesenden zufrieden und es wurde zwischen ihnen nie wieder über Glaubensdinge gesprochen, wie es unter toleranten Freunden auch üblich sein sollte.

Die Vorbereitungen für die Abreise waren schnell getroffen, es gab auch noch genug Reisemöglichkeiten auf den Seglern der Genuesen, der Pisaner und der Venezianer, die alle einen regen Handel mit dem Orient betrieben. Doch der Herbst war hereingebrochen und die ersten Stürme machten sich auf dem östlichen Mittelmeer bemerkbar. Dies war die Zeit, zu der der Schiffsverkehr drastisch abzunehmen begann, um hohe Verluste an Mann und Ladung zu vermeiden.

Claude von Ibelin wählte einen pisanischen Segler, der von Alexandrien aus direkt nach Neapel segelten sollte. Seine Freunde begleiteten ihn noch auf dem Weg von Al Qahirah nach Alexandrien und bereiteten ihm einen herzlichen Abschied.

Leider waren die Zeiten der angenehmen Überquerung des Mittelmeeres in diesem Jahr vorbei und Claude von Ibelin geriet mit dem Segler in einen schweren Sturm, der einigen Schaden an dem Schiff anrichtete und den Wissenschaftler zwang, sich eingehend mit seinem Mageninhalt zu beschäftigen. Zu guter Letzt klarte das Wetter jedoch auf und der Segler traf mit einiger Verspätung in Neapel ein.

Nach dem Anlegemanöver, das mit seemännischer Routine durchgeführt wurde, und nachdem die sonstigen Formalitäten abgearbeitet waren, inzwischen war es später Nachmittag, lud der Kapitän Claude zu einem Besuch des Hafens ein:

„Nachdem wir nun im ruhigen Hafen liegen, schlage ich Euch vor, dass Ihr zuerst einmal etwas zu Euch nehmt. Ihr habt ja seit drei Tagen nichts mehr gegessen und nur Wasser getrunken. Außerdem kann ich mir vorstellen, dass Ihr interessiert seid, was in Eurem Königreich während eurer Abwesenheit vorgefallen ist. Ich habe vor, mit meinem Steuermann eine gemütliche Hafenkneipe aufzusuchen, und ich lade Euch ein, mitzukommen."

Claude war zwar noch etwas wackelig auf den Beinen, aber er sagte sich, eine Abwechslung wird mir guttun, und die drei machten sich auf den Weg durch den Hafen. Es herrschte überall geschäftiges Treiben und die Straßenhändler hatten zum Teil keine Hemmungen, die Besucher an ihrer Kleidung festzuhalten, um sie zum Kaufen zu animieren. Der Kapitän hatte bei Verlassen des Schiffes noch die Warnung ausgesprochen, dass die Taschendiebe dieser Stadt die besten der Welt wären. Damit hatte er aber den Widerspruch des jungen Wissenschaftlers hervorgerufen, der darauf hinwies, dass diese Spezies in Alexandria der in Neapel mindestens ebenbürtig sei.

Der Kapitän steuerte zielsicher eine ihm bekannte Kneipe an, in der überwiegend das Führungspersonal der hier anlegenden Segler verkehrte. Die Kneipe mit dem beziehungsreichen Namen Goldener Delphin war gut besucht. An einem etwas entfernten Tisch saß allerdings nur ein einziger Seemann und die Gruppe setzte sich zu ihm. Nach einiger Zeit kam ein Gespräch zustande und es stellte sich heraus, dass der Seemann der zweite Steuermann eines venezianischen Seglers war und in der Stadt die Abfahrt seines Schiffes infolge übergroßen Weingenusses verpasst hatte. Nun saß er hier und wartete auf die Rückkehr seines Schiffes. Dieser Mann war eine unerschöpfliche Quelle von Neuigkeiten aus dem Königreich. Sowohl der Kapitän als auch Claude von Ibelin gaben sich Mühe, den Redefluss des gestrandeten Seemanns durch öfters angebotene Pokale des regionalen, aber guten, Primitivo genannten roten Weines aufrechtzuerhalten.

So erfuhren die drei von den Kontroversen Kaiser Friedrichs II. mit seinem Sohn König Heinrich von Deutschland. Es hieß, der Kaiser rüste zu einem Zug in das ferne Germanenland, aber nicht mit Truppen und Soldaten, sondern mit einer Menagerie seltener Tiere und sonstiger Schätze aus seinem Fundus.
„Wen will der Kaiser denn mit solchen Mätzchen beeindrucken?", fragte der Kapitän erstaunt. Und der Seemann antwortete:
„Der Kaiser hat zurzeit mit seinem Intimfeind, dem Papst, Frieden geschlossen. Die beiden Herren sind dabei zu der Überzeugung gelangt, dass ihnen durch göttlichen Ratschluss gemeinsam die Weltregierung übertragen wurde. Folglich ist es aus ihrer Sicht für jeden gewöhnlichen Sterblichen unmöglich, dem Kaiser oder dem Papst in irgendeiner Form ein Leid zuzufügen. Wozu also Soldaten, Pferde, und Schleudern und all diese kostenträchtigen Dinge, wenn einem sowieso keiner etwas tun kann?"
Der Steuermann des pisanischen Seglers war begeistert:
„So etwas müsste mir einmal passieren, wenn ich in eine Schlägerei gerate. Ich würde einfach verkünden „Ich bin göttlich!" und alle würden von mir ablassen." Der Kapitän runzelte etwas die Stirn über die Worte seines Steuermanns, leise zischte er ihm ins Ohr:
„Hüte deine Zunge, Alonso. Auf Majestätsbeleidigung und Verunglimpfung des Herrschers stehen in diesem Land hohe Strafen."
Der Angesprochene zuckte zusammen, fasste sich aber schnell und hob sein Glas mit den Worten:
„Hoch lebe der Kaiser der Franken!"
„Hoch lebe der Kaiser der Franken!", scholl es vereinzelt aus dem Schankraum zurück.
Für Claude von Ibelin waren diese Äußerungen aus dem Volke eine neue Erfahrung. Er verkehrte nicht allzu häufig unter den einfachen Menschen von Stadt und Land, daher wollte er mehr wissen:
„Ich habe gehört, der Kaiser hätte Schwierigkeiten mit den oberitalienischen Städten, habt Ihr davon gehört?"
Der Seemann antwortete ausweichend:
„Gehört habe ich davon, aber Genaues weiß ich auch nicht. Es soll dort zwei Gruppen geben, die sich bekämpfen. Die Ghibellinen und die Guelfen."
„Was sind das für Namen?", fragte der Kapitän.

Die Antwort gab ihm Claude von Ibelin:

„Das Wort Ghibellinen stammt von dem deutschen Schlachtruf *hie Waibling*, was bedeutet hier sind die Waiblinger, und Waiblingen heißt eine Stadt im Südwesten von Schwaben, das hier *Suevo* genannt wird. Dort liegt die Stadt Waiblingen und dort ist auch das Stammhaus der Staufer, jenem Geschlecht, dem väterlicherseits der Kaiser entstammt.“

Im weiteren Verlauf der Unterhaltung erzählte der Seemann von neuen Gesetzen, die in der Stadt Melfi erarbeitet und veröffentlich worden seien. Nicht alles, was von dem kaiserlichen Großhof kam, wurde von der Bevölkerung begrüßt. Es schien die Meinung vorzuherrschen, all dies geschehe, um die Kasse des Kaisers für neue Rüstungen aufzufüllen. Dem Kapitän kam das unlogisch vor:

„Ihr habt doch soeben erzählt, der Kaiser baue darauf, unsterblich zu sein.“

Doch der Seemann wiegelte ab:

„Ganz so naiv ist der Kaiser nun auch nicht. Die oberitalienischen Städte sind schon seit einiger Zeit dabei, ihre Befestigungen zu verstärken und haben untereinander eine Abwehrfront gebildet, das zwingt den Kaiser natürlich, auch seinerseits aufzurüsten.“

So verging die Zeit wie im Fluge und Claude war rundum mit sich und der Welt zufrieden. Kurz vor Mitternacht bezahlte er die gesamte Zeche, was ihm den Beifall aller Beteiligten eintrug. Leicht schwankend verließen sie die Kneipe und der Kapitän vereinbarte mit dem gestrandeten Seemann für den nächsten Tag ein Treffen, denn er hatte ihm auf seinem Schiff eine Beschäftigung angeboten.

In den nächsten Tagen verließ Claude von Ibelin zusammen mit seinem Diener die Hafenstadt Neapel und begab sich über die Städte Caserta und Benevent nach der Residenz Foggia.

Kapitel 11
Auf los geht's los

Als dem Kaiser berichtet wurde, dass Claude von Ibelin aus Ägypten zurückgekehrt sei, verlor er keine Zeit und bestellte den jungen Wissenschaftler umgehend zu einer Audienz.
In Foggia fiel Claude eine rege Geschäftigkeit in der Stadt auf, aus allen Teilen des Landes schien eine große Zahl von Menschen eingetroffen zu sein, die nun hier, wegen ihrer andersartigen Kleidung und Aussprache, im Straßenbild auffielen. Er brachte die vorgefundene Unruhe anfangs mit den Vorbereitungen für den Geburtstag des Kaisers am übernächsten Tag nach der Heiligen Nacht in Verbindung. Von Passanten erfuhr er allerdings, dass eine Reise des Kaisers nach Deutschland bevorstand, und wenig später erhielt er vom Kaiser selbst die Bestätigung.

Das Gedränge und Gewühl in den Gassen ließ erst nach, als sich Claude von Ibelin dem großen Palasttor näherte. Dort gab er sich den Wachen zu erkennen und wurde von den kaiserlichen Sarazenen eingelassen. Sofort nach dem Durchschreiten des überdachten Tores empfing ihn die Stille der Parkanlagen der weitläufigen Residenz. Er wurde in einen kleinen Nebenraum des großen Audienzsaales geführt, wo außer dem Kaiser nur der Protonotar Peter von Vinea an der Besprechung teilnahm.
Der Kaiser kam wie üblich ohne Umschweife auf das Thema zu sprechen:
„Mein lieber Claude von Ibelin, ich freue mich, Euch gesund wiederzusehen, wie ist es Euch in Ägypten ergangen?"
Dem Angesprochenen war die direkte Art des Kaisers aus früheren Besprechungen schon bekannt und er antwortete sogleich:
„Eure Majestät, ich kann nur Gutes berichten. Man hat mich auf das Herzlichste empfangen, es hat mir an nichts gefehlt und der Abschied ist mir recht schwer gefallen. So möchte ich meinen Aufenthalt in Ägypten umschreiben."
Der Kaiser dachte nach:
„Ja, so sind sie, die Araber. Die Gastfreundschaft geht ihnen über alles, dafür würden sie ihr letztes Hemd opfern. Ich wünschte, wir hätten eine ähnliche Mentalität. Seid Ihr Sultan Al-Kamil und seinem Emir Fahr ed-Din begegnet?"

„Ja, Majestät. Ich bin im Palast empfangen worden, und der Sultan hat mich zusammen mit dem Emir in der Madrasa von Al Qahirah kurz vor meiner Abreise besucht und mir den Titel Mu'allim verliehen."
Der Kaiser sprang auf, ging auf Claude von Ibelin zu und drückte ihm die Hand:
„Nehmt bitte auch von mir herzliche Glückwünsche entgegen. Ihr müsst wissen, dass die Araber längst nicht jedem einen Titel verleihen, schon gar nicht einem Ungläubigen. An Eurer Persönlichkeit muss etwas ganz Besonderes sein."
Der Kaiser kam langsam auf das eigentliche Thema zu sprechen:
„Nachdem ich von der Euch zuteil gewordenen Ehre erfahren habe, fällt es mir wahrlich schwer, Euch etwas Profanes zu fragen. Wie seid Ihr mit Euren Studien vorangekommen?"
Claude antwortete wahrheitsgemäß:
„Das Studium hat mir keinerlei Schwierigkeiten bereitet. Die sphärische Trigonometrie ist logisch und in sich schlüssig und erlaubt mit großer Genauigkeit Berechnungen auf der Erdkugel, sowohl auf dem Wasser als auch an Land. Allerdings ist Voraussetzung, dass man eine sehr gute Tafel der Sinuswerte besitzt."
„Wie habt ihr Euch beholfen, Ihr habt doch keine Sinustafel mit der entsprechenden Genauigkeit?"
Claude von Ibelin antwortete mit Stolz in der Stimme:
„Doch, Majestät, ich habe eine solche Tafel als ehrenvolles Geschenk von dem Hofmathematiker Scheich Alam ad-Din Qaisar kurz vor meiner Abreise aus Al Qahirah zum Geschenk erhalten. Dadurch war es mir möglich, alle gestellten Aufgaben im Rahmen meines Studiums zu lösen. Wie ich wage zu behaupten, ist dies die einzige Tafel mit derartiger Genauigkeit im ganzen Abendland."
Der Kaiser widersprach:
„Nicht ganz, mein Lieber! Der Sacre Ordo Cisterciensis, also die Zisterzienser, denen ich bekanntlich auch angehöre, hat in seinem Mutterkloster Cîteaux ein sehr genaues Exemplar, das auch ständig mathematisch weiterentwickelt wird. Daran möget Ihr erkennen, dass diese Leute auch mit den Tafeln umgehen können.
Von den Templern glaubt man, dass auch sie die Berechnungen der sphärischen Trigonometrie beherrschen und ihnen die entsprechende Sinustafel

zur Verfügung steht. Jedenfalls sprechen einige Berechnungen, die sie in Spanien zur Wahrung ihrer Landrechte vorgenommen haben, dafür."
Nach einer kurzen Pause fuhr er fort:
„Nun gut, solange Ihr in meinen Diensten steht, wird man wohl auch meinen Großhof zu den glücklichen Besitzern einer Sinustafel rechnen. Es sei denn, wir verpflichten uns zum Schweigen."
„Majestät, selbstverständlich werde ich, wenn Ihr es wünscht, mit keinem Menschen über mein Geschenk sprechen."
Der Kaiser war zufrieden:
„Ja, so wollen wir es halten. Dies gilt natürlich auch gegenüber Meister Fibonacci in Pisa, zu dem Ihr, wie ich weiß, ein sehr gutes Verhältnis habt."
Claude von Ibelin hatte noch eine Frage:
„Wie soll ich mich verhalten, wenn aus meinen Berechnungen zur Bauausführung oder bei anderer Gelegenheit zu erkennen ist, dass die Ergebnisse nur mit einer genauen Sinustafel erzielt worden sein können?"
Die Antwort des Kaisers war kurz und bündig:
„Auch diese Dinge müssen natürlich geheim gehalten werden!"
Claude erkannte wohl, dass der Kaiser ihn massiv in seiner Freiheit einschränkte. Schließlich wollte er als Wissenschaftler nicht immer im Geheimen Arbeiten, vielmehr sollten seine Forschungsergebnisse auch veröffentlich werden und anderen zugänglich sein, einschließlich seiner mündlichen Vorträge etwa vor Studenten. Dies war aber, wie er ahnte, ein Aspekt, den der Kaiser, der nicht müde wurde, seine gottähnliche Stellung zu betonten, nie akzeptieren würde.
Zu Peter von Vinea gewandt fuhr er fort:
„Peter, achte bitte darauf, dass meine Anweisungen streng befolgt werden."
Dann wandte er sich wieder an Claude:
„Ist Euch sonst noch etwas widerfahren, von dem ich wissen sollte?"
„Ja, Majestät. Ich habe von unbekannter Seite eine Warnung erhalten."
Dann berichtete er dem Kaiser, was ihm auf der Straße in Al Qahirah von dem Fremden zugeraunt worden war.
Der Kaiser hörte aufmerksam zu und sagte dann, zu Peter von Vinea:
„Nun können wir es als bewiesen ansehen – der Heilige Vater ist uns auf die Spur gekommen. Wenn er sich nicht scheut, seine Spione nach Ägyp-

ten zu schicken, dann können wir davon ausgehen, dass er dieser Sache eine besondere Bedeutung beimisst."

Zu Claude von Ibelin gewandt fügte er hinzu:

„Ihr seht also, wir sind uns ganz sicher, dass Euer Verfolger in Al Qahirah ein Spion des Vatikans war. Wenn Ihr demnächst zur Beichte geht, sucht Euch bitte einen Priester, von dem ihr annehmt, dass er in der Hierarchie nicht zu weit oben steht. Es ist ja auch nicht verboten, in der Beichte gewisse Dinge zu verschweigen. Denkt also immer daran, überall hier haben die Wände Ohren."

Nach diesem Ausflug in die Zerwürfnisse zwischen ihm und dem Papst wurde der Kaiser wieder sachlich:

„Inzwischen haben wir verschiedene Schreiben des Sultans Al-Kamil und seines Emirs erhalten und kennen die Vorstellungen der Araber ziemlich genau. Ich werde meinen Großhof veranlassen, Euch die wesentlichen Punkte der Schreiben in Kopie zu übergeben und möchte Euch bitten, mit den Vorbereitungen zum Bau dessen, was Euch bekannt wird, zu beginnen. Peter von Vinea wird zuvor veranlassen, dass die Mönche, die noch auf dem Hügel leben, ein anderes Domizil erhalten, und dass das Baufeld freigelegt, dass heißt von allen Bäumen und Sträuchern befreit wird, so dass der blanke Fels zu Tage tritt. Bevor ihr dann mit Vermessungsarbeiten und Berechnungen beginnt, werden wir uns zusammen mit der Gruppe der anderen Wissenschaftler noch einmal zusammensetzen und eine gemeinsame Strategie absprechen."

Claude hatte aufmerksam zugehört und versicherte dem Kaiser:

„Majestät, ich stehe Euch, dem Imperium und dem Regnum jederzeit mit all meinem Wissen zur Verfügung."

Der Kaiser verabschiedete den jungen Wissenschaftler, doch bevor Claude von Ibelin das Audienzzimmer verließ, traf Peter von Vinea noch rasch eine Verabredung für den übernächsten Tag mit ihm, um die Kopien der Schreiben vom Hof des Sultans übergeben zu können.

Friedrich II. und sein Protonotar blieben noch eine Weile im Gespräch. Der Kaiser fragte:

„Was meint Ihr, Peter, wie viel weiß er? Wie viel kann er noch erfahren?" Peter von Vinea wiegelte ab:

„Von dem Geheimvertrag kann er überhaupt nichts wissen, es sei denn, der Sultan oder der Emir hätte mit Claude von Ibelin darüber gesprochen, aber das halte ich für ganz ausgeschlossen."

Der Kaiser war noch nicht zufrieden:

„Angesichts seines Wissensstandes habe ich vor, ihn während der Bauarbeiten vor Ort sein zu lassen. Möglicherweise bekommt er bei dieser Gelegenheit tiefere Einblicke in das, was die Araber vorhaben. Wir müssen sehr vorsichtig sein und ich will alle Unterlagen, die aus Al Qahirah kommen, vor allen anderen sehen."

Peter von Vinea versicherte dem Kaiser, alles wie angeordnet zu erledigen:

„Selbstverständlich, Friedrich, du kannst dich wie immer auf mich verlassen."

Claude nutzte die Gelegenheit, in der Residenz des Kaisers zu sein, streifte in den Palasträumen umher und befragte die Bediensteten, bis ihm der Weg zu den Arbeitsräumen von Michael Scotus gewiesen wurde. Der Schotte saß hinter einem Stoß von Pergamenten und Büchern vergraben auf der Erde und übersetzte einen Text, den er zwei Schreibern in die Feder diktierte. Diese effiziente Art der Übersetzung war Claude von Ibelin bisher fremd, aber er konnte sich vorstellen, dass für diese Arbeitsmethode eine enorme Kenntnis der zu übersetzenden Sprache notwendig war.

„Wenn ich Euch störe, dann sagt es mir direkt und ich verschwinde sofort wieder."

Michael Scotus blinzelte hinter seinem Aktenberg hervor und als er den jungen Wissenschaftler erkannte, sprang er, so schnell es seine gichtigen Glieder zuließen, auf und ging ihm entgegen:

„Claude von Ibelin, welch eine Überraschung! Ihr hättet Euch aber auch ruhig mit ein paar Zeilen ankündigen können, dann wäre ein alter Mann jetzt nicht so erschreckt."

Die beiden Herren umarmten sich herzlich und es war ihnen anzusehen, wie sehr sie sich über das Wiedersehen tatsächlich freuten.

Claude fasste sich als erster:

„Nun ja, ich war einige Monate in Ägypten, aber was heißt das schon? Auch wenn ich hier gewesen wäre, hätte es passieren können, dass wir uns genauso wenig sehen. Das haben wir alles schon erlebt."

Michael Scotus fasste den jungen Mann an der Hand und zog ihn in den Vorgarten:
„Nun erzählt mal, wie ist es Euch ergangen?“
„Ich komme geradewegs von der Berichterstattung beim Kaiser und kann Euch nur wiederholen, was ich ihm berichtet habe. Mein Aufenthalt in Al Qahirah war von einer überwältigenden Freundlichkeit der Gastgeber versüßt. Wie auch der Kaiser bereits bemerkte, kennen wir eine solche Gastfreundschaft nur in deutlich abgeschwächter Form.“
Michael Scotus brachte den jungen Wissenschaftler wieder auf die Erde:
„Ihr müsst allerdings bedenken, dass Ihr mit einem Empfehlungsschreiben des Kaisers der Franken, also des größten Herrschers im Abendland, nach Ägypten gekommen seid. Wenn Ihr zurückdenkt an Eure Studienzeit in Spanien, dann relativiert sich das Verhalten der ägyptischen Sarazenen.
Claude von Ibelin dachte nach und stellte fest, dass der große Schotte wieder einmal Recht hatte. Bei seinem Aufenthalt an der Schule des Averroës in Cordoba, der mit bürgerlichem Namen Mohammed Ibn Rushd hieß, war er mehr als einmal von der Intoleranz auch der geistlichen Lehrer überrascht worden.
„Ihr habt recht, Michael! Mir ist damals die Geschichte erzählt worden, wie der über siebzigjährige Ibn Rushd nach Marrakesch verbannt wurde. Man hatte ihm unter anderem vorgeworfen, dass er gesagt haben soll:
Manche Erwachsene erheben ihre Unwissenheit zur Religion.
Michael Scotus gab sich aber noch nicht zufrieden:
„Die andere Seite ist aber auch nicht viel besser. Sicher kennt Ihr die Geschichte von der Frau Hypatia von Alexandrien.“
„Nein, ich habe zwar von ihr gelesen, aber über ihr Leben ist mir nichts bekannt.“
Das ist schnell erzählt:
„Diese berühmte Frau, die für ihr Wissen und ihre Weisheit weit über ihr Land hinaus bekannt und verehrt worden war, wurde von christlichen Eiferern bestialisch ermordet, woran Ihr erkennen könnt, dass wir Wissenschaftler keineswegs behütet in einem goldenen Käfig sitzen.“
Claude von Ibelin war stutzig geworden:
„Da muss ich Euch ein Erlebnis aus Al Qahirah erzählen. Eines Tages wurde ich auf der Straße von einem Unbekannten angesprochen, der mich warnte, ich solle den eingeschlagenen Weg verlassen und in den Schoß

der Kirche zurückkehren. Dann wurde noch eine Drohung ausgesprochen."
Michael Scotus war plötzlich äußerst interessiert:
„Habt Ihr dem Kaiser davon erzählt?"
„Ja, natürlich."
„Und, was hat er gesagt?"
Er sagte:
„Dahinter kann nur der Heilige Vater stecken", und dann sinngemäß, „dass ich der Kirche verdächtig geworden bin."
Michael Scotus entgegnete ironisch:
„Das ist ja wunderbar! Jetzt steht Ihr unter Beobachtung der heiligen Inquisition."
Claude von Ibelin hatte keine Ahnung, was der Schotte meinte:
„Heilige Inquisition? Davon habe ich noch nie etwas gehört."
Michael Scotus klärte ihn auf:
„1231 setzte Papst Gregor IX. eine Kommission ein, die die Häresie bekämpfen soll. Ihre ausführenden Organe sind die Dominikaner. Man beruft sich auf einen Satz des Thomas von Aquino. Der bedeutende Theologe legte mit dem Ausspruch: Accipere fidem est voluntatis, sed tenere fidem iam acceptam est necessitatis *Die Annahme des Glaubens ist freiwillig, den angenommenen Glauben beizubehalten notwendig* das geistige Fundament für die Verfolgung der Häretiker."
Claude von Ibelin war empört:
„Ich bin doch kein Häretiker!"
„Nein, dass seid Ihr sicher nicht, aber Ihr seid Wissenschaftler und arbeitet an Dingen, die für die Kirche zu den gottgegebenen, unumstößlichen Schismen gehören. Es ist unser Schicksal als Forscher, dass wir in allen Religionen früher oder später bei der Geistlichkeit anecken. Wir können nur froh sein, dass unser Herrscher, Kaiser Friedrich II., eine fundierte naturwissenschaftliche Ausbildung hat, sonst würde er sich womöglich den Standpunkt der Kirche zu eigen machen."
„Meister, ich weiß nicht, was ich dazu sagen soll."
Claude war aufgesprungen und ging nervös hin und her:
„Ich bin mir keiner Schuld bewusst. Ich war zur Ausbildung in verschiedenen arabischen Ländern, aber das ist, auch in den Augen der Kirche, noch kein Verschulden. Ich arbeite an der Erschließung mathematischer

Zusammenhänge, deren Grundzüge schon vor einiger Zeit veröffentlicht wurden und an denen die Kirche kein Anstoß genommen hat. Was soll dann mein Vergehen sein?“

Michel Scotus entgegnete:

„Seht möglicherweise nicht so sehr ein Verschulden bei Euch, sondern bringt die Angelegenheit in Zusammenhang mit dem Besuch der ägyptischen Sarazenen in unserem Land und ihrer Vermessungstätigkeit, die sicher nicht unbeobachtet geblieben sind. Ihr wart dabei, und anschließend seid Ihr nach Ägypten gesegelt, dies müsste ein hinreichender Grund dafür seien, Euch weiter zu beobachten.“

„Ihr meint also, ich sollte auf der Hut sein?“

„Ja, das würde ich Euch raten.“

Die beiden versanken in Schweigen und gingen ihren unterschiedlichen Gedanken nach. Nach einiger Zeit fragte Michael Scotus:

„Was hat denn der Kaiser sonst noch gesagt?“

„In zwei Tagen werde ich vom Großhof Auszüge der Korrespondenz des Sultans mit dem Kaiser bezüglich des Hügels Maria del Monte erhalten. Dort soll bereits im Detail die Absteckung eines Gebäudes beschrieben sein. Meine Aufgabe ist es, mich einzuarbeiten, während der Protonotar, Peter von Vinea, für die Freimachung des Geländes sorgen soll. Nach diesen Vorbereitungen und vor dem Beginn der Absteckung will der Kaiser uns alle in seinem Palast sehen und uns seine Anweisungen mitteilen.“

Michael Scotus entgegnete in seiner sarkastischen Art:

„Dann sind wir also vorerst mit ausreichend Arbeit versorgt und brauchen uns keine Gedanken zu machen, wie wir die Zeit, für die wir doch bezahlt werden, nutzlos totschlagen.“

Michael Scotus bat noch darum, über die Unterlagen der Ägypter, die Claude in zwei Tagen erhalten sollte, unterrichtet zu werden, damit er sich auf das Gespräch mit dem Kaiser vorbereiten konnte, dann verabschiedeten sich die beiden, ohne ein Treffen zu einem weiteren Gespräch zu vereinbaren. Sie waren sicher, sich auf dem Palastgelände von nun an öfter zu begegnen.

Nach zwei Tagen begab sich Claude von Ibelin wie verabredet zu jenem Gebäudekomplex, in dessen Räumen die Verwaltung des Kaiserreiches und des Regnum Siziliae untergebracht waren. Er war erstaunt über die Größe des von Straßen und Wegen durchzogenen Geländes. Während die

Gebäude einiger Straßen ausschließlich den Schreibern vorbehalten waren, was man an der Beschriftung über den Eingangsportalen erkennen konnte, waren in einer anderen Straße ausschließlich Audienzräume untergebracht, die von auswärtigen Besuchern reichlich für Besprechungen mit den Beamten des Kaisers genutzt wurden. Etwas abseits, an einer breiteren Straße, lagen die Gebäude des Obersten Gerichtes und die Räume der obersten Amtsherren. Ganz am Ende dieser Straße endlich, in einem frei stehenden Gebäude, lag das Geschäftszimmer des Protonotars Peter von Vinea.

Als Claude nach dem Protonotar fragte, sagte man ihm, er sei auf Reisen, und man verwies ihn an einen Sekretär. Der erkundigte sich nach dem Begehr des jungen Mannes und es stellte sich alsbald heraus, dass die zugesagten Unterlagen griffbereit in einem Wandschrank abgelegt waren. Bevor der Sekretär ihm jedoch die Papiere herausgab, musste er auf einem vorbereiteten Pergament den Empfang mit seiner Unterschrift bestätigen. Claude, der inzwischen viele Länder bereist hatte, war noch nie mit einer derartig strengen Arbeitsweise der Verwaltung konfrontiert worden. Bei einer groben Durchsicht der erhaltenen Unterlagen stellte er bald fest, welch hohes Maß an Wissen die Verfasser in ihren Schriftstücken verarbeitet hatten. Viele der Angaben schienen zwar vordergründig einfach und logisch, setzten aber das Wissen von erfahrenen Handwerkern und Meistern zum Beispiel der Kirchenbaukunst voraus. Claude von Ibelin hatte zwar eine umfassende Ausbildung in der theoretischen und praktischen Mathematik genossen, er hatte aber nie auf einer Baustelle volontiert, daher besaß er nahezu keine praktische Erfahrung.

Das ganze Werk glich der Beschreibung, nach der man eine Mahlzeit oder ein spezielles Gericht zubereiten konnte. Er hatte dergleichen in den Bibliotheken von Neapel und Rom in der Abteilung für Nahrungs- und Heilkunde schon häufiger gesehen. Für die Vorbereitungen zur Erstellung eines Bauwerkes, wie sie ihm vom Kaiser befohlen war, konnte er nur geringfügige Teile des Berichtes gebrauchen. Ihm war klar, dass er hier die Unterstützung eines Fachmannes für das Bauwesen benötigte.

Andere Teile des Berichtes waren für ihn dagegen ungleich interessanter, denn sie sprachen seine mathematischen Kenntnisse an. So erregten zum Beispiel die Höhen- und Längenangaben im Text und in einigen beigefügten Skizzen seine Aufmerksamkeit. Sein für mathematische Zusammenhänge geschultes Auge erkannte insbesondere, dass zwischen den verschiedenen Werten ein Zusammenhang bestand. Diesen Aspekt würde er später weiter erforschen. Im Augenblick setzte er sich selbst zwei Schwerpunkte. Einmal wollte er, wie versprochen, den Magister Michael Scotus über die Unterlagen unterrichten, zum anderen hatte er vor das Gelände des Hügels Maria del Monte zu besuchen, um sich selbst einen Überblick zu verschaffen.

Den Magister Michael Scotus traf er einige Tage später auf dem Gelände der Residenz, als dieser völlig in Gedanken versunken ihm auf einem kiesbestreuten Weg entgegenkam und beinahe mit ihm zusammengestoßen wäre.

„Nicht so stürmisch, lieber Freund! Ihr rennt mich ja fast zu Boden!"

Michel Scotus schreckte aus seinen Gedanken auf:

„Oh, entschuldigt bitte vielmals! Ich bin so mit meinen Gedanken in ein Problem vertieft, dass ich die ganze Welt um mich herum vergesse."

Claude von Ibelin fragte mehr aus Höflichkeit:

„Kann ich Euch vielleicht bei der Lösung Eures Problems helfen?"

Ganz entgegen seiner Erwartung ging der Schotte auf das Angebot ein:

„Ja, gerne, ich fürchte, ich kann mein Problem ohnehin nicht alleine lösen."

Claude von Ibelin machte einen Vorschlag:

„Lasst uns eine Bank suchen, uns hinsetzen und dann schildert Ihr mir, was Euch bedrückt."

Nachdem sie Platz genommen hatten, führte der Schotte sein Problem aus:

„Wie Ihr wisst, erstelle ich hier am Hof Horoskope und mache auch allerhand Weissagungen, ohne dass ich glaube, dazu besonders befähigt zu sein. In meiner Heimat hatte ich früher allerdings einige Male Halluzinationen und was ich dabei sah, hat sich dann später oft realisiert. Vor einigen Tagen hatte ich nun eine Halluzination, die sich auf mich selbst bezog. Ich sah von ferne eine männliche Person mit zerschmettertem Hinterkopf unter einem Stein liegen, der auf sie herabgefallen war. Das Gesicht war gänzlich unverletzt und als ich näher kam, erkannte ich mich selbst. Die Erscheinung war so plastisch, dass ein Schrecken meinen ganzen Körper durchzuckte und ich unmittelbar danach wieder bei vollem Bewusstsein war. Diese Vorstellung geht mir nun beständig durch den Kopf und ich habe noch kein Mittel gefunden, mich wieder von ihr zu befreien."

Claude von Ibelin hatte gespannt zugehört:

„Ihr handelt richtig, wenn Ihr zu mir über diese Sache redet. Damit teilt Ihr Euer Erlebnis mit einem anderen. Das allein reicht aber nicht, Ihr müsst mit anderen Menschen Eures Vertrauens weiterhin über Euer Erlebnis sprechen. Wenn Ihr Euren Albtraum erneut vor Eurem geistigen Auge seht, versucht es einmal, in dem Gesicht des Erschlagenen eine andere Person zu sehen. Sollte dies nicht fruchten, versucht einfach, die Wunde am Hinterkopf abzudecken, oder noch besser, setzt der Person einen Helm auf."

„Woher wisst Ihr das?"

„Ich habe mich einmal während meines Aufenthaltes in Spanien mit einem Derwisch unterhalten. Wie Ihr wisst, versetzen sich die Angehörigen dieser Orden durch Tänze in religiöse Erregung. Nicht immer erreichen sie jedoch die erstrebte Vereinigung mit ihrem Gott, es kann auch vorkommen dass sie in ihrem Trancezustand in Alpträume verfallen. Um diese Erinnerung wieder loszuwerden, haben sie die erwähnten Techniken erfunden."

Der Schotte war zufrieden:

„Euren Rat will ich erproben. Am besten wäre wohl, wenn ich mir sogleich in den kaiserlichen Werkstätten einen Helm anpassen lassen würde. Dann kann mir, wenn sich die Weissagung bewahrheiten sollte, nichts passieren." Wenige Tage später traf Claude von Ibelin den Schotten und ihm blieb vor Staunen der Mund offen stehen. Auf dem Kopf trug der Meister ein Gebilde, das zwar wie ein Helm aussah, aber von der Form her kaum für kriegerische Zwecke zu gebrauchen gewesen wäre. Es war hoch und verdickte sich noch nach oben, so dass sein Goldblech in der Sonne hell schimmerte. Auf diese Kopfbedeckung angesprochen, erklärte Michael Scotus dem jungen Wissenschaftler:

„Ich habe intensiv über Eure Ratschläge nachgedacht und mir dieses Gerät anfertigen lassen. Ich habe ihm auch einen Namen gegeben. Es ist ein ‚Cerebrerium'. Ich weiss zwar nicht, ob es etwas nützt, aber meine Alpträume sind verflogen."

Claude von Ibelin unterdrückte eine ironische Bemerkung zur Form des Helmes und fragte allgemein:

„Was haben die Leute bei Hofe zu Eurer Verkleidung gesagt?"

„Nun, die Sekretäre und Schreiber waren begeistert. Ihr Chef, der Protonotar, der soeben von einem Besuch in der Murge zurückgekehrt war, meinte, ich hätte Ähnlichkeit mit dem heiligen Bonifatius aus Irland. Egal, ich fühle mich besser und so soll es bleiben."
Claude von Ibelin hatte aufgehorcht, als Michael Scotus den Namen Murge erwähnte. Er konnte sich vorstellen, dass der Protonotar die Murge genannte Gegend um den Hügel Sancta Maria de Monte besucht hatte. Was er dort zu erledigen hatte, war ihm von der Besprechung beim Kaiser hinlänglich bekannt.
Wenige Tage später war es Michael Scotus, der nun seinerseits den jungen Wissenschaftler in dessen kleinem Haus außerhalb der kaiserlichen Palastanlage besuchte. Da der Tag kalt und regnerisch war, ließ Claude von seinem Diener im Wohnzimmer das Metallbecken mit Holzkohle füllen und anzünden. Als Getränk reichte er seinem Gast mit Zimt und Honig gewürzten Wein, den er erwärmt servierte. Dann holte er die Kopien der Unterlagen aus Al Qahirah und gab sie Michael Scotus zur Lektüre. Der vertiefte sich schweigend in den Text und gab nur hin und wieder ein leises Knurren von sich. Nach einiger Zeit legte er die Dokumente beiseite und wandte sich Claude von Ibelin zu.
„Das ist ein größeres Projekt, als ich ursprünglich dachte. Wenn ich überschlage, welche Abmessungen hier zur Anwendung kommen sollen, dann sehe ich ein Bauwerk vor mir, das die normalen Kastelle dieses Königreiches an Größe übertreffen wird."
Claude von Ibelin stellte eine Frage, die ihn schon seit einiger Zeit beschäftigte:
„Sagt, Magister Scotus, ist Euch irgendetwas aufgefallen, woraus man auf die Verwendung dieses Bauwerkes schließen könnte?"
Michael Scotus dachte nach und bemerkte dann:
„Nein – oder doch? Mich macht stutzig, dass die Angaben zur Absteckung sehr detailliert sind. Die spätere Bauausführung wird dagegen eher großzügig behandelt."
„Mir ist aufgefallen, dass im Gegensatz zu üblichen Kirchenbauten, von der so genannten Ostung, also dem Ausrichten des Altars in Richtung Osten und des Eingangs in Richtung Westen, abgewichen wurde. Im Gegenteil ist hier der Eingang an der Ostseite vorgesehen."
Hier hakte Michael Scotus ein:

„Nein, das ist kein gutes Argument. Der Kaiser hat in seinem Regnum, soviel ich weiß, nur eine einzige Kirche gebaut."

„Mir ist noch etwas aufgefallen", entgegnete Claude von Ibelin.

„die Hauptrichtungen des Gebäudes sind nicht genau nach den Haupthimmelsrichtungen ausgerichtet, sondern weichen davon etwas ab. Zu den acht Türmen, die selbst auch achteckig sind, will ich mich hier nicht äußern. Dies ist aber sicher eine besondere Betrachtung wert."

Michael Scotus nahm dieses Thema auf:

„Das ist nicht so ungewöhnlich, schließlich ist der Felsendom in Jerusalem auch achteckig, allerdings ohne noch acht Türme zu tragen."

Claude von Ibelin wechselte das Thema:

„Zu Beginn dieses Dokuments bin ich auf einige Passagen gestoßen, die ich nicht verarbeiten kann. Es ist dort von Anweisungen an die mit der Absteckung beauftragten Handwerker die Rede, mit denen ich nichts anfangen kann."

„Das ist doch ganz einfach, fragt nur einen Zisterzienser um Rat. Auf dem Gelände der kaiserlichen Residenz findet Ihr sicherlich irgendwo einen, der im Augenblick mit Reparaturen oder einem Neubau beschäftigt ist."

Claude fand diesen Rat gut und wollte danach handeln.

Während die zwei Wissenschaftler sich im Hause von Claude von Ibelin mit warmem Wein stärkten, fand in der Residenz zwischen dem Kaiser und seinem Protonotar eine Unterredung statt.

Wie immer war der Kaiser sehr direkt.

„Nun, Peter, was hast du in der Murge erreicht? Sind die Mönche bereit, umzuziehen?"

„Nein, sie sind es nicht. Ich habe alles versucht, ihnen sogar eine eigene kleine Kirche angeboten. Auch sagte ich ihnen, sie könnten an jedem Ort des Königreiches eine Klause errichten, und der Kaiser wolle alle Kosten übernehmen. Alles vergebens. Sie berufen sich auf ihr Gelübde, das sie der heiligen Mutter Gottes gegenüber abgelegt haben und von dem sie sagen, es binde sie an diesen Ort."

„Du gehst sehr großzügig mit meinem Geld um. Jeder in diesem Land weiß doch, dass ich für mein Geld keine Kirchen baue."

Peter von Vinea rechtfertigte sich:

„Die Mönche waren so starrköpfig, ich hatte keine andere Wahl als so zu handeln.“
Doch der Kaiser hatte seine Bemerkung über sein Geld nicht völlig ernst gemeint. Der infrage kommende Betrag hätte ohnehin im Hinblick auf die Vorbereitungskosten seiner Deutschlandreise nur einen Bruchteil davon ausgemacht.
„Wie kommen wir nun in dieser Angelegenheit weiter“, der Kaiser wurde ungeduldig, „du weißt Peter, dass ich im Frühjahr nach Deutschland aufbrechen werde und bis dahin möchte ich die Angelegenheit so weit geklärt wissen, dass einem Baubeginn nichts mehr im Wege steht. Sieh zu, dass du bis dahin alles geregelt hast, denn dann bist du in meinem Tross und hast anderes zu tun.“
Peter von Vinea war überrascht. Bisher war nicht abgesprochen, dass er an dem Deutschlandzug des Kaisers teilnehmen soll. Er wollte es sogleich genauer wissen:
„Ich soll also an deinem Zug teilnehmen, Federico?“
„Du sollst mich, jedenfalls zu Beginn, begleiten, denn ich vermute, dass verschiedene Verhandlungen mit dem Papst und den oberitalienischen Städten erforderlich werden.“
„Gut, ich werde meine Anstrengungen verdoppeln und dafür Sorge tragen, dass der Hügel Santa Maria del Monte sowohl von Gestrüpp und Erde als auch von einsitzenden Mönchen gereinigt wird.“
Dem Kaiser war durchaus klar, was diese abwertende Bemerkung seines Protonotars bedeuten könnte. Er war aber derart mit dem Problem seines aufsässigen Sohnes und Königs von Deutschland, Heinrich VII., beschäftigt, dass er für die Erörterung weiterer Schwierigkeiten nicht empfänglich war.

Peter von Vinea setzte in der Folge alle seine Beziehungen ein, um die Eremiten zum Umzug zu bewegen. Er unterbreitete den Kirchenvorständen der umliegenden Orte Corato und Ruvo das Angebot, die Mönche gegen gute Vergütung in ihrem Sprengel unterzubringen. Als dies nichts fruchtete, wandte er sich an den zuständigen Bischof von Bari und schließlich an den Heiligen Vater selbst. Aber alles blieb ohne Erfolg.
Einige Tage später hörte Claude von Ibelin ungewollt in einer Schenke die Unterhaltung zweier Fuhrleute.

„Die Mönche auf dem Hügel Santa Maria sind auch verschwunden," sagte der Erste. Der Zweite fragte:
„Woher weißt du das?"
„Eine Händlerin aus Minervino, die bei mir kauft, war auf dem Hügel, um die heilige Maria del Monte anzubeten. Die Klause war aber verlassen."
Darauf sagte der Erste:
„Wie seltsam, neulich in Spinazzola habe ich gehört, ein Trupp kaiserlicher Sarazenen sei auf dem Weg von Lagopesole in Richtung des Hügels reitend beobachtet worden. Sie machten dabei um den Ort einen großen Bogen, als wollten sie nicht gesehen werden."
Der Zweite konnte noch etwas zum Besten geben:
„Der Priester von Corato soll erzählt haben, dass ihm die Mönche, als er sie fragte, ob sie nicht in seinen Ort ziehen möchten, erklärt hätten, sie würden niemals lebend den Hügel verlassen."
Worauf der erste meinte, indem er sich bekreuzigte:
„Ob sie damit wohl nicht ihr Schicksal vorausahnten?"
Das Gespräch der beiden Fuhrleute wurde unterbrochen, weil neue Gäste die Schenke betraten. Claude von Ibelin beglich seine Rechnung und machte sich auf den Heimweg, wobei ihm das Gespräch noch lange im Kopf herum ging.
In den nächsten Tagen sprach er mit seinem Diener und anderen Leuten des gemeinen Volkes über diese Angelegenheit und als er all das, was er erfahren hatte, zusammenfasste, stieg eine schlimme Ahnung in ihm auf. So hieß es: Einige Tage nach dem ersten Verdacht, die Mönche seien verschwunden, hätte es auf dem Friedhof der Sarazenen in Lucera eine Beerdigungen nach islamischem Ritus gegeben. Drei nackte Tote seien zusammen beerdigt worden, was aufgrund der ständigen Kriegszüge des Kaisers öfter vorkam, denn es war der Wunsch aller Sarazenen des Kaisers, wenn irgend möglich in Lucera beerdigt zu werden. Es wurde aber erzählt, in diesem Falle seien die Leichen von sehr heller Hautfarbe und ihre Köpfe geschoren gewesen.
Einige Zeit nach dem Aufkommen dieser Gerüchte, konnte Claude von Ibelin selbst erleben, wie vom Großhof des Kaisers verbreitet wurde, die Mönche hätten jeder eine hohe Summe Goldes angenommen und seien per Schiff nach Ephesos in Kleinasien gesegelt, um dort ein neue Stätte der Marienverehrung zu gründen.

Bei all den Anfragen des Protonotars war viel Staub aufgewirbelt worden, und der Papst selbst nahm sich der Sache an und fragte offiziell beim Kaiser an, was aus den Einsiedlern vom Hügel Santa Maria Del Monte geworden sei. Die offizielle Antwort unterschied sich von dem, was zuvor verbreitet worden war, lediglich darin, dass dem Heiligen Vater die unvorstellbar hohe Summe von 5000 Augustalen genannt wurde.

Das Freimachen des Baufeldes auf dem Hügel gestaltete sich viel einfacher als die Umsiedlung der Einsiedler – wohin auch immer. Die Einwohner der Gemeinden Corato und Ruvo wurden gegen entsprechende Abgeltung mit Land der Krone zur Dienstleistung auf Lebenszeit verpflichtet. Ihre erste Aufgabe bestand darin, den Hügel Santa Maria Del Monte vollständig von seinem Bewuchs zu befreien und den Kalkstein des Untergrundes freizulegen. Der Bewuchs sollte verbrannt werden, die anfallende Erde diente zum Zuschütten der primitiven Behausung der verschwundenen Eremiten.

Die mit der Überwachung dieser Aufgaben bestellten Beamten des Großhofes, mit Theodor von Antiochia an ihrer Spitze, stellten zu ihrem Erstaunen fest, dass kaum Erde angefallen war und die Ruinen der kleinen Stiftskirche noch standen. Dafür war in einiger Entfernung eine Senke aufgefüllt worden, aber dies entging den Kontrolleuren, die jedoch nur sehr nachlässig ihre Arbeit verrichteten.

Claude von Ibelin hatte die ägyptischen Unterlagen inzwischen genau studiert und sich bei den im Kaiserpalast tätigen Zisterziensern zu all den Dingen informiert, die er nicht verstand. Als das Wetter nach dem Ende des Winters allmählich besser wurde, war es an der Zeit, dem Hügel einen Besuch abzustatten. Er hatte vor, die anderen beteiligten Wissenschaftler, also Michael Scotus, Magister Domenicus, Magister Johannes de Panormo und Theodor von Antiochia ebenfalls zu diesem Exkurs einzuladen. Als er seine Vorschläge beim Protonotar Peter von Vinea vorbrachte, erlebte er eine Überraschung. Der erklärte ihm nämlich, dass der Justitiar der Terra di Bari mit Namen Landolfus de Franco vom Kaiser den Auftrag erhalten hatte, auf dem Hügel Sancta Maria de Monte mit dem Rohbau eines Kastells zu beginnen.

Claude von Ibelin konnte diese Entscheidung nun gar nicht verstehen. Erregt fragte er den Protonotar:

„Exzellenz, was soll denn der gute Mann bauen? Bei der Audienz im letzten Jahr hatte der Kaiser angeordnet, dass in dem zu errichtenden Bauwerk das gesamte mathematische Wissen seiner Kaiserzeit eingearbeitet werden soll. Dieses Wissen ist bei den Herren Michael Scotus, Magister Domenicus, Magister Johannes de Panormo, Theodor von Antiochia und mir versammelt. Soviel mir bekannt ist, ist aber noch keiner der genannten Herren konsultiert worden."

Der Protonotar entgegnete trocken:

„Da seid Ihr aber nicht vollständig unterrichtet. Der Kaiser hatte ein längeres Gespräch mit dem Magister Theodor von Antiochia, und danach hat er den Justitiar der Terra di Bari beauftragt. Ich nehme doch stark an, dass der Magister weiß, was er zu bauen hat."

Claude war vor Erregung rot im Gesicht:

„Das darf ich mit Fug und Recht bezweifeln! Ich habe zusammen mit Michael Scotus anlässlich unseres Vortrages vor dem Kaiser in Sizilien darauf hingewiesen, dass das gesamte arabische Projekt ebenso wie die nahe und weitere Umgebung des Hügels in der Murge in ein Netz von Goldenen Dreiecken eingebettet ist. Darüber hinaus habe ich eine Beziehung zwischen dem Goldenen Schnitt, dem Hügel, der Stadt Palermo, der heiligen Stadt Mekka und den Abmessungen des Erdquadranten hergestellt. Die Ergebnisse dieser Studien beeinflussen maßgeblich das zu errichtende Bauwerk. Dies ist der Stand des Wissens unseres Kaiserreiches, der in den Bau einfließen soll, aber davon hat Herr von Antiochia keine Ahnung, denn das zu Grunde liegende Kalkül des Leonardo von Pisa ist ihm ein Buch mit sieben Siegeln." Nun kamen dem Protonotar Zweifel, ob er richtig gehandelt hatte, als er zwischen dem Magister und dem Kaiser eine Audienz vereinbarte. In den langen Jahren seiner Zusammenarbeit mit der Majestät wusste er um dessen Anfälle von Jähzorn, wenn ihm falsche Informationen zugetragen wurden. Es erschien ihm angebracht, hier steuernd einzugreifen:

„Ich werde den Kaiser bitten, eine Besprechung anzusetzen, auf der Sie Ihre Argumente darlegen können. Gehen Sie aber bitte davon aus, dass auch Herr von Antiochia anwesend sein wird."

Natürlich war Claude nicht besonders begeistert, mit Theodor von Antiochia vor dem Kaiser ein Streitgespräch zu führen, denn darauf lief doch die Audienz hinaus. Andererseits hatte er gute wissenschaftliche Argumente, und die Schule des Averroës in Cordoba hatte ihn in der Dialektik gut ausgebildet.

Auf dem Heimweg grübelte er noch lange über die möglichen Argumente nach, die den Kaiser bewogen haben konnten, auf das Wissen des Herrn von Antiochia zurückzugreifen.

Gleich am nächsten Morgen besuchte er Michael Scotus, um mit ihm die Angelegenheit zu besprechen. Die Herren begrüßen sich herzlich und Claude von Ibelin begann das Gespräch:

„Ich wünsche Euch an diesem schönen Morgen alles Gute und dass Eure Gesundheit sich weiter so hält wie in der Vergangenheit."

„Danke, Danke für Eure erfrischenden Worte. Mir geht es gut, ich habe ausreichend Arbeit und für mein leibliches Wohl ist auch gesorgt, was will ich also mehr? Aber, es ist doch nicht der Grund Eures Besuches, nach meinem Befinden zu fragen?"

Michael Scotus ahnte schon, dass Claude wieder in Schwierigkeiten steckte. „Nein, Meister. Ich habe ganz plötzlich ein besonderes Problem. Der Kaiser hat vor kurzem mit dem Magister Theodor von Antiochia ein längeres Gespräch geführt und danach dem Justiziar der Terra di Bari den Auftrag gegeben, mit dem Bau eines Castrums zu beginnen. Ich war nach unserem gemeinsamen Gespräch mit dem Kaiser in Sizilien der Ansicht, dass in den Bau die neuesten Erkenntnisse der Wissenschaft des Regnums und des Imperiums einfließen sollen. Diese werden nun aber bestimmt nicht von dem Herrn von Antiochia repräsentiert."

Michael Scotus hob beschwörend beide Hände:

„Gemach, gemach, junger Mann! Ihr seid soeben dabei, einen großen Fehler zu machen, indem ihr Euch persönlich getroffen fühlt, weil Euch in einer bestimmten Sache, von der Ihr glaubt, der Leitwolf zu sein, ein anderer vorgezogen wurde. Dadurch verliert ihr Eure Selbstkontrolle und die notwendige Ruhe, um über das Vorgefallene nachzudenken."

Claude bemühte sich, seine innere Balance wiederzufinden:

„Was kann denn den Kaiser bewogen haben, so plötzlich den Herrn von Antiochia mit der Leitung des Bauvorhabens in der Murge zu beauftragen?" Michael Scotus überlegte eine Weile, dann sagte er:

„Von dem Gespräch, das der Kaiser mit Herrn von Antiochia geführt hat, habe ich wohl gehört. Wie man mir sagte, ist es der Kaiser leid, ständig mit einem Problem belästigt zu werden, das er nicht mag. In einer schwachen Stunde hat er sich nun offenbar entschlossen, mit dem Bau nach Unterlagen aus Ägypten zu beginnen und die entsprechenden Aufträge an Herrn von Antiochia und den Justitiar erteilt."

„Das entspricht doch aber keineswegs dem, was der Kaiser uns in Sizilien sagte."

„Junger Mann, es ist das Vorrecht eines Kaisers, seine Meinung jederzeit den gegebenen Umständen anzupassen, um mich vorsichtig auszudrücken. Vergesst bitte nicht, dass der Kaiser die größten Probleme mit seinem Sohn in Deutschland hat. Kurz vor dem Gespräch mit Herrn von Antiochia soll der Kaiser erfahren haben, dass sein Sohn Verhandlungen mit des Kaisers Erzfeinden in der Lombardei führt. Es ist doch nur ganz natürlich, dass er versucht, alles, was ihn außer der Deutschlandfrage noch belastet, zu delegieren, zu lösen, oder einfach zu negieren. Hier spielt weder Euer Wissen noch das des Herrn von Antiochia eine Rolle, das Problem musste einfach vom Tisch."

Claude von Ibelin war so unsicher wie noch nie in seinem Leben:

„Was soll denn nun geschehen? Ich habe die ganzen letzten Jahre daraufhin gearbeitet, das Fibonacci-Kalkül und die Probleme im Zusammenhang mit dem Goldenen Dreieck einer Lösung zuzuführen, und ich bin mir mit vielen anderen in der Überzeugung einig, dass dies der Stand des Wissens in unserem Regnum darstellt. Nun sind meine Ergebnisse alle hinfällig, der Bau in der Murge wird ohne sie ausgeführt und ich weiß nicht, was ich in Zukunft tun soll."

Wenige Tage, nachdem Claude von Ibelin dieses Gespräch mit Michael Scotus geführt hatte, erreichte ihn ein Schreiben des Großhofes, in dem ihm mitgeteilt wurde, er habe sich am Freitag der kommenden Woche nach dem Morgengebet am Hof einzufinden, um vor dem Kaiser ein Streitgespräch mit Theodor von Antiochia zu führen. Ihm wurde mitgeteilt, dass das Thema des Streitgespräches die gegenwärtige wissenschaftliche Lage im Regnum Siziliae im Hinblick auf die Belange eines zu errichtenden Kastells sein sollte. Neben dem Kaiser und seinem Protonotar sowie einigen Schreibern sollten noch die Wissenschaftler Michael Scotus, Magister Domenicus, Magister Johannes de Panormo dem Disput beiwohnen.

Unmittelbar nachdem er das Schreiben des Großhofes erhalten hatte, überkam ihn eine noch nie gekannte Unruhe. Immer wieder las er das Pergament, in der Hoffnung, noch irgendeinen Hinweis zu entdecken, jedoch ohne jeden Erfolg. Zwar redete er sich ein, dass die Bedenken, die ihn überkamen, unbegründet seien. Im Falle seines Versagens in dem Streitgespräch jedoch, das ahnte er, könnte sein derzeitiges Leben eine unerwartete Wendung nehmen.

Nach einigen Stunden des Grübelns fiel ihm eine probate Lösung ein, sich zu beruhigen. Er stürzte sich mit Feuereifer über die Schriften und Berechnungen der letzten Jahre und begann, alles noch einmal durchzurechnen. So überbrückte er die Zeit, die ihm bis zu dem Streitgespräch noch verblieb, und stärkte gleichzeitig seine gedankliche Basis.

Am Freitag nach dem Morgengebet fanden sich alle Beteiligten auf dem Palastgelände ein. Von einem Bediensteten wurde ihnen mitgeteilt, dass das Streitgespräch in einem der kleineren Thronsäle stattfinden würde. Der Saal hatte nicht die Größe des offiziellen Thronsaales, jedoch konnte er leicht etwa fünfzig Personen aufnehmen. An der Stirnseite gegenüber dem Eingang stand der Thron auf einem erhöhten Podest, zu dessen beiden Seiten sich zwei Sessel für die Berater des Kaisers befanden. Der Boden war mit hellem Marmor belegt, ebenso die Wände bis in Kopfhöhe. Ringsum waren Halbsäulen aus Breccia angebracht, zwischen denen sich eine Reihe von Bänken befand, auf denen die Teilnehmer an einer Audienz oder zu ähnlichen Anlässen wie diesem Streitgespräch Platz nehmen konnten, nachdem sie dem Kaiser stehend gehuldigt hatten.

Aus Kostengründen hatte man darauf verzichtet, diesen Thronsaal mit einem Kreuzgewölbe abzuschließen. Stattdessen lag das Gebälk unmittelbar auf den Halbsäulen auf, so dass man von unten die gesamte Deckenkonstruktionen einsehen konnte.

Claude von Ibelin konnte sich, als er zum ersten Mal diesen Saal betrat, des Eindrucks nicht erwehren, dass hier sicher keine Krönungen vorgenommen werden würden. Auch Michael Scotus, zu dem er sich gesellte, teilte offenbar diese Ansicht, wie seine trockene Bemerkung erkennen ließ:

„Dies ist sicher nicht der Ort, an dem der Kaiser seine Hochzeit gefeiert hat." Claude von Ibelin jedoch hatte andere Sorgen.

„Von mir aus könnte diese Diskussion auf der grünen Wiese oder in einem Kuhstall erfolgen, wenn sie nur erfolgreich abgeschlossen wird."

Michael Scotus legte ihm die Hand um die Schulter und versuchte, ihn zu beruhigen:

„Junger Freund, Ihr habt zu dem, was Euch bevorsteht, noch nicht die nötige Ruhe. Denkt immer daran, wer zuerst aus der Rolle fällt und die Fassung verliert, hat auch sonst verloren."

Leise fügte er hinzu:

„Bewegt Euch in Richtung der Wand, die den Fenstern gegenüber liegt und setzt Euch dort, nachdem der Kaiser Platz genommen hat, so nieder, dass das Sonnenlicht auf Euch fällt, wenn Ihr redet. Das gibt Euch einen Vorteil gegenüber Eurem Kontrahenten, der im Gegenlicht steht."

Während er dies sagte, zog er Claude in die angegebene Richtung, um dort stehenzubleiben. Erstaunt verfolgte Claude von Ibelin, wie der hagere und grossgewachsene Theodor von Antiochia ebenfalls in ihre Richtung schlenderte, sich nach einer Weile aber wieder zurückzog, als er sah, dass Michael Scotus und Claude von Ibelin nicht daran dachten, diesen Platz zu verlassen.

Nach einiger Zeit erschien der Kaiser zusammen mit dem Protonotar Peter von Vinea und dem Justitiar Gentilis de Costanca, der trotz seiner Krankheit, auf einen Stock gestützt, erschienen war.

Die Versammelten zogen ihre Hüte und verbeugten sich tief vor dem mit einem seidenen Unhang über leichter arabischer Kleidung gewandeten Kaiser. Der hatte an Stelle der unhandlichen Krone ein mit Goldfäden durchwirktes Stirnband angelegt, an dessen Rückseite, also im Nacken des Herrschers, ein faustgroßer Edelstein auf einem kleinen Kissen aus weicher Seide, befestigt war.

Dieser *Waise* genannte Opal, der je nach Lichteinfall in allen Regenbogenfarben glitzerte, war ein uraltes Machtsymbol der deutschen Kaiser und unterstrich die Bedeutung, die Friedrich II. diesem Gespräch beimaß.

Während er durch den Thronsaal schritt, begrüßte er durch eine leichte Neigung seines Oberkörpers die Versammelten freundlich und nahm dann auf seinem Thronsessel Platz.

An Peter von Vinea gewandt, forderte er ihn auf:

„Peter, mögest du so nett sein und alle Anwesenden noch einmal über den Grund ihres Hierseins aufklären."

Der Angesprochene räusperte sich und begann in seiner unnachahmlichen Art in dem besten Latein, das diesseits der Alpen irgendwo gesprochen wird, die Gründe dieses Streitgespräches aufzuzeigen.

„Hochverehrter Kaiser Friedrich des Imperiums Romanum und König des Regnum Siziliae, verehrte Gäste, achtenswerte Wissenschaftler!"

Peter von Vinea machte eine kleine Pause und fuhr dann fort:

„In den nördlichen Teilen des Imperiums ist es zwischen dem Kaiser und seinem Sohn, König Heinrich VII., zu gewissen Unstimmigkeiten gekommen, die das Eingreifen Seiner Majestät zwingend erforderlich machen. Eine längere Abwesenheit aus dem Regnum ist eingeplant. Es ist nun alles zu unternehmen, um Probleme, die sich aus der Abwesenheit des Herrschers ergeben könnten, gar nicht erst aufkommen zu lassen.

Es gibt gewisse Verträge zwischen dem Sultan Al-Kamil und uns, die vor sechs Jahren dazu führten, dass wir Teile des Heiligen Landes und die Stadt Jerusalem unter unsere Hoheit nehmen konnten. Bei dieser Gelegenheit wurde eine Zusammenarbeit im Festungsbau vereinbart.

In den Zeiten des Friedens nach der Vertreibung der frechen Usurpatoren des Patrimonium Petri nach unserer Rückkehr aus dem Heiligen Land sind unsere Anstrengungen in dieser Richtung, vorsichtig gesagt, etwas schleppend behandelt worden. Dies muss sich von nun an energisch ändern. Wir wollen unseren Teil des damals abgeschlossenen Vertrages erfüllen. Der Kaiser ist fest entschlossen, die seit einiger Zeit hier vorliegenden Pläne der ägyptischen Sarazenen jetzt zur Ausführung zu bringen."

Wieder machte Peter von Vinea eine kleine Pause und wechselte, unhörbar für die anderen, mit dem Kaiser ein paar Worte. Dann fuhr er fort:

„Es war schon immer die Absicht des Kaisers, die uns übersandten Pläne nicht kommentarlos umzusetzen, sondern unsere eigenen, unserem Wissensstand entsprechenden Ideen, einzubringen. Auf welcher Höhe dieser Wissensstand heute, zur Zeit des Baubeginns, genau liegt, soll in einer Disputation zwischen Magister Theodor von Antiochia als Vertreter des mehr konservativen Flügels und dem Mu'allim Doktor Claude von Ibelin als Vertreter des neuen Fibonacci-Kalküls hier und heute geklärt werden."

Der Kaiser war von den Ausführungen seines engsten Mitarbeiters wie immer sehr angetan und klatschte ihm Beifall. Alle anderen Teilnehmer fielen in diesen Beifall ein. Nach einiger Zeit ergriff der Kaiser das Wort:

„Ich bitte nun Sie, lieber Herr von Antiochia, uns aus ihrer Sicht das Problem zu schildern."
Der Angesprochene erhob sich von seiner Bank und es war den anderen sofort erkennbar, dass dieser Platz, den er notgedrungen einnehmen musste, nicht besonders günstig war. Wegen der starken Sonneneinstrahlung war er im Gegenlicht nur in seinen Umrissen zu erkennen. Er begann mit ernster dunkler Stimme ebenfalls in wohlgesetzter lateinischer Sprache, die er als Christ in seiner Heimat Antiochia nahe der syrischen Grenze ebenso wie das Arabische gelernt hatte.
„Majestät, ich habe die Unterlagen der ägyptische Sarazenen genau studiert und bin zu dem Ergebnis gekommen, dass ein Bauwerk errichtet werden soll, das dem Felsendom in Jerusalem gleicht. Eine besondere Befähigung dieses Bauwerkes zur Verteidigung gegen einen Angriff konnte ich nicht erkennen. Als Örtlichkeit für den Bau wird vorgeschlagen, einen Hügel in der Murge zu wählen. Der Grundriss soll achteckig sein."
Hier unterbrach Claude von Ibelin den Vortrag, wobei er wie üblich nicht erst um Erlaubnis fragte:
„Sagt mir, verehrter Magister Theodor von Antiochia, wo genau soll denn der Bau liegen?"
„Der Bau liegt auf einem Thaleskreis, der sich von Mekka nach Palermo erstreckt. In den Unterlagen der Sarazenen ist von einem Hügel in der Murge mit Namen Sancta Maria de Monte die Rede, der in direkter Linie zwischen den Orten Spinazzola und Bisceglie liegen soll. Über eine genaue Absteckung des Bauwerkes ist noch zu befinden."
Claude von Ibelin wandte sich an Gentilis de Costanca, den Justitiar der Terra di Bari, der neben dem Kaiser saß:
„Verehrter Herr de Costanca, Sie sind von unserem hochverehrten Kaiser Friedrich beauftragt, die Bauarbeiten durchzuführen. Wohin würden Sie das Baumaterial transportieren, wenn Ihnen nur diese Angaben zur Verfügung stehen würden?"
Der Angesprochene sah sich fragend um, erhielt aber vom Kaiser nur eine Geste, die in etwa andeutete: Nun sagt es schon!
„Um ehrlich zu sein, die Gegend in der Murge ist mir schon bekannt. Unter den Einheimischen ist aber die Bezeichnung eines Hügels mit dem Namen Sancta Maria de Monte nicht eindeutig. Manche nennen einen Hügel Monte Scorzone so, andere dagegen einen Hügel Monte Caccia. Alle

drei liegen recht nahe beieinander. Ich wüsste also nicht genau, wohin ich das Baumaterial liefern sollte."
Als er geendet hatte wandte sich Theodor von Antiochia direkt an Claude von Ibelin, denn er hatte genau erkannt, worauf dieser hinaus wollte:
„Über die genaue Lage des Bauwerkes habe ich mich noch nicht geäußert, aber sagt mir, verehrter Mu'allim Claude von Ibelin, wie steht es denn mit der Ortsangabe, wenn Ihr das sogenannte Fibonacci-Kalkül verwendet. Bekanntlich habt Ihr in dem leeren Palast des Kaisers ein Dreieck entdeckt, das von einem Hügel in der Murge bis nach Palermo reicht. Der Abstand von Palermo bis zu dem Hügel war, wenn ich mich recht erinnere, über vierhundert der Ibelin-Einheit *km* lang."
Süffisant fügte er hinzu:
„Man könnte also den Hügel von Palermo aus leicht einmessen."
Alle Beteiligten wussten natürlich, dass eine Absteckung über eine so große Entfernung, davon zum Teil über das Mare Tirreno hinweg, ein unmögliches Unterfangen dargestellt hätte. Entsprechend ging ein leichtes Lachen durch den Saal und alle warteten, wie Claude reagieren würde.
Nach einer Weile des Nachdenkens, das er länger ausdehnte als erforderlich, denn es schien ihm einen günstigen Eindruck zu hinterlassen, wenn man sah wie er nachdachte, antwortete er bedächtig:
„Ja, verehrter Magister, natürlich kann man von Palermo aus in der Murge keinen Hügel einmessen.
Ich habe aber schon vor einiger Zeit darüber geschrieben, dass ein großes Goldenes Dreieck sich aus einer genau definierten Anzahl kleinerer Goldener Dreiecke zusammensetzt. Ist ein Dreieck klein genug und erweist es sich als konsistent zum großen, dann kann man in seinem Bereich eine Ortsfestlegung treffen."
Theodor von Antiochia, der in Mossul bei dem berühmten Kamaladdin Ibn Yunus studierte und sich in Bagdad in der Medizin vervollkommnet hatte, entgegnete:
„Das mag wohl stimmen, leider war ich noch nicht in der Lage, Eure diesbezügliche Schrift genau zu studieren. Es fällt mir aber auf, dass auch ein kleines Goldenes Dreieck in seiner Lage festgelegt sein muss, um es als Ortsangabe benutzen zu können."
Claude von Ibelin musste zugeben, dass Theodor von Antiochia recht hatte. Es war vom Kaiser nicht festgelegt, dass die einzelnen Schriften der

beteiligten Wissenschaftler in einer bestimmten Zeit gelesen und kommentiert werden mussten. Er erkannte blitzartig seinen Fehler, nämlich Dinge vorauszusetzen, die er erst vor kurzer Zeit entdeckt hatte und die tatsächlich in ihrer Konsequenz bei seinen Wissenschaftlerkollegen noch nicht angekommen waren. Entsprechend änderte er seine Taktik und begann zu dozieren:
„Es ist mir vor kurzem gelungen, die genauen Koordinaten eines Punktes in der Murge zu ermitteln, an dem sich ein Thaleskreis zwischen Palermo und Mekka mit einem Meridian schneidet, der den rechten Winkel des Thalesdreiecks in dem Verhältnis der Winkel des Goldenen Dreiecks teil."
Die Antwort kam prompt:
„Über das, was Ihr erst kürzlich entdeckt habt, können wir hier aber schwerlich diskutieren."
Claude von Ibelin bemerkte zu seinem eigenen Erstaunen, wie ein gewisser Zorn in ihm aufstieg und seine Handlungen beeinflusste:
„Wir alle hatten von unserem verehrten Kaiser die Unterlagen der ägyptischen Sarazenen zur Bearbeitung erhalten. Darin sind die sehr wichtigen Daten der Absteckung des Weges einer Expedition quer durch unser Land enthalten. Bei sorgfältiger Durcharbeitung und Nachrechnung muss sofort auffallen, dass dabei ein Punkt durchquert wird, der an der Spitze eines Goldenen Dreiecks liegt."
Hier schaltete sich der Kaiser persönlich in die Diskussion ein.
„Herr von Antiochia, ich nehme doch stark an, dass Sie die Unterlagen der Sarazenen genau studiert haben, wie Ihnen aufgetragen war?"
Der Angesprochene verlor etwas von seiner Selbstsicherheit:
„Selbstverständlich, Majestät. Ich muss allerdings zugeben, dass mir beim Studium der Unterlagen etwas Vergleichbares nicht aufgefallen ist. Dies mag daran liegen, dass meine Arbeit mehr auf diejenigen Gebiete ausgerichtet ist, die seit langem zum anerkannten Wissensstand des Abendlandes gehören." Dies war wiederum ein Seitenhieb auf die Neuentdeckungen, die Fibonacci und Claude von Ibelin gemacht hatten.
Der Kaiser schaltete sich erneut in das Gespräch ein:
„Meine Herren, nehmen Sie bitte Folgendes zur Kenntnis. Der Mu'allim Claude von Ibelin wird umgehend ein Exposé erstellen, aus dem erkenntlich ist, wie die Koordinaten eines Ortes mit den beschriebenen Eigenschaften ermittelt werden können. Magister Theodor von Antiochia und

die anderen hier anwesenden Wissenschaftler werden sich kurzfristig mit diesem Exposé befassen und eine Stellungnahme darüber abgeben, inwiefern die so gewonnenen Erkenntnisse neu und bedeutsam sind."
Indem er sich zum Kaiser wandte, erklärte Claude:
„Majestät, sofort nach Beendigung dieser Disputation werde ich an die Arbeit gehen und das gewünschte Exposé kurzfristig den Herren übermitteln."
Als der Kaiser zustimmend nickte, fragte ihn Claude:
„Wünschen Majestät nun eine Fortsetzung des Streitgesprächs?"
Die Antwort des Kaisers war kurz und bündig und wie üblich vergaß er die kommerziellen Belange dabei nicht:
„Ja, bitte fahren Sie fort. Die Frage nach der Ermittlung des genauen Ortes ist ja vorerst aufgeschoben. Nehmen Sie daher bitte Stellung zu den Abmessungen des zu errichtenden Bauwerkes. Immerhin möchte ich gerne wissen, welche Kosten auf mich zukommen. Bitte, Herr Magister von Antiochia, fangen Sie einstweilen an."
Der Magister von Antiochia begann umständlich zu dozieren:
„Mit meinen Mitarbeitern habe ich die Unterlagen der ägyptischen Sarazenen genau studiert. Uns ist aufgefallen, dass dieses Bauwerk keine neue Konstruktion darstellt, sondern auf bewährte bekannte Konstruktionen zurückgreift. Wir haben Ähnlichkeiten mit dem Bauwerk der Hagia Sophia in Konstantinopel und mit dem Felsendom in Jerusalem festgestellt."
Hier unterbrach der Kaiser:
„Den Felsendom kenne ich gut, er hat aber eine goldene Kuppel und das wollen wir hier nicht kopieren."
„Selbstverständlich, Majestät, wir werden das umgehend berücksichtigen." Dann fuhr er mit seinen Ausführungen fort:
„Ohne eine Kuppel ergibt sich ein großer offener Innenhof, der von achteckigem Innenmauerwerk umrahmt wird. Darauf folgt ein Außenkreis, der einen Durchmesser von fünfundfünfzig der Ibelin-Einheit m aufweist, in den das Außenmauerwerk ebenfalls achteckig eingeschrieben ist. Bei einer Höhe von circa zwanzig m, die sich unter Berücksichtigung der entsprechenden Kreuzrippengewölbe und eines zweigeschossigen Gebäudes ergibt, dürfte das Bauwerk ungefähr zwanzigtausend m^3 umfassen."
Hier unterbrach der Kaiser sofort, indem er sich an den Justitiar wandte:
„Herr Gentilis de Costanca, Sie sind der Justitiar der Terra di Bari und

auch für diese Gegend der Murge zuständig. Ich bitte Sie, trotz ihrer schweren Krankheit, von der ich erfahren habe, in dieser Sache noch einmal tätig zu werden. Ich muss Sie, auch wegen der Dringlichkeit dieser Angelegenheit, mit der Aufgabe belästigen, mir die ungefähren Kosten anhand der Angaben des Magisters auszurechnen.“

Der Angesprochene entgegnete:

„Selbstverständlich, sofort, Majestät, gebt mir nur ein paar Minuten Zeit.“

Damit stand er auf und begab sich in einen Nebenraum, um dort seine Berechnungen auszuführen. Nach einiger Zeit, während der die anderen Teilnehmer sich auf ihren Bänken leise mit ihren Nachbarn unterhielten, kam er zurück und berichtete:

„Bei einem Umfang des Gebäudes von ungefähr zwanzigtausend m^3 und der Anfuhr der Baumaterialien, insbesondere der Steine aus dem Gargano, komme ich auf eine Summe von rund zweihunderttausend Augustalen beziehungsweise den Gegenwert von circa tausend Kilogramm reinen Münzgoldes.“

Als der Kaiser diese Summen hörte, zuckte er zusammen:

„Mein Gott, das ist ja mehr, als der ganze Zug meines Hofstaates nach Deutschland einschliesslich eines ganzen Jahres Aufenthalt dort kostet.“

Der Kaiser war aufgesprungen und schritt nervös im Thronsaal auf und ab:

„Wenn ich mir überlege, dass dies der Preis dafür ist, dem Papst die heilige Stadt Jerusalem und ihre Zugänge bis zum Meer nebst dem Umland erobert zu haben, und dieser Mann mich dafür mit Hohn und Spott überhäuft, dann war der Preis zu hoch.“

Der Kaiser sprach erneut den Justiziar an:

„Herr Gentilis, eines bitte ich Sie sofort zu berücksichtigen, der Bau muss über mehrere Jahre gestreckt werden, sonst gefährdet er unser gesamtes Budget.“

Indem er sich nun an alle anderen Teilnehmer wandte, sagte er mit ernster Miene:

„Meine Herren, ich bitte Sie, bei allem was sie tun und verantworten, daran zu denken, dass wir hier eine vertragliche Pflicht erfüllen müssen, die aber keineswegs unsere finanziellen Mittel sprengen darf. In meiner Heimat Sizilien heisst das auf Volgare: Sparen, sparen,sparen.“

Dem Kaiser war eine Idee gekommen. Während er sich wieder seinem Thronsessel näherte, sprach er noch im Gehen Claude von Ibelin an:

„Sagen Sie mir, lieber Claude von Ibelin, wie sind denn Ihre Erkenntnisse bezüglich der Abmessungen des zu errichtenden Bauwerkes?“
Der Angesprochene war etwas überrascht, er hatte nicht damit gerechnet, aufgerufen zu werden:
„Meine Untersuchungen haben ergeben, dass sich aus dem Palermodreieck eine rekursive Zahlenfolge ergibt, aus der wiederum Abmessungen folgen, die für ein Bauwerk, das nach den Gesetzen des Goldenen Schnittes und des Goldenen Dreiecks aufgebaut sein soll, relevant sein müssen. Es sind dies die Zahlen der Folge 60,55; 47,60; 37,42; 29,43; 23,11; 18,22; 14,28 und 11,24, die sich nach der Gleichung 33 oder (33a) von Seite 56 meines Buches II ergeben. Die Folge liefert im Allgemeinen die Seiten von Goldenen Dreiecken. Es können aber auch die Abmessungen der Durchmesser von Kreisen sein, die den Goldenen Dreiecken eingeschrieben oder umschrieben sind. Die Theorie gibt darüber keine genaue Auskunft, hier ist Probieren notwendig. Bezüglich des von den ägyptischen Sarazenen genannten Durchmessers von circa fünfundfünfzig m kann ich sagen, dass dieser Wert nicht in die Zahlenfolge passt, wohl aber stellt er den Mittelwert zwischen 60,55 und 47,60 dar, ist also nicht absolut fremdartig.“
Der Kaiser hatte aufmerksam zugehört und natürlich sofort festgestellt, dass mit dem Wert von 47,60 *m* als Durchmesser eines Bauwerkes gegenüber fünfundfünfzig *m* Geld zu sparen wäre. Dies klang auch in seiner Frage an Claude durch:
„Finden Sie nicht, dass ein Wert von 47,60 *m* eine ausreichende Größe ergibt? Die meisten meiner Kastelle sind kleiner.“
Der Angesprochene hatte sich zu dieser Frage überhaupt noch keine Meinung gebildet und entsprechend unsicher war seine Antwort:
„Majestät, dies weiß ich nicht. Mit der Frage der Abmessungen solcher repräsentativen Bauwerke habe ich mich bisher noch nicht beschäftigt. Ich könnte mir aber vorstellen, dass ein Bauwerk, das den Stand des Wissens in Eurem Regnum darstellen soll, sich auch entsprechend von den üblichen Kastellen abheben sollte.“
Der Kaiser antwortete halb ironisch:
„Ja, ja, wenn ich meine Berater frage, erhalte ich immer eine Antwort, die meine Vorstellungen von den möglichen Kosten bei Weitem übersteigt. Auch die Erklärung ist immer die gleiche, das Bessere ist der Feind des

Guten. Man könnte aber auch sagen, das Teurere ist der Feind des Preiswerten. Aber das Thema klären wir an anderem Ort mit anderen Leuten."
Er wandte sich wieder an Claude von Ibelin:
„Was habt Ihr darüber hinaus noch herausgefunden? Bei Eurem Besuch in Sizilien hattet Ihr Verschiedenes angedeutet."
Claude von Ibelin erkannte, dass er nun mit seinen Ausführungen etwas weiter ausholen musste:
„Bei meinen Forschungen, insbesondere zusammen mit dem Meister Fibonacci, ist mit großer Deutlichkeit klar geworden, dass zahlenmäßige Zusammenhänge, etwa bei den Abmessungen der Länge, der Fläche oder auch der Zeit, nicht unabhängig voneinander sind. So sollten die Abmessungen eines Bauwerkes untereinander in einem gewissen verwandtschaftlichen Verhältnis stehen. Ein Zwang dazu besteht nicht, jedoch ist bei Beachtung der Regel damit zu rechnen, dass die Harmonie eine besondere Förderung erfährt, da alle unsere Sinne auf die Regeln des Goldenen Schnittes in Bezug auf die Dimension der Länge und des Goldenen Dreiecks in Bezug auf die Dimension der Fläche, und dies sind die eben genannten verwandtschaftlichen Verhältnisse, ansprechen. Wie die Praxis gezeigt hat, sind Bauwerke, die unter Einhaltung der Regeln des goldenen Dreiecks errichtet wurden, weniger der Brandgefahr ausgesetzt. Auch werden sie seltener bei Aufständen und in Kriegen zerstört. Die Zisterzienser und wahrscheinlich auch die Templer könnten von solchen Erfahrungen vielleicht berichten, jedoch unterliegen sie einer strengen Geheimhaltung. Ich glaube auch nicht, dass ihre Berechnungen der Proportionen den Stand unserer Forschung schon erreicht haben.
Die Abmessungen, die sich ergeben, sind allumfassend und weder nach oben noch nach unten begrenzt. Allerdings unterliegen sie untereinander gewissen Restriktionen, sodass nicht alles machbar ist. In diesem Falle wäre ja ein Zustand der Beliebigkeit erreicht, wie wir ihn bisher schon kennen und bei dem alle Maßverhältnisse erlaubt sind."
Claude von Ibelin unterbrach seine Ausführungen und wandte sich an den Kaiser:
„Ehrwürdige Majestät! Wenn ich zu ausführlich werde, lasst es mich bitte wissen, damit ich mich kürzer fasse."
„Nein, nein, es ist schon gut. Euer Vortrag ist vorzüglich und Eure Kollegen werden bemerken, dass in Kürze einige Arbeit auf sie zukommt. Fahrt

also bitte fort, indem ihr dazu Stellung nehmt, was Euer Kalkül sonst noch zu leisten vermag."

„Da wäre zu erwähnen, dass dieses Bauwerk, wenn es an den errechneten Koordinaten errichtet werden würde, an der Spitze nicht nur des Palermodreiecks und des erweiterten Palermodreiecks liegen würde, sondern seine Schenkel direkt in Richtung Palermo einerseits und der heiligen Stadt Mekka andererseits weisen würden. Wenn man diese Schenkel bis zum Äquator verlängert, dann schneiden sie aus dem Umfang unserer Erde einen Viertelkreis heraus. Im Hinblick auf die Konstellation der Planeten ergibt sich ein Netz von Abhängigkeiten, an dessen Knotenpunkten diese angeordnet sind."

An dieser Stelle unterbrach der Magister von Antiochia den Vortrag des Mu'allims und sprach ihn auf das Ergebnis einer früheren Frage an:

„Ich hatte Euch schon vor einiger Zeit darauf aufmerksam gemacht, dass die Geometrie des Euklid nur auf der Ebene Gültigkeit hat. Da Ihr Euch in letzter Zeit bis zum Äquator entfernt habt und auch im Bereich der Planeten tätig geworden seid, muss es erlaubt sein zu fragen, welche Änderungen Ihr an der Geometrie der Ebene dazu vorgenommen habt?"

Dies war einer Frage, deren Beantwortung dem Mu'allim Claude gewisse Schwierigkeiten bereitete.

„An der Geometrie des Euklid habe ich keine Änderungen vorgenommen. Dies war meiner Ansicht nach auch nicht erforderlich, denn mein Hauptarbeitsgebiet liegt in der Größenordnung des Königreiches Sizilien und ist damit zu klein, um die Erdkrümmung berücksichtigen zu müssen. Bei den Planeten hat sich gezeigt, dass sie sich an den Knotenpunkten Goldener Dreiecke aufhalten. Dies wäre nicht der Fall, wenn eine Krümmung des Raumes auf ihre Lage Einfluss nehmen würde."

Der Magister von Antiochia bohrte weiter:

„Da sind aber die ziemlich großen Abweichungen Eurer Theorie von den tatsächlich gemessenen Abständen der Planeten von der Sonne."

„Diese Abweichungen sind tatsächlich vorhanden. Sie deuten auf eine wellenartige Kraft hin, welche die Planeten wechselweise nach beiden Seiten einer geraden Linie ablenkt. Die Unterlagen hierzu, nämlich das Kapitel elf *Die Planeten* aus der Zusammenfassung: -*CASTRUM Buch II, Die Mathematik des Fibonacci und Ibelin*- wurden Euch vor einiger Zeit übergeben."

Der Magister ließ nicht locker:
„Eure Unterlagen habe ich erhalten und genau studiert. Leider muss ich sagen, dass die Beschäftigung mit Eurem Kalkül äußerst frustrierend ausfiel. Vor lauter Querverweisen ging die Übersichtlichkeit fast vollständig verloren. Einen Durchblick habe ich nicht gewonnen."
Claude von Ibelin entgegnete ruhig:
„Dass Ihr keinen Durchblick gewonnen habt, ist sicher nicht dem Verfasser der Schrift anzurechnen. Ich habe oft genug daraufhingewiesen, dass die Beschäftigung mit Goldenen Dreiecken eine zeitaufwändige und unübersichtliche Angelegenheit ist. Die Anhäufung von Symmetrien, die es erlauben würde, die Maße eines Dreiecks auf dem Mond in einer geschlossenen Formel anzugeben, führt zu äußerst konfusen Zusammenhängen, die viel schlechter zu handhaben sind als es bei einem vollständigen Chaos der Fall wäre. Damit muss jeder rechnen, der sich mit dem Fibonacci-Kalkül beschäftigt."
Theodor von Antiochia sprang erregt von seinem Platz auf der Bank auf:
„Könnt Ihr denn wenigstens dem normalen Sterblichen erklären, wie man mit einem Kalkül umgehen soll, dessen Unausführbarkeit von Anfang an bekannt ist?"
Je mehr sich Theodor von Antiochia erregte, desto ruhiger wurde Claude von Ibelin:
„Natürlich gibt es einen Königsweg zur Erkenntnis, aber er ist schwer zu finden. Nur wenn man tief genug in die Materie des Fibonacci-Kalküls eingedrungen ist, wird alles ganz einfach und übersichtlich. Es ist ganz sinnlos zu versuchen, der verworrenen Spur des Goldenen Dreiecks durch alle Symmetrien hindurch zu folgen. Der Aufwand ist viel zu groß. Er ist aber auch gar nicht erforderlich. Eine einfache Formel kann bereits wesentliche Erkenntnisse bringen."
Theodor von Antiochia hakte sofort nach:
„Wie ist das möglich? Einerseits ist das Kalkül durch die vielen Symmetrien unendlich kompliziert, andererseits soll eine einfache Formel bereits wesentliche Erkenntnisse bringen? Das müsst Ihr noch genauer erklären."
Claude von Ibelin bereitete die Beantwortung dieser Frage keine Schwierigkeiten.
„Das Prinzip hinter dem Fibonacci-Kalkül ist die sogenannte Unabhängigkeit des gewählten Maßstabes. Sie bedeutet, dass zum Beispiel mit Ab-

ständen gerechnet werden kann, die, wenn sie in römischer Canna angegeben sind, zu den gleichen Ergebnissen führen, wie eine Berechnung mit dem neapolitanischen Palm. Diese Unabhängigkeit resultiert bekanntlich aus der Selbstähnlichkeit benachbarter Goldene Dreiecke."

Hier schaltete sich der Kaiser ein:

„Meine Herren, Ihre Ausführungen werden mir zu theoretisch. Ich muss die einander entgegengesetzten Auffassungen meiner Wissenschaftler genauer kennen, damit ich entscheiden kann, wie wir in Zukunft weiter vorgehen. Herr von Antiochia, schildern Sie uns bitte, wie Sie beabsichtigen, den genauen Ort des Bauwerkes festzulegen und abzustecken."

Der Angesprochene erhob sich und setzte zu einer offensichtlich längeren Ausführung an.

„Aus der Historie des Ortes, den wir suchen, ist bekannt, dass dort seit alters ein Marienheiligtum existiert.

Wie können solche heiligen Orte gefunden werden?

Die Menschen beobachten ihre nähere und fernere Umgebung, die dort wachsenden Pflanzen und das Verhalten der domestizierten und der wilden Tiere. Auch Ereignisse von besonderer Tragweite werden mit dem Ort, an dem sie geschehen, in Verbindung gebracht. Wenn dann noch während des Aufenthaltes an einem besonderen Ort ein spezielles Wohlbefinden hervorgerufen wird, besonders intensive Träume erlebt werden, oder sich gar Halluzinationen einstellen, dann sind dies alles Zeichen für eine besondere Aura, die einen solchen Ort umgibt.

Im Falle eines Marienheiligtums ist bekannt, dass dort auch noch eine Quelle zu finden ist, deren Wasser eine heilende Wirkung ausübt.

Alle diese Voraussetzungen treffen für einen bestimmten Ort in der Murge zu. Im konkreten Falle würde ich auf die Hilfe eines Mediums zurückgreifen, um den genauen Ort zu lokalisieren. Aus meiner Heimat Antiochia sind mir zwei Medien bekannt, deren Zuverlässigkeit außer Zweifel steht. Sie haben bereits in vielen Fällen zum Beispiel den Standort von Kirchenbauplätzen erahnt. Ich würde also darum bitten, diese zwei Medien, eine ältere Frau und einen jüngeren Mann, nach Puglia zu laden und von ihnen den geweihten Ort erkunden zu lassen."

Der Kaiser war zufrieden:

„Ja, so wollen wir es machen! Setzt Euch bitte mit meiner Kanzlei in Verbindung und veranlasst alles Nötige, damit die beiden Medien alsbald hier

eintreffen. Aber auch unser junger Freund Claude von Ibelin soll sich bereithalten. Es scheint sich hier eine gute Gelegenheit zu ergeben, bei der mathematische Wissenschaft und okkultes Wissen miteinander in Wettstreit treten und wir Außenstehenden entscheiden können, wem wir in Zukunft mehr vertrauen sollen."
Während der Kaiser im Thronsaal auf und abging, wandte er sich an Claude von Ibelin:
„Aus Euren vorherigen Ausführungen konnte ich entnehmen, dass Ihr keinerlei Zweifel habt, wo das Bauwerk genau errichtet werden soll. Ich darf Euch bitten, in aller Heimlichkeit die Absteckung vorzunehmen und den genauen Punkt in der Landschaft so einzumessen, dass er später wieder aufgefunden werden kann, aber keinen Hinweis für die später dort wirkenden Medien bietet."
Claude von Ibelin wusste sehr wohl, was es für ihn bedeutete, mit Theodor von Antiochia im Wettbewerb um die größte Genauigkeit bei der Absteckung zu stehen. Um die Genauigkeit seiner Arbeit zu verbessern und die Fehleranfälligkeit zu verringern, bat er daher den Kaiser um eine Gefälligkeit:
„Verehrte Majestät, die Werte der Koordinaten des Bauwerkes wurden von mir mit größter Genauigkeit errechnet. Wir haben aber leider im Regnum nicht die Messgeräte, um eine Absteckung mit der gleichen Genauigkeit vorzunehmen. Ich möchte Euch um Erlaubnis bitten, die beiden arabischen Wissenschaftler, die bereits unser Land bereist und verschiedene Orte ausgemessen haben, einladen zu dürfen, um mit ihren Spezialinstrumenten die Absteckung hier vorzunehmen."
Dem Kaiser kam diese Bitte nicht ungelegen, konnte sie doch dem Sultan in Ägypten beweisen, dass er es mit dem Beginn der Bauarbeiten nun wirklich ernst meinte.
„Gut, Eure Bitte sei Euch gewährt. Bedenkt aber bitte stets, und auch ihr, Herr von Antiochia, dass all diese Dinge eine Unmenge Geld kosten, die das Regnum letztendlich aufbringen muss."
Der Kaiser unterbrach hier seine Rede und man konnte ihm ansehen, dass er intensiv nachdachte. Nach einer Weile fuhr er fort:
„Andererseits ist mir aus der Geschichte der Menschheit durchaus bewusst, dass große Entwicklungen besonders in der Baukunst nur dort zustande gekommen sind, wo einerseits die wirtschaftlichen Verhältnisse

stabil waren und das entsprechende Staatswesen Überschüsse erwirtschaften konnte, und andererseits ein starker Herrscher dafür sorgte, dass diese Überschüsse nicht für Prunk, Krieg und überbordende Verwaltung verschleudert wurden. Man betrachte nur einmal die Pyramiden in Gizah oder die Bauten in Babylon. Aber auch ganz in unserer Nähe, nämlich in der Stadt Rom ist einiges auf diese Weise entstanden. So wollen wir also verfahren: einerseits wird nichts verschleudert, andererseits wollen wir, das alles solide und handwerksgerecht ausgeführt wird. Immerhin erwarten wir, dass unser Werk wie die anderen großen Bauten dieser Welt die Jahrhunderte überdauern wird."

Mit diesen Worten verabschiedete der Kaiser die Versammelten und verließ zusammen mit dem Protonotar Peter von Vinea und dem Justitiar der Terra die Bari, Gentilis de Costanca, den Thronsaal.

Vor dem Saal, nachdem auch der Justitiar sich verabschiedet und einen anderen Weg eingeschlagen hatte, legte der Kaiser die Hand auf die Schulter seines Freundes Peter von Vinea.

„Sagt mir, Peter, du hältst doch sicher meine Beauftragung Theodor von Antiochias zum Baubeginn für die Marotte eines spinnerten Kaisers, nicht wahr?"

„Nicht ganz, Federico! Sicher hat deine Entscheidung damit zu tun, dass der Vater unseres jungen Wissenschaftlers in Cypern und Umgebung dem Herrscher ständig Schwierigkeiten bereitet."

Der Kaiser entgegnete nachdenklich:

„Nein, dies war nicht der Grund. Natürlich wirft Johann von Ibelin, auch aufgrund seiner juristischen Ausbildung, ständig Schwierigkeiten auf. Aber solange unser Marschall Richard Fielangieri dort unten agiert, hält er diesem Ibelin vorerst die Balance.

Der Grund war vielmehr, dass ich den Eindruck habe, unser junger Wissenschaftler kommt uns früher oder später auf die Schliche unseres Kuhhandels mit dem Sultan Al-Kamil. Es bereitet mir Leibschmerzen und raubt mir den Schlaf, wenn ich daran denke, dass der Papst von unserem Handel erfährt."

Peter von Vinea beruhigte den Kaiser:

„In diesem Punkt, glaube ich, kannst du unbesorgt sein. Die Loyalität dieses jungen Mannes zu dir scheint mir ungebrochen. Allerdings ist da eine Sache, die mir wiederum Kopfschmerzen bereitet."

Der Kaiser wurde neugierig:
„Was beunruhigt dich, Peter?“
„Es ist die Tatsache, dass unser junger Freund immer noch los und ledig ist, obwohl er mit seiner äußeren Erscheinung sicher die Hälfte aller Frauen des Regnums für sich einnehmen könnte.“
„Vielleicht liebt er die Männer?“
Dem Kaiser kam diese Möglichkeit nicht so abwegig vor. Er selbst hatte sich des Öfteren dabei ertappt, wie er zu schönen und wohlproportionierten Männern eine gewisse Sympathie empfand, unter anderem auch zu Claude von Ibelin.
Peter von Vinea rückte aber die Verhältnisse ins rechte Licht:
„Nein, so ist es ganz und gar nicht. Er hat eine ziemlich feste Bindung an ein Mädchen in Lucera. Allerdings ist sie wie alles in Lucera Muslima.“
Dem Kaiser färbten sich die Wangen rot von dem Blut, das ihm in den Kopf schoss.
„Verdammt, verdammt! Egal welcher von den Ibelins mir über den Weg läuft, er bereitet mir Schwierigkeiten.“
Der Kaiser bezog sich mit seiner Äußerung auf eine Verfügung, die schon vor Jahren erlassen worden war. Darin war festgelegt, dass die umgesiedelten Sarazenen Luceras möglichst jeden Kontakt zu der einheimischen Bevölkerung unterlassen sollten und dass insbesondere Eheschließungen zwischen unterschiedlichen Religionen zu unterbleiben hätten.
Der Protonotar versuchte den Kaiser zu beruhigen:
„Gemach, gemach Federico! So schlimm ist es auch wieder nicht. Die zwei haben zwar ein langes Verhältnis miteinander, aber von einer eventuell geplanten festen Bindung habe ich noch nicht gehört. Im Gegenteil soll der Vater, der übrigens deine Duftwässer herstellt, nach einem geeigneten Bräutigam Ausschau halten.“
Der Kaiser war beruhigt:
„Nun gut, lassen wir dem Schicksal seinen Lauf. Wenn nichts Außergewöhnliches geschieht, soll Claude von Ibelin den Bau errichten und seine wissenschaftlichen Erkenntnisse darin verewigen. Bei dieser Arbeit sollen ihn Theodor von Antiochia und die Zisterzienser unterstützen. Meine Anordnung, dass die Sarazenen von Lucera unter sich bleiben sollen, gilt ohne Ausnahme weiterhin, auch für Claude von Ibelin.“
Nach einem kurzen Zögern fügte er noch hinzu:

„Und achte bitte darauf, dass unser junger Freund seine Erkenntnisse in den Bau des Kastells einbringt und nicht in die Öffentlichkeit."

Am nächsten Tage erging ein mit dem kaiserlichen Siegel versehener Befehl folgenden Inhaltes:

„Hiermit befehle ich, Friedrich II., Kaiser des Heiligen Römischen Reiches Deutscher Nation, König der beiden Sizilien, König von Burgund, König von Jerusalem, dass ein zu bauendes Castrum auf dem Hügel Sancta Maria de Monte in der Murge des Landes Puglia den Namen *Castel del Monte* erhalten soll.

Ich befehle weiter, dass dieses Castrum die in Stein gehauene Vorschrift zur Teilung einer Strecke nach dem Goldenen Schnitt und zur Errichtung eines Goldenen Dreiecks darstellen soll. Diese Zusammenhänge, die vom Magister Leonardo von Pisa und von dem Mu'allim Claude von Ibelin entdeckt wurden, sowie die darauf aufbauende Zahlenfolge stellen die Krönung des derzeitigen Wissensstand des Regnums Siziliae dar. Sie sind in den Abmessungen des Bauwerkes entsprechend zu würdigen."

Kapitel 12

Hilfe aus Syrien und Ägypten und von einem Kloster in Clairvaux

Theodor von Antiochia verlor nach dem Gespräch mit dem Kaiser keine Zeit, den ihm erteilten Auftrag auszuführen. Während er noch intensiv nachdachte, wie und wo zu beginnen sei, fiel ihm zu seinem Schrecken ein, dass er mit der Anweisung zur Abholzung des eventuell infrage kommenden Ortes einen Fehler begangen haben könnte. Eine der ihm bekannten Personen mit medialen Fähigkeiten war eine alte Frau aus der Gegend von Aleppo. Ihr ging der Ruf voraus, aus der Flora eines bestimmten Gebietes auf seine ganz speziellen Eigenschaften schließen zu können. So hatte sie in mehreren Fällen auf Bodenschätze hingewiesen, die dann dort auch tatsächlich gefunden wurden. Sie war auch in der Lage, bestimmte, für sakrale Zwecke geeignete Stellen ausfindig zu machen. Allerdings war in diesen Fällen der Beweis für die Richtigkeit ihrer Aussage schwer zu erbringen.

Was Theodor von Antiochia im Augenblick bewegte, war das Problem, dass dieses Medium die Flora für ihre Weissagung benötigte, die zu vernichten er aber soeben veranlasst hatte. Er verdrängte aber seine Bedenken, indem er sich vormachte, dass der Bewuchs bis zu dem Tage der Ankunft der alten Frau wohl wieder so nachgewachsen sei, um ihr eine Weissagung zu ermöglichen.

Die zweite Person, die er gedachte, bei der Wahl des Standortes des Kastells einzusetzen, war ein geistig etwas behinderter jüngerer Mann, der von Zeit zu Zeit in einen tranceartigen Zustand verfiel. In dieser Verfassung hatte er auf Fragen in mehreren Fällen zutreffende Antworten gegeben. Die Menschen aus seiner Umgebung sahen in ihm so etwas wie ein Orakel. Leider konnte er nicht nach Wunsch in Trance fallen. Wenn er also bei der Suche nach einem geeigneten Platz für das Kastell helfen sollte, musste man sich mit einiger Geduld wappnen und möglicherweise etliche Zeit warten, bis sich ein Erfolg einstellen würde.

Als Theodor von Antiochia alle Fakten zusammengetragen hatte, kam er zu dem Schluss, dass er selbst nach der Stadt Aleppo in dem gleichnamigen Fürstentum reisen sollte, um dort die Gesuchten zu finden und heil nach Apulien zu bringen. Die Freude, nach langer Zeit der Abwesenheit die Heimat wiederzusehen, bestärkte ihn in seinem Entschluss.

Er sprach über die bevorstehende Reise mit seiner Frau, die mit seinen zwei Söhnen in Apulien bleiben sollte und vereinbarte einen Termin am Großhof des Kaisers, um dort die finanziellen Aspekte der Reise zu erörtern. Als Theodor von Antiochia dort nach dem Protonotar fragte und verwies man ihn an einen Sekretär des Protonotars, der zu seiner größten Überraschung die ausschließliche Aufgabe hatte, seine Reise zu organisieren. Dieser Sekretär namens Fulco di Salento war über alles bestens informiert und hatte auch bereits erste Vorbereitungen für eine Reise nach Antiochien getroffen.

Er begrüßte den Mathematiker:

„Ich begrüße Sie, edler Herr von Antiochia. Ich bin vom Protonotar beauftragt, für einige Personen gewisse Reisen zu organisieren. Auch für Sie bin ich bereits tätig geworden."

Nachdem sich das Erstaunen des Theodor von Antiochia gelegt hatte, fragte er nach Einzelheiten und der Sekretär gab ihm bereitwillig Antwort:

„Ich habe für Sie eine Reise vorbereitet, die Sie von dem Hafen Molfetta in Apulien nach dem Hafen St. Simeon im Fürstentum Antiochia führt. Der Segler, der Sie dorthin bringen wird, ist ein Schiff der Tempelritter, die auch für Ihre Finanzierung sorgen. Mit einem Siegel, das Sie noch erhalten werden, ist es Ihnen in jeder Niederlassung der Templer möglich, Geld in Empfang zu nehmen oder örtliche Führung oder Unterstützung zu erbitten." Der Sekretär kramte betriebsam in einigen Papieren herum, ohne jedoch ernstlich etwas zu suchen. Nach seinem Verständnis machte er damit auf jeden Besucher einen geschäftigen Eindruck. Theodor von Antiochia fragte jedoch ungerührt davon intensiv nach Einzelheiten seiner Reise:

„Wo aber finde ich diese Tempelritter, wenn ich an einem mir fremden Ort ankomme?"

„Sie erhalten von mir vor Ihrer Abreise eine Liste mit den genauen Angaben, wo Sie die Niederlassung der Tempelritter in den entsprechenden Orten finden."

„Wie halten Sie es mit der Unterstützung meiner Familie, die doch hier in Apulien zurückbleibt?"

„Ihre Familie erhält Ihr bisheriges Salär wie üblich. Sie selbst erhalten in den Niederlassungen der Templer entsprechende Barmittel. Über den Gesamtbetrag, den sie verausgaben, wird nach Ihrer Rückkehr abgerechnet."
Theodor von Antiochia war mit diesen Regelungen zufrieden, auch wenn er Bedenken hatte, dass seine Frau nun während seiner Abwesenheit sein gesamtes Gehalt zur Verfügung haben sollte. Bisher hatte er ihr nur einen Bruchteil als Haushaltsgeld zugestanden und er nahm sich vor, mit ihr darüber zu sprechen.
Der Sekretär fragte den Wissenschaftler noch nach der voraussichtlichen Länge seines Aufenthaltes in Antiochien, aber Theodor wusste es selbst nicht genau und konnte ihm daher keine ausreichende Antwort geben. So kamen er und der Sekretär dahin überein, dass der Wissenschaftler die Rückreise in das Regnum für sich und seine Begleitung selbst zu organisieren hatte. Auch hierbei sollten ihm jedoch die Leute des Templerordens, die sich selbst „Arme Ritterschaft Christi vom salomonischen Tempel" nannten, behilflich sein. Eine letzte Frage musste er noch stellen:
„Warum soll die Reise in Molfetta beginnen? Dies ist nicht gerade der größte Hafen an der Ostküste Apuliens."
Die Antwort erstaunte den Wissenschaftler, denn er war mit der außenpolitischen Situation, in der sich das Regnum befand, nicht besonders gut vertraut.
„Seit der Rückkehr unseres verehrten Souveräns Kaiser Friedrich II. aus dem Heiligen Land sind die Templer im Regnum Sizilii gewissen Einschränkungen unterworfen. Wie Ihr wisst, erhalten sie ihre Weisungen ausschließlich vom Papst in Rom. Da nun zwischen dem Kaiser und dem Papst trotz aller gegenseitigen Beteuerungen zurzeit kein gutes Verhältnis herrscht, und zur Strafe für ihr aufsässiges Verhalten während seines Kreuzzuges und dem dabei begangenen Verrat an ihm selbst, hat der Kaiser den Seglern der Templer untersagt, in den großen Häfen unseres Landes anzulegen."
„Und von mir verlangt Ihr, dass ich mit ihnen über das Mittelmeer segele?" „Leider gibt es zurzeit keine andere Möglichkeit, einen Segler zu finden, der Euch zu Eurem Zielort führen könnte."
Der Wissenschaftler machte sich zwar seine Gedanken, aber er sprach sie nicht aus. Ihm wurde langsam, aber sicher bewusst, dass es sich bei seiner Reise um keine Vergnügungsfahrt handeln würde, denn der Weg führte

offensichtlich bereits von dem kleinen Hafen Molfetta aus durch Gebiete, in denen man ihm feindlich gesonnenen sein würde.
Schon im Fortgehen begriffenen, fiel dem Wissenschaftler ein, die wichtigste Frage noch gar nicht gestellt zu haben.
„Ihr habt Euch noch gar nicht dazu geäussert, wann das Schiff der Templer in Molfetta ablegen wird?“
„Das kann ich Euch noch nicht genau sagen. Es wird aber in etwa vier Wochen soweit sein. Ihr erhaltet auf alle Fälle rechtzeitig Nachricht.“
Nach einer kurzen Pause fügte er noch hinzu:
„Übrigens bin ich auch noch für Euren Kollegen, den Mu'allim Claude von Ibelin tätig. Er wird demnächst Besuch aus Ägypten erhalten.“
Das war nun eine Nachricht, die Theodor aufhorchen liess.
„Was sagt Ihr da, aus Ägypten?“
„Eigentlich darf ich Euch das gar nicht erzählen, aber Ihr seid doch Kollegen. Es soll eine Gruppe von Sarazenen mit ihren wissenschaftlichen Geräten nach Apulien kommen, um den Bauort für eine neue Festung abzustecken.“
Der geschwätzige junge Sekretär senkte vertraulich seine Stimme:
„Wie man hört, auf ausdrücklichen Befehl des Kaisers.“
Theodor von Antiochia tat so, als würde ihn diese Mitteilung nicht besonders interessieren. Mit einem freundlichen Gruss verliess er den Sekretär und als er ins Freie trat, ordnete er als erstes seine Gedanken. Schnell erkannte er, dass er bei seiner Mission im Orient keine Zeit verlieren durfte. Wenn nämlich die Wissenschaftler aus Ägypten erst einmal die Einmessung des Bauwerkes vorgenommen hätten, würde der Kaiser nicht lange auf seine Rückkehr warten, sondern alsbald mit dem Bau beginnen. Dann war abzusehen, dass seine Mitwirkung nicht mehr erforderlich sein würde. Claude von Ibelin könnte dann allein die Leitung der Bauarbeiten durchführen und den Ruhm und eine zu erwartende fette Belohnung einstreichen.
Die Aktivitäten des Grosshofes in Foggia b lieben Papst Gregor IX. indes nicht verborgen. Durch seine Kontakte zum Templerorden wurde er von genau diesen Templern Anfang Mai 1235 über die bevorstehende Schiffspassage des Magisters Theodor von Antiochia sofort informiert. Unmittelbar nach Eintreffen dieser Nachricht brach in Vatikan hektische Betriebsamkeit aus. Der 68-jährige Papst bestellte seinen Kardinalsekretär

Goffredo da Castiglione und die soeben in Rom weilenden Kardinäle Sinibaldo die Fieschi aus Genua und Giovanni Colonna di Carbognano sofort zu sich in seine Privatgemächer, um sich mit ihnen zu besprechen. Auch ein zuverlässiger Sekretär wurde hinzugerufen, damit eventuelle Entscheidungen unverzüglich schriftlich niedergelegt werden konnten. Nachdem die Kirchenfürsten es sich in den komfortablen Sesseln der Privatgemächer des Papstes bequem gemacht hatten, eröffnete Gregor IX. das Gespräch und informierte die Herren in groben Umrissen über die Zusammenhänge.

„Eminenzen, wir haben von unseren Freunden vom Orden Pauperes commilitones Christi templique Salomonici Hierosalemitanis erfahren, dass einer der engsten Mitarbeiter unseres Freundes Kaiser Friedrich II. beabsichtigt, in aller Kürze in das Gebiet von Antiochia zu reisen."

Die Worte *unseres Freundes* sprach er betont langsam aus, um damit die Ironie zu betonen. Kaiser Friedrich II. war zu dieser Zeit kein Freund des Heiligen Stuhles. Dann fuhr er fort:

„Unter normalen Umständen wäre eine solche Reise für den Herrn Theodor von Antiochia keine Besonderheit, denn er ist in der Stadt Antiochia geboren. In diesem Falle trifft aber die Reise mit einer anderen Begebenheit zusammen. Wie wir erfahren konnten, ist vom Kaiserhof die Bitte an den Sultan nach Kairo gerichtet worden, mehrere Wissenschaftler mit ihren Instrumenten für kurze Zeit nach Apulien zu schicken. Offenbar besteht hier ein Zusammenhang, den wir nicht kennen."

Der Genueser Sinibaldo die Fieschi ergriff das Wort:

„Den Herrn Theodor von Antiochia kenne ich nicht. Was ist seine Bestimmung am Hof des Kaisers?"

„Er ist der Stellvertreter des Ihnen sicher bekannten Michael Scotus als Arzt, Astrologe und Übersetzer aus dem Arabischen. Es ist ein offenes Geheimnis, dass er den wesentlich älteren Michael Scotus bei dessen Ableben ersetzen wird."

Goffredo da Castiglione wollte von dem Papst wissen:

„Weiß man schon, was die Sarazenen in Apulien machen sollen?"

„Wir haben hier nur Vermutungen. Vor Jahren war eine ägyptische Expedition in Apulien und hat auf einer Linie von Agnone bis Bisceglie Vermessungen durchgeführt. An einem Punkt auf dieser Linie sind uns

vor einiger Zeit drei Mönche verloren gegangen, die in einer Klause auf einem Berg mit Namen Sancta Maria de Monte gelebt und gebetet hatten."
Erstaunt fragte Giovanni Colonna di Carbognano:
„Was versteht Ihr unter, verloren gegangen?"
„Die drei Mönche sind unter ungeklärten Umständen aus ihrer Klause verschwunden. Angeblich sollen sie sich auf den Weg nach einem anderen Marienheiligtum begeben haben. Bei den Priestern in den Orten Ruvo und Corato, die sie gut kannten, haben sie sich aber nicht verabschiedet."
Goffredo da Castiglione, der zeitweise südlich von Rom eine Diözese geleitet hatte, wusste eine andere Geschichte zu erzählen:
„Man erzählt sich an der Küste von Amalfi, dass eines Tages drei Mönche, die über beträchtliche Barmittel zu verfügen schienen, sich auf einem Segelschiff eingekauft hätten, das sie nach Ephesos bringen sollte."
Gregor IX. erklärte daraufhin:
„Auch ich habe von dieser Geschichte gehört. Sie erscheint mir aber unglaubwürdig. Warum sollten die drei den weiten Weg nach Amalfi machen, wenn sie doch andere Häfen an der Ostküste viel näher haben?"
Sinibaldo die Fieschi forderte seine Kollegen auf, bei der Sache zu bleiben:
„Meine Herren, das sicher bedauerliche Verschwinden von drei Mönchen ist wohl nicht das Problem, mit dem wir uns hier zu befassen haben. Wir sollten uns darauf konzentrieren, welche Beweggründe Theodor von Antiochia nach dem Nahen Osten und eine Gruppe von sarazenischen Wissenschaftlern nach Apulien führt."
Goffredo da Castiglione hatte aber noch etwas zu sagen:
„Eines sollten Sie noch wissen, Eminenzen! Unmittelbar nach dem Verschwinden der Mönche wurde die Umgebung ihrer Klause von Leuten aus Ruvo und Corato von allen Bäumen und dem Strauchwerk gerodet. Die Klause selbst wurde abgetragen. Und wisst Ihr, wer diese Arbeiten eingeleitet hat?"
Die Eminenzen und der Papst schauten sich fragend an:
„Es war, Ihr werdet es nicht glauben, der Herr Theodor von Antiochia!"
Die Überraschung unter den Eminenzen war groß. Nach einiger Zeit fasste sich Sinibaldo die Fieschi, der als scharfer Denker bekannt war, als erster:
„Damit klärt sich nun alles auf. Die Sarazenen waren vor Jahren auf einer geografischen Linie unterwegs, die auch den Hügel Sancta Maria de Mon-

te einbezieht. Der Wissenschaftler Theodor von Antiochia lässt diesen Hügel von seinem Bewuchs befreien und der Kaiser vertreibt die dort lebenden Mönche. Hier soll also etwas entstehen, von dem wir allerdings noch nicht wissen, was es werden soll. Die Zusammenarbeit des Kaisers mit den Sarazenen lässt allerdings den schlimmen Verdacht aufkommen, dass sie dabei ihr Ideengut einfließen lassen werden."

Der Papst nickte zustimmend:

„Auch ich hege diesen schlimmen Verdacht. Wir müssen unbedingt wissen, was hier gespielt wird. Ich schlage vor, dass wir in diesem Falle die Inquisition der häretischen Verderbtheit – die wir doch erst vor vier Jahren für solche Fälle geschaffen haben und deren Wirken in der Bulle Ille humani generis niedergelegt ist – einschalten."

An einen der zwei Sekretäre gewandt, ordnete er an:

„Die Dominikaner in Regensburg, die mit der Ketzerverfolgung beauftragt sind, sollen sich um diese Angelegenheit kümmern und einen Spitzel auf die Fährte des Theodor von Antiochia ansetzen. Ebenfalls sollen sie ihre Tätigkeit am Großhof des Kaisers in Foggia verstärken und auch nicht vergessen, den Kaiser auf seiner künftigen Reise nach Norden zu begleiten."

Nach einer kurzen Pause des Nachdenkens fügte er, an den Sekretär gewandt, noch hinzu:

„In der Residenz des Kaisers in Foggia lebt und arbeitet ein weiterer Wissenschaftler mit Namen Johann von Ibelin, der sich aber Claude nennt. Er war vor einigen Jahren zum Studium bei den gleichen Sarazenen in Ägypten, die jetzt vom Großhof des Kaisers nach Apulien eingeladen werden. Wir haben ihm gegenüber seinerzeit dort eine Warnung aussprechen lassen, die er aber nicht befolgt hat. Auch von diesem Mann wollen wir wissen, was er treibt."

Die Eminenzen verabredeten, sich gegenseitig zu verständigen, wenn einer von ihnen etwas in Erfahrung bringen sollte, dann verabschiedeten sie sich vom Papst, bevor sie im Vorraum des Privatgemaches getrennter Wege gingen.

In Foggia hatte der junge Sekretär des Großhofes inzwischen in Erfahrung gebracht, wann der Segler der Templer den Hafen von Molfetta voraussichtlich verlassen würde, und sogleich den Wissenschaftler Theodor von Antiochia unterrichtet. Dieser begab sich zu dem vereinbarten Termin

Mitte Mai des Jahres 1235 nach dem Hafen von Molfetta und erlebte dort eine Überraschung. Der Kapitän des Seglers erklärte soeben einigen Rittern des Johanniterordens, dass es auf seinem Schiff keine Möglichkeit gebe, ihre Pferde mit ins Heilige Land zunehmen. Er empfahl ihren Verkauf und versicherte ihnen, dass sie an ihrem Ankunftsort leicht Ersatz bekommen könnten. Der Haken an der Geschichte war, wie Theodor von Antiochia aus früheren Schilderungen wusste, dass der zu erzielende Preis für die Rösser äußerst niedrig sein würde, und einigen der Ritter schwante, dass ihre treuen Tiere womöglich der örtlichen Wurstmanufaktur als Rohmaterial dienen sollten.

Aber auch für Theodor von Antiochia hatte der Kapitän eine Überraschung bereit:

„Ehrwürdiger Herr, ich bedaure außerordentlich, Euch mitteilen zu müssen, dass Ihr Eure Kabine mit einem Pater der Dominikaner teilen müsst. Wir sind nur ein kleines Schiff, und auch ich muss meine Kabine mit einem edlen Ritter teilen."

Theodor war natürlich nicht begeistert und fragte den Kapitän:

„Was wird aus meinem Diener?"

„Das ist kein Problem. Euer Diener wird zusammen mit den Knechten der Ritter in einem größeren Raum in der Mitte des Schiffes untergebracht."

Theodor war zufrieden. Er dachte daran, dass der Aufenthalt auf dem Schiff ohnehin von begrenzter Dauer sein würde und er sich tagsüber wahrscheinlich auf dem Deck des Seglers aufhalten könne.

Am nächsten Morgen lernte er den Dominikaner kennen, mit dem er die Kabine teilen sollte, als dieser die Stelling heraufkam, wo ihn der Kapitän begrüßte. Es war ein hagerer, asketischer und, wie Theodor zu erkennen glaubte, unterernährter Typ in einer langen schwarzen Kutte mit Kapuze, die er sich trotz der aufsteigenden Wärme des Tages über den Kopf gezogen hatte. Der Kapitän machte ihn mit Theodor bekannt:

„Dies ist, wie ich Euch bereits sagte, für die Zeit der Seereise Euer Kammergenosse."

Der Dominikaner stellte sich vor:

„Tolomeo Taularus ist mein Name und ich bin als Legat des Heiligen Stuhles nach dem Orient unterwegs."

„Mein Name ist Theodor von Antiochia und ich bin als Beauftragter des Kaisers Friedrich auf dem Wege nach dem Fürstentum Antiochia, um dort dem Fürsten Bohemund V. meine Aufwartung zu machen."
Insgeheim kamen Theodor Bedenken, als er dies sagte, denn mit seinen Worten hatte er dem Fremden bereits sein Ziel und seinen Auftrag genannt. Er beruhigte aber sein Gewissen, indem er sich einredete, einen Geistlichen könne dies kaum interessieren.
Die beiden Männer redeten noch eine Weile auf dem Seitendeck des Schiffes miteinander, wobei sie eine kurze Regelung ihres vorübergehenden Zusammenlebens in der gemeinsamen Kammer verabredeten.
Während Theodor bei gutem Wetter auf dem Deck des Schiffes blieb, zog Tolomeo es vor, in der Kammer zu beten. Zweimal am Tag trafen sie sich in dem Raum, der tagsüber als Speisesaal für den Kapitän und seine Gäste eingerichtet war und nachts, wenn die Tische beiseite geräumt und Hängematten aufgespannt waren, als Schlafsaal für die Bediensteten diente. Es kam allerdings einige Male vor, dass die Ritter dem Wein so sehr zusprachen, dass die Bediensteten erst spät in der Nacht ihre Hängematten aufsuchen konnten.
Während der gesamten Reise herrschte gutes Wetter und ein günstiger Wind, so dass sie schon nach zehn Tagen in Nicosia auf der Insel Cypern anlegen konnten. Hier verließen die Ritter am folgenden Tag das Schiff, um sich auf der Burg der Templer neu und den Ordensregeln entsprechend einzukleiden. Den letzten Abend an Bord nutzten sie, um ihre übrig gebliebene Barschaft in Wein umzusetzen, denn am nächsten Tag begann ihr Armutsgelübde, das jegliches Bargeld verbot.
Zu dem Gelage waren nicht nur die Knechte der Ritter eingeladen, sondern auch Theodor und Tolomeo wurden herzlich gebeten, in der Runde zu verbleiben. So kam es, dass die beiden des Weintrinkens ungeübten Männer dennoch den einen oder anderen Noppenbecher leerten.
Als Theodor am nächsten Morgen durch das Getrappel der ausziehenden Ritter und ihrer Knechte erwachte, erlebte er eine Überraschung. Offenbar war der Dominikaner Tolomeo bereits in aller Frühe aufgestanden und hatte das Schiff verlassen. Zumindest war sein Bett gerichtet und seine Reisetasche befand sich nicht mehr in der Kajüte. Als Theodor seinen Diener nach dem Verlauf des letzten Abends befragte, konnte dieser ihm nur berichten, dass er, Theodor von Antiochia, des Längeren auf den Do-

minikaner eingeredet habe. Er selbst konnte sich, trotz intensiven Nachdenkens, an nichts mehr er innern.
Später erzählte ihm der Kapitän, der Dominikaner habe noch in der Nacht darum gebeten, früh am nächsten Morgen geweckt zu werden, da er einen wichtigen Termin einhalten müsse.
Als die letzten Ritter das Schiff verlassen hatten und wieder Ruhe eingetreten war, bereitete der Kapitän mit seinem Steuermann die Weiterfahrt vor. Ohne Zwischenfälle, bei gutem Wind und milden Temperaturen erreichten sie den Hafen St. Simeon nach einigen Tagen. Außer einigen kleinen Barken, die dem Warenverkehr zu den umliegenden Küstenorten dienten, lag kein weiteres größeres Schiff am Kai. Es war auch nicht erkennbar, dass sich dies in absehbarer Zeit ändern würde, denn der Hafen wirkte menschenleer und viele der Lagerhäuser so, als würden sie schon lange Zeit nicht mehr genutzt.
Theodor von Antiochia gab seinem Diener Anweisungen, ein Pferdegespann zu mieten, denn er hatte nicht vor, sich in diesem traurigen Ort länger aufzuhalten. Noch am selben Nachmittag brachen sie nach Antiochia auf. Der Kutscher sorgte später für die Übernachtung in einem Dorfgasthaus und früh am nächsten Morgen fuhren sie weiter nach der Geburtsstadt Theodors. Als sie am Nachmittag von ferne die Dächer der Stadt vor sich liegen sahen, war dem Wissenschaftler schon längst klar geworden, dass hier nichts mehr so war wie zu der Zeit, als er seine Heimat verlassen hatte. Unterwegs war unübersehbar, dass die einst fruchtbaren Felder nun unbearbeitet und brach danieder lagen. Zwischen dem aufgebrochenen Pflaster der Straßen spross das Unkraut, wie auch das ganze Land einen trostlosen Eindruck machte.
In der Stadt angekommen, machte sich Theodor sofort auf den Weg zu dem Stadthaus seines Bruders Melchior von Antiochia. Dem ursprünglich stattlichen Anwesen fehlte zwar ein neuer Anstrich, aber sonst war alles aufgeräumt und etwaige Schäden waren erkennbar sofort repariert worden. Die Begrüßung der Brüder war herzlich:
„Mein Gott, dass du dich auch einmal wieder sehen lässt. Und dann diese Überraschung, konntest du dich denn nicht vorher anmelden?“
„Beruhige dich, lieber Bruder, ich werde dir später erzählen, was mich hierher trieb, dann wirst du verstehen, dass ich keine Zeit hatte, mich anzumelden.“

„Das ist nun auch ohne Bedeutung. Komm herein, erfrische dich, derweil ich etwas anrichten lasse, denn du wirst sicher hungrig sein.“
Nachdem Theodor sich in dem schnell hergerichteten Gästezimmer frisch gemacht hatte, trafen sich die Brüder zu einem kleinen Imbiss im Innenhof des Hauses. Anders als auf den vertrockneten und brachliegenden Feldern der Umgebung war hier alles grün und blühte. In der Mitte des Hofes plätscherte ein kleiner Springbrunnen mit glasklarem Quellwasser, Theodor dachte an seine Kindheit und daran, wie er oft dort mit seinen Händen Wasser geschöpft und getrunken hatte.
Theodor berichtete über seine Mission:
„Ich bin hier im Auftrag des Kaisers Friedrich II. Es geht darum festzustellen, mit welcher Genauigkeit ein heiliger Ort auf der Erdoberfläche geortet werden kann, wenn seine grobe Lage schon bekannt ist. Die von mir übernommene Aufgabe ist es, mit zwei Medien aus diesem Lande dieses Kunststück zu vollbringen. Ich stehe dabei in Konkurrenz mit einem Wissenschaftler, der ein neues Kalkül entwickelt hat. Nach dessen Ansicht ist die Erdoberfläche von bestimmten Stellen aus in zahllose sich selbst ähnliche Dreiecke aufgeteilt. Diese bestimmten Stellen sollen identisch sein mit den heiligen Orten, die ich nach meiner Theorie finden soll.“
Als Theodor erwähnte, dass er im Auftrage des Kaisers hier war, glitt ein erstaunter und furchtsamer Ausdruck über Melchiors Gesicht:
„Wenn du im Auftrage des Kaisers Friedrich II. der Franken hier bist, dann müssen wir sofort den Fürsten Bohemund unterrichten. Er versteht in solchen Dingen keinen Spaß. Ich will gleich alles veranlassen.“
Melchior sprang auf, rief einen Diener herbei und sprach sofort auf ihn ein und Theodor schloss daraus, dass er den Bediensteten auf der Stelle zum Fürsten schickte. Er wollte zwar noch etwas einwenden, aber der Lakai schwang sich augenblicklich auf ein Pferd und galoppierte davon.
Noch außer Atem, setzte sich Melchior wieder zu seinem Bruder und erklärte ihm die Zusammenhänge:
„Fürst Bohemund V. hat vor drei Jahren in dem Fürstentum Antiochia die Regentschaft übernommen. Schon zuvor war es unter seinem Vater zu ständigen Streitereien mit den Nachbarn gekommen und daran hat sich seitdem nichts geändert. Als Folge davon liegen die Äcker brach und der gesamte Handel ist weitgehend unterbrochen. Im ganzen Land herrscht Zwietracht und Neid und diese unselige Stimmung wird von Bohemund

reiflich ausgenutzt. Seine Späher und Spitzel sind überall im Land unterwegs und Wehe dem, der etwa Kritik äußert. Die Kerker unter der Burg sind überfüllt mit jenen, die dem Fürsten auch nur irgendwie verdächtig erscheinen."

Melchior hatte seine Ausführungen beendet und Theodor wollte eben einen Einwand vorbringen, als heftig mit Eisen beschlagenen Fäusten an die Tür geklopft wurde. Als Melchior das hölzerne Tor öffnete, standen vor ihm drei Ritter in voller Rüstung mit Helm und Kettenhemd. Ihre Pferde führten sie am Zügel.

Bevor er irgendetwas sagen konnte, trat der Älteste der drei, offenbar ihr Anführer, einen Schritt vor und forderte Melchior auf, den Magister Theodor von Antiochia herbeizuholen, damit sie ihn zur Burg und vor den Fürsten bringen könnten.

Theodor hatte sofort beim Erscheinen der Ritter die Situation erkannt. Seine Ankunft war natürlich in dem kleinen Hafen St. Simeon nicht unbemerkt geblieben und seine Fahrt nach der Stadt Antiochia war am Hofe des Fürsten noch vor seinem Treffen mit dem Bruder bekannt geworden.

Schnell warf er sich einen Mantel über und fragte seinen Bruder:

„Hast du noch ein Pferd für mich?"

Der Bruder verneinte und fügte hinzu:

„Ich fürchte, auch mein einziges Pferd, mit dem der Diener zur Burg geritten ist, werden wir hier nicht wiedersehen."

Theodor wandte sich an einen der Ritter und fragte ihn:

„Kann ich auf Eurem Zelter mitreiten?"

„Kein Problem edler Herr, mein Pferd wird es mir verzeihen."

Nach einem Ritt quer durch die Stadt Antiochia und einen Hügel hinauf zur Burg, überquerten sie den Burggraben und erreichten den großen Platz vor dem Eingangstor, zu dem mehrere Stufen hinaufführten. Die Gruppe stieg ab und der Anführer befahl seinen zwei Begleitern, hier zu warten, dann forderte er Theodor auf, ihm zu folgen. Sie gingen durch mehrere Gänge, von denen jeweils Türen abgingen und kamen endlich in einen großen Raum, der wohl als Thronsaal diente. An seiner Schmalseite, den Fenstern gegenüber, war auf einer Empore ein Sessel errichtet. An den zwei Wänden der Längsseiten waren Bänke zwischen den Halbsäulen gruppiert. Der Ritter forderte Theodor auf, nahe bei dem Thronsessel auf der Bank Platz zu nehmen und verließ durch eine kleine Tür an der rechten Hinterseite den Saal.

Schon nach kurzer Zeit öffnete sich die Tür wieder und ein gedrungener Mann in prunkvollen Kleidern betrat den Saal und setzte sich sogleich auf dem Thronsessel. Hinter ihm trat der Ritter, der Theodor hierher geführt hatte, ein:

„Erhebt euch, Theodor von Antiochia, Ihr steht vor dem Fürsten Bohemund V. von Antiochia, und wenn mich Euer Name nicht täuscht, dann seid Ihr oder ward es jedenfalls, ein Vasall unseres Herrn."

Theodor erhob sich, verbeugte sich tief in Richtung des Thronsessels, blieb aber schweigsam und reagierte nicht auf die Ansprache des Ritters. Nun war es an Bohemund, das eintretende Schweigen zu brechen und ein Gespräch zu eröffnen:

„Ich begrüße Euch in Eurer Heimat, wo Ihr, für mich überraschend, eingetroffenen seid. Wir legen in unserem Land großen Wert auf die Gastfreundschaft, erwarten aber auch, dass man uns rechtzeitig unterrichtet, damit wir unsere Vorbereitungen treffen können. Da Ihr also nicht angemeldet wurdet, müsst Ihr mir nun erklären, was Euer Begehr in meinem Lande ist."

Theodor erkannte sofort, dass der Großhof einen Fehler begangen hatte.

„Eure fürstliche Gnaden, ich bitte um Verzeihung, wenn ein Formfehler begangen worden sein sollte. Mir wurde vom Großhof des Kaisers Friedrich II. versichert, entsprechende Empfehlungsschreiben seien in Richtung Eures Fürstentums gesendet worden. Der Kanzler des Kaisers, Peter von Vinea, hatte in einem persönlichen Schreiben den Marschall des Reiches, Richard Fielangieri, gebeten, mit Euch Kontakt aufzunehmen und Euch über meine Bestimmung aufzuklären."

Bohemund V. war sichtlich verärgert:

„Das ist natürlich nicht passiert! Der Fielangieri glaubt zwar, dass er hier und im Heiligen Land die Rechte des Kaisers vertritt, aber die Leute lachen nur über ihn. Wir pflegen zwar guten Kontakt miteinander, jedoch werde ich mich hüten, ihn etwa hierher einzuladen. Wenn er mit seinen Truppen wieder abzieht, sind auch unsere letzten Kornvorräte verschwunden. So könnt ihr Euch sicher vorstellen, wie eng hier die Kontakte sind und wie man mich unterrichtet hat. Aber bitte sehr, nun seid Ihr hier und könnt mir direkt den Grund für Euer Kommen nennen."

Theodor von Antiochia ahnte, dass er mit seiner Antwort sehr vorsichtig sein musste:

„Edler Fürst, Kaiser Friedrich II. plant aufgrund der schlechten Erfahrungen mit dem Patrimonium Petri während seines Kreuzzuges vor sechs Jahren, an der Grenze einige Kastelle zu errichten. Neben strategischen Gesichtspunkten, die sich aber bekanntlich ändern können, sollen auch spirituelle Aspekte bei der Festlegung der Orte maßgeblich sein.

Da ich, wie Ihr wisst, hier geboren und aufgewachsen bin, ist mir bekannt, dass es im Fürstentum Antiochia einige sehr treffsichere Medien gibt. Mein Herr, der Kaiser, hat mich daher beauftragt, zwei von ihnen ausfindig zu machen und für kurze Zeit nach Apulien einzuladen.“

Abb.20 Gebiet der Assassinen nahe dem Fürstentum Antiochia und der Grafschaft Tripolis

„Habt Ihr denn schon eine Ahnung, wen und vor allem, wo Ihr suchen wollt?“
„Ja, ehrwürdiger Fürst. Es handelt sich um eine ältere Frau, die dafür bekannt ist, dass sie aus der Flora des Ortes auf dessen sakrale Bedeutung schließen kann. Sie soll im Gebiet des Djebel al Ansariyne …“
Theodor konnte den Satz nicht zu Ende bringen. Fürst Bohemund V. war urplötzlich aufgesprungen, sein schwarzer Vollbart, der fast das gesamte Gesicht bis auf Nase und Augen bedeckt, zuckte erregt, seine Stimme war laut und schrill:
„Wisst Ihr, was Ihr da sagt? Das Gebiet des Djebel al Ansariyne ist das Einflussgebiet der Assassinen, diesen Meuchelmördern und Haschischfressern, die der Prophet vergessen hat zu vernichten. Kein Herrscher ist vor ihnen sicher. Ich allein habe zwei ihrer Mordanschläge nur knapp überlebt.“
Theodor entgegnete zaghaft:
„Als ich von hier fortging, um in Bagdad Medizin zu studieren, war dieses bergige Gebiet zwar schon von den Ismaeliten bewohnt, aber ruhig und friedlich.“
„Das ist lange her. Inzwischen haben diese Hundesöhne, die über gewaltige Schätze verfügen müssen, von den Johannitern, die ja ebenfalls bis in ihr tiefstes Inneres verworfen sind, verschiedene Burgen gekauft, besetzt und modernisiert. Als Gipfel der Unverfrorenheit zahlen sie diesem Orden auch noch einen jährlichen Tribut, damit er sie beschützt.“
Inzwischen war die Dämmerung hereingebrochen, mehrere Diener zündeten Fackeln an und steckten sie in eiserne Ringe entlang den Wänden des Saales. Theodor war müde und hungrig, deshalb nahm er die Einladung des Fürsten, mit ihm zu Abend zu essen, gerne an.
An der Tafel, die in einem Nebenraum gedeckt war, nahm neben dem Fürsten, Theodor und zwei anderen Herren auch der Kommandeur der Palastgarde teil, jener Ritter, auf dessen Zelter Theodor zur Burg geritten war. Die gleichen Diener, die eben noch die Fackeln entzündet hatten, servierten das aus Hühnchen und allerlei Wildbret bestehende Abendmahl. Dazu gab es einen gewürzten Wein, den jeder nach seinem Geschmack mit Wasser verdünnte. Den Abschluss bildeten sowohl frische als auch getrocknete Früchte.

Theodor hatte dem Wildbret kräftig zugesprochen und auch einige Gläser Wein getrunken, so dass er sich für die noch kommende Diskussion mit dem Fürsten wohl gestärkt fühlte.
Die ließ auch nicht lange auf sich warten:
„Wo ist nun aber Euer zweites Medium beheimatet?"
„Dies ist ein junger Mann von etwa dreißig Jahren, der in der Gegend von Harim beheimatet ist."
Bohemund V. wandte sich an einen der zwei Herren, die ebenfalls an dem Essen teilgenommen hatten:
„Ist Euch, lieber Magister, in dieser Gegend ein Medium bekannt, das dem Kaiser der Franken bei der Auswahl geeigneter Plätze für seine zu bauenden Kastelle behilflich sein könnte?"
„Ich wüsste da einen Mann, von dem man sagt, dass er in Trance gewisse Voraussagen machen kann. Er wohnt in der Nähe der Stadt Harim und heißt Samuel Golgatha."
Bohemund V. wollte auf einem Umweg wissen, welcher der drei Religionen der Mann angehört:
„Ist Euch bekannt, ob der Mann beschnitten ist?"
„Ja, Euer Gnaden, wie alle Männer dieser Gegend."
Damit konnte der Fürst nicht viel anfangen, daher wandte er sich an Theodor:
„Das ist also Euer Mann. Wenn Ihr wollt, kann ich Euch bei der Suche nach ihm Hilfe gewähren. Eine Sache müssen wir allerdings noch besprechen. Wie Ihr gesehen habt, ist unser Land durch die ständigen Kriege mit seinen Nachbarn und den Arabern in einem desolaten Zustand. Wir sind als Fürstentum finanziell ruiniert. Für alles, was wir für andere tun, müssen wir also Geld nehmen. Dazu kommt noch, dass wir natürlich unsere Bürger nicht einfach in fremde Länder reisen lassen können, ohne die Gewissheit zu haben, dass sie auch gesund und unbeschadet wiederkehren. Ich werde Euch in den nächsten Tagen eine Aufstellung zukommen lassen, aus der Ihr die Kosten Eurer Mission ersehen könnt."
Theodor von Antiochia war aufgestanden und ging neben dem Tisch auf und ab:
„Was Ihr hier fordert, kann ich Euch nicht ohne Weiteres zugestehen. Mein Herr, Kaiser Friedrich II., ist nicht davon ausgegangen, dass man ihm für die zeitlich begrenzte Inanspruchnahme von zwei Medien Geld

abnehmen könnte. Ich werde also eine Nachricht an den Großhof schicken und um eine Entscheidung bitten."
„Ja, tut das. Die Kosten werde ich Euch umgehend benennen. Übrigens ist das Pferd, mit dem der Diener Eures Bruders hier erschien, beschlagnahmt worden. Nach einer vor einiger Zeit erlassenen Verfügung sind alle Pferde zur Verteidigung des Landes eingezogen worden. Es gibt aber immer noch solche, die von ihren Besitzern versteckt worden sind, so wie jetzt bei Eurem Bruder. Die werden natürlich sofort eingezogen."
„Kann man sie zurückkaufen?"
„Natürlich! Der Preis beträgt zehn Augustalen in Gold."
Kurz darauf fügte er noch hinzu:
„Für jedes einzelne Tier natürlich."
„Ich möchte das Pferd zurückkaufen."
Indem er aus seiner Geldkatze zehn Augustalen hervorholte, konnte er sich eine Bemerkung nicht verkneifen. Bei der Übergabe des Geldes bemerkte er: „Die Augustalen meines Herrn, des Kaisers Friedrich II., sind immer aus Gold."
Indem er sich alsbald verabschiedete, verließ er diese ungastliche Stätte und ritt nach Hause zu seinem Bruder. Der war überglücklich, sein Pferd wiederzusehen, denn der Diener war vor einiger Zeit zu Fuß zurückgekommen, was zu beträchtlichen Bedenken Anlass gegeben hatte. Er fragte Theodor aber nicht weiter nach dem Geschehen auf der Burg und Theodor erzählte von sich aus auch nichts.
Am nächsten Tag verfasste er einen ausführlichen Bericht an den Großhof und bat um Anweisungen für sein weiteres Vorgehen. Die Rechnung des Fürsten Bohemund V., der immerhin mit dem Kaiser über dessen normannische Mutter entfernt verwandt war, fügte er bei.

In der hunderte Kilometer entfernten ägyptischen Stadt Al Qahirah saßen zur gleichen Zeit Abdul Rahman al-Ubaidi und sein Freund, Doktor Da'ud ibn Auda, auf dem Gelände der Madrasa neben gepackten Kisten und Koffern und unterhielten sich:
„Was glaubst du, wird uns im Land der Franken erwarten?"
„Mein Freund, ich weiß es nicht. Der Kaiser der Franken ist mit seinem gesamten Hofstaat und seiner sarazenischen Leibgarde auf Reisen gegangen."

„Wer wird uns beschützen?“
Da’ud ibn Auda war wie immer vorsichtig und skeptisch. Er traute den Franken nicht, weder im Heiligen Land noch in ihrer Heimat Apulien.
Abdul Rahman al-Ubaidi war von anderem Zuschnitt.
„Warum sorgst du dich? Wir sind höchstens eine Woche im Gebiet der Murge tätig und dann geht es wieder ab nachhause. Denk doch auch mal an die schönen Mädchen, die es dort unten gibt. Weißt du noch, als wir damals in Barletta auf das Schiff warteten?“
Da’ud ibn Auda musste lachen:
„Ja, wir hatten eine vergnügliche Zeit. Aber dass uns die Mädchen so mochten, lag wohl überwiegend an unserem schönen Freund Claude von Ibelin. Ob er wohl inzwischen verheiratet ist?“
Auch Abdul Rahman konnte ein Lächeln nicht unterdrücken:
„Er hat sich im Laufe der Zeit eine beachtliche Technik angeeignet, um dem schönen Geschlecht immer dann zu entgehen, wenn es für ihn hätte bedrohlich werden können.“
Während die Wissenschaftler sich unterhielten, saßen im Garten einige Gehilfen. Sie warteten auf zwei Kutschen, die sie zusammen mit den zwei Doktoren und deren Gepäck zu den Pyramiden nach Gizah bringen sollten. Es war geplant, dass die Wissenschaftler dort ihre Instrumente justieren und insbesondere die Uhren sorgfältig einstellen.
Der Schatten der Spitze der großen Pyramide zum Frühlingspunkt, wenn die Sonne auf ihrer Bahn die Sterne Hamal und Sheratan quert, wird von den Wissenschaftlern des Sultanats und auch anderer Länder als Basis für die Berechnung von Länge und Breite eines Ortes auf der Erdoberfläche benutzt. Zu diesem Zwecke war der massive Kalksteinsockel, auf dem auch die Pyramiden stehen, plan abgeschliffen und der Punkt des Schattendurchganges genau markiert. Anschließend würden die Gehilfen alle Gerätschaften sorgfältig verpacken. Dadurch wäre erfahrungsgemäß gewährleistet, bei den Messungen in Italien die größtmögliche Genauigkeit zu erzielen. Diese Prozedur des Einstellens und Justierens der Instrumente an den Pyramiden von Gizah war der Gruppe seit langem vertraut. Heute jedoch war alles anders. An Stelle des Rumpelns der bestellten Kutschen erklang das Getrappel von Pferden. Ein Reiter kam in schnellem Galopp von dem Palast des Sultans herüber, durchquerte das Gelände der Madrasa und stoppte sein Pferd.

„Wer von euch ist Abdul Rahman al-Ubaidi? Ich habe eine Botschaft des Sultans für ihn.“
Der Angesprochene entrollte das Pergament und las die Nachricht. Dann reichte er die Botschaft wortlos weiter an seinen Freund. Der lass:

Von Al-Malik Al-Kamil, Sultan von Ägypten
An: Abdul Rahman al-Ubaidi
Dem Herrn hat es in seiner großen Güte gefallenen, das Eure Reise verschoben wird.
Der Kaiser der Franken bitte Euch, erst in etwa sechs Wochen die Reise nach Apulien anzutreten. Vor Eurer Einmessung sollen zwei Medien aus Syrien das Gelände erkunden.
So wie der Kaiser der Franken es wünscht, wollen wir verfahren.
Allah ist groß und Mohammed ist sein Prophet.

Da'ud ibn Auda fasste die Stimmung in Worte:
„Großartig, nun können wir unsere wertvollen Instrumente wieder einpacken oder genauer gesagt, sie gar nicht erst auspacken.“
Abdul Rahman al-Ubaidi gab die Anweisung:
„Auf, Leute, alles auf die Kutschen laden, die dort soeben um die Ecke biegen! Wir bleiben fürs erste hier und morgen treffen wir uns wie immer in den Räumen der Madrasa.“

Auch in der Stadt Antiochia gab es Veränderungen, die nicht dazu angetan waren, die Vermessungsarbeiten für den Baugrund des Castrums zu beschleunigen.
An einem der nächsten Tage erhielt Theodor von Antiochia, durch Vermittlung aus der Burg des Grafen Bohemund V., ein Schreiben des Großhofes aus Foggia.

Vom Großhof des Kaisers Friedrich II. und in seinem Namen an:
Reichsmarschall Richard Fielangieri
Fürst Bohemund V
Magister Theodor von Antiochia

In großer Trauer mussten wir zur Kenntnis nehmen, dass unser lieber Freund und langjähriger Berater, unser Leibarzt und Astrologe der Magister Michael Scotus von uns gegangen ist.
Die Teilnahme an der Totenfeier ist den zwei Erstgenannten freigestellt. Magister Theodor von Antiochia jedoch erwarten wir umgehend im kaiserlichen Palast in Foggia, da er das Amt des kaiserlichen Leibarztes Friedrich II. einnehmen soll.
Im Namen des Kaisers Friedrich II.
gez. Peter von Vinea, Protonotar und Beauftragter des Kaisers
In den ersten Tagen des Juni 1235.

Bei Theodor von Antiochia rief die Nachricht zwiespältige Gefühle hervor. Einerseits war Michael Scotus ein von ihm sehr verehrter und bewunderter Kollege und sein Ableben traf ihn schwer. Andererseits dachte er an den zweiten Teil der ihn betreffenden Nachricht und erlebte dabei Momente der Freude. Aus Erfahrung wusste er, dass die Stellung als Leibarzt des Kaisers zwar wegen der Person des Herrschers schwierig, aber wegen dessen Großzügigkeit auch sehr lukrativ sein konnte. Als er sich beim Fürsten Bohemund verabschiedete, konnte dieser sein Missfallen über die Reihenfolge der Adressaten in der Todesanzeige nicht verbergen:
„Hat es sich bei dem Großhof des Kaisers noch nicht herumgesprochen, dass ein Fürst Vorrang vor einem Reichsmarschall hat?“
Theodor von Antiochia ging darauf überhaupt nicht ein, sondern gab seine Abreise bekannt:
„Erlaubt mir, Fürst, mich für die mir erwiesene Gastfreundschaft zu bedanken und mich auf diesem Wege zu verabschieden. Dem Kaiser habe ich bereits schriftlich Eure Wünsche hinsichtlich der Bezahlung Eurer Leistungen mitgeteilt. Wahrscheinlich wird ein anderer Bevollmächtigter die Medien abholen.“
„Nachdem Ihr nun künftig direkt am Ohr des Kaisers tätig seid, wird es Euch sicher nicht schwer fallen, für mich ein gutes Wort einzulegen. Ich denke da zum Beispiel an einen Gebietszuwachs auf Kosten meiner Nachbarn aus Edessa.“
Theodor von Antiochia entgegnete kühl:
„Selbstverständlich, Fürstliche Gnaden. Ich werde mich immer und mit aller Kraft für Euch beim Kaiser einsetzen“

Gleich am nächsten Morgen begab er sich auf die Rückreise in das Regnum, wobei der Abschied von seinem Bruder ihm besonders schwer fiel. Bei dieser Gelegenheit übergab er ihm all sein entbehrliches Bargeld, denn es war unverkennbar, dass Melchior bittere Armut litt. Die Brüder schieden mit Tränen in den Augen.

Etwa zur gleichen Zeit, Ende Mai des Jahres 1235, saßen Claude von Ibelin und Fra Paulonius im Arbeitszimmer des Wissenschafters zusammen. Wie üblich hatten sich Claude von Ibelin und der Zisterzienserpater am frühen Morgen in dem Raum getroffen, der ihnen beiden zeitweise als Arbeitszimmer diente. Claude hatte sich in eine Zeichnung vertieft, die er von Meister Fibonacci aus Pisa vor einigen Tagen erhalten hatte. Sie stellte die Konstruktion des goldenen Schnittes nach einer besonders einfachen Methode dar. Der Meister hatte dazu angemerkt, dass diese Konstruktion wohl schon sehr alt sei. Dafür spreche schon ihre Einfachheit. Fra Paulonius kam etwas später aus der gemeinsamen Küche und trug einen Becher mit heißem Tee in jeder Hand.
„Das wird Euch gut tun und Euren Geist anregen."
sagte er, als er den Becher vor Claude auf den Tisch stellte.
„Honig zum Süßen habe ich nicht hinzugefügt, es kommt mir so vor, als hättet Ihr in der letzten Zeit etwas zugelegt."
Indem er dies sagte, strich er sich mit der Hand vielsagend über seinen Bauch.
„Ihr müsstet des Öfteren eine Fastenzeit einlegen. Das machte munter und schärft den Geist."
Claude von Ibelin war an diesem Morgen noch nicht sehr gesprächig:
„Ich danke Euch, lieber Pater, aber Ihr hungert sowieso für uns beide, da kann ich mir die Strapazen ersparen."
Indem er kleine Schlucke des heißen Tees vorsichtig aus dem Becher ansaugte, zog er mit der anderen Hand ein Schreiben aus einem Stapel von Pergamentrollen.
„Leonardo von Pisa hat geschrieben. Was er zu sagen hat, wird Euch interessieren, wie ich glaube."
„O ja. Er ist ein großer Denker. Was er von sich gibt, ist immer interessant. Fra Paulonius nahm die Schriftrolle und vertiefte sich in ihrem Inhalt. Leider entsprach der Text nicht seinen Erwartungen, denn der

Schreiber berichtete über die Zustände in seiner Heimatstadt Pisa und von den Schwierigkeiten, die zeitweise sein Leben erschwerten. Erst gegen Ende der Schriftrolle wurde der Pater hellhörig. Leonardo berichtete von einer Skizze, die es auf besonders einfache Art und Weise ermöglichen sollte, eine Strecke nach dem goldenen Schnitt zu teilen. Leider war diese Skizze nicht beigefügt.

„Der Meister schreibt hier von einer Zeichnung, die aber nicht in diesem Pergament enthalten ist."

Claude von Ibelin antwortete zögernd:

„Nein", hier machte er eine kleine Pause, „ich habe mir das Blatt mit nach Hause genommen, um es am Abend in Ruhe zu studieren. Ihr könnt es aber gerne demnächst genau untersuchen, obwohl ich finde, dass es nicht sehr bedeutsam ist."

Fra Paulonius war dennoch interessiert:

„Wenn Ihr so gütig sein wollt, würde es mich freuen."

Claude hatte die Angelegenheit bereits fast vergessen, als ihn der Pater einige Tage später noch einmal mahnte:

„Lieber Herr von Ibelin, Ihr denkt doch noch an die Skizze des Leonardo von Pisa, die Ihr mir ausleihen wolltet?"

Claude war die Angelegenheit peinlich:

„Gleich morgen früh will ich Euch die Zeichnung mitbringen."

Anderntags erlebte Claude von Ibelin eine Überraschung wie seit langem nicht mehr. Kaum hatte der Zisterzienser einen Blick auf die Skizze geworfen, sprang er auf und fragte, halb furchtsam, halb zornig.

„Bei Gott, hat ausser Euch und mir und dem Meister in Pisa irgendein anderer Mensch diese Skizze gesehen?"

Claude war erstaunt. Nicht so sehr, weil er bemerkte, wie sehr sich der Pater erregte, sondern weil er, was noch niemals geschehen war, seinen Gott anrief.

Auch Claude stand auf und beide standen sich gegenüber:

„Nein, niemand! Aber was hat Eure Frage zu bedeuten?"

Der Pater hielt das aufgerollte Pergament mit einer kreisenden Bewegung vor sein Gesicht und pustete zugleich mit vollen Backen gegen die Rolle, als wolle er einen Löffel mit zu heisser Suppe abkühlen.

„Ich will Euch das erklären, aber es wird einige Zeit dauern."

Claude von Ibelin hatte nichts gegen eine Unterbrechung seines Arbeitsalltages, also setzte er sich und erwartete neugierig die angekündigte Geschichte.

„Wie Ihr wisst, hatten französische Ritter einen maßgeblichen Anteil an der Eroberung des Heiligen Landes. Nach der Eroberung der Stadt Jerusalem ließen sich einige von ihnen in den Ruinen des Tempels Salomo nieder und gründeten einen wohltätigen Orden. Später ging daraus der Orden Pauperes commilitones Christi templique Salomonici Hierosalemitanis oder einfacher, der Orden der Tempelritter hervor. Diese Ritter, etwa zehn an der Zahl, schützten aber nicht nur Pilger vor Überfällen auf dem Weg von der Küste nach Jerusalem, sondern suchten auch in den Ruinen des Tempels nach den verloren gegangenen Heiligtümern des Königs Salomo. Bereits zu dieser Zeit, vor mehr als hundert Jahren, standen die Ritter unter dem Einfluss von Bernhard von Clairvaux, dem Abt des Zisterzienserklosters von Clairvaux. Er hatte auch die Präambel für die Satzung verfasst, die sie sich gaben."

Claude von Ibelin konnte keinen Zusammenhang mit der Zeichnung des Leonardo von Pisa erkennen, außerdem kannte er die Geschichte der Templer aus seiner Jugend in Cypern wahrscheinlich besser als der Pater. Um überhaupt etwas zu sagen, wandte er ein:

„Ist das nicht Euer Mutterkloster?"

„Ja, so ist es!"

Nachdem er einen Schluck Tee getrunken hatte, fuhr der Pater fort:

„Einer der Ritter, die in den Ruinen des Tempels Salomo hausten, sein Name war André de Montbard, war der Onkel des Heiligen Bernhard, und die Ritter gaben sich, wohl unter seinem Einfluss, auch einige unserer Regeln. Allerdings übernahmen sie an Stelle unseres *bete und arbeite* das für sie wohl besser geeignete *bete und kämpfe*."

„So ging es zehn Jahre weiter, dann segelte die Hälfte der Ritter zurück in ihre Heimat nach Frankreich."

Fra Paulonius unterbrach erneut seinen Vortrag, indem er tief Luft holte, um sie dann unter Druck auszustoßen. Dann erklärte er:

„Nicht alles, was ich Euch hier erzähle, ist geheim. Ich will aber auch nicht gegen mein Gelübde verstoßen und bitte Euch über das Folgende Stillschweigen zu bewahren."

Claude von Ibelin war aufgesprungen und drückte dem Pater die Hand. „Aber, lieber Freund, das ist doch selbstverständlich. Außerdem wisst Ihr, dass ich kein Schwätzer bin. Alles was Ihr sagt, ist bei mir verschlossen."

Fra Paulonius fuhr fort:

„Seit dieser Zeit existieren in meinem Mutterkloster Unterlagen über den Bau des Tempels Salomo. Man muss sich das nicht so vorstellen, als existierte eine Menge von Pergamentrollen, auf denen der Bau dokumentiert ist. Vielmehr handelt es sich um Modelle und Muster, die mit entsprechenden Erklärungen versehen sind. Meine mir vorangegangenen Ordensbrüder und auch ich selbst haben in langen Studien zu verstehen versucht, was unsere Vorväter sagen wollten. Manches haben wir verstanden, vieles hart noch der Aufklärung.

Kurz nach dem Eintreffen der fünf Tempelritter in ihrer Heimat, dem Gebiet zwischen den Flüssen Seine, Marne, Oise und Beuvronne, das Ihr vielleicht unter dem Begriff Île-de-France kennt, begann dort der Bau von sakralen Gebäuden von nie gekannter Größe und Schönheit. Man gab ihnen den Namen Duomo als Abkürzung von Deo Optimo Maximo, was, wie Ihr wisst, soviel bedeutet wie, *dem gnädigsten und erhabensten Gott*. Oder man nennt sie Kathedralen, und meine Brüder und ich waren und sind maßgeblich an ihrem Bau beteiligt."

Claude machte einen Zwischenruf:

„So wie Ihr bei der Kathedrale von Chartres!"

Das Gesicht des Fra Paulonius verdüsterte sich, als er antwortete:

„Ja, so ist es und ich wäre gerne dort geblieben, aber der Einfluss des Kaisers, der auch unser Bruder ist, war so groß, dass ich mich fügen musste."
Claude versuchte, ihn zu trösten:

„Aber die Aufgabe, die Ihr hier habt, ist doch auch sehr herausfordernd. Wir sollen zusammen in einem Bauwerk das Wissen unserer Zeit verewigen."

Fra Paulonius war noch immer unglücklich:

„Die Aufgaben an sich ist sicher sehr reizvoll. Sie wäre es für mich noch viel mehr, wenn es sich nicht um ein Profanbauwerk handeln würde, noch dazu um eines, das von Sarazenen beeinflusst ist. Aber ich will nicht über Dinge lamentieren, die ich nicht ändern kann."

Dann nahm er den Faden seines Vortrages wieder auf:

„Neben dem Wissen um die Geheimnisse des Tempelbaus Salomo scheint auch das eine oder andere Goldstück von den Rittern entdeckt worden zu sein. Es ist uns aufgefallen, dass im Anschluss an den Besuch der Ritter in Frankreich, als in ihrer näheren Heimat der Bau einiger der schönsten Kathedralen begonnen wurde, auch das erforderliche Kapital zur Verfügung stand. Die Brüder im Kloster Clairvaux wispern davon, die Ritter hätten auch den Schatz des Königs Salomo gefunden. Dies ist natürlich nur Gerede. Genaues weiß nur der Abt Bernhard von Clairvaux.

So wurden wir, dank der uns übergebenen Unterlagen, zu den Baumeistern der Kathedralen. Natürlich haben wir intelligente und handwerklich geschickte Arbeiter ausgebildet und zudem das uns übergebene Material vervollständigt. Dadurch gibt es heute eine ganze Anzahl von Dombauhütten, die unabhängig voneinander, aber in stets der gleichen Art und Weise diese einmaligen Kathedralen schaffen."

Zu Claude von Ibelin gewandt fragte er:

„Wundert es Euch nicht, dass an so vielen Stellen und ohne wesentliche Kontakte der Baumeister untereinander, immer die gleichen oder zumindest sich ähnelnde Bauwerke entstehen?"

„In der Tat, dies ist eine bemerkenswerte Tatsache, die aus der bisherigen Geschichte, so wie Ihr sie schildert, nicht hervorgeht."

Fra Paulonius setzte seine Ausführungen fort:

„Wie wir feststellen konnten, basieren die Berechnungen in den Unterlagen aus dem Salomonischen Tempel auf den Gesetzen des Goldenen Dreiecks und seiner maßgebenden Eigenschaft, bei jeder Teilung, also Verkleinerung, wie auch bei jeder Vergrößerung, immer wieder selbstähnlich zu dem Ursprung zu sein. In der Praxis bedeutet dies, dass alle Maße aus einem einzigen Grundmaß hervorgehen. Wie die Teilung dabei im Einzelnen abläuft. wird durch eine Tafel geregelt, die besonders von dem persischen Mathematiker Abu Bakr aus dem Indischen übersetzt und bearbeitet wurde. Der Proportionalitätsfaktor ist dabei immer die Zahl φ in ihren vielfältigen mathematischen Erscheinungsformen.

Das Goldene Dreieck ist immer auch der Repräsentant des Goldenen Schnittes. Es gibt kein Goldenes Verhältnis ohne ein zugehöriges Goldenes Dreieck, denn dieses ist *Conditio sine qua non* dafür, dass sich die Proportionen fortpflanzen.

Als Drittes übernehmen die Zahlen einer rekursiv entstandenen Folge, wie zum Beispiel der Fibonacci-Folge, eine bedeutende Rolle. Jede Seite eines Goldenen Dreiecks hat als Länge die Wurzel aus einer Zahl einer solchen Folge."

Claude von Ibelin war nicht so erstaunt, wie der Pater es erwartet hätte. So war auch sein Kommentar sachlich auf das ausgerichtet, was er selber zu diesem Thema wusste.

„Mithilfe der Fibonacci-Folge kann ich also aus dem Quadrat einer Seite eines Goldenen Dreiecks die anderen zwei Seiten berechnen. Das kann sogar der Satz des Pythagoras nicht leisten, der immer zwei Seiten zur Berechnung der dritten braucht. Aber dies ist keine Besonderheit der Folge, denn schon die Gesetze des Goldenen Dreiecks selbst erlauben, aus einer Seite die anderen zwei zu berechnen."

„Ihr vergesst, Herr von Ibelin, dass Ihr mit der einen Seite nicht nur die zwei anderen Seiten errechnen könnt, sondern auch die Höhe dieses Dreiecks, aber alle anderen größeren oder kleineren selbstähnlichen Dreiecke, die sich aus Eurem Ursprungsdreieck ergeben, folgen den Zahlen der Fibonacci-Folge und zwar bis in alle Ewigkeit, dies aber kann nicht direkt aus den Gesetzen des Goldenen Dreiecks gefolgert werden."

Der Pater machte eine kurze Pause und setzte dann seinen Monolog fort:

„Das Problem liegt an ganz anderer Stelle. Ihr habt inzwischen aus vier Goldenen Dreiecken einen Achterstern konstruiert und dabei die Schönheit und Vielfalt der möglichen Formen kennengelernt. Es gibt nun Leute, die behaupten, ein Achterstern entstehe aus einem Achteck, das wiederum aus einem Quadrat und einem weiteren um 45° gedrehten Quadrat besteht. Das ist noch nicht einmal falsch, denn es entsteht tatsächlich ein Achteck. Aber schaut es Euch an, wie dürftig ist sein Innenleben? Ein paar wenige Quadrate und Dreiecke unter 45°, damit kann man keinen Proportionsschlüssel aufbauen."

Der Pater unterbrach seinen Vortrag, um einen Schluck Tee zu trinken, dann fügte er hinzu:

„Außerdem sind diese Überlegungen nicht nur falsch, sondern können auch zu schwerwiegenden Fehlern und schließlich zum Einsturz eines Bauwerkes führen."

Claude von Ibelin war aufmerksam geworden.

„Wenn ich Euch richtig verstehe, bezieht ihr Euch nun auf die Skizze des Meisters Leonardo. Wie kann man denn verhindern, dass mit dem falschen Proportionsschlüssel gearbeitet wird?“

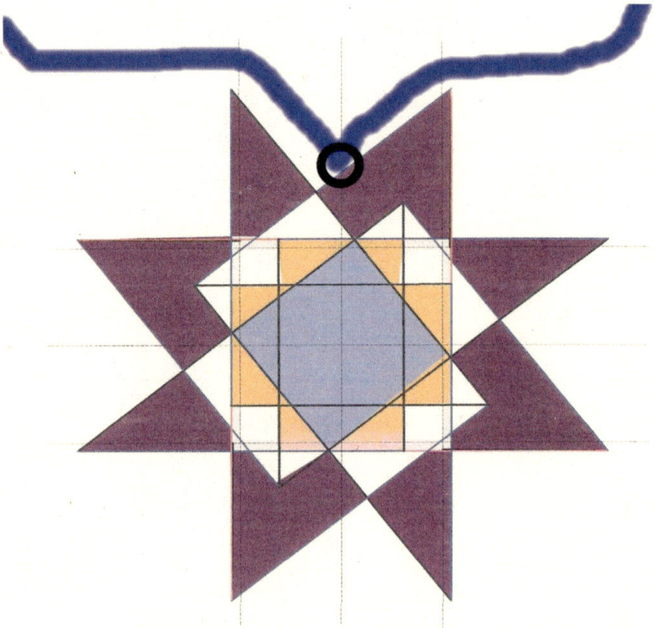

Abb.20.1 Das Amulett der Dombaumeister

Alle an einem Dombau beteiligten Handwerker sowie die Meister und wir Zisterzienser erkennen einander an bestimmten Zeichen und Ritualen. Damit wird verhindert, dass Fremde und Unwissende zum Bauplatz Zugang finden.“

Indem der Pater in seinem Umhang kramte, holte er ein Amulett aus Silberblech hervor, in das ein Achterstern aus farbigem geschmolzenem Glas eingelegt war. Der Anhänger war auf der Rückseite mit einer angelöteten Öse versehen, so dass, wenn man ihn an einem Band um den Hals trug, je zwei Sterne nach oben und unten und die anderen vier nach rechts und links zeigen.

Zur Verwendung des Amuletts erklärte der Pater:

„Alle in leitender Stellung am Bau Beteiligten tragen ein solches Amulett und weisen sich damit gegenseitig als Wissende aus. Es wird nach Ablegung einer Prüfung verliehen und mit einem Band um den Hals getragen. Beim Tod des Trägers fällt es an die Bauhütte zurück. Ich selbst trage dieses Amulett allerdings nicht am Hals, denn der Platz dort ist einem geweihten Kreuz vorbehalten."

Als Claude von Ibelin nach dem Amulett griff, um es genauer zu betrachten, zog der Pater seine Hand zurück und steckte das Amulett wieder ein.

„Ihr müsst entschuldigen, aber dieses Amulett darf niemals in fremde Hände geraten. Ich glaube, Euch ohnehin schon viel zu viel erzählt zu haben. Verzeiht mir, aber ich muss an das Gelübde denken, das ich abgelegt habe." Claude von Ibelin hätte gerne noch einige Fragen gestellt, aber der Pater vertiefte sich in ein Pergament und war offensichtlich nicht mehr ansprechbar.

Lange dachte Claude über das Gesagte nach. Das Wissen um den Bau des Tempels Salomo war offenbar in die Hände der Zisterzienser gelangt, während er sich einen großen Teil dessen selbst erarbeitet hatte. Wer aber wusste sonst noch um dieses Mysterium? Nach reiflicher Überlegung kam er zu dem Schluss, dass wohl die Tempelritter um das Geheimnis wissen müssten, denn warum sollten sie ihre Kenntnisse so einfach an die Zisterzienser weitergeben, um dann selbst ihre Einsichten aus ihrer Erinnerung zu löschen? In einigen Tagen, wenn der Pater sich wieder beruhigt hatte, wollte er ihn aber doch noch einmal befragen.

Die Antworten auf seine Fragen bekam Claude früher als erwartet. Bereits am nächsten Morgen erschien der Pater in dem gemeinsamen Arbeitszimmer und entschuldigte sich für sein Verhalten vom Vortage.

„Ihr müsst mir verzeihen, gestern habe ich meinen Vortrag etwas abrupt abgebrochen. Das hat seinen Grund auch darin, dass Ihr durch Eure Forschungen dem Kenntnisstand der Zisterzienser in dieser Frage schon sehr nahe gekommen seid. Wenn Ihr mit Euren Forschungen so weitermacht wie bisher, werde ich Euch mit meinen Kenntnissen nicht mehr voraus sein. Dieser Gedanke hat natürlich mein Ego verletzt, was dann mein unentschuldbares Verhalten provozierte."

Claude von Ibelin war an diesem Morgen heiter und guter Dinge.
„Lasst es gut sein, lieber Pater. Ihr habt mir in der letzten Zeit so viel von Eurem Wissen anvertraut, dass ich nicht weiß, wie ich Euch danken soll. Eines aber darf ich noch einmal betonen: Euer Wissen soll bei mir verschlossen sein wie in einem Sarg aus Porphyr."
Der Pater wurde sehr ernst:
„Versprecht ihr da nicht etwas zu viel? Ihr habt von Kaiser Friedrich II. den Auftrag erhalten, in einem besonderen Bauwerk das Wissen unserer Zeit zu verarbeiten. Was wollt Ihr veröffentlichen und was nicht?"
Claude war verblüfft, mit diesen Fragen hatte er nicht gerechnet.
„Jetzt bringt Ihr mich in Erstaunen. Ich war bisher immer der Meinung, dass all die Erkenntnisse, die ich erarbeite und die ich meinen Kollegen und dem Großhof mitteile, innerhalb des Bauwerkes verarbeitet werden können. Sollte sich daran etwas ändern?"
Der Pater wandte sich zum Fenster und blickte in den Garten.
„In dem Spannungsfeld zwischen dem Kaiser, dem Großhof, Euch und mir fehlt noch ein Akteur. Es ist die heilige katholische Kirche und ihr Vertreter, der Papst in Rom. Im Zweifelsfalle will ich hier keine Ungewissheit daran aufkommen lassen, dass ich den Standpunkt dieser Institution vertreten werde."
Die friedfertige Stimmung, in der Claude sich bis vor Kurzem noch befand, war verflogen.
„Ich verstehe nicht, worauf Ihr hinaus wollt?"
Der Pater antwortete kurz und sachlich:
„Das ist kurz erklärt. Ich unterstütze Euch bei Euren Forschungen, soweit es mir möglich ist, und versuche, Euch das richtige Verständnis für die Dinge, die Ihr entdeckt, zu vermitteln. Was die Veröffentlichung Eures Wissens innerhalb des neuen Bauwerkes anbelangt, werdet Ihr noch merken, dass längst nicht alles, was Ihr wisst, auch zur Weiterverarbeitung taugt."
Claude antwortet offen:
„Genau das habe ich mir auch schon überlegt. Aber ich kann bis jetzt meine Grenzen noch nicht entdecken."
Der Pater redet beruhigend auf Claude ein:
„Macht Euch im Augenblick keine Sorgen. Die Akteure des Spannungsfeldes, vom dem ich sprach, werden sich rechtzeitig melden."

Kapitel 13
Michael Scotus verlässt die Welt und kehrt in die Heimat zurück

Claude von Ibelin brauchte lange, um zu verstehen, was der Zisterzienserpater Fra Paulonius ihm mitteilen wollte. Da war zum einen die Warnung, bei der Entwicklung des Kalküls der Goldenen Dreiecke nicht auf billige Lösungen hereinzufallen. Allzu oft erfüllten diese Berechnungen dann nicht die Forderung nach Selbstähnlichkeit bei Verkleinerungen oder Vergrößerungen. Im Grunde ging es aber um Dinge, die er im Detail schon durchdacht hatte. Im Mittelpunkt stand seine Person.

Wer war er?

Was machte er?

Welche Funktionen nahm er in dem vom Pater aufgezeichneten Spannungsfeld ein?

Er erkannte schnell, dass zurzeit außer dem Pater ihm kein Mensch Beachtung schenkte, denn in der Sache, für die er tätig sein sollte, war im Augenblick ein Stillstand eingetreten. So konnte er unbeeinflusst seine Forschungen betreiben und der Pater unterstützte vorsichtig seine Bemühungen.

Es war ihm jedoch schon vor langer Zeit aufgefallen, dass der Kaiser und der Großhof kein Interesse daran hatten, die Ergebnisse seiner Arbeiten etwa in einem Buch niedergelegt und veröffentlicht zu sehen. So bestand die einzige Möglichkeit, seine Erkenntnisse weiterzugeben, in der Unterrichtung seiner Magisterkollegen. Warum er in seiner wissenschaftlichen Tätigkeit so eingeschränkt war, erschloss sich ihm erst langsam und das Gespräch mit dem Pater half ihm dabei. Dieser hatte keinen Hehl daraus gemacht, dass ihn der Kaiser selbst nach Apulien geholt hatte. Bruder in einem Kloster zu sein, bedeutete für ihn offensichtlich auch, dass seine Loyalität jederzeit dem päpstlichen Stuhl gelten würde.

Wie war dies wiederum angesichts des angespannten Verhältnisses des Kaisers zum Papst zu verstehen?

Nach reiflicher Überlegung sah Claude die Situation so:

Der Kaiser wusste, dass seine Unternehmungen in der Murge großes Interesse beim Papst in Rom wecken würden. Sicher erfolgte von dort der

Versuch, einen Spion einzuschleusen, der alle bedeutsamen Tatsachen weitermelden würde. Da dem Kaiser dies unvermeidlich erschien, gedachte er wohl, auf die Wahl dieses Spions nach Möglichkeit Einfluss zu nehmen, und es fielen ihm seine Freunde, die Zisterzienser ein. Delegierte er einen von ihnen zum Bau, könnte er zwei Fliegen mit einer Klappe schlagen. Zum einen würde die Kenntnis dieses Mannes das Bauvorhaben unterstützen. Zum anderen würde der Papst sicher lieber bei dem Orden Neuigkeiten zu dem kaiserlichen Vorhaben in der Murge abfragen als einen eigenen Spion auszuschicken.

Auf die Mitteilungen des Ordens an den Heiligen Stuhl aber glaubte der Kaiser Einfluss nehmen zu können.

Und wie stellte sich in dieser Konstellation nun Claudes eigene Situation dar?

Am Ende aller Überlegungen fasste er seine Situation folgendermaßen zusammen:

Zurzeit bestand für ihn keine Gefahr, und alles konnte so bleiben wie bisher. Die Berichte über die Ergebnisse seiner Arbeit übergab er regelmäßig an seine Wissenschaftlerkollegen und an den Großhof. Eine Reaktion erfolgt darauf im Allgemeinen ohnehin nicht, es sei denn, man traf sich zu einer Diskussionsrunde.

Bei seinen Arbeiten, da war er sich sicher, stand er unter der Beobachtung des Zisterzienserpaters Fra Paulonius. Dieser schien über die großen Fortschritte bei seinen Forschungen nicht beunruhigt zu sein, denn er unterstützte ihn ja noch dabei.

Für die Zeit ab dem Baubeginn würde sich dieser Zustand ändern, denn sicher durfte nicht alles, was er wusste, in die Bautätigkeit einfließen. Hier war mit Schwierigkeiten sowohl seitens des Kaisers als auch der Kirche zu rechnen. Ganz zu schweigen von dem Einfluss der Sarazenen auf die Planung. Claude von Ibelin konnte sich überhaupt keinen Reim machen, wie dieser Faktor bei dem Vorhaben einzuordnen sei.

Als letzter Punkt in seiner Analyse folgte jener Zustand, der eintreten würde, wenn der Bau im Wesentlichen fertig gestellt sein würde. Das Szenario, das er sich hierfür ausmalte, war am düstersten. Seine Gegenwart würde nicht mehr erforderlich sein, sein Wissen nicht mehr gefragt. Indessen wäre er dann über alles, was während des Baues geschehen war, genau unterrichtet und damit ein Geheimnisträger allererster Güte. Ab

diesem Zeitpunkt, so folgerte er, würde seine Bewegungsfreiheit stark eingeschränkt werden.
Dies war noch die erträglichste aller Möglichkeiten.
Er dachte nämlich auch an das Schicksal altägyptischer Baumeister, die nach Fertigstellung ihrer Projekte ihr Wissen mit in den nicht ganz freiwilligen Tod nahmen.

Eine Lösung musste her!

Wie immer in schwierigen oder verfahrenen Situationen dachte er an die wohltuenden Ratschläge seines alten Freundes Michael Scotus. Er beschloss, gleich am nächsten Morgen seinem Gönner einen Besuch abzustatten.
Als er am nächsten Tag, auf dem Gelände der Residenz unterwegs zu den Arbeitsräumen von Michael Scotus, an den Gebäuden des Großhofs vorüberging, bemerkte er sofort die dort herrschende Unruhe. Sekretäre und Schreiber liefen scheinbar ziellos umher, blieben stehen, schwätzten miteinander und gingen weiter. Neugierig geworden, ging er in eines der eingeschossigen Bauwerke und fragte dort den Erstbesten, der ihm begegnete, nach dem Grund der Aufregung.
Der war erstaunt
„Ja, wisst Ihr es denn noch nicht? Der große Wissenschaftler Michael Scotus ist verstorben."
Claude von Ibelin hatte das Gefühl, als würde ein Messer in seinen Unterleib gerammt. Der Schweiß brach ihm aus allen Poren und er bekam keine Luft. Der junge Sekretär, den er angesprochen hatte, erschrak zutiefst und fragte sorgenvoll:
„Edler Herr, darf ich Euch etwas Wasser bringen? Oder einen Stuhl, damit ihr Euch setzen könnt?"
Claude von Ibelin, dem es so vorkam, als würde ihm der Boden unter den Füßen weggezogen, war dankbar über das Angebot:
„Bitte, wenn Ihr so nett sein wollt, so besorgt mir einen Stuhl."
Als er sich gesetzt hatte und wieder etwas zu Atem gekommen war, fragte er den jungen Sekretär nach Einzelheiten des Ablebens seines Freundes. So erfuhr er die ganze Geschichte aus erster Hand, denn der Großhof hatte alle Einzelheiten bereits durch mehrere gleichzeitig ausgesandte Boten

dem Kaiser mitteilen lassen. Und so erzählte der junge Sekretär die Geschichte vom Tod des Michael Scotus:
„Am 29. Mai, zwei Tage nach der Heiligsprechung der Elisabeth von Thüringen, fand im Dom zu Andria eine Messe zu Ehren der Heiligen statt. Michael Scotus, der auch schon an der Totenfeier ihres Ehemannes, Ludwig IV. von Thüringen, teilgenommen hatte, erwies ihr die Ehre und nahm mit vielen anderen an der Feierlichkeit teil. Wie es sich gehörte, entblößte er im Dom sein Haupt von dem helmartigen Gebilde, das er zu tragen pflegte. Während der Zeremonie löste sich ein kleiner Steinbrocken aus dem Schlussstein des Kreuzrippengewölbes über ihm und traf ihn am Kopf. Er nahm das Steinchen auf, betrachtete es lange und steckte es wortlos ein. Am Ende der Messe begab er sich nach Hause, ordnete all seine Sachen und legte sich mit gefalteten Händen auf sein Bett, wo er wohl gegen Morgen des nächsten Tages verstarb."
Claude, der sich langsam wieder fasste, kannte genau die Prophezeiung, die sich Michael Scotus selbst offenbart hatte, und die besagte, dass er sterben würde, wenn ein Stein seinen Kopf treffen sollte. Dies war nun geschehen. Indem er sich langsam von dem Stuhl erhob, fragte er den jungen Sekretär: „Seid Ihr unterrichtet, wie nun mit dem Leichnam des Weisen verfahren wird?"
Dann fügte er noch hinzu:
„Er war ein guter Freund von mir."
„Der Großhof hat sofort veranlasst, dass Vorbereitungen für eine Einbalsamierung getroffen werden und dass der Leichnam dazu nach Lucera verbracht wird. Alles Weitere steht in der Entscheidung des Kaisers, die in den nächsten Stunden erwartet wird."
Claude wollte nun nicht weiter in den jungen Sekretär dringen, der ihm so bereitwillig Auskunft gegeben hatte.
„Ich danke Euch vielmals für Eure Auskunft. Solltet Ihr einmal Rat brauchen so lasst es mich wissen. Ich bin Claude von Ibelin, Magister des Kaisers."
So machte er sich auf den Heimweg in seine Wohnung, wo er sich von seinem Diener ein heißes Bad richten ließ, eine Flasche Rotwein trank und einschlief.
Am nächsten Morgen in aller Frühe schickte er seinen Diener in die Stadt, um in Erfahrung zu bringen, wohin man seinen Freund Michael Scotus zur

Einbalsamierung gebracht hatte. Als der Diener zurückkam, war sein Erstaunen beträchtlich, denn er hörte, der Leichnam sei nach Lucera zu der Faktorei eines gewissen Mahmud Fuad ibn al-Walid gebracht worden.
Ihm fiel sofort ein, dass dies der Vater seiner früheren Freundin Aaliyah ist. Sein Erstaunen war aber unbegründet, denn er hätte wissen müssen, dass in den arabischen Ländern des Öfteren die Produzenten von Duftwässern auch die Bestattung von Leichen übernehmen. Es ist eben so, dass gute und schlechte Gerüche oft nebeneinander bestehen.
Er beeilte sich, seinen Diener zu fragen:
„Was hast du noch herausbekommen?“
„Der Kaiser hat angeordnet, dass der Leichnam von Michael Scotus nach erfolgter Einbalsamierung im Dom von Andria aufgebahrt werden soll. Den vielen Freunden und Bewunderern soll damit Gelegenheit gegeben werden, sich von ihm zu verabschieden.“
„War das alles?“
Claude wusste, dass er seinen Diener mehrmals fragen musste, um alles aus ihm herauszubekommen.
„Man sagt in der Stadt, der Kaiser habe angeordnet, den einbalsamierten Leichnam anschliessend mit einem Schiff in seine Heimat nach Schottland zu überführen. Allerdings sei noch unklar, woher genau der Tote stammt, wohin man ihn also bringen soll.“
Claude von Ibelin fand es erstaunlich, wie ein so einfacher Mann wie sein Diener in der grossen Stadt Foggia all diese Informationen sammeln konnte. Die letzte Antwort verstand er allerdings nicht.
Michael Scotus stammte aus Schottland, wie schon sein Name sagt, und wenn man ihn in die Heimat überführen wollte, musste man ihn dahin zurückbringen. Aber dann überlegt sich Claude, dass die Sache so einfach nicht sein könne. Schottland ist ein grosses Land, wo sollte man da anfangen und wo aufhören zu suchen? Später fiel ihm noch eine beiläufige Erwähnung des grossen Schotten ein, er sei in der Grenzregion zu England geboren, aber dort nicht aufgewachsen. In seiner Erinnerung sehe er, wenn er an seine früheste Jugend denke, eine wunderschöne schlanke Kirche, umgeben von einem Friedhof mit vielen einzeln stehenden Kreuzen darin.
Für Claude stand fest, dass er dem Grosshof von diesen Erinnerungen an seinen Freund berichten musste. Wenn nämlich alle so handelten wie er, dann müsste doch der Geburtsort des Michael Scotus zu lokalisieren sein.

Er dachte dabei auch an die junge Sarazenin, die dem Schotten einmal Gesellschaft geleistet hatte. Ihr hatte Michael Scotus damals eine lange Geschichte über seine kalte Heimat erzählt.

Er ließ sich also bei Peter von Vinea anmelden und erhielt gleich am nächsten Tag eine Audienz.

„Lieber Herr von Ibelin, wir haben uns ja eine ganze Weile nicht gesehen, wie geht es Euch? Ich hoffe, Ihr habt Euch zwischenzeitlich gebunden? Ihr wisst doch, was geschrieben steht, es ist nicht gut, dass der Mensch allein sei."

Claude war auf eine derartige Begrüßung vorbereitet.

„Zu Eurer ersten Frage muss ich Euch leider antworten: ein Freund ist von mir gegangen, und mein Schmerz ist groß. Eure zweite Frage werde ich zu gegebener Zeit beantworten."

Peters von Vinea wurde sofort ernst.

„Ihr meint unseren lieben Freund Michael Scotus. Das ganze Regnum und der Kaiser sind in tiefer Trauer. Der Verlust ist unersetzlich."

Claude von Ibelin kam sogleich zu seinem Anliegen:

„Von Bediensteten des Hofs habe ich gehört, dass die sterblichen Überreste des Michael Scotus in seine Heimat überführt werden sollen, man wisse allerdings noch nicht genau den Ort seiner Beisetzung. Wenn Ihr gestattet, will ich bei der Suche mit einigen Informationen aushelfen."

„Das ist sehr aufmerksam von Euch. Was könnt Ihr denn dazu sagen?"

Claude gab alles von sich, was er wusste.

Peter von Vinea blieb jedoch unbeeindruckt:

„Eure Informationen sind nur zum Teil richtig. Der Kaiser weiß sehr genau, wer Michael Scotus war und woher er stammt."

Zur Bestätigung seiner Worte rief er einen Diener herein und erteilte ihm den Auftrag, eine bestimmte Akte herauszusuchen und vorzulegen.

Als der Diener wiederkam, nahm der Protonotar ein Pergament aus einer offenen Holzkiste und reichte es Claude von Ibelin über den Tisch.

„Wenn Ihr dies lest, werdet ihr Euch überzeugen können, dass wir das nötige Wissen haben, um den Freund und Astrologen des Kaisers zurück in seine heimatliche Erde zu geleiten."

Je länger Claude von Ibelin in dem Pergament las, desto mehr wuchs sein Erstaunen. Hier war das Leben des großen Schotten fast minutiös ausgebreitet.

Michael Scotus war im Jahre 1175 als Sohn von Sir William Scott of Eildon in den Borderclan der Scotts hineingeboren worden, deren Wohngebiet in einem beigefügten Plan dargestellt war.

Dem Vater erschien es angebracht, infolge der ständigen Reibereien mit den Nachbarn und den nicht weit entfernten Engländern, seinen Sohn in Sicherheit zu bringen. So wuchs dieser bei seinem Onkel Richard Balwearie of Balwearie in der Grafschaft Fifeshire auf.

Diesen Onkel verband wiederum eine enge Freundschaft mit dem Mormaer Ferchar of Strathearn, der nicht allzu weit entfernt, nahe von Crieff, in der Grafschaft Kinross, wohnte. So entstand im Laufe der Zeit eine enge Freundschaft mit den Söhnen des Mormaer, Mael Isu, Christian, besonders aber zu dem gleichaltrigen Gille Bridge.

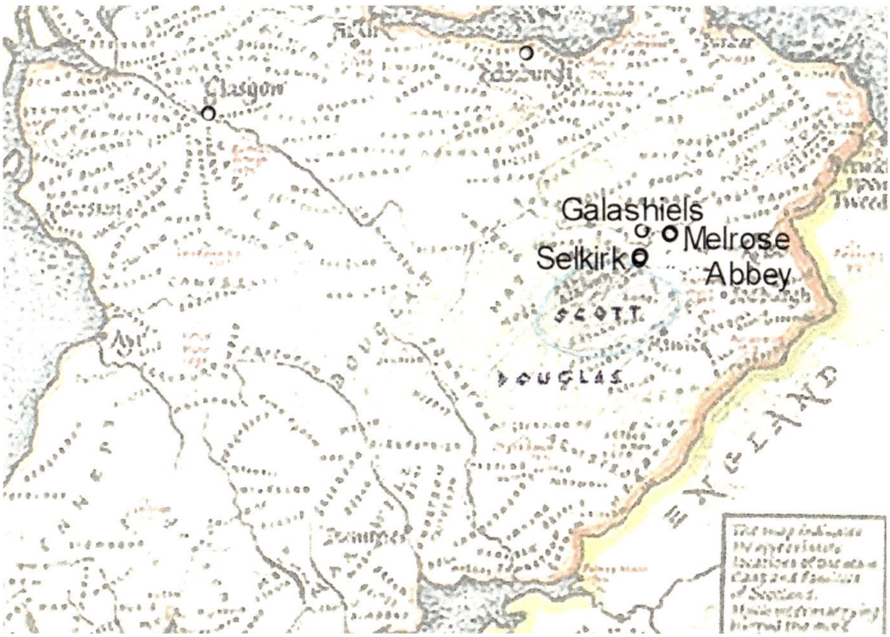

Abb.21 Die Grenze zwischen England und Schottland und das Gebiet des Borderclan der Scotts

Mit diesem studierte er später in Oxford und Paris, bis sein Freund der neue Mormaer of Strathearn wurde und zusammen mit Michael in die Heimat zurückkehrte.

Ab dieser Zeit war Michael Scotus Sir Michael Scott of Balwearie and Scotscraig.
Kurze Zeit später ging er nach Italien an den Stuhl Petri und dann nach Toledo in Spanien, bis Kaiser Friedrich II. ihn an seinen Hof rief.
Während er im Vatikan weilt, besuchte er öfter in seelsorgerischen Dingen seine Heimat. Seit dieser Zeit ging die Legende im Land um, er habe einen Berg in der Nähe von Eildon allein durch die Kraft seines Geistes in drei Teile gesprengt und den Fluss Tweed umgeleitet.
In Fifeshire erzählte man sich, er könne aus Flusssand Seile herstellen.
Entsprechend hatte er unter der Landbevölkerung einen anderen Namen, nämlich Michael Scotus, der Zauberer.
Aus seiner Zeit am Hofe Friedrich II. waren in dem Pergament einige Prophezeiungen angemerkt.
So sagte er voraus, dass eines Tages, während eines Krieges, ein Zwerg dem König eine seiner fünf Kronen stehlen und für immer fortschleppen würde. Eine andere Prophezeiung wurde von dem Kaiser sehr ernst genommen. Michael Scotus hatte geweissagt, der Kaiser werde dermaleinst in einer Stadt sterben, deren Name mit einer Blüte in Zusammenhang stehe.
Die Aufzählung der Veröffentlichungen und Übersetzungen der Bücher und Schriften des großen Wissenschaftlers zu lesen ersparte sich Claude von Ibelin. Diese Unterlagen kannte er in- und auswendig.
Dieser ausführlichen Lebensbeschreibung konnte Claude natürlich nichts hinzufügen und so blieb ihm nur übrig, sich bei Peter von Vinea zu entschuldigen:
„Dieser umfassenden Sammlung von Tatsachen kann ich wirklich nichts hinzufügen. Es tut mir leid, dass ich Euch belästigt habe, aber ich glaubte, mein Wissen sei eine Hilfe für Euch."
„Nichts für ungut, Herr von Ibelin! Normalerweise würde uns Ihr Wissen sehr helfen, aber bei den leitenden Mitarbeitern des Kaisers stellen wir eigene Recherchen an."
Bei der Verabschiedung ließ der Protonotar noch eine Bemerkung fallen, die Claude aufhorchen ließ:
„Übrigens deutete der Kaiser bei meinem Besuch vor ein paar Wochen an, dass er Euch wohl demnächst zu sehen wünschte."
Claude hatte nichts gegen eine Reise:

„Natürlich, sofort, wenn es sein muss, aber wo, bitte sehr, befindet sich der Kaiser zurzeit?“

Die Antwort überraschte Claude nicht.

„Wenn ich dies genau wüsste, würde es mir sehr helfen. Die letzte Nachricht erhielt ich, als er im Königreich Deutschland seinen Sohn, Heinrich VII., gefangen nahm.“

Am nächsten Tag war Claude von Ibelin nicht besonders konzentriert bei seiner Arbeit, und da ihm dieser Zustand keine Freude bereitete, beschloss er, der Faktorei von Mahmud Fuad ibn al-Walid in Lucera einen Besuch abzustatten. Vordergründig, um seinen Freund Michael Scotus noch vor der öffentlichen Aufbahrung seine Referenz zu erweisen, im Stillen hoffte er aber, Aaliyah wiederzusehen.

Die Pferde waren schnell gesattelt und mit seinem Diener verließ er die Residenz Foggia.

Als sie in Lucera eintrafen zeigte ihnen die Länge des Schattens, den die Sonne auf den Boden warf, dass die Zeit des Mittagsgebetes salat-uz-zhuhr vorüber war und in der Faktorei wieder Leben herrschen müsste. Claude und sein Diener stiegen von den Pferden und mit dem Zügel in der Hand klopften sie an die Pforte. Nach einer kurzen Weile öffnete ihnen ein schlankes, junges Mädchen von etwa siebzehn Jahren. Ihr Gesicht war bis zu den Augen von einem Schleier bedeckt, der aber so fein gewebt war, dass man die darunter liegenden ebenmäßigen Gesichtszüge genau erkennen konnte. Das schöne Kind schaute die beiden Fremden schweigend an und nach einem kurzen, abwartenden Zögern erinnerte sich Claude von Ibelin daran, dass es einer Muslima nicht erlaubt ist, den Gruß als Erste an Fremde zu richten. Also bemühte er sich, sehr deutlich zu sprechen, denn er wusste, wenn er statt Salamu oder Salam das Wort Saam sagen würde, hätte dies die Bedeutung Der Tod sei mit dir.

„As Salamu alaikum.“

Das Mädchen antwortete mit wohltönender Stimme:

„Wa alaika.“

„Wir wollten gerne Herrn ibn al-Walid sprechen. Ich bin Mu’allim Claude von Ibelin.“

Die Antwort war für Claude überraschend:

„Ich weiß! Leider ist mein Vater zurzeit mit einer Arbeit beschäftigt, bei der ich ihn nicht stören darf.“

Jetzt wollte es Claude, der glaubte er habe sich verhört, genau wissen:
„Sind wir uns schon begegnet?“
„Ich heiße Djamila al-Walid und bin die Schwester von Aaliyah“
Augenblicklich fiel es ihm wie Schuppen von den Augen. Er erinnerte sich an das kleine Mädchen von zwölf Jahren, das er in diesem Hause kennengelernt hatte. Welch eine Schönheit war sie geworden.
„Was glaubst du, sollen wir warten oder wiederkommen? Immerhin sind es bis Lucera mehr als drei Stunden.“
Djamila stotterte etwas:
„Ich weiß nicht, ich bin ganz allein im Haus, aber da ich Euch kenne, wird mein Vater sicher nicht mit mir zürnen, wenn ich Euch auf ihn warten lasse.“
Die Reiter banden ihre Pferde vor dem Haus an, und das Mädchen führte sie zu einem kleinen Tisch mit zwei Stühlen in einem Vorgarten, in dem ein Springbrunnen plätscherte. Anschließend servierte sie ihnen süßen Tee und verabschiedete sich, indem sie vorgab, noch wichtige Dinge erledigen zu müssen. Claude und sein Diener warteten, bis die Dämmerung hereinbrach und Mahmud Fuad ibn al-Walid endlich erschien.
„Es tut mir unendlich leid, dass ich Euch warten lassen musste. Wichtige Arbeiten, die ich nicht unterbrechen konnte, waren zu erledigen.“
Claude von Ibelin kam sofort auf sein Anliegen zu sprechen:
„Seht, ich bin gekommen, um noch einmal Zwiesprache mit meinem Freund Michael Scotus zunehmen, bevor er in der Kathedrale von Andria aufgebahrt wird. Dort wäre dieses Unterfangen wegen der vielen Leute sicher nicht mehr möglich.“
„Herr von Ibelin, ich bedaure es unendlich. Leider muss ich Sie enttäuschen. Ich komme soeben von Ihrem Freund, der sich aber zurzeit in keinem guten Zustand befindet. Ihr könnt Euch sicher vorstellen, dass ein Leichnam während der Einbalsamierung keinen guten Anblick bietet. Geduldet Euch bitte noch sieben Tage, dann, so hoffe ich, ist meine Arbeit vollbracht.“
Natürlich war Claude enttäuscht, aber er fasste sich in das Unabänderbare.
„So bleibt uns also nichts anderes übrig, als uns auf den Rückweg nach Foggia zumachen.“
„Es ist spät geworden. Wenn Ihr wollt, würde ich mich freuen, Euch als meine Gäste für die Nacht betrachten zu dürfen.“

Claude nahm das Angebot dankend an und der Gastgeber ließ für Claude und sich ein Abendessen aus Lammfleisch und Reis auf gekochten Datteln servieren, das Claude ausgezeichnet schmeckte. Das Mädchen Djamila sah er an diesem Abend nicht mehr, aber er hatte zwischen der Mahlzeit und dem Mocca den Eindruck, beobachtet zu werden.

Früh am Morgen ritt Claude von Ibelin mit seinem Diener zurück nach Foggia. Dort angekommen machte er sich sofort wieder an die Arbeit, denn unterwegs war ihm Verschiedenes eingefallen, das er umgehend verarbeiten wollte. Nun ging ihm die Arbeit flott von der Hand und zwischendurch dachte er an das schöne Mädchen in Lucera.

Am frühen Nachmittag fand sich der Pater Fra Paulonius in dem gemeinsamen Arbeitsraum ein. Nach der obligatorischen Begrüßung fragte er sofort nach dem Ergebnis des Rittes nach Lucera, sodass Claude erstaunt feststellen musste, dass der Pater auch davon bereits wieder erfahren hatte.

„Ich hörte, Ihr wart in Lucera, um Eurem Freund die letzte Ehre zu erweisen."

„Das hatte ich vor, aber leider hatte der Balsamierer seine Arbeit noch nicht beendet. Ich werde in der kommenden Woche erneut dorthin reiten."

Fra Paulonius legte seine Stirne in Falten.

„Leider ist das Einbalsamieren die einzige Möglichkeit, um einen Leichnam für diese so lange Reise nach Schottland zu präparieren. Der Herr sieht es nicht so gerne. Wie steht es doch geschrieben: Aus der Erde sind wir genommen, zur Erde sollen wir wieder werden, Erde zu Erde, Asche zu Asche, Staub zu Staub."

Claude ließ den Verweis des Paters auf den Willen des Herrn unkommentiert.

„Ihr wisst bereits, dass Michael Scotus nach Schottland überführt werden soll?"

Der Pater antwortete selbstbewusst:

„Meine Brüder, die Zisterzienser, werden auf Befehl des Kaisers die Überführung in das ferne Land organisieren und ihn dort in der ihn gebührenden Weise in seiner Heimaterde bestatten."

Claude staunte allein über die Kenntnisse des Zisterziensers.

„Wisst ihr schon den genauen Ort der Beisetzung?"

„Ja, auch den Ort, an dem er unter einem der Kreuze mit all seinen Büchern seine letzte Ruhe finden soll, haben wir vom Kaiser mitgeteilt bekommen.“

Claude war neugierig geworden:

„Dürft ihr darüber reden oder unterliegt es Eurer Schweigepflicht, wenn ich Euch frage, wie dieser Ort heißt.“

Der Pater entgegnete:

„Es hat mir keiner gesagt, dass ich darüber nicht sprechen soll.“

Dann fuhr er fort:

„Der Ort liegt in Schottland an der Grenze zu England und heißt Melrose. In der Nähe befindet sich seit etwa hundert Jahren ein Kloster meines Ordens, und daran anschließend eine ebenfalls von Zisterziensern erbaute Kathedrale mit dem Namen Melrose Abbey. Auf dem angrenzenden Friedhof sollen wir den Wunsch des Kaisers erfüllen und die Bestattung vornehmen.“

Claude dachte unwillkürlich daran, wie er dem Protonotar Peter von Vinea berichtet hatte, dass der große Schotte sich aus seiner frühesten Jugend an eine sehr schöne und große Kirche nahe seinem Geburtsort erinnert hatte.

Daher fragte er:

„Liegt in der Nähe vielleicht ein Ort namens Selkirk?“

„Ja, dieser Ort liegt ganz in der Nähe.“

„Dann ist Michael Scotus dort geboren, denn dies ist der Sitz seiner Familie, oder wie man dort sagt, seines Clans und, wenn ich genau überlege, müsste er in seiner Jugend, bevor er zu seinem Onkel nach Fifeshire ging, bei Eurem Orden in die Schule gegangen sein.“

Der Pater entgegnete:

„Wenn ich richtig rechne, dann existierte das Kloster bei der Geburt von Michael Scotus schon etwa fünfzig Jahre, denn es wurde unter der Regierung des schottischen Königs David I. von meinen Brüdern erbaut.“

Dann fügte er noch hinzu:

„Ihr seid aber auch nicht schlecht informiert, dabei bekommt Ihr nicht wie ich jede Woche eine Nachricht von Eurem Kloster.“

Nun wusste Claude von Ibelin, wie das System der Nachrichtenübermittlung bei den Zisterziensern funktioniert.

Claude erhob sich, um sich zu verabschieden. Er wollte noch etwas lesen und dann früh zu Bett gehen, weil er am nächsten Tag, nach Ablauf der Frist, nach Lucera reiten wollte.

Wenn man die Faktorei des Mahmud Fuad ibn al-Walid besuchen wollte, stieß man zuerst auf eine massive Mauer, die ein recht großes Grundstück umschloss. Dem Verlauf dieser Mauer musste man ein gehöriges Stück folgen, bis man an ein großes, zweiflügeliges Holztor gelangte, in dessen einen Flügel eine kleinere Tür eingelassen war. Neben dieser Tür war an der Wand eine Kordel angebracht, mit der man ein kleines Glöckchen betätigen konnte. Handhabte man dies wie vorgesehen, um eingelassen zu werden, war man erstaunt, mit welcher Lautstärke das Glöckchen den Ankommenden meldete. Wenn man Glück hatte, wurde die Türe von einem hübschen jungen Mädchen mit pechschwarzem Haar und ebensolchen Augen, die aber hinter einem nicht sehr dichten Schleier verborgen waren, geöffnet. Wenn man aber Pech hatte, wie an manchen Tagen, wo ohnehin alles schief lief, dann öffnete eine unter der Burka vollkommen verborgene, wohl weibliche, aber sehr füllige Gestalt die Türe. Für Claude von Ibelin war heute so ein Tag. Zwar konnte er nicht erwarten, dass der Besuch am Totenbett eines Freundes Glück verheißen würde, aber unterwegs stieß sein Pferd mit einem Vorderhuf gegen einen Stein und lahmte seitdem. Als er nun das Glöckchen bediente, erschien nicht, wie von ihm sehnlich erwartet, das schöne Mädchen, sondern die Haushälterin Dchumaila. Zu allem Unglück verstand sie ihn, der doch, wenn auch mit einem harten Akzent, fließend Arabisch sprach, nicht. So musste er ihr mit Händen und Füßen klarmachen, dass er den Herrn des Hauses sprechen wolle.

Zu diesem Zeitpunkt wusste er noch nicht, dass heute dennoch sein Glückstag sein sollte und alles, was so schwerfällig schien, sich in reine Wolken des Glücks auflösen würde. Mahmud Fuad ibn al-Walid begrüßte seinen Gast:

„Im Namen Allahs des Allmächtigen begrüße ich Euch, auch wenn der Anlass dir Schmerzen bereiten wird."

„Ich danke Euch für Eure Anteilnahme. In der Zwischenzeit habe ich gelernt, mit meinem Schmerz umzugehen."

Mahmut, ein sehniger, grossgewachsener Mann mit eisgrauem Haar, ebensolchem Kinnbart und höflichen Umgangsformen, dessen Frau früh verstorben war, bat seinen Gast in den geschmackvoll eingerichteten

Wohnraum, wo sie sich auf weichen Sitzkissen mit Rückenlehnen niederließen. Der Hausherr ließ heißen, stark gesüßten Tee kredenzen, aber wenn Claude gedacht hatte, dass die junge Djamila ihn servieren würde, dann wurde er enttäuscht.

Claude begann das Gespräch, indem er fragte:

„Ich hoffe, Ihr konntet Eure Arbeiten erfolgreich und zu Eurer Zufriedenheit abschließen?“

„Ja, ich bin zufrieden. Zwar stehen mir noch einige Arbeiten bevor, die sich sehr lange hinziehen können, aber diese erledige ich nur nachts. Ihr könnt also jederzeit von Eurem Freund Abschied nehmen.“

„Wieso geschieht das nur während der Nacht?“

„Wir müssen dem Körper Feuchtigkeit entziehen. Dies gelingt durch das Auflegen einer großen Menge von kleinen Leinenbeuteln, die mit einem Salz gefüllt sind, das während der Nacht Feuchtigkeit aus dem Leib Eures Freundes aufnimmt. Am Tage wird diese Feuchtigkeit durch trockene Wärme wieder ausgetrieben.“

Claude fand die Ausführungen seines Gastgebers zwar sehr interessant, strebte aber ein anderes Thema an:

„Wie geht es Euch sonst, lieber Freund? Ich hoffe, Allah der Allmächtige gibt Euch Erbauung und Wohlstand.“

„Ich habe keinen Grund zur Klage. Zwar sind viele unserer jungen Männer mit dem Kaiser nach Deutschland gezogen und fehlen uns hier. Aber meine Geschäfte gehen gut und meine Familie ist versorgt.“

„Auch bei uns in der Residenz Foggia fehlen viele Leute, die mit dem Kaiser aufgebrochen sind, um seinen Sohn zur Räson zu bringen. Ich hoffe, dies wird ihm gelingen, denn immerhin ist der junge Mann dort der rechtmäßige König.“

„Er hat aber wohl gegen den Vater intrigiert. Ich bin froh, dass mein Sohn kein König ist. Mit meinen Töchtern habe ich ohnehin keine Probleme.“

Claude sah hier eine willkommene Gelegenheit, das Gespräch auf die Töchter seines Gastgebers zu bringen:

„Da Ihr von ihnen sprecht, darf ich fragen, wie es Eurer ältesten Tochter Aaliyah geht? Wie Ihr wisst, hatten wir uns vor einigen Jahren in der Residenz kennengelernt.“

„Sie ist seit einem Jahr sehr gut verheiratet und hat auch ein Kind. Zurzeit befindet sie sich mit ihrem Mann, der Offizier der sarazenischen Leibgarde des Kaisers ist, in Oberitalien. Vielleicht folgen sie dem Kaiser nach Deutschland."

Claude von Ibelin hatte nun erfahren, was er wissen wollte, und da sich die jüngere Schwester nicht zeigte, erschien es ihm an der Zeit, seinen toten Freund zu besuchen. Mahmut und er gingen gemeinsam zu einem neben dem Wohnhaus stehenden kleineren Gebäude. Dort war Michael Scotus aufgebahrt und an seinem Kopfende standen zwei brennende Kerzen.

Claude konnte und wollte nicht herausfinden, ob es sich um eine Referenz an den christlichen Glauben des Schotten handelte oder ob die Kerzen lediglich dort standen, um das Gesicht besser auszuleuchten.

Mahmut ließ ihn allein.

Er betete zunächst ein Vaterunser am Fußende des Leichnams, dann stand er auf und ging langsam um den Aufgebahrten herum, wobei er ihn genau betrachtete.

Sein Freund war in wertvolle seidene muslimische Gewänder gekleidet. Die Füße in fein gestrickten Strümpfen steckten in Stiefeln aus roten weichem Ziegenleder, deren Spitzen aufgebogenen waren. Zu einer lockeren Pluderhosen trug er eine seidene Bluse und darüber eine ärmellose Weste aus blauem Stoff, über und über mit Perlen bestickt. Ein Umhang aus schwerer grüner Seide hüllte ihn ein, auf beiden Seiten waren Suren aus dem heiligen Buch der Muslime, dem Koran, in Goldfäden aufgestickt. Genauso war die umlaufende Bordüre mit arabischen Lettern ausgeschmückt, die Claude unschwer als Episoden aus dem Leben des Toten entziffern konnte.

Das Gesicht zeigte eine frische Farbe, was für die Qualität der Balsamierung sprach. Die roten Haare lagen dreiviertellang um den Kopf, der im Übrigen unbedeckt war. Auf seiner Brust jedoch lag ein kunstvoll geschlungener Turban. In seinen geöffneten Händen hielt der Verstorbene ein kostbares, in Leder gebundenes Werk des Ahmad ibn Muhammad ibn Rushd, der auch Averroës genannt wird.

Den Toten umgab ein Duft von frischen Rosen, der aber bei leichtem Luftzug von einem unterschwellig stechenden Geruch kurzzeitig abgelöst wurde. Für Claude von Ibelin das untrügliches Zeichen der Einbalsamierung.

Mit einem letzten Blick verabschiedete er sich von seinem Freund und verließ die Leichenhalle, indem er dreimal das Kreuz schlug.
Draußen in der frischen, würzigen Luft des warmen Tages kam ihm sein seltsames Verhalten erst richtig zu Bewusstsein.
Er hatte vor einem verstorbenen hohen Würdenträger der Kirche, der aber durch und durch muslimisch gekleidet war, ein christliches Gebet gesprochen und später das Kreuz geschlagen. Er fühlte hier einen Widerspruch zwischen den Religionen. Sein niemals ruhender Geist verlangte nach einer Erklärung.
Als Claude wieder ins Haus zurückkehrte, ließ es sich Mahmud Fuad ibn al-Walid nicht nehmen, ihn für die Nacht zum Bleiben zu überreden. In dem abgelegenen Gästezimmer machte Claude sich frisch und zum Abend traf er sich im Wohnraum mit dem Hausherrn. Der bat ihn, Platz zu nehmen und fragte dann ganz geschäftig:
„Nun, wie hat Euch Euer Freund gefallen?"
„Sehr gut, er hat im Leben nie besser ausgesehen. Ihr seid wirklich ein Künstler. Aber glaubt Ihr ernstlich, dass man ihn in seiner derzeitigen Kleidung im Dom zu Andria öffentlich aufbahren könnte."
Mahmut Fuad entschuldigte sich sofort:
„Hört, junger Freund, ich habe nur den ausdrücklichen Befehl des Kaisers befolgt. Er wünscht, dass der Tote in einem versiegelten Steinsarg in dieser Kleidung nach Schottland überführt und dort, ohne dass man den Sarg zwischendurch öffnet, begraben wird. Für die öffentliche Aufbahrung im Dom zu Andria ist eine andere Kleidung vorgesehen."
Nach einer kurzen Pause des Überlegens und nachdem er sich mehrmals mit der Hand durch den Kinnbart gefahren war, bat er:
„Ich muss Euch bitten, über das, was ich Euch hier erzählt habe und noch erzählen werde, unbedingtes Stillschweigen zu bewahren. Der Kaiser möchte nicht wegen seiner Freundschaft zu uns Muslimen beim Heiligen Vater in Rom ins Gerede kommen."
Claude von Ibelin war äußerst verwundert. Innerhalb von kurzer Zeit bat ihn nun zum zweiten Mal jemand um Verschwiegenheit. Ihm wollte nicht einleuchten, weshalb mehr oder weniger fremde Menschen ihm Geheimnisse anvertrauten, nur um ihn anschließend zu bitten, nicht darüber zu sprechen. Er behielt aber seine Zweifel für sich.
„Selbstverständlich werde ich unser Gespräch nicht weitergeben."

Mahmut Fuad war erleichtert. Großzügig fragte er:
„Verehrter Herr von Ibelin, hättet Ihr wohl etwas dagegen, wenn meine jüngste Tochter Djamila an dem folgenden Abendessen teilnehmen würde?“ Claude von Ibelin jubilierte innerlich. Nach außen ließ er sich allerdings nichts anmerken:
„Mein lieber Herr al-Walid, es wäre für mich eine große Ehre, mit Ihrer Tochter und Ihnen gemeinsam den Abend verbringen zu dürfen.“
Also bat der Hausherr Claude, ihm zu folgen, und sie begaben sich in jenen Bereich des Raums, in dem die Mahlzeiten eingenommen werden. Ein Diener fragte nach den besonderen Wünschen, aber von der Tochter war immer noch nichts zu sehen. Claude überlegte schon, ob er den Hausherrn fragen solle, als sie erschien.
Djamila war mittelgroß und schlank, ohne aber mager zu sein. Unter ihrer Pluderhose und der weißen Bluse waren alle Attribute ihrer Weiblichkeit zu erkennen. Unter dem dünnen Schleier zeichneten sich die Wangen ab, deren bronzefarbene Haut leicht gerötet war.
Am auffälligsten waren jedoch ihre Augen. Groß und leicht mandelförmig, umgeben von Lidern mit langen, nach oben gebogenen Wimpern strahlten sie in einer Farbe, wie sie Haselnüsse im Spätherbst annehmen.
Ihre Nase war schlank und gerade wie sie selbst, und ihr Mund, ebenmäßig und von sanft gerundeten Lippen umgeben, gab beim Lachen, und sie lachte oft, eine Reihe von blendend weißen gleichmäßigen Zähnen dem Betrachter frei. Auf dem Kopf trug sie ein mit Perlen und Edelsteinen besetztes Diadem, von dem Claude annahm, dass, wenn es echt sei, es einen unschätzbaren Wert haben müsste.
Ihr Gang war federleicht, wobei sie es sorgsam vermied, zu große Schritte zu tun. Wenn sie sprach, war ihre Stimme hell, ohne jedoch aufdringlich zu erscheinen.
Claude war überwältigt. Als sie ihm nach Betreten des Raums gegenüberstand, geschah etwas, das er in seinem Leben noch nie erlebt hatte. Er war verlegen wie ein Schuljunge. Als er sie zur Begrüßung ansprach, schoss ihm das Blut in den Kopf, und er befürchtete mit Schrecken, nur stotternd sprechen zu können:
„Ich freue mich ganz außerordentlich, dass Ihr Gelegenheit finden konntet, uns mit Eurer Anwesenheit zu erfreuen.“
Sie entgegnete lachend:

„Die Freude ist ganz auf meiner Seite. Wir werden uns bestimmt gut unterhalten."
Während das Essen von dem Diener aufgetragen wurde, drehten sich die Gespräche um die Dinge, die den Hausherrn plagen. Er sprach nicht ohne Wehmut von seiner Zeit in Sizilien und davon, dass seine Frau sich in Lucera nicht wohlgefühlt hatte. Er selbst hatte damals keine Zeit gefunden, sich Gedanken zu machen oder etwa Heimweh zu empfinden. Zu groß war seine Anspannung beim Aufbau seiner neuen Existenz gewesen. Nun, da alles in geordneten Bahnen lief, hatte sein Sohn die Faktorei übernommen, und ihm bleibt die wichtige Aufgabe der Einbalsamierung der Toten. Dazu war sein Sohn noch nicht in der Lage. Als das Gespräch auf Djamila kam, erfuhr Claude, dass sie neben Arabisch auch Latein in Wort und Schrift beherrschte und natürlich auch die Landessprache, das Volgare.
Dann sprach Claude sie auf das Diadem an.
„Ihr tragt ein wunderschönes Diadem. So etwas Schönes habe ich noch nie gesehen."
Djamila nahm das Schmuckstück vom Kopf und reichte es ihm:
„Schaut es Euch ruhig an. Es gehörte meiner Mutter und ich darf es nur zu besonderen Anlässen tragen. Mein Vater hat festgelegt, dass heute solch ein Anlass sei."
Mahmut Fuad war das, was seine Tochter sagte, etwas peinlich:
„Das Diadem war schon etwas staubig, es musste wieder einmal von einer Frau getragen werden."
„Vielen Dank, Papa, dass du mich endlich als Frau anerkennst. Bisher hast du mir alles mit dem Hinweis verboten, ich sei dafür noch zu jung."
„Du bist ja schließlich auch erst siebzehn Jahre alt."
„Siebzehneinhalb, wenn ich bitten darf."
Claude hörte aufmerksam zu und rechnete im Geiste nach. Er selbst war fünfundzwanzig Jahre alt. Wenn man davon siebzehneinhalb abzog, ergab sich ein Altersunterschied von siebeneinhalb Jahren. Das gefiel ihm ganz gut.
Daraufhin spannte er den Bogen seiner Fantasie noch weiter und malte sich aus, wie es wäre, wenn dieses Mädchen ihm gehörte. Als Resultat aus diesen Spekulationen stellte sein mathematisches Gehirn fest, er würde ein hieb- und stichfestes Ergebnis erhalten.

In der Zwischenzeit hatten der Vater und die Tochter sich darauf geeinigt, dass die Tochter den Status erhält, den sie wünscht. Nun konzentrierte sich Djamilas Interesse auf Claude. Listig fragte sie:

„ Was sagt denn Eure Freundin dazu, wenn Ihr tagelang nicht zuhause seid?“ „Da habe ich keine Probleme. Ich habe keine Freundin.“

„Sind Euch denn die Frauen zuwider?“

„Nein, das natürlich nicht. Ich habe nur zurzeit sehr viel Arbeit und wenig Gelegenheit, mich um andere Dinge zu kümmern.“

„Gesetzt den Fall, Ihr würdet jemanden kennenlernen, der Euch gefällt, dann müsstet Ihr allerdings mehr Zeit aufbringen.“

„Da habt Ihr recht! Darüber habe ich schon intensiv nachgedacht.“

Wenn es nach Djamila gegangen wäre, dann hätte sie nun zu Claude gesagt: der Ernstfall, mein Lieber, ist eingetreten. Ich bin da. Kümmere dich jetzt um mich. Aber da saß ja noch ihr Vater, dem zwar bei ihrer Unterhaltung langsam die Augen zufielen, der aber noch immer: ja, ja oder nein, nein murmelte.

In ihrer Unterhaltung mit Claude ließ sie nicht locker:

„Dann müsst Ihr aber gegebenenfalls für eine Familie sorgen und ein Haus errichten. Habt Ihr denn überhaupt Geld?“

„Also, daran gibt es keinen Mangel. Ich bin Ritter und Magister des Kaisers, Mu’allim der Universität von Al Qahirah und Magister der Universität Neapel. Im Heiligen Land gehört mir die Liegenschaft Azur mit hundert Arbeitsleuten.“

Claude von Ibelin war richtig stolz auf das, wer er war und was er alles besaß. So hatte er seine Meriten bisher noch nie vorgetragen.

Dann fügte er noch hinzu:

„Außerdem ist da noch die Erbschaft meines Vaters. Die muss ich dann aber mit meinen Brüdern teilen.“

Das Mädchen hatte inzwischen bemerkt, dass ihr Vater eingenickt war und sein Aus- und Einatmen völlig rhythmisch verlief. Indem sie ihren Zeigefinger auf den Mund legte, rückte sie näher an Claude heran.

„Psssst, sprecht leise, ich glaube mein Vater schläft. Wir wollen ihn nicht wecken, er hatte einen langen Tag.“

Claude war dies nicht unrecht, entsprechend senkte auch er seine Stimme:

„Ihr wisst so viel über das Zusammenleben von Mann und Frau. Wie ist es denn mit Euch, könntet ihr Euch vorstellen, mit einem Mann zusammenzuleben?“

„Ich glaube schon. Als ich zwölf Jahre alt war, hatte meine Schwester einen Freund, der sie manchmal besuchen kam. Zuerst habe ich ihn mir nur aus Neugierde heimlich, hinter einem Vorhang stehend, angesehen. Dann merkte ich, dass ein eigenartiges Gefühl von mir Besitz ergriff. Wenn er nicht da war, verzehrte ich mich vor Sehnsucht, und wenn er da war, hätte ich meine Schwester am liebsten erwürgen mögen. Ich glaube, ich war sehr verliebt in den Fremden. Dann kam er nur noch selten und nach einer langen Zeit der Trauer beruhigte ich mich wieder. Ich habe aber noch lange zu Allah, dem Allmächtigen, gebetet, der Mann möge doch wiederkommen und meine Schwester besuchen. Jetzt hat der Allerbarmer meine Bitte erhört.“

Claude von Ibelin dachte zuerst, er hätte den Sinn der Worte nicht verstanden. Schon während Djamila sprach, hatte er sich überlegt, wer wohl der Freund ihrer Schwester gewesen sein könnte, und er hatte auch schwach an sich selbst gedacht, den Gedanken aber gleich wieder verworfen. Jetzt fehlten ihm die Worte. Stattdessen nahm er ihre Hand in seine Hände und sie ließ es geschehen.

So saßen sie eine Weile still nebeneinander, dann passierte etwas, von dem Claude dachte, es sei ungeheuerlich.

Durch die Türöffnung betrat eine Gestalt, von einer Burka ganz und gar verhüllt, den Raum. Die Haushälterin Dchumaila. Ohne ein weiteres Wort setzte sie sich auf das vierte, freie Sitzkissen.

Djamila hatte sofort ihre Hand aus den Händen Claudes zurückgezogen und sprach leise auf die Haushälterin ein, jedoch ohne irgendetwas zu erreichen. Da fiel Claude ein, dass die Haushälterin gestern als sie ihn einließ, seinen Dialekt der Wüstenaraber nicht verstanden hatte. Er machte einen Test und sprach sie leise an, aber sie machte ihn durch Zeichen der Hände und Schütteln des Kopfes klar, dass sie ihn nicht verstand. Nun konnte er mit Djamila sprechen, die mit seinem Dialekt keine Probleme hatte.

„Ihr habt mir vorhin eine Liebeserklärung gemacht, die mich tief ins Herz getroffen hat. So etwas habe ich noch nie erlebt. Ich bin innerlich aufgewühlt, mein Herz schlägt mir bis zum Hals. Ich möchte Euch so viel sagen, aber mir fehlen die passenden Worte. Ihr müsst das entschuldigen. Ich, ich …"

Claude fing an zu stottern wie ein kleiner Junge. Dann fasste er sich und fragte:

„Willst du meine Frau werden?"

Und Djamila antwortete:

„Ja, ich will es, denn so ist es bestimmt."

So kam es, dass der Spruch der Vorväter sich erfüllte, in dem es heißt, dass Tote Glück bringen. Michael Scotus musste erst sterben, damit Claude von Ibelin das Mädchen Djamila al-Walid finden konnte. Später würdigte er die Tatsachen als das Wirken Allahs, des Allwissenden und Allverstehenden.

Aber das Glück der zwei, die sich einig waren, musste in einer feindlichen Umwelt erst noch erkämpft werden.

Den Zerberus, in Form der unentwegt ausharrenden, Burka tragenden Haushälterin Dchumaila, wurden die Liebenden zwar nicht los, aber ihre Gespräche über die Zukunft konnten sie ungestört fortsetzen.

Dabei kristallisierte sich für beide bald heraus, dass sie wegen ihres unterschiedlichen Glaubens Schwierigkeiten bekommen würden. Claude von Ibelin versprach, gleich am nächsten Morgen bei ihrem Vater um die Hand der Tochter anzuhalten. Djamila, in den Gepflogenheiten muslimischer Familien durchaus bewandert, vereinbarte eine geheime Möglichkeit, Nachrichten auszutauschen. Eine Zofe, die zweimal in der Woche zur Körperpflege in das Haus der al-Walid kam, würde dafür sorgen, dass Claude Nachrichten bekam oder abschicken konnte, falls dies erforderlich werden sollte.

Am nächsten Morgen saßen Mahmud Fuad ibn al-Walid und Claude von Ibelin zusammen beim morgendlichen Mocca. Der Vater entschuldigte sich:

„ Lieber Herr von Ibelin, ich bitte vielmals um Entschuldigung, mir sind tatsächlich gestern Abend bei unserer Unterhaltung die Augen zugefallen."

Claude tat so, als hätte er gar nichts bemerkt:

„Ach wirklich? Wir hatten mit Eurer Tochter und der später hinzukommenden Haushälterin ein längeres und sehr interessantes Gespräch."

Mahmut Fuad, der schon am frühen Morgen seine Haushälterin befragt hatte, aber von ihr so gut wie überhaupt nichts über das Gespräch seiner Tochter mit dem jungen Mann erfahren konnte, wollte nun von Claude Näheres wissen:
„Sicher hat Euch meine Tochter von ihren Kenntnissen in Latein und Griechisch erzählt, die sie in der Schule erworben hat."
„Ja, wir sprachen darüber kurz. Aber hauptsächlich haben wir uns über Fragen des Zusammenlebens von Mann und Frau unterhalten. Wir stellten dabei fest, dass wir so viele gemeinsame Interessen haben, dass wir uns durchaus die Gründung einer gemeinsamen Familie vorstellen können."
Mahmut Fuad war wie vom Blitz getroffen. Zwar hatte er sich schon seit einiger Zeit Gedanken darüber gemacht, dass die Erziehung seiner Tochter nur durch den Vater und eine Haushälterin möglicherweise gewisse Probleme heraufbeschwören könnte. Aber zu der Konsequenz, für die Tochter eine Mutter durch eine erneute Eheschließung ins Haus zu holen, konnte er sich auch nicht durchringen. Andererseits war der junge Mann, der da vor ihm saß, als möglicher Schwiegersohn eine äußerst erstrebenswerte Partie, eine Möglichkeit, die nicht leichtfertig aufs Spiel gesetzt werden durfte.
„Da hattet Ihr aber ein Thema, lieber Herr von Ibelin, dass wohl in dieser Form, wenn ich nicht geschlafen hätte, kaum diskutiert worden wäre."
„Da möget Ihr wohl recht haben. Aber, wie Eure Tochter gestern Abend sehr richtig feststellte, hat es offenbar dem Allmächtigen so gefallen, wie es geschehen ist."
Claude von Ibelin merkte zu spät, dass er bei der Erwähnung von Allah, dem Allmächtigen, einen Fehler gemacht hatte. Der Vater hakte nämlich sofort nach:
„Habt Ihr denn mit meiner Tochter, als Ihr über Eure gemeinsamen Ansichten spracht, auch über Christen und Muslime geredet? Hier enden doch wohl alle Gemeinsamkeiten."
„Nein, wir haben über dieses Thema nicht gesprochen.
„Das hättet Ihr aber tun sollen. Meine Tochter hätte Euch dann darüber aufgeklärt, dass es einer Muslima bei Todesandrohung verboten ist, ihren Glauben zu wechseln. Außerdem untersagt der christliche Kaiser selbst den ihm unterstellten Muslimen den weiter reichenden, privaten Kontakt zu Christen."

Das war dem jungen Claude von Ibelin bisher alles unbekannt. Er war in einer durch und durch christlichen Gemeinschaft aufgewachsen und alle ihm bekannten Probleme mit Andersgläubigen beruhten auf mehr oder weniger fantasievollen Schilderungen.
Seine Enttäuschung war unüberhörbar:
„Das ist für mich alles neu. Ich dachte, zwischen den Muslimen und den Christen bestehe eine offene Gemeinschaft. Zumindest in dem Regnum des Kaisers. Nun muss ich erfahren, dass vielleicht in Zukunft der weitere Kontakt zu Eurer Tochter eine strafbare Handlung darstellen könnte. Das ist für mich ungeheuerlich."
„Wir haben die Gesetze nicht gemacht. Als wir zweihundert Jahre über Sizilien herrschten, konnte jeder machen, was er wollte. Aber wir haben unseren Aufstand gegen den Kaiser verloren und müssen heute sehen, wie wir zurechtkommen. Dank Allah, dem Allmachtigen, und des Großmutes des Kaisers geht es uns gut. Daran dürfen und wollen wir nichts ändern. Aber ..."
Hier machte Mahmut eine längere Pause:
„ für Euch gibt es immer eine Lösung."
Claude griff sofort nach dem ihm gereichten Strohhalm:
„An welch eine Lösung denkt Ihr?"
„Ihr könnt jederzeit konvertieren. Die Muslime machen es Andersgläubigen verhältnismäßig leicht, ihren Glauben zu wechseln. Andererseits legen sie aber großen Wert darauf, dass der Konvertit dann sein Leben lang unserem Glauben huldigt."
Für Claude von Ibelin brach eine Welt zusammen und eine andere tat sich auf. Zwar war er nicht besonders oft in die Kirche gegangen, und auch für die Beichte sah er nur selten eine Notwendigkeit. Aber er war im christlichen Glauben aufgewachsen und es erschien ihm zurzeit als ein großes Problem, von lieb gewonnenen Gewohnheiten abzugehen. Er war sich über die Gepflogenheiten des anderen Glaubens durchaus im Klaren. Jesus sollte nun nicht mehr der Sohn Gottes sein, denn bei den Muslimen hat Allah keinen Sohn. Es gibt auch keinen Heiligen Geist, denn alles kommt von dem einen Allwissenden.
Dann war da aber der Gedanke an Djamila. Dass er sie nie wieder sehen sollte, war für ihn undenkbar.
„Was muss ich tun, um ein Muslim zu werden?"

„Ich kann Euch das nicht in allen Einzelheiten erklären, denn ich bin kein Rechtsgelehrter. Aber Ihr müsst auf alle Fälle Kontakt mit dem Imam aufnehmen, der Euch alles erklären wird. Aber auch der Kaiser hat sich ein Mitspracherecht vorbehalten. Die Sarazenen in Lucera unterstehen ihm direkt."

Claude wollte aber noch genau wissen, wie sich nach einem eventuellen Übertritt zum Islam das Verhältnis zu Djamila aus der Sicht des Vaters gestalten würde.

„Es ist mein fester Wille, mit Eurer Tochter, wenn alle Schwierigkeiten überwunden sind, die eheliche Verbindung einzugehen. Darf ich mit Eurer Zustimmung rechnen?"

„Da ich Euch seit Langem kenne und auch sonst nichts gegen eine Verbindung mit meiner Tochter spricht, sage ich Euch: Ihr seid willkommen!"

Nach dieser Zusage des Vaters hielt Claude von Ibelin nichts mehr im Hause des Vaters seiner großen Liebe. Umgehend machte er sich auf den Weg nach der Residenz Foggia, um eine Audienz bei dem Protonotar zu erwirken, nicht ohne vor seiner Abreise einen heimlichen Gruß mit der Geliebten gewechselt zu haben.

Von nun an ging alles sehr schnell. Der Protonotar konnte und wollte nichts entscheiden, sondern berief sich auf den Kaiser und dass er dessen Einverständnis einholen müsse.

Das Gespräch mit dem Imam von Lucera verlief so, wie Claude es erwartet hatte. Muslim wird derjenige, der vor zwei Zeugen das Glaubensbekenntnis, die Schahada, auswendig und in ihrer Urform aufsagen kann. Claude hatte mit seinen Kenntnissen der arabischen Sprache keinerlei Probleme, die Schahada in der traditionellen Form aufzusagen:

„Aschhadu an la ilaha illa llahu, wa aschhadu, anna Muhammadan rasulu llahi."

Für sich betete er in seiner Sprache:

„Ich bezeuge, dass es keine Gottheit außer Gott gibt, und ich bezeuge, dass Muhammad Gesandter Gottes ist"

Vom Kaiser kam eine Zusage mit freundlichen Wünschen für Glück und Kindersegen. So geschah es, dass an einem Sommertag nämlich dem 15. Juli des Jahres 1235, an zwei ganz unterschiedlichen Orten, zwei ganz unterschiedliche Hochzeiten stattfanden:

In Worms, im fernen Deutschland, die Hochzeit Kaiser Friedrich II. mit Isabella, der Schwester des Königs Heinrich III. von England.

In der Moschee von Lucera vermählte der Imam den Mu'allim Jussuf Claude von Ibelin mit der Sarazenin Djamila al-Walid.

Kapitel 14
Der Kaiser verliert die Geduld

Im fernen Worms am Rhein feierte Kaiser Friedrich II. eine prunkvolle Hochzeit mit Isabella, der Schwester des englischen Königs Heinrich III. Ein stattliches Aufgebot von Rittern, Grafen, Königen und ihrem Hofstaat war der Einladung des Kaisers gefolgt.
Manche von ihnen kamen von weit her angereist, um dem Kaiser und der Königin von Deutschland zu huldigen. Aus der fernen Mongolei war der Sohn des Großkhans Ögädäi, der junge Göjük, mit seiner Begleitung, über Tausende von Meilen bis Worms auf dem Rücken ihrer Pferde herbeigeeilt. Der Kaiser war über diesen Besuch und die kostbaren Geschenke hocherfreut. Doch er wusste nichts von dem Auftrag Göjüks, den Weg aus der fernen Mongolei zum Zwecke der Eroberung der westlichen Welt zu erkunden.
Nicht ganz so weit hatte es ein anderer illustrer Gast. Der Sohn des Sultans Al-Malik Al-Kamil, Adil Al-Kamil, war aus dem mediterranen Al Qahirah mit kostbaren Geschenken angereist. Als der Kaiser ihn herzlich begrüßte, hatte er das unbewusste Gefühl, noch hier an diesem Ort an ein zu erfüllendes Versprechen erinnert zu werden. Er sollte recht behalten.
Gleich bei der ersten Audienz sprach ihn Adil darauf daran, dass die Vertragszeit, in der Jerusalem den Christen überlassen wird, inzwischen zu fast zwei Dritteln abgelaufen und von der Gegenpartei bisher noch keine Leistung erbracht worden war. Er machte darauf aufmerksam, dass die Unzufriedenheit über seinen Vater im Lande wachse und dieser jetzt die Erfüllung des Vertrages erwarte.
Der Kaiser nahm die unmissverständliche Warnung des Sultans so ernst, dass er trotz des Trubels um seine Hochzeit eine ausführliche Botschaft mit dem Befehl zum Baubeginn nach Foggia schickte.
Hier hatte inzwischen der bewährte Graf Thomas von Acerra die Regierungsgeschäfte übernommen, da der Protonotar Peter von Vinea ebenfalls in Worms weilte. Zusammen mit dem Justitiar Gentilis de Costanca bereiteten sie dem beschaulichen Leben des Magister von Ibelin und des Pater Fra Paulonius ein jähes Ende.
Urplötzlich brach in der Verwaltung des Regnum, dem Großhof, eine hektische Betriebsamkeit aus. Claude von Ibelin und den Pater Fra Paulonius

bestellte man in die Residenz, wo ihnen zwei Arbeitszimmer zur Verfügung gestellt wurden. Übernachten konnten sie, falls erforderlich, im Gästehaus des Kaisers. Täglich fand frühmorgens bei dem Justitiar Gentilis de Costanca eine Besprechung statt, in der die Anordnungen des Tages gemeinsam erörtert und sofort schriftlich fixiert wurden.

An einer der ersten Besprechungen nahmen folgende Herren teil:

Graf Thomas von Acerra

Gentilis de Costanca

Jussuf Claude von Ibelin

Pater Fra Paulonius

Fulco di Salento

Thomas von Acerra eröffnete die Sitzung:

„Meine Herren, Sie kennen die Anordnung des Kaisers zum sofortigen Baubeginn auf dem Hügel Maria del Monte.

Als Erstes gilt folgende Regelung:

Das Bauwerk, das wir errichten, heißt Castel del Monte.

Zweitens: Der Sekretär Fulco di Salento begibt sich umgehend nach Antiochien und sorgt dafür, dass zwei bereits bekannten Medien in sicherer Begleitung hierher gebracht werden.

Drittens: Der Magister Jussuf Claude von Ibelin sorgt dafür, dass auf dem schnellsten Wege eine Gruppe der Madrasa von Al Qahirah sich mit seinen Messinstrumenten auf den Weg zu dem Hügel in der Murge begibt.

Viertens: Der Justitiar Gentilis de Costanca veranlasst, dass auf dem Hügel eine Anzahl von Unterkünften mit Aufenthaltsräumen, Schlafräumen und einer Küche entstehen.

Fünftens: Der Pater Fra Paulonius sorgt dafür, dass im Bereich des Hügels befahrbare Wege hergestellt werden.

Haben Sie alles verstanden?“

Dem Tonfall dieses Satzes war zu entnehmen, dass kein Einwand erwartet wurde.

„Dann sehen wir uns in den nächsten Tagen wieder.“

Als die Versammelten bereits auseinanderstrebten, um ihren Aufträgen nachzukommen, hatte der Pater gerade noch Zeit, Claude von Ibelin zu fragen:

„Ich habe gelesen, dass Sie nun auch noch den Vornamen Jussuf benutzen. Ist dies ein Schreibfehler?“

„Nein, das ist kein Schreibfehler. Ich bin zum Islam konvertiert und habe eine Muslima geheiratet“

Der Pater blieb wie angewurzelt zurück, während Claude dem Ausgang zustrebte und ihn gar nicht weiter beachtete. Er hatte selbst genug Probleme mit der neuen Entwicklung. Mitten in die Suche nach einem geeigneten Haus für sich und seine Frau drohte nun unverhofft die Aussicht, eventuell längere Zeit in der Wildnis der Murge ausharren zu müssen. Er musste unbedingt mit seiner Frau Djamila darüber sprechen. Zum Glück war ihm der Weg von Foggia nach Lucera inzwischen so vertraut, dass er während des Rittes noch diverse andere Probleme durchdenken konnte.

Djamila empfing ihn wie üblich an der Pforte der Faktorei ihres Vaters:

„Claude, mein Schatz, ich habe schon so auf dich gewartet.“

„Auch ich habe viel an dich gedacht. Aber es sind Dinge geschehen, über die wir unbedingt sprechen müssen.“

Der Vater hatte ihnen in seinem großen Haus für eine Übergangszeit zwei Zimmer und eine Küche eingerichtet. Dorthin zog sich das junge Ehepaar zurück.

„Was gibt es denn Wichtigeres als unsere Liebe?“

„Der Kaiser hat angeordnet, dass mit aller Kraft das Bauwerk in der Murge begonnen werden muss.

Wie du weißt, stehen meine Freunde von der Madrasa in Al Qahirah bereit, ins Land zu kommen, um die Absteckung des Gebäudes vorzunehmen. Nun überlege ich, ob ich nicht selbst nach Ägypten fahre, um sie von dem Ernst der Angelegenheit zu überzeugen, damit dort keine Zeit verloren geht.“

Djamila zeigte viel mehr Verständnis, als man bei ihrer Jugend erwarten durfte:

„Claude, wenn du der Ansicht bist, dass deine Anwesenheit in Ägypten die Angelegenheit beschleunigt, dann fahre bitte umgehend dorthin. Es kränkt mich nicht, hier bei meinem Vater auf dich zu warten.“

Claude fiel ein Stein vom Herzen. Der Gedanke, seine junge Frau allein zu lassen, hatte ihn stark belastet.

„Ich danke dir, mein Schatz. Tatsächlich fühle ich mich viel besser, wenn ich die mir übertragenen Aufgaben persönlich ausführe.“

Er ging sofort an die Vorbereitungen für seine Reise. Beim Großhof besorgte er sich die nötigen Papiere und etwas Reisegeld. Dort erkundigte er sich auch, wann und wo das nächste Schiff nach Ägypten abgehen würde. Er hatte Glück, in drei Tagen sollte ein Schnellsegler von Bari aus nach Ägypten ablegen. Mit seinem Diener ritt er am dritten Tage, nach einem innigen Abschied von seiner Frau Djamila, frühmorgens los. Der Diener, der selbst nicht mitsegelte, brachte anschließend die Pferde in den kaiserlichen Reitstall zurück.

Auch der Sekretär, Fulco di Salento, verlor keine Zeit. Ausgestattet mit den entsprechenden Empfehlungsschreiben des kaiserlichen Grosshofes machte er sich von Molfetta aus mit einem Segler der Tempelritter auf den Weg nach Antiochia.

So kam es, dass ein Wettlauf darum begann, wer zuerst von seiner Reise zurückkehren und in der Murge eintreffen würde – der Sekretär mit den Medien oder Claude mit den Wissenschaftlern der Madrasa in Al Qahirah. Erforderlich war nämlich, wenn alles wie geplant ablaufen sollte, dass die Medien noch vor den Ägyptern tätig werden. Die umfangreichen notwendigen Vorbereitungen für die Absteckungen würden sicher Beschädigungen an der Flora verursachen, die weit über das hinausgingen, was die von Theodor von Antiochia beauftragten Abholzungen verursacht hatten.

Allerdings hatte der junge Sekretär auf seiner Reise mit den größeren Schwierigkeiten zu rechnen. Er musste den fürchterlichen Fürst Bohemund V. überzeugen, ihm die Medien zu überlassen. Allerdings hatte ihn der Großhof in weiser Einschätzung der Person des Fürsten mit den nötigen finanziellen Mitteln ausgestattet, sodass er die gegenüber Theodor von Antiochia gestellte Geldforderung des Fürsten erfüllen konnte.

Auch die in Süditalien Zurückgebliebenen begannen unverzüglich mit der Arbeit. Der Justitiar Gentilis veranlasste die Dienstverpflichtung von Arbeitskräften aus den Orten Ruvo und Corato, die beauftragt wurden, sich in die Nähe des Hügels zu begeben, um dort vorübergehend in Zelten zu wohnen und feste Unterkünfte zu errichten. Nach Erfüllung dieser Aufgabe sollten sie, unter Leitung des Paters Fra Paulonius, mit dem Straßenbau beginnen.

Natürlich blieben diese Aktivitäten dem Heiligen Vater in Rom nicht verborgen. Nachdem er durch die Bespitzelung des Magisters Theodor von Antiochia schon wusste, dass ein okkultischer Mittler die Absteckungen

eines Bauwerkes auf dem Hügel Maria del Monte vornehmen sollte, wollte er weitere Einzelheiten wissen. Der Kaiser hatte Papst Gregor IX. nicht richtig eingeschätzt, wenn er glaubte, dieser würde sich seine Informationen bei den Zisterziensern holen. Stattdessen beauftragte Papst Gregor IX. seinen Kardinalsekretär Goffredo da Castiglione, den Inquisitor Tolomeo Taularus mit der Bespitzelung des Bauvorhabens zu beauftragen.
Der Kardinalsekretär machte sich die Arbeit leicht. Er berief den Pfarrer der Gemeinde Corato zu einer anderen Pfarrei ab und setzte den Spion an dessen Stelle auf den vakanten Seelsorgerposten. So war die zeitnahe Unterrichtung des Heiligen Stuhls über das Geschehen auf dem Hügel sichergestellt, zum mindesten dann, wenn die Arbeiter das auf der Baustelle Aufgefangene im Ort weitergaben.

Claude von Ibelin überquerte auch diesmal das östliche Mittelmeer bei gutem Wetter und stetigem Wind. Schon nach wenigen Tagen an Bord des Schnellseglers traf er an einem schönen sonnigen Morgen in Alexandria ein. Ohne sich aufzuhalten mietete er ein Pferd, schnallte seine Tasche am Sattel fest und ritt sofort ohne Halt nach Al Qahirah, wo er am frühen Nachmittag eintraf.
Wie üblich saß Scheich Sirag ad-Din al-Urmawi in seinem Arbeitszimmer vor einem Stoß aufgerollter Pergamente, die er allesamt noch heute studieren wollte. Als der Diener den Gast aus dem entfernten Land meldete, war der Professor so erstaunt, dass er kein einziges Wort hervorbrachte. Mit der Hand gab er ein Zeichen, den Gast hereinzuführen. Claude betrat den Raum mit einem freundlichen „As Salamu alaikum."
Und der Professor antwortete:
„Wa alaika as Salam. Du hast mir einen gehörigen Schrecken eingejagt. Kommst einfach so zur Tür herein, als ob du gestern erst hinausgegangen wärst. Komm, lass uns den Bruderkuss tauschen."
Seit seinem überaus freundlichen Abschied vor anderthalb Jahren, bei dem er den Titel Mu'allim erhalten hatte, war Jussuf Claude von Ibelin dem Professor freundschaftlich verbunden.
Die beiden Männer umarmten sich und wenn man genau hinsah, konnte man erkennen, dass Claude einige Tränen aus den Augen rannen.
„Du bist staubig und siehst müde aus. Soll ich dir ein Bad richten lassen?"
Claude schüttelte den Kopf:

„Nein, ich will dir erst berichten, weshalb ich hier bin. Mein Kaiser hat befohlen, dass von nun an die Umsetzung der Vorhaben sehr schnell vonstatten gehen soll. Wie du sicher weißt, war der Sohn des Sultans, Adil Al-Kamil, am Tage der Hochzeit des Kaisers, der auch mein Hochzeitstag war, zu Gast im fernen Deutschland …"
Sirag unterbrach ihn hastig:
„Was hast du da gesagt? Der Tag der Hochzeit des Kaisers, der auch der deine war? Verstehe ich das richtig?
Claude von Ibelin lachte:
„Du verstehst sehr schnell und alles richtig. Ich habe vor kurzer Zeit eine Muslima geheiratet und bin zu eurem Glauben übergetreten."
Sirag war der Unterkiefer heruntergefallen:
„Das ist eine Fügung des Allwissenden. Weist du noch, wie wir bei deinem letzten Besuch über den Glauben sprachen? Bestimmt wusste der Allesregelnde schon damals, dass du ein wahrer Gläubiger bist.
Ich werde Scheich Alam ad-Din Qaisar, Mu'allim Abdul Rahman al-Ubaidi und Scheich Da'ud ibn Auda sogleich die frohe Botschaft überbringen. Wir können dann gemeinsam das Freitagsgebet in der großen Moschee feierlich begehen und anschließend ein bisschen deine Hochzeit feiern."
Claude mahnte:
„Lieber Sirag, ich habe schon angedeutet, weshalb ich hier bin. Der Sultan braucht einen Erfolg, und das hat er dem Kaiser durch seinen Sohn mitgeteilt. Wir haben seit Langem Planunterlagen von euch, konnten uns aber über den genauen Standort des Bauwerkes noch nicht einigen. Nun brauchen wir unbedingt eure Hilfe und eure Instrumente, denn so etwas haben wir nicht. Wie schnell könntet ihr reisefertig sein? Der Herbst kommt schnell und damit ändert sich das Wetter, wie du weißt."
Sirag antwortete ohne Zögern:
„Theoretisch können wir sofort aufbrechen. Alle Geräte sind voll einsatzbereit. Allerdings müssen wir zuvor noch für ein paar Tage zu der großen Pyramide fahren, um die Uhren zu eichen. Du weißt, unsere Tafeln beziehen sich auf die dortigen Koordinaten."
„Gut, dann bliebe nur noch die Frage der Schiffspassage. Der Kaiser ist bereit, ein Schiff eigens für uns zu chartern, falls es erforderlich sein sollte." Sirag war aufgestanden:

„So lasst uns denn nicht zögern. Ich gebe den anderen Bescheid und kümmere mich um ein Schiff, du aber bist mein Gast und schläfst dich erst einmal aus. Das gemeinsame Gebet und die anschließende Feier fallen deshalb nicht aus, diese Zeit werden wir dennoch finden."

Die Freude über das Wiedersehen war allseits groß, und im Anschluss an das Freitagsgebet wurde nicht nur die Hochzeit von Jussuf Claude gefeiert, sondern auch die Professur von Scheich Da'ud ibn Auda, durch die er den Titel eines Scheichs verliehen bekommen hatte.

Jussuf Claude war seinen Freunden bei der Justierung der Instrumente in Gizah behilflich und erfuhr bei dieser Gelegenheit, dass man den Silberstaub in den Kolben der Sanduhren, von denen jeweils eine weitere in Betrieb gesetzt wurde, sobald eine abgelaufen war, durch Goldstaub ersetzt hatte. Dadurch hatte sich die Genauigkeit stark verbessert, zugleich war der Wert des Instrumentes ins Unermessliche gestiegen.

Die Wissenschaftler hatten sich auch Gedanken gemacht, wie die Uhr gegen unerwünschte Bewegungsschwankungen zu schützen seien. Dies war ihnen durch eine bewegliche Aufhängung des Mechanismus und eine Stabilisierung mithilfe eines Gegengewichts gelungen.

Als alle Vorbereitungen getroffen waren, setzte sich eine Karawane von Wagen von der Madrasa aus in Richtung Alexandria in Bewegung. Dort lag ein Schnellsegler ausschließlich für diese Expedition bereit, sodass an Bord des Schiffes genügend Raum vorhanden war, um die Instrumente erschütterungsfrei zu verstauen. Da alle sehr vorsichtig und überlegt handelten, erreichte das Schiff bei gutem Wetter den Hafen von Barletta, ohne dass Beschädigungen an den empfindlichen Instrumenten aufgetreten waren. Dies blieb auch so auf dem nicht allzu langen Weg zu dem Hügel Maria del Monte.

Dort waren aus stabilen Holzbalken Unterkünfte errichtet worden. Auch hatte der Justitiar Gentilis de Costanca eine Baracke als Küche und Vorratslager ausgewiesen und mit Lebensmitteln und Getränken ausgestattet. Leider gab es auch eine schlechte Nachricht. Der junge Sekretär Fulco di Salento war noch nicht aus Antiochia zurück. Es gab das Gerücht, er sei von dem Fürsten Bohemund V. festgehaltenen worden, weil er lediglich eine kaiserliche Verfügung zur Zahlung der vereinbarten Geldsumme vorlegen konnte, der Fürst aber bare Münze verlangte, bevor er seine Einwilligung gab.

Jussuf Claudes ägyptische Freunde richteten sich in den Baracken ein und verstauten ihre Instrumente, aber bald wurde es ihnen in dem fast unbewohnten und verwilderten Gelände zu langweilig und die meisten von ihnen begaben sich in die Stadt Lucera. Nur einige ließen sie zur Bewachung zurück.
In der großen, fast nur von Muslimen bewohnten Stadt machten sie sich eine schöne Zeit. Einige Bedenken gab es allerdings. Die Präzisionsuhr wurde umso ungenauer, je länger sie ohne Unterbrechung laufen musste. Zwar hatten die Ägypter eine Korrekturtabelle ausgearbeitet, mit der man das Instrument nachstellen konnte, aber dies gewährte nur für eine begrenzte Zeit die nötige Präzision.
Gentilis von Costanca, Jussuf Claude, der Pater und andere machten sich inzwischen allerlei Gedanken, wie man die Medien, so sie denn überhaupt eintreffen würden, am besten über die zu untersuchende Fläche führen sollte. Zumindest die Flora-Seherin musste in möglichst kurzer Zeit eine möglichst große Fläche auf ihren Bewuchs hin so untersuchen, dass kein Teil des Geländes unbetrachtet blieb.
Die gemeinsamen Überlegungen führten zu folgendem Plan: man wollte eine Schubkarre mit Kissen auslegen und die darin auf dem Bauch liegende gute Frau über das Gelände schieben, auf dass sie die unter ihr vorbeiziehende Flora prüfen könne. Die Mannschaft, die die Karre schieben sollte, wurde so eingewiesen, dass sie zuerst den Hügel hinauf, dann über die Kuppe und auf der andern Seite wieder hinunter fahren musste, bis sie einen markierten Punkt erreichte. Dann war die gleiche Prozedur im Abstand von einem Passus in der Gegenrichtung zu durchlaufen.
Zur Betreuung des männlichen Mediums wurden zwei Mann abgestellt. Einer hatte die einzige Aufgabe, darauf zu achten, dass sofort alle Türen geöffnet würden, damit der okkultische Mittler ungehindert überallhin laufen könne, sobald er in seinen Trancezustand verfiel. Der andere sollte ihm folgen und jene Stelle markieren, an der das Medium zusammenbräche.
So war alles geregelt, allein die Medien aus Antiochia fehlten noch. Als unter den Ägyptern bereits von Abreise gesprochen wurde, geschah das schon fast Unerwartete. Es kam die Kunde von der Ankunft eines Schiffes aus Antiochia. Der Justitiar veranlasste sofort die Entsendung eines Wagens nach Molfetta unter Begleitung eines Trupps berittener Sarazenen

aus Lucera, um die kostbare Fracht umgehend auf den Hügel zu transportieren. Nachdem sich die gute Frau mit Essen und Trinken gestärkt und auch in der würzigen Luft der Hügellandschaft gut geschlafen hatte, begann am nächsten Morgen für sie die eigentliche Arbeit, während das männliche Medium, um nicht beeinflusst zu werden, nach Lucera gebracht wurde.

Jussuf Claude hatte festgelegt, dass aus zeitlichen Gründen die Strecke nicht von außen nach innen abgefahren wird, sondern man auf einer Linie begann, von der erwartet werden konnte, dass dort der Mittelpunkt des zukünftigen Kastell liegen würde.

Die Technik des Hin- und Herfahrens bewährte sich offensichtlich, wenn auch die alte Dame öfter anhalten und auch zurückfahren ließ. So ging es, bis die Sonne hoch am Himmel stand und eine Mittagspause eingelegt wurde. Nach der Siesta wurde die Arbeit am frühen Nachmittag fortgesetzt.

Jussuf Claude, Gentilis von Costanca, der Pater und der junge Sekretär hatten sich im Schatten eines wilden Olivenbaumes niedergelassen und unterhielten sich angeregt, als plötzlich ein Schrei ertönte. Die alte Frau war von ihrer Schubkarre halb herabgefallen, halb gesprungen und lag nun flach auf dem Boden, während sie mit den Händen gestikulierte. Alle sprangen sofort auf und liefen ihr entgegen. Was sie sahen, war allerdings enttäuschend. Die gesamte Hügelkuppe war im Frühjahr abgeholzt und gesäubert worden. Während der trockenen Sommermonate konnte sich der Bewuchs nicht erholen, nur einzelne dürre Stengel ragten aus Spalten im Kalkgestein heraus.

Dort, wo die alte Frau lag, waren drei Spalten im Felsen zu erkennen, die sich zu einem Dreieck formierten. In der Mitte war ein kreisrundes Loch von unbestimmter Tiefe, das mit Erde gefüllt war. Aus ihm wuchs ein einzelner Stängel, der aber anders als die umliegenden Schösslinge mit grünen, den Stängel umschließenden Blättern aufwarten konnte. Auch zeigte er einen kugeligen Blütenstand mit zahlreichen kleinen Blüten, die allerdings zum Teil schon abgefallen waren.

Die alte Frau schrie gellend:

„Das ist es, das ist es! Ich habe Khus-yatus-salab gefunden.“

Als Jussuf Claude und die anderen die Frau erreichten, wiederholte sie immerzu das Wort Khus-yatus-salab.

Für seine Kollegen, die kein Arabisch verstanden, übersetzte er:
„Meine Herren, was die Frau hier gefunden hat, würde in unserer Sprache *Fuchshoden* heißen. Abgekürzt nennen es die Araber *Salep*. Wenn man es ausgräbt, erkennt man zwei kleine Knollen, die aussehen, nun, wie eben die Hoden eines Fuchses."
Fra Paulonius wollte es genauer wissen:
„Was ist aber das Besondere an diesem Kraut?"
„Das weiß ich auch nicht. Da müssen wir die alte Dame fragen."
Der Pater unternahm dies später auch und die alte Dame zeigte sich äußerst gut belesen.
„Der Salep ist von alters her bekannt und man sagt, dort, wo er wächst, sei Fruchtbarkeit. Nach der uralten Signaturenlehre wird ihm auch eine die Zeugungskraft wiederherstellende Wirkung zugeschrieben. Bei uns zu Hause wird aus den getrockneten Knollen eine steife Gallerte hergestellt. Mystische Eigenschaften besitzt jedoch der Samen dieser Pflanze. Er hat keinerlei Wuchskraft. Legt man ihn in Wasser oder pflanzt ihn in einen Topf, so geschieht oft jahrelang nichts. Und dann urplötzlich, keiner weiß warum, fängt der Same an zu keimen und es entwickelt sich eine Pflanze. Diese Eigenschaft hat dazu geführt, dass man dieses Gewächs mit der Jungfrau Maria in Verbindung bringt. Auch ihre Fruchtbarkeit war übernatürlich und hatte keinen irdischen Hintergrund."
Die anwesenden Herren waren trotz ihres hohen geistigen Niveaus von dem Vortrag der alten Dame beeindruckt und brachten dies auch ihr gegenüber zum Ausdruck. Jussuf Claude veranlasste sofort, dass die Fundstelle auf umliegende Hügel und Besonderheiten des Geländes eingemessen werde, um das spätere Wiederauffinden zu gewährleisten.
Alles in allem kam er zu dem Schluss, dass dieser Tag mit der Flora-Seherin ein voller Erfolg geworden war.
Die alte Dame wurde bei einer Familie in Lucera einquartiert, die bis zu ihrer Heimfahrt für sie sorgte. Jussuf Claude ließ die Pflanze samt ihren Knollen ausgraben und im Innenhof der Faktorei seines Schwiegervaters wieder einpflanzen. Das Gelände im Bereich der dreieckförmigen Felsspalten wurde so wie es war, belassen.
Während die alte Dame auf dem Weg nach Lucera war, fuhr das männliche Medium in entgegengesetzter Richtung hinauf zum Hügel. Dort hatten die Ägypter die Vorbereitungen für ihre Vermessungsarbeiten bereits be-

gonnen, denn eine Geheimhaltung, so hatte Jussuf Claude sich überlegt, hätte gegenüber dem Mann aus Antiochia überflüssig, ja unter Umständen sogar schädlich sein können.

Es war seit Längerem bekannt, dass der Mann, bevor er weissagte, in tiefe Trance fiel, und um mit geschlossenen Augen laufen zu können, gestützt werden musste. Er konnte sich in diesem Zustand in seiner Umgebung absolut nicht orientieren und war ganz auf seine Eingebung angewiesen. Ihm wurde sogleich nach Ankunft ein Schlafraum zugeteilt, den beiden Helfern wurde nochmals ihre Verantwortung eingeschärft und dann hiess es nur noch zu warten, bis der Trancezustand eintreten würde.

Die Ägypter hatten ihre Instrumente ausgepackt und präpariert und waren nun dabei, das Gnomon genannte Gerät exakt senkrecht einzurichten. Jussuf Claude hatte ihnen seine Berechnungen in Form der Tabelle, die er vor einiger Zeit erstellt hatte und aus der die Ägypter alle relevanten Daten entnehmen konnten, übergeben.

Winkel γ_a	Winkel γ_b = 90°- γ_a	sinus γ_a	$\sin\Delta\lambda_1 = \frac{\sin\gamma_a * \sin b}{\cos\varphi_1}$	$\Delta\lambda_1$	$\lambda_3 = \Delta\lambda_1 + 13{,}33$	$\cos\varphi_3 = \frac{\sin\alpha_b * \sin b}{\sin\Delta\lambda_1}$	φ_3
17	18	19	20	21	22	23	24
(1) 35,288°	54,712°	0,57769	0,03150	1,81°	15,14°	0,76368	40,21°
(2) 35,641°	54,359°	0,58270	0,03360	1,93°	15,26°	0,76256	40,31°
(3) 36,219°	53,781°	0,59087	0,03716	2,13°	15,46°	0,76048	40,49°
(4) 36,788°	53,212°	0,59886	0,04078	2,34°	15,67°	0,75858	40,66°
(5) 37,367°	52,633°	0,60692	0,04449	2,55°	15,88°	0,75675	40,82°
(6) 37,941°	52,059°	0,61485	0,04821	2,76°	16,09°	0,75567	40,92°
(7)38,1727°	51,8272°	1 / φ	0,049721	2,85°	16,18° E	0,75398	41,06° N
(8) 38,544°	51,456°	0,62311	0,05217	2,99°	16,32°	0,75288	41,16°
(9) 38,954°	51,046°	0,62870	0,05499	3,15°	16,48°	0,75141	41,29°

Sie zeigt in Zeile 7 genau die zu den Goldenen Winkeln 38,1727° und 51,8272° gehörenden Koordinaten λ_3 = 16,18° Ost und φ_3 = 41,06° Nord. Als die Ägypter diese Ausarbeitung sahen, war ihr Staunen grenzenlos. Sie überhäuften Jussuf Claude mit Komplimenten zu seinem Wissensstand und sie wussten, was sie sagten. Das empfand Claude sehr deutlich und er war stolz darauf.

Am ersten Tag wurde die Nordrichtung eingemessen und der Zeitpunkt der Kulmination der Sonne genau registriert.
Für den nächsten Tag war vorgesehen, provisorisch die Koordinaten zu bestimmen, um einen Anhalt dafür zu haben, ob man dem gewünschten Punkt schon nahe war. Leider musste dieses Vorhaben vorübergehend aufgegeben werden, da keine Sonne sichtbar war, die man hätte messen können. Dunkle Wolken hatten sich über den Himmel geschoben.
Doch einen weiteren Tag später waren die Wetterverhältnisse vorübergehend besser und die Gruppe konnte einen Standort festlegen. Leider traf dieser noch nicht nahe genug auf den gewünschten Zielort, so dass die Instrumente versetzt werden mussten. Endlich, nach mehreren Tagen, waren die Bedingungen so, dass eine genaue Messung vorgenommen werden konnte. Die Auswertung ergab, dass der gegenwärtige Punkt präzise genug am Ziel lag, um das Reststück ohne großen Fehler manuell einmessen zu können.
Der Rest war reine Rechnerei, nur unterbrochen von geringfügigen Messarbeiten, um das genaue Endergebnis festzuhalten.
Jussuf Claude hatte schon seit ein paar Tagen mit großem Interesse die Arbeiten seiner ägyptischen Freunde beobachtet. Ihm war natürlich sofort aufgefallen, dass sie sich verdächtig nahe an der Fundstelle des Saleps, vulgo Fuchshodens, befanden. Als die letzten Messungen anstanden, begab er sich schon frühmorgens auf den Hügel und ging den Ägyptern bei den Arbeiten zur Hand. Etwa eine Stunde vor Mittag kam Scheich Sirag ad-Din al-Urmawi auf ihn zu und erklärte:
„Wir haben den Punkt nun festgelegt und eingemessen. Möchtest du ihn gerne sehen?"
„Ja, gerne!", erwiderte Jussuf Claude aufgeregt.
Sie begaben sich zu der Stelle, an der eine dicke Eisenstange aus dem Boden ragte. Als Claude immer näher kam und in dem felsigen Untergrund drei Risse erkannte, die sich, aus verschiedenen Richtungen kommend, zu einem Dreieck zusammenschlossen, und er in der Mitte das Loch sah, in dem die Eisenstange steckte, da wusste er, dass er Zeuge einer Weltsensation geworden war. Die Weissagung einer alten Frau aus Antiochia und die Präzisionsvermessung ägyptischer Spezialisten hatten zu ein und demselben Ergebnis geführt.
Ihm schoss es durch den Kopf:

„Das glaubt mir kein Mensch!"
Zu Sirag gewandt, fragte er:
„Hattest du von dem vorhergehenden Ergebnis erfahren?"
Sirag war erstaunt:
„Nein, wir waren doch fast alle in Lucera. Und die zwei Männer, die hier geblieben waren, achteten Tag und Nacht auf die Instrumente. Aber warum fragst du?"
Jussuf Claude holte tief Luft:
„Ja, es ist so", er machte eine Pause und atmete noch einmal tief durch „dass die Ergebnisse identisch sind. In dem Loch, hier im Felsen, wo Eure Eisenstange steckt, hat vor einigen Tagen die Flora-Seherin eine seltene und eigenartige Orchideenstaude gefunden, obwohl vor einigen Monaten das gesamte Gelände abgeholzt und gesäubert wurde."
Sirag staunte gewaltig und rief die anderen Ägypter zu sich:
„Hört nur, was Jussuf Claude euch zu sagen hat. Unsere Messergebnisse stimmen haargenau mit den Vorhersagen einer Seherin überein."
Alle riefen durcheinander:
„Bei Allah, das gibt es doch gar nicht! Was hat das zu bedeuten? Wir träumen das alles doch nur!"
Claude hatte Schwierigkeiten, sich durchzusetzen:
„Hört doch mal zu! Die alte Frau hat hier auf dem Hügel an dieser Stelle", damit zeigte er auf die Eisenstange, die in dem Loch steckte,
„eine seltene Pflanze gefunden, die darauf hinweist, dass hier ein Ort ist, der von dem Geist der Mutter Maria inspiriert wird. Dies ist nicht so unwahrscheinlich, denn seit altersher heißt dieser Hügel Maria del Monte. Viel erstaunlicher ist, dass genau an dieser Stelle ein rechter Winkel von 90° sich in zwei Teile aufspaltet, wie jedes Goldene Dreieck sie aufweist. Ich werde, zusammen mit den Leuten, die die alte Frau beobachtet haben, viel Überzeugungsarbeit leisten müssen, damit uns geglaubt wird."
Sofort trommelte Jussuf Claude all jene zusammen, die vor ein paar Tagen dem seherischen Erfolg der alten Frau beigewohnt hatten. Dies waren, neben seiner Person, Gentilis von Costanca, der Pater und der junge Sekretär. Sie versammelten sich in einem Raum der Unterkunft an einem Tisch und verfassten ein Schriftstück, in dem sie den Augenblick der Entdeckung der sonderbaren Pflanze und seine merkwürdigen Umstände, wie das Herunterfallen der alten Frau von der Schubkarre, genau beschrieben.

Anschließend unterzeichneten alle mit Namen und ihren Titeln das Dokument, das anschließend versiegelt und sofort dem Kaiser im fernen Deutschland übersandt wurde.
Inzwischen verlebte das männliche Medium eine gute Zeit. Der Mann aß und trank und schlief auch tagsüber und dies, seinen Träumen nach zu urteilen, die er durch lautes, aber unverständliches Sprechen beim Schlafen kundtat, tief und lang anhaltend. Jussuf Claude beobachtete die Haltung des Mannes mit zunehmender Verärgerung, besonders auch, weil sie fast alle seine Leute und ihn selbst davon abhielt, den Hügel wenigstens zeitweise zu verlassen. Eines Tages stellte er fest: Genug ist genug. Nach reiflicher Überlegung war er zu dem Schluss gekommen, auf die Mithilfe der medialen Fähigkeiten dieses Mannes zu verzichten, da der bisherige Erfolg ohnehin nicht mehr zu überbieten war, wie er einem Dankschreiben des Kaisers, das soeben eingetroffen war, entnehmen konnte.
Also klärte er den Mann entsprechend auf, dass seine Mission in Italien beendet sei und er in Kürze die Heimat wiedersehen würde, wobei er verschwieg, dass inzwischen das Wetter im Mittelmeer alles andere als geeignet dazu war, eine angenehme Überfahrt zu ermöglichen.
Die Ägypter verpackten sorgsam ihre Instrumente und zogen in eine Herberge in Lucera. Dort war auch ein geräumiger Saal vorhanden, darauf hatten sie bei der Auswahl ihres Quartiers besonders geachtete, weil etwas Besonderes geplant war.
Professor Sirag sprach Jussuf Claude darauf an:
„Mein lieber Jussuf Claude, ich möchte dich in aller Herzlichkeit zu einem Abschiedsessen in unsere Herberge bitten. Wir möchten auch, dass du deine Ehefrau und deine Freunde mitbringst. Wir haben alles für den Freitag nach dem Gebet vorbereitet und werden uns freuen, wenn du uns die Ehre deiner Anwesenheit gibst.“
Claude hatte mit etwas Ähnlichem schon gerechnet und ebenfalls erwogen, eine Abschiedsfeier zu organisieren:
„Ich fühle mich geehrt und werde selbstverständlich mit meiner Gemahlin erscheinen. Wenn Ihr gestattet, werde ich meine Mitarbeiter und den Justitiar des Gebietes der Murge, aber auch die beiden Medien und meinen Schwiegervater zusammen mit seiner Haushälterin, die mir alle sehr geholfen haben, mitbringen.“
Prof. Sirag entgegnete:

„Alle sind hiermit herzlich eingeladen. Auch wir haben noch einige Freunde aus der Zeit unseres früheren Besuches in der Umgegend, die wir einladen werden, wie zum Beispiel den Offizier der Sarazenen, Said bin bel-Kassim, der seinerzeit für unsere Sicherheit sorgte."

An dem besagten Tag fanden sich alle geladenen Gäste beizeiten in dem grossen Saal der Herberge zum angekündigten Festmahl ein und die Männer nahmen an einer gedeckten Tafel Platz, während für die Frauen auf einer Empore oberhalb des Saales angerichtet war. Diese Trennung hatte einen einfachen Grund, denn die Frauen mussten doch beim Essen ihre Gesichtschleier abnehmen und in diesem Zustand sollte sie kein Fremder sehen.

Als alle die Vorspeise gegessen hatten, aber das Hauptgericht, junges Lamm mit Gemüse und Datteln, dazu hart gekochter Wildreis, noch nicht aufgetragen war, erhob sich der Professor, Scheich Sirag ad-Din al-Urmawi, um eine Rede zu halten:

„Liebe Familien, Freunde und Kollegen!

Ich wende mich an unseren geschätzten Studienkollegen, Jussuf Claude von Ibelin, Ritter des Kaisers Friedrich II., Doktor der Mathematik der Universität Al Qahirah, Magister der Universität Neapel und Herr des Gebietes von Azur. Ihm sage ich dies:

Möge Allah, der Allmächtige und Allwissende in seiner grossen Güte uns die Weisheit geben, Dinge zu erkennen, die zuvor noch keiner erkannt hat, und die Kraft, sie zum Nutzen aller Gläubigen anzuwenden, die sie zuvor entbehren mussten. Möge der Allerbarmer und Allverzeiher uns die Demut geben, mit der Weisheit, die wir errungen haben, sorgsam umzugehen und möge er uns schützen vor Überheblichkeit und Arroganz, die sich, weil wir glauben, mehr zu wissen als andere, einstellen könnte.

Da wir glauben, dass unsere Kollege und Freund Jussuf Claude von Ibelin alle Voraussetzungen besitzt, die Wünsche, um die wir Allah, den Allmächtigen gebeten haben, zu erfüllen, nehmen wir ihn hiermit in den Kreis der Wissenden der Universität von Al Qahirah auf.

Im Namen seiner Majestät, Al-Malik Al-Kamil, Sultan von Ägypten, und seines Stellvertreters, Fahr ed-Din Ibn as-Saih, wird Euch mit sofortig er Wirkung der Titel eines ordentlichen Professors der Universität Al Qahirah verliehen. Ab sofort seid Ihr berechtigt, Euch mit dem Titel *Scheich* vor Eurem Namen anreden zu lassen.

Zum Schluss erlaube mir, Euch zu Eurer neuen Würde zu beglückwünschen und uns dazu, eines Tages die Früchte Eurer Arbeit in unserer Bibliothek studieren zu dürfen."

Jussuf Claude war vollkommen fassungslos. Mit allem hatte er gerechnet, doch nicht mit einer solchen Ehre, die nur sehr wenigen zuteil wurde. Nicht unerheblich mag für diese unerwartete Anerkennung gewesen sein, dass er Muslim geworden war. Seines Wissens nach gab es an der Universität keinen Lehrer, der einem anderen Glauben angehörte.

Als er sich erhob, um eine Erwiderung auszusprechen, versagte ihm die Stimme und dicke Tränen rollten seine geröteten Wangen hinunter, wobei er hilflos die Hände hob und senkte. Prof. Sirag erkannte die Notlage und ließ auf ein Zeichen hin den Hauptgang des Mahles servieren. In den nächsten Tagen verluden die Ägypter ihre Instrumente auf die Karren, wobei sie einige Dinge, wie zum Beispiel ein Astrolabium, an Jussuf Claude verschenkten und ihn damit noch zusätzlich sehr glücklich machten. Ihr Abschied im Hafen von Bisceglie war herzlich und mit der Bitte verbunden, Jussuf Claude möge sich möglichst bald zu einem Besuch in Ägypten entschließen, was der junge Professor mit einer Gegeneinladung konterte.

Kapitel 15
Absteckung und Bau eines Kastells

Immer wieder hatte Jussuf Claude von Ibelin behauptet, dass man mit der Festlegung eines einzigen Maßes ein ganzes Kastell erbauen könne, weil aufgrund des Prinzips der Selbstähnlichkeit alle geometrischen Formen von einer Grundform abgeleitet werden können und miteinander verwandt und verschwägert seien. Er hatte weiter behauptet, dass man keinen einzigen Plan benötige, um ein solches Bauwerk zu errichten, alles gehe über Formeln auseinander hervor. Und er hatte weiter argumentiert: Alles was man rechnen kann, kann man auch – mit Zirkel und Lineal – konstruieren.
Während die Grundkonzeption, ein Oktogon, bereits mit den aus Ägypten übersandten Unterlagen endgültig festgelegt war, hatte der Kaiser persönlich aus Kostengründen für die Hauptabmessung des Gebäudes ein Maß von 47,60 entsprechend der Tabelle 3, Seite 68 der Ausarbeitung für die Magisterkollegen festgelegt und bei dieser Gelegenheit dem Kastell zugleich acht zusätzliche Türme an den Aussenecken verordnet.
In einem Gespräch mit dem Pater Fra Paulonius stellte sich allerdings heraus, dass der Begriff *Hauptabmessung* bisher keineswegs eindeutig geklärt war.
„Wir sollen also ein achteckiges Kastell bauen, das darüber hinaus an seinen Ecken acht Türme besitzt, und wissen doch nicht einmal, wie groß der ganze Kasten werden soll!“
Jussuf Claude war verärgert, weil die Angaben des Großhofes viel zu unpräzise waren, um damit etwas anfangen zu können. Der Pater, der mit einer Skizze beschäftigt war, und den das Thema nicht besonders interessierte, entgegnete beiläufig:
„Nehmt doch einfach die Maße der großen Moschee in Jerusalem und zwängt das Kastell hinein, dann habt ihr auch die Wünsche der Sarazenen weitgehend berücksichtigt und man wird Euch überall im Morgenland lobend erwähnen.“
Der Pater hatte seiner Stimme einen ironischen Unterton gegeben, denn er konnte sich nicht darüber beruhigen, dass Jussuf Claude dem seiner Ansicht nach einzigen wahren Glauben abgesprochen und einen anderen, unwürdigen angenommenen hatte. Entsprechend fiel die Antwort von Jussuf Claude aus: „Also, Ihr solltet Euch angewöhnen, nicht von einer

Moschee in Jerusalem, sondern von dem Felsendom, der ein Schrein ist, zu sprechen. Wenn ich mich recht erinnere, hat dessen Umkreis einen Durchmesser von über 55 Metern, das Kastell würde also bequem hineinpassen, wenn da nicht die Frage wäre, wo die 47,60 Meter des Kaisers anzuordnen sind?"

Der Pater war immer noch nicht an dem Thema interessiert:

„47,60 ist kleiner als 55, also müsst Ihr nur einen markanten Kreis wählen, dessen Radius um 3,7 kleiner ist. Ich könnte mir vorstellen, dass er den Mittelpunkt der Treppentürme schneidet, die einzuplanen der Kaiser uns aufgedrückt hat."

Jussuf Claude war zwar angesichts des offensichtlichen Desinteresses des Paters unwirsch, musste aber nach einigem Nachdenken zugeben, dass dessen Argument nicht ganz unlogisch war. Um seinen Frust abzubauen, kehrte er den Meister hervor:

„Einverstanden! Das könnte gehen! Wir müssen aber sicher sein, die Forderungen des Kaisers zu erfüllen. Da Ihr zurzeit lediglich mit dem Studium von Skizzen beschäftigt seid, darf ich Euch bitten, die entsprechenden Untersuchungen vorzunehmen."

Der Pater brummte etwas in sich hinein, machte sich dann aber zögerlich an die Arbeit, denn ihm war bekannt, auch wenn er es nicht zugeben wollte, dass Jussuf Claude sein Vorgesetzter war.

Zu Beginn der Arbeiten am Kastell hatte ihm diese Hierarchie keine Probleme bereitet. Seit dem Glaubenswechsel des jungen Wissenschaftlers fügte er sich jedoch nur noch widerwillig in diese Rangordnung und dachte im Stillen über eine Alternative nach.

Bei der Durchsicht der bisher von Jussuf Claude erarbeiteten Unterlagen stellte er schnell fest, dass zusammen mit der Hauptabmessung von 47,60 natürlich auch die anderen Abmessungen der erweiterten Palermo-Folge, wie sie in Tabelle 3, Seite 68 der Unterlagen für die Magisterkollegen von Ibelin entwickelt worden waren, berücksichtigt werden müssen:

Nr.	0	1	2	3	4	5	6	7	8	9	10
$\sqrt{S_n}$	6,63	3,74	7,61	8,48	11,40	14,21	18,22	23,11	29,43	37,42	47,60/2=23,8

Hauptabmessungen des Castel del Monte

Wie bei sakralen Bauten, etwa Kirchen und Kapellen, üblich, ging der eigentlichen Absteckung des Baugrundes die sogenannte Ostung, also eine allgemeine Ausrichtung in Ost-Westrichtung voraus. Im Westen sollte der Eingang sein, im Osten ging die Sonne auf und vom Osten kam nach altem Glauben auch das Heil, weshalb die Gläubigen auch in Richtung Osten beteten, mit ihnen auch der Prediger, der allerdings der Gemeinde deshalb den Rücken zukehren musste.

Für das Castel del Monte hatte der Kaiser anders entschieden. Sein Argument war, hier werde kein Kirchenbau errichtet, dies solle gefälligst der Heilige Vater unternehmen, denn der sei erstens dafür zuständig und zweitens habe er viel mehr Geld als ein einfacher Kaiser. Folglich wurde auch der Eingang in den Ostteil des Gebäudes gelegt und auf Wunsch des Zisterzienserpaters wurde die Hauptachse des Kastells um etwas mehr als sechs Grad aus der Nordrichtung heraus nach Osten gedreht.

Auch hierfür hatte der Kaiser eine plausible Erklärung bereit. Da der Bau etwas in Richtung Süden verdreht ist, erscheint die Morgensonne auch etwas später am Eingang des Kastells. Die Bewohner, die dort zu Hause sind, können also jeden Tag etwas länger schlafen.

Jussuf Claude hatte viel mit dem Pater Fra Paulonius zu besprechen, denn es stellte sich immer klarer heraus, dass Abweichungen von den Maßen, die die Goldenen Dreiecke vorgeben, nicht zu vermeiden waren. Grundsätzlich musste diskutiert werden, bis zu welchem Grad man die Abweichungen tolerieren konnte, ohne auf das Prinzip der Selbstähnlichkeit im Kalkül verzichten zu müssen.

Während dieser Gespräche überraschte der Pater den Professor mit seinen profunden Kenntnissen in der Geometrie des Achtersterns. Dagegen war Jussuf Claude von Ibelin besser mit den Zusammenhängen des Fibonacci-Kalkül vertraut, da er es jahrelang studiert hatte. Und darauf angesprochen, woher er seine Kenntnisse der Geometrie des Achtersterns habe, antwortete der Pater:

„Diese Zusammenhänge sind in den Archiven meines Mutterklosters niedergelegt, und diese Dokumente basieren auf den Schriften, die beim Bau des großen Tempels von Jerusalem angefertigt wurden. Man sagt, sie gehen auf den großen Baumeister Hiram von Tyros zurück."

Jussuf Claude war erstaunt:

„Bisher nahm ich an, Hiram sei der König von Tyros und nicht dessen Baumeister?“

„Beides ist richtig“, entgegnete der Pater, „Tyros war König und oberster Baumeister zugleich. Beim Bau des Tempels von Jerusalem stellte er König Salomo nicht nur die Baustoffe in Form von riesigen Zedernholzstämmen zur Verfügung, sondern auch seine Kenntnisse der Baukunst und eine Menge Fachleute wie Steinmetze, Zimmerleute und Maurer.“

Als er diese Worte hörte, fiel Jussuf Claude siedend heiss ein, dass sie selbst für ihr Vorhaben ausser den Bauern aus Ruvo und Corrado keinerlei Fachleute zur Verfügung hatten, um überhaupt mit dem Bau beginnen zu können.

Zum Pater gewandt brachte er seine Bedenken zum Ausdruck:

„Wo ist eigentlich unser König Tyros? Wir wissen bisher weder, woher wir unser Baumaterial beziehen, noch welche Arbeiter es verarbeiten sollen. Das muss sich umgehend ändern, sonst werden wir den Zorn des Kaisers zu spüren bekommen.“

Jussuf Claude erkannte, wie dringlich eine Besprechung mit den Verantwortlichen anberaumt werden musste, um dieses anstehende Problem zu erörtern und zu lösen. Dabei wurde ihm gar nicht bewusst, wie gelassen Pater Fra Paulonius dieses Problem offenbar betrachtete. Sofort schickte er einen Boten mit einer Nachricht an den teils verwaisten Grosshof, in der er die Herren Graf Thomas von Acerra, Gentilis de Costanca sowie Fulco di Salento um eine Besprechung bat.

Was Jussuf Claude nicht wusste, wohl aber der Pater:

Im fernen Deutschland hatte der Kaiser längst die Steuerung zum Beginn der Arbeiten in der Murge übernommen. Petrus von Vinea hatte, nachdem der Kaiser persönlich mit dem französischen König Ludwig IX. in Kontakt getreten war, den Auftrag erhalten, die Vermittlung von Fachleuten für den Bau von Kathedralen zu organisieren. Anders als in den Friedrich II. unterstehenden Ländern war in Frankreich, und besonders in der Île-de-France, eine rege Dombautätigkeit im Gange. Dem Kaiser lag besonders die Errichtung einer Kathedrale in der Stadt Marburg am Herzen. Aus dem Vatikan hatte er eine vertrauliche Mitteilung erhalten, dass Elisabeth von Thüringen, die mit ihm in einem verwandtschaftlichen Verhältnis gestanden hatte, demnächst heilig gesprochen werden sollte. Da sie in der

Stadt bereits in einem wertvollen Schrein ihre Grabstätte gefunden hatte, sollte nun zu ihrer Verehrung darüber eine Kathedrale errichtet werden. Bei dieser Gelegenheit vergaß der Kaiser aber nicht sein Bauwerk im heimatlichen Apulien, das im besonderen Maße davon zeugen sollte, in welchem Umfang unter seiner Regierung Fortschritte in der Wissenschaft und insbesondere in der Mathematik erzielt worden waren.

Während solcher Art in Deutschland Verhandlungen geführt wurden, die Jussuf Claudes Tätigkeit in Süditalien wahrscheinlich demnächst im besonderen Maße betreffen würden, erfuhr dieser von all diesen Dingen nichts, anders als Pater Fra Paulonius, der über sein Heimatkloster Citeaux in Burgund immer recht genau über alles unterrichtet war, was zwischen dem Kaiser und dem französischen König besprochen wurde, also auch über Dinge, die den Bau des Kastells angingen.

Noch eine weitere Person in der Umgebung des Scheichs Jussuf Claude von Ibelin war informiert. Graf Thomas von Acerra wurde als Verweser des Regnum Siziliae von Petrus von Vinea über alle Angelegenheiten, die Einfluss auf sein Verwaltungsgebiet hätten haben können, eingehend informiert. So wussten also zwei Leute aus der Umgebung von Jussuf Claude, was in Deutschland beschlossen und demnächst in der Murge geschehen würde, doch er selbst konnte von all dem nichts ahnen.

Die Verhandlungen zwischen den Vertretern des französischen Königs und des Kaiserhofes hatten dazu geführt, dass Ludwig IX. einen jungen Baumeister mit Namen Pierre de Montreuil davon überzeugte, es sei für sein Land Frankreich und für seine Karriere von Vorteil, wenn er sich für einige Zeit im Imperium des Kaisers Friedrich II. verdingen würde. Da auch die ihm gebotenen finanziellen Anreize außergewöhnlich waren, ergriff der junge Mann diese Chance und verpflichtete sogleich zwei weitere Meister und mehrere Steinmetzgesellen, mit ihm zu gehen.

So kam es, dass Jussuf Claude an Stelle einer Einladung zu einer Besprechung bei dem Grafen Thomas von Acerra eine Botschaft vom Großhof erhielt, in der ihm mitgeteilt wurde, eine Kolonne von Facharbeitern werde zusammen mit drei voll ausgebildeten Baumeistern in der nächsten Zukunft zu einem noch genauer zu bestimmenden Termin in Apulien eintreffen. Natürlich wunderte er sich sehr darüber, auf solch eklatante Weise bei der Auswahl der leitenden Meister auf der zukünftigen Baustelle übergangen worden zu sein. Er erklärte sich dies mit seiner dem Kaiser

wohl bekannten völligen Unkenntnis darüber, wer in Europa Kathedralen bauen könnte und wer nicht. Noch mehr verwunderte ihn allerdings das Verhalten des Paters Fra Paulonius, denn als er in unmittelbar nach Eingang des Schreibens mit den folgenden Worten ansprach:
„Übrigens, was ich Euch noch sagen wollte, lieber Fra Paulonius, wir werden in der nächsten Zeit Unterstützung durch mehrere Baumeister erhalten“, erwiderte der Angesprochene, ohne im Geringsten erstaunt zu sein:
„Nun ja, damit konnte man wohl rechnen.“
Es war nicht so sehr die Kürze der Antwort, die Jussuf Claude zu denken gab, als vielmehr das Fehlen jeglichen Erstaunens, das aus den Worten des Paters sprach. Entsprechend reagierte er:
„Es scheint Euch ja nicht besonders zu beeindrucken, dass wir demnächst Besuch erhalten, wisst Ihr denn Näheres?“
„Nein, natürlich nicht, aber in den Dörfern wird bereits darüber spekuliert, dass Fachleute aus Frankreich demnächst hier ankommen sollen.“
Jussuf Claude ließ es dabei bewenden, denn er hatte nicht den Eindruck, eine weitere Diskussion mit dem Pater könne ihm irgendwie weiterhelfen.
Auch ein anderes Problem löste sich in den nächsten Tagen überraschend einfach. Anlässlich eines Besuches des Grafen Thomas von Acerra ergab sich für Jussuf Claude die Gelegenheit, seine Sorgen bezüglich der Materialbeschaffung für das zu errichtende Kastell anzubringen.
„Sire, darf ich Ihnen ein weiteres Problem antragen, das mich belastet? Woher und auf welchem Wege könnte das Material zum Bau des Castel Del Monte seinen Weg in diese Einöde finden?“
Der Angesprochene antwortete:
„Junger Freund, darüber braucht Ihr Euch nun keineswegs schlaflose Nächte bereiten! Ich habe dem Justiziar Gentilis de Costanca vor einiger Zeit den Auftrag gegeben, sich um diese Angelegenheit zu kümmern. Wie er mir neulich mitteilte, waren seine Bemühungen von Erfolg gekrönt. Die Kalksteinquader sollen aus einem Steinbruch bei Minervino, einem Ort auf halbem Weg zwischen unserem Bauplatz und dem Castel Lagopesole kommen und die Breccien der Wandverkleidung aus dem Gargano.“
Jussuf Claude war erleichtert, nicht ohne Hintergedanken entgegnete er:
„Vielen Dank für Ihre Bemühungen, Sire. Nun brauchen wir nur noch die Meister und Fachleute aus Frankreich.“

Hier vollzog Thomas von Acerra in seiner Antwort allerdings einen kleinen Schlenker. Ausweichend entgegnete er:

„Einen kleinen Wermutstropfen müsst Ihr verkraften, junger Mann. Die Kalksteinquader, die in Minervino lagern, weisen nicht genau die Abmessungen auf, wie sie am Castel Del Monte benötigt werden. Da müssen wir mal sehen, wie wir uns behelfen.“

Damit war Jussuf Claude entlassen und der Graf machte sich wieder auf den Weg nach Foggia.

So vergingen die Tage und Jussuf Claude ärgerte sich an jedem sonnigen Morgen von neuem über die verlorene Zeit, die man so gut zum Bau des Kastells hätte nutzen können. Aber alles hat einmal ein Ende und so auch die Warterei auf die französischen Fachleute. Eines Mittags kam ein Reiter der kaiserlichen Leibgarde wild gestikulierend und schreiend jenen Weg heraufgeritten, den sonst die Ochsenkarren zum Transport der Kalksteinquader benutzten. Mit einiger Mühe konnte man seinen Worten entnehmen, dass ein größerer Tross sich nähere. So dauerte es auch nicht lange, da sah man einen Zug von Reitern, gefolgt von Ochsenkarren und Männern, die den Tieren bei ihrem mühsamen Weg bergauf halfen, indem sie sich gegen die schwer beladenen Wagen stemmten. Außer den kaiserlichen Sarazenen, das hörte Ibelin bald, sprachen alle Männer und auch die wenigen mitreisenden Frauen ausschließlich französisch, so dass es keinen Zweifel gab – im Frühsommer des Jahres 1236 waren die Fachleute endlich angekommen! Die Fuhrleute spannten sogleich ihre Ochsen aus, gaben ihnen Wasser zum Saufen, und trieben sie anschließend auf eine Wiese am östlichen Abhang des Berges, damit sie sich satt fressen konnten. Derweil begannen die Arbeiter, ihre Werkzeuge abzuladen und in den dafür vorgesehenen Hütten einzulagern. All diese Arbeiten wurden Hand in Hand und nahezu ohne große Kommandos ausgeführt, sodass jeder unbedarfte Beobachter sehen konnte, dass hier eine eingeschworene Gemeinschaft tätig war.

Jussuf Claude und der Pater waren den Ankommenden entgegengegangen und hatten sie auf Französisch, das beide perfekt beherrschen, angesprochen und begrüßt. Dabei hatten sie erfahren, dass die drei Meister einen Umweg über den Steinbruch in Minervino gemacht hatten, um sich von der Qualität des dort bereitliegenden Steinmaterials zu überzeugen.

Bald kamen auch sie den Feldweg zum Plateau heraufgeritten. Alle drei waren gestandene Männer mittleren Alters, von kraftvoller Statur, selbstbewusst und beweglich, was man daran erkannte, wie sie sich aus den Sätteln ihrer Pferde herabgleiten ließen. Und während sie sich den Staub von den Kleidern mit ihren breiten Hüten abschlugen, traten Jussuf Claude und einige seiner Mitarbeiter auf die Männer zu. Die Begrüßung war männlich derb und von Händeschütteln begleitet, ohne die oft übliche Umarmung und den obligatorischen Bruderkuss. Alle Beteiligten wussten ja noch lange nicht, wie sie miteinander in der Zukunft umgehen würden. Jussuf Claude von Ibelin bat die Neuankömmlinge und seine eigenen Mitarbeiter, ihm in die Cantina zu folgen, damit man sich dort bekannt machen könne. Als alle sich dort eingefunden hatten und Wein und Wasser gereicht worden war, stellte sich der junge Wissenschaftler zunächst selbst vor:

„Meine Damen und Herren, ich heiße Jussuf Claude von Ibelin und bin der Beauftragte Kaiser Friedrich II. für den Bau des Castel del Monte auf diesem Hügel. Wir danken dem französischen König Ludwig IX, dass er dem Wunsche unseres Kaisers entsprach und uns einige seiner besten Bauleute gesandt hat. Ihnen aber danke ich dafür, dass Sie den langen Weg auf sich genommen haben, um uns beizustehen, da wir doch selbst noch nicht in der Lage sind, ein Bauwerk nach den Goldenen Regeln des salomonischen Tempels zu errichten. Bitte erweisen Sie uns die Ehre und machen Sie sich mit uns bekannt."

Damit wies er mit der rechten Hand auf den Meister und gab ihm mit leichtem Kopfnicken ein Zeichen, woraufhin dieser das Wort ergriff:

„Meine Damen und Herren, ich darf Ihnen meine Mitarbeiter Robert de Caucy und Hugues Libergie vorstellen. Mein Name ist Pierre de Montereau. Wir sind von unserem König befugt, uns *Maîtres des œuvres du roi* zu nennen. Weitere Erklärungen zu unserer kommenden Tätigkeit sind, so möchte ich annehmen, in diesem Kreis nicht erforderlich. Haben Sie vielen Dank."

Jussuf Claude von Ibelin hatte nach diesen Worten den Eindruck, eine weitere Steigerung des Selbstbewusstseins dieser Herren sei kaum noch möglich. Gleichzeitig schloss er auf eine Zusammenarbeit, die wohl auf Dauer nicht ohne gegenseitige Widersprüche möglich sein würde.

Schon einige Tage später musste er erkennen, wie recht er mit seinen Bedenken haben sollte. Eines Morgens nach der Begrüßung ergab sich folgendes Gespräch zwischen Meister Pierre de Montereau und Jussuf Claude:

„Heute Morgen, so ist mein Plan, werde ich das Zentrum des Kastells noch einmal einmessen. In meiner Praxis sind mir bisher schon zweimal falsche Koordinaten der Bauten, die ich errichten sollte, übergeben worden. Das soll mir nicht noch ein drittes Mal passieren."

Jussuf Claude war überrascht. Er hatte erst vor zwei Tagen dem Meister den Mittelpunkt des Kastells übergeben und ihm dabei eingehend geschildert, mit welcher Präzision die ursprüngliche Einmessung durchgeführt wurde.

„Wie wollt Ihr das denn fertig bringen? Es gibt hier weit und breit keinen Bezugspunkt, auf den Ihr Euch beziehen könnt."

Der Meister hatte sich natürlich auf die Argumente, die gegen sein Verlangen vorgebracht werden könnten, entsprechend vorbereitet:

„ Dies scheint mir kein allzu großes Problem zu sein. Der Dom zu Andria, der kleinen Stadt nordöstlich von hier, soll ziemlich genau eingemessen sein, und man könnte ihn als Bezugspunkt nutzen."

Claude von Ibelin war entsetzt:

„Der Dom von Andria ist zig Meilen von hier entfernt. Ihr müsstet die Koordinaten quer durch eine Wildnis und über Berg und Tal bis zum Castel del Monte transferieren. Dabei werdet Ihr Fehler über Fehler machen und Euer Ergebnis wird völlig unbrauchbar sein. Hinzu kommt erschwerend, dass der Dom zu Andria zwar schon vor langer Zeit genau eingemessen und geostet wurde, aber mir konnte bisher kein Mensch die genauen Koordinaten benennen und Euch wird es ähnlich ergehen."

Der Meister war ein Dickkopf, der auf seiner Meinung beharrte:

„Zumindest möchte ich aber die Ostung noch einmal kontrollieren, damit sich dort kein Fehler einschleicht."

Jussuf Claude war es zufrieden.

„Gut, wenn es Euch beruhigt, dann nehmt die Messung vor und teilt mir das Ergebnis anschließend bitte mit."

Der Meister machte sich umgehend an die Arbeit und Claude hatte ein wachsames Auge auf das, was dabei vor sich ging. Er konnte aber zu seiner Beruhigung feststellen, dass die Messungen folgerichtig und präzise ausgeführt wurden und durchaus ein Fachmann am Werke war.

So kam im Laufe des Sommers eine beeindruckende Zahl an Steinquadern zusammen, die Pierre de Montereau auf genaues Mass behauen liess, um sie dann ausserhalb des eigentlichen Baugrundes zu lagern. Sein Gedanke dabei war, zuerst zwei Kavernen in den Untergrund des Felsens schlagen zu lassen. Sie sollten später als Zisternen dienen und das anfallende Regenwasser speichern. Danach sollte das Gelände soweit aufgefüllt werden, bis zwischen allen Türmen und dem Zentralbau ein einheitliches Niveau entstünde, das auch noch um ein gewisses Mass über dem höchsten Punkt der restlichen Bergkuppe liegen sollte. Dazu wollte man der Abraum aus den Kavernen verwenden, ebenso den Abschlag von den Steinquadern, und was dann noch übrig blieb, konnte zur Verfestigung auf den Ochsenweg geschüttet werden. Jussuf Claude und Fra Paulonius waren von den Ideen des Baumeisters äusserst angetan und brachten dies ihm gegenüber auch zum Ausdruck, so dass sich die Stimmung unter den Herren mit der Zeit beträchtlich verbesserte.

Was in der Einsamkeit der Murge Apuliens wie ein welterschütterndes Ereignis erscheinen musste, etwa die Heiligsprechung der Elisabeth von Thüringen, die noch Einfluss auf den Bauverlauf des Kastells nehmen sollte, war im Regnum und Imperium des Kaisers von untergeordneter Bedeutung. In der Welt ausserhalb des kleinen Kosmos des allmählich entstehenden Castel del Monte dachte man in völlig anderen Kategorien.

Der Kaiser hatte seinen in Deutschland als König regierenden Sohn Heinrich VII. wegen Hochverrats verhaften lassen und war soeben damit beschäftigt, im bayerischen Augsburg ein grosses Heer aufzustellen, das gegen jene oberitalienischen Städte, die sich mit dem Sohn gegen den Vater zusammengeschlossen hatten, vorgehen sollte, als ein Reiter in vollem Galopp den Weg aus dem Tal heraufgesprengt kam. Es war ein Bote des Grafen Thomas von Acerra, der dem Beauftragten für den Bau des Kastells, Jussuf Claude von Ibelin, nicht mehr und nicht weniger mitteilte, als dass der Baumeister Pierre de Montereau nach Marburg im fernen Deutschland zum Bau einer Kathedrale für die heilige Elisabeth abgerufen werde. Die Nachricht enthielt auch die Anweisung, der Meister Hugues

Libergie solle ebenfalls nach Marburg aufbrechen, allerdings erst acht Wochen später.

Jussuf Claude, der in jüngerer Zeit schon einige Überraschungen erlebt hatte, liess sich durch diese Anordnungen nicht irritieren, insbesondere, da er mit dem ihm somit verbleibenden Baumeister Robert de Caucy ohnehin von allen das beste Verhältnis hatte.

Aber der Überraschungen war noch kein Ende. Einige Tage später kam erneut ein Reiter den Berg hinaufgehastet, diesmal allerdings von dem Justitiar Gentilis de Costanca geschickt. Der teilte mit, für Vorbereitungen auf den Kampf gegen die oberitalienischen Städte würden alle verfügbaren Gelder gebraucht und dies bedeute für den Bau des Castel del Monte, dass nur die Hälfte der bisher in einer gewissen Zeit gelieferten Materialien in Zukunft zur Verfügung stehen werde. Da aber auch nur die Hälfte des Materials verbraucht werden würde, könnten daher die Arbeitskräfte entsprechend reduziert werden. Jussuf Claude wurde aufgetragen, die notwendigen Massnahmen zu veranlassen.

Der handelte nun schnell und entschlossen. Sofort veranlasste er, dass die Teile des Hebezeuges, die seit dem Eintreffen der Franzosen unter Dach und Fach gelagert waren, nunmehr zusammengebaut werden. Seine Befürchtung war, man könne ihm neben den Meistern auch noch das Hebezeug wegnehmen, wenn es noch nicht aufgebaut und sofort verfügbar dastünde. Zur Leitung und Überwachung der Aufbauarbeiten setzte er Meister Hugues Libergie ein, der noch einige Wochen zur Verfügung stand. Sodann veranlasste er, dass alle schon angelieferten Quader auf das entsprechende Mass zugehauen werden, damit man sie, falls erforderlich, sofort verarbeiten könnte. Mit den Männern, die ihm aus Ruvo und Corato zur Verfügung standen, vereinbarte er, dass sie nur jeweils mit der halben Mannschaft erscheinen und sich dabei abwechseln sollten. Unter der Hand teilte er den ihm am intelligentesten Erscheinenden mit, er wünsche, dass sie das Steinmetzhandwerk erlernten. Zu diesem Zwecke wollte er mit den Franzosen entsprechende Verhandlungen aufnehmen. Als er einige Tage später abzählen liess, wer von den Befragten teilnehmen wolle, war sein Erstaunen gross. Nur ein Einziger hatte einen plausiblen Grund, das Angebot abzulehnen, alle anderen waren sehr interessiert daran. Die Verhandlungen mit Meister Robert de Caucy gestalteten sich verhältnismässig einfach. Was er verlangte, war nur dies: Gewisse Riten und Gebräuche der

Steinmetze müssten geheim bleiben, insbesondere musste sich aber jeder, der die Gesellenprüfung bestehen würde, verpflichten, einmal in seinem Leben auf dem Jakobsweg nach dem Wallfahrtsort Santiago de Compostela des heiligen Jakobus zu pilgern. Als wünschenswert hob er hervor, dass der Weg über die Ile de France führen und dabei die von seiner Zunft errichteten Gotischen Dome besuchen werden sollten. Zu diesen Forderungen hatte der Meister noch ein weiteres Schmankerl bereit, über das sich Pater Fra Paulonius und der Wissenschaftler noch lange unterhielten, ohne des Rätsels Lösung zu finden, bis Robert de Caucy sie an einem langen Wintertag von ihrer Unkenntnis befreite. Er verlangte nämlich von den Novizen ein Gelöbnis, dass sie in dem kleinen Ort Ucero den Jakobsweg verlassen würden, um im Canyon des Flusses Rio Lobos in der Eremitage de San Bartolomé die dort befindlichen Reliefs und Konsolen zu betrachten und bei jedem einen Rosenkranz zu beten, dabei werde ihnen das Wesen der Steinmetzbruderschaften erschlossen werden.

Abb.22 Die Ermita de San Bartolomé am Jakobsweg

Wenn Jussuf Claude nun aber glaubte, die Zeit der Überraschungen sei vorbei und eine geordnete und in ruhigen Bahnen verlaufende Arbeit könne stattfinden, so irrte er sich erneut. Als die Leute aus Ruvo di Puglia und Corato nach einigen Monaten die handwerklichen Fähigkeiten des Steinmetzberufes erlernt hatten, zeigte sich, dass einige von ihnen eine außerordentliche Begabung in der Gestaltung figürlicher Darstellungen entwickelten, die selbst ihre französischen Kollegen begeisterte. Hier bildete sich unter den Augen des Wissenschaftlers eine Elite heran, von der er annahm, man werde künftig im Regnum noch von ihr hören. Er selbst unterstützte diese Entwicklung noch dadurch, dass er den Fähigsten unter seinen Leuten zur weiteren Ausbildung nach der Île-de-France schickte, da es dort weit anspruchsvollere Aufgaben als am Castel del Monte zu bewältigen gab. Einer von ihnen, sein Name war Nicolo, meißelte bereits mit seinen vierzehn Lebensjahren die schönsten Figuren aus dem Kalkstein der Murge.

Während die Arbeit den Umständen entsprechend – knappere Gelder, Materialien und Arbeitskräfte – recht zügig voranging, verbesserte sich das Verhältnis zwischen dem Wissenschaftler Jussuf Claude von Ibelin und dem Maître des œuvres du roi Robert de Caucy von Tag zu Tag. Jussuf Claude hatte ihn bereits in seinem Haus zu Besuch und die Familie war von dem Franzosen recht angetan, allerdings hatte seiner Frau Schwierigkeiten, sich verständlich zu machen, denn sie sprach kein Französisch.

Die Diskussionen, wie sie sich üblicherweise zwischen Bauleuten ergeben, verliefen im Allgemeinen harmonisch. Jussuf Claude brauchte nicht auf seinem Vorgesetztenstatus zu beharren, um sich zu beweisen. Auf der andern Seite lernte er selbst viel über die handwerklichen Zusammenhänge beim Bau eines großen Gebäudes. Ein wichtiges Problem hatte er allerdings sehr schnell erkannte. Der Meister Robert de Caucy verwendete die Abmessungen AD TRIANGULUM, während Jussuf Claude jene bevorzugt, die AD QUADRATUM vorliegen. Zwar waren die Unterschiede letztendlich marginal, aber einige Besonderheiten gab es dennoch zu beachten. Dies galt besonders für die Lage und die Abmessungen der Türme, da für sie besondere Betrachtungen notwendig waren. In dieser Beziehung war der Wissenschaftler dem Meister voraus.

So verging die Zeit und gegen Ende November des Jahres 1237 erreichte die Nachricht über ein Ereignis die Baustelle, das, obwohl weit entfernt geschehen, auch den Bauablauf am Castel Del Monte beeinflussen sollte. Händler, die mit Lebensmitteln und Getränken den Hügel heraufkamen berichteten, Kaiser Friedrich habe in der fernen Lombardei gegen die sich ihm widersetzende Lombardische Liga einen großen Sieg errungen. Weiter erzählten sie, dass große Teile seines Heeres in ihre Heimat zurückgekehrt seien und der Kaiser mit seinem Hofstaat sich auf dem Weg nach Apulien befinde. Als Claude von Ibelin dies hörte, schoss ihm sofort durch den Kopf, von nun an müsse also auch wieder mehr Geld für den Bau des Castel zur Verfügung stehen. Sofort setzte er sich mit Meister Robert de Caucy in Verbindung und bat ihn, für den Fall, dass sich fahrende Zimmerleute verdingen sollten, diese sofort einzustellen, da in absehbarer Zeit die Arbeiten zum Einrüsten der Bögen für das Kreuzgewölbe über dem Erdgeschoss beginnen mussten. Der Meister hielt diese Maßnahme zwar für verfrüht, aber Jussuf Claude kannte seinen Kaiser und wusste, wäre er erst einmal in der Nähe, dann wäre er auch bald hier.

So kam der Winter und während es beständige regnete und der Meister, der Pater und Jussuf Claude sich in der Cantina aufwärmten, kam das Gespräch auf die Ausbildung der Leute aus Corato und Ruvo, und damit tauchte zwangsläufig die Frage wieder auf, warum die Novizen auf ihrer Wanderung nach Santiago de Compostela plötzlich einhalten und einen Umweg zu einer Eremitage machen sollten. Der Pater Fra Paulonius fragte den Steinmetzmeister ganz direkt:

„Ihr wolltet uns schon vor einiger Zeit erzählen, was es mit der Unterbrechung der Pilgerfahrt nach Santiago de Compostela auf sich hat. Ich habe von so etwas bei meiner Ausbildung im Kloster Citeaux nie gehört."

Auch Jussuf Claude schaltete sich ein:

„Der Pater und ich haben schon viel gerätselt, was es wohl mit Eurer Forderung an die Novizen auf sich hat, in Ucero die Reise zu unterbrechen. Es wird doch wohl kein Geheimnis sein, das Ihr uns verratet, wenn Ihr uns die Zusammenhänge erklärt. Immerhin kann man jeden zurückgekehrten Pilger fragen, was im Canyon des Rio Lobos geschieht."

Meister Robert de Caucy hatte schon früher über diese Frage nachgedacht und hatte für sich entschieden, keine Geheimnisse preiszugeben, wenn er diese abenteuerliche Geschichte erzählt:

„Unsere Brüder, die Steinmetze, die Maurer und andere Handwerker aus dem ganzen Abendland sind von alters her nach Santiago de Compostela gepilgert und haben dort die Absolution erhalten. Dann gab es eine Zeit, da war der Pilgerweg von den Mauren bedroht, die sich im ganzen Land ausgebreitet hatten. Vor etwas weniger als hundert Jahren kamen Tempelritter aus dem Outremer zurück in ihre Heimat auf der Île-de-France. Es war ihnen ein inneres Bedürfnis, zur Lobpreisung des Herrn eine Kathedrale, so hoch und so schön wie sie noch nirgends errichtet worden war, zu erbauen. Sie hatten dazu auch das Wissen und das nötige Geld, aber natürlich fehlte es ihnen an guten Handwerkern. So wurde unter ihrer Leitung die Schule von Chartres gegründet, die uns alle auch heute noch ausbildet."

Der Pater Fra Paulonius schaltet sich ein:

„Das kann ich voll und ganz bestätigen. Mir war es zwar nicht vergönnt an dieser Schule zu lernen, aber ich konnte die Novizen beobachten und mich später von der Qualität der erlernten Grundlagen ihrer Arbeit überzeugen."

Zu Jussuf Claude gewandt fügte er hinzu:

„Ihr erinnert Euch sicher an die Maßskizze des Tympanum am Westportal der Kathedrale von Chartres, die ich Euch einmal zeigte."

Während Claude zustimmend nickte, fuhr der Maître mit seiner Geschichte fort:

„Zu jener Zeit kam es zunehmend zu Überfällen und Beraubungen der Pilger und die Leute meinten, die Mauren steckten dahinter. Als die Tempelritter davon erfuhren, übernahmen sie die Sicherung des Pilgerweges nach Compostela und errichteten zu diesem Zwecke kleinere Burgen an den Pyrenäenübergängen und, da sie einmal da waren, beteiligten sie sich auch an der Rückeroberung des Gebietes des Königreich Aragon. Als Belohnung für ihre kriegerischen Anstrengungen verlangten sie keine materiellen Güter, doch Schenkungen, besonders an Land und Leibeigenen, nahmen sie gerne entgegen.

Als König Anfortius I. von Aragon 1134 starb, schenkte er dem Orden sein Pferd, seine Waffen und ein Drittel des Königreiches von Aragon. Dies ärgerte König Alfonso VII. von Kastilien, denn normalerweise wäre das Land des kinderlosen Anfortius an ihn gefallen. Er machte also formale Einwendungen geltend, die darin gipfelten, dass er behauptete, die Tempelritter seien nicht in der Lage, das Land Aragon reell in drei Teile zu teilen. Die wiederum holten sich Rat bei den Mauren, denn trotz der gegenseitigen Kämpfe gab es einen regen geistigen Austausch zwischen Toledo, Tudela und Chartres. Dies versetzte sie in die Lage, in der

Schlucht des Rio Lobo nahe der Stadt Ucero in der Provinz Soria, mit Hilfe der Pilger, die nach Santiago de Compostela unterwegs waren, eine kleine Kirche zu errichten. Diesen Sakralbau präsentierten sie dem König von Kastilien mit der Behauptung, dieses Bauwerk sei von dem Cabo Creus am Mittelmeer genauso weit entfernt wie von dem Cabo Finisterre am Atlantikus, es teile also die gesamte Iberische-Halbinsel genau in der Mitte.

Auch Alfons VII. nahm die Hilfe der Mauren in Anspruch, konnte aber den Gegenbeweis nicht antreten, vielmehr musste er zugeben, dass die Behauptung der Tempelritter stimmte, und so fügte er sich in die Verfügung des Testamentes."

An diesem Punkt der Erzählung des Maître äußerte sich Jussuf Claude:

„Diese Geschichte ist fantastisch und man könnte glauben, sie stamme aus einem Märchen. Ich habe aber selbst erlebt, mit welcher Präzision die ägyptischen Sarazenen den Mittelpunkt unserer Baustelle hier auf dem Gipfel des Berges Maria de Monte abgesteckt haben. Während meines Studiums an der Madrasa von Toledo konnte ich mich überzeugen, dass dort die gleichen Kenntnisse vorhanden waren wie an der Universität von Al Qahirah. Die Uhren waren damals sicher nicht so genau wie die heute mit Goldstaub gefüllten, um aber Spanien zu vermessen, reichten sie wohl alle Mal aus."

Auch Pater Fra Paulonius teilte seine Gedanken mit:

„Wir im Abendland sind handwerklich einfach nicht so beschlagen wie die Mauren. In den letzten Jahren haben wir zwar gewaltige Fortschritte in der Herstellung und Verarbeitung von Glas gemacht, was sich auch bald in den farbigen Kirchenfenstern unserer Kathedralen wunderbar zeigte, aber in der Feinbearbeitung der Gläser und allgemein in der Goldschmiedekunst sind uns die Sarazenen weit überlegen."

Obwohl man den drei Herren anmerkte, wie sehr sie die Geschichte bewegte, die der Maître erzählte, war doch in der langsam hereinbrechenden Dunkelheit eine allgemeine Müdigkeit nicht zu verkennen. Jussuf Claude kleidete die Stimmung treffend in Worte:

„Ich habe zwei Probleme, einmal bin ich hungrig, zum zweiten bin ich müde. Wie geht es Ihnen, meine Herren?"

„Das trifft genau auf meinen Zustand zu."

„Das Erzählen hat bei mir nicht nur einen trockenen Hals verursacht, sondern auch den Wunsch nach etwas Essbarem."

So verabschiedeten sich die drei Herren und vereinbarten für den nächsten Tag einen Termin, um ihre Unterhaltung fortzusetzen.

Es kam aber alles ganz anders.

Am nächsten Tag erschien zu ungewöhnlich früher Stunde der Justitiar der Terra die Bari, Gentilis de Costanca, und bat die leitenden drei Herren der Baustelle zu einem Gespräch. Entschuldigend erklärte er ihnen:

„Es tut mir leid, dass ich Sie so früh stören muss, aber die Unterlagen, die ich Ihnen zu überbringen habe, sind vom Kaiser selbst als sehr dringend gekennzeichnet und gestatten deshalb keinen Aufschub."

Indem er einer Ledertasche mehrere gerollte Pergamente entnahm, fuhr er fort:

„In diesen Dokumenten sind die neuesten Ideen des Kaisers den Weiterbau des Castel del Monte betreffend niedergelegt und es wird befohlen, sie umgehend umzusetzen. Verfahren Sie also bitte entsprechend."

Damit übergab er die Pergamente Jussuf Claude und bemerkte noch:

„Sollten Sie Fragen haben, wenden Sie sich bitte an mich oder meinen Sekretär, wir werden dann sofort beim Kaiser um eine Entscheidung nachsuchen. Meine Herren, vielen Dank für Ihre Aufmerksamkeit!"

So sprach der Justitiar, schwang sich auf sein Pferd und ritt davon, drei verdutzte Bauleute zurücklassend.

„Der Kaiser liebt die Überraschung, aber das wussten wir ja schon lange. Lasst uns sehen, was uns befohlen wurde."

Mit diesen Worten begann Jussuf Claude von Ibelin, die Pergamente aufzurollen, die – besonders für ihn – noch von äußerster Bedeutung werden sollten. Gegenseitig machten sich die Herren auf Details aufmerksam, die sie auf den Pergamenten entdeckten.

„Seht, hier im Osten ist der Eingang zum Kastell, es gibt jedoch keinen Durchgang zum Innenhof, den erreicht man erst, wenn man durch den zweiten der acht Räume nach außen geht."

„Dies ist typisch für den islamischen Sprachraum, weil man dort glaubt, Scheitan, der Teufel fege gerne durch die Häuser der Menschen, liebe auf seinem Ritt aber keine scharfen Kurven."

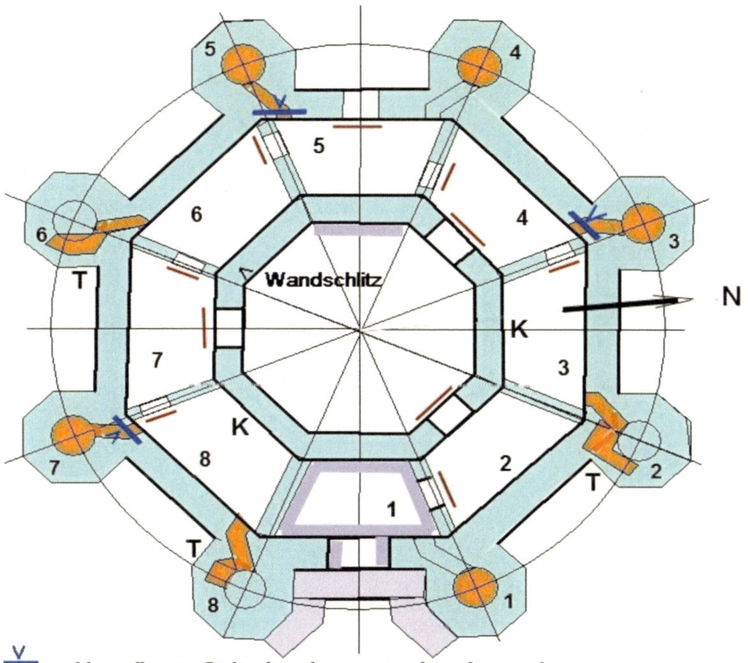

Abb.23 Vom Kaiser festgelegter Innenausbau im Erdgeschoss

„Mir fällt auch dies auf: Wenn man das Gebäude durch den Haupteingang bei Raum 1 betritt, sich über den Innenhof bewegt und immer hinter sich die Tür verriegelt, gelangt man bis zu dem Raum 3. Der ist mit Kamin und Abort ausgestattet und bietet vollständigen Schutz vor Verfolgern, wenn auch hier die einzige Tür verriegelt wird."

Der Meister hatte natürlich schon von Berufs wegen einen besonderen Blick für die Situation. Aber auch der Pater hatte eine gewisse Übersicht.

„Ähnlich ist wohl die Situation bei Raum 8. Aber der lässt sich nicht vollständig verriegeln, denn über den Turm 7 führt eine Treppe ins Obergeschoss, die nur aus dem Treppenhaus verriegelt werden kann."

Hier schaltete sich Jussuf Claude ein:

„Meine Herren, ist Ihnen aufgefallen, dass die einzigen drei Treppen, die ins Obergeschoss führen, allesamt nur von innen, also aus dem Treppenhaus, verriegelt werden können? Dies bedeutet nichts anderes, als dass den Bewohnern des Obergeschosses der Zugang ins Erdgeschoss vollständig verwehrt werden kann."

Der Maître gab noch einen wichtigen Hinweis:

„Wer also aus dem Erdgeschoss ins Obergeschoss flüchtet, kann von seinen Verfolgern dort gefangen werden wie eine Maus in der Falle."

Es war Pater Fra Paulonius, der eine Zusammenfassung der Spekulationen vornahm und damit die weitere Diskussion zum Erliegen brachte.

„Wenn ich es genau überlege, gibt es im Erdgeschoss insgesamt vier zu unterscheidende Bereiche. Zum ersten den Eingangsbereich mit den Räumen 1 und 2. Zum zweiten den Vorraum Nummer 4 zum Raum Nummer 3 und diesen selbst. Zum dritten den Vorraum Nummer 7 und den dazugehörigen Raum Nummer 8. Und als viertes und letztes die Räume Nummer 5 und 6, die einer Dienerschaft oder den Soldaten, die zum Schutz des Kastells abgestellt sind, dienen. Als Indiz dafür nenne ich die Tatsache, dass diese beiden Räume einen eigenen Abort besitzen und über einen eigenen kleinen Eingang, ich will ihn Dienstboteneingang nennen, von außen zugänglich sind."

Während sich der Maître und der Pater den ihnen obliegenden Aufgaben zuwandten, ging Jussuf Claude von Ibelin, während er die Pergamente zusammenrollte die Angelegenheit nicht aus dem Kopf. Aus seiner Sicht ließen die Skizzen eine Menge Fragen offen. Warum zum Beispiel gab es im Castel del Monte zwar acht Türme, aber nur drei Aufgänge vom Erdgeschoss ins erste Obergeschoss?

Weiter fragte er sich, warum der Eingang vom Innenhof zum Raum sieben in seiner architektonischen Gestaltung anders konzipiert war als jener zum Raum vier. Der Sinn dieser Unterscheidung wollte sich ihm nicht erschließen. Sollte durch die eckige Form gegenüber der gewölbten das Männliche im Unterschied zum Weiblichen ausgedrückt werden?

Überhaupt keinen Reim konnte er sich über eine Bemerkung in einem Pergament – die Südwestwand der Innenseite des Innenhofes betreffend – machen, die da *Wandschlitz* lautete. Sie betraf offenbar einen Schlitz, der an der angegebenen Stelle in senkrechter Richtung angelegt werden soll. Einen Grund dafür konnte er aber weit und breit nicht erkennen. Die Beantwortung dieser und weiterer Fragen erhoffte er sich in dem Moment, da vom Kaiser definitiv festgelegt würde, wie das Obergeschoss auszubauen sei. Im Augenblick interessierte ihn vielmehr, wie der Maître auf die vielen Änderungen, die sich aus dem Unterlagen ergaben, reagieren würde. Danach gefragt, gab der Baumeister eine durchaus positive Antwort:

„Wir haben bisher schon Vorsorge getroffen, dass die Zugänglichkeit insbesondere zum Innenhof an den wichtigsten Stellen gewährleistet ist. Bei den Innenwänden ist es ohne weiteres möglich, neue Türöffnungen anzubringen. Ein gutes Stück Arbeit fällt natürlich an, weil wir an den Laibungen aller Türen Schlitze stemmen müssen, damit dort die Holzbalken zur Verriegelung eingelegt werden können. Nachdem aber der Winter ohnehin begonnen hat und wir unter provisorischem Wetterschutz arbeiten können, ist auch dies kein Hindernis. Ähnliches gilt natürlich für die Arbeiten an den zwei Kaminen und den drei Aborten. Alles in allem wird der Bau dadurch nicht eben billiger, aber dies weiß der Kaiser sicher, sonst hätte er uns nicht diese Pergamente geschickt.“

Jussuf Claude von Ibelin war mit dieser Antwort durchaus zufrieden, denn es war damit gewährleistet, dass die Arbeiten auch in den Wintermonaten weitergehen konnten. Die Nachrichten vom Hof des Kaisers klangen in seinen Ohren auch nicht so schlecht, denn der war in Oberitalien nach wie vor mit Kriegshandlungen beschäftigt und eine Rückkehr nach Apulien in nächster Zeit schien unwahrscheinlich.

So ging die Arbeit an dem Kastell auch nach der Wende zum Jahr 1238, die gebührend gefeiert wurde, wie gewohnt weiter. In den vergangenen Wochen hatten einige Zimmerleute auf der Baustelle vorgesprochen, die auf dem Wege von Konstantinopel zurück in ihre mitteleuropäischer Heimat von dem Bauvorhaben in der Murge erfahren hatten und die Gelegenheit ergreifen wollten, sich zu verdingen. Einige wurden eingestellt, sie befassten sich sofort mit der Vorarbeit für die Schalungen der Gurtbögen und Kreuzrippengewölbe und halfen bei der Herstellung der Türen und Fenster. Auch an dem hölzernen Hebezeug, dort besonders an dem Belag,

auf dem die vier starken Männer das große Holzrad des Antriebes drehten, waren Reparaturen erforderlich.
Dann geschah, kaum dass der Winter sich seinem Ende zuneigte, etwas für die Baustelle und das ganze Regnum Unerfreuliches. Mit der entsprechenden zeitlichen Verzögerung erreichte die Männer in der Murge die Nachricht, dass im März in Al Qahirah der Sultan der Ayyubiden, Sohn des Bruders des großen Salah ed Din und Freund des Kaisers, Al-Malik Al-Kamil, gestorben war. Als neuer Herrscher, so vermeldeten die Gerüchte, konnte sich der älteste Sohn As-Salih Ayyub nicht durchsetzen, sondern sein jüngerer Bruder Al-Adil Abu Bakr übernahm als Al-Adil II. in seiner Abwesenheit die Herrschaft.
Kurze Zeit nachdem diese Gerüchte in Apulien bekannt geworden waren, nahm auch der Kaiser in einem Schreiben an seinen Stellvertreter Stellung und erklärte, auch der Nachfolger Al-Adil II. stehe zu dem mit seinem Vater Al-Kamil vereinbarten Waffenstillstand im Heiligen Land. Die heiligen Stätten konnten also weiter wie bisher besucht werden und die Häfen Bari und Brindisi nahmen die Pilger für die Seereise ins Heiligeland an Bord der dort liegenden Schiffe.
Als der Frühling weitere Fortschritte machte und die ständigen Regenfälle und der kalte Ostwind aufhörten, versammelten sich Jussuf Claude, der Pater und der Maître wieder öfter zu einer kleinen Stärkung in der Cantina. So war es nur verständlich, dass eines Tages das Gespräch wieder auf die Ermita de San Bartolomé in Spanien kam. Es war der Pater, der auf eine Fortsetzung der Erzählung des Maître vom letzten Jahr drängte:
„Lieber Robert de Caucy, im letzten Jahr habt Ihr uns eine schöne Geschichte erzählt, die aber noch kein Ende gefunden hat. Wäre es nicht an der Zeit, diesen Zustand zu beenden?"
„Natürlich, das sollte möglich sein, die Arbeit läuft wie geschmiert und größere Probleme gibt es zurzeit nicht. Wenn Sie also wollen, fahre ich gerne mit meiner Erzählung fort."
Nachdem auch Jussuf Claude sein Interesse bekundete, erzählte der Maître die Geschichte der Eremitage weiter:
„Der Einspruch des Königs von Kastilien gegen die Erbschaft eines Drittels von Aragon an die Templer, war an der Genauigkeit, mit der die Eremitage gebaut worden war, gescheitert. Aber es gab ja noch weitere zwei Drittel an diesem Königreich zu erben, weil dessen König kinderlos ge-

storben und sein Bruder schon früh ins Kloster gegangen war. Hier nun begann eine Intrige der besonderen Art zur Erhaltung eines selbstständigen Königreiches Aragon.

Der Bruder des toten Königs ließ sich von seinem Kloster für drei Jahre beurlauben und wurde damit laut Testament der neue König von Aragon. Er heiratete umgehend eine Adlige und zeugte mit ihr eine Tochter, die den Namen Petronia erhielt und in der Thronfolge hinter ihrem Vater stand. Nachdem das Mädchen ein Jahr alt geworden war, wurde seine Heirat mit dem vierundzwanzigjährigen Grafen von Katalonien vollzogen, der damit im Falle der Erbschaft an das Mädchen Mitregent werden würde. Dieser Fall trat kurz danach ein, denn der Bruder des toten Königs kehrte in sein altes Kloster zurück und verzichtete auf seine Königswürde. Zu guter Letzt stellten die Tempelritter ihre Erbschaft von einem Drittel des Landes zu Gunsten des neuen Regenten zurück, der damit Aragon und Katalonien unter seiner Herrschaft vereinigen konnte."

Hier bemerkte Jussuf Claude sarkastisch:

„Es ist wahrlich erstaunlich, zu welchen Abnormitäten der menschliche Geist fähig ist, wenn es um die Erhaltung der Macht geht."

„Aber alles geschah genau nach Vertrag und Gesetz. Der Bruder konnte laut Gesetz die Erbschaft antreten. Von dem Zölibat ließ er sich entbinden, konnte so eine Erbfolgerin zeugen und nirgends steht geschrieben, dass ein einjähriges Mädchen nicht heiraten darf."

Dann fügt der Pater noch hinzu:

„Mich würde interessieren, was es mit den Reliefs auf sich hat, die bei dem Besuch der Eremitage betrachtet und angebetet werden sollen."

„Es handelt sich dabei um so genannte *conecillos*, das sind Konsolen oder Sockel, also in die Wände eingelassene räumliche Figuren, von denen zehn allein über dem Haupteingang in einer Reihe angebracht sind. Was sie im Einzelnen bedeuten, kann ich nicht mehr genau sagen, erinnerlich ist mir noch, dass einige von ihnen hermaphroditische Züge aufweisen. Es sind Darstellungen aus dem Lebensumfeld der Tempelritter in der Darstellung der verschiedenen Steinmetzbruderschaften. Was das Vaterunser beim Betrachten der Konsolen anbelangt, so ist hier nicht so sehr der tiefe Glaube angesprochen, sondern es soll eine gewisse Zeit vergehen, bis die nächste Konsole betrachtet wird."

„Lieber Maître, Ihre Ausführungen sind wirklich sehr fesselnd und interessant. Sie geben mir Veranlassung, gewissermaßen eine Zusammenfassung des Erzählten zu versuchen.
Scheinbar spannt sich ein Bogen der Weisheit und des Könnens quer über das Mittelmeer vom Heiligen Land bis ins Herz von Frankreich. Getragen von den Tempelrittern, die aus Jerusalem mit großem Wissen in das Zentrum Frankreichs zurückkehrten, um dort ihre Kenntnisse an die Steinmetzbruderschaften und die Zisterzienser, deren Ordensregeln zum Teil auch die ihren sind, weiterzugeben. So entstand die Schule von Chartres. Über die Tempelritter und die nach Nordspanien pilgernden Bruderschaften kommt es zu einem dauernden und gegenseitigen Austausch von Wissen mit den Mauren von Südspanien. Die Glaubensunterschiede scheinen dabei keine Rolle zu spielen."
Jussuf Claude lehnte sich zurück, als der Pater anhob:
„Eure zusammenfassende Schilderung entspricht im Großen und Ganzen der Wirklichkeit."
„Aus euren Worten spricht ein gewisser Zweifel?"
„Da könnt Ihr recht haben. Ein wichtiger Aspekt kam in Eurer Zusammenfassung nicht zur Sprache."
„Welchen Aspekt meint Ihr, den ich nicht angesprochen habe?"
„Ich will Euch nicht zu nahe treten, lieber Jussuf Claude. Aber Ihr seid Mohammedaner und als solcher von größerer Toleranz, als es uns Christen und besonders mir als Priester erlaubt ist. Die Kirche und ihr Oberhaupt sehen mit Besorgnis die friedliche Zusammenarbeit zwischen den beiden im Grunde deshalb verfeindeten Religionen, weil jede von ihnen für sich beansprucht, die andere missionieren zu müssen. Den Sarazenen und Mauren war es bereits gelungen, nahezu das gesamte christliche Spanien zu erobern." Jussuf Claude war innerlich erregt, nahm eine steife Haltung an, ließ sich aber äußerlich nichts anmerken. Es war hier und heute das erste Mal, dass er mit dem Pater über unterschiedliche Glaubensfragen in einen Disput eintrat, also entgegnete er:
„Wenn Ihr sagt, die Mauren hätten das christliche Spanien erobert, dann meint Ihr damit das Spanien der Arianer. Die sind aber nach der offiziellen Meinung des Heiligen Stuhles Häretiker und damit Kirchenfeinde. Ihr müsstet eigentlich den Mauren dankbar sein. Die jetzige Reconquista dient aber nicht der Zurückführung in den ursprünglichen Zustand, den Ihr gar

nicht wünschen könnt, sondern sie ist reine Landnahme unter dem Zeichen des Kreuzes."
Eine solche Äußerung war recht aggressiv gegenüber einem Priester und der reagierte darauf drohend:
„Was Ihr da sagt, ist ziemlich gefährlich. Habt Ihr noch nie von der Inquisition gehört?"
„Natürlich habe ich davon gehört, aber auch, dass die Zisterzienser es ablehnen, sich, wie etwa die Dominikaner, daran zu beteiligen."
Dem armen Maître wurde es während des hitzigen Gesprächs der beiden langsam ungemütlich, weshalb er mit einer Notlüge um Entlassung bat:
„Meine Herrn, wir wollen heute die Schalungen der Gurtbögen einer Belastungsprobe unterziehen. Die Vorbereitungen müssten inzwischen so weit gediehen sein, dass ich mich selbst um den weiteren Verlauf kümmern muss. Ich darf mich also entschuldigen und wünsche noch einen guten Tag." So sprach der Meister, stand auf und verschwand in der Weite der unübersichtlichen Baustelle.
„Hört, lieber Herr von Ibelin, ich wollte nur zum Ausdruck bringen, dass Eure Worte nicht ungefährlich sind, wenn sie in falsche Ohren gelangen, meine gehören nicht dazu."
„Dann werdet Ihr mir auch zustimmen, wenn ich kritisiere, dass der Papst in der Vergangenheit schon Lehen über Länder verteilt hat, die erst noch erobert werden mussten, wie zum Beispiel hier in Süditalien und Sizilien."
„Natürlich macht auch die Kirche Fehler. Der Papst ist auch nur ein Mensch. Aber die Einheit der Christenheit ist unteilbar, und wenn wir uns gegen das Kaisertum in Konstantinopel stellen, dann nur, um die Christenheit wieder zu einen. Auch Süditalien und Sizilien ist ursprünglich christliches Land, das es galt, wieder in seinen Ursprungszustand zu versetzen, und dies ist erwiesenermaßen gelungen."
Wieder war der Abend hereingebrochen und unterbrach die Diskussion, aber Jussuf Claude wollte nicht ohne ein Abschlusswort nach Hause gehen.
„Es ist meine bescheidene Ansicht, dass der Streit zwischen Muslimen und Christen gänzlich überflüssig ist, denn letztlich glauben beide Religionen an einen einzigen Gott. Dass eine Verständigung möglich ist, hat der Kaiser durch seinen Vertrag mit dem Sultan Al-Kamil glänzend unter Beweis gestellt. Wenn in Frankreich heute wieder für einen Kreuzzug ge-

worben wird, dann sollte die Kirche im Namen des Friedens dagegen vorgehen. Wir werden aber hier und heute dieses Thema nicht lösen, um das andere und Größerer als wir vergebliche Ringen."

Auch der Pater hatte die Lust an einem weiteren Disput verloren:

„Also, es bleibt dabei! In dem Beziehungsgeflecht Tempelritter, Zisterzienser, Schule von Chartres und den Bauleuten fehlt noch ein Posten – der Papst in Rom."

„Ich muss Euch leider korrigieren. Zumindest was das Castel del Monte anbelangt, habt Ihr vergessen, Kaiser Friedrich II. in Euer Beziehungsgeflecht aufzunehmen."

Der Pater machte ein süßsaures Gesicht, während er und Jussuf Claude dasselbe dachten:

Wer unterrichtet wen über die Entwicklungen? Beide kamen zu dem gleichen Ergebnis:

Der Pater berichtet seinem Kloster

das Kloster berichtet an die Tempelritter

die Tempelritter berichten dem Papst

Jussuf Claude berichtet dem Kaiser

Die Bauleute berichten nach Chartres

Chartres berichtet an den französischen König

Damit war ein für alle Mal geklärt:

Der Pater vertritt die Ansicht des Papstes und Jussuf Claude die des Kaisers. Wenn Kaiser und Papst in Streit geraten, kann dies auf das Verhältnis zwischen Jussuf Claude von Ibelin und Pater Fra Paulonius nicht ohne Einfluss bleiben.

Jussuf Claude war immer wieder erstaunt, mit welcher zeitlichen Präzision der Großhof des Kaisers im fernen Oberitalien auf den Baufortschritt des Castel del Monte im entlegenen Apulien reagierte.

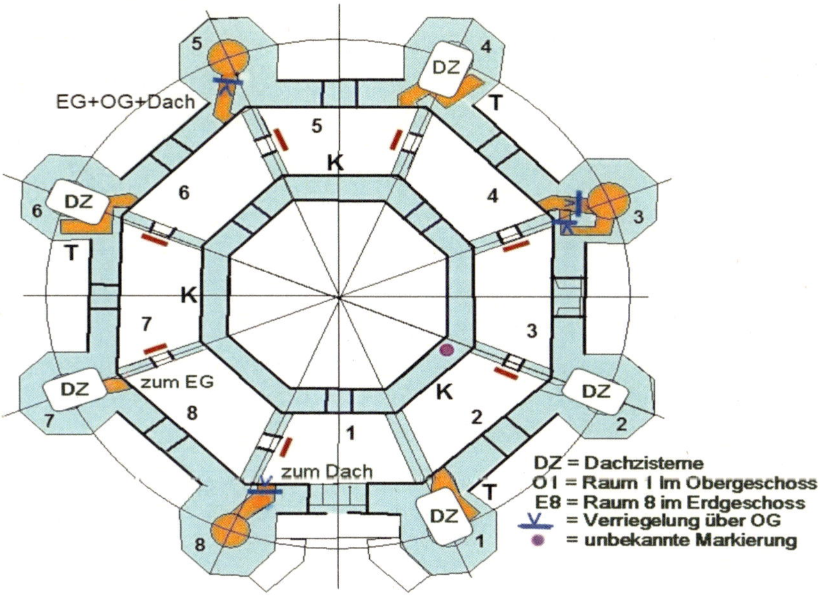

Abb.24 Vom Kaiser festgelegter Innenausbau im OG

Als erneut ein Stapel Pergamente aus Verona eintraf, vertiefte er sich zunächst allein in ihr Studium, bevor er sie dem Pater und dem Maître zur Ausführung übergab. Was er in den Plänen erkannte, überraschte ihn nach den Erkenntnissen, die er aus den Pergamenten des Erdgeschosses gesammelt hatte, nicht mehr besonders. Die Frage, warum von acht Türmen nur drei mit durchgehenden Treppenhäusern versehen sind, erklärt sich mit einem Mal ganz einfach. Fünf Türme sollten im Obergeschoss mit Dachzisternen ausgestattet werden, die natürlich dort den Platz der Treppenläufe beanspruchten. Im Übrigen bestätigte sich, was er nach der Betrachtung der Pläne des Erdgeschosses vermutet hatte: Man konnte vom ersten Schritt durch das Eingangstor immer wieder hinter sich die Verriegelung schließen und dieses System wiederholte sich im Obergeschoss, allerdings mit der schon erwähnten Einschränkung, dass man vom Obergeschoss nicht zurück ins Erdgeschoss kam, wenn die dort Wohnenden dies nicht wollten. Gleiches galt für die Dachterrasse. Auch wer sich dahin verlief, kam normalerweise nicht wieder ins Obergeschoss zurück, wenn die Zugänge zum Dach auf der Dachebene von innen abgesperrt waren.

Um hier den Rückweg in das Gebäude zu ermöglichen, war im Turm 3 ein separater Umgang vorgesehen, der es erlaubte, von der Turmseite her die Verriegelung zu umgehen, und der zu diesem Zweck mit einer eigenen Verriegelung von der Dachseite her ausgestattet war. Diese Verbindung von Dach zum Inneren des Gebäudes war allerdings mit einer Schikane versehen. Wer die Verriegelung des Umganges vom Dach her öffnete, musste eine Falltür aufmachen und dann mit einer Leiter etwa dreizehn fehlende Stufen überbrücken, was in der Praxis bedeutet, dass auf dem Dach eine Leiter verfügbar sein musste, weil sonst dieses System nicht funktionierte.

Als Jussuf Claude die neuen Pergamente dem Pater und dem Maître vorstellte, machten die Herren natürlich eigene Vorschläge zur Erklärung des Systems des Kastells:

Der Pater machte auf einige Widersprüche aufmerksam:

„Warum gibt es nur vom Dachgeschoss einen *Fluchtweg*, wie ich es nennen möchte, und nicht vom Obergeschoss ins Erdgeschoss? Auch sonst ist die Verriegelung der Zugänge von möglichen Wohneinheiten, und dieser untereinander sehr unübersichtlich."

„Wir begehen einen gedanklichen Fehler, indem wir die Geschosse von einander trennen. In beiden Ebenen wird die Einteilung ziemlich klar, wenn man Teile sowohl des Erdgeschosses als auch des Obergeschoss zu einer Wohneinheit zusammenfasst. Zu ihnen gehören dann zwingend Kamine, Aborte, Treppenhäuser und die Möglichkeit, einen Eingang zu erreichen."

Robert de Caucy hatte sofort die wesentlichen Punkte erkannt und fuhr fort:

„Von diesen Ressourcen stehen drei Eingänge, drei Treppenhäuser, fünf Kamine und fünf Aborte zur Verfügung, wovon für die Dienerschaft ein Treppenhaus, ein Abort und ein eigener Eingang abzuziehen ist. Dieser Eingang kann nur, wie wir schon früher festgestellt haben, der kleinere im Westen in der hinteren Außenmauer sein."

Der Pater unterbrach den Maître vorlaut:

„Dann sind die Räumlichkeiten für die Dienerschaft schon festgelegt. Sie betreten das Kastell durch die kleine Hintertür, gehen durch den Raum E 5 ins Treppenhaus 5 nach oben und verlassen das Treppenhaus im Raum O 6, um dort den Abort im Turm 6 zu benutzen."

„Genauso ist es. Damit sind aber die anderen zwei Eingänge schon festgelegt. Es sind jene, die vom Innenhof nach rechts und links abzweigen. Auch die Räume E 1 und E 2 sind festgelegt, denn sie dienen allein dem Zugang zum Innenhof."

Wieder schaltete sich der Pater ein:

„Nun kommen wir der Lösung mit Riesenschritten näher. Es gibt somit nur noch zwei Treppenhäuser, fünf Kamine und vier Aborte zu verteilen."

Der Maître war wegen der Unterbrechungen seines Vortrages unwirsch:

„Dann verteilen Sie das doch auch!"

„So weit habe ich noch nicht gedacht. Ich wollte doch nur zum Ausdruck bringen, was man direkt erkennen kann."

Jussuf Claude schaltete sich ein:

„Lieber Maître, wenn Sie eine plausible Lösung haben, lassen Sie uns diese bitte wissen."

Der Maître hatte tatsächlich eine Lösung und fuhr fort:

„Die eine Wohneinheit, die man im Erdgeschoss vom Innenhof durch die Tür nach Süden über Raum E 7 erreicht, besteht aus den Räumen E 6, E 7 und E 8. Sie hat zwei Aborte und einen Kamin im Erdgeschoss, eine Treppe, die durch den Turm 7 ins Obergeschoss führt, wo sie die Räume O 7 mit einem Kamin, O 8 und O 1 erschließt. Von O 1 aus führt noch eine Treppe aufs Dach, die aber wohl nur der Erbauung des Benutzers dient.

Die andere Wohneinheit auf der gegenüber liegenden Seite erreicht man vom Innenhof im Erdgeschoss über Raum E 4. Sie umfasst die Räume E 4 und E 3 mit einem Abort und einem Kamin sowie der Treppe 3 ins Obergeschoss. Dort werden die Räume O 2 bis O 5 mit zwei Aborten und zwei Kaminen zweckdienlich erschlossen."

Jussuf Claude hatte sich Notizen gemacht und über die Verteilung der Ressourcen eine Tabelle erstellt.

Bewohner	Räume	Aborte	Kamine	Treppen	von innen zu verriegeln
Dienerschaft	E 5,O 6	1	-	Turm 5	Außentür E 5
Königin	E 6, E 7, E 8	2	2	Turm 7	E 6, E 7, O 7, O 7, O 8, O 1
König	E 3, E 4	3	3	Turm 3	2 × E 4, O 5, O 2, O 3, O 4, O 5
Eingang	E 1, E 2	-	-	-	Falltor O 1
Zusammen	16	6	5	3	8

Tabelle mit der wahrscheinlichen Aufteilung der Räumlichkeiten des Castel del Monte in Apulien

Als er die Tabelle dem Pater und dem Maître zeigte, waren sie mit dem Ergebnis einverstanden, denn sie war – wie alle sofort erkannten – insofern schlüssig, als die Raumgruppen König und Königin über ihren Eingang und gegenüber der Dienerschaft jeweils von innen her verriegelt werden konnten. Trotzdem blieb eine Unklarheit, auf die Jussuf Claude hinwies:

„Es bleibt noch einen Sicherheitsaspekt zu klären: Von den Türmen 5 und 8 gelangt man aufs Dach und kann über den Umgang im Turm 3 sehr leicht beim König eindringen."

„Aber nur der kann eindringen, der eine Leiter bei sich hat." Dies sagte der Pater. Der Maître jedoch, als Franzose dem Amourösen nicht abgeneigt, hatte eine andere Idee:

„Wenn die Königin über diesen Weg den König besuchen will, wird er wahrscheinlich mit einer Leiter im Turm 3 schon auf sie warten. Es wird also wohl so sein, dass im Obergeschoss im Bereich des Königs unterhalb der Falltür immer eine Leiter bereit liegt."

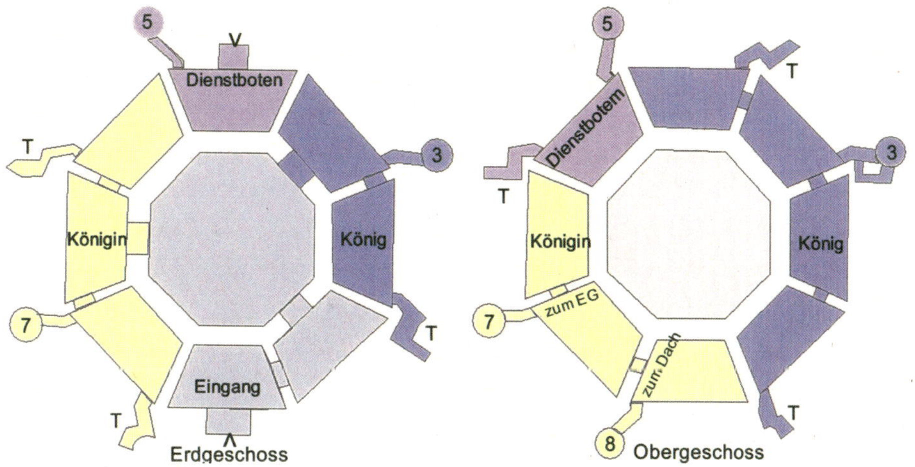

Abb.25 Vorschlag zur räumlichen Organisation nach J. C. von Ibelin und Maître Robert de Caucy

Eine Diskussion ergab sich um eine mysteriöser Markierung in der Zeichnung des Obergeschoss, die auf der Trennwand zum Innenhof bei Raum O2 angebracht war. Keiner der Herren konnte sich auf diese Markierung einen Reim machen, und sie baten Jussuf Claude, am Großhof die Bedeutung zu erfragen.

Er dachte noch lange darüber nach und es schien ihm, als bestünde ein Zusammenhang mit der ebenfalls mysteriösen Angabe eines Wandschlitzes im Erdgeschoss. Konkreteres wollte ihm jedoch dazu nicht einfallen, genauso wenig wie zu der Frage, warum so viele teure Dachzisternen gebaut werden sollten, wo doch unter dem Innenhof und im Außenbereich genug Wasser in unterirdischen Zisternen gespeichert werden kann.

In der Folgezeit drangen immer wieder Nachrichten aus Norditalien in die Einsamkeit der Murge. Im Sommer erzählten reisende Kaufleute davon, dass die illegitime Tochter des Kaisers, Selvaggia von Hohenstaufen, in einem rauschenden Fest, das eine Woche gedauert haben soll, den Podestà

Ezzelino da Romano geheiratet habe. Auf die Arbeiten am Kastell hatte dies keinen Einfluss, denn die Gelder für den Bau flossen weiter, und für Jussuf Claude war es beruhigend zu wissen, dass der Kaiser noch immer weit fort war.

Im Herbst, als soeben die ersten Vorbereitungen zum Einrüsten der Decke über dem Obergeschoss begonnen hatten, kamen wiederum, in genauer zeitlicher Abstimmung mit dem Baufortschritt, neue Pergamente für die Dachaufbauten auf der Baustelle an. Sie zeigten aber lediglich, dass die Türme 3, 5 und 7 oberhalb des Daches jeweils mit einem kleinen achteckigen Häuschen überbaut werden sollten, sodass Jussuf Claude sie ohne Kommentar an die Herren Fra Paulonius und Maître Robert de Caucy zur Ausführung weitergab. Dem Umstand, dass diese kleinen Häuschen an jeder der acht Seiten in Kopfhöhe eine kleine nach außen sich konisch erweiternde Öffnung hatten, maß er keine Bedeutung bei.

Am 20. März des Jahres 1239 exkommunizierte der Papst Gregor IX. den Kaiser Friedrich II und wiederholte seine Entscheidung vier Tage später am Gründonnerstag, was die Wirkung noch verstärken sollte. Damit wurden alle dem Kaiser gegenüber abgelegten Treueide gelöst und als niemals abgegeben betrachtet.

Als Jussuf Claude von Ibelin dies erfuhr, dachte er sogleich an seinen eigenen Treueid gegenüber dem Herrscher. Dann erinnerte er sich aber, dass bereits kurz vor Beginn des Kreuzzuges im Jahr 1227 schon einmal vom damaligen Papst die Exkommunizierung gegen Friedrich II. verhängt worden war. Doch den Kaiser behinderte dies damals auf seinem Kreuzzug im folgenden Jahr nicht und der Gebannte konnte auch seinen Feldzug erfolgreich abschließen und selbst unbeschadet in sein Reich zurückkehren. Also beschloss Jussuf Claude, alles weiter wie bisher zu handhaben, und er sah sich hierin etwa von Gentilis de Costanca, dem Justitiar der Terra di Bari, bestätigt. Auch andere fühlten sich durch den Bann nicht veranlasst, ihre Haltung gegenüber dem Kaiser zu ändern. Als er den Pater Fra Paulonius auf diese Dinge ansprach, erhielt er zur Antwort:

„Uns Zisterzienser bereitet die Exkommunizierung des Kaisers keine Loyalitätskonflikte. Er ist seit langem Angehöriger unserer Glaubensgemeinschaft und wir stellen unsere Regeln über die Maßnahmen des Papstes, es sei denn, unsere Oberen stimmten den Maßnahmen des Papstes ausdrücklich zu. Dies ist aber bisher nicht geschehen und wird es auch in Zukunft nicht, denn noch nie ist ein Zisterzienser gebannt worden."

So blieb in dem kleinen Kosmos des allmählich entstehenden Castel del Monte alles beim Alten, denn auch der Maître fühlte sich als Untertan des Königs von Frankreich durch den Bann des Papstes gegen den Kaiser nicht berührt.

Kapitel 16
Alles ist ganz anders

Vor dem Sultanspalast in Al Qahirah, der Hauptstadt des Ayyubidenreiches, kontrollierten die Wachposten der Palastgarde an diesem Tag besonders streng die Ankommenden, aber auch alle, die den Palast verließen, wurden sorgfältig durchsucht. Eine Sitzung war beim neuen Sultan Al-Malik Al-Adil II. angesagt, zu der auch die höchsten Würdenträger, die Minister, die Richter und Imame eingeladen waren.

Im Thronsaal des Palastes war auf einem erhöhten Podest ein kostbarer Teppich ausgebreitet, auf dem ungleichmäßig mehrere lederbezogene Sitzkissen verteilt lagen. In ihrer Mitte stand der Thronsessel, der schon den vorangegangenen vier Sultanen der Ayyubiden zur Repräsentation gedient hatte. Unterhalb des Podests war auf der rechten Seite ein weiteres einzelnes Sitzkissen einzelnen plaziert. In größerem Abstand jedoch waren im Halbrund um das Podest drei Reihen mit nebeneinander liegenden Sitzkissen ausgebreitet. Nachdem sich der Saal langsam gefüllt und die Teilnehmer von Dienern zu ihren Plätzen geleitet worden waren, auf denen sie sich niederlassen, erschien Sultan Al-Adil II. mit einem jungen, sehr schlanken und dunklen Sudanesen an seiner Seite. Alle Versammelten erhoben sich und verbeugten sich tief, während der Sultan das Podest betrat und der junge Schwarze sich unten neben dem einzelnen Sitzkissen aufstellte.

Nachdem der Imam zum Gemeinschaftsgebet das Glaubensbekenntnis gesprochen hatte, bat der Sultan die Stehenden wieder Platz zu nehmen und eröffnete ihnen:

„Ehrwürdige Herren, respektierte Richter, treue Untertanen, die ihr alle dem einzigen wahren Glauben anhängt und deren Oberhaupt ich nun nach dem Tod meines ruhmreichen Vaters gemäß dem Ratschluss des Allmächtigen geworden bin, Euch sage ich heute Folgendes:

Zur Sicherung des Friedens, der eine Einmischung des Emberür der Franken, Friedrich II., in unsere Zwistigkeiten nicht zulässt, soll der Waffenstillstand, den mein ruhmreicher Vater Al-Kamil vor zehn Jahren mit ihm abgeschlossen hat, verlängert werden. Zu diesem Zwecke wird sich unter der Leitung von Professor Scheich Sirag ad-Din al-Urmawi eine Delegation in das Land der Franken begeben, dort eine Botschaft übergeben und weitere Tätigkeiten ausführen."

Er hielt inne und bemerkte dann ganz beiläufig, als wäre es etwas Nebensächliches:

„Zum neuen Waeli und damit meinem Stellvertreter, ernenne ich mit sofortiger Wirkung Moktak von Kalabascha."

Indem er auf den jungen Schwarzen deutete, erhob sich dieser und verbeugte sich vor der Versammlung.

Nach einem kurzen Moment der Überraschung entstand ein unbeschreiblicher Tumult. Alle sprachen durcheinander. Die Entscheidung schien den Teilnehmern nicht zu gefallen. Immerhin waren der neue Sultan und sein Waeli zusammen nicht halb so alt wie der Durchschnitt der Würdenträger. Auf einen Wink des Sultans betraten von mehreren Seiten des Saales her Soldaten der Palastwache den Thronsaal, woraufhin langsam Ruhe einkehrte, weil die Teilnehmer einsahen, dass die Palastwache bereits dem jungen Sultan ergeben war. Alle Eingeladenen zerstreuten sich, wobei sie einen anderen Weg wählten als Al-Adil II. und der Waeli.

Al-Adil II. hat sich die Wahl von Scheich Sirag ad-Din al-Urmawi als dem Leiter der Delegation nicht leicht gemacht. Einerseits war er als Dekan der mathematischen Fakultät ausserordentlich gut in der Anwendung und Weiterentwicklung der Logik bewandert, was die Begründung für seinen Italienbesuch gegenüber dem Kaiser – das Abfassen eines Lehrbuches – plausibel erscheinen lassen würde. Zum anderen war er aus der Zeit zu Beginn des Waffenstillstandes auch über die damals mit dem Cherub gesicherten, ausgetauschten geheimen Botschaften unterrichtet und insofern als Geheimnisträger bewährt. Als Begleiter für ihn hatte der Sultan bewusst keinen der Assistenten ausgewählt, die schon zweimal im Königreich Sizilien gewesen waren, sondern er überzeugte zwei gestandene und sehr erfahrene Handwerker der Steinmetz- und der Fliesenbruderschaft, als Vorarbeiter mit einer Handvoll Handwerkern mit ihm zu fahren.

Den vorbereitenden Schriftwechsel mit dem Kaiser übernahm für den Sultan der bewährte Fahr ed-Din Ibn as-Saih, wobei die Cherubshülse mehrfach zwischen dem kaiserlichen Grosshof und dem Sultanspalast Al Qahirah hin und her pendelte.

Während der Grosshof des Kaisers den Justitiar der Terra di Bari in groben Zügen darüber unterrichtete, dass demnächst ein muslimischer Professor in Lucera Quartier nehmen und ein Buch über Logik schreiben würde, hielt man es für nicht erforderlich, Jussuf Claude von Ibelin hierüber zu unterrichten. Der erfuhr erst, nachdem der Professor bereits eingetroffen war, durch seinen Schwiegervater von dessen Ankunft. Das störte ihn zu diesem Zeitpunkt jedoch wenig, denn an einem Buch über Logik, das der Professor schreiben sollte, hatte er keinerlei Interesse und persönlich kannte er ihn besonders aus den Vorlesungen an der Madrasa von Al Qahirah, doch längst nicht so gut wie seine beiden damaligen Assistenten.

Das sollte sich alsbald ändern. Nachdem ein Bote sie zuvor auf der Baustelle angemeldet hatte, erschienen zwei Tage später am frühen Morgen der Professor und einer seiner Mitarbeiter bei Jussuf Claude. Die Begrüßung war sachlich, wie nach einer langen Trennung nicht anders zu erwarten:

„Ich freue mich, lieber Scheich Jussuf Claude von Ibelin, Euch hier nach so langer Zeit begrüßen zu dürfen. Ihr habt Euch überhaupt nicht verändert. Dies ist mein Mitarbeiter Faruk Al Bengassi."

Jussuf Claude mochte das Kompliment über sein Aussehen nicht erwidern. Der Professor hatte besonders im Gesicht zugenommen und sein weißer Bart verbarg das Doppelkinn nur wenig.

„Auch ich freue mich, Euch hier zu treffen. Wie ich hörte, wollt Ihr für den Kaiser ein Buch über die Kunst der Logik schreiben. Leider werde ich bei dem Vorhaben wenig helfen können."

Warum er bei dem Vorhaben des Professors nicht helfen konnte oder wollte, ließ er offen.

„Nein, nein, das ist nicht der Sinn meines Besuches. Mich treibt lediglich die Neugier, ein Bauwerk zu besichtigen, an dessen Vermessung die Madrasa von Al Qahirah maßgeblich beteiligt war."

Jussuf Claude war zufrieden, dass man keine Leistungen von ihm erwartete, und stellte einen seiner Vorarbeiter als Führer für die Ägypter ab. Er hatte an diesem Tage einige wichtige Entscheidungen zu treffen, sodass er nicht darauf achtete, dass der Professor und sein Mitarbeiter sich mehrere Stunden in dem Bauwerk aufhielten. Erst nachdem der Professor sich für das Entgegenkommen bedankt und auf den Rückweg gemacht hatte, erzählte ihm sein Vorarbeiter, dass er und sein Begleiter sich eifrig Notizen gemacht hätten.

Im fernen Eger hatte der Kaiser seine Fürsten und Lehensträger sowie seinen Sohn, den jugendlichen König Konrad, zu einem Hoftag geladen, als das geheime Schreiben des Sultans Al-Adil II. dort eintraf. Sofort ließ er seinen Kanzler Petrus de Vinea rufen und besprach mit ihm das weitere Vorgehen in dieser Angelegenheit, ohne ihm jedoch das Schreiben zu lesen zu geben. „Wir haben wieder Post aus Ägypten erhalten. Wie immer nicht besonders erfreulich."

„Was schreibt denn der neue Sultan? Darf ich den Brief lesen?"

„Nein, lieber Petrus, besser nicht. Du würdest dich sonst so wie ich erregen und könntest mich dann möglicherweise nicht mehr vorbehaltlos beraten."

Der Kaiser dachte schmerzlich an das herzliche Verhältnis zu Hermann von Salza, dem Großkomtur des Deutschritterordens, mit dem ihn ein inniges, fast brüderliches Verhältnis verbunden hatte, bis dieser vor Kurzem das Zeitliche segnete. Er wusste, dass solch ein Vertrauensverhältnis zu Peter von Vinea nie entstehen würde.

„Ich möchte, dass du den Brief beantwortest. Mir werden die Zusagen, die ich ständige machen muss, auf Dauer zu viel. Auch im Hinblick darauf, dass die Sache eines Tages publik werden und ich vor der Geschichte als Verräter dastehen könnte. Dir als meinem Logotheten traut man so viel Schlechtigkeit viel eher zu."

„Du machst mich richtig verlegen, lieber Federico. Soviel Ehrlichkeit bin ich von dir gar nicht gewohnt. Nun lass hören, was ich dem Sultan schreiben soll."

„Als Erstes: Wir gehen auf alle seine Forderungen ohne Vorbehalt ein.

Zum Zweiten: die Vorbereitungen zu einem Kreuzzug der Franzosen können wir nicht verhindern. Jedoch wird der König von Frankreich nicht daran teilnehmen. Wir unterstützen aber, dass in England ebenfalls Vorbereitungen für einen Kreuzzug getroffen werden. Dies wird dafür sorgen, dass im Heiligen Land die gegensätzlichen Interessen von Frankreich, England, den Tempelrittern und den Deutschordensrittern aufeinanderprallen und diese Gruppen sich selbst neutralisieren und damit keine Gefahr für das Sultanat darstellen werden.

Zum Dritten: Die ägyptische Delegation wird in der zurzeit verwaisten Residenz in Foggia untergebracht und erhält für ihre Arbeit die nötige Unterstützung."

Peter von Vinea hatte sich eifrig Notizen gemacht, als dem Kaiser noch etwas einfiel:
„Ach ja, den Justitiar müssen wir entsprechend unterrichten."
„Was passiert mit Jussuf Claude von Ibelin?"
Der Kaiser zögerte mit seiner Antwort und dachte nach:
„Seine Arbeit ist, wie ich sehe, zum größten Teil vollendet. In Kürze beginnt der Innenausbau, von dem er nichts versteht. Wir sollten überlegen. wie und vor allem wo wir ihn in Zukunft einsetzen wollen."
Nachdem der Professor die Baustelle verlassen hatte und einige Tage ruhig ins Land gegangen waren, erhielt Jussuf Claude von Ibelin aus Foggia eine offizielle Nachricht, die ihn nicht unbeträchtlich in Erstaunen versetzte. Man teilte ihm nämlich mit, dass mit sofortiger Wirkung ein neuer Justitiar die Verantwortung für den Bau des Kastells übertragen bekommen hätte. Sein Name war Landolfus de Franco und es dauerte gar nicht lange, da erschien er persönlich auf der Baustelle des Castel del Monte.
Mit vollendeter Höflichkeit stellte er sich vor:
„Gott zum Gruße, verehrter Herr von Ibelin! Ich heiße Landolfus de Franco und stamme aus der Gegend von Benevent. Dem Kaiser Friedrich II. hat es gefallen, mich zum Justitiar der Terra di Bari zu ernennen. Mein Beglaubigungsschreiben könnt ihr in Foggia gerne einsehen."
„Ich heiße Jussuf Claude von Ibelin, Ritter des Kaisers Friedrich II., Magister der Universitäten von Neapel, Al Qahirah und Toledo. Ich begrüße Sie sehr herzlich und beglückwünsche Sie zu Ihrem neuen Amt."
Der Justitiar kam nun schnell zur Sache und zeigte auf den imposanten Rohbau des Kastells:
„Ihr habt hier eine gewaltige Leistung vollbracht, lieber Herr von Ibelin, jetzt kommt die Zeit der Verfeinerung und des Luxus, bei dem uns unsere orientalischen Freunde, auf Wunsch des Kaisers, helfen werden. Sie haben in diesen Dingen die größere Erfahrung."
„Wie habe ich das zu verstehen, Sire?"
„Ganz einfach. Die schweren Arbeiten sind erledigt, die großen Hebezeuge nicht mehr erforderlich. Das Personal für das Grobe kann sich wieder seinen ländlichen Aufgaben in den Heimatgemeinden widmen."
„Wie steht es mit dem Pater Fra Paulonius und dem Maître des œuvres du roi Robcrt dc Caucy?"

„Der Letztere wird demnächst wieder seinem König dienen und der Pater seinem Orden, er bleibt aber vorerst noch hier.“

Jussuf Claude rang nach Atem, denn nun musste er fragen, was man mit ihm selbst vorhatte. Aber bevor er die Frage im Geiste formulierte, bekam er bereits die Antwort:

„Was Euch anbelangt, so ist es der weitere Wunsch des Kaisers, da Ihr Muslim seid und des Arabischen fehlerfrei mächtig, dass Ihr mit der Unterstützung, die Ihr aus dem Sultanat erhalten werdet, aufs innigste zusammenarbeitet.“

„Ich hatte vor einigen Tagen den Besuch eines Professor Scheich Sirag ad-Din al-Urmawi, von dem gesagt wird, dass er für den Kaiser in Foggia ein Buch über Logik schreibe, der aber ein beträchtliches Interesse an unserem Bauvorhaben zeigte. Hat dies etwas mit der angekündigten Unterstützung aus Ägypten zu tun?“

„Ihre Frage überrascht mich jetzt ein wenig. Mir wurde nur mitgeteilt, dass in der nächsten Zeit Unterstützung aus dem Sultanat hier eintreffen werde. Ich werde die Angelegenheit aber sofort prüfen und Sie dann unterrichten.“ Nachdem er noch einige Details besprochen hatte, verliess der Justitiar die Baustelle wieder und liess Jussuf Claude von tiefen Zweifeln geplagt zurück. Dass er sich von seinen langjährigen Mitarbeitern trennen sollte, belastete ihn noch am wenigsten. Viel mehr bewegte ihn die Aussichtslosigkeit für seine eigene Zukunft. Er war unverhofft zum Berater von Personen bestimmt worden, die er weder kannte noch seinem gewohnten Umfeld zuordnen konnte. Und was das schlimmste war, er hatte offenbar alle Macht und jeden Einfluss verloren. Noch weiter wollte er gar nicht denken. Etwa daran, was mit ihm geschehen könnte, wenn in absehbarer Zeit das Kastell fertig gestellt sein würde.

Eines aber war ihm klar geworden, er brauchte nun Hilfe und die konnte er nur bei seiner Familie finden, wobei es sich gut traf, dass in diesen Tagen sein Schwager Kalil al-Gossara, Offizier der kaiserlichen Sarazenen, mit seiner Frau auf Urlaub in Lucera weilte.

So kam es, dass sich im Hause von Mahmud Fuad ibn al-Walid dessen beide Schwiegersöhne Jussuf Claude mit Ehefrau Djamila und Kalil al-Gossara mit Ehefrau Aaliyah zu einem vertraulichen Gespräch trafen.

Jussuf Claude schilderte die Zusammenhänge, wie sie sich aus seiner Sicht darstellten:
„Wie ihr alle wisst, ist der Rohbau des Castel del Monte fast fertig. Der alte Justiziar ist abgelöst und durch einen neuen ersetzt worden. Der hat mir erklärt, dass auch die gesamte derzeitige Mannschaft einschließlich des Paters Fra Paulonius und des Maîtres abgelöst werden. Ich selbst soll als Berater für Leute, die aus dem Sultanat kommen, fungieren. Von meiner bisherigen wissenschaftlichen Tätigkeit ist keine Rede mehr. Welche Pläne der Kaiser aber nach Fertigstellung des Bauwerkes mit mir hat, ist aus meiner Sicht völlig offen.“
Kalil al-Gossara fasste die Worte von Jussuf Claude zusammen:
„Du hast also berechtigte Ängste vor dem, was dir die ungewisse Zukunft bringen wird.“
„Nicht allein die Zukunft, sondern auch die besondere Form der Geheimhaltung, die über allen diesen Dingen liegt.“
„Was meinst du damit?“, fragte Kalil.
„Es ist doch so, dass ich alle meine wissenschaftlichen Forschungen nur dem Professorenkollegium vorlegen darf. Eine Publizierung der Ergebnisse oder das Schreiben eines Buches hat mir der Kaiser nicht gestattet. Wenn ich mich also etwa bei der Universität Neapel bewerben und dort nach meinen wissenschaftlichen Veröffentlichungen gefragt würde, dann müsste ich sagen, es gibt keine.“
„Hat dies auch mit dem Bau des Kastells zu tun?“
„In gewissem Sinne schon. Wir hatten seinerzeit festgestellt, dass es eine außergewöhnliche geographische Lage hat, indem es auf dem Schnittpunkt zweier besonderer Kreise liegt und außerdem die Merkmale eines Marienheiligtums besitzt.“
Es war Kalil, der immer weiter in Jussuf Claude fragend eindrang:
„Hat das Kastell denn irgendeine kriegerische Bedeutung?“
„Meiner Ansicht nach nicht. Wer sich dafür interessiert, wird leicht erfahren, dass die Wände an manchen Stellen nur die halbe Stärke der Hauptmauern besitzen, zum Beispiel im Bereich der Aborte in den Türmen. Auch die Fenster im Obergeschoss sind nicht eben der Verteidigung zuträglich.“
In der folgenden Bemerkung des Schwagers schimmerte der Offizier der Leibgarde des Kaisers durch:

„Mir ist aufgefallen, dass der Bau keine Zinnen trägt. Er kann also von oben her nicht verteidigt werden, obwohl er durch seine acht Türme über ein modernes Verteidigungskonzept verfügt. Man könnte also zusammenfassen: Ein Kastell im eigentlichen Sinne ist es nicht."
Hier beteiligte sich der Schwiegervaters Mahmud Fuad ibn al-Walid an dem Gespräch:
„Vielleicht interessiert es euch, was die Leute hier in der Stadt denken?"
„Lass hören, Schwiegervater!"
„Hört! Man spricht darüber, dass plötzlich, nun ja, vor einigen Jahren, mitten in der Wildnis mit einem Bauwerk begonnen wurde, von dem sich die Leute bis heute nicht vorstellen können, was es verteidigen soll. Dann wurde gerätselt, ob der Kaiser wohl seinen Harem hier unterbringen würde. Nachdem aber immer wieder Muslime aus Ägypten hier anreisten, kombinieren die Leute einen Zusammenhang mit dem Waffenstillstand, den der Kaiser 1229 mit Sultan Al-Kamil abgeschlossen hat. Es will ihnen nicht einleuchten, dass der Sultan, der alte Fuchs, dem Kaiser ohne Gegenleistung die Stadt Jerusalem und Bethlehem, den Geburtsort des Propheten Christus, geschenkt haben soll."
Kalil ließ den Vorwurf nicht auf dem Kaiser sitzen:
„Unter dem Volk wird viel dummes Zeug geredet. Der Kaiser besitzt keinen Harem, das müsste ich wissen. Natürlich laufen ihm die Damen in Scharen zu, er ist ein gut aussehender Mann, aber seine Beschäftigung mit den Frauen hält sich in engen Grenzen."
In der nun eingetretenen Gesprächspause meldete sich Djamila, die Ehefrau von Jussuf Claude, zu Wort:
„Lieber Vater, ich habe mit Aaliyah gesprochen. Wir sind der Ansicht dass die anstehenden Probleme von euch allein gelöst werden sollten. Entschuldigt uns also bitte und lasst uns gegebenenfalls eure gemeinsam getroffenen Entscheidungen wissen."
Der Vater stimmte dem Wunsch der Töchter zu, und Kalil fuhr fort:
„Dass es eine Gegenleistung zu der Übergabe von Jerusalem 1229 gegeben haben könnte, wird auch in den Offizierskreisen der kaiserlichen Garde diskutiert. Dies ist aber ein Thema, das den Verdacht des Hochverrates einbringen könnte und daher sollten wir dies nicht diskutieren."
Alles was die beiden besprachen, hatte Jussuf Claude im Geiste bereits unzählige Male durchgearbeitet. Er war von Anfang an führend mit einem

Bauwerk verbunden, das von einem Geheimnis umgeben ist. Ihm war klar, dass durch seine Forschungen die Rätselhaftigkeit des Vorhabens noch beträchtlich verstärkt wurde. Wenn nun der Vorwurf des Hochverrates, begangen von den maßgebenden Herrschern zweier Weltreligionen, aufkommt, dann fiele ein starker Verdacht auch auf ihn. Das war ihm klar.
Kalil nahm das Gespräch wieder auf:
„Das Wichtigste für dich und deine Familie, lieber Jussuf, scheint mir im Augenblick eure Zukunft zu sein. In dem Castel del Monte sehe ich für dich keine Perspektive mehr. Du bist aber, wie wir alle wissen, Ehrenprofessor der Madrasa von Al Qahirah und deren Mu'allim. Hier gäbe es doch sicher für dich eine Chance, noch dazu, da du Arabisch perfekt in Wort und Schrift beherrschst."
„Ich hatte lange keinen Kontakt mehr mit meinen ägyptischen Freunden. In der Zeit, als wir zusammenarbeiteten, war ich im Auftrag des Kaisers bei Ihnen und damit ohnehin ‚persona grata'. Wie sich das heute darstellt, wenn ich mit leeren Händen dort auftauche, wage ich nicht vorauszusagen. Vor ein paar Tagen hatte ich den Besuch eines Professors, bei dem ich seinerzeit lernte. Das Wiedersehen war recht frostig."
„Du könntest auch nach Arsur gehen. Soviel ich weiß, gehören dir dort Latifundien, die du von deiner Mutter geerbt hast."
„Von dieser Besitzung weiß ich nur so viel, dass ein Verwalter mir jährlich einen Geldbetrag überweist, den er erwirtschaftet hat."
Schwiegervater Mahmud hatte einen Vorschlag:
„Über den Zustand deiner Besitzungen könnte man leicht Genaueres erfahren. Ich habe in dem nahe bei Arsur liegenden Jaffa einen sehr guten Geschäftsfreund, der mir gerne helfen würde. Soll ich das einmal prüfen lassen?"
„Ja bitte, lieber Schwiegervater. Obwohl ich mir eine Zukunft auf dem Lande noch nicht recht vorstellen kann. Andererseits, und das solltet ihr hiermit erfahren, ist meine Frau Djamila gesegneten Leibes, wie man so schön sagt."
Kalil und sein Schwiegervater sprangen auf und fielen dem guten Jussuf Claude um den Hals, küssten ihn und gratulierten und wünschten ihm alles Gute. Das Gleiche machten sie mit der herbeigerufenen Djamila, der sie auch offenbarten, dass man über den Zustand ihrer Besitzungen im Heiligen Land Auskünfte einholen werde.

Kalil hielt aber auch noch eine Überraschung bereit, indem er zu Jussuf Claude sagte:
„Einen anderen Vorschlag möchte ich noch machen, wo du in ferner Zukunft leben und arbeiten könntest."
„So lass es mich wissen."
„Bei deinem Vater, dem Alten von Beirut, auf der Insel Zypern."
„Um Gottes willen! Alles, nur nicht das", stöhnte Jussuf Claude und benutzte vor Schreck einen christlichen Ausdruck.
Allmählich lief das Leben auf der Baustelle aus. Zuerst fehlten einige wenige, dann immer mehr Helfer und Novizen aus den Orten der näheren und weiteren Umgebung. Die Franzosen nahmen unter der Leitung ihres Maîtres zwei von den drei großen, käfigförmigen Antriebsrädern – die durch das Gewicht der in ihnen laufenden Arbeiter angetrieben werden, um über das Seil seiner Antriebswelle die großen Lasten zu heben – auseinander und verstauten die Einzelteile sogleich auf Ochsenkarren, die, nun leer und ohne die großen Kalksteinblöcke wie zuvor, in munterem Tempo den Berg heraufgekommen waren. Das dritte Hebezeug ließen sie an seinem angestammten Ort, denn es musste noch das Material für den wasserdichten Verputz der Dachzisternen von unten nach oben auf die Turmplattformen transportieren. Da sich die Fertigstellung dieser Arbeiten wegen häufiger Undichtigkeiten immer wieder verschob, überließen die Franzosen dieses Hebezeug bei ihrer Abreise dem zurückbleibenden Justitiar der Terra di Bari in der vagen Hoffnung auf alsbaldige Bezahlung.
Als der Maître sich eines Tages von Jussuf Claude verabschiedete, um endgültig nach Frankreich zurückzugehen, stand beiden das Wasser in den Augen.
„Ich danke Euch von ganzem Herzen für die Arbeit, die Ihr hier geleistet habt, für das Wissen, das Ihr freimütig mit uns teiltet, für die Art Eurer Zusammenarbeit mit uns, die für Euch Fremde waren, als Ihr hier ankamt. Heute trennen wir uns als Freunde, die immer aneinander denken werden. Lebe wohl, mein Bruder, und der Allmächtige sei mit dir."
Die Männer hielten sich eng umschlungen, während die Umstehenden Beifall klatschten.
Dem Maître des œuvres du roi, Robert de Caucy, hatte es die Sprache verschlagen. Dicke Tränen rannen über sein wettergegerbtes Gesicht. Er stammelte nur:

„Danke, Danke für deine Worte.“

Wobei er erstmals nach all den Jahren der Zusammenarbeit, das *Du* benutzte. Der neue Materialfluss auf der Baustelle bestand fortan aus Marmorplatten für die Wandverkleidung und Fliesen für den Bodenbelag, ebenso wie aus den Resten antiker Säulen, die irgendwo herausgebrochen worden waren.

Eines Tages erschien unangemeldet der Justitiar mit einer Anzahl von Helfern auf der Baustelle und sorgte damit für Überraschung. Kurz danach erreichte eine Sendung ganz anderer Qualität als frühere Warenanlieferungen das Castel. Die Transportwagen waren viel feiner gebaut und die Räder hatten Sprossen anstelle der sonst üblichen, vollflächigen Holzscheiben. Auch wurden sie von Pferden gezogen und nicht von Ochsen.

Aus den Gesprächen mit den Kutschern ging hervor, dass sie im Fernhandel tätig sind und soeben aus Brindisi herüberkommen. Ihre Ladung war so seltsam, dass sich niemand eine Vorstellung über ihre Verwendung machen konnte. Der erste Wagen war bis unter seine Schutzplane mit 1,0 Meter langen und 0,01 Meter dicken Röhren beladen, die ihrem Gewicht nach zu urteilen nur aus Blei sein konnten. An einem Ende waren sie zu einer Tülle aufgeweitet, auf der anderen Seite war die Oberfläche aufgeraut. Als Jussuf Claude diese Ladung zum ersten Mal sah, erkannte er sofort, dass diese Röhren genau in den senkrechten Schlitz in der Wand des Erdgeschosses passen würden. Die Beurteilung der Ladung der anderen Wagen fiel ihm dagegen schwerer. Auf dem zweiten Wagen befand sich die Hälfte eines sorgfältig in Leinwand eingeschlagenen sperrigen Gegenstandes. Als er ausgewickelt wurde, kam eine sorgfältig aus edlem Holz hergestellte Rampe zum Vorschein, die mit Stufen und beiderseits befestigten Handläufen versehen war. Das unförmige Paket auf dem dritten Wagen stellte sich nach dem Auspacken als mit Rädern versehenes Unterteil des zuvor beschriebenen Werkstücks heraus. Wenn man beide Teile zusammensetzte, ergab sich eine Treppe, an deren oberem Ende ein Baldachin ein Podest überdachte.

Die grösste Überraschung erlebte er aber, als der Inhalt des vierten Wagens abgeladen und ausgepackt wurde. Aus einem stabilen Holzverschlag und einer Menge zusammengedrückten Strohs, mit dem die Hohlräume ausgepolstert waren, schälte sich ein Gebilde heraus, das richtig zusammengesetzt und aufgestellt ein Brunnen sein musste. Zwar war der Grundriss weder quadratisch noch rechteckig, sondern hatte fünf Ecken, aber man konnte sich vorstellen, dass er in eine entsprechend geformte Ecke genau hineinpassen würde. Das Material bestand aus feinen Kupferplatten, die sorgfältig zugeschnitten, von sachkundiger Hand verlötet, säuberlich poliert und danach mit Blattgold beschichtet, zu einem Kunstwerk zusammengefügt worden waren, das seinesgleichen im Königreich Sizilien nicht hatte.

In seiner Mitte stand aufrecht ein Kranich mit hochgerecktem Hals, aus dessen leicht geöffneten Schnabel ein dünnes Röhrchen ragte und darauf hindeutet, dass hier einmal Wasser ausgespieen würde. Im Gegensatz zur Vergoldung der Brunnenschale war seine Oberfläche sorgfältig in jenem grünen Ton des Kupferoxydes belassen worden, das sich nach jahrelanger Exposition im Freien auf der Oberfläche bildet. Die Schwingen waren halb geöffnet und standen seitlich von ihm ab, so, als wolle der Vogel sich gleich in die Luft erheben.

Nach dem Staunen über das ungewöhnliche Kunstwerk blieb ein anderes Paket gänzlich unbeachtet. Es handelte sich um zwei Platten aus rotem Granit, die mit ihren flachen Seiten aufeinander gelegt und mit Hanfseilen verknotet waren. Sie blieben so, wie sie für den Transport präpariert waren, im Kastell gelagert und ihre Inschrift kam erst sehr viel später zum Vorschein.

Der Justitiar hatte einen Raum im Erdgeschoss des Kastells belegt, die angelieferten Gegenstände dort untergebracht, mit einer Tür gesichert und diese abgeschlossen ohne überhaupt Anstalten zutreffen, Jussuf Claude über das Wie und Was seines Tun's zu unterrichten. Der fand dies schon sehr merkwürdig. In der nächsten Zeit sollten sich jedoch noch weitere Merkwürdigkeiten ereignen.

Die Serie begann damit, dass eines Tages Faruk Al Bengassi, der Begleiter des Professors Scheich Sirag ad-Din al-Urmawi, mit mehreren arabischen Arbeitern die Baustelle betrat und Jussuf Claude ein Papier des Justitiariats der Terra di Bari vorlegte, des Inhaltes, dass dem Mitarbeiter des Scheichs Al Urmawi jede Unterstützung zu gewähren sei. Da er weiter keine Wünsche hatte, ließ man ihn ziehen und wunderte sich nur darüber, dass er für den Raum mit den jüngsten Lieferungen einen Schlüssel hatte. Den benutzte er auch sofort, indem er das Tor öffnete und mehrere der

Bleiröhren auf der Baustelle verteilen ließ. Dann begannen die Arbeiter in einem Turm, dessen Dachzisterne mit Wasser gefüllt war, von außen in den Boden ein Loch zu stemmen, durch das hindurch sich das Wasser in dem Treppenhaus seinen Weg nach außen suchte. Alles in allem eine Riesenschweinerei, wie Jussuf Claude sofort feststellte und die Arbeiten einstellen ließ. Am nächsten Tag erschien der Scheich persönlich:
„Salaam alaikum, Herr von Ibelin! Es hat wohl einige Missverständnisse gegeben?"
„Wa-'aleikum Salaam! So kann man es nennen. Die Leute Ihres Mitarbeiters haben eine Dachzisternen angebohrt und das Wasser ins Innere des Bauwerkes geleitet."
„Ich bin euch eine Erklärung schuldig. Man hat mich herbeordert, um für den Kaiser ein Buch zu schreiben, und gleichzeitig soll ich die Arbeiten am Castel del Monte überwachen."
„Das mag alles so sein, wie Ihr sagt, aber ich kann nicht zulassen, dass grober Unfug getrieben wird, indem man Löcher in gefüllte Dachzisternen bohrt."
Der Pater war hinzugekommen und schaltete sich in das Gespräch ein:
„Es wird Wochen, wenn nicht gar Monate dauern, bis die Feuchtigkeit wieder aus dem Bauwerk heraus ist. Bis dahin kann in dem Teilbereich kein Ausbau erfolgen."
Dem Scheich traten vor Verlegenheit kleine Schweißperlen auf die Stirn:
„Entschuldigen Sie vielmals unsere Dummheit. Wir sollen die fünf Dachzisternen zusammenführen und dann in einem Fallrohr nach unten führen. Damit, dass einige Zisternen voll Wasser sind, haben wir nicht gerechnet."
„Wie soll es nun weitergehen?"
„Wir werden die anderen vollen Zisternen mit Eimern leer schöpfen, eine absperrbare Entleerungsmöglichkeit nach außen herstellen und dann den Zusammenschluss der Zisternen vornehmen."
Die Serie der Merkwürdigkeiten setzte sich mit dem Eintreffen weiterer Muslime in Lucera fort, von denen es hieß, sie gehörten zu einer Delegation, die dem Kaiser eine Botschaft überbracht hatte und sich auf dem Weg zurück nach Al Qahirah befinde. Allgemein herrschte Erstaunen darüber, dass eine Delegation den weiten Umweg über Lucera wählt, und nicht von einem der Adriahäfen direkt nach Ägypten segelt. Die Wahrheit erfuhr Jussuf Claude von seinem Schwiegervater, der in Lucera so vernetzt war,

dass er alles erfuhr, was er wissen wollte. Professor Al Urmawi sollte wegen gesundheitlicher Probleme in die Hauptstadt der Ayyubiden zurückkehren, so die eine Version, die andere lautet, er habe Verbindungen zu dem älteren Bruder von Al-Adil II., der nicht der Freund seines jüngeren Bruders sei, da er bei der Thronfolge übergangen worden war.

Dem Heiligen Stuhl war natürlich nicht verborgen geblieben, dass der Kaiser eine ägyptische Delegation empfangen hatte und dass auf der Baustelle des Castel del Monte ebenfalls Muslime eingetroffen waren. Durch verlässliche Quellen am Kaiserhof war in Rom auch bekannt geworden, dass erneut, wie schon früher, mithilfe einer Cherubshülse streng geheime Nachrichten zwischen dem Großhof und den Ayyubiden in Ägypten ausgetauscht werden. Es bestand daher im Vatikan ein vitales Interesse, zu erfahren, welche Entwicklung dieser Kontakt zu den Erzfeinden des christlichen Glaubens nehmen würde.

Papst Gregor IX. rief seinen Kardinalsekretär Goffredo da Castiglione und seinen Privatsekretär zu sich, um die Lage zu erörtern:

„Meine Herren, unser Gewährsmann am Kaiserhof informiert uns, dass wiederum sarazenische Botschafter dort angekommen sind und Botschaften ausgetauscht haben. Was sie enthielten, konnte unser Mann nicht feststellen, da als Transportmittel, wie schon früher eine geheimnisvolle Hülse mit Selbstzerstörungsmechanismus benutzt wurde. Er konnte aber ermitteln, dass die Antwort in dem gleichen Behältnis auf dem Landweg vom Großhof über Lucera nach Brindisi verbracht wird.“

„Warum aber dieser Umweg?“

„Wissen wir nicht! Aber es kommt uns entgegen. Auf etwa halbem Weg nach Brindisi, in Corato, lebt doch unser Dominikaner Tolomeo Taularus, der örtliche Priester, der uns mit Nachrichten vom Castel versorgt. Der soll sich bitte um diese Hülse kümmern und sie notfalls stehlen.“

Indem Gregor IX. die Augen zum Himmel richtete, bat er leise:

„Verzeih mir, Vater.“

Auch der Kardinalsekretär hatte eine Meinung:

„Wir müssen unbedingt den Inhalt dieses geheimnisvollen Gegenstandes ergründen. Ich kenne allerdings niemanden, der weiß, wie er gefahrlos geöffnet wird.“

„Wenn wir ihn erst einmal haben, werden wir auch einen Weg finden, um an den Inhalt heranzukommen."

Hier meldete sich der Privatsekretär mit einer sensationellen Neuigkeit:

„Ich habe von meinen Kollegen am Großhof erfahren, dass es bei der Nachrichtenübertragung mit der Cherubshülse eine Neuerung gibt. Da die vorangegangenen Pergamente bei den vielen Reisen des Großhofes oft verloren gingen, sind seit neuestem immer Abschriften früherer Nachrichten beigefügt."

„Das würde ja bedeuten, dass wir den ganzen Nachrichtenfluss seit 1228 in die Hand bekommen könnten. Schärfen Sie bitte dem Dominikaner die Wichtigkeit seiner Aufgabe ein."

„Wie kommt Ihr eigentlich an solche Informationen?", fragte der Kardinalsekretär.

„Die ehemaligen Studenten der juristischen Fakultät der Universität Bologna treffen sich manchmal und dann wird viel geredet und getrunken."

Alle lachten.

Jussuf Claude verbrachte seit der Ausdünnung des Baustellenpersonals am Castel del Monte, oft wochenlang die Zeit in seinem Haus in Lucera mit der Familie. Eines Tages erreicht ihn dort die Bitte des Scheichs Sirag ad-Din al-Urmawi um eine Unterredung unter vier Augen, wobei er bereits einen bestimmten Termin vorschlug. Jussuf Claude wunderte sich zwar, war aber einverstanden und bat seine Frau, zu diesem Zeitpunkt den längst geplanten Besuch bei der Nachbarin durchzuführen.

Kurz vor der vereinbarten Zeit sah er durch die offene Tür in der Umfassungsmauer seines Grundstücks von fern einen Reiter, den er unschwer als Professor Al Urmawi erkennt. Als der Reiter näher kam, wurde auch ein seitlich an der Satteltasche befestigter runder Gegenstand sichtbar. Er schien für den Besitzer so wichtig, dass er ihn, nachdem er vom Pferd gestiegen war, unter den Arm nahm und fest an sich presste. Mit der Begrüßung brachte der Professor nicht nur eine Entschuldigung, sondern auch eine Erklärung für sein seltsames Verhalten vor:

„Ihr werdet Euch wundern, was ich hier habe", bemerkte er und zeigte auf die Kugel aus Holz in seiner Hand.

„Es ist der Transportbehälter für eine Cherubshülse, wie sie von den Herrschern zum Transport von Geheimdokumenten verwendet wird."

Mit allem hatte Jussuf Claude von Ibelin gerechnet, nur damit nicht. Natürlich wusste er über die Bedeutung der Hülse genau Bescheid, er hatte auch schon von dem Transportbehälter gehört, der, wenn er fallen gelassen wird, aus jeder Lage stets nur eine ganz bestimmte Position einnimmt. Trotzdem war er aufs Höchste überrascht:
„Ihr tragt hier einen Gegenstand mit Euch herum, von dem höchste Würdenträger wünschten, ihn zu besitzen, und zwar nicht wegen seines materiellen Wertes, sondern allein wegen seines Inhaltes."
„Da seid ihr sehr gut informiert. Der Gegenstand kommt vom Grosshof des Kaisers und ist auf dem direkten Wege in unsere Hauptstadt Al Qahirah."
„Und was beabsichtigt Ihr nun mit ihm?"

„Dies ist der Grund meines Besuches in Eurem Hause, aber sollten wir uns nicht erst setzen, meine Geschichte ist lang."

Als die Herren sich endlich auf der Terrasse des Hauses niederliessen, war bereits die Dämmerung hereingebrochen.
„Entschuldigt bitte, ich bin unhöflich, aber Euer Mitbringsel hat mich verwirrt."
Nachdem Jussuf Claude die Gartentür geschlossen und heissen und süssen Tee serviert hatte, begann der Professor mit einer Geschichte, die Jussuf Claude mehr und mehr faszinierte:
„Ich habe mich sehr bemüht und alle mir offen stehenden Wege genutzt, um jener zu sein, der die Einladung des Kaisers erhält, ein Buch zu schreiben. Der Grund ist einfach. Meine Familie ist mit der sudanesischen Mutter des übergangenen Thronfolgers as-Salih entfernt verwandt. Ich muss wahrscheinlich in meiner Heimat um mein Leben fürchten. Der Plan, meine nächste Zukunft in der Sicherheit Eures Landes zu verbringen und an einem Buch zu arbeiten, hat sich ganz unerwartet zerschlagen, indem man mich beauftragt hat, die Cherubshülse mit der Antwort des Kaisers zurück in mein Land zu bringen, während zwei andere Ägypter für mich hier in Lucera bleiben. Dazu wurde mir dringend aufgetragen, das Gerät nicht aus den Augen zu lassen. Deshalb ist es nun hier, bei mir."
Jussuf Claude ging während des Vortrages des Professors seinen eigenen Gedanken nach, die in der Frage zusammenliefen: Warum erzählt er mir das alles? Aus purer Neugierde dagegen fragte er:

„Wer sind Ihre beiden Ersatzleute, kenne ich sie? „
„Der eine ist der Imam-ul-Dschama Abdul-Wahhab Khelim, der andere ist der Faqih Mahmud Rahman.“
„Gibt es einen Grund dafür, dass beide Geistliche sind?“
„Die Begründung wird in dem Schreiben des Sultans an den Großhof gegeben. Details sind mir aber nicht bekannt.“
Jussuf Claude, der nicht erkennen konnte, zu welchem Zweck der Professor um diese Unterredung gebeten hatte, fragte ihn nun direkt nach dessen Begehr:
„Lieber Professor Urmawi, Ihr werdet mir nun sicher sagen, weshalb Ihr mich um diese Unterredung unter vier Augen gebeten habt.“
„Das ist nicht so leicht zu erklären. Am besten wird es sein, wenn ich mit einer Frage beginne. Seid Ihr in der Lage oder würdet ihr Euch zutrauen, die Cherubshülse zu öffnen und nach dem Studium des Inhaltes wieder zu verschließen?“
Jussuf Claude war einigermaßen betroffen:
„Guter Mann, was Ihr da so leicht aussprecht, ist im wahrsten Sinne des Wortes Hochverrat gegenüber eurem Sultan und, wenn ich Euch dabei helfe, auch gegenüber meinen Herrscher. Das kann uns beide den Kopf kosten. Wo liegt bei diesem Risiko der Nutzen für Euch?“
„Dies ist eben die Geschichte, die ich Euch erzählen will. Hört, was ich mir überlegt habe. Mit der Fertigstellung des Rohbaus des Castel del Monte wird die Arbeit für Euch dort weitgehend erledigt sein. Wer wird Euch noch brauchen? Ihr seid ein gefährlicher Geheimnisträger und überdies noch Muslim in einem katholischen Land.
Für mich birgt die Rückkehr nach Ägypten, wie ich Euch geschildert habe, die Gefahr, aus Gründen der Staatsräson für immer von der Bildfläche zu verschwinden. Es geht uns also beiden gleich schlecht. Weshalb sollen wir nicht versuchen, unsere Situation gemeinsam zu verbessern?“
Jussuf Claude war konsterniert. Nichts von dem was der Professor ausführte, passte mit der eigenen Planung seines weiteren Lebens überein. Trotzdem fragte er:
„Wie stellt ihr Euch unsere Zusammenarbeit vor?“
„Vorausgesetzt, es gelingt uns, die Cherubshülse zu öffnen, uns mit dem Inhalt vertraut zu machen und sie wieder zu verschließen, könnten wir mit der dritten Kraft in diesem Machtspiel Kontakt aufnehmen und ihr unser

so gewonnenes Wissen anbieten. Als Bedingung würden wir fordern, in Sicherheit ein neues Leben beginnen zu könnten."
Jussuf Claude hatte angestrengt zugehört. Die Ablehnung dieses Vorschlages war bereits aus seiner Körpersprache zu erkennen:
„Von Eurer Idee halte ich nicht allzu viel. Wie sollte solch ein neues Leben für zwei Muslime in einem katholischen Land, das unter der Herrschaft des Papstes steht, überhaupt möglich sein?"
„All das müsste man natürlich noch klären, aber leider wird für mich die Zeit knapp, weil ich kurzfristig abreisen muss."
Da es inzwischen vollkommen dunkel geworden war, unterbrach Jussuf Claude das Gespräch, und zündete auf dem Tisch der Terrasse, an dem die beiden saßen, ein Windlicht an. Dabei hatte er den Eindruck, dort, wo der Schatten der Hausecke auf die Umfassungsmauer trifft, eine flüchtige Bewegung wahrzunehmen. Er verfolgte diese Empfindung aber nicht weiter, da der Professor eine Frage an ihn richtete:
„Könnt Ihr mir bitte sagen, wo sich der Abtritt befindet, denn ich verspüre ein menschliches Bedürfnis."
Jussuf Claude wies ihm die Richtung, in der sich ein kleines Häuschen an die weissgestrichene Umfassungsmauer des Grundstückes lehnte, aber selbst als der Professor seinen Weg zur angestrebten Erleichterung nahm, hielt er den Behälter fest unter seinem rechten Arm.
Der Gastgeber wollte soeben die Gelegenheit nutzen, um aus der Küche heißes Wasser zum Füllen der halbvollen Teegläser zu holen, als ein gellender Schrei die Stille zerriss.
Tief prägten sich für die nächsten Jahre in seinem Gedächtnis die Schattenbilder ein, die von dem Windlicht wie ein Scherenschnitt auf die weiße Mauer geworfen wurden.
Der Professor, an seinem Turban zu erkennen, wehrte sich mit der linken Hand gegen einen Angreifer, der ihm den Behälter unter seinem rechten Arm entreißen wollte. Als dies mehrere Male misslang, zog der Fremde ein Messer und stieß es in den sich Wehrenden. Während der alte Mann durch einen Stich in sein Herz verblutete, hatte er noch die Kraft, einen durchdringenden Schrei auszustoßen, dann knickte er in den Knien ein und fiel nach vorne in das Gras. Der hagere Angreifer zog den runden Behälter unter dem Sterbenden hervor und warf ihn über die Gartenmauer, dann traf er Anstalten, sie zu überklettern.

Dies war der Zeitpunkt, als Claude von Ibelin aus seiner Schreckstarre erwachte und genau wusste, was er zu tun hatte. Die Tür in der Gartenmauer war zwar geschlossen, aber er wusste, wie man sie mit einem Ruck öffnen konnte. So kam es, dass er schon bereitstand, als der hagere Mörder von der Mauerkrone abspringen wollte und nicht mehr zurück konnte. Es entwickelte sich eine heftige Schlägerei, bei der bald erkenntlich wurde, dass Jussuf Claude der Stärkere war. Wohl deshalb entwand sich der Hagere geschickt der Umklammerung und entfloh in die Dunkelheit. Der Behälter blieb aufrecht stehend zurück.

Jussuf Claude lehnte sich, nach Luft ringend, an die Mauer, während sein Gehirn ruhelos arbeitete. Das Schicksal hatte ihm, in unerhörter Kompliziertheit und für Menschen niemals nachvollziehbarer Art und Weise, einen Gegenstand in die Hand gegeben, in dessen Inneren er die Erklärung für die friedliche Lösung eines Streites zwischen zwei Weltmächten und ihren Millionen von Untertanen vermutete.

Bald hatte er seine Fähigkeit zum logischen Denken wiedergewonnen. Er trug den Behälter auf die Terrasse zurück und verschloss sorgfältig das Gartentor. Dann überlegte er, wie die Cherubshülse am besten zu öffnen sei, denn die einmalige Möglichkeit, ihren Inhalt kennen zu lernen, wollte er auf keinen Fall ungenutzt lassen. Darin war er mit dem toten Professors einer Meinung.

Tief in seinem Gedächtnis hatte er die Erinnerung an ein Gespräch mit Michael Scotus, in dem dieser ihm vom Öffnen der Cherubshülse unter den Augen des Kaisers erzählt hatte. Langsam fiel ihm wieder ein, was damals gesagt worden war:

Die Cherubshülse senkrecht stellen, so als ob der Cherub fliegen wolle. Dann eine Stunde warten, die Hülse öffnen, den Inhalt entnehmen und innerhalb einer Stunde wieder schließen. So wollte er es machen, den Inhalt aber nur lesen und abschreiben und dann wieder in den Behälter stecken und verschließen. Dazu hatte er aber nur eine Stunde Zeit, so dass er sich lediglich Notizen machen und diese später vervollständigen wollte. Schreibzeug und Papier legte er bereit, während er auf den Zeitpunkt zum Öffnen der Hülse wartete.

Ganz schwach schlich sich in seinen ständig arbeitenden Verstand eine schlimme Befürchtung ein. Könnte etwa jemand auf die Idee kommen, er hätte den Professor ermordet? Immerhin war er eine beträchtliche Zeit allein mit ihm gewesen und der Mörder war einzig und allein ihm erschienen und später, ohne Spuren zu hinterlassen, verschwunden.

Als die Stunde Wartezeit verstrichen war, machte er sich, so schnell er konnte, von allen vier Schreiben Notizen, wobei er die Höflichkeitsfloskeln und die umfangreichen Anreden und Titel der Herrscher natürlich ausließ. Dann versteckte er die Kopien provisorisch unter einem Stapel alter Akten. Noch rechtzeitig konnte er die Originalunterlagen wieder zusammengerollt in der Hülse unterbringen und diese verschließen. Dann versenkte er die Hülse in ihrem Holzbehälter, verschloss diesen sorgfältig und legte ihn neben den im Garten liegenden Toten, wo er sich sofort wieder senkrecht stellte. Anschließend schwang er sich auf sein Pferd und ritt so schnell er konnte in die Stadt Lucera, wo er den Kadi aus dem Bett holte, um ihm den Mord zu melden, natürlich ohne seine Manipulation an der Hülse zu erwähnen.

Als er mit dem Kadi und dessen Helfern zurückkam, traf er auf seine Frau, die kurz zuvor nach Hause gekommen war und erzählte ihr die offizielle Geschichte.

Djamila warf noch einen Blick auf den Toten, dann luden ihn die Mitarbeiter des Kadis auf einen Wagen. Anschließend untersuchten sie die Umgebung nach Spuren. In der dunklen Ecke, aus der Jussuf Claude vor dem Mord meinte, ein Geräusch gehört zu haben, fanden sie das Gras geknickt, als habe jemand dort länger gestanden. Die Tür zu einem Geräteschuppen, die sich dicht neben dieser Stelle befand, war offen, aber das war sie, wie Claude betonte, immer. Eine zweite Tür in Umfassungsmauer, die diesen Schuppen von der Straße zugänglich macht, war dagegen aufgebrochen. An dem venezianischen Dolch, mit dem der Professor ermordet worden war, fanden die Leute des Kadis später Beschädigungen, die auf seine Benutzung beim Aufbrechen der Tür hinzuweisen schienen. Weiter konnten die Mitarbeiter des Kadis aber nichts finden, wenn man davon absieht, dass weitere Hufspuren zu dem Ort führen, an dem das Pferd des Professors an einem Baum angebunden war.

Zu dem Umgang mit dem Holzbehälter und seinem Inhalt gab Jussuf Claude noch genaue Verhaltensmaßregeln, worauf der Kadi auf die Mitnahme verzichtete und mit seinen Helfern davonfuhr, nicht ohne sich jedoch zu wundern, woher Jussuf Claude wohl seine Kenntnisse über den Umgang mit diesem geheimnisvollen Behälter hatte.

Der mischte sich anschliessend einen Schlaftrunk, ging ins Bett und wachte erst spät am nächsten Morgen wieder auf.
Als ihm wieder bewusst wurde, was geschehen war, setzte er sich sofort an seinen Schreibtisch und begann, die unvollständigen Notizen auszuarbeiten. Weil er ein ausgezeichnetes Gedächtnis hatte, fiel ihm diese Arbeit auch nicht schwer, und sogar die Titel und Floskeln konnte er aufgrund eigener Erfahrungen leicht rekonstruieren. Erst jetzt sah er in voller Schärfe die Brisanz dieser Unterlagen. Gleichzeitig erhoben sich drohend erneut die Fragen: Was hat das Schicksal bewogen, mir diese Unterlagen in die Hand zu spielen? Was soll ich mit ihnen anfangen? Wie soll ich sie verwenden? Auf keine von ihnen fand er eine Antwort.
Nach der Korrektur schrieb er die vier Botschaften in seiner schönsten Schrift auf das feinste Pergament, das er beschaffen konnte, rollte alles zusammen und verschnürte die Rolle mit einem Hanffaden, dann steckte er das Bündel in eine Ledertasche.
Der Tag war noch nicht sehr weit fortgeschritten, die Mittagszeit war soeben vorbei, als zwei Herren bei ihm anklopften und sich nach dem obligatorischen Salaam alaikum bei ihm vorstellten:
„Ich heisse Abdul-Wahhab Khelim und dies ist mein Kollege Mahmud Rahman. Wir haben durch den Kadi von dem furchtbaren Mord an Professor Al Urmawi erfahren und möchten uns gerne über Einzelheiten dazu mit Ihnen unterhalten."
„Alles was ich dazu sagen kann, habe ich bereits dem Kadi unterbreitet und der wird Sie sicher unterrichtet haben."
„Der Kadi sagte uns, dass der Ermordete einen runden Holzbehälter bei sich hatte, der wohl der Grund für seine Ermordung war. Er sagte uns auch, dass er den Behälter in Ihrer Obhut zurückgelassen habe, weil der Umgang mit ihm etwas schwierig sei. Wir wollten nun gern diesen Behälter, den wir schon seit der Übergabe durch den Kaiser bis hierher begleitet hatten, wieder an uns nehmen."
„Es gibt ein Sprichwort, das Sie sicher kennen: Das gesprochene Wort ist flüchtig wie das Staubkorn im Wind."
Die beiden Herren wussten sogleich, was Jussuf Claude meinte. Da könnte gerade jeder daherkommen und die Herausgabe eines Gegenstandes verlangen. Abdul-Wahhab nestelte aus seiner Tunika ein Pergament hervor, das er seinem Gegenüber zum Lesen reichte. Es handelte sich um das

Empfehlungsschreiben des Hofes an alle Untergebenen, den Inhaber in allen Belangen zu unterstützen. Jussuf Claude las sorgfältig die Empfehlung und bemerkte dazu:

„Von einem Behälter steht hier nichts geschrieben, da müssten Sie sich schon etwas präziser äußern."

Jetzt schaltete sich Mahmud Rahman in das Gespräch ein:

„Wir sind im Auftrage des Sultans Al-Adil II. mit einer geheimen Botschaft bei Kaiser Friedrich II. gewesen. Als dieser seine Zustimmung zu dem Vorschlag unseres Sultans gab, war es unsere Aufgabe, über Lucera nach dem Castel del Monte zu reiten, um dort die Ausbauarbeiten zu unterstützen. Den Transport des Behälters mit der Antwort des Kaisers sollte dann der nun ermordete Professor Al Urmawi übernehmen. An seiner Stelle wurde heute ein anderer Verantwortlicher ernannt. Unsere Aufgabe dagegen", damit zeigt er auf seinen Kollegen Abdul-Wahhab Khelim, „ist die gleiche geblieben." Jussuf Claude befiel innerlich eine geheime Freude, denn er wusste aus dem Text der Botschaften viel besser um die Aufgaben der beiden Geistlichen als diese Herren selbst. Ohne weitere Schwierigkeiten zu bereiten, übergab er den Behälter an die Geistlichen mit den Worten:

„Ja, meine Herrn, wenn das so ist, dann will ich nicht zögern und Ihrem Wunsche nachkommen. Über die Behandlung des Gegenstandes müssten Sie ja bestens unterrichtet sein."

In der nächsten Zeit traf er die beiden immer wieder, wenn ihn sein Weg zu der Baustelle auf dem Berg Maria del Monte führte. Das für ihn Interessante war aber, dass er immer über die Art der Arbeiten und deren Fortschritt im voraus Bescheid wusste.

Als er wieder einmal plante, die Baustelle zu besuchen, wusste er genau, worauf er zu achten hatte. In der Wand Nummer 2 des Innenhofes mussten sich in Nischen sehr hoch, fast unter dem Dach zwei rote Marmortafeln befinden. Senkrecht gegenüber, in der Ecke zwischen der Wand 6 und der Wand 7, sollte der Brunnen eingepasst und an die Wasserleitung aus den Zisternen angeschlossen sein. Dies alles hatte er dem Schreiben des Sultans an den Kaiser entnehmen können. Aber dieses Schreiben enthielt noch einen weiteren Absatz, der ihm jedes Mal, wenn er ihn las, das Blut in den Adern gefrieren ließ. Hier fühlte er ganz deutlich den Hinweis, den ihm das Schicksal geben wollte. Zu dem Zeitpunkt, an dem der geäußerte

Wunsch des Sultans erfüllt werden würde, war dies auch der Moment seines Abschiedes von dem geliebten Apulien.
Natürlich hatte sich auch Pater Fra Paulonius darüber Gedanken gemacht und sich gefragt, was auf der Baustelle eigentlich vor sich geht. In Ermangelung einer eigenen Erklärung fragte er Jussuf Claude:
„Sagen Sie, lieber Jussuf Claude, was geschieht denn hier so Sonderbares auf der Baustelle?"
„Ganz einfach, der Kaiser hat aus Ägypten Muslime kommen lassen, die uns bei dem Ausbau des Kastells helfen."
„Manche der Dinge, die sie machen, sind mir aber unverständlich."
„Das kann viele Gründe haben, einer mag sein, dass Eure Fantasie nicht groß genug ist." Als er dies sagte, lachte er schelmisch. Der Pater nahm es gelassen: „Wenn Ihr alles so gut wisst, könnt Ihr mir sicher sagen, was auf den Tafeln aus rotem Granit steht, die seit Neuestem ganz oben an der Wand Nummer 2 montiert wurden."
„Da haben Sie mich auf dem linken Fuß erwischt. Was da steht, kann ich lesen, aber ich kann den Sinn des Spruches nicht erklären."
„Was steht denn da? Ich kann von unten überhaupt nichts erkennen."
„Da steht:
legito! *-lese die Wörter!-*
audi aquae! *-lausche dem Wasser!-*
Ubi Deus intus *-Gott ist, wo dein Herz ist."*
„Was bedeutet denn: Ubi Deus intus?"
„Genau das frage ich mich auch. Wörtlich übersetzt müsste es heißen: Gott ist, wo dein Herz ist. Aber was soll das bedeuten?", murmelte Jussuf Claude, obwohl er die Bedeutung der Inschrift ganz genau kannte.
Der Pater gab keine Ruhe und fragte noch die beiden muslimischen Geistlichen, aber die konnten oder wollten ihm auch nichts sagen.
Während die Arbeiten fortschritten, verbreiteten sich in der Umgebung des Hügels Maria del Monte die wildesten Gerüchte. Die Leute wunderten sich, dass nur noch Muslime auf der Baustelle tätig waren und die einheimischen Arbeiter aus Ruvo und Corato nachhause geschickt wurden. Eines Tages erschienen an den Zufahrtsstraßen, die zum Kastell führen, berittene Sarazenen aus der Leibgarde des Kaisers und sperrten sie ab. Auf dem Kastell selbst waren Vorbereitungen im Gange, die sich aber ein Beobachter ohne Vorkenntnisse nicht erklären konnte. Jussuf Claude erhielt

einige Tage später Auskunft über die Zusammenhänge, als er den Geistlichen Abdul-Wahhab Khelim auf der Baustelle traf. Er fragte ganz direkt:
„Lieber Abdul-Wahhab, könnt Ihr mir bitte sagen, wofür all diese Vorbereitungen dienen?“
„Gut, dass Sie fragen, ich wollte Sie bereits vor ein paar Tagen aufsuchen und eine Einladung aussprechen. Wir treffen soeben die letzten Vorbereitungen, damit den Forderungen, die schon der Vater unseres Sultans Al-Adil II. aufgestellt hatte, entsprochen werden kann.“
Jussuf Claude, der den Schriftverkehr zwischen dem Sultanat in Al Qahirah und dem kaiserlichen Großhof nun genau kannte, gab sich durch und durch unwissend und fragte:
„Sicher werdet Ihr mir noch erklären, um welche Art von Forderungen es sich hier handelt, die erfüllt werden sollen.“
„Ich bin zwar gehalten, über Einzelheiten zu niemandem zu sprechen, aber da Ihr dem wahren Glauben anhängt, dürfte das auf Euch nicht zutreffen. Am übernächsten Freitag findet das Freitagsgebet hier in dem Rohbau des Castel del Monte statt. Hierzu seid Ihr herzlich eingeladen. Der Muezzin wird zum Gebet rufen und mein Kollege und ich werden dafür sorgen, dass alle Erfordernisse an ein Freitagsgebet eingehalten werden. Der Platz zum Beten für mindestens vierzig Gläubige ist ohnehin vorhanden.“
„Wie haltet Ihr es mit den verbliebenen Christen, die sich noch auf der Baustelle befinden?“
„Sie werden ab sofort von den Sarazenen an den Straßen nicht mehr durchgelassen.“
„Und was wird aus Pater Fra Paulonius, der doch schon lange hier auf der Baustelle wohnt?“
„Auf Veranlassung des Emberür wird ihm morgen der Justitiar die Mitteilung machen, dass er umgehend wieder nach Chartres in Frankreich zurückkehren darf.“
Als das Gespräch beendet war, lief Jussuf Claude noch eine Weile auf der Baustelle umher und ordnete seine Gedanken. Am meisten störte ihn an alledem, auf welche Art und Weise der Pater entlassen werden sollte. Obwohl ein Mann des Papstes, hatte er immer die menschliche Würde behalten und Geheimnisse, die ihm über Jussuf Claude bekannt geworden waren, für sich behalten. Wäre es anders gewesen, hätte dies im Laufe der vielen Jahre ihrer Zusammenarbeit auffallen müssen, darin war sich der

Wissenschaftler ganz sicher. Zum Dank suchte er ihn sofort auf, um wenigstens die Trennung etwas zu mildern. Fra Paulonius sass in seinem Zimmer und las ein Buch, als Jussuf Claude eintrat:
„Ich hoffe, ich störe nicht, aber es gibt da Dinge, die ich mit Euch gerne besprechen möchte."
„Wir haben uns doch gerade unterhalten."
„Das ist richtig. Leider ist die Entwicklung in eine schnellere Gangart übergegangen. Situationen wechseln nicht mehr nach Jahren oder Monaten, sondern nach Tagen und Stunden. So ist es auch mit einem Gespräch, das ich mit Abdul-Wahhab Khelim soeben geführt habe."
„Was hat er denn gesagt?"
„Legt am besten erst einmal Euer Buch aus der Hand. Ihr werdet es in den nächsten Tagen nicht mehr lesen können. Morgen kommt der Justitiar und gibt Euch mit den ihm eigenen dürren Worten bekannt, dass Ihr umgehend zu der Baustelle der Kathedrale von Chartres zurückkehren sollt. Glaubt mir, lieber Pater, dieser Schritt macht mich unendlich traurig!"
Der Pater war wie vom Donner gerührt. Mit allem hatte er gerechnet, nur damit nicht:
„Hat der Imam irgendetwas gesagt, warum diese Entscheidung so plötzlich gefallen ist?"
„Der Imam nicht, aber ich weiss aus anderen Quellen, dass hier oben etwas Besonderes im Gange ist, bei dem Ihr höchst unerwünscht seid. Dies hängt unmittelbar mit Eurer Funktion als Priester der katholischen Kirche zusammen und damit, dass in letzter Zeit ausschliesslich Muslime hier tätig sind, wie Ihr sicher schon selbst festgestellt habt."
„Ich finde es dennoch schäbig, wie ich hier abserviert werde."
„Ihr solltet nicht so hart urteilen. Die Beteiligten befinden sich unter grossem Druck, den si e weitergeben müssen. Es wird mir sicher nicht viel besser ergehen als Euch, wenn meine Zeit gekommen ist, und das wird bald sein."
Jussuf Claude von Ibelin und der Zisterzienserpater Fra Paulonius verabschiedeten sich in aller Herzlichkeit und bekräftigten gegenseitig, sich wiedersehen zu wollen, obwohl jeder von ihnen wusste, dass es nie geschehen würde.
Inzwischen hatte der Gewährsmann von Jussuf Claudes Schwiegervater seine Erkundigungen in Arsur im Heiligen Land abgeschlossen und einen

Bericht verfasst. Danach befand sich sein Erbe, das er von seiner Mutter Melisende von Arsur geerbt hatte, in gutem Zustand und wurde von einem Verwalter betreut. An dem Herrenhaus, seit längerer Zeit unbewohnt, waren einige kleinere Reparaturarbeiten auszuführen. Die Ländereien der Herrschaft waren zum größten Teil verpachtet, ein kleinerer Teil wurde unter der Leitung des Verwalters bearbeitet. Im Hafen von Arsur herrschte rege Betriebsamkeit durch Schiffe, die die Agrarprodukte des Umlandes abtransportieren. Die ankommenden Schiffe waren mit Gütern und Pilgern für Jerusalem gefüllt. In der Stadt Arsur war eine Wache der Tempelritter stationiert, und es galten die Vereinbarungen des Waffenstillstandes von 1229.

Für Jussuf Claude waren die Auskünfte recht zufrieden stellend. Es störte ihn allerdings, dass die Tempelritter offenbar die Macht ausübten, und er dachte dabei an seinen und seiner Frau Glauben. Darüber, so beschloss er, sollte sofort mit Djamila gesprochen werden. Die Gelegenheit ergab sich auch kurze Zeit später, während sie gemeinsam die Mahlzeit einnahmen. Vorsichtig begann er sein Vorhaben:

„ Wie geht es dir, mein Schatz?“

„Gut, willst du mal dein Kind spüren?“

Während sie ihren Stuhl etwas nach hinten schob, streckte sie ihm ihren Leib entgegen. Als er seine flache Hand auf die Wölbung hielt, spürte er deutlich, wie tief drinnen mit den kleinen Füßen gearbeitet wurde.

„Ist das immer so?“

„ Nein, aber wenn du kommst und mit mir sprichst, gerät das Kleine in Bewegung. Es fühlt und hört den Vater.“

Jussuf Claude machte diese starke Bindung eines ungeborenen Kindes an seinen Vater unendlich froh und bestärkte ihn, seine Vorsorge nicht erlahmen zu lassen.

„Ich habe den Bericht aus Arsur erhalten. Er klingt sehr gut, nur eine Kleinigkeit macht mir Sorgen, denn die Tempelritter bewachen den Ort.“

„Was glaubst du, hat das für eine Bedeutung?“

„Die Tempelritter sind nicht die Freunde von uns Muslimen. Schon gar nicht, wenn sie wie wir aus dem Herrschaftsbereich Kaiser Friedrich II. kommen. Man wird sich überlegen, wie man mit der Herrschaft Arsur in Zukunft verfahren soll.“

„Du hast sicher schon alles genau überlegt, was können wir tun?“

„Die Herrschaft Arsur ist ein erbliches Lehen, das die Könige von Jerusalem vergeben und einziehen. Der derzeitige König ist der kleine Konrad, der Sohn des Kaisers. Der Vater ist Vormund des Kindes bis zu dessen Volljährigkeit. Wenn, wie es jetzt der Fall ist, weder der Vater noch das Kind im Lande sind, regiert ein Bailli in ihrem Namen und kann, bis auf wenige Ausnahmen, alle Entscheidungen treffen. Sicher ist, dass unter den gegebenen Umständen keine von Muslimen gehaltenen Lehen geduldet werden."

Jussuf Claude schlürfte rasch seine Suppe, die inzwischen kalt geworden war, dann fuhr er fort:

„Mich wundert sowieso schon lange, dass unser Besitz in Arsur nicht längst von der Krone eingezogen worden ist."

Djamila, die aufmerksam zuhörte, erinnerte ihren Mann:

„Du hast immer noch nicht gesagt, was du zu tun beabsichtigst."

Jussuf Claude atmete tief durch.

„Meine Ideen werden vielleicht für dich schwer zu verstehen sein. Sie handeln nämlich von unseren Kind, das noch gar nicht geboren ist. Ich möchte es nach der Geburt christlich taufen lassen und ihm anschließend sofort die Herrschaft Arsur vererben. Bis zur Volljährigkeit des Kindes bleiben wir sein Vormund und leiten damit die Geschicke des Besitzes."

„Die christliche Taufe unseres Kindes wird meinem Vater gar nicht gefallen, er ist in dieser Beziehung sehr konservativ."

„Es ist aber die einzige Möglichkeit, um unseren Besitz in der Familie zu halten. Übrigens hat meine Mutter Melisende mir auch gleich nach der Geburt die Herrschaft Arsur vererbt, um ihn vor meinem Vater in Sicherheit zu bringen."

„Spielt es eine Rolle, ob wir einen Jungen oder ein Mädchen bekommen?"

„Nein, das ist egal. Lediglich der Termin der Volljährigkeit ist bei Jungen und Mädchen unterschiedlich geregelt."

„Wenn das so ist, müssen wir uns wohl fügen und hoffen, dass ich ein gesundes Kind zur Welt bringe, damit wir so handeln können wie wir es planen."

„Ich habe immer gewusst, dass ich bei dir viel Verständnis finden werde. Dafür danke ich dir von Herzen."

Er nahm seine junge Frau Djamila in die Arme, drückte sie innig an sich und gab ihr einer zärtlichen Kuss auf die Stirn, während sie einige Tränen nicht unterdrücken konnte.

Kapitel 17
Das Freitagsgebet

Die Tage vor dem Freitagsgebet waren angefüllt mit gesteigerter Betriebsamkeit auf dem Berg Maria de Monte. Kaiserliche Sarazenen kamen von Lucera heraufgeritten und reinigten das Gelände und die Wege, andere begleiteten mehrere mit Teppichen beladene Wagen den Berg hinauf. Nach einer gründlichen Reinigung auch der Räume des Kastells wurden die Teppiche in den einzelnen Etagen des Rohbaus ausgelegt. Auf dem Turm Nummer 5 probte der Muezzin die Reichweite seiner Stimme, indem er sich von weiter entfernt im Gelände stehenden Helfern entsprechende Signale geben ließ. Im Inneren des Gebäudes wurde an einer Seite des Innenhofes die fahrbare Treppe zusammengesetzt und ebenfalls mit Teppichen belegt. Besondere Sorgfalt wurde darauf verwendet, dass der grün schimmernde Reiher des Springbrunnens sein Wasser so hoch als möglich aus seinem Schnabel spie und der Strahl, nachdem er seinen Scheitelpunkt erreicht hatte, wieder in einer Art zurückfiel, die ein lautes Plätschern erzeugt. Im Freien, vor dem Eingang zum Kastell, wurden Pflöcke in den Boden geschlagen und mit Querhölzern verbunden, damit man daran die Reitpferde festbinden konnte. In einem als Sichtschutz dienenden Zelt sollten mehrere Personen gleichzeitig ihre Notdurft verrichten können. Ein großer kupferner Kessel war dafür vorgesehen, ständig mit heißem Tee aufgefüllt zu werden, so dass die Durstigen jederzeit an den Hähnen ihre Becher füllen konnten. Etwas weiter entfernt lag auf einer Decke eine große Anzahl Fackeln, denn der Heimweg nach Lucera, von wo die meisten kommen würden, war weit und würde sicher erst spät, gegen Einbruch der Dämmerung angetreten werden. Jussuf Claude war schon vor dem Ruf des Muezzins zum Gebet auf dem Hügel Maria de Monte und wurde dort von dem Imam-ul-Dschama Abdul-Wahhab Khelim und dem Faqih Mahmud Rahman begrüßt.

„Salaam alaikum, dürfen wir Ihnen einen kleinen Überblick über die Organisation unserer Veranstaltung geben?“

„Vielen Dank, die Installationen hier draußen sprechen für sich. Ich würde mir aber gerne ansehen, wie Sie das Innere des Castels ausgestattet ha-

ben.“ „Aber gerne, lieber Jussuf Claude, leider kann ich Ihnen keinen Führer mitgeben, aber Sie sind ja mit der Örtlichkeit vertraut.“
Jussuf Claude dachte bei sich: „Guter Mann, ich habe mehr als vier Jahre den Bau geleitet, da brauche ich doch keinen Führer.“ Aber er sprach seine Bemerkung nicht aus.
Nach dem Betreten des Gebäudes und dem Durchschreiten des Raumes 1 war vorgesehen, sich im Raum 2 des Erdgeschosses, vor dem Eintritt in den Innenhof, der Schuhe zu entledigen. Auf dem Weg durch die Tür zum Innenhof konnte man halblinks den Springbrunnen sehen und seiner stummen Aufforderung, die rituelle Waschung vorzunehmen, nachkommen. Nach deren Beendigung musste dem Gläubigen, wenn er sich für die Fortsetzung seines Weges umdrehte, die ganz oben an der Wand 2 angebrachte Inschrift auffallen. Jussuf Claude hatte sie für sich wie folgt übersetzt:
Lies die Worte!
Lausche dem Wasser!
Gott ist, wo dein Herz ist.

Er verstand sofort den tieferen Sinn dieser Zeilen.
Gläubiger, wenn du dies gelesen hast, drehe dich noch einmal um, betrachte den Brunnen und lausche dem Wasser! … dann ist Gott da, wo dein Herz ist… also genau links von dir, wie natürlich auch alle bisherigen Drehungen linksherum zu vollziehen waren. Insgesamt hat der Gläubige sich also 5-mal linksherum gedreht, um in Richtung der heiligen Stadt Mekka, also in Richtung der Qiblah, zu stehen, zu knien und zu beten. Dies galt aber nur für den, der das erste Mal hier betete. Der Eingeweihte drehte sich nach der rituellen Waschung sofort um neunzig Grad von dem Brunnen weg, in Richtung seines Herzens, und erfüllte damit die Bedingung für einen Punkt auf dem Thaleskreis, der ihm die Richtung der Quibla in Mekka wies.
Jussuf Claude hatte schon zuvor um die Bedeutung einer besonderen Richtungsweisung gewusst. Bereits in der Zeichnung für das Obergeschoss war weit oberhalb der Wand des Innenhofes Nummer 2 eine Bemerkung eingetragen: *unbekannte Markierung*, desgleichen fand sich in der Zeichnung für das Erdgeschoss die Bemerkung *Wandschlitz*. Aufgrund der Lage des Kastells befanden sich beide Marken auf einem Tha-

leskreis. Wie er schon früher herausgefunden hatte, verlief die Verbindungslinie zwischen diesen zwei Markierungen direkt durch die Mitte des Bauwerkes und dann weiter in Richtung der Stadt Palermo.

Noch einen weiteren Orientierungspunkt fand er, mit dessen Hilfe sich die Richtung nach Mekka bestimmen ließ. So wies der linke Flügel des wasserspeienden Reihers genau in die gesuchte Richtung, und die vordere Front des fünfeckigen Brunnens konnte ebenfalls als Markierung dienen.

Am eindrucksvollsten war für den Gläubigen Jussuf Claude aber die mit Teppichen ausgelegte Rampe in Form einer Treppe, an deren oberem Ende ein Baldachin das Podest überdachte und die erste Stufe beidseitig so mit verziertem Holz verkleidet war, dass eine Gebetsnische, Mihrab genannt, entstand. Er wusste auch, dass das Podest am oberen Ende der Treppe unter dem Baldachin ausschließlich dem Propheten vorbehalten war und Minbar genannt wird. Diese Einheit aus Mihrab und Minbar stand mit ihrer Rückseite nahe der Ecke von Wand 8, wo sie an die Wand 1 des Innenhofes angrenzte und genau in Richtung Mekka lag, womit sich die anderen Orientierungshilfen eigentlich erübrigten.

Nachdem er seinen Rundgang beendet hatte und von Turm 5 der Muezzin zum Gebet rief, reihte sich Jussuf Claude in die Reihe der Betenden ein und lauschte den Worten der Chutba aus der Mihrab, die von dem Imam Abdul-Wahhab Khelim gehalten wurde.

Er sprach von dem Verhältnis der Gläubigen zu ihrem Herrscher, wobei er ausführlich das besondere Verhältnis der apulischen Sarazenen zu ihrem Kaiser Friedrich II. behandelte. Nach seiner Auslegung des heiligen Korans war jeder Gläubige dann zur Unterwerfung verpflichtet, wenn sein Herrscher ein beispielhaft gottesfürchtiges, gerechtes und züchtiges Leben führte. Aus der treuen Ergebenheit seiner sarazenischen Untertanen zu ihrem Herrscher schloss er, dass diese Ansprüche an den Gebieter im vorliegenden Falle erfüllt seien. Sollte es dennoch zu Abweichungen kommen, so seien diese auf die besonderen Umstände zurückzuführen, denen sich der Kaiser ständig ausgesetzt sah, weil er von Feinden umgeben war. Wenn die Gläubigen dieses *Anderssein* ihres Herrschers auch nicht immer verstünden, sollten sie dennoch in ihrem Glauben an den Herrscher nicht schwankend werden. Dies sei offenkundig Allahs Wille, der sich auch darin bestätige, dass dieses Haus mitten im Land der Andersgläubigen zum Zwecke der Verehrung des allmächtigen Weltenbeherrschers errichtet werden konnte.

Im weiteren Verlauf seiner Predigt nahm er zu den Verhältnissen in seinem Heimatland Ägypten Stellung, was aber die anwesenden kaiserlichen Sarazenen naturgemäß weniger interessierte.

Jussuf Claude konnte dieser Chutba nicht allzu viel abgewinnen. Zum einen war sie in ihrem zweiten Teil eine Lobpreisung auf den fernen Sultan Al-Adil II., zum anderen sprach der Imam in einem arabischen Dialekt, den die meisten der kaiserlichen Sarazenen nicht verstanden. Das eigentliche Gebet war für ihn, in seiner jetzigen Situation, jedoch wieder sehr erbauend und hilfreich, da es ihm innere Stärke gab.

Den Heimweg trat er gemeinsam mit seinem Schwager Kalil an, der ihm bei dieser Gelegenheit erzählte, dass von muslimischer Seite keine weiteren Arbeiten an dem Kastell erfolgen würden.

Davon konnte er sich in der nächsten Woche selbst überzeugen. Als er das Gelände um den Berg Maria de Monte betrat, umgab ihn das Schweigen der Wälder wie seit Jahrzehnten nicht mehr. Wie er erfuhr, waren auch alle Muslime aus Lucera nach ihrer Heimat Ägypten abgereist. Es dauerte ziemlich lange und erst allmählich, nach vielen Tagen, trafen wieder Arbeiter aus der Umgebung auf der Baustelle ein. Sie erzählten, dass man in ihren Heimatorten von finsteren Dingen sprach, die angeblich hier vorgefallen sein sollen. Den Berichten zufolge hatte der Podesta von Andria, der nächsten größeren Stadt im Norden des Kastells, sogar eine Abordnung in Marsch gesetzt, um feststellen zu lassen, was genau in dem Castel del Monte geschehen war. Seine Reiter waren jedoch von den kaiserlichen Sarazenen mit beruhigenden Worten zurückgeschickt worden. Als sich die neu Angekommenen nun selbst umsahen, stellten sie lediglich fest, dass eine Inschrift auf einer roten Granitplatte weit oben an der Wand 2 des Innenhofes angebracht war und ein fünfeckiger Springbrunnen, sauber in einen Holzverschlag verpackt, in der Ecke zwischen Wand 6 und 7 stand. Von einem Minbar oder einem Mihrab fanden sie keine Spur – dazu hätten sie in der kleinen Moschee von Lucera nachsehen müssen.

Es waren zwei Ereignisse im Leben des Jussuf Claude von Ibelin, ein gutes und ein schlechtes, die eine verändernde Wirkung ausübten und für Unruhe sorgen sollten. Das gute Ereignis war die Geburt seines Sohnes, den die Familie Balian nannte, in Erinnerung an einen tapferen Vorfahren, der sich um die Eroberung des Outremer verdient gemacht hatte. Nach einigen Diskussionen konnte sich Jussuf Claude insofern durchsetzen, als dem kleinen Balian die Beschneidung erspart blieb, denn er wurde christlich getauft. Unmittelbar danach vermachte ihm sein Vater die gesamte Herrschaft von Arsur, verzichtete selbst auf den Titel und ließ all dies sorgfältig registrieren und bestätigen. Dass er selbst Vormund seines Sohnes war, ergab sich ohnehin aus den Regeln der Erbfolge.

Das andere Ereignis war die Einladung zu einer Besprechung, die im Büro des Justitiars in Foggia stattfinden sollte. Ein ungewöhnlicher Vorgang, denn die Justitiare nutzten dienstliche Treffen gerne als Gelegenheit, ihre Amtsstube zu verlassen, um sich selbst auf den Weg zum Kastell zu machen. So aber war Jussuf Claude an einem nasskalten Morgen im Januar des Jahres 1240 auf den Weg nach Foggia und erlebte bei seiner Ankunft sogleich eine weitere Überraschung. Die Einladung, ihn zu besuchen, hatte Riccardo di Montefuscolo ausgesprochen, neuer Justitiar des Castel del Monte und bisheriger der Capitanata. Er stellte sich mit folgenden Worten vor:

„Guten Morgen, lieber Herr von Ibelin. Ich hoffe, Sie sind nicht erstaunt, mich hier zu finden. Dem Kaiser hat es gefallen, mir die Verantwortung für den Ausbau des Castel del Monte zu übertragen. Hier ist das entsprechende Schreiben."

Mit diesen Worten reichte er dem überraschten Jussuf Claude ein mit dem Kaisersiegel versehenes Pergament. Der las es denn auch sorgfältig und konnte feststellen, dass nicht nur die Übergabe der geschäftlichen Gewalt an Riccardo di Montefuscolo vom Kaiser geregelt worden war, sondern auch Einfluss auf seine eigene Zukunft genommen wurde. Dort stand nämlich, der Justitiar möge dafür sorgen, dass Jussuf Claude von Ibelin nach Möglichkeit das Regnum nicht verlässt und eine Professur an der Universität Neapel antritt. Auf diesen Passus des Dokumentes nahm er denn auch sofort Bezug:

„Dem Schreiben des Kaisers darf ich wohl entnehmen, dass meine Arbeit an dem Castel del Monte hiermit beendet ist?"

Indem er dies sagte, hob er das Schreiben in die Höhe.

„Mehr als dort steht, weiß ich auch nicht, aber Ihre Einschätzung wird wohl richtig sein. Natürlich wird man mich fragen, wie Sie auf den weite-

ren Vorschlag des Kaisers reagiert haben. Und genau dies möchte ich nun gerne von Ihnen erfahren."
Das Gehirn von Jussuf Claude arbeitete jetzt blitzschnell. Es war sein großes Glück, dass er seine Situation schon zuvor gründlich durchdacht hatte, so fiel ihm eine passende Antwort nicht schwer, wobei er sorgfältig darauf achtete, keine genauen Termine zu nennen:
„Den Vorschlag des Kaisers werde ich mit meiner Familie besprechen und dann den Großhof meine Stellungnahme wissen lassen. Auf alle Fälle werde ich vor einer Veränderung noch die Pilgerfahrt Haddsch nach Mekka unternehmen."
Damit hatte er fast ein Jahr gewonnen, denn der nächste Termin für die Haddsch im Monat Dhu l-Hiddscha war nach dem arabischen Mondkalender erst in elf Monaten.
„Gut, Herr von Ibelin, so werde ich es weitergeben", der Justiziar machte eine kleine Pause, bevor er weitersprach:
„Was ich noch vergaß, Ihnen zu sagen: Der Kadi von Lucera ermittelt in der Ermordung des Scheichs Sirag ad-Din al-Urmawi in ihrem Hause und bittet Sie, sich in den nächsten Tagen für ihn bereitzuhalten."
Da waren sie wieder, die Zweifel, die aus seinem Unterbewusstsein in die Oberwelt seiner Gedanken vorstießen. Immer wieder musste er daran denken, dass die Ermordung des Professors unter seinem Dach und in seiner Anwesenheit geschehen war. Wen sonst als ihn selbst sollte man verdächtigen? Er konnte sich konzentrieren wie er wollte, die schwarzen Gedanken wurde er auf dem Heimritt nach Lucera nicht mehr los.
Die Ankündigung des Justitiars brauchte nicht lange, um Wirklichkeit zu werden. Nach knapp einer Woche erschienen eines Morgens eine Handvoll Reiter unter der Führung des Sahib al-Madina von Lucera, der Jussuf Claude ein Papier präsentierte, aus dem hervorging, dass er ermächtigt sei, mit seinen Leuten das Anwesen zu durchsuchen. Der Betroffene sah keinerlei Möglichkeiten des Ein- oder Widerspruches gegenüber dem Stadtvogt und fügte sich in sein Schicksal, worauf die Schergen damit begannen, alle Behältnisse und sonstigen möglichen Verstecke in dem Haus zu durchsuchen. Nachdem sie etwa eine halbe Stunde lang alles durchwühlt hatten, erscholl vom Dachboden her ein Schrei, dem kurz darauf Stimmengewirr folgte. Schritte kamen die hölzerne Treppe herunter, und einer von den Leuten des Stadtvogtes schwenkte triumphierend eine

Ledertasche, aus der ein Bündel Pergamente hervorschaute. Sie übergaben alles ihrem Vorgesetzten, der einen um die Rollen geschlungenen Hanffaden öffnete und die Dokumente durchlas. Unmittelbar wurde ihm klar, dass er hier offenbar das Motiv für einen Mord gefunden hatte. Auch Jussuf Claude wusste sofort, als er den Schrei hörte, dass seine Abschriften der Dokumente aus der Cherubshülse gefunden worden waren, und er konnte sich die Konsequenzen, die daraus entstehen würden, sehr genau vorstellen. Sachlich erklärte ihm der Stadtvogt:
„Sehr geehrter Herr von Ibelin, ich muss Sie leider in Haft nehmen. Der Vorwurf gegen Sie lautet: Mord, begangen an dem Professor Scheich Sirag ad-Din al-Urmawi in diesem Hause."
Jussuf Claude von Ibelin, Ritter des Kaisers Friedrich II., Scheich der Madrasa von Al Qahirah, Mu'allim der technischen Wissenschaften, sagte kein Wort und folgte, an den Händen gefesselt, zu Fuß dem vor ihm reitenden Vertreter der Sicherheit der Stadt Lucera. Seine Frau Djamila stand währenddessen am Straßenrand und Tränen rannen ihr über die Wangen, während ihr Sohn auf ihrem Arm erschrocken um sich blickte. Dieses Bild brannte sich dem Verhafteten in sein Bewusstsein, und noch Jahre später schreckte er im Schlaf auf, da er es vor sich sah.
Im Stadtgefängnis wurde ihm eine kleine Zelle zugewiesen, die außer einem Bettgestell mit Strohsack und einer Wolldecke nichts enthielt. Das kleine Fenster war vergittert und die Tür bestand aus über Kreuz angeordneten Eisenstäben. Auch das Essen war dürftig und alles war darauf angelegt, den Aufenthalt so ungemütlich wie möglich zu gestalten. Dazu gehörte auch, dass die Wände aus groben Lehmziegeln gemauert waren, die bei jeder Berührung eine Staubwolke von sich gaben. Im Übrigen lag das Gefängnis zu ebener Erde an einer Straße, in der Händler mit ihren Bauchläden den ganzen Tag lauthals ihre Waren anpriesen. Nachdem er eine Woche eingesessen hatte, wurde Jussuf Claude dem Kadi der Gemeinschaft vorgeführt.
Das Gespräch mit diesem Oberkadi war äußerst einseitig, denn er rezitierte lang und breit über das Recht der Scharia und über seine eigene Auslegung, die er ihr zum Wohle der Allgemeinheit angedeihen lasse.

Im fernen Rom tagten zu dieser Zeit Papst Gregor IX., der Kardinalsekretär Goffredo da Castiglione und der Privatsekretär Silvano di Petrusconi in

den privaten Gemächern des Heiligen Vaters. Gregor IX., der eingeladen hatte, übernahm sofort das Wort:
„Offenbar, meine Herren, hat sich ein unfasslicher Skandal ereignet. Man hat mir berichtet, der Inquisitor Tolomeo Taularus habe, anstatt dem moslemischen Professor die Cherubshülse zu stehlen, diesen erstochen.“
Der Kardinalsekretär entgegnete:
„Ihr seid vollkommen korrekt unterrichtet, Ehrwürden, aber es ist zu berücksichtigen, dass der Inquisitor in Notwehr gehandelt hat, denn der Professor hat mit einem Holzbehälter auf ihn eingeschlagen. Unter Berücksichtigung dieser Tatsache haben wir ihn in sein Mutterkloster nach Regensburg zurückgeschickt und in dem Ort Corato einen neuen Priester eingesetzt.“
Der Papst war dennoch unzufrieden:
„Zu guter Letzt haben wir einen toten moslemischen Professor und der Inhalt der Cherubshülse ist uns noch immer nicht bekannt.“
Der Kardinalsekretär wusste es besser:
„So ganz unbekannt werden uns die Inhalte der Pergamente aus der Cherubshülse vielleicht nicht bleiben. Es gibt neue Informationen!“
Der Papst war aufgesprungen:
„Was sagt Ihr da? Warum werde ich nicht sofort informiert?“
„Was wir erfahren haben, ist brandneu und wahrscheinlich auch noch unzuverlässig.“
„Nun spannt mich nicht auf die Folter und berichtet, was Ihr wisst!“
„Wir hatten eine Nachricht von einem Informanten aus Lucera erhalten, der behauptete, Abschriften der Pergamente aus der Cherubshülse gelesen zu haben.“
Auf die Frage des Papstes nach der Personalie des Informanten antwortete der Kardinalsekretär:
„Es handelt sich um den dortigen Kadi, der bei einem gewissen Jussuf Claude von Ibelin diese Abschriften beschlagnahmte und uns in seiner Nachricht ein Gedächtnisprotokoll gegen Bezahlung angeboten hat.“
„Ist dies nicht der Baumeister auf dem Berg Maria de Monte? Ihr habt doch hoffentlich sofort zugesagt – aber wie teuer wird uns dieser Handel kommen?“
Der Kardinalsekretär Goffredo da Castiglione antwortete wahrheitsgemäß:
„Wir haben dem Mann fünfzig Augustalen übersandt mit der Botschaft,

uns das Gedächtnisprotokoll auszuhändigen. Es muss zurzeit auf dem Weg zu uns sein."

Der Papst war einerseits mit der schnellen Handlungsweise einverstanden, andererseits ärgerte ihn, dass sein Kardinalsekretär Geld ausgab, ohne ihn zu fragen. Doch er hielt sich mit einer diesbezüglichen Bemerkung zurück.

„Gut, dann wollen wir die Sache für heute bewenden lassen und uns wieder treffen, sobald das Protokoll eingetroffen ist."

Mit dieser Anweisung des Papstes gingen die Herren auseinander.

In der Zwischenzeit war die Familie von Jussuf Claude nicht untätig geblieben. Unter der Leitung des Schwagers Kalil al-Gossara trafen sich Aaliyah und Djamila sowie deren Vater, um die Situation zu beraten. Kalil fasste die Situation zusammen:

„Wir haben nun mehr als vierzehn Tage nichts mehr von Jussuf Claude gehört. Wie ich die Rechtsprechung hier kenne, kann dies noch ewig so weitergehen. Wir müssen etwas unternehmen!"

Der Vater war ängstlich:

„Was sollen wir tun?"

„Wir werden ihn befreien, auf ein Schiff bringen und ihn nach Palästina schicken, und du, liebe Djamila, wirst deinen Sohn nehmen und mit ihm segeln."

Die Frauen waren über diesen Plan zunächst erschrocken, aber dann stimmte Djamila der Idee von Kalil zu:

„Jussuf und ich haben schon früher über die Möglichkeit gesprochen, nach Palästina zu gehen, und er war auch der Meinung, dass dies die beste Lösung für unsere Zukunft sei. Ich habe für diesen Fall bereits Vorkehrungen getroffen, wir könnten sofort aufbrechen."

„So schnell wird es nicht gehen, ich muss einiges organisieren. Wir brauchen ein Schiff mit einem zuverlässigen Kapitän, der Ausbruch aus dem Kalabuf muss gut vorbereitet werden, wir müssen ausreichend Geld und die rechten Dokumente mitnehmen."

Der Vater bot seine Dienste an:

„Ich werde für das Geld und die Papiere sorgen und dir den Stadtvogt und seine Leute vom Halse halten, wenn die Zeit gekommen ist. Für das Schiff musst du sorgen.

Djamila, mein Mädchen! Ich werde dich und deinen Sohn und deinen Mann sehr vermissen.“

So einfach, wie sich Kalil das vorgestellt hatte, war die Befreiung aber dann doch nicht. Es fand sich zwar ein zuverlässiger Kapitän, aber der Hafen seines Schiffes war Barletta, und das war zwei Tagesritte von Lucera entfernt. Es war deshalb erforderlich, dass Djamila mit dem Kind einige Tage vor dem noch festzulegenden Termin nach der Stadt Trani aufbrach. Kalil wählte diesen Ort deshalb, weil er nicht weit von Barletta entfernt lag und ihm aus seiner Zeit in der Garnison der kaiserlichen Sarazenen gut bekannt war.

Kalil hatte erfahren, dass der Stadtvogt mit seiner gesamten Mannschaft an einem bestimmten Tage in die Terra di Bari aufbrechen würde, um dort einen berüchtigten Bandenführer zu fangen. Dieser Termin schien ihm geeignet, um Jussuf Claude zu befreien, denn er wusste aus Erfahrung, dass solche Expeditionen mehrere Tage in Anspruch nahmen.

Gegen ein Bakschisch erfuhr er den genauen Tag des Aufbruchs und konnte bei dieser Gelegenheit auch zugleich Jussuf Claude eine kurze Nachricht zukommen lassen.

In der darauf folgenden Nacht näherte sich ein Trupp von sechs Sarazenen zu Fuß dem Kalabuf des Stadtvogtes. Ihre Pferde führten sie an der Hand mit sich. Vor dem Gebäude angekommen, lösten zwei von ihnen Hanfseile von den Sätteln. Ein Ende verknoteten sie am Eisengitter des Fensters, während das andere Ende am Sattel befestigt blieb. Auf einen leisen Pfiff hin setzten sich die Pferde in Bewegung und ohne großen Widerstand fiel das Eisengitter leise in das Gras des Gartens. Kalil schwang sich auf die Brüstung des Fensters und winkte zwei weiteren Sarazenen, ihm zu folgen. Sie massierten Jussuf Claude die Arme, die Füße und den Nacken, die durch die lange Zeit, die er in dem beengten Raum auf der Pritsche liegend verbringen musste, an Beweglichkeit eingebüßt hatten. Danach half ihm einer der Sarazenen aus dem Fenster und setzte ihn auf ein Pferd. Kalil und der andere Sarazene beschlossen, nachdem sie einmal in die Stadtvogtei eingedrungen waren, auch die anderen Räume zu untersuchen. Die Zellentür war leicht zu öffnen und das Büro war ohnehin unverschlossen. Unter den herumliegenden Akten fanden sich auch einige Pergamente, die Jussuf Claude und seinen Fall betrafen. Hinter einem losen Stein in Augenhöhe vor dem Stehpult des Vogtes war in einer Mauernische eine

Ledertasche versteckt, aus der einige mit einer feinen Hanfschnur zusammengebundene Pergamente herausschauten. Nachdem der Delinquent nun ohnehin nicht mehr greifbar war, erschien es Kalil als unnötiger Ballast, die dazugehörigen Akten hier länger zu belassen, und so nahm er die Ledermappe und alles, was mit Jussuf Claude in Verbindung stand, gleich mit. Die Truppe, bestehend aus sieben Mann und sechs Pferden, machte sich zuerst langsam und leise auf den Weg, um dann ihr Tempo so bald als möglich zu steigern. In der Nähe der Garnison löste sich einer der Sarazenen aus der Gruppe und begab sich zu Fuss in seine Unterkunft und überliess Jussuf Claude, der hinter ihm gesessen hatte, sein Pferd.

Gegen Mittag unterbrachen sie ihren Ritt für einige Stunden, um kurz zu schlafen und dann umgehend den Weg fortzusetzen. Am Nachmittag des zweiten Tages lag die Hafenstadt Barletta vor ihnen. Hier teilten sich die Männer auf. Während Kalil und einer der Sarazenen mit Jussuf Claude weiterritten, kehrten die anderen drei nach Lucera zurück. Jussuf Claude, der sich schon in Lucera herzlich von dem vierten Mann verabschiedet hatte, bat seinen Schwager Kalil, allen Beteiligten, die ja einfache Soldaten waren und wegen seiner Befreiung ein beträchtliches Risiko auf sich genommen hatten, eine anständige Belohnung auszuzahlen.

An einer versteckten und schwer zugänglichen Stelle des Hafens von Barletta lag für Jussuf Claude und seine Familie ein Boot bereit. Jussuf Claudes Schwiegervater hatte unter grossen Schwierigkeiten dieses Boot besorgt. Seine Geschäfte und den Transport der Waren, die er aus dem Orient erhielt, wickelte er über das Kontor eines venezianischen Handelshauses ab. Doch für die Durchführung der geplanten Flucht war dieser Weg nicht beschreitbar. Dennoch halfen die ihm wohlgesonnenen Venezianer, einen anderen zuverlässigen Kapitän zu finden.

Der Schiffsverkehr mit Personen und Fracht war auf dem Mittelmeer wohlgeordnet. In der Adria und in Teilen des östlichen Mittelmeeres waren die Venezianer im Handel führend. Im mittleren und westlichen Mittelmeer hatten dagegen die Genueser, die Pisaner und zum Teil auch die Amalfitaner den entscheidenden Einfluss. Neben diesen grossen Parteien gab es eine undurchsichtige Grauzone von privaten Segelschiffen in allen Grössen und natürlich nicht zu vergessen, die Flotten der Tempelritter und der Hospitalieter.

Eine besondere Rolle in der Grauzone spielten kleine wendige Boote, die sich auf den ersten Blick offenbar keinem besonderen Verwendungszweck zuordnen liessen. Die Kaufleute und Makler wussten aber, dass dieses System der kleinen flinken Schnellsegler eine wichtige Aufgabe hatte, nämlich Nachrichten von einem Hafen zum anderen zu transportieren, bevor die schweren Frachtsegler dort eintrafen. Diese der arabischen Dhau ähnlichen, mit einer acht- bis zwölfköpfigen Besatzung bemannten Fahrzeuge, die auch leicht gerudert werden konnten, lagen in jedem grösseren Hafen und sammelten Informationen über die ankommende und abgehende Fracht, die sie dann rechtzeitig und im Detail der Konkurrenz zukommen liessen – selbstverständlich gegen eine entsprechende Gebühr. Selbstverständlich erhielt der jeweilige Hafenmeister die neuesten Informationen von den Schnellseglern gratis, wofür er sich mit einem Rabatt bei der Liegeplatzgebuhr revanchierte.

Es gab aber auch Kapitäne, die in einer Informationsflaute andere Aufträge annahmen, zum Beispiel Schmuggel oder, wie im vorliegenden Falle, den individuellen Personentransport. Überhaupt übernahmen sie gerne alles was illegal und damit lukrativ war.

Als Jussuf Claude das Boot erblickte, das ihn nach Palästina bringen sollte, stockte ihm zunächst der Atem. Es gab an Bord nur zwei kleine Kammern, die eine war für den Kapitän, die andere für die Mannschaft vorgesehen. Der Kapitän hatte seine Kammer geräumt, es war aber kaum Platz für eine Person, geschweige denn für ihn, seine Frau und das Kind. Nachdem der Schreck überwunden war, machte er sich daran, die Kabine für seine Frau Djamila und das Kind vorzubereiten und als die beiden zum vereinbarten Termin eintrafen, hatte er die Unterkunft schon etwas freundlicher eingerichtet. Der Kapitän, der ohnehin unruhig war, mahnte zur Abfahrt. Nach einem herzerweichenden Abschied und bewegenden Worten des Dankes an Kalil und den fünften Soldaten legte der Schnellsegler ab und verliess, von seinen Ruderern angetrieben, in aller Heimlichkeit den Hafen von Barletta.

Nach sechs Tagen kam der Hafen von Arsur in Sicht und die Überfahrt, auf der sie besonders die hygienischen Einrichtungen vermissten, näherte sich ihrem Ende. Viel wichtiger aber war, dass die ganze Familie die See-

reise gut überstanden und der Sohn durch sein fortwährendes Lächeln verkündet hatte, wie gut ihm die Fahrt übers Meer gefiel.
Der Geschäftsfreund des Schwiegervaters von Jussuf Claude hatte bereits in der Stadt für Unterkunft gesorgt und alles weitere besorgt, so dass die Familie nach kurzer Zeit der Eingewöhnung das renovierte Herrschaftshaus derer von Arsur beziehen konnte.

Zur gleichen Zeit trafen sich im fernen Rom der Papst, sein Kardinalsekretär und sein Privatsekretär, um ein Gedächtnisprotokoll zur Kenntnis zu nehmen, das dem Heiligen Stuhl auf konspirativem Wege zugespielt worden war.
Der Sekretär Silvano di Petrusconi begann, den in fehlerhaftem Latein verfassten Inhalt des zerknitterten und verschmutzten Schriftstückes zu verlesen:
„Von Friedrich II., König der beiden Sizilien und Arelat.
An den Sultan Al-Kamil, Beherrscher des Nil-Landes und der heiligen Stätten.
Vor einem Jahr haben wir beschlossen, dass ich mit meinem Heere hierher komme. Wenn ich mit leeren Händen zurückkehre, verliere ich alle Achtung. Du gebietest über so viel Land, dass Du mir davon abgeben kannst.
Die Stadt Jerusalem ist zerstört und liegt danieder. Ihr habt sie zerstört.
Gebt sie mir zurück und das umliegende Land, damit ich das Haupt heben kann.
Ich entsage im Voraus auch allen Vorteilen, die ich aus diesem Besitz ziehen könnte.
Akkon im Jahre 1228.“

Der Papst hatte, während der Sekretär aus dem Schriftstück vorlas, die Augen geschlossen gehalten. Jetzt meldete er sich zu Wort:
„Das kommt mir alles sehr bekannt vor, haben wir nicht schon vor einigen Jahren über die Bettelei des Kaisers herzlich gelacht?“
„Wir haben das Original dieses Schreibens vor zehn Jahren von unseren Gewährsleuten in Ägypten erhalten, und es ist insofern von Bedeutung, weil wir damit die Zuverlässigkeit des Gedächtnisprotokolls prüfen können. Im Großen und Ganzen stimmen die Angaben dieses Protokolls mit der Wirklichkeit überein, wenn auch verschiedene unwichtige Passagen

fehlen. Wir können also davon ausgehen, dass die folgenden Ausführungen im Wesentlichen richtig sind."
Nach dieser Bemerkung fuhr der Sekretär mit der Verlesung des Geheimpapiers fort:
„Von Sultan Al-Kamil an Friedrich II. (Streng geheim, nur mit Cherubshülse versenden)
Mein Bruder Al-Muazzam ist gestorben und ich habe mit Al-Ashraf das Reich meines Oheims Salah-Ed-Din geteilt. Statt unter drei Brüdern ist es nun unter uns zweien aufgeteilt.
Davon kann ich dir nichts schenken.
Wir können aber einen Tausch vornehmen. Du erhältst Jerusalem und den Zugang zum Mittelmeer für vorerst 10 Jahre, 10 Monate, 10 Wochen und 10 Tage, wie es bei uns Brauch ist. Dafür gibst du uns ein Stück Land in Süditalien, auf dem ein muslimisches Bauwerk errichtet werden kann, dazu einen Hafen und die Zufahrt zu dem Gebäude. Den Bau übernimmst du, die Kosten tragen wir gemeinsam.
Einzelheiten über das Wo und Wann klären wir zu gegebener Zeit.
Gaza im Oktober 1228."
Die Stimmung von Gregor IX. besserte sich zusehends:
„Das klingt ja alles schon ganz freundlich, wenn man bedenkt, wie wir dem Kaiser damit schaden können. So hat sich die Investition unserer Goldstücke immerhin etwas gelohnt. Aber wie geht es nun weiter?"
Silvano di Petrusconi holte tief Luft, dann sagte er:
„Es folgt die Antwort des Kaisers:
Von Friedrich II. an Sultan Al-Kamil *Streng geheim, nur mit Cherubshülse versenden*
Den Hafen kann ich dir nicht geben. Ich brauche sie alle, weil sonst meine Feinde dort landen könnten. Was und wo willst du bauen?
Sage es mir bald und ich sage dir: Ja, ich bin einverstanden!
Denke daran: Alles muss sehr geheim bleiben.
Jaffa im November 1228."

Sogleich meldete sich Goffredo da Castiglione, der als Kardinalsekretär im Vatikan auch für die Abfassung der Verträge zuständig war, zu Wort:
„Ich mache darauf aufmerksam, dass vom Kaiser in seinem Schreiben für seine Zustimmung zur Errichtung eines Gebäudes kein zeitlicher Rahmen

genannt worden ist. Weder für den Beginn der Arbeiten, noch für deren Beendigung und insbesondere nicht für die Zeit danach. Im Gegensatz dazu nennt der Sultan Al-Kamil für die Verpflichtung, die er eingeht, einen Zeitraum von circa elf Jahren nach muslimischer Gepflogenheit.“
Fragend richtete sich der Papst an seinen Kardinalsekretär:
„Das wird doch wohl nicht bedeuten, dass auf ewige Zeiten in Süditalien ein muslimisches Bauwerk steht?“
„Doch, ehrwürdiger Vater, so sieht es aus.“
„So war also während der vergangenen Jahre direkt vor unserer Haustür ein Komplott im Gange und wir merken erst nach zehn Jahren, was da gespielt wird? Immerhin kommt heute mehr Licht in die ganze Angelegenheit und wir wissen, warum eine muslimische Expedition quer durch Apulien gezogen ist, und weshalb sich in der allerletzten Zeit auf dem Berg Maria de Monte eine ganze Prozession von Muslimen versammelt hatte.
Aber bitte, lieber di Petrusconi, wir haben ja noch zwei weitere Briefe!“

„Von Sultan Al-Adil an Kaiser Friedrich II. *Streng geheim, nur mit Cherubshülse versenden*
Viel Zeit ist vergangenen und mein Vater ist darüber verstorben, ohne dass du bisher die Gegenleistung erbracht hast. Der Waffenstillstand ist abgelaufen. Wenn du ihn verlängert haben willst, muss aus der Baustelle des Castel del Monte umgehend eine Moschee werden. Ich sende dir einige Fachleute, Materialien, einen Muezzin und zwei Imame, die überwachen sollen, dass ein ordnungsgemäßes Freitagsgebet mit mindestens 40 Muslimen dort stattfinden kann und damit die Weihe des Bauwerkes vollzogen ist. Anschließend sollen die Installationen zur Erkennung der Quibla erhalten bleiben. Alles andere kannst du, wenn du willst, verändern. Al Qahirah im November 1239.“

Nun konnte sich der Papst nicht mehr halten:
„Das ist nicht zu glauben! Vor unseren Augen, fast in Sichtweite des Vatikans, findet ein muslimisches Freitagsgebet statt und wir wissen von nichts. Immerhin beweist dieser Schriftverkehr, dass wir mit der Exkommunikation des Kaisers richtig gehandelt haben. Hier ist wirklich der Antichrist tätig.“

An seinen Kardinalsekretär gewandt ordnete er an:
„Verschärfen Sie bitte die geheime Überwachung des Kaiserhofes, damit uns solche Schmach in Zukunft erspart bleibt.“
Der Sekretär erwähnte verängstigt, dass noch das Schreiben des Kaisers an Sultan Al-Adil II. zu verlesen sei, worauf der Papst nur bemerkte:
„Nach den vorhergehenden Briefen kann mich nichts mehr erschüttern.“
Der Sekretär verlas das letzte Schreiben:

„Von Friedrich II. an Sultan Al-Adil II. *Streng geheim, nur mit Cherubshülse versenden*

Solch ein gewaltiges Bauwerk lässt sich nicht über Nacht errichten. Es ist aber alles vorbereitet, um das gewünschte Freitagsgebet durchführen zu können. Die 40 Gläubigen werden aus meiner Garnison in Lucera kommen. Wenn demnächst aus Frankreich und England Kreuzritter nach Palästina kommen, so habe ich damit nichts zu tun. Seid unbesorgt, die beiden Länder stehen sich feindlich gegenüber und werden Euch nicht gefährlich werden. Mittelitalien Januar 1240.

Der Papst fasste seine Meinung zusammen:
„Zu der Beleidigung der christlichen Welt durch das Freitagsgebet gesellt sich nun auch noch Verrat des Kaisers an den im christlichen Glauben Herrschenden in England und Frankreich. Wir müssen unsere Propaganda gegen diesen Mann verstärken. Was den Preis für die Protokolle anbelangt, so haben wir für relativ wenig Geld eine Menge Informationen erhalten. Vielleicht können wir den Informanten irgendwann noch einmal gebrauchen.“

Kapitel 18
Die Pyramiden 2. Teil

Jussuf Claude hatte sich in Arsur schon nach kurzer Zeit eingelebt. Auch seine Frau Djamila und sein Sohn Balian hatten die anstrengende Seefahrt sehr bald vergessen und machten sich mit ihrer neuen Umgebung vertraut. Um die Landwirtschaft und die Verwaltung der Latifundien brauchte sich der Wissenschaftler nicht weiter zu kümmern, denn sein Verwalter hatte während seiner Abwesenheit jahrelange Erfahrung sammeln können. Also ließ er ihm auch künftig weitestgehend freie Hand und richtete sich einen Arbeitsraum ein, um darin seine früheren Studien fortzusetzen. Auch nahm er Kontakt zu seinen alten Freunden an der Madrasa von Al Qahirah auf, wo außerdem noch ein ruhender Lehrstuhl als Professor auf ihn wartete.

So kam es, dass er sich im Laufe der Zeit mehrere Male einer Karawane anschloss und den Sinai durchquerte. Doch nach einigen beschwerlichen Reisen auf dem Rücken eines Kamels wählte er den Seeweg nach Alexandria, denn auf dem Kamel war die Schaukelei noch schlimmer als auf dem Schiff. Im Gegenzug besuchten ihn seine Freunde Scheich Abdul Rahman al-Ubaidi und Scheich Da'ud ibn Auda auf seinem Landsitz in Arsur. Dabei gedachten sie in Wehmut und Trauer des so tragisch verstorbenen Scheich Sirag ad-Din al-Urmawi und Jussuf Claude versorgte sie noch mit einigen Details zum Hergang der Tat, dessen Zeuge er werden musste.

Schon bald drehten sich die Gespräche aber wieder um wissenschaftliche Dinge und hier besonders um die Forschungsergebnisse von Jussuf Claude. Nach seinem Verständnis war er hier in seinem neuen Lebensumfeld nicht mehr an die Weisungen des Kaisers und des Großhofes gebunden, denn nach den Hinweisen des Justitiars Riccardo di Montefuscolo auf seine Entlassung hatte er auch keine Bezahlung mehr erhalten. Dies waren für ihn hinreichende Gründe, sein Schweigen über seine wissenschaftliche Arbeit aufzugeben und er hatte vor, demnächst sogar wissenschaftliche Schriften über seine Forschungen in Apulien zu veröffentlichen, weil er ja in seinen Vorlesungen auf die bisher geheim gehaltene Proportionenlehre nicht Bezug nehmen konnte.

Damit ergab sich zwanglos eine Reihenfolge der Arbeiten die er zu erledigen hatte. Er musste für seine Kollegen an der Madrasa und für seine Studenten eine Übersicht über die Grundlagen der ins Auge gefassten Proportionenlehre schaffen, die es dem Novizen erlaubt, darauf seine eigenen Forschungen auszurichten. Er begann also dort, wo alles seinen Anfang nimmt, nämlich bei dem Bruder des Goldenen Schnittes, dem einfachsten Goldenen Dreieck.

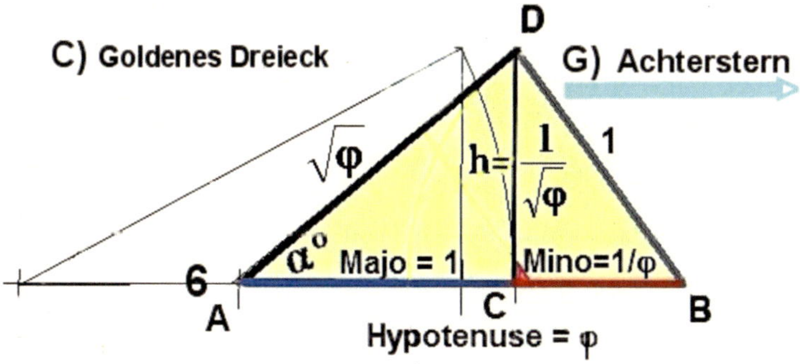

Abb.26 Goldenes Dreieck mit einfachen Abmessungen

Alle Anwendungen setzen eine Strecke voraus die nach dem Goldenen Schnitt geteilt sein muss. Welche Proportionen dabei gewählt werden spielt eigentlich keine Rolle, allerdings sind Abmessungen wie zum Beispiel:

Hypotenuse = φ besonders praktisch weil sie zu einem übersichtlichen Formelausdruck führen.

Im weiteren Verlauf seiner Arbeiten konstruierte Jussuf Claude also so ein Goldenes Dreieck mit der spitzen Ecke von 38,1727° zur linken Hand, wodurch sich auch eine Orientierung für das daraus zu entwickelnde Gebilde ergab. Dies sollte ein ungleichseitiger Achterstern werden, denn nur diese Figur konnte nach den Ergebnissen seiner früheren Forschungen die Forderung nach der sogenannten Selbstähnlichkeit erfüllen, Jener Eigenschaft also, die es ermöglicht, aus einem Gebilde ein kleineres oder größeres Abbild mit genau gleichen Eigenschaften zu schaffen. Im Gegensatz zu dem bekannten Oktogon mit seinen gleich weit voneinander entfernten Spitzen, ist es gerade die Eigenschaft der wechselweise unterschiedlichen Abstände der acht Spitzen des ungleichseitigen Achtersterns die dazu führen, dass sich aus nur einem einzigen vorgegebenen Mass alle Anderen in harmonischer Folge fast wie von selbst entwickeln. Als er diese Tatsachen vor seinen neuen Kollegen des Sultanats und der Madrasa von Al Qahirah Scheich Alam ad-Din Qàisar, Scheich Abdul Rahman al-Ubaidi und Scheich Da'ud ibn Auda vortrug bemerkte er, dass das vorliegende Goldene Dreieck nicht allein den ungleichseitigen Achterstern konstituieren wird, sondern dass im Laufe der Konstruktion sich noch ein weiteres Goldenes Dreieck entwickelt das den Winkel von ca. 51,8273° vertritt. Er vergass aber auch nicht zu erwähnen, mit welchen Schwierigkeiten dieser Achterstern ihn noch in Apulien konfrontiert hatte. So betonte er nachdrücklich, dass die kleinen roten Zwickel an den Punkten C; E; G und H sich unbedingt aus der Konstruktion ergeben müssten und man nicht der Versuchung erliegen dürfe, die Parallelen zu den Seiten FL; LD; DB und BF durch die erstgenannten Punkte gehen zu lassen. Er bemerkte auch und bat in diesem Punkt um erhöhte Aufmerksamkeit, dass der Wert

$\left(\frac{1}{\sqrt{\varphi}} + \frac{1}{\varphi}\right) = 1{,}404185$ in unmittelbarer Nähe zu

$\sqrt{2} = 1{,}414214$ liegt.

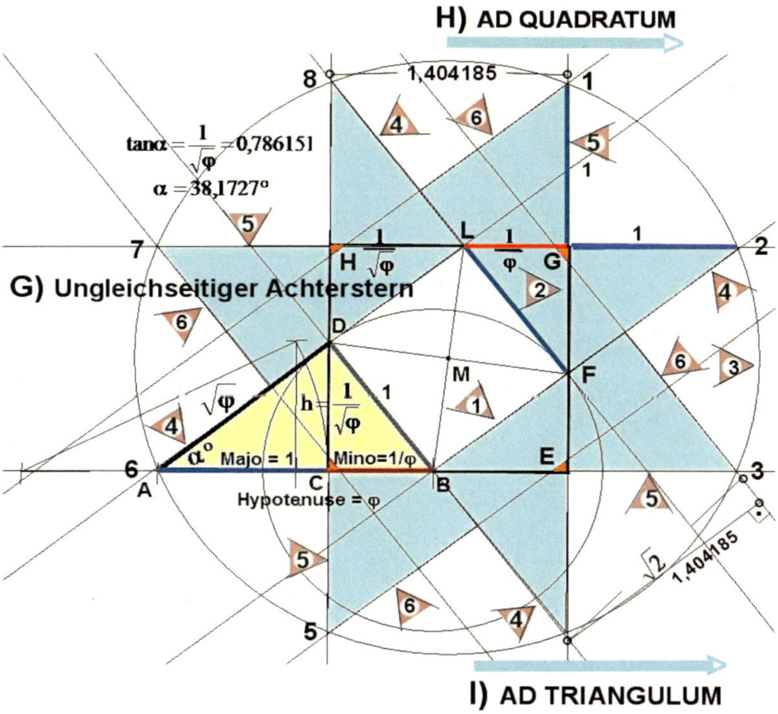

Abb.27 Konstruktion des unregelmäßigen Achterstern aus einem einfachen Goldenen Dreieck

Der ungleichseitige Achterstern entsteht nun allein mithilfe von Zirkel und Lineal wie nachfolgend beschrieben:

Erstens: Konstruiere um die Seite BD des Goldenen Dreiecks ein Quadrat und markiere dessen Mittelpunkt M.

Zweitens: Verlängere die Hypotenuse AB des Goldenen Dreiecks in Richtung über B hinaus und die Höhe CD in Richtung über D hinaus. Errichte die Parallele zu CD durch den Punkt F. Vervollständige die drei Seiten zu dem Quadrat C;E;G und H.

Drittens: Schlage um M einen Kreis mit dem Radius AM.

In seinen Berichten an die Consiglieri Imperatoris hatte Jussuf

Claude unter dem Titel -Castrum Buch II, Die Mathematik des Fibonacci und Ibelin- schon früher bewiesen, dass der ungleichseitige Achterstern einen definierten Umkreis besitzt.

Viertens: Verlängere die Seiten des kleineren, schräg stehenden Quadrates, beginnend bei FL in Richtung L und fortfahrend über LD in Richtung D bis BF in Richtung F. Die Schnittpunkte mit dem Kreis sind dann: die 38°-Spitzen 8; 6; 4 und 2 des entstehenden Achterstern.

Fünftens: Verlängere die Seite EG des grossen Quadrates in Richtung G und erhalte den Schnittpunkt mit dem Kreis bei 1. Fahre entsprechend fort und erhalte die Punkte 7; 5; und 3 auf der Peripherie des Kreises.

Sechstens: Errichte Parallelen zu den Seiten des kleinen schrägstehenden Quadrates durch die Punkte 1; 7; 6 und 3 und erhalte die entspre - chenden 52° -Spitzen des Achterstern.

Es sind die durch die Konstruktion entstandenen Quadrate BFLD und CEGH die untereinander in einem besonderen Verhältnis stehen. Weil das Goldene Dreieck ABD die gleiche Majorante 1 hat wie das Dreieck DL8, sind beide gleich. Die Strecke HL ist Höhe im letztgenannten Dreieck und hat daher die Länge wie sein Pendant im Dreieck ABD nämlich $h = \frac{1}{\sqrt{\varphi}}$.

Die Strecke LG der betrachteten Seite des Quadrates CEGH hat die Länge der Minorante des Goldenen Ausgangsdreiecks also $LG = \frac{1}{\varphi}$. Damit

ist die Länge einer Quadratseite von CEGH: $l_1 = \left(\frac{1}{\sqrt{\varphi}} + \frac{1}{\varphi}\right)$ oder:

$$l_1 = \left(\frac{\sqrt{\varphi}+1}{\varphi}\right)$$

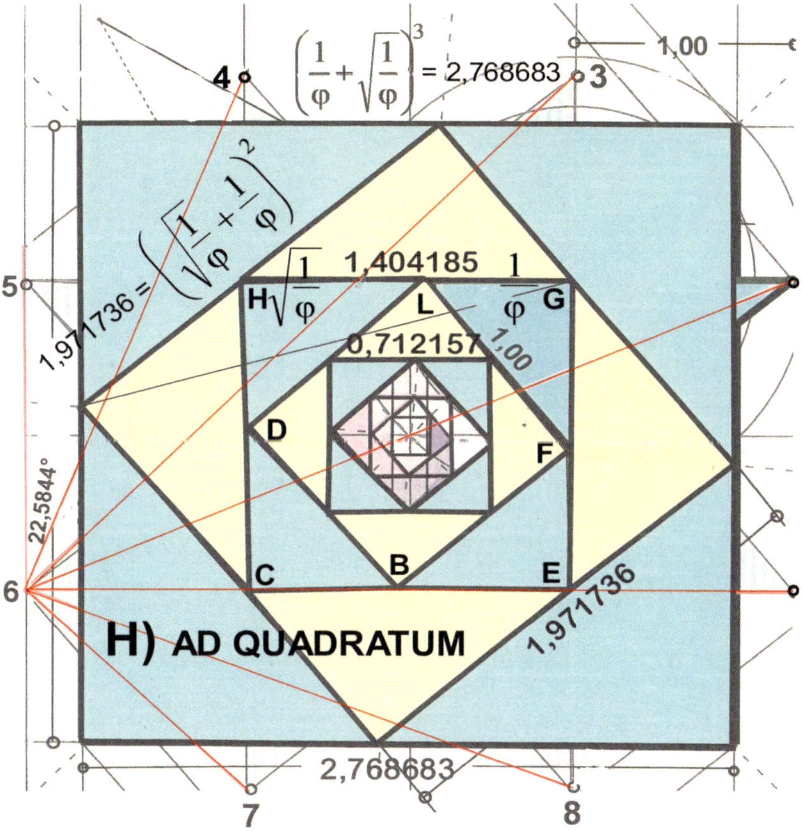

Abb.28 Proportionenschlüssel AD QUADRATUM mit den, um den Wert 1 herum größer oder kleiner werdenden, Quadratseiten

Zur Einstimmung in die weitere Problematik der inneren Harmonie der Gizah-Pyramiden fertigte er die Abbildung 28 der immer kleiner werdenden Quadrate an, wie er sie in Apulien schon bei der Lösung des Proportionenschlüssels der Zisterzienser erarbeitet hatte. Dabei bemerkte er mit einem gewissen Unbehagen, dass ihm die Zeichner über die er in den Tagen an der Residenz des Kaisers in Foggia gebieten konnte, hier doch sehr fehlten. Auch an den Umstand, alles selbst rechnen zu müssen, konnte er sich nur schwer gewöhnen. So kam es, dass seine Forschungen erheblich langsamer gediehen, als sein stets voranstürmender Geist es forderte.

Nach dieser Abbildung 28 wachsen nun die Seiten der grösser werdenden Quadrate um einen Faktor: $\left(\frac{1}{\sqrt{\varphi}}+\frac{1}{\varphi}\right)=1{,}404185$

oder sie werden $\frac{1}{\left(\frac{1}{\sqrt{\varphi}}+\frac{1}{\varphi}\right)}=0{,}712157$ kleiner als der Referenzwert 1.

Die Dombaumeister der französischen Könige nannten, wenn sie unter sich waren, dieses Verhältnis AD QUADRATUM und kennzeichneten damit die fortlaufende Reihenfolge der Zahlen:

$$\frac{1}{\left(\frac{1}{\sqrt{\varphi}}+\frac{1}{\varphi}\right)^3};\ \frac{1}{\left(\frac{1}{\sqrt{\varphi}}+\frac{1}{\varphi}\right)^2};\ \frac{1}{\left(\frac{1}{\sqrt{\varphi}}+\frac{1}{\varphi}\right)};\ 1;\ \left(\frac{1}{\sqrt{\varphi}}+\frac{1}{\varphi}\right);\ \left(\frac{1}{\sqrt{\varphi}}+\frac{1}{\varphi}\right)^2;\ \left(\frac{1}{\sqrt{\varphi}}+\frac{1}{\varphi}\right)^3$$

0,361183; 0,507167; 0,712157 ;1,00 ; 1,404185 ; 1,971736; 2,768681

$\chi^{-3};\quad \chi^{-2};\quad \chi^{-1};\quad \chi^{0};\quad \chi^{1};\quad \chi^{2};\quad \chi^{3}$

Einfacher wird die Zahlenfolge mit $\chi(\text{chi})$ für $\left(\frac{1}{\sqrt{\varphi}}+\frac{1}{\varphi}\right)$.

Aber die Meister hatten noch viele weitere Geheimnisse in ihrem Repertoire. Da das Goldene Dreieck die Konstruktionsgrundlage aller Quadrate AD QUADRATUM ist, sollte auch eine Abhängigkeit zu gewissen ausgezeichneten Dreiecken bestehen. Da die obere Zahlenreihe nicht nur die Seitenlänge fortlaufender Quadrate bestimmt, sondern auch die Hypotenusen harmonischer Goldener Dreiecke, ist die Ermittlung ihrer Majoranten, der grossen Katheten und der Höhe h kein Problem.
Aus der bereits genannten Folge der Hypotenusen entsteht wenn man die einzelnen Glieder wie folgt multipliziert:

$\times \frac{1}{\varphi}$ folgt die kleine Kathete = Majorante

$\cdot \frac{1}{\sqrt{\varphi}}$ folgt die große Kathete

$\cdot \frac{1}{\sqrt{\varphi^3}}$ folgt die Höhe h des Goldenen Dreiecks

Entsprechend verfertigten die Dombaumeister eine Zeichnung aus der sie die entsprechenden Abmessungen herausgreifen konnten und nannten diese Darstellung AD TRIANGULUM.

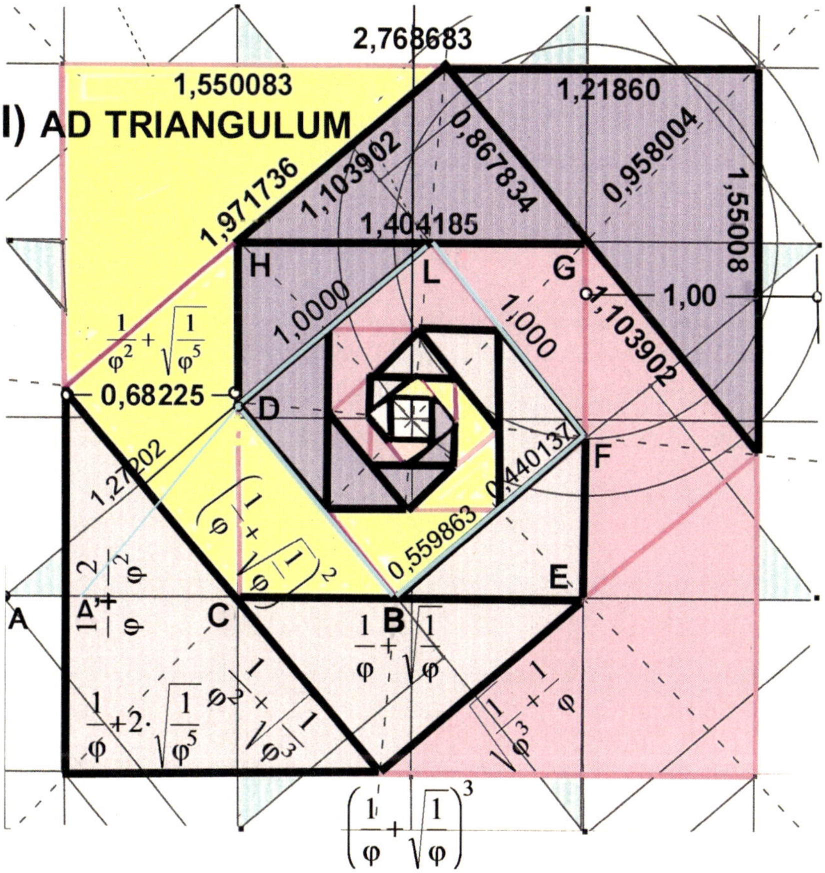

Abb.29 Zeichnung aus der sich die Proportionen AD TRIANGULUM herauslesen lassen

Ein Thema, das ihn seit seinem Eintreffen im vorderen Orient beschäftigte, war die Frage, ob die Pyramiden von Gizah in einem Zusammenhang zu dem Komplex von Goldenem Schnitt, Goldenem Dreieck, unregelmäßigem Achterstern, Fibonacci-Folge, Selbstähnlichkeit und dem Fraktum, jenem spiraligen Objekt, dass sich immer weiter zu größeren Einheiten von eigenartiger Schönheit zusammensetzen lässt, stehen.

Jussuf Claude von Ibelin hatte schon vor Jahren gegenüber Kollegen des Consiliario Imperatoris, also den Beratern des Kaisers den Begriff Fraktum gebraucht und ihm in seinem -*Castrum Buch II, die Mathematik des Fibonacci und Ibelin*- betitelten Aufzeichnungen ein eigenes Kapitel gewidmet

Sein Hintergedanke bei dieser Namenswahl war, dass in diesen Gebilden etwas Gebrochenes, Unvollständiges steckte, denn wenn man wollte, konnte man auf diese Weise ein Fraktum bis in alle Ewigkeit hin erweitern.

Während seiner Studienzeit an der Madrasa von Al Qahirah konnte er die Pyramiden des Cheops, Chefren und Mykerinos mit eigenen Augen sehen und wusste daher um die große Harmonie dieser eng beieinander stehenden Bauwerke, zwischen denen es nach seiner Auffassung auch einen inneren Zusammenhang geben musste. Doch welcher Art, fragte er sich nun. Er war überzeugt, dass die Symmetrien des Goldenen Schnittes und des Goldenen Dreiecks irgendwo in ihnen verborgen sein mussten, und er dachte dabei natürlich zuerst an den Proportionenschlüssel der Zisterzienser, den er enträtselt hatte, den aber hier im heiligen Land und auch in Ägypten keiner kannte. Wo sollte er anfangen und wie sollte es mit seinen Untersuchungen weitergehen da sich doch sein gesamtes Umfeld geändert hatte? Während er in Apulien sorgenfrei in eine bestimmte Richtung forschen konnte und seine Kollegen ihn wegen der vorangehenden fortwährenden Unterrichtungen genau verstanden, hatte er hier die gänzlich andersartige Aufgabe, seine Studenten in einer Sache zu unterrichten, für die es aber, wie er wusste, keinerlei Literatur gab. Obwohl an dem Problem der inneren Harmonie der Pyramiden zwar von alters her ständig geforscht wurde, hatte sich bisher kein allgemeingültiges Konzept durchgesetzt.

Also begann er mit dem Sammeln von Fakten, wobei ihm seine Professorenkollegen behilflich waren, indem sie an Ort und Stelle in Gizah an den Pyramiden Messungen vornahmen und ihm die Ergebnisse mitteilten. Sie machten ihn allerdings auch darauf aufmerksam, dass es noch einige kleinere, so genannte Königinnenpyramiden gebe und die Neigungen ihrer

Seitenflächen die gleichen seien wie die der grossen Pyramide. Die A b-messung der Grundlinie der Pyramide der Königin Hetepheres lieferten sie gleich mit, und Jussuf Claude nahm sie unmittelbar in seine Ausarbeitung auf.

Pyramide des Cheops

2 s Grundlinie der Pyramide = 230,38

s = ½ Grundlinie der Pyramide = 115,19 |>

h = Höhe der Pyramide = 146,60 <|>

H = Höhe der Seitenfläche der Pyramide = 186,44 <|

Pyramide des Chefren

2 s Grundlinie der Pyramide = 215,26

s = ½ Grundlinie der Pyramide = 107,63

h = Höhe der Pyramide = 143,50

H = Höhe der Seitenfläche der Pyramide = 179,38

Pyramide des Mykerinos

2 s Grundlinie der Pyramide = 104,60

s = ½ Grundlinie der Pyramide = 52,30 |>

h = Höhe der Pyramide = 65,55 <|>

H = Höhe der Seitenfläche der Pyramide = 83,86 <|

Pyramide der Königin Hetepheres

2 s Grundlinie der Pyramide = 46,70

s = ½ Grundlinie der Pyramide = 23,35 |>

h = Höhe der Pyramide = 29,70 <|>

H = Höhe der Seitenfläche der Pyramide = 37,78 <|

Als er vor Jahren an der Madrasa studierte, hatte er eine Skizze mit den Bezeichnungen der Abmessungen der Pyramiden angefertigt und mit Abbildung 18 bezeichnet. Als er nun unter Verwendung dieser Bezeichnungen, die er auch in seiner Zusammenstellung benutzte, an einer Reihe von Abmessungen nach inneren Zusammenhängen suchte, fielen ihm sofort einige Besonderheiten auf. Da war zum einen die Besonderheit, dass h / s, also Höhe geteilt durch ½ Grundlinie, stets einen Wert um 1,27… ergab. Das gleiche Ergebnis folgte aus H / h, also Höhe Seitenfläche geteilt durch Höhe Pyramide = 1,27… Claude kannte aber aus seinen Forschungen an diesem Dreieck nach der Abbildung 18 eine andere Bedeutung für die Zahl 1,272 ....

Es gilt nämlich, wenn man die Ägyptischen Bezeichnungen für eine schräge aufsteigende Linie nämlich *Schesep* und *Elle = 7 Schesep* benutzt,

-Jussuf Claude geht später noch darauf ein-, die Näherung in ganzen Zahlen:

$$\sqrt{\varphi} = 1{,}272... = 1 \text{ Elle} / 5\tfrac{1}{2} \text{ Schesep} = 7 \text{ geteilt durch } 5\ 1/2$$

und für φ folgt näherungsweise:

$$\varphi \cong 14^2 \text{ geteilt durch } 11^2$$

Formelmässig ist also:

$$\frac{h}{s} \cong \sqrt{\varphi} \quad \text{und} \quad \frac{H}{h} \cong \sqrt{\varphi}$$

bei den Seiten der Cheopspyramide und ebenso bei der Mykerinos-Pyramide.

Auch an den Unterlagen der Pyramide der Königin Hetepheres bestätigten sich diese Zusammenhänge und in seiner Tabelle markierte er die so zusammengehörigen Werte nachträglich mit kleinen roten Dreiecken.

Aus seinen früheren Untersuchungen wusste er natürlich, dass diese Abhängigkeiten ihre tiefere Ursache in den von *Herodot* beschriebenen Goldenen Dreiecken haben, die, in unterschiedlicher Grösse, den P yramiden zugrunde liegen. Dagegen ist der innere Aufbau der Chefren-Pyramide ganz anders. Ihre Seiten stehen untereinander im Verhältnis von 3 × 35,877 zu 4 ×35,877 zu 5 × 35,877. Diese Werte markierte Jussuf Claude nicht mit kleinen roten Dreiecken. Welche Bewandtnis es mit der Einheit 35,877 auf sich hat, verschloss sich ihm allerdings vorerst.

Als er daranging, die absteigende Folge der Seiten der Quadrate des Proportionenschlüssels mit der Grundlinie der Cheops-Pyramide als Startwert auszurechnen, erlebte er eine Überraschung.

Grundlinie (2 x s) grosses Quadrat = 230,38			
1. Verkleinerung	230,38 : 1,404185	= 164,07	
2. Verkleinerung	164,07 : 1,404185	= 116,84	
3. Verkleinerung	116,84 : 1,404185	= 83,21	1)
4. Verkleinerung	83,21 : 1,404185	= 59,26	
5. Verkleinerung	59,26 : 1,404185	= 42,20	
6. Verkleinerung	42,20 : 1,404185	= 30,05	2)
7. Verkleinerung	30,05 : 1,404185	= 21,40	
8. Verkleinerung	21,40 : 1,404184	= 15,24	
9. Verkleinerung	15,24 : 1,404185	= 10,86	3)

Es ist nämlich: [1)] = H (Höhe der Seitenfläche der Mykerinos-Pyramide)

[2)] = h (Höhe der Hetepheres-Pyramide)

[3)] = s (1/2 Grundlinie der kleinen Pyramide)

In der folgenden Tabelle der Abbildung 30 sind diese Verbindungen zwischen den Pyramiden dargestellt, von denen Jussuf Claude von Ibelin annahm, dass sie ihm noch weitere Einzelheiten über die innere Symmetrie der Bauwerke verraten würden. Seine Vermutung stützte sich darauf, dass die Cheops-Pyramide vom Grossvater, die Chefren -Pyramide vom Vater und die Mykerinos-Pyramide vom Sohn in nicht ganz genealogischer Reihenfolge erbaut wurden, denn zwischen Cheops und Chefren gab es noch die kurzzeitige Regierung eines Pharao Radjedef. Er fragte sich, warum der Enkel die kleinste Pyramide erbauen liess. Seine Vorfahren einschliesslich seines Urgrossvaters Snofru, der sogar drei grössere Pyramiden gebaut hatte, waren doch tot und

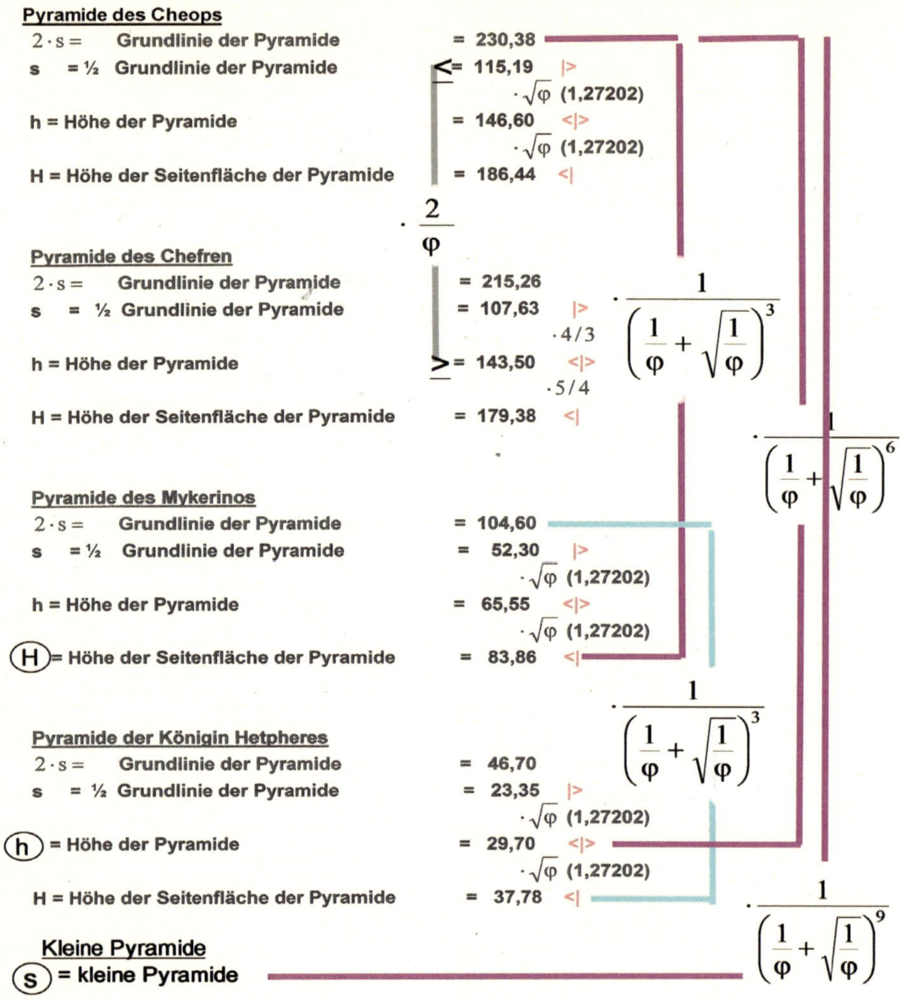

Abb.30 Die Abmessungen von fünf Pyramiden des Gizah Plateaus und ihre gegenseitigen Abhängigkeiten

hätten ihm keine Vorwürfe machen können, wenn er versucht hätte, sie mit der Grösse seines Bauwerkes zu übertreffen. Dafür musste es in den Augen von Jussuf Claude ein starkes Argument geben, das er versuchen wollte zu ergründen.

Also kombinierte er den Proportionenschlüssel mit den Werten seiner Tabelle und sofort ergaben sich pyramidenübergreifende Zusammenhänge, zum Beispiel zwischen Cheops und Mykerinos oder Mykerinos und Hetepheres. Auch zwischen der Cheops- und der Chefren-Pyramide gibt es eine wenn auch sehr schwache Verbindung. Das Bauwerk des Chefren wollte sich nicht in ein allgemeines Schema einpassen lassen. Ob dafür die kurze Regierungszeit des Pharao Radjedef verantwortlich war, wollte Jussuf Claude nicht diskutieren. Er schloss aber auch nicht aus, dass Radjedef seine Pyramide halb fertig an Chefren übergeben hatte, dem dann gar nichts anderes blieb, als daran weiterzubauen.

Eines Tages, während er wieder mit den Zahlen der Pyramiden von Gizah experimentierte, ergab es sich, dass er das Verhältnis aus der Grundlinie der Cheops-Pyramide und der Majorante der Pyramide des Mykerinos bildete. Die Zahl, die sich ergab:

$$230{,}38/\ 83{,}86 = 2{,}74720,$$

ließ ihn zusammenzucken. Sie wich nämlich nur um 2/1000 von einer anderen ab, die ihm schon früher anlässlich seiner Studien des Proportionenschlüssel der Zisterzienser begegnet und von ihm auf die Abmessungen des Castel del Monte in Apulien angewendet worden war. In der Abbildung 28 ist sie die Länge der Grundlinie des größten Quadrates und ihr Wert ergibt sich aus der Formel:

$$\left(\frac{1}{\varphi} + \frac{1}{\sqrt{\varphi}}\right)^3 = 2{,}768683 \qquad (14)$$

Wegen der Bedeutung dieser Zahl hatte er sie natürlich wie üblich seinen Kollegen des Consiliario Imperatoris, also den Beratern des Kaisers, unter dem Titel: -*Castrum Buch II, Die Mathematik des Fibonacci und Ibelin*-mitgeteilt. Jetzt brauchte er solche Rücksichten nicht mehr nehmen und so veröffentlichte er diese Zahl auch erstmalig im Rahmen seiner Vorlesungen an der Madrasa von Al Qahirah.

Diese Zahl 2,768683 ist aber auch der vierte und größte Wert aus einem Kanon von Vergrößerungen der Seiten eines Quadrates der Seitenlänge 1, wie er in Abbildung 31 dargestellt ist. Da in der Zeitspanne, die zwischen dem Baubeginn der Cheops- und der Mykerinos-Pyramide liegt, vier Herrscher regierten, lag es für Jussuf Claude nahe, den Vergrößerungen der Quadratseiten des Proportionenschlüssel auch je einen Herrscher der IV. Dynastie Ägyptens zuzuordnen.

$$\left(\frac{1}{\varphi}+\sqrt{\frac{1}{\varphi}}\right)^{3}=2{,}768683$$ Cheops (Regierungszeit 23 Jahre)

$$\left(\frac{1}{\varphi}+\sqrt{\frac{1}{\varphi}}\right)^{2}=1{,}971736$$ Radjedef (Regierungszeit 8 Jahre)

$$\left(\frac{1}{\varphi}+\sqrt{\frac{1}{\varphi}}\right)=1{,}4041851$$ Chefren (Regierungszeit 26 Jahre)

1,000 Mykerinos (Regierungszeit 22 Jahre)

Als er so vorging und zum ersten Mal dieses vergleichende Zahlenwerk vor sich sah, wobei er die Pyramide der Königin Hetepheres erst später berücksichtigte, erfasste ihn mit Macht der Gedanke, dass er im Begriff war, zwei Sachverhalte in der Geschichte der Menschheit, die mehr als 3500 Jahre auseinander lagen, miteinander zu verbinden. Vor Jahren hatte er den geheimen Proportionenkanon der Zisterzienser entschlüsselt. Die hatten ihn von den Tempelrittern erhalten, und diese wiederum fanden die Anweisungen wahrscheinlich in den Resten des salomonischen Tempels. Dorthin waren sie wohl auf geheimnisumwitterten Wegen über den Baumeister Hiram von Tyros, dem Erbauer des Tempels Salomo, aus Ägypten gelangt. In diesem Land, um die Zeit von 2500 vor Christi Geburt, nahm eine Entwicklung ihren Ursprung, bei der aus den Proportionen des Goldenen Schnittes und ihrer Verhältniszahl φ universell geltende harmonische Zusammenhänge entwickelt wurden, die über die reine harmonische Teilung einer Strecke weit hinausgingen, und die ihre Entdecker sogleich in den dreidimensionalen Proportionen der Pyramiden zur Anwendung brachten.

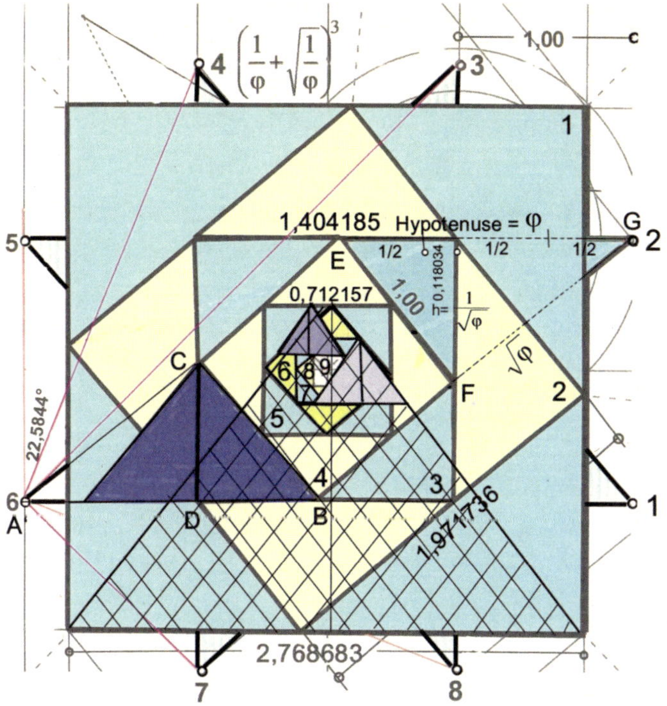

Abb. 31 Vier Pyramiden (ausser Chefren) des Gizah-Plateau in den Proportionenschlüssel AD QUADRATUM eingearbeitet. *Dreieck DBC ist Teil des Urdreiecks A'BC des unregelmässigen Achterstern*

In solchen Gefilden bewegten sich Jussuf Claudes Gedanken, als er sich an keine geringere Aufgabe heranmachte, als zwischen den Abmessungen der ägyptischen Pyramiden und dem Proportionenschlüssel der gotischen Dome eine Verbindung herzustellen.

Schritt für Schritt gelang es ihm, die Abmessungen aller Pyramiden in dem Grundriss des Proportionenschlüssels, wie er in Abbildung 31 dargestellt ist, unterzubringen. Allerdings versäumte er nicht, darauf hinzuweisen, dass seine Darstellung nicht die Übersichtlichste sei. Seinen Studenten erklärte er, sie sollten sich vorstellen, von oben in ein ineinander geschachteltes und verschobenes System von Quadraten und Dreiecken hineinschauen zu müssen, um in dem Gewirr Pyramiden zu entdecken.

Für diese komplexe Darstellung hatte Jussuf Claude die passende Antwort. In den früheren Arbeiten die er noch in Apulien ausgeführt hatte, war er zu einem Korollar gelangt, auf das er sich jetzt wieder bezog:

Die Länge der Seite eines größeren Quadrates ist die Summe aus der Länge von großer und kleiner Kathete eines Goldenen Dreiecks, dessen Hypotenuse wiederum die Seite eines kleineren Quadrates ist.

Um das Geschriebene für sich selbst auch nachvollziehen zu können, musste er damals eine Zeichnung anfertigen lassen, die er nun an seiner neuen Wirkungsstätte veröffentlichte. Aus der Zeichnung zu dem Korollar ist zu erkennen, dass sich das graue Dreieck, auf das sich das große und das kleine Quadrat beziehen, in dem großen Quadrat als Goldenes Dreieck in Türkisfarbe viermal wiederholt und sich damit aus dem großen das kleine gelbe Quadrat entwickelt, das aber in dem größeren Quadrat schon vorgezeichnet ist.

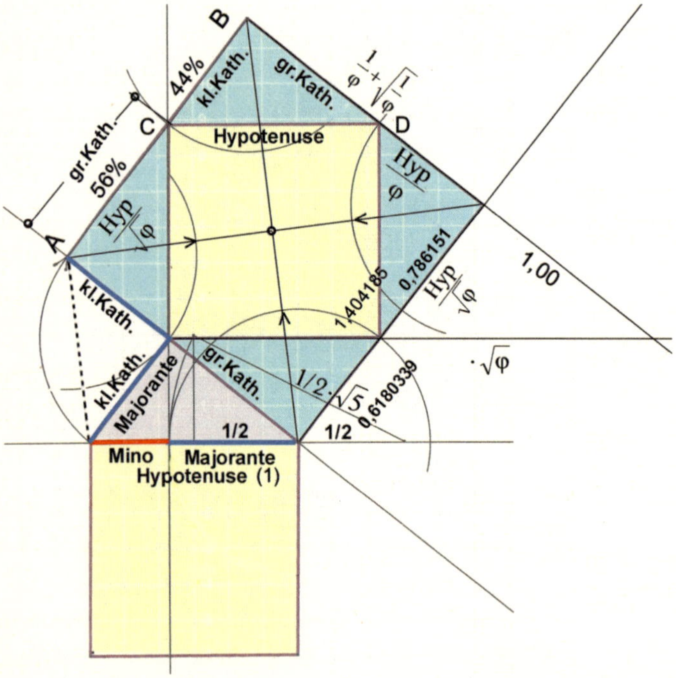

Abb.32 Aus -Castrum Buch II, Die Mathematik des Fibonacci und Ibelin-

Weiter konnte man aber aus dem Korollar und der Abbildung 32 erkennen, dass zwar das größere aus dem kleineren Quadrat leicht aufzubauen ist, der umgekehrte Fall aber seine Tücken besitzt.

Am Einfachsten baut man ein kleineres aus einem größeren Quadrat auf, indem man in einem Näherungsverfahren an allen vier Ecken Kreise mit einem Radius von 44 % der Strecke AB anträgt und die Punkte CD miteinander verbindet und auf ihnen ein Quadrat errichtet. Die 44 % sind deshalb notwendig, weil das Verhältnis $\frac{1}{\sqrt{\varphi}} : \frac{1}{\varphi}$ = 1,272… von AB sich annähernd so verhält wie: 56 % zu 44 % = 1,273

Natürlich gab der Meister keine Ruhe bis er einen Weg gefunden hatte der es ihm erlaubte, dass kleinere Quadrat wie üblich mit Zirkel und Lineal aus dem größeren abzuleiten. Die Professorenkollegen und seine Studenten wies er auf die besondere Rolle hin, die in diesem Falle das Goldene Dreieck spielt. Es dient nämlich dazu, die Neigungen für 38,1727° und 51,8273° bereitzustellen die für die Konstruktion benötigt werden.

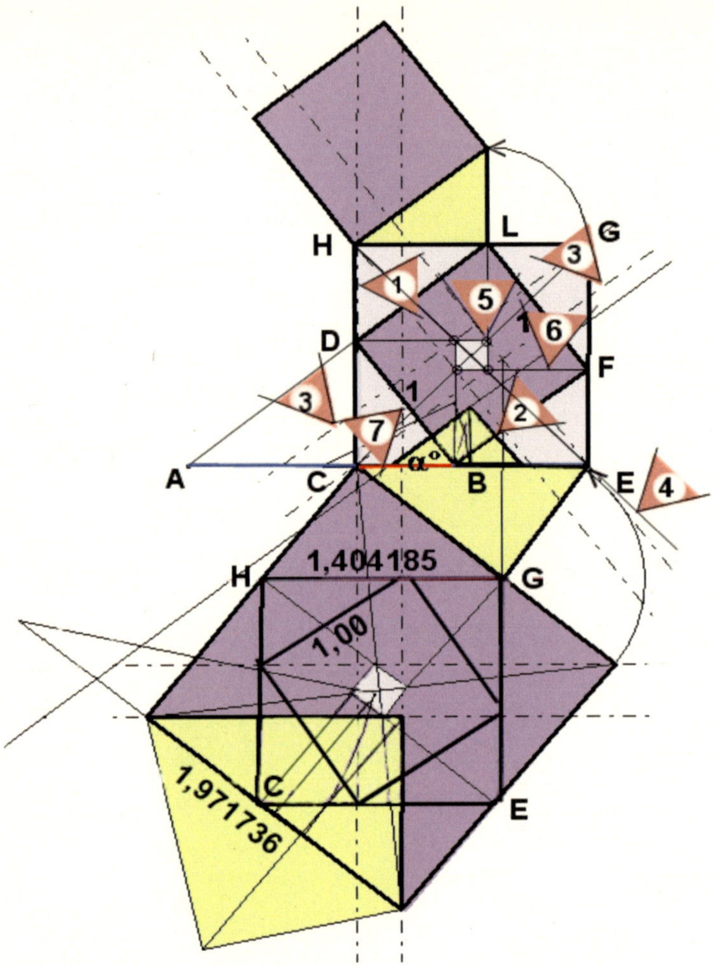

Abb.33 Die Konstruktion eines kleineren Quadrats aus einem Grösseren nach der Proportion AD QUADRATUM

So konnte er nach längerem Bemühen eine Konstruktionsvorschrift erarbeiten.

Erstens: Zeichne das Quadrat, das verkleinert werden soll, in beliebiger Lage, am besten natürlich mit den Seiten senkrecht und waagerecht, auf Pergament.

Zweitens: Konstruiere auf der Grundlinie des Quadrates ein Goldenes Dreieck beliebiger Größe. Wichtig an diesem Dreieck ist nur, dass im Verlauf der weiteren Konstruktion von der großen und kleinen Kathete Parallelen abgenommen werden können.

Drittens: Zeichne die Parallelen zur großen Kathete die in den Ecken C und G beginnen. Zeichne die Parallelen zur kleinen Kathete die in den Ecken E und H beginnen.

Viertens: Zeichne die Diagonalen in das Quadrat C E G H.

Fünftens: Markiere die Schnittpunkte der Diagonalen mit den Parallelen.

Sechstens: Verlängere je zwei der nach Punkt 5 erzeugten Schnittpunkte in Richtung der Quadratseiten. Markiere dort die Punkte F; L: D und B.

Siebtens: Verbinde D mit L; L mit F; F mit B und schließlich B mit D.

Nun ist sofort erkennbar, dass sich das Gebilde sowohl nach oben zu kleineren, als auch nach unten zu größeren Quadraten hin erweitern lässt. Aber auch seitlich gibt es Erweiterungsmöglichkeiten. Zum Beispiel wenn man in Abbildung 33 an die Seite FG ein weiteres kleines Quadrat ansetzen würde wie bei der Seite HL

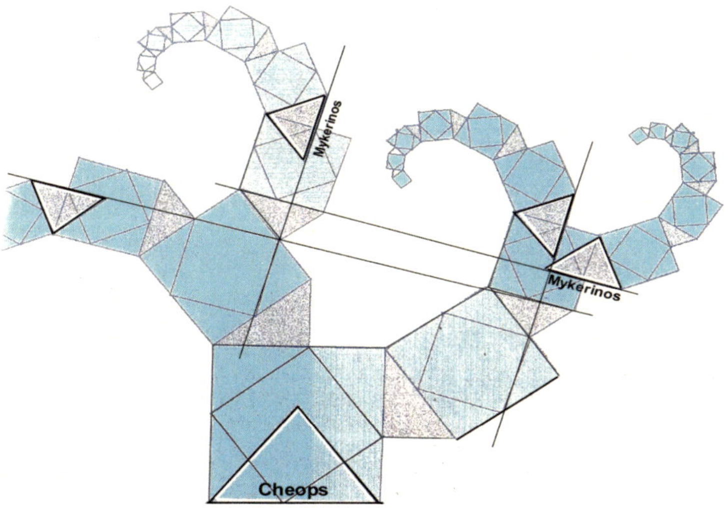

Abb.34 So entsteht langsam ein *Fraktum*

Wenn man nun in dieser Art und Weise weiter voranschreitet, kommt man zu einem Gebilde aus selbstähnlichen Quadraten und Dreiecken, die Jussuf Claude früher schon entdeckt und als *Fraktum* bezeichnet hatte. Bei der Abbildung 34, muss man sich vorstellen, dass an allen Quadraten weitere gebogene Äste herauswachsen können, sodass letztendlich ein geschlossenes Gebilde entstehen würde, in dem sich einzelne Knoten an den Stellen bildeten, an denen die Äste sich überlagerten. Aus dem Proportionenschlüssel ergibt sich die Reihenfolge, in der sich die absteigenden Quadrate verkleinern, und der Vergleich mit der Tabelle der Abmessungen gibt die Lage an, an der sich die Mykerinos-Pyramide und die Pyramide der Hetepheres in Bezug auf die Cheops-Pyramide befinden.

Jussuf Claude war natürlich nicht verborgen geblieben, dass der beschriebene und in Abbildung 35 gezeichnete Weg AD QUADRATUM nicht den Idealfall von dem darstellt, was man sich unter dem Kanon der aufeinanderfolgenden Abmessungen zusammengehöriger Teile vorstellt. Aus dem Maß der Grundlinie $2 \times s$ der großen Pyramide ergibt sich *nicht* die vergleichbare Abmessung $2 \times s$ der Mykerinos-Pyramide. Vielmehr erscheint es so, als würde dem Baumeister freigestellt, welches der drei maßgebenden Längen der Pyramide, H, h und s, er wählen darf. Sucht er sich einen Wert aus, so sind die zwei anderen natürlich nach dem Gesetz des Goldenen Dreiecks vorgegeben.

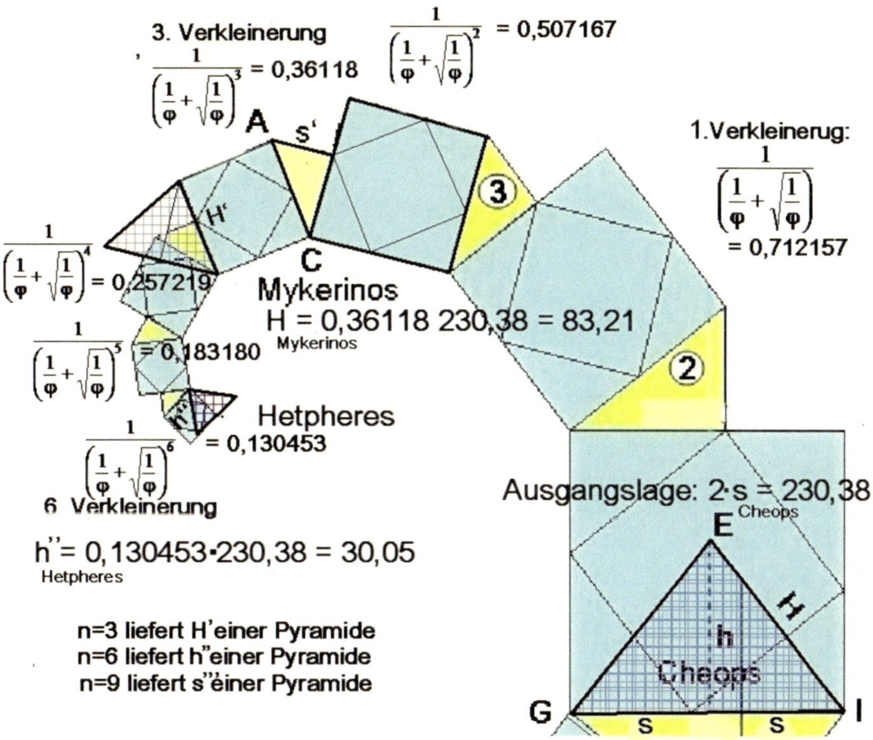

Abb.35 Aus dem Proportionenschlüssel AD QUADRATUM folgt ein Fraktum, an dessen Ästen sich die Pyramiden des Mykerinos und der Hetepheres anlagern. Basis ist die Grundlinie der Cheops-Pyramide

Er überlegte lange, um einen verständlichen Ausweg zu finden, dann schrieb er:

$$2 \cdot s_{Cheops} \cdot \frac{1}{\left(\frac{1}{\varphi} + \frac{1}{\sqrt{\varphi}}\right)^3} = H_{Mykerinos}$$

$$H_{Mykerinos} \cdot \frac{2}{\varphi} = 2 \cdot s_{Mykerinos}$$

$$2 \cdot s_{Mykerinos} \cdot \frac{1}{\left(\frac{1}{\varphi} + \frac{1}{\sqrt{\varphi}}\right)^3} = H_{Hetpheres}$$

$$H_{Hetpheres} \cdot \frac{2}{\varphi} = 2 \cdot s_{Hetpheres}$$

$$2 \cdot s_{Hetpheres} \cdot \frac{1}{\left(\frac{1}{\varphi} + \frac{1}{\sqrt{\varphi}}\right)^3} = H_{kleinePyr}$$

$$H_{kleinePyr} \cdot \frac{2}{\varphi} = 2 \cdot s_{kleinePyr}$$

Dies lässt sich, da fortlaufend multipliziert wird, wie folgt schreiben:

$$2 \cdot s_{Cheops} \cdot \frac{1}{\left(\frac{1}{\varphi} + \frac{1}{\sqrt{\varphi}}\right)^3} \cdot \frac{2}{\varphi} \cdot \frac{1}{\left(\frac{1}{\varphi} + \frac{1}{\sqrt{\varphi}}\right)^3} \cdot \frac{2}{\varphi} \cdot \frac{1}{\left(\frac{1}{\varphi} + \frac{1}{\sqrt{\varphi}}\right)^3} \cdot \frac{2}{\varphi} = 2 \cdot s_{kleinePyr}$$

und folgendermassen zusammenfassen:

$$2 \cdot s_{Cheops} \cdot \frac{1}{\left(\frac{1}{\varphi} + \frac{1}{\sqrt{\varphi}}\right)^9} \cdot \left(\frac{2}{\varphi}\right)^3 = 2 \cdot s_{kleinePyr} \qquad (15)$$

Für die 2. Klammer existiert eine Identität:

$$\left(\frac{2}{\varphi}\right)^3 = \left(\sqrt[3]{\frac{2}{\varphi}}\right)^9$$

Damit folgt aus (15)

$$(2 \cdot s)_{Cheops} \cdot \left(\frac{1}{\left(\frac{1}{\varphi} + \sqrt{\frac{1}{\varphi}}\right)} \cdot \left(\sqrt[3]{\frac{2}{\varphi}}\right)\right)^n = (2 \cdot s)_n \qquad (16)$$

(16) liefert natürlich auch alle Werte der Seiten der anderen harmonischen Quadrate und nicht nur jene für n = 3; n = 6; n = 9 und n = 12.

Als Beispiel rechnete Jussuf Claude die Werte s der Hetepheres- und H der Mykerinos-Pyramide aus. In Klammern schrieb er die tatsächlichen Werte, wobei er sich einen Kommentar zu der Übereinstimmung ersparte.

$s_{Hetpheres} = 0{,}764287^6 \cdot 115{,}19 = 22{,}96$ *23,35* 6.Verkleinerung

$H_{Mykerinos} = 0{,}764287^3 \cdot 186{,}44 = 83{,}24$ *83,86* 3.Verkleinerung

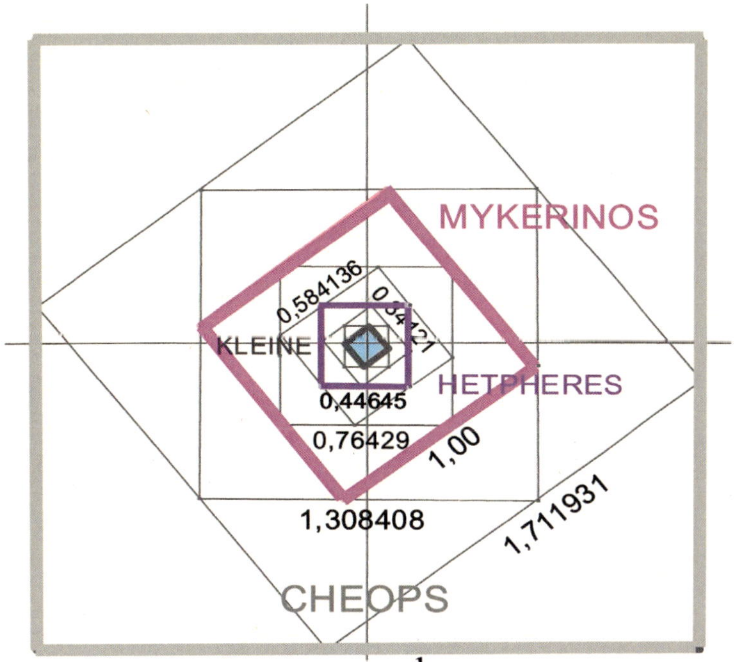

$$2{,}2399 = \frac{1}{0{,}76429^3}$$

Abb.36 Die vier Gizah-Pyramiden AD QUADRATUM

Gibt es auch etwas mit dem Exponenten 9?

Die ganze Zeit hatte der Wissenschaftler mit einem Wert für n = 9 gerechnet, ohne zu wissen, ob er existiert. Seine Grundlinienlänge sollte $2 \cdot s_{Exp9} = 0{,}764287^9 \cdot 230{,}38 = 20{,}50$ sein.

Als Jussuf Claude seine Kollegen von der Madrasa befragte, bekam er zur Antwort, dass es südlich der Cheopspyramide noch eine kleine Pyramide geben soll, die aber im Sand begraben liegt. Nach alten Angaben soll diese Pyramide als Modell für die große Schwester gedient haben. Die Länge ihrer Grundseite soll 23,00 gewesen sein, also 10 % der Grundseite der großen Pyramide!

All dies klang bisher ganz gut in seinen Ohren. Aber, wie so oft in seinem Leben, konnte er unter seine gesammelten Ergebnisse und Erkenntnisse keinen Schlussstrich ziehen. Seine Gedanken kreisten immer wieder um das Problem und je länger dieser Zustand anhielt, desto größere Zweifel kamen in ihm auf. Hier hatte er zu bemängeln, dass die Eindeutigkeit des Faktors in der Gleichung (14) schon bei der Gleichung (15) und den anderen nicht mehr erhalten war, und dies lag nicht an dem Exponenten n .

Aus $\frac{1}{\left(\frac{1}{\varphi}+\sqrt{\frac{1}{\varphi}}\right)}$ war im Laufe der Entwicklung der Gleichung

$\frac{1}{\left(\frac{1}{\varphi}+\sqrt{\frac{1}{\varphi}}\right)}\cdot\sqrt[3]{\frac{2}{\varphi}}$ geworden und das störte ihn doch sehr. Da kam ihm die Göttin, die alle Entwicklungen begleitet, zu Hilfe. Sie wies ihn auf Folgendes hin:

In der ursprünglichen Form der Verkleinerung AD QUADRATUM lassen nämlich die verkleinerten Quadrate dem Baumeister keineswegs die Wahl zwischen den drei maßgebenden Werten Höhe, Seite … der Pyramide. Vielmehr ist es so, dass für n = 3 als Ergebnis der größte Wert des Tripel \`H'; \`h'; ´s', nämlich 'H' erscheint. Für n = 6 ist es dann der zweitgrößte Wert ' h' und für n = 9 liefert die Seite des entsprechenden Quadrates den drittgrößten Wert 's'.

Für Exponenten größer als n = 9, also zum Beispiel n = 12, beginnt das Spiel wieder von vorne, also mit 'H'.

Für 'H' ist n = 3; 12; 21

'h' ist n = 6; 15; 24

's' ist n = 9; 18; 27

Diese Fakten fügte Jussuf Claude nachträglich in die Abbildung 35 ein und brachte damit zum Ausdruck, dass für die Berechnung nach dieser Abbildung die Bedingung gilt:

Nur für n = 3; n = 6; n = 9 und n = 12

Als Beispiel rechnete er den Wert von s''' der kleinen Pyramide aus und erhielt:

$$s''' = 2 \cdot s_{Cheops} \cdot \left(\frac{1}{\frac{1}{\varphi} + \frac{1}{\sqrt{\varphi}}} \right)^9 = 10{,}85$$

daraus nach dem goldenen Dreieck:

$$h''' = 10{,}85 \cdot \sqrt{\varphi} = 13{,}80$$

$$H''' = 13{,}80 \cdot \sqrt{\varphi} = 17{,}55$$

$$2 \cdot s''' = 17{,}55 \cdot \frac{2}{\varphi} = 21{,}70$$

Damit ergibt sich für die Berechnung der charakteristischen Abmessungen der Pyramiden von Gizah als zweite Formel.

$$(2 \cdot s)_{Cheops} \cdot \left(\frac{1}{\left(\frac{1}{\varphi} + \sqrt{\frac{1}{\varphi}} \right)} \right)^n = \left(H''''_{n=12}; s'''_{n=9}; h''_{n=6}; H'_{n=3} \right) \qquad (17)$$

Für seine Studenten merkte er noch an, diese Formel habe die Eigenschaft die entsprechenden Pyramiden bei Eintrag in den Proportionenschlüssel nach Abbildung 31 immer, wie in der Natur, senkrecht zu stellen.

	Cheops			Mykerin			Hetpher		
n	0	1	2	3	4	5	6	7	8
	1,000000	0,764287	0,584135	0,446446	0,341213	0,260785	0,199314	0,152333	0,116426
2s	230,38	176,08	134,57	102,85	78,61	60,08	45,92	35,09	26,82
s	115,19	88,04	67,29	51,43	39,30	30,04	22,96	17,55	13,41
h	146,60	112,04	85,63	65,45	50,02	38,23	29,22	22,33	17,07
H	186,44	142,49	108,91	83,24	63,62	48,62	37,16	28,40	21,71

Abb.37 Tabelle der möglichen Abmessungen von Pyramiden nach einem von Jussuf Claude von Ibelin wiederentdeckten Proportionenschlüssel AD QUADRATUM

$$(2\cdot s)_{Cheops}\cdot\left(\frac{1}{\left(\frac{1}{\varphi}+\sqrt{\frac{1}{\varphi}}\right)}\cdot\left(\sqrt[3]{\frac{2}{\varphi}}\right)\right)^{n}=(2\cdot s)_{n} \qquad (16)$$

$$(2\cdot s)_{Cheops}\cdot\left(\frac{1{,}0732}{1{,}404185}\cdot\right)^{n}=(2\cdot s)_{n} \qquad (16.1)$$

Nachdem Jussuf Claude das Manuskript zu seinen Forschungen über die geometrischen Proportionen der Pyramiden abgeschlossen hatte, stellte er es seinen Professorenkollegen Abdul Rahman al-Ubaidi und Da'ud ibn Auda vor. An der Vorlesung, die er zu diesem Anlass hielt, nahm auch der Hofmathematiker Scheich Alam ad-Din Qaisar teil, der ihm die grosse Ehre erwies, ihn zu einer Privataudienz einzuladen. Alle Teilnehmer waren voll des Lobes über die hervorragende Arbeit, die ihnen in Jussuf Claudes elaboriertem Vortrag vorgelegt wurde. Natürlich verbreitete sich die Nachricht von der Entdeckung des harmonischen inneren Zusammenhanges der Gizah-Pyramiden wie ein Lauffeuer im arabischen Raum, gehörten doch die Bauwerke zu den sieben Weltwundern. Hocherfreut war Jussuf Claude über den Schriftverkehr, der sich mit der Schule des al Husayn al-Karkhi aus Bagdad entwickelte, die dort den Nachlass dieses Gelehrten fortführte. Besonders geehrt fühlte er sich aber durch die Aufmerksamkeit, die ihm von dem grossen Gelehrten Ibn Sabin aus Ceuta in Nordafrika zuteil wurde. Immerhin war dies der Mann, der die sogenannten *Sizilischen Fragen* des Kaiser Friedrichs II beantwortet hatte, dabei mit Kritik am Kaiser nicht gespart und darüber hinaus das ansehnliche Honorar des Imperators zurückgeschickt hatte.

Von ihnen erhielt er tiefschürfende Anregungen, die er auch sofort weiterverarbeitete und die ihm anschliessend zu einem weiteren Welterfolg verhelfen sollten. Aber auch in dem in wissenschaftlicher Hinsicht doch eher verschlafenen Abendland des Kaisers Friedrich II. wurden seine Forschungsergebnisse bekannt. Die früheren Kollegen des Consiliario Imperatoris beglückwünschten ihn, und der ihm gut bekannte Albertus

Magnus schrieb aus Köln am Rhein, wo er den Bau des Domes begleitete. Der wissenschaftliche Empfehlung des Ibn Sab'in ging Jussuf Claude als Erstes nach. Der hatte angeregt, das Maßsystem der Pharaonen zu untersuchen, denn der universelle Wert der Konstanten φ mit 1,6180339 müsste auch dort seine Spuren hinterlassen haben.

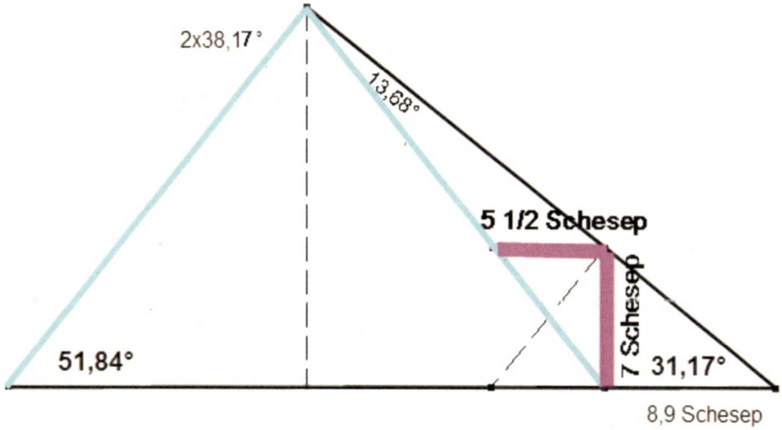

Abb.38 Schesep und Seked

Wie Jussuf Claude aus seinen Studien an der Madrasa von Al Qahirah wusste, verwendeten die ägyptischen Baumeister ein Neigungsmaß, das sie Seked nannten und das den Rücksprung einer schrägen Fläche in einer Höhe von einer Elle in der Einheit maß, der sie den Namen Schesep gaben. Für diese so genannte Königselle bewahrten die Ägypter ein genau gearbeitetes Urmaß aus poliertem Granit an ihrem Königshof auf.

Besonders häufig stieß Jussuf Claude in den alten Unterlagen auf eine Neigung von 1 Elle / 5 ½ Schesep, worauf er schon früher eindringlich hingewiesen hatte. Wenn man nun weiß, dass eine Elle aus sieben Schesep besteht, dann findet man:

5 ½ Seked = 7 Schesep / 5 ½ Schesep = 1,273

Und dies ist, wie Jussuf Claude wusste, der Wert von $\sqrt{\varphi} = 1{,}27202$, der Länge der großen Kathete des Goldenen Einheitsdreiecks EFG.

Er hatte während seiner Studien in Cordoba von einem Wissenschaftler mit Namen Gherardo da Cremona gehört, der in Toledo Arabische Lite-

ratur ins Lateinische übersetzte, und hatte auch einige Schriften von ihm gelesen. Darunter war auch ein Traktat, das den Begriff der Neigung mit dem Verhältnis der Länge eines Stabes in der Sonne mit der Länge seines Schattens vergleicht. Der Wissenschaftler aus Toledo nannte nun den Zusammenhang nicht Neigung, sondern *Tangens* und brachte ihn in einen gewissen Zusammenhang zu dem Begriff des Winkels in Grad.
Es ist also demnach:

Tangens = Länge Stab / Länge Schatten.

Damit war es für Jussuf Claude ein Leichtes, den Zusammenhang mit dem ägyptischen Seked herzustellen.

Tangens = Seked = Elle / Schesep

und für den vielbenutzten Wert Tangens = 5 ½ Seked = 1,27273 konnte er mit seinen Tafeln sofort den zugehörigen Winkel 51,843° ermitteln, den er natürlich als Neigungswinkel der großen Pyramide identifizierte – und als Winkel des Goldenen Dreiecks!
Als er nun den Winkel von (90°- 51,843°) durch 5 ½ teilte, erhielt er den Wert 6,94°, was fast genau dem Winkel der Schräglage entsprach, die das innere Quadrat gegen das größere äußere Quadrat annimmt. Diese Schräge kann man mit euklidischen Werkzeugen leicht konstruieren und damit auch den Wert von 1 Seked.
Nachdem er die Abbildungen 37 und 38 hergestellt hatte, war Jussuf Claude von Ibelin erstaunt, mit welcher Genauigkeit es möglich war, seine Ergebnisse mit den Näherungswerten der Pharaonen nachzubilden.

Der Wert der Zahl $\varphi \cong 1 + \left(\frac{5\,{}^{1}\!/_{2}}{7} \right)^{2} = 1{,}6173$

nach der Formel der alten Ägypter weicht von dem tatsächlichen Wert $\varphi = 1{,}6180339$ nur um 0,00073 ab, und das sind rund sieben / zehntausendstel.

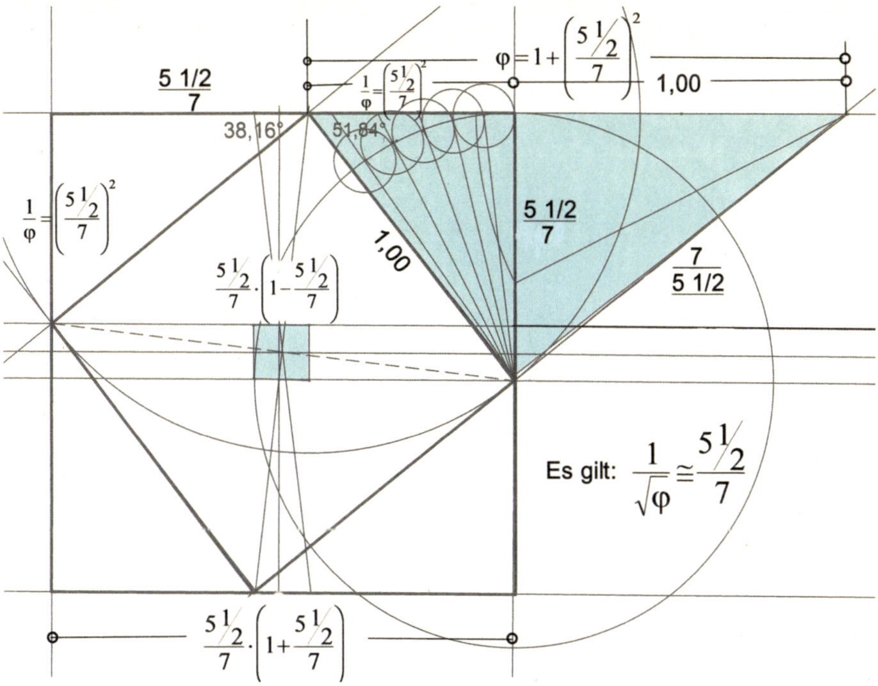

Abb.39 Entwicklung eines Proportionenschlüssels mit den Abmessungen der Gizah-Pyramiden, die über ein Verhältnis von 5 ½ Schesep zu 1 Königselle à 7 Schesep ebenfalls zu AD QUADRATUM führen.

Auch der andere Wert von φ, der sich aus

$\sqrt{\varphi} = \dfrac{7}{5\,{}^1\!/_2}$ ergibt, nämlich

$\varphi = \dfrac{196}{121} = 1{,}619835$

weicht nur um 1,8 / tausendstel vom wahren Wert ab. Das Verhältnis der Grundlinie der großen Pyramide 2 s zu ihrer Höhe h beträgt 230,38 / 146,60 und dieser Wert stimmt genau mit $\dfrac{2 \cdot 5\,{}^1\!/_2}{7}$ überein. Bemerkenswert fand er auch Folgendes:

Das Verhältnis einer Seite des sehr kleinen Quadrates innerhalb des schräg stehenden Quadrates einerseits sowie einer Seite des großen, umschließenden Quadrates andererseits liefert den Tangens des Winkels, unter dem die Diagonale des schrägen Quadrates geneigt ist. Nach dem Proportionenschlüssel der Zisterzienser gilt:

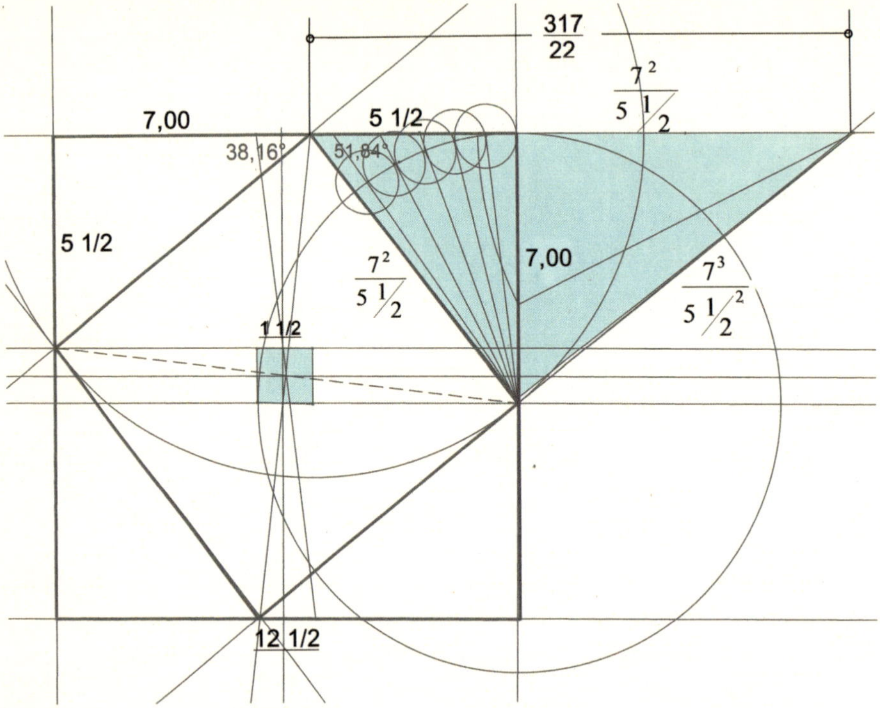

Abb.40 Wie bei Abb.37, nur alles um 7^2 / 51/2 grösser
Damit sind gewisse Vereinfachungen möglich

$$\tan\alpha = \frac{\left(\frac{1}{\sqrt{\varphi}} - \frac{1}{\varphi}\right)}{\left(\frac{1}{\sqrt{\varphi}} + \frac{1}{\varphi}\right)} = 0.119726 \quad \alpha = 6{,}827° \qquad (18)$$

Nach der Abbildung 38 ist dagegen:

$$\tan\alpha = \frac{1\frac{1}{2}}{12\frac{1}{2}} = 0{,}120 \qquad \alpha = 6{,}843°$$

Nachdem er nun auch dieses Ergebnis seiner Arbeit geistig aufgearbeitet und verinnerlicht hatte, sah er in der Lehre der harmonischen Proportionen vorerst keine wissenschaftliche Herausforderung mehr, die es zu bewältigen galt – außer vielleicht einer allerletzten. Ibn Sab'in aus Ceuta hatte ihn im Verlauf ihres weiteren Schriftverkehrs noch darauf hingewiesen, dass die den Gesetzen des Goldenen Dreiecks innewohnende Harmonie doch irgendwo ihren Ursprung haben müsse. Jussuf Claude teilte diese Ansicht und suchte daher noch einmal nach Übereinstimmungen der Zahl φ mit dem Maßsystem der Pharaonen.

Wenn 196 und 121 die 2 Seiten eines goldenen Dreiecks sind, dann sind nach Merksatz 1 und 2 ihre Quadrate Teil einer rekursiven Folge.

Mit $196^2 = 38416$ und $121^2 = 14641$ wird, wenn man nach oben und unten rekursiv erweitert:

91473 53057 38416 14641 23775

Ersichtlich bricht hinter 23775 die Rekursion ab, denn das nächste Glied 14641 – 23775 = - 9134 ist negativ.

Die Wurzel aus dem größten Glied: $\sqrt{91473} = 302{,}45$

geteilt durch φ = Majorante (H) 302,45 / φ = 186,92

geteilt durch φ = Minorante (s) 186,92 / φ = 115,53

wobei (H) die Höhe der Außenseite der Pyramide ist und (s) ihre halbe Grundlinie, wie noch ausgeführt wird. Am bemerkenswertesten ist aber das zweite Glied der Folge, nämlich die Zahl 53057, denn ihre Wurzel ist:

$\sqrt{53057} = 230{,}34$ = Grundlinie $2 \cdot s$ der großen Pyramide.

Eine Frage bedrängte ihn seit Langem und so auch jetzt. Wenn alle Zahlen im Goldenen Schnitt, im Goldenen Dreieck, in jedem Fraktum und in den Proportionenschlüsseln AD QUADRATUM und AD TRIANGULUM untereinander vernetzt sind und von einer einzigen unter ihnen abhängen und keine sich ändern darf, ohne dass alle anderen sich ebenfalls ändern – wer bestimmt dann die erste Zahl, von der alle anderen folgenden abhängen? Diese Frage stellte er sich in aller Deutlichkeit, als die Grundlinie der großen Pyramide mit ihrer Länge von 230,34 oder 230,38 in seinen Berechnungen auftauchte. Warum hatte der große Erbauer Hemiunu unter der Herrschaft des Pharaos Cheops gerade diese Zahl und keine andere gewählt? Er wusste doch sicher um die Bedeutung seiner Wahl auf die ganze Harmonie der Anlage auf dem Plateau von Gizah. Solche Fragen hatten Jussuf Claude von Ibelin noch niemals kalt gelassen, und so machte er sich sofort mit Eifer an die Arbeit, eine Erklärung für dieses Phänomen zu finden. Ihm schwebte vor, dass seine Untersuchungen über die erweiterte Teilung einer Strecke hilfreich sein könnten, denn nach seiner Überzeugung musste es einen Zusammenhand mit dem Erdradius geben. Das schloss er auch daraus, dass die grosse Pyramide mit ihrer geographischen Lage von 30° Nord den Viertelumfang, zwischen Äquator und Nordpol der Erde genau bei 90°/ 30° = 1/3 teilt. Vom Äquator bis zu den Pyramiden beträgt der Abstand also 1/12 des Erdumfangs. Zur Berechnung dieses Abstandes verwendete er den von Eratosthenes ermittelten Erdradius, wobei er annahm, dass die Pharaonen bereits einen Wert kannten, der dem Ergebnis des Griechen nahekam. Ausgehend von einem Erdradius von 6244 *km* erhielt er:

$$\frac{U}{12} = \frac{2 \cdot R \cdot \pi}{12} = \frac{2 \cdot 6244 \cdot 3{,}14159}{12} = 3269{,}344\,km$$

Die Formel, die er verwenden wollte, war (17) Wie dort ausgeführt, stellte sie eine rekursive Folge dar, die in umgekehrter Richtung abgearbeitet werden musste. Ihre Werte entsprachen den Quadraten der Seitenlängen Goldener Dreiecke. Entsprechend war ihre Summe links vom Gleichheitszeichen das Quadrat von U/12 also

$$3269{,}344^2 = a \cdot \varphi^n = 10688610$$

$$a = a / \varphi^{2} + a / \varphi^{3} + a / \varphi^{4} + \ldots + 2 (a / \varphi^{n-1}) + a / \varphi^{n} \qquad (19)$$

Nach Multiplikation mit φ^n, wobei für φ der Wert der Pharaonen 1,619835 zu verwenden ist, wird daraus:

$$a \cdot \varphi^n = a \cdot \varphi^{n-2} + a \cdot \varphi^{n-3} + a \cdot \varphi^{n-4} + \ldots + 2 \cdot a \cdot \varphi + a \qquad (19.1)$$

Nicht festgelegt war der Wert des Exponenten n. Da er alle möglichen Werte annehmen konnte, entschied sich Jussuf Claude für n = 11, weil dieser Wert zusammen mit n = 9 in vielen vergleichbaren Fällen auftritt. Mit dieser Wahl und den Modifikationen an der Gleichung (17) ergeben sich die folgenden Werte der einzelnen Glieder der Folge (mit n = 11):

$$a \cdot \varphi^n = 10688610 = \left(\frac{U}{12}\right)^2 \quad ; \sqrt{a \cdot \varphi^n} = 3269{,}34\ km$$

$$a \cdot \varphi^{n-2} = 4073612 \quad ; \sqrt{a \cdot \varphi^{n-2}} = 2018{,}32$$

$$a \cdot \varphi^{n-3} = 2514832 \quad ; \sqrt{a \cdot \varphi^{n-3}} = 1585{,}82$$

$a \cdot \varphi^{n-4} = 1552523 \quad ; \sqrt{a \cdot \varphi^{n-4}} = 1246$

$a \cdot \varphi^{n-5} = 958445 \quad ; \sqrt{a \cdot \varphi^{n-5}} = 979$

$a \cdot \varphi^{n-6} = 591693 \quad ; \sqrt{a \cdot \varphi^{n-6}} = 769,22$

$a \cdot \varphi^{n-7} = 365280 \quad ; \sqrt{a \cdot \varphi^{n-7}} = 604,38$

$a \cdot \varphi^{n-8} = 225504 \quad ; \sqrt{a \cdot \varphi^{n-8}} = 474,87$

$a \cdot \varphi^{n-9} = 139214 \quad ; \sqrt{a \cdot \varphi^{n-9}} = 373,11$

$2 \cdot a \cdot \varphi = 171887 \quad ; \sqrt{a \cdot \varphi^{n-10}} = 293,16$

$a \cdot = 53057 \quad ; \sqrt{a \cdot \varphi^{n-11}} = 230,34\, m = 2 \cdot s$

Der Wert unter der Wurzel des letzten Gliedes ist aber die Grundlinie der grossen Pyramide. Also nimmt a den Wert $(2 \cdot s)^2$ an. Wegen

$$\left(\frac{U}{12}\right)^2 = a \cdot \varphi^{11}$$

und $a = (2 \cdot s)^2$ wird:

$$\frac{U}{12} = 2 \cdot s \cdot \sqrt{\varphi^{11}} \quad \cdot \left(10^3\right) \qquad (20)$$

Mit der Gleichung (20) war es Jussuf Claude gelungen, eine Verbindung zwischen dem Umfang der Erde, der Grundlinie der grossen Pyramide und der Zahl φ herzustellen. Er stellte sich vor, dass sich zu Zeiten der alten Ägypter auf der nördlichen Seitenfläche der grossen Pyramide, wie auf einer römischen Wegmarkierung, dem *Indicem*, eine Aufschrift befand:

Wanderer, von hier bis zu dem Ort, an dem die Sonne senkrecht steht, sind es noch: $230,34 \cdot 14,1935 \cdot \frac{10^3}{0,5235} = 6\,245\,140$ *Königsellen.*

Bedenke aber, wenn du 22 000 Mal diese Pyramide umrundet hast, bist du einmal um die ganze Welt gewandert.

Dabei machte Jussuf Claude von Ibelin von der Tatsache Gebrauch, dass die Seitenlänge der grossen Pyramide, acht Mal genommen, eine Meile ergibt. Diese Meile entspricht aber einer sogenannten Bogenminute. Da der Erdumfang U 360 Grad umfasst, entspricht dies nicht weniger als 360 Grad × 60 = 21600 Bogenminuten.

Ergo: $U = 8 \cdot 2s \cdot 21600 \cong 40000 \cdot 10^3$

Er war in einem gigantischen Marsch von den Anfängen der Teilung einer Strecke nach dem Goldenen Schnitt zur Errichtung eines Goldenen Dreiecks über dieser Strecke gelangt und hatte schon geglaubt, etwas Besonderes geschaffen zu haben, als er diese Dreiecke zu einem Gebilde zusammensetzte. Als er sich aber gerade eine Pause von der Anstrengung des zurückgelegten Weges gönnen wollte, stellte er ernüchtert fest, dass er lediglich in die Tiefen eines Oktogons eingedrungen war, das keine weitere Entwicklung mehr bot.

Ganz dicht benachbart existiert im Verborgenen ein geheimnisvolles Gebilde, das sich ihm nach vielen Fehlschlägen offenbarte und dem er den Namen ungleichseitiger Achterstern gab. Damit war der Weg geebnet, der zu den Harmonien des AD QUADRATUM und des AD TRIANGULUM führten, die sich aber, wie er ganz zuletzt auf seinem Marsch herausfand, als eine wieder entdeckte 3850 Jahre alte Erkenntnis herausstellten.

Epilog

Wenn Jussuf Claude glaubte, mit seinem spektakulären Ausbruch aus dem Stadtgefängnis hätte er in der Rechtsprechung der Stadt Lucera ein Chaos hinterlassen, so hatte er sich beträchtlich getäuscht. Als Pragmatiker der öffentlichen Ordnung hatte der Stadtvogt dem Kadi von der Verhaftung des Wissenschaftlers noch keine Meldung gemacht. Entsprechend hatte auch der Kadi sich noch nicht gegenüber dem Justitiar geäussert. Nachdem sich nun die Situation durch den Fortgang des Delinquenten geändert hatte, lauteten die übereinstimmenden Schreiben des Vogtes an den Kadi und des Kadis an den Justitiar, dass der Betroffene, wie von ihm schon früher angekündigt, auf eine längere Pilgerreise gegangen sei und sich die Angelegenheit damit vorerst erledigt hätte.

Auch der Kaiser erhielt eine vertrauliche Mitteilung von einem Sekretär aus der Umgebung seines Freundes, des Papstes, mit der Nachricht, dass ein gewisser Mönch mit Namen Tolomeo Taularus in panischer Erregung einen muslimischen Professor erstochen hätte und deshalb strafweise in sein Mutterkloster nach Regensburg versetzt worden sei.

Die schicksalhaften Verknüpfungen, in die Jussuf Claude eingebunden war, sind damit aber noch nicht vollständig aufgezählt.

Der als grosszügig bekannte Kaiser Friedrich II. hatte dem Wissenschaftler in Anerkennung seiner hervorragenden Verdienste um den Bau des Castel del Monte ein grösseres Stück Land in der Grafschaft Caserta nahe der Universität Neapel samt dem dazugehörigen Herrenhaus zum Lehen gegeben. Zum Vollstrecker dieser Anordnung bestimmte er seinen langjährigen ersten Berater und Logotheten Peter von Vinea. Nachdem dieser den Lehensnehmer auch nach längerer – gleichwohl äusserst schleppend betriebener – Suche nicht finden konnte, vergab er das Lehen an einen nahen Verwandten gegen Zahlung einer Leibrente.

Dem Betroffenen Jussuf Claude von Ibelin blieben alle diese Zusammenhänge natürlich lange Zeit verborgen, sodass er sie in seinen Handlungen auch nicht berücksichtigen konnte. Daher kam es, dass er alle seine wissenschaftlichen Unterlagen aus der Zeit seiner Forschungen in Apulien samt seiner heimlich angefertigten Abschriften jener geheimen Schreiben der beiden Herrscher des Morgen- und des Abendlandes zur Verwahrung der Universität von Al Qahirah übergab. Aber seine Forschungsergebnisse über die Zusammenhänge AD QUADRATUM der Pyramiden von Gizah machten ihn weltberühmt und die Kunde reichte weit über die Madrasa von Al Qahirah und den arabischen Raum hinaus bis in das ferne Regnum Friedrichs II. Sie erreichten den Kaiser zu einer Zeit, als in seinem Herrschaftsbereich eine geheime Verschwörung zu seiner Absetzung aufgedeckt wurde. Maßgebend beteiligt waren sein alter Freund und Weggefährte, der erste Berater und Logothet Peter von Vinea. Unter der Folter gestand er, dass er das Jussuf Claude vom Kaiser überreichte Lehen unterschlagen und mit dem Justitiar der Capitanata zur Vertuschung dessen Flucht vorgetäuscht habe.

So kam es, dass der vereinsamte Kaiser ein sehr persönlich abgefasstes Schreiben an den Wissenschaftler schickte, alle Zusammenhänge aufklärte und ihn dann herzlich bat, nach Apulien zurückzukehren.

Leider konnte Jussuf Claude von Ibelin nicht antworten, obwohl ihn die kaiserliche Entschuldigung sehr gefreut hatte. Der Mameluke Baibars hatte im Namen Allahs das ganze Königreich Jerusalem einschließlich der Stadt Arsur überrannt und ausgelöscht.

Den Wissenschaftler traf die Rückeroberung des Heiligen Landes kaum. Er hatte als Vormund seines minderjährigen Sohnes Balian noch zu Zeiten der Herrschaft der Templer das Landgut Arsur verkauft und sich nur ein Wohnrecht gesichert. Den Erlös des Verkaufes hatte er nach Zypern überwiesen, wo ihn einer seiner Brüder für seinen minderjährigen Sohn verwaltete. Er selbst zog, nachdem der Sturm der Mamluken vorübergezogen war, mit seiner kleinen Familie in das Haus, das ihnen von der Universität Al Qahirah zur Verfügung gestellt worden war. Sein kleiner Sohn trat der offiziell geduldeten Koptischen Kirche bei und wurde ein allseits respektierter Christ.

In späteren Jahren forschte ein junger Mu'allim in den vergilbten Unterlagen der Al-Azhar-Universität von Al Qahirah und hatte dabei keine Bedenken, die Forschungsergebnisse des Scheichs Jussuf Claude von Ibelin zu veröffentlichen. Im Gegenteil freute es ihn als Muslim, dass der Sultan Al-Malik Al-Kamil, dessen Namen man bei Erwähnung das Attribut *Allah sei ihm gnädig* anhängte, vor der Geschichte durch die alten Unterlagen glänzend rehabilitiert wurde.

Personen der Handlung

Kaiser Friedrich II	Kaiser des heiligen römischen Reiches deutscher Nation König der beiden Sizilien König von Burgund (Arelat) König von Jerusalem für Freunde: Federico, Friderico
Al-Malik Al-Kamil	Sultan von Ägypten (1238)
Fahr ed-Din ibn As-Saih	Emir und Stellvertreter des Sultan Al-Kamil
Al-Malik As-Salih	Älterer Sohn von Al-Malik Al-Kamil (1249)
Al-Malik Al-Adil II	Jüngerer Sohn von Al-Malik Al-Kamil (1240)
Richard Fielangieri	Reichsmarschall des Königreiches Sizilien
Jakob Bischof von Patti	Enger Vertrauter Friedrich II
Isabella von Brienne	Königin von Jerusalem
Hermann von Salza	Grosskomtur des Deutsch Ritter Ordens
Balian von Sidon	Emissär des Kaisers
Graf Thomas von Acerra	Emissär des Kaisers
Peter von Vinea	Protonotar, Sprecher und erster Berater des Kaisers
Guarin de Montague	Meister des Hospitals in Jerusalem,

Pierre de Montague	Grosskomtur des Templerordens
Johann von Ibelin d.Ä.	*Der Alte von Beirut* Vater von Ibelin d. J.
Johann von Ibelin d.J.	Herr von Arsur, vom Kaiser *Claude* genannt Titel: Mu'allim = arab. Doktor Scheich = Professor Magister di Pisa Ritter des Kaisers
Gerold von Jerusalem	Patriarch
Al-Idrisi	Geograph und Kartograph
König Roger II	König von Sizilien
Guildano von Morra	Knappe
Rainald von Schweinspeunt	Knappe
Abu Hashim al-Jubba'i	Oberhofmeister des Sultans Al-Kamil
Nasr Hamid Abu Zaid	Offizier der Mamluken
Heinrich von Malta	Admiral der kaiserlichen Flotte
Mahoud	Diener des Kaisers
Gregor IX	Papst in Rom
Rainald von Spoleto	Statthalter des Kaisers in Italien

Joachim von Fiore	Abt des Klosters St. Giovanni
Said bin bel-Kassim	Befehlshaber der kaiserlichen Sarazenen in Palästina
Scheich Alam ad-Din Qaisar	Hofmathematiker des Sultans Al-Kamil
Scheich Sirag ad-Din al-Urmawi	Verfasste für Friedrich II am Hofe in Foggia ein Buch über Logik
Abdul Rahman al-Ubaidi	Doktorand bei Professor Scheich Sirag ad-Din al-Urmawi
Mu'allim Da'ud ibn Auda	Freund uns Assistent von Abdul Rahman al-Ubaidi
Michael Scotus	Hofastrologe, Berater, Übersetzer und Schriftsteller am Hofe Friedrich II (1235)
Magister Domenicus	Mathematiker am Hofe Friedrich II
Magister Johannes de Panormo	Mathematiker am Hofe Friedrich II
Theodor von Antiochia	Mathematiker am Hofe Friedrich II
Ibn Sab'in	Arab. Gelehrter in Ceuta
Ahmad ibn Muhammad ibn Rushd, auch Averroes	Kommentator des Aristoteles in Cordoba
Roffred von Benevent	Rechtsexperte am Hof
Mahmut Fuad Ibn al-Walid	Parfümproduzent und Balsamierer, Vater von Aaliyah und Djamila

Kalil al-Gossara	Offizier der Leibgarde des Kaisers, Schwager von Jussuf Claude
Aaliyah al-Walid	Sarazenische Tänzerin am Hofe Friedrich II
Djamila al-Walid	Jüngere Schwester von Aaliyah
Santa Maria del Monte	Hügel in der Provinz Terra di Bari
Gentilis de Costanca	Justitiar der Terra di Bari vor 1240
Landolfus de Franco	Justitiar der Terra di Bari um 1240
Goffredo da Castiglione	Kardinalsekretär
Giovanni Colonna di Carbognano	Kardinal
Sinibaldo die Fieschi	Kardinal
Tolomeo Taularus	Domenicaner, Spion des Papstes Gregor IX
Fulco di Salento	Sekretär am Großhof Friedrich II
Pierre de Montereau	Maitre des oeuvres du roi
Robert de Caucy	Maitre des oeuvres du roi
Hugues Libergie	Maitre des oeuvres du roi
Riccardo di Montefuscolo	Justitiar der Capitanata
Shams ad-Din	Khadi von Nablus

Literatur

BEUTELSPACHER,Albrecht und PETRI,Bernhard
Der goldene Schnitt. 2.Auflage
Heidelberg-Berlin-Oxford 1996

BARTSCH,Hans-Jochen — *MATHEMATISCHE FORMELN*
BUCH-UND ZEIT-VERLAGSGmbH
Köln

GÖRICH,Knut — *Die Staufer* Herrscher und Reich
Verlag C.H.Beck oHG München 2006

GÖTZE,Heinz — *Castel del Monte, Geometric Marvel of the Middle Ages.* 3.Auflage
Prestel, München 1991

GREGOROVIUS,Ferdinand — *Wanderjahre in Italien*
Dresden 1925

GRIFFE, Maurice — *Chronologie Ägyptens*
Editions T:S:H: Place Sauvaigo centre Commercial „Les Mimosas" 06110 LE CANNET-FRANCE

HELBERT,frank VITIELLO Gabriella
Kalabrien DuMont Reiseverlag Köln 2003

HOFSTETTER,Kurt — *Division of a Segment in the Golden Section with Ruler and Rusty Compass.* Sept.2005
Forum Geometricorum ;Vol 5 (2005); 135-136

KANTOROWICZ,Ernst H. — *Kaiser Friedrich der Zweite*
Hauptband ; Zweite Auflage Stuttgart 2003
Klett-Cotta ; Stuttgart 1998

KNOTT,Ron — *The Mathematics of the Fibonacci series.* Aug.2000
www.mcs.surrey.ac.uk/personal/R.Knott

KÖLLER,Jürgen — *Regelmässiges Siebeneck.* 2005
www.mathematische-basteleien.de/

LEITHE - JASPER, Manfred und DISTELBERGER,Rudolf
Kunsthistorisches Museum Wien Die Schatzkammer
Scala Publishers,London 1998

PETERS,Thomas — *Die Fibonacci-Zahlen und der Goldene Schnitt.*
31.Aug.2003;
www.mathe-seiten.de/

MAJONICA,Rudolf — *Das Geheimnis der Hieroglyphen*
Deutscher Taschenbuchverlag,München 1991

MOLA,Stefania — *(1) Führung durch das friederizianische Apulien*
(2) CASTEL DEL MONTE
Mario Adda Verlag - Via Tanzi, 59 - Bari

NEUMANN,Olaf — *Der Goldene Schnitt und seine Iteration. Einiges zur Kunst und Zahlentheorie.* 2003
e-mail:neumann@minet.uni-jena.de

RANKE,Leopold von — *Weltgeschichte Band II,*
Emil Vollmer Verlag
ISBN 3-88851-201-8

RÖHRIG,Tilman — *Wie ein Lamm unter Löwen* 7.Auflage 2004
Bergisch Gladbach 1998

SCHIRMER,Wulf — *CASTEL DEL MONTE*
von Zabern, Mainz: 2000

STEGMANN,Dirk — *Der Goldene Schnitt*
Universität 31141 Hildesheim
Marienburger Platz 22

STEINBACHER,Klaus — *Über einige Forderungen an die Berechnung eingebetteter elastischer Rohre*
Rohre-Rohrleitungsbau-Rohrleitungstransport
VERLAG FÜR ANGEWANDTE WISSENSCHAFTEN GmbH
Band/Jahrgang 10, Aug.1971

STÜRNER,Wolfgang — *Friedrich II Teil 2*
Verbesserte Sonderausgabe 2003
www.primusverlag .de

TAVOLARO,Aldo — *Astronomie und Geometrie in der Architektur von Castel del Monte*
Bari 1994

TONG,Jingchen KUNG — *A Simple Construction of the Golden Ratio.* Feb.2007
Forum Geometricorum;Vol 7 (2007); 31-31
e-mail:jtong@unf.edu

UNBEKANNT — *Kirchenbau – Teil 3*: 2009
www.volny.cz/architektura/arch3.htm

VERSCHIEDENE — *Historia de la Humanidat*
Editorial Ocèano S.L.,Barcelona, 2007

van EICKELS,Klaus und BRÜSCH,Tania
Kaiser Friedrich II. 2000
Patmos, Düsseldorf und Zürich

WILLEMSEN,Carl A. — *Apulien. Kathedralen und Kastelle,*
2.Auflage Köln 1971

Formelsatz für Castrum, Buch I

$$\frac{s}{h} = \frac{2 \cdot \sin\left(\frac{\psi}{2}\right)}{1 - \cos\left(\frac{\psi}{2}\right)} \tag{1}$$

$$a = \sqrt{\varphi} \cdot (41{,}08 - \Delta H) \cdot 111{,}3 \tag{2}$$

$$L = \sqrt{\varphi^3} \cdot (41{,}08 - \Delta H) \cdot 111{,}3 \tag{3}$$

$$\Delta H = 41{,}08 - \frac{a}{\sqrt{\varphi} \cdot 111{,}3} \tag{4}$$

$$\frac{\varphi^{18}}{111{,}3} = 51{,}9136° \tag{5}$$

$$a = \frac{7232{,}86}{51{,}9136} \cdot (41{,}08 - \Delta H) \tag{6}$$

$$L = \frac{11703{,}02}{51{,}9136} \cdot (41{,}08 - \Delta H) \tag{7}$$

$$\Delta H = 41{,}08 - \frac{L \cdot 51{,}9136}{11703{,}02} \tag{8}$$

$$F = \frac{1}{2} \cdot 2 \cdot s \cdot H = s \cdot H = h^2 \qquad \text{Herodot} \tag{9}$$

$$\sin(\alpha + \beta) = \cos\alpha \cdot \sin\beta + \sin\alpha \cdot \cos\beta \tag{10}$$

$$1 = \frac{1}{\varphi} + \frac{1}{\varphi^2} \tag{11}$$

$$\cos c = \sin\varphi_1 \cdot \sin\varphi_2 + \cos\varphi_1 \cdot \cos\varphi_2 \cdot \cos\Delta\lambda \tag{12}$$

$$\sin\alpha = \frac{\sin\Delta\lambda \cdot \cos\varphi_2}{\sin c} \tag{13}$$

$$\left(\frac{1}{\varphi} + \frac{1}{\sqrt{\varphi}}\right)^3 = 2{,}768683 \tag{14}$$

$$2 \cdot s_{Cheops} \cdot \frac{1}{\left(\frac{1}{\varphi} + \frac{1}{\sqrt{\varphi}}\right)^9} \cdot \left(\frac{2}{\varphi}\right)^3 = 2 \cdot s_{kleinePyr} \tag{15}$$

$$(2 \cdot s)_{Cheops} \cdot \left(\frac{1}{\left(\frac{1}{\varphi} + \sqrt{\frac{1}{\varphi}}\right)} \cdot \left(\sqrt[3]{\frac{2}{\varphi}}\right)\right)^n = (2 \cdot s)_n \tag{16}$$

$$(2 \cdot s)_{Cheops} \cdot \left(\frac{1}{\left(\frac{1}{\varphi} + \sqrt{\frac{1}{\varphi}}\right)}\right)^n = \left(H''''_{n=12}; s'''_{n=9}; h''_{n=6}; H'_{n=3}\right) \tag{17}$$

$$\tan\alpha = \frac{\left(\frac{1}{\sqrt{\varphi}} - \frac{1}{\varphi}\right)}{\left(\frac{1}{\sqrt{\varphi}} + \frac{1}{\varphi}\right)} = 0.119726 \qquad \alpha = 6{,}827° \tag{18}$$

$$a = a/\varphi^2 + a/\varphi^3 + a/\varphi^4 + \ldots + 2 \cdot (a/\varphi^{n-1}) + a/\varphi^n \tag{19}$$

$$\frac{U}{12} = 2 \cdot s \cdot \sqrt{\varphi^{11}} \quad \cdot \left(10^3\right) \tag{20}$$